보신의 주에 의한

대승입능가경

한산 김윤수

1951년 경남 하동에서 태어나
부산에서 초·중·고등학교를 졸업하고
1975년 서울대학교 법과대학을 졸업하였다.
1976년 사법시험(제18회)에 합격하여
1981년부터 10년간 판사로,
1990년부터 10여 년간 변호사로,
2001년부터 10년간 다시 판사로 일하다가
2011년 퇴직하였다.
2003년에 「육조단경 읽기」(2008년 개정판)
2005년에 「반야심경·금강경」(2009년 개정판)
2006년에 「주석 성유식론」
2007년에 「불교는 무엇을 말하는가」(2014년 개정판)
2008년에 「여래장경전모음」
2008년에 「설무구칭경·유마경」
2009년에 「묘법연화경」
2011년에 「대방광불화엄경」(전7권)
2012년에 「대승입능가경」
2012년에 「해밀심경」
2013년에 한문대역 「잡아함경」(전5권)
2013년에 「이렇게 말씀하셨다」를 냈다.

대승입능가경

역주 김윤수

초 판 1쇄 2012년 1월 10일
　　　2쇄 2016년 10월 5일

펴낸이 노혜영
펴낸곳 한산암
등록 2006. 7. 28 제319-2006-31호
주소 경기도 양평군 양동면 황거길324번길 27(매월리 282-17)
전화 0505-2288-555
이메일 yuskim51@naver.com

ⓒ 김윤수, 2012
ISBN 978-89-966406-5-3 93220

총판 운주사
전화 02-3672-7181~4

이 책은 저작권법에 의해 보호를 받는 저작물이므로
무단 전재와 무단 복제를 금합니다.

값 : 30,000원
잘못 된 책은 바꿔드립니다.

보신의 주에 의한

대승입능가경

김윤수 역주

한산암

글머리에

　능가경은 대승불교가 후기에 접어들 무렵인 400년 경 인도에서 성립된 경전인데, 중국을 비롯한 동아시아에서 유식사상과 여래장사상의 형성에 큰 영향을 미친 중요한 경전으로 오랫동안 평가되어 왔다. 그렇지만 그와 같은 평가가, 이 경전이 그러한 사상들에 관한 선구적인 이치를 담고 있으면서 관련 경론을 선도하는 역할을 했다는 것을 의미하는 것은 아니다.

　오히려 이 경전에 대해서는 유식 관련 경론이 이미 갖추어져 있던 시기에 특정한 목적을 위해 급조된 것이라는 비판-이 점은 부록으로 첨부한 칼루파하나의 글을 참조하라-마저 제기되고 있는 형편이다. 이 비판을 그대로 따르지 않는다고 하더라도-관련 경론들의 성립시기는 현재까지도 확정적으로 말하기 어려운 것이 사실이다- 이 경전이 형식이나 이론 전개 등 여러 가지 측면에서 정밀치 못함을 나타내고 있는 점만은 부정하기 어렵다.

　그럼에도 불구하고 이 경전이 위와 같은 평가를 받아 온 것은, 중국 선종의 초조로 추앙된 보리달마가 2조 혜가에게 이 경전을 '여래 심지心地의 요문要門'으로서 전했다는 일화 때문이라고 생각된다. 즉 이 경전의 4권본 서문에서 장지기蔣之奇는, "과거에 달마가 서쪽에서 와서 이미 2조에게 심인을 전하고는 또 이르기를, 나에게 능가경 4권이 있어, 또한 그대에게 부촉하니, 곧 여래 심지의 요문이라, 모든 중생들로 하여금 개·시·오·입케 할 것이다"라고 하였다고 쓰고 있으며, 속고승전(제16권)에도 유사한 내용이 실려 있다.

이를 계기로 한 때 중국에서는 이 경전을 처음 한역한 구나발다라가 중국 선종의 초조로 모셔지고, 그 스승과 제자를 잇는 징표로서 이 경전이 전수되며, 그 계보가 각종 문헌에 기록되는 등 한 시대를 풍미하기에 이른다.

이 경전이 그렇게 중국 선종에서 중요하게 평가된 것은, 아마 문자를 세우지 않고, 또 일체 지위와 점차에 의지하지 않는 선종 특유의 수증修證법의 이론적 기초가 될 수 있었기 때문이 아닐까 한다. 즉 이 경전은 일체의 법은 자기의 마음이 나타낸 것일 뿐임을 표방하면서, 일체 지위와 점차를 논하지 않고, 단순히 자내증自內證의 지혜를 얻어서 위와 같은 진실을 요달한다면 정각을 이룬다는, 지극히 단순화된 증과의 원리를 제공하고 있는 것이다.

그러나 그렇다고 해서 이 경전이 그렇게 이해하기 쉬운 경전은 아니다. 그 후 유식 관련 경론의 번역이 모두 이루어지면서, 유식 이론도 결코 그렇게 단순하고 이해하기 쉬운 것이 아님이 알려졌을 것이다. 그럴 무렵 5조 홍인이 6조 혜능에게 이 경전이 아닌 금강경을 전수한 것을 계기로, 이 경전을 유행시킨 강풍은 다소 잦아들게 된다.

그럼에도 불구하고 이 경전에 대한 연구는 시대에 관계 없이 지속적으로 이루어져 왔고, 그래서 이 경전에 대한 주석은 다른 어느 경전의 주석보다 많이 남아 있다. 또 여러 경론에 대한 해석에서도 이 경전의 내용이 중요한 전거로서 많이 인용되고 있다. 사정이 이러해서 이 경전은 불교를 공부하는 사람이라면 놓쳐서는 안될 경전 목록에 여전히 한 자리를 당당하게 차지하고 있으니, 그 중요성은 아직도 퇴색치 않았다고 보아야 할 것이다.

* * *

이 경전은 중국에서 네 번 한역된 것으로 알려져 있지만, 그 중 담무참曇無讖이 번역하였다는 4권은 오래 전에 실전되었고, 현재 전해지고 있는 것은 세 가지이다. 이를 시대순으로 열거해 보면 첫째는 유송劉宋 시대(435년)에 구나발다라求那跋多羅가 4권으로 번역한 것으로 능가아발다라보경楞伽阿跋多羅寶經이라고 이름하고, 둘째는 원위元魏 시대(513년)에 보리유지菩提流支가 10권으로 번역한 것으로 입능가경入楞伽經이라고 이름하며, 셋째는 당나라 시대(704년)에 실차난다實又難陀가 복례復禮 등(실차난다가 번역만 마치고 교감校勘을 마치지 못한 채 귀국하여, 복례 등이 재교감을 거쳐 번역을 완성하였다고 함)과 함께 7권으로 번역한 것으로 대승입능가경大乘入楞伽經이라고 이름한다.

이상의 3본을 이 책의 일러두기에서 가리키는 현존 범본과 대조해 보면, 현존 범본은 품의 구성으로는 7권본과 같지만, 내용상으로는 오히려 10권본과 같다. 우선 4본 상호간 품의 구성을 대조해 보이면 다음 면의 도표와 같다.

다음 한역 3본을 상호 대조해 보면, 첫째 내용에서, 4권본에는 7권본과 10권본의 제1품(그것이 이 책의 1.1.2 부분임)과 마지막 2개 품(7권본의 제9 다라니품과 제10 게송품, 10권본의 제17 다라니품과 제18 총품)에 해당하는 글이 없고, 7권본과 10권본 상호간에는, 10권본에는 제18 총품에 그 앞 품까지 이미 나왔던 게송들 대부분이 사이사이에 섞여 배열되어 있으나, 7권본에는 이것이 모두 빠져 있는 점이 다를 뿐, 나머지 내용은 서로 같다.

둘째 동일한 크기의 활자로 인쇄되어 있는 대정신수대장경에

현존 범본	7권본	10권본	4권본
1 Rāvanādhyeṣaṇā	1 라바나왕권청품	1 청불품	-
2 Ṣaṭtriṃśatsāhasra-sarvadharmasamuccaya	2 집일체법품	2 문답품	일체불어심품
		3 집일체불법품	
3 Anityatā	3 무상품	4 불심품	
		5 로가야타품	
		6 열반품	
		7 법신품	
		8 무상품	
4 Abhisamaya	4 현증품	9 입도품	
5 Tathāgatanityānitya-prasaṅga	5 여래상무상품	10 문여래상무상품	
6 Kṣaṇika	6 찰나품	11 불성품	
		12 오법문품	
		13 항하사품	
		14 찰나품	
7 Nairmāṇika	7 변화품	15 화품	
8 Māṃsabhakṣaṇa	8 단식육품	16 차식육품	
9 Dhāraṇi	9 다라니품	17 다라니품	-
10 Sagāthaka	10 게송품	18 총품	-

9

의해 그 분량을 대조해 보면 대략 3:5:7의 비율이 된다. 비율이 그렇게 된 것은 위에서 본 내용들이 빠져 있는 점 외에, 10권본은 범본을 직역하면서 표현을 다소 보충하여 번역함으로써 내용이 조금 늘고, 4권본은 반대로 표현을 축약적으로 옮김으로써 내용이 조금 줄어들었기 때문인 것으로 보인다.

따라서 위와 같이 빠져 있는 부분을 제외한 나머지 부분은 번역문의 표현만 서로 다를 뿐, 내용은 기본적으로 동일하다.

셋째 경문의 표현은 10권본은 지나치게 산만하고, 4권본은 상당히 축약되어 있는 반면, 7권본은 당나라의 현장에서 비롯된 신역 방식을 따른 용어와 운율을 사용함으로써 가장 이해하기 쉬운 번역이라고 평가되고 있다. 4권본과 10권본은 7권본이나 범본의 도움을 빌리지 않으면 그 자체만으로는 이해가 불가능하다고 말할 수 있을 정도이다. 다만 7권본과 10권본에 부가되어 있는 부분은, 그 내용으로 미루어 원래부터 있었던 내용이 아니라, 뒤에 누군가에 의해 추가된 것으로 보는 것이 대체적인 의견이다.

* * *

이상과 같은 사정은 위 경전을 주석할 때 3본 중 어떤 것을 선택해서 주석해야 할지 망설이게 하는 요소가 되었을 것으로 생각된다. 이해하기 쉽도록 하기 위해서는 7권본을 선택해야 하겠지만, 여기에는 후에 추가된 부분이 포함되어 있다. 그렇다고 4권본을 택한다면 경문마다 자체 경문이 아닌 다른 번역본의 글을 빌어 의미를 해석해야 하니, 번거롭기 짝이 없을 것이기 때문이다.

그럼에도 불구하고 이번에 확인한 바에 의하면, 이 책이 의거한 보신寶臣의 『주注대승입능가경』를 제외한 예전 주석들은 모두 4권본을 선택하고 있었다. 그 중 몇 좋은 3본의 경문을 대조해 주석하고 있지만, 그들도 3본에 공통되는 경문에 대해서만 주석하였기 때문에, 결과적으로 4권본을 택한 것과 차이가 없다. 그러면서 그 이유에 대해서는 4권본이 처음 번역된 것이어서 많은 사람이 수지하는 것이고, 달마가 2조에게 전수한 것도 4권본이었기 때문이라고 설명하는 것이 보통이다. 그럴 수 있겠다고 생각하면서도 의구심이 없지는 않았다.

그런데 그럴 수밖에 없었던 이유로서 추측할 만한 것 하나를 이번에 번역작업을 하면서 찾을 수 있었다. 그것은 이 경전의 마지막 게송품(특히 제7권의 후반부)에 이해하기 어렵고, 그래서 설명하기 어려우며, 앞선 경문의 흐름과도 어긋나는 게송들이 여럿

등장한다는 점이다. 이 책이 의거한 보신도 그와 관련하여, "그 중 긴요한 뜻을 아직 경론 및 글의 소에서 해석한 것을 보지 못한 것은 감히 억측하여 말할 수 없으므로, 모두 밝은 분이 오기를 기다린다."라고 하여 주석을 피하고 있을 정도이다. 그런 이유로 이 책의 게송품에 관하여는 현재까지도 의지할 만한 주석이 없는 셈이다.

그렇다고 해서 4권본을 저본으로 선택함으로써 경문마다 7권본의 경문을 인용하여 해석하는 방식을 취하고 싶지 않았다. 또 7권본을 선택한 이상 게송품 등이 원래부터 있었던 것이 아니라 경전 성립후 누군가에 의해 자의적으로 부가된 부분이라 하여 번역에서 제외할 수도 없었다. 그런 이유로 7권본을 완역하는 방식을 택해 이 경전을 번역하였다. 독자들께서 이 책을 볼 때에는 이 점에 유념하여 보시기 바란다.

* * *

요컨대 이 책은 7권본 대승입능가경을, 송나라 시대 동도사 스님 보신의 『주』에 의거해 번역하고, 그 주석의 내용을 각주에서 소개한 책이다. 다만 각주에 옮긴 『주』의 내용은 완역이 아니고,

이해에 도움이 되지 않는다고 생각되는 일부는 생략하고 옮기지 않았다.

경문의 번역에서는 4권본과 10권본은 물론 범본의 일본어역본을 두루 대조하였고, 이해를 위해 설명이 필요하면 그 대조한 취지를 각주에서 소개하였다. 또 『주』의 내용만으로 이해하기 어려운 대목에서는 4권본의 주석들도 두루 찾아 보고, 이해에 도움이 되는 부분이 있으면 이를 각주에서 소개하였는데, 그 소개된 주석 문헌은 일러두기에서 열거해 두었다. 다만 로마자로 표기된 범본은 이를 찾을 수가 없어서-현재 국내에서 유통되고 있는 것은 데바나가리devanāgarī라는 고대문자로 인쇄되어 있는 것이다- 범본과 직접 대조해 보지 못한 것은, 큰 아쉬움으로 남는다.

이 경전에 대한 고인의 주석 중 경문 전체의 구조를 파악하면서 주석하고 있는 예는 찾기가 어려웠다. 오직 청나라 시대 뇌봉사 스님 함하函昰가 쓴 『능가아발다라보경심인心印』에서 경전 전체의 구조를 통일적으로 파악하여 분과하고 있었다. 대승경전의 번역 경험으로 미루어볼 때 경문의 뜻을 이해하는데 이것만큼 중요한 것은 없다고 생각된다. 그래서 경문 전체의 구조는 이 주석에 의거해 과목하면서, 각 권 표지의 이면에 전체 과목 중 해당 권의 수록 내용을 도표로써 요약하여 제시하고, 각각의 과목이 시작되는 부분 경문의 각주에, 그 과목 내용을 【 】 안에 소개해 두었다.

* * *

끝으로 이 경전의 역주 작업에 필요한 자료를 얻는 데에는 동국대 도서관의 신해철 과장의 지속적인 도움 외에, 대만 불광협회에 의해 설립된 서울 불광산사의 의은 주지스님으로부터 큰 도움을 받았다. 깊이 감사 드린다.

이 졸작이 부디 후학들의 공부에 조금이라도 보탬이 되기를 바라는 마음 간절하다.

2011년 세모를 앞두고 한산암에서
한산 김윤수

차 례

글머리에 ··· 5
차례 ··· 15
일러두기 ··· 16

제1권	제1 라바나왕권청품 ··· 19	
	제2 집일체법품(의 1) ··· 54	
제2권	(의 2) ··· 111	
제3권	(의 3) ··· 199	
제4권	제3 무상품(의 1) ··· 303	
제5권	(의 2) ··· 413	
	제4 현증품 ··· 469	
	제5 여래상무상품 ··· 479	
	제6 찰나품 ··· 485	
제6권	제7 변화품 ··· 525	
	제8 단식육품 ··· 537	
	제9 다라니품 ··· 558	
	제10 게송품(의 초) ··· 564	
제7권	(의 2) ··· 629	

찾아보기 ··· 729
능가경의 역사 ··· 738

일러두기

1. 이 책에 번역된 《대승입능가경》의 원문은 대정신수대장경 제16책에 수록된 것이고, 각주에서 소개한 보신의 『주』(전10권)는 같은 대장경 제39책에, 함하의 『심인』(과문 1권)는 卍속장경 제18책에 수록된 것이다.

   다만 구두점은 모두 한글 번역에 맞추어 역자가 임의로 삽입한 것이고, 오·탈의 의심이 있어 다른 판본을 참고하여 고쳐 읽은 부분은, 해당 부분에 [ ]와 < >를 써서 표시하였다. 예컨대 [A]<B> 로 표시된 것은 A를 B의 오자인 것으로 보았고, [A]<AB> 로 표시된 것은 A 다음에 B가 빠진 것으로 보았으며, [AB]<B> 로 표시된 것은 B 앞에 A가 잘못 추가된 것으로 보았다는 등이다. 그리고 컴퓨터에서 지원되지 않는 한자는, 부호로써 어떤 글자인지 표시한 것이 있다.

2. 책은 다음과 같은 방식으로 편성되어 있다.
   (1) 본문 좌측에 우리말 번역문을, 우측에는 한역문을 각각 배치하고, 각주에는 본문의 해당 부분에 대한 『주』의 글을 수록하되, 『심인』의 해당 경문에 대한 과목은 각주 앞 부분의 【 】 안에 따로 표시하였다.
   (2) 본문의 우리말 번역문에 대응되는 한문이 없는 제목과 부호 등은 모두 역자가 삽입한 것이고, 각주의 내용 중 '*' 표시와 '=' 표시가 있는 부분도 이해를 돕기 위한 역자의 메모로서, 원 주석의 내용이 아니다.

3. 각주에 자주 등장하는 생략된 용어의 원어는 다음과 같다.
   · 범문화역 : 안정광제安井廣濟 역『범문화역 입능가경』. 일본 소화 51년 법장관法藏舘

- 4권본 : 능가아발다라보경(전4권) 대정신수대장경 제16책
- 10권본 : 입능가경(전10권) 대정신수대장경 제16책
- 『관기』: 명 덕청『관觀능가아발다라보경기記』(전8권) 卍속장경 제17책
- 『심인』: 청 함하『능가아발다라보경심인』(전8권) 卍속장경 제18책
- 『주해』 : 명 종륵宗泐·여기如玘『능가아발다라보경주해註解』(전8권) 대정신수대장경 제39책
- 『집주』: 송 정수正受『능가아발다라보경집주集註』(전4권) 卍속장경 제17책
- 『찬』: 송 양언국楊彦國『능가아발다라보경찬纂』(전4권) 卍속장경 제17책

4. 권말의 찾아보기에는 각주에 등장하는 용어들을 모아서 쪽수와 함께 수록하고, 부록으로 데이비드 칼루파하나의 저서「불교철학의 역사A history of buddhist philosophy」(1992년, 하와이대학 출판부)에 첨부되어 있는 '능가경의 역사'를 수록하여, 이 경전의 이해에 참고하도록 하였다.

5. 각주에 소개되는 경론 이름 뒤에 별다른 책자의 소개 없이 '졸역 p. 참조'라고 표시한 경우, 해당 졸역서의 명칭은 다음과 같다.
   * 성유식론 :『주석 성유식론』(2006년)
   * 정명경, 유마경 :『설무구칭경·유마경』(2008년)
   * 여래장경, 승만경, 대승기신론 :『여래장경전모음』(2008년)
   * 법화경 :『묘법연화경』(2009년)
   * 화엄경 :『대방광불화엄경』(2011년, 이상 모두 한산암)

大乘入楞伽經
대승입능가경

卷第一
제1권

大周 于闐國 三藏法師 實叉難陀 奉敕譯
대주 우전국 삼장법사 실차난다 봉칙역

【『심인』의 정종분 분과에 의한 제1권의 구성】

I 이언절증하며 광대미묘한 제일의의 법문을 바로 가리킴	
1. 108구를 물음	1.2.1(2)~
2. 비구로써 바로 가리켜 답함	
(1) 따옴	1.2.2(1)~
(2) 답함	(2)②
II 언설로 들어갈 바 제일의의 식해가 상주함을 보여서 유심을 드러냄	
1. 8식인과의 사정을 간략히 밝혀 성지의 자각을 드러냄	
(1) 8식인과의 사정을 간략히 밝혀 허망 떠난 소증을 표함	
(가) 모든 식의 생멸을 알기 어려움을 보임	1.3(1)
(나) 식의 모습을 간략히 보임	(2)
(다) 진상은 멸하지 않음을 보여 깨닫게 함	(3)
(라) 삿된 단멸이라는 다른 원인을 냄	(4)
(마) 바른 원인을 보여 삿된 허망과 구별함	(5)
(바) 외도의 있고 없음과 삿된 단멸을 배척함	(6)
(사) 허망을 떠난 소증을 보임	(7)
(2) 8식 구경의 변제를 자세히 밝혀 식·지의 다름을 보임	
2. 5법·자성·무아가 이승·외도와 구별됨을 보여 정법의 인과를 드러냄	
3. 여래장이 우부·외도의 망상의 언설을 초과하여 모든 지와 구경의 과해를 성취함을 보임	
4. 원만한 불신은 유무에 떨어지지 않음을 보임	2.1~6.2
5. 종·설 2통의 말·뜻과 식·지에 능숙한 작용을 보여 우부·외도의 자·타에 부지해 정법의 해탈로 나아감과 구별함	
6. 정각은 진상무구하게 단박 모든 지 초과함을 드러냄	
7. 8식·5법·3자성·2무아가 제일의 이룸을 보임	
8. 삼세여래의 법신은 청정 무루함을 보임	

대승입능가경1   大乘入楞伽經
제1권   卷第一

제1   羅婆那王勸請品
라바나왕권청품2   第一

....
1 '대승입능가경'은 제목으로 경전을 설한 처소를 표방한 것이다. '능가Ⓢ Laṅkā'라고 함은 여기 말로 가기 어렵다[難往]는 뜻인데, 야차가 사는 곳이다. 이 성은 마라산摩羅山(=현재 스리랑카 동남쪽에 있는 산을 가리킨다고 보는 것이 보통이나, 이설도 있음) 정상에 있는데, 그 산이 높고 험준하며 아래로 대해를 내려다 볼 정도이나, 곁에 문이 없어서 신통을 얻은 자라야 비로소 올라갈 수 있다고 하니, 이에 심지법문은 마음 없고 증득 없는 자 [無心無證者]라야 비로소 들어갈 수 있음을 표한 것이다. *『주해』는 4권본의 명칭 '능가아발다라보경'(=이 경전의 범어 명칭은 Laṅkāvatāra-sutra 임) 중 '능가' 아래 부분에 대해 다음과 같이 설명한다. 「아발다라阿跋多羅Ⓢavatāra'라고 함은 여기 말로는 위 없음[無上]이며, 또한 들어감[入]이라고도 말한다. '보寶'란 지극히 귀한 물건이니, 이로써 이 경전의 존귀함을 비유한 것이다.」
2 이하 경문의 뜻을 바로 해석한다. 나누면 셋이 되니, 서분·정종분·유통분을 말한다. 이 품은 곧 서분이고, 제2품에서 널리 중송함이 끝날 때까지를 정종분이라고 이름하며, 최후의 1게송을 유통분이라고 이름한다. 처음의 4권본에는 이 1품이 완전히 빠지고, 다만 첫머리에 있는 6행 여의 글(=1.1.1 부분)이 약서略序가 된다. * 이것이 『심인』에서 '서분 중의 첫째 경전이 일어난 인연을 서술함'이라고 분과한 부분인데, 4권본에 대한 『심인』의 전체 분과를 도표로써 간략히 보이면 다음과 같다.

서분	경전이 일어난 인연을 서술함	1.1.1
	해당 근기가 게송으로써 찬탄함	1.2.1(1)
정종분(=앞 면의 도표 참조)		(2)~6.2

'라바나'라고 말한 것은 곧 야차왕인데, 여래께 보배산 중에 들어와 자증의 법 설하시기를 권청하고, 다시 대혜보살에게 위해 물음의 머리를 열도록 청하기 때문에 '권청'이라고 말하였다. * 4권본은 경전 전체가 '일체불어심佛語心品'이라는 하나의 품으로 되어 있는데, 『주해』는 「불어심'이란 곧 제

1.1

1.1.1[3]

이와 같이 나는 들었다.

한 때 붓다께서는 큰 바닷가의 마라야산 정상 능가성 중에[4] 대비구 대중 및 대보살 대중과 함께 하셨다.[5]

그 모든 보살마하살들은 다 이미 오법, 삼자성, 모든 식, 무아를 통달하여, 경계는 자기 마음의 나타남인 뜻을 잘 알고,[6] 한량없는 자재, 삼매, 신통, 모든 힘에 유희하며, 중생의 마음을 따라 갖가지 형상을 나타내어 방편으로 조복하

如是我聞.

一時佛住 大海濱 摩羅耶山頂 楞伽城中 與大比丘衆 及大菩薩衆俱.

其諸菩薩摩訶薩 悉已通達 五法三性 諸識無我, 善知境界 自心現義, 遊戲無量 自在三昧神通諸力, 隨衆生心 現種種形 方便調伏,

---

불께서 설하신 심법이다.」라고 설명하고 있다.
3 이는 증신서를 통틀어 밝히는 것이다.
4 '이와 같이 나는 들었다'는 들은 법의 체를 든 것이다. '이와 같이'는 신信성취이고, '나는 들었다'는 문聞성취이다. '한 때'는 時성취이고, '붓다께서는'은 주主성취이다. '큰 바닷가의 마라야산 정상의 능가성 중에'라고 한 이것은 처處성취이다. 진신은 있음이 없지만 있지 않음도 없으므로 다음에 이를 말한 것이다.
5 이는 중衆성취이다. 종가입공관으로 치우쳐 생사를 깨뜨리므로 곧 먼저 성문을 열거하고, 종공입가관으로 치우쳐 열반을 깨뜨리므로 곧 뒤에 보살을 열거했다. 이변을 이미 떠났으니, 곧 중도가 현전한다. 이상으로 여섯 가지 뜻이 원만히 이루어졌음을 말하였다.
6 '그 모든 보살마하살' 이하는 보살의 덕을 찬탄한 것이다. 5법, 3자성, 8식, 2무아는 4묘문妙門으로서 세·출세간의 일체 제법을 거두니, 아래의 정종분에서 이 뜻을 갖추어 밝힌다. '경계는 자기 마음의 나타남인 뜻을 잘 알고'라고 함은 말하자면 삼계의 의보·정보, 미迷·오悟, 생·사의 경계는 오직 자기 마음의 나타남인 뜻을 모든 보살은 능히 여실하게 잘 요지하는 것이니, 밖을 좇아 얻지 않는다.

여, 일체 제불께서 손으로 그들을 관정하셨으니, 다 갖가지 제불 국토로부터 이 법회에 왔고, 대혜보살마하살이 그 상수가 되었다.7

一切諸佛 手灌其頂,
皆從種種 諸佛國土
而來此會, 大慧菩薩摩
訶薩 爲其上首.

1.1.2[8]

(1) ① 그 때 세존께서 바다의 용왕궁에서 설법하시고 7일을 지나고 나서 대해에서 나오시니, 한량없는 억의 범천·제석·사천왕과 여러 천·용 등이 있다가 붓다를 받들어 영접하였다. 그 때 여래께서는 눈을 들어 마라야산의 능가대성을 관찰해 보시고 곧 문득 미소 지으시면서 이렇게 말씀하셨다.

"과거 모든 여래 응 정등각께서는 모두 이 성에서 스스로 얻은 성지聖智로 증득한 법을 설하셨는데, 모든 외도가 억탁하는 사견 및 이승의 수행 경계가 아니었다. 나도 이제 또한 응당 라바나

爾時 世尊 於海龍王宮
說法 過七日已 從大海
出, 有無量億 梵釋護世
諸天龍等
奉迎於佛. 爾時 如來
擧目觀見 摩羅耶山 楞
伽大城 卽便微笑
而作是言.

"昔諸如來 應正等覺
皆於此城 說自所得 聖
智證法, 非諸外道
臆度邪見 及以二乘 修
行境界. 我今亦當 爲羅

---

7 '한량없는 자재, 삼매, 신통, 모든 힘에 유희한다'고 함은 말하자면 자기 마음이 나타낸 바 한량없이 자재한 해탈, 삼매의 정수正受, 육통과 십력에 유희하는 것이다. '유희'란 무엇인가? 말하자면 한량없는 자재를 이미 얻어서 이미 신령스럽고 또 통하므로 자기를 잊고 사물에 맡기더라도 피차에 막힘이 없어서 곧 곳곳에 즐거움이 있기 때문에 유희한다고 말하는 것이다.
8 여기부터 이 품의 끝까지는 발기서를 따로 밝히는 것이다.

왕을 위해 이 법을 열어 보이리라."

② 그 때 라바나 야차왕은 붓다의 신력으로써 붓다의 말씀소리를 듣고 멀리서 여래께서 용궁에서 나와 범천·제석·사천왕과 천·용에 둘러싸인 것을 알았으며, 바다의 파랑을 보고 그 중회의 장식의 큰 바다에 경계의 바람이 움직여 전식의 파랑이 일어남을 관찰하고는 환희심을 일으켜 그 성중에서 큰 소리로 외쳐 말하였다.

"나는 응당 붓다께 나아가 이 성에 들어오셔서 나 및 모든 천신과 세상 사람들로 하여금 긴 밤 중에 큰 요익을 얻게 하시도록 청하리라."9

이 말을 하고 나서 곧 권속과 더불어 꽃궁전을 타고 세존의 처소로 가 이르고 나서 궁전에서 내려 오른쪽으로 세 바퀴를 돌고는 온갖 음악을 지어 여래를 공양하였다. 지닌 악기들은 다 대청

婆那王 開示此法."

爾時 羅婆那夜叉王 以佛神力 聞佛言音 遙知如來 從龍宮出 梵釋護世 天龍圍遶,
見海波浪 觀其衆會 藏識大海 境界風動 轉識浪起 發歡喜心 於其城中 高聲唱言.

"我當詣佛　請入此城
令我及與　諸天世人
於長夜中　得大饒益."

作是語已　卽與眷屬
乘花宮殿　往世尊所 到已下殿　右遶三匝
作衆伎樂　供養如來.
所持樂器　皆是大靑

---

9 야차왕이 붓다의 신력을 받들었다고 말한 것은, 바다가 파랑으로 영상을 능히 나타내지 못함을 보고, 그 중회의 여래장식의 진여 성품의 바다도 또한 다시 이와 같아서 무명의 경계의 바람이 움직임으로 전식의 파랑이 생겨 무변한 덕용을 능히 발현하지 못함이 됨을 관찰해서, 곧 환희심을 일으켜 응당 붓다께 나아가 이 성 중에 들어오셔서 이 일을 일으켜 올려서, 모든 중생으로 하여금 무명의 바람을 쉬고 식의 파랑을 내지 않게 하도록 청하려 하기 때문이니, 마음바다가 맑으면 나타나지 않을 덕이 없는 것이다.

인다라보10와 유리 등의 보배를 사이에 　因陀羅寶 琉璃等寶 以
섞고 무가의 좋은 천을 써서 둘러쌌는 　爲間錯 無價上衣 而用
데, 그 소리는 미묘하고 음절은 서로 어 　纏裹, 其聲美妙 音節相
울렸으며, ③ 그 가운데에서 게송을 설 　和, 於中說偈
하여 붓다를 찬탄해 말하였다. 　而讚佛曰.

[1] 마음의 자성의 법장은11 　心自性法藏
　　나 없고 견해의 때를 여읜 　無我離見垢
　　증지로 알 바이니 원컨대 　證智之所知
　　붓다께서 펴 설하소서 　願佛爲宣說

[2] 선법이 모여서 몸이 되고12 　善法集爲身
　　증지證智로 항상 안락하시며 　證智常安樂
　　변화에 자재하신 분이여 　變化自在者
　　원컨대 능가성에 드소서 　願入楞伽城

[3] 과거의 붓다 보살은 모두13 　過去佛菩薩

---

10 '대청인다라보'는 모든 물상物像을 머금어서 마주하면 곧 변해 응하니, 이 야차 등이 지닌 악기는 모두 이 보배이다.
11 처음 [1]의 위 3구는 바로 증득한 바 진심의 자성을 찬탄한 것이니, 이것이 모든 법장으로서, 본래부터 한량없는 성품의 공덕을 구족했기 때문이다. 두 가지 나의 집착이 없고, 5견(=유신견·변견·사견·견취견·계금취견)의 때를 여의어 오직 붓다와 붓다만이 능히 증지하는 것이다.
12 [2]는 게송으로 찬탄해 붓다께 성에 드시기를 청하는 것이다. 위의 3구는 차례대로 삼신을 찬탄함이고, 제4의 1구는 바로 청하는 것이다.
13 [3]은 과거의 붓다 보살은 다 일찍이 이 성에 머물렀으니, 세존도 또한 응당 그러해야 한다고 서술하는 것이다.

일찍이 이 성 머물렀으니	皆曾住此城
이 모든 야차 대중들은	此諸夜叉衆
일심으로 청법 원합니다	一心願聽法

(2) 그 때 라바나 능가왕은 도타가음으로써 노래해 붓다를 찬탄하고 나서 다시 노래 소리로써 게송을 설하였다.14   爾時 羅婆那楞伽王 以都咤迦音 歌讚佛已 復以歌聲 而說頌言.

① 세존께서는 이레 동안   世尊於七日
　 마갈해 중에 머무시고   住摩竭海中
　 그런 뒤 용궁에서 나오셔   然後出龍宮
　 사뿐히 이 언덕 오르시니   安詳昇此岸

② 나와 더불어 모든 궁녀   我與諸婇女
　 그리고 야차의 권속으로   及夜叉眷屬
　 수가輸迦나 사랄나娑剌那와 같은15 輸迦娑剌那
　 대중 중의 총혜자들은   衆中聰慧者

---

14 위에서 악기소리가 찬탄하여 붓다께 청하고, 여기에서 다시 노래 소리로 게송을 설하여 붓다께 청한 것은 유정이든 무정이든 같음을 표한 것이다. * '도타가'에 관하여는 청량의 『화엄경소』에, 「'구지라Şkotila'라고 말한 것은 도탁가都咤迦라고도 하는데, 여기 말로는 중음합화衆音合和이니, 미묘하고 가장 뛰어난 것으로 모두 애어의 도구이다.」(=졸역 『대방광불화엄경Ⅱ』 p.290)라는 설명이 있는데, 이 '도탁가'와 같은 것으로 보인다.
15 * 대정신수대장경에 '수가'와 '사랄나'는 범어로 각각 'Śuka'와 'Sāraṇa'인 것으로 되어 있다.

③ 모두 그들의 신력으로써　　　　悉以其神力
　 여래의 처소에 나아가　　　　　往詣如來所
　 각각 꽃궁전에서 내려서　　　　各下花宮殿
　 세존에게 예경 드리고　　　　　禮敬世所尊

④ 다시 붓다의 위신으로써　　　　復以佛威神
　 붓다께 제 이름을 칭했네　　　 對佛稱己名
　 저는 나찰의 왕으로서　　　　　我是羅剎王
　 십수十首의 라바나입니다16　　　十首羅婆那

⑤ 이제 붓다 처소에 왔으니　　　 今來詣佛所
　 원컨대 붓다께서 저와　　　　　願佛攝受我
　 그리고 능가성 중에 있는　　　 及楞伽城中
　 모든 중생들 섭수하소서　　　　所有諸衆生

⑥ 과거의 무량한 붓다들도　　　　過去無量佛
　 모두 보배산 정상에 올라　　　 咸昇寶山頂
　 능가성 중에 머무시면서　　　　住楞伽城中
　 자소증의 법 설하셨으니　　　　說自所證法

⑦ 세존도 응당 그러하셔서　　　　世尊亦應爾

----
16 말하자면 '나찰왕'은 모든 중생의 근본무명의 군주[郡主]임을 표하고, '십수'는 이·둔의 10사使는 무명으로 말미암아 나는 것을 표하니, 이는 일체 진로塵勞 번뇌의 머리[首]이다.

저 보배 장엄한 산 머물며 住彼寶嚴山
보살대중에 둘러싸이어서 菩薩衆圍遶
청정한 법을 연설하소서 演說淸淨法

⑧ 저희들은 오늘 그리고 我等於今日
능가성에 머무는 대중과 及住楞伽衆
일심으로 함께 언설 떠난 一心共欲聞
자증의 법 듣고자 합니다 離言自證法

⑨ 저 억념컨대 과거·미래세 我念去來世
계신 무량한 붓다들께서 所有無量佛
보살들에 함께 둘러싸여 菩薩共圍遶
능가경을 연설하십니다 演說楞伽經

⑩ 이 입능가 경전은 과거의 此入楞伽典
붓다들 칭찬하신 바이니 昔佛所稱讚
원컨대 과거 세존과 같이 願佛同往尊
대중들 위해 개연하소서 亦爲衆開演

⑪ 붓다께 청하오니 무량한 請佛爲哀愍
야차대중들 연민하시어 無量夜叉衆
저 보배장엄한 성 드시어 入彼寶嚴城
이 묘한 법문을 설하소서 說此妙法門

⑫ 이 묘한 능가성은 갖가지　　　　此妙楞伽城
　　보배로써 엄식되었으니　　　　　種種寶嚴飾
　　장벽은 토석이 아니며　　　　　　牆壁非土石
　　그물은 모두 진보랍니다　　　　　羅網悉珍寶

⑬ 이 모든 야차대중은 과거　　　　此諸夜叉衆
　　일찍이 붓다 공양하며　　　　　　昔曾供養佛
　　수행해 모든 허물 여의고　　　　修行離諸過
　　증지해 항상 밝게 압니다　　　　證知常明了

⑭ 야차의 남자·여자 등은　　　　　夜叉男女等
　　대승을 우러러서 스스로　　　　　渴仰於大乘
　　믿고 또한 남으로 하여금　　　　自信摩訶衍
　　머물게 하기 즐기나이다　　　　　亦樂令他住

⑮ 오직 원컨대 무상존이여　　　　惟願無上尊
　　모든 나찰 대중들과　　　　　　　爲諸羅刹衆
　　옹이甕耳 등의 권속을 위하여17　甕耳等眷屬
　　능가성에 나아가소서　　　　　　往詣楞伽城

⑯ 저는 과거·미래와 현재에　　　　我於去來今
　　부지런히 붓다 공양하며　　　　　勤供養諸佛

----

17 * '옹이'는 대정신수대장경에 범어로 'Kumbhakarṇa'인 것으로 되어 있다. 이하 위의 출전은 생략한다.

자증의 법 듣고 대승의 도　　　　　願聞自證法
구경하기를 원합니다　　　　　　　究竟大乘道

[17] 원컨대 붓다께서는 저와　　　　願佛哀愍我
모든 야차대중 연민하셔　　　　　及諸夜叉衆
모든 불자 등과 함께　　　　　　　共諸佛子等
이 능가성에 드시오소서　　　　　入此楞伽城

[18] 저의 궁전과 궁녀들과　　　　　我宮殿婇女
그리고 모든 영락과　　　　　　　及以諸瓔珞
사랑할 만한 무우원無憂園을　　　　可愛無憂園
연민하여 받아 주소서　　　　　　願佛哀納受

[19] 붓다 보살에 저는 버리지　　　　我於佛菩薩
못할 물건 없으니 나아가　　　　　無有不捨物
몸의 시중까지 원컨대　　　　　　乃至身給侍
연민하여 받아 주소서18　　　　　　惟願哀納受

(3) ① 그 때 세존께서는 이 말을 들으시　　爾時　世尊　聞是語已
고 나서 곧 말씀하셨다.　　　　　　　　　即告之言.
"야차왕이여, 과거세 중의 모든 대도　　"夜叉王, 過去世中　諸

---
18 이는 경전에서 스스로 밝히는 것과 같은데, 그 큰 뜻은 곧 무명의 진실한 성품이 곧 불성임을 능히 요달한다면 안팎의 진로와 일체 번뇌가 저절로 정변지각正遍知覺을 수순함을 표하니, 그래서 '시중(까지) 받아 주소서'라고 말한 것이다.

사들께서는 다 그대를 연민하여 그대의 권청을 받고 보배산중에 나아가 자증의 법을 설하셨는데, 미래의 제불께서도 또한 다시 이와 같으실 것이다. 여기는 매우 깊은 관행을 수행해 법락을 나타내는 이가 머무는 곳이니, 나 및 모든 보살도 그대를 연민하므로 그대의 청하는 바를 받아들이는 것이다."

이 말씀을 하시고 나서 말 없이 머무셨다.19

② 그 때 라바나왕은 곧 타고 왔던 묘한 꽃궁전을 붓다께 봉헌하니, 붓다께서 그 위에 앉으셨다. 왕 및 모든 보살은 앞뒤에서 인도하며 따르고, 한량없는 궁녀들은 노래해 붓다를 찬탄하여 공양하며 그 성으로 나아갔다. 그 성에 이르고 나서 라바나왕 및 모든 권속들은 다시 갖가지 아주 묘한 공양을 지었고, 야차 대중들 중 동남 동녀들은 보배그물을 붓다께 공양하였으며, 라바나왕은 보배 영락을 보시해 붓다 보살에게 봉헌해서 그들의 목에 걸어드렸다.

大導師 咸哀愍汝 受汝勸請 詣寶山中 說自證法, 未來諸佛 亦復如是. 此是修行
甚深觀行 現法樂者
之所住處, 我及諸菩薩
哀愍汝故 受汝所請."

作是語已 默然而住.

時羅婆那王 卽以所乘
妙花宮殿 奉施於佛, 佛
坐其上. 王及諸菩薩
前後導從, 無量婇女
歌詠讚歎 供養於佛
往詣彼城. 到彼城已
羅婆那王 及諸眷屬 復
作種種 上妙供養, 夜叉
衆中 童男童女 以寶羅
網 供養於佛, 羅婆那王
施寶瓔珞 奉佛菩薩
以掛其頸.

....
19 (3)의 ①은 붓다께서 야차왕에게 말씀하시고, 그 청을 허락하여 받아들이셨기 때문에 말 없이 머무신 것이다.

그 때 세존 및 모든 보살들은 공양을 받고 나서 각각 위해 간략히 자증 경계의 매우 깊은 법을 설하셨다.[20]

③ 그 때 라바나왕과 아울러 그 권속들은 다시 대혜보살에게 공양하고 권청하여 말하였다.[21]

爾時　世尊　及諸菩薩 受供養已 各爲略說 自證境界 甚深之法.

時羅婆那王　幷其眷屬 復更供養 大慧菩薩 而勸請言.

① 저 이제 보살에게 청하니
　　세존께 일체 모든 여래의
　　스스로 증득한 지혜 경계
　　받들어 물어 주소서

我今[諸]<請>大士
奉問於世尊
一切諸如來
自證智境界

② 저와 더불어 야차 대중들
　　그리고 이 모든 보살들은
　　일심으로 듣고자 원하니
　　그러므로 다 권청합니다

我與夜叉衆
及此諸菩薩
一心願欲聞
是故咸勸請

③ 그대는 수행하는 분으로
　　언론에 가장 뛰어나시니
　　그러므로 존경을 내어서

汝是修行者
言論中最勝
是故生尊敬

---

20 붓다 및 모든 보살이 공양을 받은 것을 말한 것은, 각각 위해 간략히 매우 깊은 법요를 설하기 때문이다.
21 그 왕이 다시 대혜보살에게 공양함은, 우리 등 및 모든 보살을 위해 여래의 자증 지혜의 법 받들어 청문하기를 청하여, 모든 허물을 떠나고 붓다의 지혜의 지위에 들게 하려는 것이다.

그대에 법 청문 권합니다　　　　勸汝請問法

④ 스스로 증득한 청정법은　　　　自證淸淨法
　　구경에 붓다지위에 드니　　　　究竟入佛地
　　외도와 이승의 일체의　　　　　離外道二乘
　　모든 과실을 떠납니다　　　　　一切諸過失

(4) ① 그 때 세존께서는 신통력으로 그 산 중에서 다시 한량없는 보배산을 변화로 만드셨는데, 다 모든 하늘의 백천만억 묘보로써 엄식되었고, 낱낱 산 위에 모두 붓다의 몸을 나타내었다. 낱낱 붓다 앞에는 모두 라바나왕 및 그 중회가 있었고, 시방에 있는 일체 국토가 모두 그 중에 나타났으며, 낱낱 국토 중에는 다 여래께서 계신데, 낱낱 붓다 앞에는 다 라바나왕과 그 권속들이 있었으며, 능가대성과 무우원[阿輸迦園]의 이와 같은 장엄들도 같아서 다름이 없었고, 낱낱에는 다 대혜보살이 있어서 청문함을 일으키니, 붓다께서 위해 자증의 지혜 경계를 개시하시되 백천의 묘음으로써 이 경전을 설하시고 나서 붓다 및 모든 보살들은 다 공중에서 모습을 감추

爾時　世尊　以神通力
於彼山中　復更化作　無
量寶山, 悉以諸天　百千
萬億　妙寶嚴飾, 一一山
上　皆現佛身. 一一佛前
皆有羅婆那王　及其衆
會, 十方所有　一切國土
皆於中現, 一一國中
悉有如來, 一一佛前
咸有羅婆那王　幷其眷
屬, 楞伽大城　阿輸迦園
如是莊嚴　等無有異,
一一皆有　大慧菩薩　而
興請問, 佛爲開示　自證
智境　以百千妙音
說此經已　佛及諸菩薩
皆於空中　隱而不現.

고 나타나지 않았다.22

② 라바나왕은 오직 자신만이 본래의 궁전 중에 머무는 것을 보고 이 생각을 하였다. '앞의 사람들은 누구였고, 누가 그 설을 들었으며, 보인 것은 무슨 물건이었고, 이를 누구가 보았으며, 붓다 및 국토의 성과 온갖 보배 산림의 이러한 등의 물건은 지금 어디에 있는가. 꿈이 만든 것인가, 환술로 이룬 것인가, 다시 마치 건달바성과 같은 것인가, 병든 눈으로 본 것인가, 아지랑이에 홀린 것인가, 꿈 속에서 석녀가 아이를 낳은 것과 같은가, 불꽃으로 불바퀴를 돌리는 것과 같은가.'23

羅婆那王 唯自見身 住本宮中 作是思惟.
'向者是誰, 誰聽其說, 所見何物,
是誰能見, 佛及國城 衆寶山林 如是等物 今何所在. 爲夢所作, 爲幻所成, 爲復猶如 乾闥婆城, 爲翳所見, 爲炎所惑,
爲如夢中 石女生子, 爲如煙焰 旋火輪耶.'

----

22 여래께서 신통력으로써 다시 그 산에서 위와 같이 중중무진한 경계를 화현하고, 나아가 공중에서 모습을 감춘 것을 말한 것은, 저 화엄회 중(=졸역『대방광불화엄경Ⅶ』의 79.1 참조)에서 미륵이 손가락을 튕기니 누각의 문이 열리고, 선재가 들어가서 보니, 그 장엄한 큰 누각 중에서 다함 없는 백천 누각의 광대한 장엄이 있어 또한 다시 이와 같으며, 그 다함 없는 백천 누각 중의 낱낱에 각각 다함 없는 백천의 누각이 있고, 낱낱 누각 앞에 각각 미륵보살이 있으며, 낱낱 미륵보살 앞에 각각 선재동자가 있어서 낱낱 선재동자가 모두 다 합장하고 미륵 앞에 있다가, 나아가 삼매에서 일어남에 이르러 홀연 보지 못하는 것과 꼭같다.
이 둘은 다 생각을 초월하고 소견을 떠난, 광대하며 자재한 무장애법계를 나타내는 것이니, 곧 제불과 중생이 서로 통하고, 정토와 예토가 융통하며, 법과 법이 모두 다시 상호 장엄하고, 티끌과 티끌이 모두 법계를 두루 머금어서 상입 상즉하여 다함 없이 중중함으로써, 그들(=선재동자와 라바나왕)로 하여금 깨닫고 닦게 하여 원만하고 밝게 증입케 하는 것이다.

다시 생각하였다. '일체의 모든 법은 성품이 다 이와 같아서 오직 자기 마음이 분별한 경계일 뿐인데도, 범부가 미혹하여 이해해 알지 못하는 것으로, 보는 주체도 없고 또한 볼 대상도 없으며, 설하는 주체도 없고 또한 설할 대상도 없으며, 붓다를 보고 법을 들음도 모두가 분별이다. 앞에서 본 것과 같다면 붓다를 볼 수 없으니, 분별을 일으키지 않는 것이 곧 능히 보는 것이다.'24

③ 그 때 능가왕은 곧 개오해서 모든 잡염을 떠나 오직 자기 마음일 뿐임을 깨달아서 무분별에 머물렀다. 지난 과거에 심은 선근의 힘 때문에 일체법에 여실견을 얻어서 남의 깨달음을 따르지 않고 능히 자신의 지혜로써 선교하게 관찰하여 길이 일체 억탁하는 삿된 이해를 떠나 큰 수행에 머물러 수행사가

復更思惟. '一切諸法
性皆如是 唯是自心
分別境界, 凡夫迷惑
不能解了, 無有能見
亦無所見,
無有能說 亦無所說,
見佛聞法 皆是分別.
如向所見 不能見佛,
不起分別
是則能見.'

時楞伽王 尋卽開悟 離
諸雜染 證唯自心
住無分別. 往昔所種
善根力故 於一切法 得
如實見 不隨他悟
能以自智 善巧觀察
永離一切 臆度邪解
住大修行 爲修行師,

---

23 모든 법은 이미 숨고 능가왕이 오직 자신이 본래의 궁전 중에 머무는 것을 보는 이것은 당처當處를 떠나지 않았음을 밝히는 것이다. '이 생각을 하였다'는 것은 곧 심사관尋伺觀을 일으킨 것이니, 모든 법을 자세히 관찰해도, 누가 설하고 누가 들었으며 이들이 어떤 물건인지, 모든 법의 모습을 찾았으나, 얻을 수 없음을 안 것이다.
24 다시 생각한 것은 정념으로 관찰해서 여실관如實觀을 얻은 것이다. 주체가 없고 대상이 없으며 봄도 없고 들음도 없는 이것을 진실한 봄[眞實見]이라고 이름한다.

되어서, 갖가지 몸을 나타내어 방편을 잘 요달하고 모든 지의 위로 증진하는 모습을 선교하게 알아, 늘 즐거이 심·의·의식을 멀리 여의며 세 가지 상속을 봄을 끊어서 외도의 집착을 떠나고 안으로 스스로 깨달아 여래장에 들며 붓다 지위로 향하니,25 허공 중 및 궁전 안에서 다 소리 내어 말하는 것이 들렸다.

"훌륭하도다, 대왕이여. 그대가 배운 바와 같이 모든 수행자는 응당 이와 같이 배워야 하니, 일체 여래도 이와 같이 보아야 하고, 일체의 모든 법도 이와 같이 보아야 한다. 만약 달리 본다면 곧 이는 단견이니,26 그대는 응당 심·의·의식을 영원히 떠나 응당 일체의 모든 법을 부지런히 관찰하여 응당 내적인 행

現種種身 善達方便
巧知諸地 上增進相,
常樂遠離 心意意識
斷三相續見
離外道執著 內自覺悟
入如來藏 趣於佛地,
聞虛空中 及宮殿內
咸出聲言.

"善哉, 大王. 如汝所學
諸修行者 應如是學,
應如是見 一切如來
應如是見 一切諸法.
若異見者 則是斷見,
汝應永離 心意意識
應勤觀察 一切諸法
應修內行

....

25 이상은 야차왕이 여실관으로 말미암아 곧 개오해서 오직 자기 마음임을 증득해 무분별의 지혜에 머묾을 밝히는 것이다. '세 가지 상속'의 뜻은 아래에서 자세히 밝히는 것과 같다. * '세 가지 상속'은 1.3(1)의 ②에 의하면 상속의 생·주·멸을 가리키고, 3.2(6)의 ⑥에서는 삼계의 상속을 뜻하나, '아래에서 자세히 밝히는 것과 같다'고 표현하는 것으로 보아 전자의 의미인 것으로 이해된다.
26 이하는 갖가지로 그에게 다른 견해 여의기를 권함을 밝히는 것이다. '만약 달리 본다면 곧 이는 단견'이라고 함은, 말하자면 만약 이 여실한 견해와 다르다면 곧 단멸견이 된다는 것이다.

을 닦고 외적인 봄을 집착하지 말아야
하며, 이승 및 외도가 닦는 범주의 뜻[句
義], 보는 경계 및 얻어야 한다는 모든
삼매의 법에 떨어지지 말아야 하고, 그
대는 희론과 담소를 즐기지 않아야 하
며, 그대는 베다[圍陀]의 모든 견해27를
일으키지 않아야 하고, 또한 왕위의 자
재함에도 집착하지 않아야 하며, 또한
육행의 선정[六定]28 등 중에도 머물지
않아야 한다.

莫著外見.
莫墮二乘 及以外道 所
修句義 所見境界 及所
應得 諸三昧法, 汝不應
樂 戲論談笑,
汝不應起 圍陀諸見,
亦不應著 王位自在,
亦不應住
六定等中.

만약 이와 같을 수 있다면 곧 여실한
수행자의 행으로서, 다른 이론을 꺾을
수 있고, 악견을 깨뜨릴 수 있으며, 일체
아견의 집착을 버릴 수 있고, 묘혜로써
의지하는 식을 전환할 수 있으며,29 보

若能如是 卽是如實
修行者行, 能摧他論
能破惡見 能捨一切
我見執著 能以妙慧
轉所依識 能修菩薩

---

27 '베다의 모든 견해'라고 함은 외도의 바라문이 범천이 설했다는 4베다서書
 (=리그베다·사마베다·야주르베다·아타르바베다)를 따르고 받드는 것이다.
 * '범주의 뜻'이라 함은 승론 즉 바이세시카의 주장을 말한다.(=졸역『주석
 성유식론』p.73 이하 참조)
28 '또한 육행의 선정 등 중에도 머물지 않아야 한다'고 함은 곧 외도가 달리
 계탁하여 기뻐하고[欣] 싫어하는[厭] 6행으로 번뇌를 조복하는 등의 선정이
 다. 마치 한 종류의 외도가 제4선의 무상1천無想一天이 열반이 된다고 계탁
 하는 것이니, 욕계에서 무상정無想定을 닦아서 아래의 3선 및 욕계를 고苦·
 추麤·장障이라고 싫어하고[厭], 위의 무상천을 정정淨·묘妙·리離라고 기뻐하기
 [欣] 때문에 아래의 3선 및 욕계의 번뇌가 조복되어 작용하지 않음을 얻어,
 목숨이 끝나고 곧 무상이숙에 태어나는 것인데, 5백 겁을 지나더라도 다시
 곧 생사에 유전함에 떨어진다. 이와 같은 등의 육행으로 번뇌를 조복함은
 삿된 선정[邪定]이니, 다 머물러서는 안된다.

살의 대승의 도를 닦을 수 있고, 여래의 자증의 지위에 들 수 있으니, 그대는 응당 이렇게 부지런히 수학함을 더하여 얻은 법으로 하여금 더욱 다시 청정케 하고 삼매와 삼마발저를 잘 닦아서, 이승과 외도의 경계를 집착하여 뛰어난 즐거움으로 삼거나 범부의 수행자가 분별하는 바와 같지 말아야 한다. 외도는 '나'에 집착하여 견해에 '나'라는 상이 있으며 그리고 실체[實]와 속성[求那]에 취착을 내고,30 이승은 무명을 연하여 행이 있다고 보아 성품의 공 중에서 어지러운 생각으로 분별한다.31

능가왕이여, 이 법은 수승하고 이는 대승의 도이니, 능히 자증의 성지聖智를 성취하게 하고 제유 중에서 아주 묘한 생을 받게 한다. 능가왕이여, 이 대승의

大乘之道 能入如來 自證之地, 汝應如是 勤加修學 令所得法 轉更淸淨 善修三昧 三摩鉢底, 莫 著二乘 外道境界 以爲 勝樂 如凡修者 之所分 別. 外道執我 見有我相 及實求那 而生取著, 二乘見有 無 明緣行 於性空中 亂想 分別.
楞伽王, 此法殊勝 是大 乘道, 能令成就 自證聖 智 於諸有中 受上妙生. 楞伽王, 此大乘行

---

29 '묘혜로써 의지하는 식을 전환한다'는 것은 곧 4지四智(=대원경지·평등성지·묘관찰지·성소작지)로써 8식을 전환하는 것이다.
30 '구나求那'는 여기 말로 공능이니,(=본문에서 '속성'이라고 번역한 것은 위의 『주석 성유식론』 p.73 이하를 따른 것임) 말하자면 외도가 4대와 온·계·처에 실체와 공능이 있다고 집착하여 색·성·향·미·촉·법에 취착하는 것이다.
31 이승은 12인연이 있다고 보아 성품의 공을 알지 못하여 그 중에서 어지러운 생각으로 분별한다. 그래서 여기에서 외도의 취착 및 이승의 망상을 내지 말도록 권한 것이다.

행은 무명의 가림을 부수고 식의 파랑 을 멸하여 외도의 모든 삿된 행 중에 떨 어지지 않게 한다. 능가왕이여, 외도의 수행자는 나를 집착하여 여러 다른 이 론을 지어서 능히 집착하는 견해를 여 읜 식의 성품[識性]의 두 가지 뜻을 연설 하지 못한다. 훌륭하구나, 능가왕이여, 그대는 먼저 붓다를 보고 이 뜻을 사유 했으니, 이와 같은 사유가 이에 붓다를 보는 것이다."32

(5) ① 그 때 라바나왕은 다시 이 생각을 하였다. '원컨대 내가 다시 여래 받들어 봄을 얻었으면! 여래 세존께서는 관찰 에 자재하셔서 외도의 법을 떠나 능히 자증 성지의 경계를 설하시고, 모든 응 화로 지어야 할 일을 뛰어넘어 여래의 선정에 머물며 삼매의 즐거움에 드시니, 그러므로 큰 관행사라고 이름하고, 또한 다시 크게 연민하는 분이라고 이름한다. 능히 번뇌와 분별의 섶을 다 태운 모든

破無明翳 滅識波浪
不墮外道 諸邪行中.
楞伽王, 外道行者
執著於我 作諸異論
不能演說 離執著見
識性二義.
善哉, 楞伽王,
汝先見佛 思惟此義,
如是思惟 乃是見佛."

爾時 羅婆那王 復作是
念. '願我更得 奉見如
來! 如來世尊 於觀自
在 離外道法 能說自證
聖智境界, 超諸應化
所應作事 住如來定
入三昧樂,
是故說名 大觀行師, 亦
復名爲 大哀愍者.
能燒煩惱 分別薪盡 諸

---

32 '식의 성품의 두 가지 뜻'이라고 함은, 외도는 이미 아견에 집착함이 되어 서 다른 이론 중에서 능히 견해를 여읜, 식의 성품의 법과 비법의 뜻을 연 설하지 못하는 것이다.

불자 대중들에 함께 둘러싸인 바로 널리 일체 중생의 마음 가운데 들되 일체처에 두루하며 일체지를 갖추고 일체 분별된 현상의 모습을 멀리 여의셨으니, 내 이제 원컨대 거듭 여래의 대신통력 봄을 얻고, 봄을 얻음으로써 아직 얻지 못한 것은 얻고 이미 얻은 것에서는 물러나지 않아서, 모든 분별을 떠나 삼매의 즐거움에 머물며 여래 지혜의 지위를 증장하고 만족하였으면!'

② 그 때 세존께서는 능가왕이 곧 응당 무생법인을 증오할 것임을 아시고, 연민하셨기 때문에 곧 그 몸을 나타내고 변화된 일로 하여금 다시 본래와 같이 회복되게 하셨다. 그 때 십수[十頭]의 왕은 일찍이 보았던 바를 보았는데, 한량없는 산성은 다 보배로 장엄되었고 낱낱 성중에는 다 여래 응 정등각께서 계셔서 삼십이상으로 그 몸을 장엄하였으며, 스스로 그 몸이 모든 붓다들 앞에 두루한데, 다 대혜와 야차들이 있어서 둘러싸고, 자증의 지혜로써 행하는 법 설하심을 보았으며, 또한 시방의 제불국토의 이와 같은 등의 일도 모두 다름

佛子衆 所共圍遶 普入
一切 衆生心中 遍一切
處 具一切智 永離一切
分別事相,
我今願得 重見如來 大
神通力, 以得見故 未得
者得 已得不退,
離諸分別 住三昧樂
增長滿足 如來智地!'

爾時 世尊 知楞伽王
卽當證悟 無生法忍,
爲哀愍故 便現其身
令所化事 還復如本.
時十頭王
見所曾睹, 無量山城
悉寶莊嚴
一一城中 皆有如來 應
正等覺 三十二相 以嚴
其身, 自見其身 遍諸佛
前, 悉有大慧 夜叉圍
遶, 說自證智 所行之
法, 亦見十方 諸佛國土
如是等事 悉無有別.

이 없는 것을 보았다.

(6) ① 그 때 세존께서는 널리 중회를 관찰하셨는데,33 혜안으로 관찰하신 것이지 육안으로 관찰하신 것이 아니었다. 마치 사자왕처럼 몸을 떨쳐 돌아 보고 기뻐하며 크게 웃으시고, 그 미간, 대퇴·겨드랑이·허리·목 및 어깨·팔과 만자 가슴[德字] 중의 낱낱 털구멍에서 다 한량없는 묘색의 광명을 놓으시니, 무지개가 드리운 빛과 같고 태양이 뻗은 빛과 같으며 또한 겁화의 맹렬한 불꽃이 치성함과도 같았다. 그 때 허공 중에서 범천·제석·사천왕이 멀리서 여래께서 수미산과 같은 능가산 정상에 앉아 기뻐하며 크게 웃으시는 것을 보았다.

② 그 때 모든 보살 및 모든 천신대중들은 다 이 생각을 하였다. '여래 세존께서는 법에 자재하신데, 무슨 인연 때문에 기뻐하시며 크게 웃으시고 몸에서 광명을 놓으시며 침묵하고 부동하실까? 자증의 경계에 머무심인가, 삼매의 즐거

爾時 世尊 普觀衆會,
以慧眼觀
非肉眼觀.
如師子王 奮迅迴盼
欣然大笑, 於其眉間 髀
脅腰頸 及以肩臂 德字
之中 一一毛孔 皆放無
量 妙色光明, 如虹拖暉
如日舒光
亦如劫火 猛焰熾然.
時虛空中
梵釋四天 遙見如來
坐如須彌 楞伽山頂 欣
然大笑.
爾時 諸菩薩 及諸天衆
咸作是念. '如來世尊
於法自在, 何因緣故
欣然大笑 身放光明
默然不動?
住自證境,　入三昧樂,

---

33 여기에서 여래께서 널리 중회 관찰하심을 밝힌 것은 법을 설하고자 하시기 때문이다.

움에 드심인가, 사자왕이 주위를 둘러 보듯이 라바나의 여실한 법 새김을 관찰하심인가?'

③ 그 때 대혜보살마하살은 먼저 라바나왕의 청을 받았고, 다시 보살 중회의 마음을 알았으며, 그리고 미래의 일체 중생들이 모두 다 언어와 문자에 즐겨 집착하여 말을 따라 뜻을 취해서 미혹을 내고 이승과 외도의 행을 집착해 취할 것을 관찰하였고, 혹은 생각하기를, '세존께서는 이미 모든 식의 경계를 떠나셨는데, 무슨 인연 때문에 기뻐하시며 크게 웃으실까?'라고 하므로, 그 의심을 끊기 위해 붓다께 물었더니, 붓다께서 곧 말씀하셨다.

"훌륭하구나, 대혜여, 훌륭하도다, 대혜여. 그대는 세간을 관찰하여 모든 중생이 삼세 중에서 악견에 얽힌 것을 연민해서 깨닫게 하고자 나에게 묻는구나. 모든 지혜로운 사람도 자·타를 이익하기 위하여 이렇게 묻는다.

대혜여, 이 능가왕은 일찍이 과거의 일체 여래 응 정등각에게도 두 가지 뜻을 물었고, 지금도 또한 묻고자 하며, 미

如師子王 周迴顧視
觀羅婆那 念如實法?'

爾時 大慧菩薩摩訶薩
先受 羅婆那王請, 復知
菩薩 衆會之心, 及觀未
來 一切衆生 皆悉樂著
語言文字 隨言取義 而
生迷惑 執取二乘 外道
之行, 或作是念
'世尊已離 諸識境界,
何因緣故 欣然大笑?',
爲斷彼疑
而問於佛, 佛卽告言.

"善哉, 大慧, 善哉, 大
慧. 汝觀世間 愍諸衆生
於三世中 惡見所纏
欲令開悟 而問於我.
諸智慧人 爲利自他
能作是問.
大慧, 此楞伽王 曾問過
去 一切如來 應正等覺
二種之義, 今亦欲問,

래에도 또한 그러할 것이다. 이 두 가지 뜻의 차별된 모습은 일체 이승 및 모든 외도는 다 헤아릴 수 없는 것이다."

④ 그 때 여래께서는 능가왕이 이 뜻을 묻고자 함을 아시고 말씀하셨다.

"능가왕이여, 그대가 나에게 묻고 싶으면 응당 속히 물으라. 내가 그대를 위해 분별하여 해석해서 그대의 소원을 만족하여 그대로 하여금 환희케 하리라. 능히 지혜로써 사유하고 관찰하여 모든 분별을 떠나며 모든 지地를 잘 알고 수습하여 대치한다면, 진실한 뜻을 증득하고, 삼매의 즐거움에 들어서 모든 여래께서 섭수하시는 바가 되며, 사마타의 즐거움에 머물러 이승의 삼매의 과실을 멀리 떠나고, 부동·선혜·법운의 보살의 지에 머물러서 능히 제법의 무아를 여실하게 알 것이므로, 장차 큰 보배의 연화궁전 중에서 삼매의 물로써 그에 관정할 것이며, 다시 한량없는 연꽃을 나타내어 둘러싸고, 무수한 보살이 그 가운데 머물며 모든 중회와 더불어 번갈아 서로 우러러 볼 것이니, 이와 같은 경계는 사의할 수 없는 것이다.

未來亦爾. 此二種義 差別之相 一切二乘 及 諸外道 皆不能測."
爾時 如來 知楞伽王 欲問此義 而告之曰.
"楞伽王, 汝欲問我 宜應速問. 我當爲汝 分別解釋 滿汝所願 令汝歡喜.
能以智慧 思惟觀察 離諸分別 善知諸地 修習對治, 證眞實義,
入三昧樂 爲諸如來 之所攝受, 住奢摩他樂 遠離二乘 三昧過失,
住於不動 善慧法雲 菩薩之地 能如實知 諸法無我, 當於大寶 蓮花宮 中 以三昧水 而灌其頂, 復現無量 蓮花圍繞, 無數菩薩 於中止住 與諸衆會 遞相瞻視, 如是境界 不可思議.

능가왕이여, 그대가 한 방편행을 일으켜 수행지에 머물고 다시 한량없는 모든 방편행을 일으킨다면, 그대는 결정코 위에서 말한 것과 같은 불가사의한 일을 얻어서 여래의 지위에 처해 형체를 따라 중생에 응할 것이니, 그대가 장차 얻을 바는 일체 이승 및 모든 외도와 범천·제석천 등이 일찍이 보지 못한 것이리라."

楞伽王, 汝起一方便行
住修行地 復起無量 諸方便行, 汝定當得
如上所說 不思議事
處如來位 隨形應物,
汝所當得
一切二乘 及諸外道 梵釋天等 所未曾見."

⑺ ① 그 때 능가왕은 붓다의 허락을 입고 나서 곧 청정한 광명이 큰 연꽃과 같은 보배산 정상에서, 자리에서 일어나 모든 궁녀 대중들이 둘러싼 가운데 한량없는 갖가지 색의 꽃, 갖가지 색의 향, 가루향, 바르는 향, 당·번·휘장·일산, 관패·영락 및 다른 세간에서 일찍이 견문치 못한 갖가지 승묘한 장엄구를 변화로 만들고, 또 다시 욕계에 있는 갖가지 한량없는 모든 음의 악기를 변화로 만들었는데, 모든 하늘·용·건달바 등 일체 세간에 있는 것을 초과하였다. 또 다시 시방의 불국토에서 과거에 일찍이 보지 못한 모든 음의 악기를 변화로 만들고,

爾時 楞伽王 蒙佛許已
卽於淸淨光明 如大蓮華 寶山頂上, 從座而起 諸婇女衆 之所圍繞 化作無量 種種色花 種種色香 末香塗香 幢幡幰蓋 冠珮瓔珞 及餘世間 未曾見聞 種種勝妙 莊嚴之具, 又復化作 欲界所有 種種無量 諸音樂器, 過諸天龍 乾闥婆等 一切世間 之所有者. 又復化作 十方佛土 昔所曾見 諸音樂器,

또 다시 큰 보배그물을 변화로 만들어 일체 붓다 보살 위에 두루 덮었으며, 다시 갖가지 아주 묘한 의복을 나타내고 당번을 건립하여 공양하였으며, 이런 일을 짓고 나서 곧 허공에 오르니, 높이가 7다라수였다. 허공 중에서 다시 갖가지 여러 공양구름을 내리고 여러 음악을 짓고서 허공에서 내려와 곧 제2의, 태양과 번개의 광명이 큰 연꽃과 같은 보배산 정상에 앉아 환희하며 공경하면서 ② 이렇게 말하였다.

"저가 이제 여래께 두 가지 뜻을 묻고자 합니다. 이와 같은 두 가지 뜻을 저는 이미 일찍이 과거의 여래 응 정등각에게 물었는데, 그들 붓다 세존께서 이미 저를 위해 설하셨습니다. 저가 이제 역시 이 뜻을 묻고자 하니, 오직 여래께서 저를 위해 펴 설하시기를 원할 뿐입니다. 세존이시여, 변화 여래께서도 이 두 가지 뜻을 설하셨지만, 근본 붓다가 아니었습니다.34 근본 붓다께서는 삼매

又復化作 大寶羅網
遍覆一切 佛菩薩上, 復
現種種 上妙衣服
建立幢幡 以爲供養, 作
是事已 卽昇虛空, 高七
多羅樹. 於虛空中 復雨
種種 諸供養雲 作諸音
樂 從空而下 卽坐第二
日電光明 如大蓮花 寶
山頂上 歡喜恭敬
而作是言.
"我今欲問 如來二義.
如是二義 我已曾問
過去如來 應正等覺,
彼佛世尊 已爲我說.
我今亦欲
問於是義, 唯願如來
爲我宣說.
世尊, 變化如來 說此二
義, 非根本佛.
根本佛說 三昧樂境,

---

34 변화 여래께서 설한 두 가지 뜻은 근본 붓다의 설이 아니었다는 것은 보신·화신은 진불이 아니고 또한 법을 설하는 분도 아님을 말하는 것이니, 그래서 세존께서 근본붓다로서 위해 설하시기를 바라는 것이다.

락의 경계를 설하시지, 허망한 분별로 행하는 것을 설하시지 않습니다. 훌륭하신 세존께서는 법에 자재하시니, 오직 연민하시어 이 두 가지 뜻 설하시기를 원합니다. 일체 불자들도 마음으로 다 즐겨 들을 것입니다."

③ 그 때 세존께서는 그 왕에게 말씀하셨다.

"그대는 응당 물으라. 내 응당 그대를 위해 설하리라."

④ 그 때 야차왕은 다시 갖가지 보배 관과 영락을 걸치며 모든 장엄구로써 그 몸을 장엄하고 이렇게 말하였다.

"여래께서는 항상 '법도 오히려 버려야 하거늘, 어찌 하물며 비법이랴'라고 말씀하셨는데, 어떻게 해야 이 두 가지 법 버림을 얻습니까? 무엇이 법이고, 무엇이 비법입니까? 법을 만약 버려야 한다면 어떻게 둘이 있습니까? 둘이 있다면 곧 분별상 중에 떨어질 것이니, 체 있음과 체 없음, 진실임과 진실 아님의 이와 같은 일체는 다 분별이어서, 능히 아뢰야식의 차별 없는 모습을 요지하지 못하며, 마치 모륜毛輪의 머묾과 같아서

不說虛妄 分別所行.
善哉
世尊 於法自在, 唯願哀愍 說此二義.
一切佛子 心皆樂聞."

爾時 世尊 告彼王言.

"汝應問. 我當爲汝說."

時夜叉王 更著種種 寶冠瓔珞 諸莊嚴具 以嚴其身 而作是言.
"如來常說 '法尙應捨, 何況非法',
云何得捨 此二種法?
何者是法, 何者非法?
法若應捨
云何有二? 有二卽墮 分別相中, 有體無體 是實非實
如是一切 皆是分別, 不能了知 阿賴耶識 無差別相, 如毛輪住

청정한 지혜의 경계가 아닙니다. 법은 성품이 이와 같은데, 어떻게 버릴 수 있습니까?"35

⑧ 그 때 붓다께서 능가왕에게 말씀하셨다.

"① 능가왕이여, 그대는 어찌 병 등의 무상하여 썩어 무너지는 법에서, 범부가 그 중에 망령되이 분별을 내는 것을 보지 못했는가. 그대는 지금 어째서 법과 비법의 차별된 모습을 이와 같이 알지 못하는가. 이는 범부가 분별한 것이지, 증지證智로써 보는 것이 아니니, 범부는 갖가지 모습 중에 떨어져 있지만, 모든 증득한 이는 아니다.

능가왕이여, 마치 궁전과 원림을 태울 때 갖가지 불꽃을 보는데, 불의 성품은 하나이지만, 나오는 빛과 불꽃은 땔감의 힘 때문에 길고 짧으며 크고 작음으로 각각 차별되는 것과 같다. 그대는 지금 어찌하여 법과 비법의 차별된 모습을 이와 같이 알지 못하는가.

非淨智境. 法性如是, 云何可捨?"

爾時 佛告 楞伽王言.

"楞伽王, 汝豈不見 瓶等無常 敗壞之法, 凡夫於中 妄生分別.
汝今何故 不如是知 法與非法 差別之相.
此是凡夫 之所分別, 非證智見, 凡夫墮在 種種相中, 非諸證者.

楞伽王, 如燒宮殿園林 見種種焰, 火性是一, 所出光焰 由薪力故 長短大小
各各差別. 汝今云何 不如是知 法與非法 差別之相.

---

35 이는 여래에게 법·비법의 두 가지 뜻과, 어떻게 버릴 수 있는지를 바로 묻는 것이다.

능가왕이여, 마치 하나의 종자가 싹·줄기·가지·잎 및 꽃·열매의 한량없는 차별을 내는 것과 같으니, 외적인 법은 이와 같은 것이다.36

② 내적인 법도 또한 그러하다. 말하자면 무명이 연이 되어 온·계·처의 일체의 모든 법을 내므로 삼계 중에서 제취의 태어남을 받아서 괴로움과 즐거움, 좋음과 추함, 말함과 침묵함, 감과 멈춤의 각각 차별이 있는 것이다.

또 마치 모든 식은 모습이 비록 하나이지만, 경계를 따라서 상·중·하, 염·정, 선·악의 갖가지 차별이 있는 것과 같다.

능가왕이여, 단지 위와 같은 법에만 차별이 있는 것이 아니라, 모든 수행자가 관행을 닦을 때 스스로의 지혜로 행하는 것에도 또한 다시 차별된 모습이 있음을 보거늘, 하물며 법과 비법에 갖가지 차별의 분별이 없겠는가.

능가왕이여, 법과 비법의 차별된 모습이란 응당 모두 모습의 분별이기 때문

楞伽王, 如一種子生 牙
莖枝葉 及以花果 無量
差別, 外法如是.
內法亦然. 謂無明爲緣
生蘊界處 一切諸法
於三界中 受諸趣生
有苦樂好醜
語黙行止
各各差別.
又如諸識 相雖是一,
隨於境界 有上中下 染
淨善惡 種種差別.
楞伽王, 非但如上 法有
差別, 諸修行者
修觀行時 自智所行
亦復見有 差別之相,
況法與非法 而無種種
差別分別.
楞伽王, 法與非法 差別
相者 當知悉是 相分別

---

36 이하는 앞의 물음에 바로 답하는 것이다. ①에서 여래께서는 먼저 병 등의 무상함 및 불꽃의 불의 성품, 종자가 싹을 냄의 세 가지 비유로써 법과 비법의 차별된 모습을 밝힘으로써, 그로 하여금 밝히기 쉽게 하신다.

임을 알아야 한다.37

③ 능가왕이여, 무엇이 법인가? 이른바 이승 및 모든 외도가 허망하게 분별하여, 실체[實] 등이 있어 모든 법의 원인이 된다고 말하는 것이니, 이와 같은 등의 법은 응당 버리고 응당 떠나, 그 중에서 분별하여 상을 취하지 않아야 한다. 자심의 법의 성품을 본다면 곧 집착이 없을 것이니, 병 등의 모든 물건으로서 범우凡愚38가 취하는 것은 본래 체가 없다. 모든 관행하는 사람이 비발사나로써 여실히 관찰하는 것을, 모든 법을 버리는 것이라고 이름한다.

故.
楞伽王, 何者是法? 所
謂二乘 及諸外道 虛妄
分別, 說有實等 爲諸法
因, 如是等法
應捨應離, 不應於中
分別取相.
見自心法性 則無執著,
瓶等諸物
凡愚所取 本無有體.
諸觀行人 以毘鉢舍那
如實觀察, 名捨諸法.

---

37 ②는 세 가지 내적인 법을 들어서 앞의 비유에 합하는 것이니, 무명이 연이 됨은 앞의 병의 비유에 합하는 것이고, 모든 식은 불의 성품의 비유에 합하는 것이며, 관행을 닦음으로써는 종자의 비유에 합하는 것이다. 그래서 병은 조작造作(=만들어 지음)을 뜻으로 하니, 무명이라는 연으로 말미암아 능히 유근신과 기세계의 갖가지 같지 않음을 조작하고, 불은 훈변熏變(=훈습하여 전변함)을 뜻으로 하니, 모든 식으로 말미암아 능히 일체 염·정의 모든 법의 차별을 훈변하며, 종자는 발생發生(=일으켜 냄)을 뜻으로 하니, 관행을 닦음으로 말미암아 스스로의 지혜가 발생하여 또한 다시 차별된 모습이 있음을 보는 것이다. 이와 같은 법과 비유에는 각각 이유가 있는 것이다. 이 3법이 총체적으로 두 가지의 뜻은 모두 상의 분별이기 때문임을 밝힌다.
38 * 문자적으로는 어리석은 범부라는 뜻이지만, 때로 '범'은 견도에 이르지 못한 범부를 가리키고, '우'는 견도에 이른 이승을 '우부愚夫'라고 하여 이를 가리키면서, 양자를 합쳐서 가리키는 뜻으로도 사용되기도 하므로, 여기에서는 한역문 그대로 '범우'라고 번역한다.

능가왕이여, 무엇인 비법인가? 이른바 모든 법은 성품이 없고 모습이 없어 영원히 분별을 떠났으므로, 여실하게 보는 자는 있음과 없음의 이와 같은 경계를 그는 다 일으키지 않으니, 이것을 비법을 버리는 것이라고 이름한다.

다시 비법이 있다. 이른바 토끼의 뿔, 석녀의 아이 등은 다 성품과 모습이 없어서 분별할 수 없으니, 단지 세속을 따라 말하여 이름이 있을 뿐, 병 등이 취착할 만함과 같지 않다. 그것은 식의 인식대상이 아니기 때문이니, 이와 같은 분별도 또한 응당 버려 떠나야 한다.

이것을 법을 버림 및 비법을 버림이라고 이름한다. 능가왕이여, 그대가 물은 것을 내가 이제 말하여 마쳤다.39

楞伽王, 何者是非法?
所謂諸法 無性無相
永離分別, 如實見者
若有若無 如是境界
彼皆不起, 是名捨非法.

復有非法. 所謂兎角
石女兒等 皆無性相
不可分別, 但隨世俗
說有名字, 非如瓶等
而可取著. 以彼非是
識之所取, 如是分別
亦應捨離.

是名捨法 及捨非法.
楞伽王, 汝先所問
我已說竟.

---

39 ③은 바로 법과 비법의 두 가지 뜻을 답한 것인데, 경문에서 스스로 밝힌 것과 같다. 《금강경》에 대한 무착의 석론에서 곧 이르기를, 「법도 오히려 버려야 한다'고 한 것은 실상이 생기기 때문이고, '어찌 하물며 비법이랴'라고 한 것은 이치에 맞지 않기 때문이다.」라고 하였다. '비발사나'라고 말한 것은 여기 말로는 '관觀'이라고 말하는데, 관을 들었지만 반드시 '지止'도 같이 닦아야 한다. '지'란 범어로 사마타인데, 모든 교에 두루 원만하지만, 뜻을 해석함은 같지 않다. 그 큰 뜻은 하나를 새기되 이치에 칭합함을 말하는 것이니, 산란[散]을 거두어 고요[寂]에 돌아감을 '지'라고 말하고, 고요하되 늘 비추는 것을 '관'이라고 말하는데, 《기신론》에서는 이 2행을 합쳐 1문으로 삼아서 함께 서로 도와서 이루고 서로 여의지 않게 하였다. 만약 지관을 함께 하지 않는다면 곧 보리의 도에 들어갈 수 없다.

④ 능가왕이여, 그대는 '저는 과거 모든 여래 처소에서 이미 이 뜻을 물었고, 그들 모든 여래들께서 이미 저를 위해 설하셨다'라고 말하였지만, 그대가 말한 과거는 단지 분별일 뿐이고, 미래도 또한 그러하며, 나도 또한 그와 같으니, 능가왕이여, 그 모든 붓다의 법은 다 분별을 떠났다. 이미 일체 분별의 희론에서 벗어났으므로 색의 모습과 같은 것이 아니어서 오직 지혜로써만 증득할 수 있지만, 중생들로 하여금 안락을 얻게 하기 위해 법을 연설하신 것이니, 무상의 지혜를 말하여 여래라고 이름하는 것이다.40

그러므로 여래는 지혜를 체로 하고 지혜를 몸으로 하기 때문에 분별할 수 없으니, 어떤 것[所]으로써 분별할 수 없으며 아·인·중생상으로써 분별할 수 없다. 어째서 분별할 수 없는가? 의식은 경계로 인해 일어나서 색의 형상을 취하기 때문이니, 그러므로 분별 주체도

楞伽王, 汝言 '我於過去 諸如來所 已問是義, 彼諸如來 已爲我說', 楞伽王, 汝言過去 但是分別, 未來亦然, 我亦同彼, 楞伽王, 彼諸佛法 皆離分別. 已出一切 分別戲論 非如色相 唯智能證, 爲令衆生 得安樂故 而演說法, 以無相智 說名如來.

是故如來 以智爲體 智爲身故 不可分別, 不可以所 分別 不可以我 人衆生相 分別. 何故 不能分別? 以意識 因境界起 取色形相, 是故 離能分別

---

40 ④는 여래께서 다시 야차왕을 위해 갖가지 망령되이 분별하여 보는 것을 물어서 깨뜨리게 해서, 그로 하여금 망념을 여읜 적멸로써 정견을 일으키게 하는 것이다. 그 중 여기까지는 과거·현재·미래의 셋이 차별이 없음을 밝힌 것이다.

떠나고 또한 분별 대상도 떠나야 하는 것이다.41

능가왕이여, 비유하면 벽 위에 그린 그림의 중생은 깨달아 앎이 없는 것과 같이, 세간의 중생도 다 또한 이와 같아서 업도 없고 과보도 없으며, 모든 법도 또한 그러해서 들음도 없고 설함도 없다. 능가왕이여, 세간의 중생은 마치 변화와 같은데도, 범부와 외도는 능히 요달하지 못한다. 능가왕이여, 능히 이와 같이 본다면 정견이라고 이름하고, 만약 달리 본다면 분별견이라고 이름하니, 분별로 말미암아 둘을 취착하는 것이다.42

능가왕이여, 비유하면 어떤 사람이 물과 거울 속에서 스스로 그 영상을 보고, 등불과 달 중에서 스스로 그 그림자를 보며, 산골짜기 중에서 스스로 그 메아리를 듣고 문득 분별을 내어 취착을 일으키는 것과 같이, 이것도 또한 이와 같아서 법과 비법은 분별일 뿐이다. 분별함으로 말미암아 능히 버려 떠나지 못하고 단지 다시 일체 허망을 증장할 뿐

亦離所分別.

楞伽王, 譬如壁上 彩畫
衆生 無有覺知,
世間衆生 悉亦如是
無業無報, 諸法亦然
無聞無說.

楞伽王, 世間衆生 猶如
變化, 凡夫外道 不能了
達. 楞伽王, 能如是見
名爲正見, 若他見者
名分別見, 由分別故
取著於二.

楞伽王, 譬如有人 於水
鏡中 自見其像,
於燈月中 自見其影,
於山谷中 自聞其響
便生分別 而起取著,
此亦如是
法與非法 唯是分別. 由
分別故 不能捨離
但更增長 一切虛妄

---

41 이는 마음·붓다·중생의 셋은 차별이 없음을 말하는 것이다.
42 이는 먼저 비유를 들고, 다음에 법과 합한 것이다.

적멸을 얻지 못하니, 적멸이란 이른바 하나를 반연함[一緣]이다. 하나를 반연함이란 가장 뛰어난 삼매이니, 여기에서 능히 자증의 성지를 내어서 여래장을 경계로 삼는다."43

不得寂滅, 寂滅者 所謂 一緣. 一緣者是 最勝三昧, 從此能生 自證聖智 以如來藏 而爲境界."

....
43 이들은 모두 중생이 자기 마음으로써 자기 마음을 취해서, 색상이 없는 가운데서 색상의 집착을 일으킴을 비유하는 것이다. 법과 비법을 분별함도 또한 그러하니, 만약 허망을 요달해 적멸하여 하나를 반연한다면 자증의 지혜를 내어서 이것과 이것 아님을 벗어나 곧 여래장 묘정명심妙淨明心에 합하여 경계로 삼을 것이다. 믿을지니, 이 품은 비록 정종분의 발기라고 이름했어도, 곧 능히 근본무명을 요달하여 붓다지견에 들게 하는 것이다.

제2   集一切法品
집일체법품(의 1)   第二之一

1.244

44 장차 이 품을 해석함은 간략히 5문으로 열겠다. 첫째는 온 뜻, 둘째는 종취, 셋째는 힐난을 해석함, 넷째는 명칭을 해석함, 다섯째는 경문을 해석함이다.
　처음은 온 뜻이다. 앞 품에서 서분으로 연유를 이미 밝혔으니, 정종을 의당 나타내어야 하기 때문에 이 품이 왔다.
　둘째 종취를 밝힌다. 말하자면 일체의 모든 경전은 각각 스스로 종宗이 있으니, 그래서 선덕께서 이르기를, 말씀을 받들어서 모름지기 종을 모아야 한다고 하였으므로, 이제 이 경전의 종취를 따로 밝힌다. 그러므로 아래 품(=4.13(3)의 ⑥)에서 또, "일체의 법이 나지 않음[不生], 이 종을 세워서는 안된다"고 한 이 말은 막힘을 보내는 것[遣滯]일 뿐이니, 만약 종 없는 종[無宗之宗]이라고 한다면 곧 종宗·설說(=4.7의 (2) 참조))을 겸하여 밝힌 것이다. 《기신론》에서 이르기를, "능히 대승에 대해 신근信根을 일으키는 법이 있다. 그러므로 응당 설해야 한다. 법이라고 말한 것은 중생심衆生心을 말하는 것이니, 이 마음이 곧 일체 세간법과 출세간법을 포섭하고, 이 마음에 의시해서 대승의 뜻을 나타내 보이는 것이다. 이째서인가? 이 마음의 진여상眞如相이 곧 대승의 체體를 보이는 것이고, 이 마음의 생멸인연상生滅因緣相이 능히 대승 자체의 상相과 용用을 보이기 때문이다. 일체의 모든 붓다께서 본래 타셨던 것[所乘]이기 때문이고, 일체의 보살도 다 이 법을 타고 여래지如來地에 이르기 때문이다."(=졸역 p.765 및 pp.769-780)라고 하였다. 그러므로 이 자성 청정하고 원명한 진체眞體와 덕용의 난사함을 본래 구족한 것 모두가 일체 제불과 중생이 본래 타는 바의 종[所乘之宗]이요, 또한 범부든 성인이든 일체는 모두 이 법을 타고 여래지에 이른다는 것을 그 취로 함을 알 수 있다. 다만 중생은 스스로 요지해서 수순해 깨달아 들어가지 못하고 모든 망상에 오염되기 때문에 혼미하여 열등할 뿐이다.
　셋째 힐난을 해석해서 말한다. 범본은 이미 하나뿐인데, 어째서 3역경가가 번역한 것은 품의 제목이 하나와 여럿으로 같지 않은가? (답) 천태가 이르기를, 품이란 혹은 붓다께서 스스로 이르시기도 하고, 혹은 결집하면서 둔 것이기도 하며, 혹은 뜻을 번역하면서 충분히 늘리기도 하였다고 하고, 또 이르기를, 대저 경전의 절節과 글을 나눈 것은 다 선현께서 난초와 국화에 그 아름다운 이름을 준 것이므로, 후생이 시비를 다투어서는 안되니, 세

1.2.1

(1) 그 때 대혜보살마하살은 마제보살과 함께 일체 제불 국토에서 노닐다가 붓다의 신력을 받들어 자리에서 일어나 오른쪽 어깨를 드러내고 오른쪽 무릎을 땅에 꿇고서 붓다 향해 합장하며 몸 굽혀 공경하고 게송으로 말하였다.45

爾時 大慧菩薩摩訶薩 與摩帝菩薩 俱遊一切 諸佛國土 承佛神力 從座而起 偏袒右肩 右膝著地 向佛合掌 曲躬恭敬 而說頌言

① 세간은 생멸을 떠났음이
   비유하면 허공의 꽃 같아
   지혜로 유·무 얻지 못하나
   대비심을 일으키신다오46

世間離生滅
譬如虛空花
智不得有無
而興大悲心

가지 이익을 없애고 하나의 도를 잃기 때문이라고 하였다. '세 가지 이익'이란 세계실단 등의 3실단(=세계실단·위인실단·대치실단)이고, '하나의 도'란 제일의실단이다. 그러므로 품의 제목은 나누고 합해서 하나이기도 하고 여럿이기도 한 것이라고 알아야 하니, 다 방편이기 때문이다.

  넷째 품의 명칭을 해석한다.(=이 해석은 10권본의 명칭에 의한 해석임) 말하자면 이 정종분 첫머리의 품(=10권본의 제2 문답품)은 한 경전의 큰 단계의 총체적 문답이고, 집일체법품(=10권본의 제3)의 처음의 모든 식의 장[諸識章]에서부터 단식육품(=10권본의 제16)의 끝까지 무릇 14품은 각별의 문답이다. 말하자면 대혜가 첫머리에서 108구로써 같이 하나의 매듭을 삼아서 여래께 총체적으로 물으니, 여래께서 낱낱을 따오셔서 물은 바로 하여금 문구를 따라 답이 되게 하신다. 이른바 생구生句와 생 아님의 구[非生句], 상구常句와 상 아님의 구[非常句]에서 나아가 108구에 이르기까지 다 아니라는 문자[非字]로써 답하셔서, 그가 생각을 떠나 심진여문에 들게 하시고자 하신 것이니, 그래서 문답품이라고 말한 것이다.

  다음은 곧 경문을 바로 해석한다.

45 '마제'란 여기 말로는 지혜[慧]이다. * 이 1.2.1의 (1)이 『심인』에서 '서분 중의 둘째 해당 근기가 게송으로 찬탄함'이라고 분과한 부분임)

② 일체의 법은 환상과 같아　　　　一切法如幻
　　심식을 멀리 여의어서　　　　　遠離於心識
　　지혜로 유·무 얻지 못하나　　　智不得有無
　　대비심을 일으키신다오47　　　而興大悲心

③ 세간은 항상 꿈과 같아　　　　　世間恒如夢
　　단·상을 멀리 여의어서　　　　　遠離於斷常
　　지혜로 유·무 얻지 못하나　　　智不得有無
　　대비심을 일으키신다오48　　　而興大悲心

④ 인의 무아와 법의 무아　　　　　知人法無我
　　번뇌 및 소지[爾焰]가 늘 청정해　煩惱及爾焰
　　모습 없음을 아시면서도　　　　常淸淨無相

------

46 이하의 8게송은 붓다의 공덕을 총체적으로 찬탄하는 것이다. '세간'이라고 말한 것은 중생세간이니, 붓다께서 중생은 허가虛假하여 마치 허공 중의 꽃과 같기 때문에 일어남과 멸함이 없음을 아시는 것이다. 말하자면 여래께서는 바른 지혜로써 이 중생이 있다거나 없다거나 할 수 없음을 관찰하시기 때문에 무연無緣대비가 임운任運하여 일어나는 것이다. 만약 중생이 있다고 헤아려서 대비를 일으킨다면 애견愛見의 대비라고 이름한다.
47 '일체의 법'이란 오온세간이니, 오온·육입·12처·18계 등 일체의 모든 법을 말한다. 법이 이미 환상과 같으므로 심식도 역시 없다. 이는 여래께서 법의 환상 같음을 관찰해 대비 이루심을 찬탄하는 것이다.
48 이는 유정세간과 기세간을 총체적으로 말하는 것이다. 색이 있다고 망령되이 헤아리므로 색이 무너짐을 '단멸함[斷]'이라 이름하고, 또 식이 있다고 헤아리므로 식이 다시 수생함을 '항상함[常]'이라 이름하지만, 붓다께서는 세간이 꿈에서 보는 것과 같음을 아시니, 곧 단·상이라고 헤아릴 만한 색·식이 없다. 이는 여래께서 두 가지를 봄이 꿈 같음을 아셔서 대비 이루심을 찬탄하는 것이다.

대비심을 일으키신다오49　　　　　而興大悲心

⑤　붓다 열반에 머물지 않고　　　　佛不住涅槃
　　열반 붓다에 머물지 않아　　　　涅槃不住佛
　　깨달음과 깨달을 대상　　　　　　遠離覺[不]<所>覺
　　유와 비유 멀리 떠나셨네50　　　若有若非有

⑥　법신은 환상·꿈과 같거늘　　　　法身如幻夢
　　어떻게 칭찬할 수 있으랴　　　　云何可稱讚
　　무성·무생을 안다면 이에　　　　知無性無生
　　붓다 칭찬함이라 이름해51　　　 乃名稱讚佛

---

49 '번뇌'란 번뇌장이고, '이염爾焰[S]jñeya'이란 소지장이니, 아·법에 대한 집착으로 말미암아 두 가지 장애가 갖추어 나지만, 만약 두 가지가 공함을 안다면 장애가 원래 없다. 이는 여래께서 인·법 두 가지가 공함을 통달해 두 가지 장애가 청정함으로써 대비 이루심을 찬탄하는 것이다.

50 생사를 상대하여 열반을 말하고, 중생을 대하여 붓다를 말하지만, 붓다께서는 생사가 꿈과 같아서 체가 없음을 아시기 때문에 열반에 머물지 않으시고, 중생이 허공의 꽃과 같아서 부실함을 아시기 때문에 붓다에 머물지 않으신다. 비유하면 병이 있으면 곧 약을 말하지만 병이 없다면 약을 말할 수 없음과 같으니, 그래서 "붓다(는) 열반에 머물지 않고 열반(은) 붓다에 머물지 않는다"고 말한 것이다. 붓다가 없으니 따라서 깨달은 주체[能覺]가 없고, 열반이 없으니 따라서 깨달을 대상[所覺]이 없다. 붓다 있음과 붓다 없음, 열반 있음과 열반 없음, 나아가 있음과 없음 등의 두 가지 견해를 모두 다 멀리 떠나셨으니, 그래서 "깨달음과 깨달을 대상, 유와 비유 멀리 떠나셨다"라고 말한 것이다.

51 《대반야경》에서 이르기를, "일체의 모든 법은 다 자성이 없다. 자성이 없기 때문에 공하고, 공하기 때문에 무상이며, 무상이기 때문에 무원이고, 무원이기 때문에 무생이며, 무생이기 때문에 무멸이다. 그러므로 모든 법은 본래 적정하여 자성이 열반이니, 붓다께서 출세하시든 출세하지 않으시든 법이 항상 그러하기 때문이다."라고 하였다. 이것을 통달할 수 있다면 붓다

⑦ 붓다에겐 근·경의 상 없어　　　　佛無根境相
　 불견을 견불이라 하거늘　　　　　不見名見佛
　 어떻게 모니에게 칭찬과　　　　　云何於牟尼
　 헐뜯음이 있을 수 있으랴52　　　　而能有讚毀

⑧ 만약에 모니를 본다면　　　　　　若見於牟尼
　 적정해 생을 원리하리니　　　　　寂靜遠離生
　 이 사람은 금세와 후세에　　　　　是人今後世
　 집착 떠나 소취 없으리라53　　　　離著無所[見]<取>

(2) 그 때 대혜보살마하살은 게송으로　爾時　大慧菩薩摩訶薩
붓다를 찬탄하고 나서 스스로 성명을　偈讚佛已 自說姓名.
말하였다.54

　　저는 대혜라 이름하는데　　　　　我名爲大慧

　를 칭찬함이라고 이름한다.
52 근·경의 모습을 떠나고 범·성의 인식을 벗어나면 이를 곧 붓다를 봄[見佛]이라고 이름한다. '모니'는 여기 말로 적정이니, 봄을 여의고 생각을 초월한다면 누가 찬탄하고 헐뜯을 수 있으랴.
53 '생을 원리한다'고 함은 상相과 유주流注(=1.3의 (1)에서 말하는 '상속') 두 가지의 생을 여의는 것이다. 한결같이 적정을 지어서 생멸을 여읜다면 이러한 관찰을 정관이라고 이름하니, 그래서 "이 사람은 금세와 후세에 집착 떠나 소취(=취착하는 바) 없으리라"라고 말한 것이다.
54 【이하 정종분 둘 중의 첫째 언설을 떠나고 증득이 끊어지며 광대하고 미묘한 제일의의 법문을 바로 가리킴[直指 離言絶證 廣大微妙 第一義法門] 중의 첫째, 108구를 묻는 것[問一百八句]이다.】 (=이것이 『심인』의 분과임. 이하 같음)

대승을 통달하고자 이제	通達於大乘
백여덟 가지 뜻을 세존께	今以百八義
우러러 자문하나이다55	仰諮尊中上

(3) 그 때 세간해께서는 이 말을 듣고 나서 널리 중회를 관찰하고 이렇게 말씀하셨다.

時世間解 聞是語已
普觀衆會 而說是言.

그대들 모든 불자들은	汝等諸佛子
이제 다 마음대로 물으라	今皆恣所問
내가 그대들을 위하여	我當爲汝說
자증의 경계를 설하리라56	自證之境界

(4) 그 때 대혜보살마하살은 붓다의 허락을 받고 나서 붓다 발에 엎드려 예배하고 게송으로 물었다.57

爾時　大慧菩薩摩訶薩
蒙佛許已 頂禮佛足
以頌問曰.

---

55 '존중상尊中上'은 붓다께서 존자 중 최상이 되기 때문이다.
56 '세간해'란 여래 십호의 하나이다. 위의 세간의 생멸은 허공의 꽃과 같은 등이 붓다의 자증의 경계이다.
57 이하에서 48게송반으로 108구의 견해를 묻는다. 108가지 견해라고 함은 혹은 1구가 1문問이 되기도 하고, 혹은 양구가 1문이 되기도 하며, 혹은 3구가 1문이 되기도 하고, 나아가 10구가 1문이 되기도 하며, 혹은 1구가 양문이 되기도 하니, 자세하고 간략함이 있어 같지 않다. 그런데 이 108문門은 바로 위의 5법·3자성·8식·2무아의, 중생을 제도하여 대치하는 법문을 묻는 것이다. 그러므로 대혜는 위의 마제보살과 더불어 여러 불국토에서 노닐면서 본 일을 든 것이니, 따라서 아래에서 묻는 산과 바다, 해와 달 등은 곧 5법 중의 이름[名]·모습[相]·망상妄想이고, 아래에서 묻는 모든 선정

① 어떻게 계탁을 일으키고	云何起計度
어떻게 계탁 청정케 하며	云何淨計度
어떻게 미혹을 일으키고	云何起迷惑
어떻게 미혹 청정합니까58	云何淨迷惑
② 어찌 하여 불자와 그리고	云何名佛子
무상[無影]과 차례라 이름하며59	及無影次第
어떤 것이 국토와 변화된	云何刹土化
모습 및 모든 외도입니까60	相及諸外道
③ 해탈해서 어디에 이르며	解脫至何所
누가 묶고 누가 능히 풀며61	誰縛誰能解
어떤 것이 선의 경계이고	云何禪境界
어째서 삼승이 있습니까62	何故有三乘

　과 해탈 등은 곧 5법 중의 정지正智와 여여如如이다.
58 위의 2구는 망령되이 성품을 계탁함이 일어나고 멸함으로써 잡염되고 청정케 되는 것을 묻는 것이고, 아래 2구는 무명을 연하여 유전을 일으킴과 다시 청정해짐을 묻는 것이다. 아래의 두 종류 사문과 바라문 중(=1.3의 (6))에서 개별적으로 답하는 것과 같다.
59 보살을 무엇 때문에 '불자'라고 이름하는가를 묻고, 그리고 진실한 '무상無相'의 법 중에 무엇으로 인해 '차례'가 있으며, 이미 차례가 있다면 어째서 무상이라고 이름하는가를 묻는 것이다. '무영無影'(=영상 없음)이라고 말한 것은 곧 무상이다.
60 여래께서 국토 중에 계시면서 중생 교화하심과 변화된 모습 및 모든 외도 깨뜨림을 묻는 것이다.
61 법은 본래 속박이 없거늘 누가 해탈을 구하는가, 이미 둘 모두 사라졌다면 다시 어디에 이르는가를 묻는 것이다. 아래의 일체법의 깊고 비밀한 뜻 및 뜻을 이해하는 모습 중(=4.5.3)에서 개별적으로 답하는 것과 같다.

④ 저는 무슨 인연으로 나고 　　　　彼以何緣生
　 뭘 지으며 뭐가 능히 짓고63 　　　　何作何能作
　 누가 둘 갖춤[二俱]·다름[異] 설하며　誰說二俱異
　 어떻게 제유 일어납니까64 　　　　云何諸有起

⑤ 어떤 것이 무색의 삼매 　　　　云何無色定
　 그리고 멸진의 삼매이며 　　　　及與滅盡定
　 어떤 것이 상멸想滅이 되고 　　　　云何爲想滅
　 어떻게 삼매에서 깹니까65 　　　　云何從定覺

....

62 윗 구는 모든 선정은 무엇을 경계로 하는가를 묻는 것이고, 아래 구는 불승은 본래 하나인데 무엇으로 인해 삼승의 차별이 있는가를 묻는 것이다. 아래의 네 가지 선정 및 삼승과 일승의 깨달음 중(=3.3 및 3.9)에서 개별적으로 답하는 것과 같다.
63 인연으로 일어난 것은 본래 스스로 무생임과, 만약 체가 나지 않는다면 어떻게 내는 주체인 원인[能生因](='뭐가 능히 짓고') 및 지어진 바의 결과[所作果](='뭘 지으며')가 있는지를 묻는 것이다. 아래의 일체법의 인연의 모습 중(=2.7)에서 개별적으로 답하는 것과 같다.
64 윗 구는 모든 외도의 4구(=능작과 소작의 일一·이異·구俱·불구不俱)의 망견을 묻는 것이니, 이는 곧 그 중의 2구(='二俱·異')를 들어서 위(=一)와 아래(=不俱)를 포함하는 것이다. 아래의 일·이·구·불구를 떠남 중(=3.2)에서 개별적으로 답하는 것과 같다. 아랫 구는 어찌 하여 욕·색·무색의 삼유가 일어나는지를 묻는 것이다. * '구'(='둘 갖춤')는 하나이기도 하고 다르기도 한 것이라고, 양쪽을 다 인정하는 뜻이고, '불구'는 하나인 것도 아니고 다른 것도 아니라고, 양쪽을 다 부정하는 뜻인데, 양자를 '구'·'비非'(=비일비이)라고도 표현하고, '역亦'(=역일역이)·'비'라고도 표현한다. 이하에서는 일괄해서 '구'·'불구'로 옮기겠다.
65 위의 2구는 소승과 외도의 4무색정 및 멸진정을 묻는 것이고, 아래의 2구는 멸수상정을 묻는 것이다. 지각과 느낌[想受]이 이미 멸했다면 어떤 원인으로 다시 '삼매에서 깨는가', 만약 삼매에서 깬다면 멸했다는 뜻이 성립되지 않을 것이다.

⑥ 어떻게 지어진 것[所作]에서	云何所作生
나아감 및 몸 지님을 내며66	進去及持身
어떻게 모든 사물을 보고	云何見諸物
어떻게 모든 지에 듭니까67	云何入諸地

⑦ 어찌 하여 불자가 있고	云何有佛子
누가 능히 삼유 깨뜨리며	誰能破三有
어떤 곳에 몸 어떻게 나서	何處身云何
다시 어떤 곳에 머뭅니까68	生復住何處

⑧ 어떻게 신통과 자재와	云何得神通
그리고 삼매를 얻으며69	自在及三昧
삼매 마음 어떤 모습인지	三昧心何相
붓다 저희 위해 설하소서70	願佛爲我說

....

66 선정으로 유지하는 바 신통에서 가고 머뭄[去住]에 자재함을 묻는 것이니, 나아가는 것[進]을 감[去]이라 이름하고, 지니는 것[持]을 머뭄[住]이라고 이름한다. 아래의 세 종류 의성신 중(=4.1)에서 개별적으로 답하는 것과 같다.

67 마음 밖에 사물이 없다면 어떻게 5법·3자성 등을 지견해서 모든 지에 깨달아 들어가 모든 불법을 갖추고 여래의 지위에 이르는지를 묻는 것이다. 아래의 5법·3자성·제식·2무아의 차별되는 모습 중(=5.6)에서 개별적으로 답하는 것과 같다.

68 위의 2구는 모든 불자들에서 누가 삼유의 생사를 깨뜨리는지를 묻는 것이고, 아래의 2구는 삼유의 처소를 깨뜨림 및 어떤 몸이 삼유를 깨뜨리며, 이미 삼유를 깨뜨렸다면 다시 어떤 곳에 나는지를 묻는 것이다.

69 신통과 삼매를 무엇으로 얻는지를 묻는 것이다. 아래의 제불에게는 두 가지 가지[持]가 있음 중(=3.5)에서 개별적으로 답하는 것과 같다.

70 윗 구는 삼매의 마음은 어떤 모습인지 묻는 것이니, 모습이 있다면 삼매가

⑨ 어떤 걸 장식이라 말하고　　　　云何名藏識
　　어떤 걸 의·식이라 말하며71　　　云何名意識
　　어떻게 모든 봄을 일으키고　　　云何起諸見
　　어떻게 모든 봄 물리칩니까72　　云何退諸見

⑩ 어떤 게 종성·비종성이고　　　　云何姓非姓
　　어찌 하여 오직 마음이며73　　　云何唯是心
　　어떤 원인으로 상 건립하고　　　何因建立相
　　어떻게 무아를 이룹니까74　　　云何成無我

⑪ 어떤 게 중생이 없음이고　　　　云何無衆生
　　어떤 게 세속 따른 설이며　　　 云何隨俗說
　　어떻게 상견 및 단견을　　　　　云何得不起
　　일으키지 않음 얻습니까75　　　常見及斷見

아닐 것이다. 아래의 1구는 청함을 맺는 것이다.
71 이는 8식이 이름을 얻은 이유를 묻는 것인데, 아랫 구를 4권본에서는 "어떤 것이 의 및 식입니까"라고 말하였다. 아래의 모든 식의 장(=2.1)에서 개별적으로 답하는 것과 같다.
72 모든 식이 보는 모습을 내고 머묾[生住見相] 및 보는 모습 멸하는 것[滅見相]을 묻는 것이다. 아래의 두 가지 생·주·멸 중(=1.3의 (1)~(4))에서 개별적으로 답하는 것과 같다.
73 이미 삼승과 오성五姓의 다름이 있다고 한다면 어찌 하여 다시 오직 마음의 인식[心量]일 뿐이라고 말하는 것인가를 묻는 것이다. 아래의 다섯 가지 종성 중(=2.2.6)에서 개별적으로 답하는 것과 같다.
74 모습이 있음을 건립함 및 무아의 모습을 묻는 것이다. 아래의 건립과 비방 중(=2.4.2)에서 개별적으로 답하는 것과 같다.
75 위의 2구는 진제로는 없음 및 속제로는 있음을 묻는 것이고, 아래의 2구는 2견을 어떻게 일으키지 않을 수 있는가를 묻는 것이다. 있지 않음에서

12 어찌 하여 붓다와 외도가　　　　云何佛外道
　 그 모습이 상위하지 않고　　　　其相不相違
　 어째서 미래세에 갖가지　　　　何故當來世
　 다른 부파들이 있습니까76　　　種種諸異部

13 어찌 하여 성공性空이 되고　　　云何爲性空
　 어찌 하여 찰나멸이며77　　　　云何刹那滅
　 태장은 어떻게 일어나고　　　　胎藏云何起
　 어떻게 세가 부동합니까78　　　云何世不動

14 어찌 하여 모든 세간은　　　　 云何諸世間
　 환상과 같고 또한 꿈과　　　　 如幻亦如夢
　 건달바성 및 아지랑이　　　　　乾城及陽焰

....
있음을 세우는 것[非有立有]이 상견이고, 없지 않음에서 없음을 세우는 것[非無立無]이 단견이다.
76 위의 2구는 어떻게 삿됨과 바름[邪正]이 상위하지 않을 수 있는가를 묻는 것이니, 아래에서 붓다께서 생멸 무상無常을 설하시고, 외도도 역시 생멸 무상을 설한다고 함 중(=2.2.4)에서 개별적으로 답하는 것과 같다. 아랫 구는 미래에 18부의 차별이 있는 것을 묻는 것이다.
77 윗 구는 일체법은 어째서 성품이 공한지를 묻는 것이니, 아래의 일체법의 공·무생無生·무이無二 중(=2.4.3)에서 개별적으로 답하는 것과 같다. 아랫 구는 찰나멸을 묻는 것이다. 찰나는 순간[念]이라고 이름하고, 무너지는 것을 무상이라고 이름하니, 저 아래의 찰나에 무너지는 모습 중(=5.8의 (1))에서 개별적으로 답하는 것과 같다.
78 윗 구는 여래장에 의지해 생사가 있음을 묻는 것이다. '태장'이라고 말한 것은 생사하는 태에게 장藏이 되는 것이니, 아래의 저를 위해 음·계·입의 생멸을 설해 달라고 함 중(=5.5)에서 개별적으로 답하는 것과 같다. 아랫 구는 세간의 모든 법은 체성이 생멸함에도 어째서 부동한 것인지를 묻는 것이다.

내지 물속 달과 같습니까79　　　　　乃至水中月

⑮　어떤 것이 보리분이고　　　　　　云何菩提分
　　각분은 어디서 일어나며80　　　　　 覺分從何起
　　어찌해 국토가 어지럽고　　　　　　云何國土亂
　　어째서 제유를 봅니까81　　　　　　 何故見諸有

⑯　어떻게 세간법을 알고　　　　　　　云何知世法
　　어찌해 문자를 떠났으며82　　　　　 云何離文字
　　어찌 하여 허공의 꽃처럼　　　　　　云何如空花
　　나잖코 멸하지 않습니까83　　　　　 不生亦不滅

⑰　진여는 몇 가지 있고 모든　　　　　眞如有幾種

....
79 어째서 이 다섯 가지 비유를 말했는지를 묻는 것이니, 모든 법은 본래 생
　 멸을 떠났음을 드러내기 위해 이 비유를 일으킨 것이다. 아래의 사문과 바
　 라문이 일체법의 자성 없음을 관찰함 중(=1.3의 (7))에서 개별적으로 답하
　 는 것과 같다.
80 37보리분법과 아울러 일어나는 곳을 묻는 것이다.
81 윗 구는 이름·모습·망상의 법 중에서 어찌 하여 국토의 어지러움이 있는
　 지를 묻는 것이고, 아랫 구는 모든 법은 이미 체가 없는데도 어찌 하여 중
　 생이 제유를 보는지를 묻는 것이다.
82 윗 구는 중생은 어떻게 세간법을 지각하고 아는지를 묻는 것이니, 저 아래
　 의 두 가지 각지覺智 중(=3.8.4)에서 개별적으로 답하는 것과 같다. 아랫
　 구는 어째서 모든 법은 성품이 문자를 여의었는지를 묻는 것이니, 저 아래
　 의 종취의 모습[宗趣相] 중(=4.4.1)에서 개별적으로 답하는 것과 같다.
83 어째서 세간은 허공의 꽃이 생멸치 않는 것과 같다고 말하는지를 묻는 것
　 이니, 아래의 의성법신은 생멸이 아님 중(=5.1.2)에서 개별적으로 답하는
　 것과 같다.

바라밀심은 몇이 있으며84	諸度心有幾
어찌 하여 허공과 같고	云何如虛空
어떻게 분별을 떠납니까85	云何離分別

⑱ 어떤 것이 지의 차례이고　　云何地次第
　어떻게 무상[無影]을 얻으며86　云何得無影
　무엇이 두 가지 무아이고　　何者二無我
　어떻게 소지 청정합니까87　　云何所知淨

⑲ 성지에는 몇 가지가 있고　　聖智有幾種
　중생 제계함[戒]은 어떠하며88　戒衆生亦然
　마니 등 여러 보배, 이들은　　摩尼等諸寶
　모두 어떻게 나옵니까　　　　斯並云何出

----

84 윗 구는 긴여에는 몇 가지가 있는지를 묻는 것이니, 저 아래의 일곱 가지 제일의 중(=1.3의 (5))에서 개별적으로 답하는 것과 같다. 아랫 구는 모든 바라밀의 마음에는 몇이 있는 지를 묻는 것이니, 아래의 육바라밀 중(=5.8의 (3))에서 개별적으로 답하는 것과 같다.
85 윗 구는 누가 모든 법이 허공과 같음을 아는지를 묻는 것이고, 아랫 구는 어떻게 망상의 분별을 떠나는지를 묻는 것이니, 아래의 '이제 자성을 분별하는 모습을 설하여' 이하(=3.8.6)에서 개별적으로 답하는 것과 같다.
86 모든 지의 차례와 어떻게 무상을 얻는지를 묻는 것이니, '차례'는 장차 있을 지위의 차이[階降之殊]이다. 저 아래에서 일체 보살이 멸진정에 드는 차례가 상속하는 모습 중(=5.3)에서 개별적으로 답하는 것과 같다.
87 아래의 2무아를 잘 관찰함(=2.4.1) 및 자기 마음의 현류를 청정케 함 중(=2.2.2의 (1)·(2))에서 이 두 가지 물음에 개별적으로 답한다.
88 윗 구는 지혜의 차별이 열등함을 버리고 뛰어남을 닦게 하는 것을 묻는 것이니, 저 아래의 지혜와 식 중(=4.5.2)에서 개별적으로 답하는 것과 같다. 아랫 구는 중생의 성품과 욕구는 하나가 아니니, 여래께서 제계制戒함에는 몇 가지가 있는지를 묻는 것이다.

20 무엇이 언어와 중생 및　　　　　誰起於語言
　　모든 물건을 일으키고89　　　　　衆生及諸物
　　명처明處와 더불어 기술은　　　　明處與伎術
　　누가 현시하는 것입니까90　　　　誰之所顯示

21 가타에는 몇 가지가 있고　　　　伽他有幾種
　　장행의 구는 또한 어떠며91　　　長行句亦然
　　도리는 몇이 같지 않고　　　　　道理幾不同
　　해석은 몇이 차별됩니까92　　　　解釋幾差別

---

89 위의 2구(=19의 후반)는 보배의 생겨남이 원인하는 바를 묻는 것이고, 아래 2구는 무엇이 언어와 유정 및 살림살이[資具]를 일으키는지를 묻는 것이니, 저 아래의 네 가지 언설로 분별하는 모습 중(=3.1)에서 개별적으로 답하는 것과 같다.
90 5명의 법[五明法] 및 세간의 기능伎能은 누구가 지은 것인지를 묻는 것이다. '5명'의 논이라고 함은 첫째는 내론이라고 이름하니, 일체의 불법이 이것이고, 둘째는 외론이라고 이름하는데, 네 가지가 있으니, 인론因論·성론聲論·의방론醫方論·공교론工巧論을 말한다. 이 다섯은 각각 능히 지혜를 일으키므로, 그래서 '명처'라고 말한다.
91 '가타'는 여기 말로 풍송諷誦이고, '장'은 곧 긴 글[長篇]이며, '구'는 혹은 4언이나 5언이기도 한 것이다.
92 이취理趣(=이치와 뜻 또는 이치의 뜻)와 해석은 몇으로 차별되는지를 묻는 것이다. 《대반야경》 이취분에서 설하기를, 모든 법은 다 공하여 남 없고 멸함 없으며 자성의 성품이 없고 일체의 상을 여의었으니 가히 원구願求할 수 없다고 하면서, 그러나 제일의는 담연하여 상주한다고 설하였다. 《해심밀경》은 근기에 응한 해석에는 통틀어 여섯이 있다고 설하였다. 제1은 진실한 뜻[眞義]의 이취이니, 두 가지 장애가 청정해진 지혜로 행하는 바의 진실을 말하고, 제2는 증득證得의 이취이니, 진실한 뜻에서 여실한 앎을 얻는 것을 말하며, 제3은 교도敎導의 이취이니, 자증한 것을 중생에게 개시하는 것을 말한다. 이 셋은 근본이 되고, 뒤의 셋은 해석하는 것이다. 제4는 이변을 여읜 이취[離二邊理趣]이니, 말하자면 누군가가 묻기를, 어째서 진실한 뜻의 이취라고 이름하는가라고 하면, 그에 응해서 답하기를, "있음도 아

22	음식은 누가 짓는 것이고	飮食是誰作
	애욕은 어떻게 일어나며93	愛欲云何起
	어떤 것이 전륜왕 및	云何轉輪王
	여러 작은 왕들입니까	及以諸小王

23	어떻게 왕이 수호하고94	云何王守護
	천중은 몇 가지로 다르고	天衆幾種別
	땅과 일·월·성·수의	地日月星宿
	이들은 모두 어떠합니까95	斯等並是何

| 24 | 해탈에는 몇 가지가 있고 | 解脫有幾種 |
| | 수행사는 다시 몇이며96 | 修行師復幾 |

니고 없음도 아니며, 항상함도 아니고 단멸됨도 아니다"라고 말하는 것이다. 제5는 부사의의 이취[不思議理趣]이니, 말하자면 누군가가 묻기를, 어떻게 증득하는가라고 하면, 그에 응해서 답하기를, "말하자면 사의할 수 없으니, 만약 모든 법에서 희론을 멀리 여의면 그 때 진실한 승의의 성품을 증득한다. 따라서 언설은 모두 진실이 아님을 알아야 한다"라고 말하는 것이다. 제6은 중생이 즐기는 바를 따르는 이취[隨衆生所樂理趣]이니, 말하자면 누군가가 묻기를, 어떻게 교도하는가라고 하면, 그에 응하여 답하기를, "모든 중생의 의요가 각각 다름을 따르고, 그들이 바라는 바를 따라서 방편으로 개시한다"라고 말하는 것이다.

93 음식과 애욕은 어떻게 생기는지를 묻는 것이니, 《정명경》에서 이르기를, "어리석음과 존재에 대한 갈애에서 나의 병은 생겼습니다"(=졸역 p.593)라고 하였다.
94 (이상 3구는) 크고 작은 여러 왕 및 나라와 법 수호함을 묻는 것이다.
95 모든 하늘과 대지 및 일월성수를 묻는 것이니, 《대집경》·《누탄樓炭경》 등에서 낱낱이 자세히 밝히는 것과 같다.
96 '해탈'은 무학의 사람이고, '수행(사)'은 곧 유학의 사람이니, 각각 몇 가지가 있는지를 묻는 것이다. 아래의 수다원의 차별상 중(=3.8.3의 (2))에서

| 어떤 것이 아사리이고 | 云何阿闍梨 |
| 제자는 몇으로 차별됩니까97 | 弟子幾差別 |

25 여래에는 몇 종류가 있고　　　　如來有幾種
　　본생사는 또한 어떠하며98　　　　本生事亦然
　　온갖 마 및 이학異學, 이같은　　　衆魔及異學
　　것들은 각각 몇 있습니까99　　　　如是各有幾

26 자성은 몇 가지로 다르고　　　　自性幾種異
　　마음엔 몇 종 차별 있으며100　　　心有幾種別
　　어찌 오직 가설일 뿐인지　　　　云何唯假設
　　붓다께서 개연해 주소서101　　　　願佛爲開演

27 어떻게 바람·구름이 되고　　　　云何爲風雲

개별적으로 답하는 것과 같다.
97 '아사리'는 여기 말로 교수사[敎師]이니, 교수사가 가르침을 시설함 및 제자가 가르침을 품수함을 묻는 것이다.
98 여래 및 본생의 인연에는 각각 몇 가지가 있는지를 묻는 것이다.
99 '마라'는 여기 말로는 능해能害이니, 무릇 선품善品을 장애하고 능히 혜명慧命을 해치므로 다 '마'라고 이름한다. 모두 네 가지가 있으니, 번뇌마·사마·음마·천마를 말한다. 이 모든 마 및 이학에 대한 물음은 수행하고자 하는 사람이 생사와 모든 견해의 근본을 인식하는 것이다.
100 아래의 응당 3자성의 모습을 잘 알아야 한다고 함(=2.3)에서 '자성'에 답하고, 네 가지 인연으로 안식이 구른다고 함 이하(=2.1의 (2))에서 이 '마음'에 개별적으로 답한다.
101 어째서 모든 법은 망상을 가시설한 것일 뿐이지를 묻는 것이니, 아래의 '붓다께서 설하신 것처럼 만약 경계는 단지 가명일 뿐 전혀 얻을 수 없음을 안다면' 중(=4.5.5의 (2))에서 개별적으로 답하는 것과 같다.

염念·지智 어떤 원인으로 있으며102 念智何因有
등나무 등의 행렬, 이들은 藤樹等行列
모두 누가 능히 짓습니까103 此並誰能作

㉘ 어떤 것이 상·마·짐승이고 云何象馬獸
어떤 원인으로 포획하며 何因而捕取
어떤 게 비루한 사람이고 云何卑陋人
이는 모두 누가 짓습니까104 此並誰能作

㉙ 어떤 게 육시六時에 포섭되고 云何六時攝
어떤 것이 일천제이며 云何一闡提
여자·남자 및 불남不男 이들은 女男及不男
모두 어떻게 생깁니까105 此並云何生

....
102 윗 구를 한 본(=4권본)에서는 "어떤 것이 허공의 바람과 구름인지[云何空風雲]"라고 하였다. 아랫 구는 네 가지 바른 새김과 지혜[四正念智]는 어떤 원인으로 있는지를 묻는 것인데, 또한 세속의 새김과 지혜[世俗念智]라고도 말한다.
103 풀과 임목의 무정물은 다 누가 짓는 것인지를 묻는 것이다.
104 코끼리·말 등의 짐승은 원인이 어떠해서 포획하고 번갈아 서로 살육하는지를 묻는 것이고, 그리고 비루하고 천한 사람은 무슨 업으로 초래된 것인지를 묻는 것이다.
105 윗 구는 외도에 여섯 시절[六節]을 스승으로 삼는 것이 있음을 묻는 것이다. 또 이르기를 서역에서는 두 달을 때[時]로 삼아서 한 해를 여섯 시절로 나눈다고 한다. 다음 구는 일천제를 묻는 것이니, 아래의 일천제 중(=2.2.7)에서 개별적으로 답하는 것과 같다. 다음 구는 황문黃門(=생식능력이 없는 남자)과 남·녀를 묻는 것이니, 《정법념경正法念經》에서 밝히는 바와 같다.

㉚ 어떻게 수행이 진전되고 　　云何修行進
　　어떻게 수행서 물러나며106 　　云何修行退
　　유가사에는 몇이 있어서 　　瑜伽師有幾
　　그 중에 머물게 합니까107 　　令人住其中

㉛ 중생이 제취에 태어남은 　　衆生生諸趣
　　어떤 형상 어떤 색상이며 　　何形何色相
　　부유하고 대자재함, 이는 　　富饒大自在
　　또 무얼로 인해 얻습니까108 　　此復何因得

㉜ 어떤 것이 석가종족이고 　　云何釋迦種
　　어떤 것이 감자종족이며109 　　云何甘蔗種
　　선인의 오랜 고행은 　　仙人長苦行
　　누가 가르쳐 준 것입니까110 　　是誰之敎授

㉝ 무엇 때문에 붓다세존이 　　何因佛世尊
　　일체 국토 중 나타나시고 　　一切刹中現
　　다른 이름의 모든 색류와 　　異名諸色類

---

106 배우는 자의 수행에 어찌 하여 진·퇴의 차이가 있는지를 묻는 것이다.
107 '유가'는 여기 말로 상응이니, 일체 승의 경계·행·과 등과 상응하는 것을 말하는데, 《유가사지론》의 5분分·17지地 중에서 밝히는 바와 같다.
108 중생의 제취에서의 형상과 부유 자재함의 원인을 묻는 것이다.
109 여래의 세속 종성을 묻는 것이다. 그 일은 다른 경전에 있거니와, 간략한 것은 석가보방지釋迦譜方誌 등에서 밝히는 바와 같다.
110 선인은 고행을 닦아서 장생長生을 얻는다고 말하는데, 그의 스승은 어떤 법으로써 제자에게 교수했는지를 묻는 것이다.

| | 불자대중이 둘러쌉니까111 | 佛子衆圍遶 |

[34] 무엇 때문에 식육치 않고 　　　　　何因不食肉
　　　무엇 때문에 단육케 하며 　　　　　何因令斷肉
　　　식육하는 여러 중생들은 　　　　　食肉諸衆生
　　　어떤 원인으로 먹습니까?112 　　　以何因故食

[35] 무엇 때문에 여러 국토는 　　　　　何故諸國土
　　　마치 해와 달의 형상이나 　　　　　猶如日月形
　　　수미산 및 연꽃, 만자나 　　　　　　須彌及蓮花
　　　사자의 형상과 같으며 　　　　　　　卍字師子像

[36] 무엇 때문에 여러 국토는 　　　　　何故諸國土
　　　인다라의 그물과 같고 　　　　　　　如因陀羅網
　　　엎어지며 기울어 머물고 　　　　　　覆住或側住
　　　일체 보배로 이루어지며 　　　　　　一切寶所成

[37] 무엇 때문에 여러 국토는 　　　　　何故諸國土
　　　때 없는 일월의 광명이며 　　　　　無垢日月光
　　　혹은 꽃·열매의 형상이나 　　　　　或如花果形
　　　공후나 장구와 같습니까113 　　　　箜篌細腰鼓

---

111 붓다께서 곳곳에서 중생에 응해 형상을 나타내시고 범·성이 둘러싸는 것은 어떤 원인으로 이와 같은지를 묻는 것이다.
112 식육함과 식육을 끊도록 제한한 인연을 묻는 것이니, 아래의 식육을 끊음 중(=6.2)에서 개별적으로 답하는 것과 같다.

72　대승입능가경 제1권

38 어떤 것이 변화붓다이고　　　云何變化佛
　　어떤 것이 보신붓다와　　　　云何爲報佛
　　진여지혜붓다가 되는지　　　眞如智慧佛
　　원컨대 모두 설해 주소서114　願皆爲我說

39 어찌 하여 욕계에서　　　　　云何於欲界
　　등정각 이루지 않으시고　　　不成等正覺
　　어째서 색구경천에서　　　　何故色究竟
　　이염해 보리 얻으셨으며　　　離染得菩提

40 여래께서 멸도하신 뒤에　　　如來滅度後
　　누가 정법을 호지하고115　　誰當持正法
　　세존은 얼마나 머무시며　　　世尊住久如
　　정법은 얼마나 머뭅니까116　正法幾時住

---

113 세계의 형상이 차별되어 같지 않은 것을 묻는 것이니, 오직 마음으로 짓는 바이기 때문임을 밝히는 것이다. 《화엄경》(=60권본 제4권)에서 이르기를, "종자가 차별되기 때문에 과실 나는 것 같지 않으니, 행업이 여러 가지인 고로 불국토 갖가지 다르다오"라고 하였으니, 자세한 것은 세계성취품 중에서 밝히는 것과 같다.
114 붓다의 이름과 뜻을 묻는 것이다. 근기 따라 나아가 감응한 것이 변화붓다이고, 그 과거의 원인에 응답한 것을 보신붓다라고 이름하며, 체성이 둘이 없는 것이 진여붓다이고, 본각이 드러나 비추는 것이 지혜붓다이다.
115 노사나붓다께서 보리과 이루신 것을 묻고 그리고 열반하신 후 누가 정법 호지할 것인지를 묻는 것이다. 간략하게는 《마하마야摩訶摩耶경》 등과 《부법장전付法藏傳》에서 밝힌 것과 같다.
116 여래께서 세상에 머무심의 장단 및 정법이 머무는 시간의 장단을 묻는 것이다.

|41| 실단에는 몇 가지가 있고　　　　悉檀有幾種
　　여러 견해는 또 몇 있으며117　　　諸見復有幾
　　무엇 때문에 비니 및　　　　　　何故立毘尼
　　모든 비구를 세우십니까118　　　及以諸比丘

|42| 일체의 모든 불자와　　　　　　一切諸佛子
　　독각 그리고 성문은　　　　　　獨覺及聲聞
　　어떻게 의지처를 바꾸고　　　　云何轉所依
　　어떻게 무상을 얻습니까119　　 云何得無相

|43| 어떻게 세간 신통을 얻고　　　　云何得世通
　　어떻게 출세간을 얻으며120　　 云何得出世
　　또 무슨 인연으로 마음이　　　　復以何因緣
　　제7지 중에 머뭅니까121　　　　心住七地中

....

117 윗 구는 실단을 묻는 것이니, 여기 말로는 뜻의 근본[義宗]이라고 한다. 아랫 구는 세속제의 여러 견해를 묻는 것이다. 또 천태의 종지에 4실단이 있으니, 세계실단·대치실단·위인실단·제일의실단이다. 그래서 이르기를, "만약 4실단의 뜻을 잃는다면 자행自行과 화타化他를 다 법에 집착하는 것이라고 이름하고, 만약 4실단의 뜻을 얻는다면 자행·화타에 모두 집착이 없다"라고 하였다.
118 '비니'는 계戒이고, '비구'는 이 계 중에서 부분 부분 해탈을 얻는 것[分分得解脫]이다.
119 * 이 부분에 대해서는 주의 내용이 없다.
120 세간의 5신통 및 출세간의 6신통을 묻는 것이다. 6신통이라고 말한 것은 천안·천이·타심·숙명·신족·누진을 말하니, 이 여섯이 삼승의 사람을 포괄하나, 단지 깊고 얕음과 밝고 어둠에 차이가 있을 뿐이다. 세간의 신통에는 누진통이 없다.
121 제7지의 심량心量을 묻는 것이니, 공용위의 궁극을 말한다.

44	승가에는 몇 가지가 있고	僧伽有幾種
	어떻게 파승을 이루며122	云何成破僧
	어떻게 중생을 위하여	云何爲衆生
	널리 의방론을 설합니까123	廣說醫方論

45	무엇 때문에 대모니께서	何故大牟尼
	이런 말씀을 설했습니까	唱說如是言
	가섭붓다 구류손붓다와	迦葉拘留孫
	구나함모니는 '나'라고124	拘那含是我

46	무엇 때문에 단멸과 항상	何故說斷常
	및 나와 무아를 설하시고	及與我無我
	어찌 일체가 유심이라는	何不恒說實
	진실 늘 설하지 않습니까125	一切唯是心

---

122 승가에 몇 가지가 있는지를 묻는 것이니, 그 뜻은 진위를 밝히는 것이다. 그리고 승가를 파괴해 화합치 못하게 해서 큰 죄보 얻음을 묻는 것이다. 또 혹은 두 가지 승을 설하니, 갈마승羯磨僧과 법륜승法輪僧이요, 혹은 세 가지 승을 설하니, 화합승和合僧・가명승假名僧・진실승眞實僧이며, 혹은 네 가지 승을 설하니, 유수승有羞僧・무수승無羞僧・아양승啞羊僧・진실승眞實僧이다. 승가를 파괴함의 뜻은 《잡아비담심론》에서 설하는 것과 같다.
123 세・출세간의 의방론을 묻는 것이니, 각각 많은 방법이 있으므로 '널리 설한다'고 말한 것이다.
124 다른 경전에도 이 말이 있기 때문에 대혜가 묻는 것이다. 교화의 자취에는 다름이 있어도 덕체德體에 차이가 없음을 말하는 것이니, 아래의 네 가지 평등 중(=4.3.2)에서 개별적으로 답하는 것과 같다.
125 여래께서 어찌 항상 중생을 위해 진실한 법을 설하지 않으시고, 다시 중생을 위해 단멸을 설하며 항상을 설하고 나와 무아를 설하시는지, 망상의 심량의 법[妄想心量法]은 무엇을 위함인지를 묻는 것이니, 아래의 '미래세에

47	어찌 하여 남녀의 숲과	云何男女林
	하리와 암마라의 나무126	訶梨菴摩羅
	계라사와 윤위의 산	雞羅娑輪圍
	그리고 금강의 산의	及以金剛山

48	이와 같은 곳의 중간이	如是處中間
	무량 보배로써 장엄되고	無量寶莊嚴
	선인들과 건달바들이	仙人乾闥婆
	일체에 모두 충만하며	一切皆充滿

| 49 | 이들은 다 무슨 인연인지 | 此皆何因緣 |
| | 세존께서 설해 주소서127 | 願尊爲我說 |

1.2.2128

(1) 그 때 세존께서는 그가 청한 바 대승의 미묘한 모든 붓다의 마음의 최상 법문을 듣고 곧 일러 말씀하셨다.   爾時 世尊 聞其所請 大乘微妙 諸佛之心 最上法門 卽告之言.

여러 삿된 지혜 가진 자가 있어' 이하(=3.8.2)에서 개별적으로 답하는 것과 같다.
126 세간의 과실은 무엇 때문에 같지 않은지를 묻는 것이다. '하리'는 가리륵 열매[阿梨勒果]Sharītakī이고, '암마라'는 아마륵열매[阿摩勒果]Sāmalaka이다.
127 '윤위'는 또한 철위라고도 말한다. 뒤의 2구는 전제적으로 청함을 맺는 것이다. * '계라사Skailāsa'는 곤륜산을 가리킴.
128 【이하는 정종분 둘 중의 첫째 언설을 떠나고 증득이 끊어지며 광대하고 미묘한 제일의 법문을 바로 가리킴 중의 둘째 아니라는 문구[非句]로써 바로 가리켜서 답함[答直指非句] 중의 첫째 (여래께서 대혜가 물은 것을) 따오는 것[牒]이다.】

"훌륭하구나, 대혜여. 잘 듣고 잘 들으라. 그대가 물은 바 대로 차례로 설하리라."

"善哉, 大慧. 諦聽諦聽. 如汝所問 當次第說."

곧 게송으로 말씀하셨다.[129]

卽說頌言.

1 남과 나지 않음
열반 그리고 공상
유전과 자성 없음[130]
바라밀과 불자

若生若不生
涅槃及空相
流轉無自性
波羅蜜佛子

2 성문과 벽지불
외도와 무색의 행[131]
수미라는 큰 바다의 산
육지와 국토의 땅[132]

聲聞辟支佛
外道無色行
須彌巨海山
洲渚刹土地

129 대혜가 이와 같은 미묘한 심법을 능히 묻는 것을 들었기 때문에 훌륭하다고 찬탄하고, 생멸의 심행 없이 자세히 살펴서 실상의 법을 듣도록 경계시키신 것이니, 이하 39게송은 다 여래께서 위해 설하신 것이다.

130 대혜가 위에서 물은 유위의 생법과 무위의 불생법, 열반, 허공, 찰나에 유전하는 법은 다 망상이 나타낸 바로서, 각각 자성이 없음을 말하는 것이다.

131 위에서 물은 바 사람 및 사람이 행하는 법을 말한 것이니, 불자·성문·연각·외도는 사람이고, 모든 바라밀은 삼승의 사람이 행하는 법이며, 무색의 행은 외도가 행하는 법이다.

132 이하 8게송반은 여래께서 대혜의 108구의 물음을 차례로 따와서 받은 것이다. '수미'는 큰 바다 중에 있기 때문에 '수미라는 큰 바다의 산'이라고 말한 것이니, 위(=35)의 '수미산'을 따와서 받은 것이다. '큰 바다'는 위의 물음 중에는 없었다. '육지와 국토의 땅'은 위(=35~37)의 땅들을 받은 것이다.

③ 성수星宿와 더불어 해와 달 　　　星宿與日月
　천신대중과 아수라 　　　　　　　天衆阿修羅
　해탈과 자재와 신통 　　　　　　　解脫自在通
　힘과 선정과 모든 삼매 　　　　　　力禪諸三昧

④ 소멸 그리고 여의족133 　　　　　　滅及如意足
　보리분 그리고 도 　　　　　　　　菩提分及道
　선정과 더불어 무량심 　　　　　　禪定與無量
　모든 온 및 가고 옴 　　　　　　　諸蘊及往來

⑤ 나아가 멸진정과 　　　　　　　　乃至滅盡定
　마음이 언설을 생기함134 　　　　　心生起言說
　심·의·식과 무아 　　　　　　　　心意識無我
　5법 그리고 자성 　　　　　　　　五法及自性

⑥ 분별함과 분별 대상 　　　　　　　分別所分別
　능·소의 두 가지 봄 　　　　　　　能所二種見
　모든 승·종성의 처소 　　　　　　 諸乘種性處
　금과 마니와 진주 　　　　　　　　金摩尼眞珠

---

133 아수라·힘·여의족은 위의 물음 중에는 없었지만, 뜻으로는 응당 있어야 한다.
134 '모든 온 및 가고 옴'은 위(=㉛)의 '중생이 제취에 태어남'을 받은 것이고, '마음이 언설을 생기함'은 위(=⑳)의 '무엇이 언어를 일으킵니까'를 받은 것이다.

⑦ 일천제와 사대종　　　　　　　　一闡提大種
　황란함 및 한 붓다　　　　　　　荒亂及一佛
　지혜·소지와 교득教得　　　　　　智所智教得
　중생의 있음과 없음135　　　　　　衆生有無有

⑧ 상·마·짐승은 무엇 때문에　　　 象馬獸何因
　어떻게 포획하며　　　　　　　　云何而捕取
　어떻게 이유와 비유로써　　　　　云何因譬喻
　상응해 실단을 이루는가　　　　　相應成悉檀

⑨ 짓는 대상 및 짓는 주체　　　　　所作及能作
　온갖 숲과 더불어 미혹　　　　　　衆林與迷惑
　이런 것의 진실한 이치는　　　　　如是眞實理
　유심일 뿐 경계는 없다네　　　　　唯心無境界

⑩ 모든 지는 차례가 없음　　　　　　諸地無次第
　무상으로 의지처를 바꿈　　　　　　無相轉所依
　의방론과 공교론　　　　　　　　　 醫方工巧論

....
135 '대종'은 위에 글이 없었다. '한 붓다'는 위(=㊺)에서 가섭붓다 등이 '나'라고 한 것을 받은 것이고, '중생의 있음과 없음'은 위(=㊻)의 '나와 무아'를 받은 것이다. * '황란함'은 4권본과 10권본에도 같은 표현으로 되어 있는데, 이에 대해『주해』는 국토의 어지러움을 가리킨다고 해석하고 있다. '지혜·소지와 교득'은 4권본과 10권본에 '智爾焰得向'이라고 표현되어 있는데, 앞의 3글자는 능히 아는 '지혜'와 알 대상[爾焰]인 '소지'를 가리키고, 뒤의 2글자는 범문화역에 의하면 향과·득과(=4향·4과)를 가리키는 것으로 보임.

기술과 모든 명처136	伎術諸明處
11 수미의 여러 산과 땅	須彌諸山地
큰 바다 해·달의 크기	巨海日月量
상·중·하 중생의 몸은	上中下衆生
각각 얼마의 미진인지137	身各幾微塵
12 낱낱 국토는 몇 미진이고	一一刹幾塵
낱낱 궁은 몇 주이며	一一弓幾肘
몇 궁이 1구로사이고	幾弓俱廬舍
반유순과 1유순이며	半由旬由旬
13 토호진과 극유진	兎毫與隙遊
기쉬와 양모진과 광맥이고	蟣羊毛穬麥
반 되와 한 되는	半升與一升
각각 몇 광맥인지138	是各幾穬麥

....
136 '유심일 뿐 경계는 없다네'는 위(=46)의 '일체는 유심'이라고 한 것을 받은 것이고, 나머지도 다 위의 물음을 따와서 받은 것이다.
137 이하 9게송은, 대혜가 이미 이름과 모습은 물으면서, 어째서 여러 산, 큰 바다, 일월성수, 중생, 국토의 유순·두곡斗斛(=1곡은 10두)·근량斤兩, 4대의 여러 근의 이와 같은 미진의 분량으로 이루어진 것은 묻지 않는지를 말하는 것이니, 그 뜻은 물음에 두루하지 못함이 있다는 것이다. 또 중생이 생각으로 계탁함을 버리게 하기 위함이니, 모든 물건이 이미 적집된 미진으로 이루어진 것이라면 어찌 체성이 있겠는가.
138 가장 미세한 미진을 토호진이라고 이름하며, 7토호진이 1양모두진羊毛頭塵을 이루고, 7양모두진이 1극중진隙中塵(=극유진)을 이루며, 7극중진이 1기쉬를 이루고, 7기가 1슬虱을 이루며, 7슬이 1광맥穬麥을 이루고, 7광맥이

80 대승입능가경 제1권

14 1곡 그리고 10곡　　　　　　　　一斛及十斛
　　 10만 및 천억에서　　　　　　　 十萬暨千億
　　 나아가 빈바라, 이런 등은　　　　乃至頻婆羅
　　 각각 얼마의 수인지139　　　　　 是等各幾數

15 몇 미진이 개자를 이루고　　　　 幾塵成芥子
　　 몇 개자가 초자를 이루며　　　　 幾芥成草子
　　 다시 몇 초자로써　　　　　　　 復以幾草子
　　 1두를 이루는지　　　　　　　　 而成於一豆

16 몇 두가 1수를 이루고　　　　　　幾豆成一銖
　　 몇 수가 1양을 이루며　　　　　　幾銖成一兩
　　 몇 양이 1근을 이루고　　　　　　幾兩成一斤
　　 몇 근이 수미를 이루는지　　　　 幾斤成須彌

....

　 1지指를 이루며, 12지가 1걸[打-丁+桀]을 이루고, 양 걸이 1주肘를 이루며, 4주가 1궁이 되는데, 500궁을 1구로사라고 이름하고, 10구로사를 1유순이라고 이름하며, 삼천대천세계가 1변화불국토[化佛刹]가 된다. 말하자면 이들 여러 법도 다 미진을 쌓아 체를 이루는데, 어째서 각각 몇 미진을 갖추어서 이룬 것인지 묻지 않는가라는 것이다. * 앞 부분에 관한 《구사론》 제 12권의 설명은 아래와 같이 조금 다르다. 「극미, 미微, 금모진, 수모진, 토모진, 양모진, 우모진, 극유진, 기, 슬, 광맥, 지절指節은 뒤로 갈수록 7배씩 증가한다. 7광맥을 1지절이라고 하고, 3지절을 1지라고 한다. 24지가 1주이고, 4주는 1궁의 크기이며, 500궁이 1구로사이고, 이의 여덟이 1유선나(=유순)이다.」

139 이들은 모두 범어가문에서 두·곡斗斛을 적집한 것의 이름이다. 혹은 천만 나유타를 '빈바라'라고 이름한다.

17	이런 등도 청할 것이거늘	此等所應請
어째서 다른 일만 물었는가	何因問餘事
성문과 벽지불	聲聞辟支佛
모든 붓다 및 불자	諸佛及佛子

18	이런 등의 몸의 분량에는	如是等身量
각각 몇 미진이 있으며	各有幾微塵
불·바람은 각 몇 미진이고	火風各幾塵
낱낱 근에는 몇이 있는지	一一根有幾

19	눈썹 및 모든 털구멍은	眉及諸毛孔
또 각 몇 미진으로 이루는지	復各幾塵成
이와 같은 등의 여러 일은	如是等諸事
어찌해 나에게 묻지 않는가140	云何不問我

20	어찌 하여 재부를 얻고	云何得財富
무엇을 전륜왕이라 하며	云何轉輪王
어떻게 왕이 수호하고	云何王守護
어떻게 해탈을 얻는지141	云何得解脫

| 21 | 무엇을 장행의 문구 | 云何長行句 |

....
140 이상은 모두 여래의 말씀이니, 이와 같은 이름과 모습도 역시 응당 물었어야 한다는 것을 말한 것이다.
141 이하 20게송은 다시 대혜가 물은 것을 받는 것이니, '재부'는 위(=31)의 '부유함[富饒]'을 받은 것이다.

음욕 및 음식이라고 하고	婬欲及飮食
무엇을 남녀의 숲 금강 등	云何男女林
여러 산이라고 하는지	金剛等諸山

22 환상·꿈·갈애의 비유, 여러　　幻夢渴愛譬
　　구름은 뭐에서 일어나고　　　諸雲從何起
　　시절은 어찌 하여 있으며　　　時節云何有
　　어째서 갖가지의 맛인지142　　何因種種味

23 여자·남자 및 불남　　　　　　女男及不男
　　붓다 보살의 엄식　　　　　　佛菩薩嚴飾
　　무엇을 여러 묘산과 선인　　　云何諸妙山
　　건달바의 장엄이라 하는지　　仙闥婆莊嚴

24 해탈해서 어디에 이르고　　　解脫至何所
　　누가 묶고 누가 해탈하며　　誰縛誰解脫
　　무엇을 선정의 경계　　　　　云何禪境界
　　변화 및 외도라고 하는지　　變化及外道

25 무엇을 무인작이라 하고　　　云何無因作
　　무엇을 유인작이라 하며143　云何有因作

----

142 '갖가지의 맛'은 위의 물음 중에는 없었다.
143 '무인작'과 '유인작'은 위(=4)의 '둘 갖춤[二俱]'과 '다름[異]'을 받은 것이다.

어떻게 여러 견해 바꾸고	云何轉諸見
어떻게 계탁 일으키는지	云何起計度

㉖ 어떻게 계탁 청정케 하고	云何淨計度
소작은 어떻게 일어나며	所作云何起
어떻게 바꾸어서 가고	云何而轉去
어떻게 여러 상想을 끊는지	云何斷諸想

㉗ 어떻게 삼매를 일으키고144	云何起三昧
삼유를 깨는 자 누구이며	破三有者誰
어떤 곳의 몸은 어떠하고	何處身云何
어찌 하여 '나'가 없는지	云何無有我

㉘ 어떤 게 세속 따른 말이고	云何隨俗說
그대가 물은 상相은 어떠하며	汝問相云何
그리고 물은 바 비아이고145	及所問非我
어떤 것이 태장 그리고	云何爲胎藏

㉙ 나머지 지분이 되며	及以餘支分

....
144 '여러 상을 끊는다'는 것은 위(=⑤)의 '어떤 것이 상멸想滅이 되고'를 받은 것이고, '삼매를 일으킨다'는 것은 위(=⑤)의 '어떻게 삼매에서 깹니까'를 받은 것이다. * '소작'은 위 1.2.1의 ⑥의 '지어진 것'을 받은 것이다.
145 '나가 없는지'는 위(=⑪)의 '중생이 없음'을 받은 것이고, '상은 어떠하며'는 위(=⑩)의 '어떤 원인으로 상 건립하고'를 받은 것이며, '비아'는 위(=⑩)의 '무아를 이룸'을 받은 것이다.

어떤 게 단·상의 견해이고	云何斷常見
어떤 것이 심일경이며	云何心一境
어떤 것이 언설과 지혜	云何言說智

30 계와 종성과 불자인지　　　　　戒種性佛子
　어떤 것이 칭리稱理의 해석이고　　云何稱理釋
　어떤 것이 스승과 제자　　　　　云何師弟子
　중생과 종성의 차별이며　　　　　衆生種性別

31 음식 그리고 허공이고　　　　　飮食及虛空
　총명聰明과 마魔와 시설이며146　 聰明魔施設
　어떻게 나무가 항포되는지　　　　云何樹行布
　이들이 그대가 물은 바요　　　　　是汝之所問

32 무슨 원인으로 일체 국토가　　　何因一切刹
　갖가지 모양으로 같지 않고　　　　種種相不同
　혹 공후나 장구 그리고　　　　　或有如箜篌
　온갖 꽃과 같음이 있으며　　　　　腰鼓及衆花

33 혹은 광명을 떠나 있는지　　　　或有離光明
　선인의 오랜 고행 혹은　　　　　仙人長苦行

---

146 '시설'은 위(=26)의 '어찌 오직 가설일 뿐인지'를 따온 것이다. '총명'과 '마'는 위의 물음에 없었다. * '칭리의 해석'이란 이치에 칭합한 해석이라는 뜻이다.

좋은 족성 있어 중생들로	或有好族姓
하여금 존중케 하는지	令衆生尊重

34 혹은 체에 비루함이 있어 　　或有體卑陋
　　사람이 천대하는 바 되며 　　爲人所輕賤
　　어찌 하여 욕계 중에서 　　云何欲界中
　　수행해 붓다 이루지 않고 　　修行不成佛

35 색구경천에서 　　而於色究竟
　　나아가 등정각에 오르며 　　乃昇等正覺
　　어찌 하여 세간 사람이 　　云何世間人
　　능히 신통을 얻는지 　　而能獲神通

36 어째서 비구라고 칭하고 　　何因稱比丘
　　어째서 승가라 이름하며 　　何故名僧伽
　　무엇을 변화불 및 보불 　　云何化及報
　　진여지혜불이라 하는지 　　眞如智慧佛

37 어떻게 그 마음으로 하여금 　　云何使其心
　　7지 중에 머묾 얻게 하는지 　　得住七地中
　　이들 및 다른 뜻들을 지금 　　此及於餘義
　　그대가 다 나에게 물었다147 　　汝今咸問我

---

147 초지 내지 제7지는 유심지有心地로서 삼계의 심·의·식의 인식을 관찰한다. (37에서) '이들'은 위의 108문을 맺는 것이고, '다른 뜻들'은 미진을 쌓

38 선불先佛께서 설하신 것처럼　　　如先佛所說
　　108가지의 구는　　　　　　　　一百八種句
　　낱낱의 모습이 상응하여　　　　一一相相應
　　모든 견해의 허물 원리하고　　　遠離諸見過

39 또한 세속의 언어로써　　　　　亦離於世俗
　　이루어진 법을 떠났지만　　　　言語所成法
　　내 그대를 위해 설하리니　　　　我當爲汝說
　　불자여 듣고 수지할지라148　　　佛子應聽受

(2) ① 그 때 대혜보살마하살이 붓다께　爾時　大慧菩薩摩訶薩
말하였다.　　　　　　　　　　　　　白佛言.
　"세존이시여, 무엇이 108구句입니　"世尊, 何者 是一百八
까?"　　　　　　　　　　　　　　　句?"
　② 붓다께서 대혜에게 말씀하셨다.　佛言 大慧.
　"이른바 생生구와 생 아님[非生]의 구,　"所謂 生句非生句
상常구와 상 아님의 구,149 상相구와 상　常句非常句　相句非相

은 수 등이니, 모두 삼계의 망상의 모습으로서 7지에서 관찰하는 법이다. 그래서 '어떻게 그 마음으로 하여금 7지 중에 머묾 얻게 하는지'라고 말한 것이고, '지금 그대가 다 나에게 물었다'는 따온 글을 총결한 것이다.
148 선불께서 설하신 바 견해를 떠난 모습의 구[離見相句]는 다 실상과 위배하지 않는 것이라, 자연히 모든 악견의 허물을 멀리 떠나고, 또한 세간의 언어로써 이루어진 법이 전혀 진실한 뜻 없음도 떠나니, 응당 그대를 위해 설하리라. 경계시켜서 자세히 듣게 하시는 것이다.
149 【② 이하는 둘째 답하는 것[答]이다.】 ② 이하는 여래께서 심진여문에 의거해 답하는 것이다. 중생이라고 말하는 것은 진실로 남이 없는 것[眞實無生]에서 망령되이 난다는 견해[生見]를 일으킨 것이지 본래 스스로 남이 아

아님의 구, 주이住異구와 주이 아님의 구,150 찰나구와 찰나 아님의 구, 자성구와 자성 아님의 구, 공空구와 공 아님의 구, 단斷구와 단 아님의 구, 심心구와 심 아님의 구,151 중中구와 중 아님의 구,152 연緣구와 연 아님의 구, 인因구와 인 아님의 구, 번뇌구와 번뇌 아님의 구, 애愛구와 애 아님의 구, 방편구와 방편 아님의 구,153 선교善巧구와 선교 아님의 구, 청정淸淨구와 청정 아님의 구, 상응相應구와 상응 아님의 구, 비유구와 비유 아님의 구, 제자구와 제자 아님의 구, 사師구와 사 아님의 구, 종성種性구와 종성 아님의 구, 삼승구와 삼승 아님의 구, 영상 없음[無影像]의 구와 영상 없음이 아

句 住異句非住異句 刹那句非刹那句 自性句非自性句 空句非空句 斷句非斷句 心句非心句 中句非中句 緣句非緣句 因句非因句 煩惱句非煩惱句 愛句非愛句 方便句非方便句 善巧句非善巧句 淸淨句非淸淨句 相應句非相應句 譬喩句非譬喩句 弟子句非弟子句 師句非師句 種性句非種性句 三乘句非三乘句 無影像句非無影

....

니니[非生], 그래서 '생구와 생 아님의 구'라고 말한 것이다. 만약 남의 법[生法]이 있다면 항상함[常]도 있다고 말할 수 있겠지만, 남이 없기 때문에 곧 항상함도 없으니, 그래서 '상구와 상 아님의 구'라고 말한 것이다. 이 2구가 이미 그러하므로, 나머지 모든 구의 부류도 다 아랫 구로써 윗 구를 보내는 것[遣]이니, 망견이 만약 없다면 곧 진실이 스스로 드러난다.

150 생구生句를 이룰 때 상구[相]는 좇아서 온다. 주이住異 2구는 위의 물음 중에는 없었다. 본래 없다가 지금 있는 것을 '생'이라 이름하고, 법이 응연凝然(=그대로 멈추어 있음)하지 아니한 것을 '이異'라고 이름하며, 법에 잠시 작용이 있는 것을 '주住'라고 이름한다.
151 * 이 '심구와 심 아님의 구'는 아래의 '지地구와 지 아님의 구' 다음에 다시 나오는데(10권본도 같음), 이에 관해서 설명이 없다.
152 위에 중中구는 없었다.
153 위에 '방편'의 글은 없었다.

님의 구, 원願구와 원 아님의 구, 삼륜三
輪구와 삼륜 아님의 구,154 표상標相구와
표상 아님의 구, 유有구와 유 아님의 구,
무無구와 무 아님의 구, 구俱구와 구 아
님의 구, 자증성지自證聖智구와 자증성지
아님의 구, 현법락現法樂구와 현법락 아
님의 구, 찰利구와 찰 아님의 구, 진塵구
와 진 아님의 구, 수水구와 수 아님의
구,155 궁弓구와 궁 아님의 구, 대종大種
구와 대종 아님의 구, 산수算數구와 산수
아님의 구, 신통구와 신통 아님의 구, 허
공구와 허공 아님의 구, 운雲구와 운 아
님의 구, 교명巧明구와 교명 아님의
구,156 기술伎術구와 기술 아님의 구, 풍
風구와 풍 아님의 구, 지地구와 지 아님
의 구, 심心구와 심 아님의 구, 가립假立
구와 가립 아님의 구, 체성구와 체성 아
님의 구, 온蘊구와 온 아님의 구, 중생구
와 중생 아님의 구, 각覺구와 각 아님의
구, 열반구와 열반 아님의 구, 소지所知
구와 소지 아님의 구, 외도구와 외도 아

像句 願句非願句 三輪
句非三輪句 標相句非
標相句 有句非有句
無句非無句 俱句非俱
句 自證聖智句非自證
聖智句 現法樂句非現
法樂句 刹句非刹句 塵
句非塵句 水句非水句
弓句非弓句 大種句非
大種句 算數句非算數
句 神通句非神通句 虛
空句非虛空句 雲句非
雲句 巧明句非巧明句
伎術句非伎術句 風句
非風句 地句非地句
心句非心句 假立句非
假立句 體性句非體性
句 蘊句非蘊句 衆生句
非衆生句 覺句非覺句
涅槃句非涅槃句 所知
句非所知句 外道句非

---

154 '원구'와 '삼륜구'는 위에 글이 없었다.
155 저 항하의 하나의 물을 네 가지로 보는 것[一水四見]이 같지 않음과 같다.
  * 그 앞의 '찰'과 '진'은 국토와 미진을 뜻함.
156 * '교명'은 4권본 및 10권본과 대조하면 공교명工巧明을 뜻하는 것임.

님의 구, 황란荒亂구와 황란 아님의 구, 환幻구와 환 아님의 구, 몽夢구와 몽 아님의 구, 양염陽焰구와 양염 아님의 구, 영상影像구와 영상 아님의 구, 화륜火輪구와 화륜 아님의 구, 건달바구와 건달바 아님의 구, 천天구와 천 아님의 구, 음식飮食구와 음식 아님의 구, 음욕婬欲구와 음욕 아님의 구, 견見구와 견 아님의 구, 바라밀波羅蜜구와 바라밀 아님의 구, 계戒구와 계 아님의 구, 일월성수日月星宿구와 일월성수 아님의 구, 제諦구와 제 아님의 구, 과果구와 과 아님의 구,157 멸滅구와 멸 아님의 구, 멸기滅起구와 멸기 아님의 구,158 의방醫方구와 의방 아님의 구, 상相구와 상 아님의 구,159 지분支分구와 지분 아님의 구, 선禪구와 선 아님의 구, 미迷구와 미 아님의 구, 현現구와 현 아님의 구, 호護구와 호 아님의 구,160 종족구와 종족 아님의

外道句　荒亂句非荒亂句　幻句非幻句　夢句非夢句　陽焰句非陽焰句　影像句非影像句　火輪句非火輪句　乾闥婆句非乾闥婆句　天句非天句　飮食句非飮食句　婬欲句非婬欲句　見句非見句　波羅蜜句非波羅蜜句　戒句非戒句　日月星宿句非日月星宿句　諦句非諦句　果句非果句　滅句非滅句　滅起句非滅起句　醫方句非醫方句　相句非相句　支分句非支分句　禪句非禪句　迷句非迷句　現句非現句　護句非護句　種族句非種族句　仙

---

157 '제諦구'는 위의 여실如實구를 따온 것이고, '과果구'는 위에 글이 없었다.
158 * 멸진정[滅]에서 일어남[起]의 뜻임.
159 '상相'에는 세 가지가 있으니, 체상體相・표상標相・법상法相을 말한다. 앞(= 제5)의 것은 형색의 체상이고, 다음은 '표상'이었으며, 이것은 곧 법상이다.
160 * 앞의 '미'은 미혹, '현'은 (1)의 33의 나타남, '호'는 수호의 뜻이고, 아래의 '선'은 선인의 뜻임.

구, 선仙구와 선 아님의 구, 왕王구와 왕 아님의 구, 섭수攝受구와 섭수 아님의 구,161 보寶구와 보 아님의 구, 기記구와 기 아님의 구,162 일천제구와 일천제 아님의 구, 여·남·불남구와 여·남·불남 아님의 구, 미味구와 미 아님의 구,163 작作구와 작 아님의 구,164 신身구와 신 아님의 구, 계탁計度구와 계탁 아님의 구, 동動구와 동 아님의 구, 근根구와 근 아님의 구, 유위有爲구와 유위 아님의 구, 인과因果구와 인과 아님의 구,165 색구경色究竟구와 색구경 아님의 구, 시절時節구와 시절 아님의 구, 수등樹藤구와 수등 아님의 구, 종종구와 종종 아님의 구,166 연설구와 연설 아님의 구, 결정구와 결정 아님의 구, 비니毘尼구와 비니 아님의 구, 비구比丘구와 비구 아님의 구, 주지住持구와 주지 아님의 구, 문자구와 문자 아님의 구이다.167

句非仙句 王句非王句 攝受句非攝受句 寶句非寶句 記句非記句 一闡提句非一闡提句 女男不男句非女男不男句 味句非味句 作句非作句 身句非身句 計度句非計度句 動句非動句 根句非根句 有爲句非有爲句 因果句非因果句 色究竟句非色究竟句 時節句非時節句 樹藤句非樹藤句 種種句非種種句 演說句非演說句 決定句非決定句 毘尼句非毘尼句 比丘句非比丘句 住持句非住持句 文字句非文字句.

---

161 '섭수구'는 위에 글이 없었다.
162 * 범문화역에는 수기와 수기 아님으로 되어 있다.
163 '미구'는 위에 글이 없었다. * 물음 중에는 없었지만, 1.2.2(1)의 ㉒에는 '갖가지의 맛'이 나온다.
164 * '작'은 ⑴의 ④의 지음의 뜻이고, '동'은 ⑬의 움직임의 뜻인 듯.
165 '유위구'와 '인과구'는 위에 글이 없었다.
166 '종종구'는 위에 글이 없었다.

대혜여, 이 108구는 다 과거의 제불께서 설하신 것이다."¹⁶⁸   大慧, 此百八句 皆是過去諸佛所說."

....

167 '주지구'는 4권본에 '처구處句'라고 번역하였다. 위는 심진여문에 의거하여 108구를 총체적으로 답한 것이다. 모두 '아님[非]'이라고 말한 것은, 마명馬鳴이 (《기신론》에서), "진여의 자성은 있음[有]의 모습도 아니고, 없음[無]의 모습도 아니며, 있음의 모습이 아닌 것도 아니고 없음의 모습이 아닌 것도 아니며, 있기도 하고 없기도 한 모습[有無俱相]인 것도 아니고, 하나의 모습도 아니고, 다른 모습도 아니며, 하나의 모습이 아닌 것도 아니고 다른 모습이 아닌 것도 아니며, 하나이기도 하고 다르기도 한 모습도 아니라고 알아야 한다. 본래부터 일체 잡염법 및 일체 중생은 허망한 마음[妄心]이 있음으로써 생각마다 분별함에 의해서 모두 상응하지 못하기 때문이지만, 곧 진실한 마음[眞心]으로 상주하고 항상하며 변하지 아니하고 청정한 법이 만족하되, 취할 만한 모습이 있는 것 또한 아니니, 생각을 여읜 경계는 오직 증득과만 상응하기 때문이다."(=졸역 p.774)라고 말한 것과 같다.

168 * 위의 경문으로는 모두 110구인데, 그 중 '교명구와 교명 아님의 구'와 '기술구와 기술 아님의 구'는 4권본·10권본과 범문화역에 모두 공교와 기술이 합쳐져 있으므로, 그와 같이 양자를 합치면 108구가 된다. 그렇지만 각 번역본 상호간은 물론, 같은 번역본의 경우에도 판본에 따라 서로 빠지거나 합쳐지거나 분리된 것들이 적지 않아, 세존께서 설하신 108구가 반드시 이것이라고 단정하기는 어렵다.

1.3^169

⑴ ① 그 때 대혜보살마하살이 다시 붓 爾時 大慧菩薩摩訶薩
다께 말하였다. 復白佛言.

....

169 【이상으로 처음 언설을 떠나고 증득이 끊어진 광대하고 미묘한 제일의
 의 법문을 바로 가리키는 부분이 끝났고, 이하는 언설로 들어갈 바 제일의
 의 식해가 상주함을 보여 유심을 드러내는데[示言說所入 第一義識海常住 以顯唯
 心], 여덟으로 나누어진다. 처음은 8식의 인과의 사·정을 밝혀서 성지의 자
 각을 드러내는데[明八識因果邪正 以顯聖智自覺], 둘로 나누어진다. 그 처음은 8
 식 인과의 사정을 간략히 밝혀서 허망 떠난 소증을 표하는데[略明八識因果邪
 正 以表離妄所證], 일곱으로 나누어진다. 처음은 모든 식의 생멸은 알기 어려
 움을 보이는 것[示諸識生滅難知]이다.】
　이 품(=10권본에는 여기부터가 '제3 집일체법품'으로 되어 있음은 앞서
본 바와 같다)이 온 뜻은, 위의 품에서 총체적인 문답을 다 밝혔으므로, 이
하의 여러 품에서 모두 개별적으로 문답하니, 그래서 다음에 온 것이다.
　다음 명칭을 해석하자면, 논(=《기신론》)은 일심에 의거해 2문을 열었는
데, 위의 품에서 이미 심진여문이 일체법을 총체적으로 거둔다는 것을 밝
혔으므로, 이 품에서 곧 심생멸문이 총체적으로 일체법을 거두고 일체법을
낸다는 것을 밝히니, 이 2문이 서로 여의지 않기 때문이다, 논(=졸역
pp.775-776)에서 이르기를, "심생멸이라 함은 여래장에 의지하기 때문에
생멸하는 마음이 있음이니, 소위 불생불멸인 것이 생멸과 화합하여 하나인
것도 아니고 다른 것도 아닌 것을 아뢰야식이라고 이름한다. 이 식에 두 가
지 뜻이 있어, 능히 일체법을 거두고[攝] 일체법을 낸다[生]. 어떤 것이 두
가지 뜻인가? 첫째 각覺의 뜻이고, 둘째 불각不覺의 뜻이다. 각의 뜻이라고
말한 것은 마음의 체[心體]가 생각을 여읜 것[離念]을 말한다. 생각을 여읜
모습이란 허공계와 같아서 두루하지 않은 바가 없어 법계의 한 모습[一相]이
니, 곧 여래의 평등한 법신이다. 이 법신에 의거해서 본각本覺이라고 이름하
는 것이니, 본각에 의지하기 때문에 불각不覺 내지 삼세육추三細六麤(=같은
논의 졸역 pp.783-785)가 있어 괴로움의 바다에서 부침[升沈]하는 것이며,
불각에 의하기 때문에 시각始覺이 있다고 말하는 것이다. 또 마음의 근원[心
源]을 깨달았기 때문에 구경각究竟覺이라고 이름하고, 마음의 근원을 깨닫
지 못했기 때문에 구경각이 아닌 것이다."라고 하였다. 그러므로 10법계 중
의 성·범, 인·과, 의·정, 염·정이 모두 여기에 있는 것이니, 그래서 '일체법
을 모으는 품[집일체법품]'이라고 이름하였다.
　이하에서는 바로 경문을 해석한다.

"세존이시여, 모든 식에는 몇 가지 생·주·멸이 있습니까?"170

② 붓다께서 말씀하셨다.

"대혜여, 모든 식에는 두 가지 생·주·멸이 있는데, 머리로 헤아리는 자가 알 수 있는 것이 아니니,171 이른바 상속생相續生 및 상생相生, 상속주 및 상주, 상속멸 및 상멸이다.172

"世尊, 諸識 有幾種生住滅?"

佛言.

"大慧, 諸識 有二種生住滅, 非臆度者之所能知, 所謂 相續生 及相生, 相續住 及相住, 相續滅 及相滅.

---

170 이 품에서 단식육품의 끝까지 14개품은 개별적인 문답을 밝힌다. 이제 이 첫머리의 장은 곧 심·의·식을 개별적으로 문답하는 것이다. 이 식이 생멸문 중에 의거할 때 몇 종류의 생·주·멸이 있는가라는 것이다.

171 진여의 묘성妙性은 본래 무생이지만, 일념에 연을 따라서 현상이 나뉘어 다 일어난다. 곧 진여가 자성을 지키지 않고 무명의 연을 따라서 여러 식을 이루어 생·주·이·멸하니, 이는 범부·소승 및 인위의 보살의 지혜로 생각해서 아는 것이 아니다. 그래서 논(=졸역 pp.789-790)에서 이르기를, "무명의 훈습에 의하여 일어난 식이라는 것은 범부나 이승의 지혜로 깨닫는 것이 아니며, 나아가 보살의 구경지究竟地에 이르더라도 다 알 수는 없고, 오직 붓다께서만 다 아신다."라고 하였다.

172 '상속'은 곧 유주流注이니, 한 본(=4권본)에서는 '유주'라고 또한 말하였다. 유주라고 말한 것은 오직 제8식만을 가리키니, 세 가지 모습(곧 업상·전상·현상이니, 《기신론》에서 밝히는 바와 같다)이 미약하고 은밀하면서 종자와 현행이 끊어지지 아니하므로 유주라고 이름한다. 무명의 연으로 말미암아 처음 업식을 일으키기 때문에 '생'이라고 말하고, 상속함이 긴 겁이기 때문에 '주'라고 이름하며, 금강정에 이른 등각에서 한 순간에 근본무명을 끊으므로 유주멸이라고 이름한다. 상의 생·주·멸이란 나머지 7식의 마음과 경계가 거칠게 나타남[麤顯]을 말하니, 그래서 '상相'이라고 이름한다. 비록 제7식은 제8식을 반연하므로 6식에서 바라볼 때에는 '세細'가 되지만, 4번뇌(=아치·아견·아만·아애)를 갖추고 있으므로 또한 '추麤'라고 이름하기 때문이다. 그 현식에 의지하여 자기 종자가 여러 경계의 연과 합하여 7식을 내므로 상생相生이라고 이름하고, 긴 겁 동안 훈습하므로 상주相住라고 이름하며, 지말로부터 근본을 향해 점차 조복하고 끊는 것이 제7지에 이르러 만족하므로 상멸相滅이라고 이름한다. 앞의 생멸에 의지하여 미·오의 의

⑵ ① 모든 식에는 세 가지 모습이 있으　　諸識 有三相,
니, 전상·업상·진상을 말한다.173　　　　謂轉相 業相 眞相.
　② 대혜여, 식에는 자세히 말하면 여　　大慧, 識廣說 有八,
덟이 있지만, 간략하게는 곧 오직 둘뿐　略則 唯二,
이니, 현식 및 분별사식을 말한다.174　　謂現識 及分別事識.

....
　　지처[迷悟依]를 세우고, 뒤의 생멸에 의지하여 염·정의 의지처[染淨依]를 세
　　운다. 뒤는 짧고 앞은 길어서 현상이 둘로 나누어져 차별되니, 곧 유주의
　　생·주·멸과 상의 생·주·멸이다.
173 【이하는 둘째 식의 모습은 진실에 의지해 미혹이 일어남을 간략히 말
　　하는 것[略示識相 依眞迷起]이다.】
　　　위에서 비록 모든 식에는 두 가지 생·주·멸이 있다고 답했지만, 아직 어
　　떤 식이 생멸하는지 분별하지 못했으므로 여기에서 다시 세 가지 모습이
　　있다고 말씀하시는 것이니, 모든 식 중에는 생멸하는 것과 생멸치 않는 것
　　이 있음을 가리고자 하신 것이다.
　　　진상眞相이란 여래장심은 번뇌에 있더라도[在纏] 물들지 않고 성품이 스스
　　로 신해神解함을 자체의 진상[自眞相]이라고 이름한다. 근본무명이 일어나
　　고요한 것을 움직이게 하면 움직여서 업식業識이 되니, 곧 아뢰야의 극히
　　미세한 모습을 업상業相이라고 이름한다. 전상轉相이란 앞의 업상에 의해 굴
　　러서 능연 및 소연의 경계를 이루어 7전식을 내니, 같이 전상이라고 이름하
　　는 것이다. 또 정靜에서 동動을 일으키는 것을 업業이라고 이름하고, 안[內]
　　에서 밖[外]으로 나아가는 것을 전轉이라고 이름하며, 여래장심은 가히 증
　　감치 않는 것을 진상眞相이라 이름하고, 또한 진식眞識이라 이름한다.
　　　그러나 비록 세 가지 모습이 이름은 다르더라도, 같은 하나의 마음[一心]
　　의 수연隨緣과 불변不變의 두 가지 뜻이니, 말하자면 진심의 불변이 곧 수연
　　하기 때문에 전상과 업상이라고 이름하고, 수연하더라도 곧 불변이기 때문
　　에 진상이라고 이름한다.
174 여기에서 또 모든 식의 자세하고 간략한 것을 밝히시는 것은 중생의 근
　　행根行이 같지 않아서 받아들여 이해하는 연이 차별되기 때문이다. '자세히
　　말하면 여덟이 있다'고 말한 것은, 첫째는 안식이니, 형색을 요별하고, 둘째
　　는 이식이니, 소리를 요별하며, 셋째는 비식이니, 냄새를 요별하고, 넷째는
　　설식이니, 맛을 요별하며, 다섯째는 신식이니, 감촉을 요별하고, 여섯째는
　　의식이니, 모든 법을 요별하며, 일곱째는 말나식(여기 말로는 염오의染汚意
　　라고 한다) 늘 살피고 사량하며[恒審思量], 오직 장식의 견분만을 반연하는

대혜여, 마치 밝은 거울 중에서 여러 색상을 나타내는 것과 같이, 현식도 또한 그러하다.175

③ 대혜여, 현식과 분별사식의 이 2식은 다른 모습이 없어서 상호 원인이 된다.176 대혜여, 현식은 부사의한 훈변熏

大慧, 如明鏡中 現諸色像, 現識 亦爾.

大慧, 現識與 分別事識 此二識 無異相 互爲因. 大慧, 現識 以不思議

데, 또한 전송식傳送識이라 이름하고, 여덟째는 아뢰야식(여기 말로는 장식藏識이라고 한다)이다. 말하자면 이 8식은 각각 중생이 무시 이래로 자기 마음을 알지 못해 허망한 연을 따라 일으키는 것인데, 그 중 제8식이 그 근본으로서, 단박 유근신[根身]·기세계[器界]·종자種子를 변현하고, 전변하여 7식을 내면 각각 능히 자분自分의 소연을 변현한다.
 '간략하게는 곧 오직 둘뿐이니 현식 및 분별사식을 말한다'라고 한 것은, 구나발다라 역본(=4권본)에서는 말하기를 '간략하게는 세 가지가 있다'라고 하여 현식 위에 진식眞識 하나를 더하였다. 만약 세 가지가 된다고 해석한다면 진식은 성정본각性淨本覺을 말하고, 현식은 아뢰야의 현식을 말하며, 나머지 7식은 모두 분별사식이라고 이름하니, 비록 제7식은 외부경계를 반연하지 않지만, 제8식을 반연하기 때문에 또한 분별사식이라고 이름하는 것이다. 진식을 본각이라고 말한 것은 곧 식의 진실한 성품인 것이다.
 이 번역본에서는 곧 이르기를, 현식은 아뢰야식에 속하고, 분별사식은 전6식에 속한다고 한다. 제7식을 말하지 않는 것은 말하자면 제7 말나식이 안[內]을 계탁하여 '나[我]'로 삼을 경우에는 아뢰야에 속하고, 밖[外]을 계탁하여 '내 것[我所]'으로 삼을 경우에는 전6식에 속하는 것이다. 진식은 곧 식의 진실한 성품으로 또한 아뢰야식의 청정분[淨分]에 속하니, 그러므로 단지 '간략하게는 곧 오직 둘뿐'이라고 말한 것이다. 수에서 서로 넘치는 것은 없다.

175 이는 비유와 합함을 들어서 현식을 밝히는 것이다. 말하자면 현식은 거울과 같고, 나타내는 바 경계는 영상과 같으니, 그래서 《기신론》(=졸역 p.788)에서 이르기를, "삼계는 허위로서 오직 마음이 지은 것이니, 마음을 떠나면 곧 육진의 경계도 없다."라고 하였다.
176 아뢰야의 현식 및 분별사식은 다른 모습이 없음을 말한 것이니, 다 최초의 일념이 연이 됨으로 말미암아 진여의 마음으로 하여금 자성을 지키지 못하고 연을 따라 유를 이루게 하면, 여러 식이 훈습하며, 다시 상호 원인이 되어 유전함이 그치지 않는 것이다.

變이 원인이 되고, 분별사식은 경계를 분별함 및 무시의 희론의 습기가 원인이 된다.177

熏變爲因, 分別事識 以分別境界 及無始戲論習氣爲因.

....
177 이는 또 모든 식이 생겨 머무는 원인을 자세히 밝히는 것이니, 통틀어서 말한다면 추·세의 2식은 다 무명주지에 의지해 일어나는 것이다. 근본무명이 그 고요한 마음[靜心]을 움직여 미세한 식을 일으키면, 이 미세한 식에 의지해 두드러진 마음을 굴려서 일으키니, 그래서 무명이 통틀어서 그 근본이 되는 것이다. 만약 개별적으로 말한다면 무명이 원인이 됨에 의해서 세 가지 미세한 불상응심을 내고, 경계가 연이 됨에 의해서 세 가지 두드러진 상응심을 내니, 그래서 추·세의 2식은 각각 두 가지 원인을 갖춤으로써 바야흐로 남과 머묾을 얻는다고 말한 것이다.(=추·세 및 상응·불상응의 개념에 관하여는 위의 졸역 pp.792-795 참조)
'부사의한 훈'이라고 말한 것은, 무명이 능히 진여를 훈습함을 말하니, 가히 훈습할 수 없는 곳[不可熏處]을 능히 훈습하기 때문에 부사의한 훈이라고 이름한다. 또 훈은 곧 불훈不熏이니, 불훈의 훈이므로 부사의한 훈이라고 이름한다. '부사의한 변'이라고 말한 것은 진여의 마음이 무명의 훈습을 받는 것을 말하니, 가히 변이變異할 수 없는 것이 변이하기 때문에 부사의한 변이라고 이름한다. 또 변은 곧 불변이니, 불변의 변이므로 부사의한 변이라고 이름한다. 《승만경》에서 "물들지 않으면서 물든다는 것은 요지하기 어렵다"(=졸역 p.140 참조)라고 한 것은 이 '부사의'를 말한 것이다. 그런데 이 훈변은 매우 미세하고 또한 은밀하기 때문에 일어난 바의 현식은 행상이 미세한데, 그 중에는 전식과 업식도 또한 있는 것이니, 두드러진 것을 들어서 미세한 것을 드러내기 때문에 단지 현식만을 말한 것이다. 곧 《기신론》에서 말한 불상응심이다.
'경계를 분별함'이라고 말한 것은 곧 현식이 나타내는 갖가지 경계이니, 도리어 그 마음바다를 능히 움직이므로 여러 사식事識의 파랑을 일으키는 것이다. '무시의 희론의 습기'라고 말한 것은 곧 그 화합한 마음바다 중의 망념 희론의 습기이니, 무시 이래의 훈습이 끊어지지 않아서 생각을 여읜 적이 없기 때문이다. 이 경계 및 망념의 희론이 마음바다를 훈습해 움직이므로 갖가지 식이 나니, 망념 및 경계는 두드러지면서 또한 드러난다. 따라서 일어난 분별사식은 행상이 두드러지게 드러나니, 곧 《기신론》에서 말한 상응심이다.
이상은 무명이 진여를 훈습하여 염染연기 이루는 것을 말한 것이다.

(3) ① 대혜여, 아뢰야식의 허망하게 분별하는 갖가지 습기가 멸하면 곧 일체 근식根識이 멸하니, 이를 상멸이라 이름한다.178

大慧, 阿賴耶識 虛妄分別 種種習氣滅 卽一切根識滅, 是名相滅.

② 대혜여, 상속멸이란 말하자면 의지하는 바 원인의 멸 및 소연의 멸이 곧

大慧, 相續滅者 謂所依因滅 及所緣滅 卽相續

---

178 【이하는 셋째 진상은 멸하지 않음을 보여 깨닫게 하는 것[示悟真不滅]이다.】 이하에서는 허망의 근원을 통달하면 정淨연기를 이룬다는 것을 밝히니, 아뢰야식의 화합한 마음바다 중 망념으로 분별하는 갖가지 습기가 만약 멸한다면 곧 일체 근식이 멸한다는 것을 말하는 것이다. '일체 근'이라고 말한 것은 말하자면 의근이 식을 일으켜 능히 일체 모든 법을 분별하는 것을 '일체 근식'이라고 이름한 것이니(=범문화역에 근식은 'indriyavijñāna'의 역어인 것으로 되어 있음), 곧 제6의 의식 및 의지하는 바 제7의 말나가 현행한 식의 상이 멸하는 것으로서, 상이 생·주·멸하는 식이 멸하는 것을 이름한 것이다.(=이 부분의 경문이 4권본은 「若覆彼眞識 種種不實 諸虛妄滅 則一切根識滅.」로 되어 있고, 10권본은 「阿梨耶識 虛妄分別 種種熏滅 諸根亦滅. 大慧, 是名相滅..」으로 되어 있음)

말한 바 '갖가지 습기'라 함은 유식종에 의서하면 모든 습기에는 모두 세 가지가 있다고 설한다. 첫째는 명언名言습기이니, 유위법의 각각 다른 직접적인 종자[親種]를 말한다. 명언에 두 가지가 있다. 하나는 표의表義명언(=뜻을 표현하는 명언)이니, 곧 능히 뜻을 표현하는 음성의 차별이다. 다른 하나는 현경顯境명언(=경계를 나타내는 명언)이니, 곧 능히 경계를 요별하는 심·심소법이다. 두 가지 명언에 따라서 훈성熏成된 종자가 유위법의 각각 다른 인연이 된다. 둘째는 아집습기이니, 허망하게 나와 내 것이라고 집착하는 종자를 말한다. 아집에 두 가지가 있다. 하나는 구생의 아집이니, 곧 수소단의 나와 내 것이라는 집착이다. 다른 하나는 분별의 아집이니, 곧 견소단의 나와 내 것이라는 집착이다. 두 가지 아집에 따라서 훈성된 종자가 유정 등으로 하여금 자신과 남을 차별하게 한다. 셋째는 유지有支습기이니, 삼계의 이숙과를 초감하는 종자를 말한다. 유지에 두 가지가 있다. 하나는 유루의 선이니, 곧 능히 사랑할 만한 과보[可愛果]를 초감하는 업이다. 다른 하나는 모든 불선법이니, 곧 사랑할 만하지 않은 과보[非愛果]를 초감하는 업이다. 두 가지 유지에 따라서 훈성된 종자가 이숙과로 하여금 선취·악취로 차별되게 한다. 습기라고 말하는 모든 것은 다 준해서 알아야 한다.

상속멸이다.179

의지하는 바 원인이란 무시의 희론의 허망한 습기를 말하고, 소연이란 자기 마음이 보는 바 분별되는 경계를 말한다.180

③ 대혜여, 비유하면 진흙덩이와 미진은 다른 것이 아니고 다르지 않은 것도 아닌 것과 같으며, 금과 장신구도 또한 이와 같다.181 대혜여, 만약 진흙덩이와 미진이 다른 것이라면 그것이 이루는 것이 아니어야 하겠지만 실제로 그것이 이루니, 그러므로 다르지 않다. 만약 다르지 않은 것이라면 진흙덩이와 미진은 분별이 없어야 할 것이다.182

④ 대혜여, 전식과 장식이 만약 다른

滅.
所依因者 謂無始戱論虛妄習氣, 所緣者 謂自心所見 分別境界.

大慧, 譬如 泥團與微塵 非異非不異, 金與莊嚴具 亦如是. 大慧, 若泥團與 微塵異者 應非彼成 而實彼成, 是故不異. 若不異者 泥團微塵 應無分別.

大慧, 轉識藏識 若異者

---

179 '의지하는 바 원인 및 소연의 멸이 곧 상속멸'이라고 말한 것은, 의지하는 바 무시의 근본무명의 습기인 원인이 멸하고, 그리고 반연하는 바 허망한 경계의 염법인 연이 멸하는 것을 말하는 것이니, 곧 미세한 유주가 생·주·멸하는 식이 멸하는 것이다.
180 이는 경전 스스로, 멸할 대상인 무명 및 허망한 경계가 인연이 된다는 뜻을 따라서 해석한 것이다.
181 이것은 두 가지 비유를 인용하여 위 염·정의 두 가지 연기를 비유하는 것이다. 첫째는 진·망의 체가 하나와 다름이 아닌 것을 말하는 것이고, 둘째 다만 망만 멸할 뿐 진은 없어지지 않는다는 것이니, 뜻은 다음의 경문에서 해석하는 것과 같다.
182 만약 실제로 다르지 않다면 곧 진흙덩이와 미진은 분별이 없어야 하겠지만, 이미 그 인·과, 추·세에 다름이 있으니, 또한 하나라고 말할 수도 없다.

것이라면 장식은 그것의 원인이 아닐 藏識非彼因,
것이고, 만약 다르지 않은 것이라면 전 若不異者 轉識滅
식이 멸할 경우 장식도 역시 멸해야 할 藏識亦應滅.
것이지만, 그러나 그 진상은 멸하지 않 然彼眞相不滅.
는다.183

⑤ 대혜여, 식의 진상은 멸하지 아니 大慧, 識眞相不滅,
하고, 단지 업상만이 멸하는 것이다. 만 但業相滅. 若眞相滅者
약 진상이 멸한다면 장식도 응당 멸할 藏識應滅,
것인데, 만약 장식이 멸한다면 곧 외도 若藏識滅者 卽不異 外
의 단멸론과 다르지 않을 것이다.184 道斷滅論.

⑷ ① 대혜여, 그 모든 외도들은 이와 大慧, 彼諸外道 作如是
같이 말한다. '경계를 취하는 상속식이 說. '取境界 相續識滅
멸하면 곧 무시의 상속식이 멸한다'라 卽無始 相續識滅'.
고.185

....
183 법을 비유와 합함으로써 하나와 다름이 아닌 것을 밝히는 것이다.
184 아래의 경문에서 여래장이 무시의 허위 악습이 훈습한 바 된 것을 장식
이라고 이름한다고 하였으니, 그래서 논(＝졸역 p.775)에서 이르기를, "불
생불멸인 것이 생멸과 화합하여 하나인 것도 아니고 다른 것도 아닌 것을
구분具分(＝청정분+잡염분) 아뢰야 장식이라고 이름한다."라고 하였다. 그
래서 이 장식 중 불생불멸의 청정분의 진상은 끝내 멸하지 않고, 다만 생멸
의 잡염분의 업상만이 멸한다.
185 【이하는 넷째 삿된 단멸이라는 다른 원인을 내는 것[出邪斷異因]이다.】
　　말하자면 모든 외도는 몸이 무너지고 수명이 끝나서 6식이 능히 경계를
취하지 못하여 일생의 상속식이 사대의 연이 이산함을 따르는 것을 볼 때
곧 무시의 상속식이 영원히 멸하고 다시 업보와 수생의 상속이 없다고 하
니, 그래서 단견에 떨어진다고 이름한다.

② 대혜여, 그 모든 외도들은 상속식은 짓는 자[作者]로부터 난다고 말하니, 안식은 색과 광명의 화합에 의지하여 난다고 말하지 않고, 오직 짓는 자가 내는 원인[生因]이 된다고 말하기 때문이다.186

짓는 자는 무엇인가 하면, 그들은 승성勝性·장부·자재·시간[時] 및 미진이 능히 짓는 자가 된다고 계탁한다.187

③ 또 다음 대혜여, 일곱 가지 자성이 있으니, 이른바 집集자성, 성性자성, 상相자성, 대종大種자성, 인因자성, 연緣자성, 성成자성이다.188

大慧, 彼諸外道說 相續識 從作者生,
不說眼識 依色光明 和合而生, 唯說作者 爲生因故.
作者是何, 彼計 勝性 丈夫自在 時及微塵 爲能作者.
復次 大慧, 有七種自性, 所謂 集自性, 性自性, 相自性, 大種自性, 因自性, 緣自性, 成自性.

---

186 모든 외도는 육근이 능히 경계를 취하는 6식을, 신아神我의 사인邪因 등이 낸다고 집착하니, 안식 등의 모든 식은 색 등의 인연에서 난다고 말하지 않고, 오직 작자가 생인이 된다고 계탁하기 때문이다. 그래서 외도라고 이름한다.
187 '승성'은 또한 승묘勝妙라고도 말하는데, 범천을 낳는 천주天主이다. '장부'는 곧 나[我]의 별명이다. '자재'는 대자재천을 말한다. 그리고 시절時節·미진 등이 능히 짓는 자가 된다고 계탁하는데, 다시 나머지 다른 계탁은 아래에서 자세히 말하는 것과 같다.
188 이하에서는 염·정 2연의 진·망식의 체를 거듭 밝힌다.
  이 7자성은 위 망식이 생멸하는 무리[妄識生滅身]를 이루는 것이다. 말하자면 번뇌의 체성은 능히 선·악 등의 업을 모으니, 그래서 번뇌를 이름하여 집자성이라고 한 것이다. 이미 모으는 원인이 있다면 반드시 미래의 고과苦果의 성품이 있을 것이기 때문에 성자성이라고 말하였다. 이미 고과가 있다면 반드시 형상이 있을 것이니, 그래서 상자성이라고 이름하고, 이미 형상이 있다면 곧 사대종에서 나기 때문에 대종자성을 말하며, 이미 사대가 있다면 곧 인연을 좇아 이루어지기 때문에 인자성·연자성·성자성을 말한다. 그렇지만 허망은 별다른 체가 없으니, 집착대상을 좇아서 이름을 얻었다.

⑸ ① 또 다음 대혜여, 일곱 가지 제일의가 있으니, 이른바 마음[心]의 소행, 지혜[智]의 소행, 이견二見의 소행, 초이견超二見의 소행, 초자지超子地의 소행, 여래의 소행, 여래의 자증성지自證聖智의 소행이다.189

대혜여, 이는 과거·미래·현재의 일체 여래 응 정등각의 법의 자성인 제일의의 마음이다.190

② 이 마음으로써 여래의 세간·출세간의 최상의 법을 성취하고,191 성스러운 지혜의 눈으로써 자상·공상에 들어가 갖가지로 안립하는데, 그 안립한 바

復次 大慧, 有七種 第一義, 所謂 心所行, 智所行, 二見所行, 超二見所行, 超子地所行, 如來所行, 如來自證聖智所行.

大慧, 此是過去 未來現在 一切如來 應正等覺 法自性 第一義心.

以此心 成就如來 世間出世間 最上法, 以聖慧眼 入自共相 種種安立, 其所安立

---

189 【이하는 다섯째 바른 원인을 보여서 삿된 허망과 구별하는 것[示正因以別邪妄]이다.】 제일의제의 도리는 둘이 없지만, 사람이 같지 않아서 증득에 우열이 있으니, 이 일곱은 위 진식의 불생불멸하는 법신을 이루는 것이다. '소행'은 다른 본에서는 '경계'라고 하였으니, 곧 행하는 바[所行]의 경계이다. 말하자면 발심한 보살은 제일의 성품의 여래장심을 반연하기 때문에 마음의 소행이라 이름하였고, 승해행지보살 등은 각각 열 가지 지혜를 일으켜서 진여를 반연하기 때문에 지혜의 소행이라고 이름하였다. 초지의 보살은 바로 진여를 증득하여 두 가지 무아를 보기 때문에 이견의 소행이라 이름하고, 제8지의 보살은 이견을 일으킴이 7지를 초월하기 때문에 초이견의 소행이라고 이름하였다. 십지는 9지를 초월하는데, 제9지를 외아들의 지위[一子地]라고 이름한다. 뒤의 두 가지 소행은 곧 붓다의 지위이다.
190 이 일곱 가지 제일의는 삼세 제불께서 증득하신 바 제일의법의 성품이니, 여래장심은 연려緣慮하는 망식이 아니다.
191 이하는 진심의 덕용을 밝히는 것이다. 이 제일의의 마음이 있기 때문에 여래의 법신 및 세·출세간의 최상의 보리·열반의 정묘함 등 일체의 모든 법을 성취할 수 있는 것이다. 만약 이 마음이 없다면 곧 이룰 수 없다.

는 외도의 악견과 함께 하지 않는다.192

대혜여, 어떤 것이 외도의 악견인가? 말하자면 경계는 스스로 분별하여 나타나는 것임을 알지 못하고, 자성의 제일의에서 유를 보며 무를 보아 언설을 일으키는 것이다.193

⑹ ① 대혜여, 내 이제 만약 경계가 환상과 같이 자기 마음이 나타낸 것임을 요달하면 곧 망상과 삼유의 괴로움 및 무지·애·업의 연이 멸함을 설하리라.194

② 대혜여, 여러 사문과 바라문이 있어, 비유非有 및 유有가 인과 밖에서 모

不與外道 惡見共.

大慧, 云何爲 外道惡見? 謂不知境界 自分別現, 於自性第一義 見有見無 而起言說.

大慧, 我今當說 若了境如幻 自心所現
則滅妄想 三有苦及無知愛業緣.

大慧, 有諸沙門 婆羅門, 妄計 非有及有 於

---

192 '성스러운 지혜의 눈으로써 일체법의 자상·공상에 들어가 갖가지로 안립한다'고 말한 것은 오직 이 일심一心이고, '그 안립한 바'가 모두 깨닫게 해서 붓다의 지견에 들어가게 한다. 또 이 일곱 가지 제일의의 마음이라고 말한 것이 성인의 혜안으로 보는 것인데, 일곱 가지 같지 않음을 건립한 것이 자상이 되고, 함께 법신을 이루는 것이 공상이 된다.
193 이는 악견을 물어서 해석하는 것이다. 말하자면 그 외도 등은 경계인 일체의 모든 법은 다 자기 마음이 분별하여 나타난 것임을 알지 못하고, 자성의 제일의에서 유와 무를 설한다는 것이다.
194 【이하는 여섯째 외도의 있고 없음과 삿된 단멸을 배척하는 것[斥外道有無邪斷]이다.】 붓다께서 만약 자기 마음이 나타낸 경계가 환상과 같이 부실함을 안다면 곧 일체의 망상 등이 다 멸한다는 것을 설하신다. '삼유의 괴로움'이라 말한 것은 과보이다. '무지'는 무명을 말하고, '애'는 번뇌를 말하며, '업'은 유루 선악의 업을 말하니, 이 셋은 모두 원인이다. 그래서 논(=졸역 p.772)에서 이르기를, "만약 망념을 여읜다면 곧 일체 경계의 모습은 없을 것"이라고 하였으니, 오직 하나의 진심인 것이다.

든 사물을 현현하면 시간에 의지해 머
문다고 망령되이 계탁하거나, 혹은 온·
계·처가 연에 의지해 나서 머물다가 있
음이 끝나면 곧 멸한다고 계탁한다.195

③ 대혜여, 그것들은 상속相續과 작용
作用과 생生과 멸滅과 제유諸有와 열반涅
槃과 도道와 업業과 과果와 제諦에서 파
괴 단멸하는 이론이다.196 어째서인가
하면 현법現法을 얻지 못하기 때문이고,
근본을 보지 못하기 때문이다.197

因果外 顯現諸物 依時
而住, 或計蘊界處
依緣生住 有已
卽滅.
大慧, 彼於 若相續 若
作用 若生若滅 若諸有
若涅槃 若道 若業 若
果 若諦 是破壞斷滅論.
何以故 不得現法故,
不見根本故.

---

195 사견을 일으키는 사람은 재가·출가의 2대중과 또한 이승·외도의 2대중을 벗어나지 않음을 말한다. '비유'란 허공·자연이 원인이 된다고 계탁하는 것을 말하고, '및 유'란 미진·세성世性·자재천 등이 원인이 된다고 계탁하는 것을 말한다. 곧 무인無因·사인邪因이 능히 내는 원인[能生因]이 된다고 계탁하는 것이니, 바른 인과 밖에서 여러 사물을 현현하고 시간에 의지해 머문다고 계탁하는 것은 다 외도가 계탁하는 것이다. 혹은 오온·십팔계·십이처는 인연에 의지해 나서 머물러 무상하게 변이하고, 나고 나서 곧 멸한다고 헤아리는 것은 상주하는 진심을 알지 못하는 것이니, 곧 이승이 계탁하는 것이다. 모두 자기 마음이 나타낸 것에 미혹한 것일 뿐이다.

196 이는 따와서 깨뜨리는 것이다. '상속'이라고 말한 것은 곧 그 인과가 끊어지지 않는 것을 총체적으로 따온 것이고, '작용'이라고 말한 것은 곧 그 생멸하는 사이에 잠시 작용이 있는 것을 따온 것이다. '제유'나 음·계·입이 멸하는 것을 '열반'이라고 이름하고, 열반으로 취향하는 것을 '도'라고 이름하며, 수도로써 얻는 것을 '과'라고 이름하고, 명성의 처음[冥初] 등이 25 '제諦'(=졸역『주석 성유식론』p.68 참조)이다. 이상은 다 계탁을 따온 것이고, '파괴 단멸하는 이론'이라고 말한 것은 계탁을 깨뜨리는 것이다.

197 이는 물어서 맺는 것이다. 말하자면 위에서 망령되이 계탁하는 것은 체가 있는 것이 아니기 때문에 '현법(=현재의 법)을 얻지 못하기 때문'이라고 하였고, 그 처음의 원인을 궁구하여도 또한 얻을 수 없기 때문에 '근본을 보지 못하기 때문'이라고 하였다.

대혜여, 비유하면 병이 깨어지면 병의 역할을 하지 못하는 것과 같고, 또 불탄 종자는 싹을 낼 수 없는 것과 같다.198 이들도 또한 이와 같아서 만약 온·계·처의 법이 이미·현재·장차 멸하면 이로써 곧 상속생이 없을 것이라고 알아야 한다. 원인이 없기 때문이니, 다만 자기 마음이 허망하게 본 것일 뿐이다.199

④ 또 다음 대혜여, 만약 본래 없음·있음·식의 3연이 합쳐서 낸다면 거북이도 응당 털을 내어야 하고, 모래도 응당 기름을 내어야 할 것이니, 그대의 주장은 곧 무너지고, 결정된 뜻에 거스르며, 짓는 바 사업은 다 헛되어서 이익이 없을 것이다.200

大慧, 譬如甁破 不作甁事, 又如燋種
不能生牙.
此亦如是 若蘊界處法
已現當滅 應知此則
無相續生.
以無因故, 但是自心
虛妄所見.
復次 大慧, 若本無有識
三緣合生 龜應生毛,
沙應出油,
汝宗則壞,
違決定義,
所作事業 悉空無益.

---

198 다음 이는 비유를 인용하여 밝히는 것이다. 병이 이미 깨어지면 병의 작용과 일을 하지 못하는 것과 같다고 말한 것은, 종자가 없으면[無種] 곧 법도 없고 음·계·입의 원인의 일을 짓지 못한다는 것을 비유한다. 또 마치 불탄 종자는 있더라도 싹의 일을 짓지 못하는 것과 같다는 것은, 비록 자재천 등이 있어서 종자가 된다고 하더라도 음·계·입의 상속생하는 원인의 일을 지을 수 없다는 것을 비유한다.
199 이 뒤는 법과 합하는 것을 말하는 것이다. 위의 두 가지 원인이 성립되지 못하기 때문이니, 종자가 있거나[有種] 종자가 없거나[無種] 원인을 이루지 못하기 때문에 '다만 자기 마음으로 허망하게 본 것일 뿐'이라고 말한 것이다.
200 이는 돌려서 계탁함을 깨뜨리는 것이다. 말하자면 그들이 나는 대상[所生](=식)과 무종無種·유종有種의 3연이 합쳐서 내는 것이라고 바꾸어 계탁한다면 거북이도 응당 털을 내어야 하고, 모래도 응당 기름을 내어야 할 것

대혜여, 셋이 합쳐서 연이 됨은 인과의 성품이므로 있음으로 된다고 말할 수 있다고 한다면, 과거·현재·미래에 없음에서 있음을 낼 것이니, 이는 각상覺想의 지위에 의지해 머무는 자에게 있는 이치와 가르침 및 스스로의 악견으로 훈습하여 남은 습기로 이와 같은 말을 하는 것이다.201

⑤ 대혜여, 어리석은 범부는 악견에 침해되고 사견에 미혹하여 취해서 지혜 없이 망령되이 일체지의 설이라고 칭하는 것이다.202

大慧, 三合爲緣 是因果性 可說爲有,
過現未來 從無生有,
此依住覺想地者
所有理敎
及自惡見 熏習餘氣
作如是說.

大慧, 愚癡凡夫 惡見所噬 邪見迷醉 無智妄稱 一切智說.

....

이지만, 거북이는 본래 털이 없고 모래도 본래 기름이 없으므로 합쳐서도 역시 내시 못한다. 3연의 체가 공하거늘 어떻게 결과를 내겠는가. '그대의 주장은 곧 무너지고 결정된 뜻에 거스른다'고 말한 것은 이루어지지 못함을 비유로 배척한 것이니, 그래서 주장이 무너지고 그대의 결정코 능히 낸다는 뜻에 거스른다고 말한다. '사'는 곧 결과이고, '업'은 곧 원인이니, 인과의 사업은 모두 허망한 설일 뿐 전혀 진실한 뜻이 없다고 말하는 것이다. * 이 대목에 대해 『관기』의 다음과 같은 설명이 이해에 도움이 된다. 「붓다의 뜻은 그들 외도가 붓다의 유식의 설을 듣고 문득 바꾸어 계탁할 것을 염려하신 것이다. 말하자면 '나는 온·계·처가 유종·무종과 식이라는 3연이 화합해서 낸다고 말하는 것인데, 어찌 원인이 없다는 것이겠는가'라고. 그러나 외도는 비록 식이라고 말하지만, 필경은 유·무의 2견 및 신아가 주재가 된다고 망령되이 계탁하는 것이니, 그래서 붓다께서 비유로써 이를 깨우쳐 말씀하신 것이다.」

201 이는 따와서 그 허물을 보이는 것이다. * '각상'에 대해 『찬』은 다음과 같이 말한다. 「스스로 깨달은 것이 아니면서 경계에 떨어져 지각이 있는 것을 '각상'이라고 말한다.」
202 범부와 외도가 악견에 미혹하여 취하고 침해된 바 되어서 능히 스스로

⑺ ① 대혜여, 다시 어떤 사문과 바라문은 일체법은 다 자성 없는 것이 마치 허공 중의 구름과 같고 선화륜과 같으며 건달바성과 같고 환상과 같으며 아지랑이와 같고 물속의 달과 같으며 꿈에서 보는 것과 같아서 자기 마음을 떠나지 않는 것인데, 무시 이래의 허망한 봄 때문에 취해서 밖으로 삼는 것을 관찰하고, 이 관찰을 하고 나서는 분별의 연을 끊으며 또한 허망한 마음으로 취한 이름과 뜻을 여의고, 몸 및 물건과 아울러 머무는 곳 일체는 다 장식의 경계이지 능취·소취 및 생·주·멸은 없음을 알고, 이와 같이 사유하며 항상 머물고 버리지 않는다.203

② 대혜여, 이 보살마하살은 머지 않아 생사·열반의 두 가지가 평등함을 얻어서, 대비의 방편과 무공용의 행으로써 중생은 환상과 같고 영상과 같이 연에서 일어남을 관찰하며, 일체 경계가 마

大慧, 復有沙門 婆羅門
觀一切法 皆無自性 如
空中雲 如旋火輪
如乾闥婆城 如幻如焰
如水中月 如夢所見
不離自心,
由無始來 虛妄見故
取以爲外.
作是觀已 斷分別緣
亦離妄心 所取名義,
知身及物 幷所住處
一切皆是 藏識境界
無能所取 及生住滅,
如是思惟 恒住不捨.

大慧, 此菩薩摩訶薩 不
久當得 生死涅槃 二種
平等, 大悲方便 無功用
行 觀衆生 如幻如影
從緣而起, 知一切境界

어리석고 지혜 없는 줄 알지 못하고 망령되이 일체지의 설이라고 칭하는 것을 말하는 것이다.
203 【이하는 일곱째 허망을 떠난 소증을 보이는 것[示離妄所證]이다.】 이하는 정견의 사람을 밝히는 것이니, 이와 같이 관찰함에 중단이 없는 이것을 정견이라고 이름한다.

음을 떠나서는 얻을 수 없음을 알고, 무상의 도를 행하여 점차 모든 지에 올라서 삼매의 경계에 머물러 삼계는 다 자기 마음일 뿐임을 요달하며, 여환삼매를 얻어 온갖 영상을 끊고 지혜를 성취하여 무생법을 증득하며, 금강유삼매에 들어서 불신을 얻어 늘 여여함에 머물고 모든 변화를 일으키는 힘과 신통에 자재할 것이다.204 대혜여, 방편을 엄식으로 삼아서 온갖 불국토에 노닐되 모든 외도 및 심·의·식을 떠나고, 의지처를 전환하여 차례로 여래의 몸을 이룰 것이다.205

③ 대혜여, 보살마하살이 불신佛身을 얻고자 한다면 응당 온·계·처의 마음,

離心無得, 行無相道
漸昇諸地
住三昧境 了達三界 皆唯自心, 得如幻定
絶衆影像 成就智慧
證無生法, 入金剛喩三昧 當得佛身 恒住如如 起諸變化 力通自在.
大慧, 方便以爲嚴飾
遊衆佛國 離諸外道
及心意識, 轉依次第
成如來身.

大慧, 菩薩摩訶薩 欲得佛身 應當遠離 蘊界處

---

204 '이 보살마하살'이란 곧 위의 정견의 사문과 바라문이다. '점차 모든 지에 오른다'는 것은 처음 환희지에 오르고 나아가 제7의 원행지에 이르는 것을 말한다. '무생법을 증득한다'는 것은 무공용의 도를 얻어서 제8 부동지에 오르는 것을 말한다. '금강유삼매에 든다'는 것은 초지보살이 처음으로 무분별지를 얻어서 이생 성품의 장애를 끊고, 제2지 내지 제10지 보살이 여실수행하여 점차 모든 장애를 끊고 뛰어난 공덕을 늘이며, 제11지의 등각보살이 금강유정으로 구생의 두 가지 장애의 종자를 단박 끊는 것을 말한다.

205 '의지처를 전환하여 차례로 여래의 몸을 이룬다'는 것은 곧 등각 후념의 해탈로써 두 가지 장애의 습기를 끊고 곧 여래의 무상보리 및 대열반이라는 두 가지 전의轉依의 결과를 얻는 것이다. 전의의 단계의 차별에는 통틀어 여섯 가지가 있기 때문(=졸역『주석 성유식론』p.953 이하)에 '차례로 여래의 몸을 이룬다'고 말한 것이다.

인연으로 짓는 바 생·주·멸의 법과 희론의 분별을 멀리 떠나서, 다만 심량心量에만 머물러 삼유는 무시 이래의 허망한 습기가 일으킨 바임을 관찰하고, 붓다의 지위는 무상·무생이며 자증의 성법임을 사유해서, 마음의 자재와 무공용의 행을 얻어 여의보가 마음대로 몸을 나타내는 것과 같이 유심을 통달하여 점차 모든 지에 들어가게 해야 한다. 그러므로 대혜여, 보살마하살은 스스로의 종지[悉檀]에서 잘 수학해야 한다."206

心 因緣所作 生住滅法
戲論分別, 但住心量
觀察三有 無始時來 妄
習所起, 思惟佛地
無相無生 自證聖法,
得心自在 無功用行
如如意寶 隨宜現身
令達唯心
漸入諸地. 是故
大慧, 菩薩摩訶薩 於自
悉檀 應善修學."

....
206 '다만 심량에만 머물러 삼유를 관찰해야 한다'고 말하고, 또 '유심을 통달하여 점차 모든 지에 들어가게 해야 한다'고 말한 것은, 이 일심의 법문이 범·성의 근본임을 말한 것이니, 미혹하면 세간의 생사에 떨어지고, 깨달으면 출세의 보리를 증득한다. 그래서 선성先聖이 말하기를, 세간은 삼과를 벗어나지 않고, 출세간은 두 가지 결과를 벗어나지 않는다고 하였으니, 두 가지 결과란 곧 위에서 해석한 것과 같은 여래의 몸을 이루는 두 가지 전의의 결과이고, 삼과란 곧 이 오온·십이처·십팔계의 모든 망심의 법이다. 그래서 불신을 얻고자 한다면 응당 멀리 떠나야 한다고 하고, 나아가 관찰하여 유심을 통달하게 하여 자심의 종지[自心宗]에서 잘 수학케 권한 것이다. * '심량에만 머물러'라고 한 부분을, 4권본은 '유심으로 바로 나아가[唯心直進]'라고 표현하고, 10권본은 '모든 법은 유심이니 응당 이와 같이 알고 보아서[諸法唯心 當如是知見]'이라고 표현하고 있다. '심량'은 마음의 인식이라는 뜻, '실단悉檀Ⓢsiddhānta'은 확정된 결론 내지 실증된 진리의 뜻.

大乘入楞伽經
대승입능가경

卷第二
제2권

大周 于闐國 三藏法師 實叉難陀 奉勅譯
대주 우전국 삼장법사 실차난다 봉칙역

【『심인』의 정종분 분과에 의한 제2권의 구성】

Ⅰ 이언절증하며 광대미묘한 제일의의 법문을 바로 가리킴	1.2.1~1.2.2
Ⅱ 언설로 들어갈 바 제일의의 식해가 상주함을 보여서 유심을 드러냄	
1. 8식인과의 사정을 간략히 밝혀 성지의 자각을 드러냄	
(1) 8식인과의 사정을 간략히 밝혀 허망 떠난 소증을 표함	1.3
(2) 8식 구경의 변제를 자세히 밝혀 식·지의 다름을 보임	2.1
2. 5법·자성·무아가 이승·외도와 구별됨을 보여 정법의 인과를 드러냄	
(1) 5법을 밝힘	2.2
(2) 3자성을 밝힘	2.3
(3) 2무아를 밝힘	2.4
3. 여래장이 우부·외도의 망상의 언설을 초과하여 모든 지와 구경의 과해를 성취함을 보임	
(1) 여래장은 외도의 신아와 같지 않음을 보임	2.5
(2) 여래장이 방편으로 나타내는 바를 보임	2.6
(3) 여래장의 모든 인연 떠났음을 보임	2.7
(4) 여래장의 제일의는 언설의 망상을 떠났음을 보임 ~ (11) 말을 떠나 뜻을 얻음 내지 열반 건립함을 보임	
4. 원만한 불신은 유무에 떨어지지 않음을 보임	
5. 종·설 2통의 말·뜻과 식·지에 능숙한 작용을 보여 우부·외도의 자·타에 부지해 정법의 해탈로 나아감과 구별함	3.1~6.2
6. 정각은 진상무구하게 단박 모든 지 초과함을 드러냄	
7. 8식·5법·3자성·2무아가 제일의 이룸을 보임	
8. 삼세여래의 법신은 청정 무루함을 보임	

대승입능가경　　　　　　大乘入楞伽經
　　제2권　　　　　　　　　卷第二

　　　제2　　　　　　　　　集一切法品
　집일체법품(의 2)　　　　　第二之二

2.1[1]

(1) 그 때 대혜보살마하살은 다시 붓다　爾時　大慧菩薩摩訶薩
께 말하였다.　　　　　　　　　　　　　復白佛言.

　"세존이시여, 오직 원컨대 저를 위해　　"世尊, 唯願爲我說　心
심·의·의식, 5법, 자성의 모습의 온갖　　意意識　五法自性相　衆
묘한 법문을 설해 주소서. 이는 일체 제　　妙法門. 此是一切　諸佛
불 보살이 자심自心의 경계에 들어 소행　　菩薩　入自心境　離所行
의 모습을 여의고 진실한 뜻에 칭합하　　相　稱眞實義
게 제불께서 가르치신 마음입니다. 오직　　諸佛敎心. 唯願如來

---

1 【이하는 (8식의 인과의 사정을 밝혀서 성지의 자각을 드러냄 중의) 둘째 8식 구경의 변제를 자세히 밝혀서 식과 지혜가 다름을 보이는 것[廣明八識究竟邊際 以示識智之別]인데, 여섯으로 나누어진다. 처음 (1)은 대혜가 청함을 여는 것[大慧啓請]이다.】 * 그 여섯 과목을 경문과 대조하여 도표로써 미리 보이면 다음과 같다.

대혜가 계청함	2.1(1)
8식의 인연은 불각임을 분별함	(2)
장식의 구경의 변제를 궁구함	(3)
자심의 현량은 허망을 떠난 진실임을 드러냄	(4)
8식의 분별을 노래해서 스스로 깨달음을 일으킴	(5)
자각성지의 세 가지 모습을 바로 보임	(6)

원컨대 여래께서는 이 산중의 모든 보   爲此山中 諸菩薩衆
살대중을 위해 과거 제불을 수순하여   隨順過去諸佛
장식 바다의 파랑과 법신의 경계를 연   演說藏識海浪 法身境
설해 주소서."2   界."

(2) 그 때 세존께서 대혜보살마하살에게   爾時 世尊 告大慧菩薩
말씀하셨다.3   摩訶薩言.
  "① 네 가지 인연이 있어 안식이 구르   "有四種因緣   眼識轉,
는데, 어떤 것이 넷인가? 이른바 자기   何等爲四? 所謂 不覺
마음의 나타남임을 깨닫지 못하고 집취   自心現 而執取故,

---

2 대혜가 여기에서 비록 심·의·의식, 5법, 자성의 모습 설할 것을 통틀어 청하지만, 그 뜻은 여래께서 또 앞의 물음 이루시기를 바란 것이니, 그래서 맺어 청하면서 단지 '제불을 수순하여 장식바다의 파랑과 법신의 경계를 설해 주소서'라고만 한 것이다. '진실한 뜻에 칭합하게 제불께서 가르치신 마음'이라고 말한 것은 허망한 심식이 아님을 가린 것이다.
  무릇 '마음[心]'이라고 말하는 것은 간략히 이름과 체를 보인다면 통틀어 네 가지가 있는데, 범음도 각각 다르며, 번역도 또한 다르다. 첫째는 흘리다야紇利陀耶Shṛdaya이니, 여기 말로는 육단심肉團心이다. 이는 색신 중 5장五藏의 심장[心]이다. 둘째는 연려하는 마음[緣慮心]이니, 이는 8식으로서, 모두 능히 자분의 경계를 연려하기 때문이다. 이 8식에는 각각 심수心數가 있는데, 또한 심소心所라고도 말한다. 셋째는 질다質多Scitta이니, 여기 말로는 집기심集起心이다. 오직 근본인 제8식만이니, 모든 법의 종자를 적집하여 현행을 일으키기 때문이다. 넷째는 건율다야乾栗陀耶Shṛdaya이니, 여기 말로는 정실심貞實心이라고 하고, 또한 견실심堅實心이라고도 하는데, 이는 진실한 마음이다. 그런데 제8식은 별도의 자체가 없고 단지 진심일 뿐인데, 불각 때문에 모든 망상과 더불어 화합하고 화합하지 않는 뜻이 있는 것이다. 화합하는 뜻은 능히 염·정을 포함하므로 가리켜서 장식이라고 하고, 화합하지 않는 것은 체가 항상 불변하므로 가리켜서 진여라고 하니, 곧 이것이 '소행의 모습을 여의고 진실한 뜻에 칭합하게 제불께서 가르치신 마음'이다. 그러나 비록 네 가지의 체는 같지만, 미·오와 진·망의 뜻은 다르다.
3 【이하는 둘째 8식의 인연은 불각임을 분별하는 것[分別八識因緣不覺]이다.】

하기 때문이고, 무시의 때 이래로 색을 취착하는 허망한 습기 때문이며, 식의 본성이 이와 같기 때문이고, 갖가지 모든 색상 보기를 좋아하기 때문이다.4

無始時來 取著於色 虛妄習氣故, 識本性 如是故, 樂見種種 諸色 相故.

대혜여, 이 4연으로써 아뢰야식은 폭류수와 같이 전식의 파랑을 일으키는데, 안식과 같이 나머지도 또한 이와 같다.

大慧, 以此四緣 阿賴耶識 如瀑流水 生轉識浪, 如眼識 餘亦如是.

일체의 모든 근, 미진, 모공에서 안식 등의 전식이 혹은 단박에 생기기도 하니, 비유하면 밝은 거울이 온갖 색상을 나타내는 것과 같고, 혹은 점차 생기기도 하니, 마치 맹렬한 바람이 대해의 물을 부는 것과 같다.5

於一切諸根 微塵毛孔 眼等轉識 或頓生, 譬如明鏡 現衆色像, 或漸生, 猶如猛風 吹大海水.

마음바다도 역시 그러해서 경계의 바람이 불어서 모든 식의 파랑을 일으키는 것이 상속하여 끊어지지 않는다.6

心海亦爾 境界風吹 起諸識浪 相續不絶.

---

4 '구른다'는 것은 굴러서 낸다[轉生]는 것이다. 식의 본성이 이와 같기 때문이라고 말한 것은 식은 요별하는 것을 자성으로 하기 때문이다.
5 이 4연(=근根·진塵·식識·욕欲)으로써 심수心水를 흐르게 하여 전식의 파랑을 내게 함을 말한 것이다. '안식 등의 전식이 혹은 단박에 생기기도 하니, 비유하면 밝은 거울이 온갖 색상을 나타내는 것과 같이' 앞뒤가 없고, '혹은 점차 생기기도 하니, 마치 맹렬한 바람이 대해의 물을 부는 것과 같이' 앞의 파랑이 일면 뒤의 파랑이 따른다. '미진, 모공'이라고 말한 것은 곧 색진과 신근身根(=부진근)이다.
6 외진外塵의 바람이 여래장심의 바다를 쳐서 여러 식의 파랑을 일으키면 업을 짓고 과보를 감득해서 생사가 끊어지지 않는 것도 역시 그와 같다는 것을 말한 것이다.

② 대혜여, 원인과 지어진 것의 모습은 하나인 것도 아니고 다른 것도 아니니, 업과 낸 모습이 서로 얽어 깊이 매어서 능히 색 등의 자성을 요지하지 못하므로 5식의 무리가 구르는 것이다.

大慧, 因所作相
非一非異,
業與生相 相繫深縛
不能了知 色等自性
五識身轉.

대혜여, 오식과 함께 혹은 차별되는 경계의 모습을 요별함으로 인해 의식의 남이 있다.7

大慧, 與五識俱 或因了別 差別境相 有意識生.

그러나 그 모든 식은 '우리들은 동시에 전전해서 원인이 되어서, 자기 마음이 나타낸 경계를 분별하여 집착한다'라는 생각을 하지 않고, 동시에 일어나서 차별 없는 모습에서 각각 자기 경계를

然彼諸識 不作是念 '我等同時 展轉爲因, 而於自心 所現境界 分別執著', 俱時而起
無差別相 各了自境.

─────────

7 이는 모든 식은 전전해서 상호 원인이 됨을 밝히는 것이다. '원인과 지어진 것의 모습은 하나인 것도 아니고 다른 것도 아니다'라고 말한 것에서, '원인'은 곧 제8 여래장식이고, '지어진 것의 모습'은 7전식이 제8식에서 난 것임을 말한다. 하나인 것이 아니라고 함은 모든 식은 행상이 같지 않다는 것이고, 다른 것도 아니라고 함은 같이 다 연기하여 자성이 없다는 것이다. '업과 낸 모습이 서로 얽어 깊이 맨다'고 말한 것은 말하자면 제8식이 유근신과 기세계를 변현해 일으킨 것을 '낸 모습'이라 이름한 것이니, 제6·7의 2식이 무명에 덮였기 때문에 이로 말미암아 집착해서 실아實我와 실법實法으로 삼고, 제6 의식이 전5식을 이끌어 일으켜서 인·만업을 지으면 모든 이숙의 과보를 감득해 생사가 끊어지지 아니하므로 '업과 낸 모습이 서로 얽어 깊이 맨다'고 말한 것이다. 이 모두는 색 등의 여러 외진은 자기 마음이 허망하게 나타난 것인 줄 요달하지 못하기 때문에 5식의 무리가 구르는 것이다. 안식 등의 5식이 5진과 함께 할 때, 혹은 색 등의 차별되는 경계의 모습을 요별함으로 인해 의식이 난다.(=5식이 제6 의식의 원인이 됨을 밝히는 취지) 그러므로 유근신과 외진 경계의 일체 모든 법은 모두 중생의 자기 마음의 허망한 식이 상호 인과가 되어서 나타낸 것임을 알아야 한다.

요별한다.8

(3) 대혜여, 모든 수행자가 삼매에 들면 습기의 힘이 미세하게 일어나는 것을 깨달아 알지 못해서 다만 '내가 모든 식을 멸하고 삼매에 들었다'라고 생각할 뿐, 실제로는 식을 멸하고 삼매에 들지 않았다. 그는 습기의 종자를 멸하지 못했기 때문이니, 다만 모든 경계 취하지 않는 것을 식이 멸하였다고 이름한 것일 뿐이다.9

大慧, 諸修行者 入於三昧 以習力微起 而不覺知 但作是念 '我滅諸識 入於三昧', 實不滅識 而入三昧. 以彼不滅 習氣種故, 但不取諸境 名爲識滅.

대혜여, 이와 같이 장식은 행상이 미세하여, 오직 제불 및 지에 머무는 보살을 제외하면 그 나머지 일체 이승과 외도의 선정·지혜의 힘으로써는 다 알 수 없다.10

大慧, 如是藏識 行相微細, 唯除諸佛 及住地菩薩 其餘一切 二乘外道 定慧之力 皆不能知.

---

8 '그 모든 식 등이 각각 자기 경계를 요별한다'고 한 이것은 8식이 모두 능히 자분의 경계를 요별하기 때문에 오직 자기 마음이 허망하게 나타난 것임을 알지 못한다는 것을 밝히는 것이다.
9 【(3)은 장식의 구경의 변제를 궁구하는 것[窮藏識究竟邊際]이다.】 위에서는 모든 식이 전전해 원인이 되어서 각각 자기 경계를 요별함으로써 망상이 유주함을 밝혔으므로, 모든 식을 전환해 지혜의 작용을 이루고자 하는 자를 밝힌다. 근본인 장식은 미세해 알기 어렵기 때문에 이승이 열등한 삼매 닦는 것을 들었으니, 모든 식의 습기 종자가 장식에 의지해 멸하지 않은 것을 알지 못하고, 스스로 내가 모든 식을 멸하고 삼매에 들었다고 여기지만 실은 아직 아니니, 단지 눌러서 육식이 외진의 경계 취하지 않는 것을 그는 이로써 멸로 여긴 것이다.

⑷ 오직 여실한 행을 수행하는 자가 있어 지혜의 힘으로써 모든 지의 모습을 알고 문구의 뜻을 잘 통달하며, 무변한 붓다 처소에서 널리 선근을 모아서 자기 마음이 보는 것을 망령되이 분별하지 않으면 능히 안다.11

대혜여, 모든 수행인은 산림에 편안히 처하여 상·중·하의 닦음으로써 능히 자기 마음의 분별과 유주를 보고, 모든 삼매·자재·힘·신통, 제불의 관정, 보살의 위요함을 얻으면, 심·의·의식으로 행하는 바 경계를 알고 애·업·무명의 생사 대해를 뛰어넘는다. 그러므로 그대들은 응당 제불 보살과 여실 수행하는 대선지식을 친근해야 한다."12

⑸ ① 그 때 세존께서는 거듭 게송으로 말씀하셨다.13

唯有修行 如實行者
以智慧力 了諸地相
善達句義, 無邊佛所
廣集善根 不妄分別 自
心所見
能知之耳.

大慧, 諸修行人 宴處山林 上中下修 能見自心 分別流注, 得諸三昧 自在力通 諸佛灌頂 菩薩圍繞, 知心意意識 所行境界 超愛業無明 生死大海. 是故汝等 應當親近 諸佛菩薩 如實修行 大善知識."

爾時 世尊 重說頌言.

----

10 이는 알 수 있는 자가 있음을 나타낸 것이다.
11 【⑷】는 넷째 자기 마음의 현량은 허망을 떠난 진실임을 나타내는 것[顯自心現量 離妄真實]이다.】 알기 어려운 것을 능히 아는 까닭을 말하는 것이다.
12 '상·중·하의 닦음'은 사람의 분량分量 따르는 것을 말한 것이고, '분별과 유주'는 곧 위의 두 가지 생·주·멸이다. 나머지 뜻은 글과 같다.
13 【⑸는 다섯째 8식의 분별을 노래해서 스스로의 깨달음을 일으키는 것[頌八識分別 以起自悟]이다.】

① 비유하면 큰 바다의 파랑　　　　譬如巨海浪
　　이것이 맹풍에 의해 일어　　　　斯由猛風起
　　큰 파랑이 바다 치는 것이　　　　洪波鼓溟壑
　　단절될 때가 없는 것처럼　　　　無有斷絶時

② 장식의 바다 늘 머무는데　　　　藏識海常住
　　경계의 바람에 움직여져　　　　境界風所動
　　갖가지 모든 식의 파랑이　　　　種種諸識浪
　　뛰어 오르며 굴러서 나네14　　　騰躍而轉生

③ 푸르고 붉은 등의 여러 색　　　　靑赤等諸色
　　소금과 조개, 우유와 석밀　　　　鹽貝乳石蜜
　　꽃과 열매, 해와 달의 빛은　　　　花果日月光
　　다름 아니고 다르잖음 아니듯　　非異非不異

④ 의 등 일곱 가지 식도 또한　　　　意等七種識
　　이와 같다고 알아야 하니　　　　應知亦如是
　　바다가 파랑과 함께 하듯　　　　如海共波浪
　　마음도 함께 화합해 나네15　　　心俱和合生

....
14 이 게송은 앞의 현식現識의 바다는 성품이 스스로 늘 머물지만, 그 6진 경계의 바람이 불어서 움직이는 바 되기 때문에 이 일곱 가지 식이 나타난다는 것을 밝힌 것이다. 식의 체가 내적인 원인이 되고, 6진의 경계가 외적인 연이 되어 여섯 가지 추중의 모습을 흥성케 하기 때문이다.
15 어떤 것을 '경계의 바람'이라고 이름하고, 그 바람의 형상은 어떠한가? 말하자면 '푸르고 붉은 등의 갖가지 현색'이 능히 안식을 일으키고, '가패珂貝' 등의 구슬이 갖가지 승묘한 음성을 내어 능히 이식을 일으키며, '단유檀乳'

⑤ 비유하면 바닷물 움직여　　　　　譬如海水動
　 갖가지 파랑이 구르듯이　　　　　　種種波浪轉
　 장식도 또한 이와 같아서　　　　　　藏識亦如是
　 갖가지 모든 식이 난다네　　　　　　種種諸識生

⑥ 심과 의 그리고 의식은　　　　　　　心意及意識
　 여러 모습 때문에 말하나16　　　　　爲諸相故說
　 8식은 별다른 모습 없고　　　　　　　八識無別相
　 능상과 소상도 없다네　　　　　　　　無能相所相

⑦ 마치 바다와 파랑과 같이　　　　　　譬如海波浪
　 이것도 곧 차별이 없으니　　　　　　是則無差別

....

등의 향이 갖가지 분분한 향기를 풍겨 퍼뜨려서 능히 비식을 일으키고, '석밀' 등의 여러 편안한 감촉이 갖가지 좋은 즐길거리에 닿아 화합해서 능히 신식을 일으키며, '소금' 등의 맛이 그 응하는 바를 따라서 갖가지 맛을 내어서 능히 설식을 일으키고, 현재의 '꽃'과 미래의 '열매'의 갖가지 법진이 그 식의 소연 경계가 됨을 따라서 능히 의식을 일으키니, 지금 이 글 중에서는 외진을 들어 식을 취한 것이다. 그 말나식은 곧 의식의 미세한 분위로서 별도의 체가 없으니, 이와 같은 육진이 능히 심체를 움직여 산란케 하는 것이 비유하면 맹렬한 바람과 같다.

　이러한 7식 및 장식은 같은 것인가, 다른 것인가? 같은 것도 아니고 다른 것도 아니니, 2변을 떠났기 때문이다. 비유하면 해와 광명과 같고, 물과 파랑과 같이 같은 것도 아니고 다른 것도 아니니, 7식과 장식이 같은 것도 아니고 다른 것도 아닌 뜻도 또한 이와 같다. '의 등의 일곱 가지 식도 또한 이와 같다고 알아야 한다.'

16 이러한 7식은 어디에서 와서 장식에 들어가 일곱 가지 수를 만들어 유전하여 기동起動하며 단절될 때가 없는가 하면, 이러한 7식은 안에서 오지 않고 밖에서 오지 않으며 중간에서 오지 않고, 오직 장식의 체가 변하여 7식을 만드는 것이, 비유하면 바닷물이 움직여 파랑을 만드는 것과 같다.

| 모든 식의 마음도 이같아 | 諸識心如是 |
| 다름 또한 얻을 수 없다네17 | 異亦不可得 |

⑧ 심은 능히 업을 적집하고 　　　　心能積集業
　의는 능히 널리 적집하며 　　　　　意能廣積集
　요별하매 식이라 이름하고 　　　　了別故名識
　현경現境 상대해 다섯 말하네18 　　對現境說五

② 그 때 대혜보살마하살은 게송으로　爾時　大慧菩薩摩訶薩
물었다.19　　　　　　　　　　　　　以頌問曰.

　푸르고 붉은 여러 색상으로 　　　　青赤諸色像
　중생의 식이 현현하는 게 　　　　　衆生識顯現
　파랑의 종종법과 같음은 　　　　　　如浪種種法
　어떤 것인지 설해 주소서20　　　　　云何願佛說

....
17 이와 같은 현식 및 7전식의 여덟 가지 심식은 오직 생멸하는 무상無常한 모습만 있는가, 또한 실상의 상주하는 모습도 있는가? 이와 같은 8식은 무시 이래로 3제三際에 부동하고 4상四相으로 변천하지 않으며 진실하게 상주하고 자성 청정하며 공덕이 만족하여 두 가지 모습이 없다.
18 모든 식은 본래 고요하고 망진妄塵은 체가 없지만, 불각 때문에 전5식이 굴러서 나타난 망진 경계를 받아들이면 제6식이 분별하여 번뇌를 일으키고 업을 지으며, 제7 전송식이 나와 내 것을 집착하여 능히 널리 적집하고, 같이 능훈能熏이 되니 제8 장식은 훈습을 받아서 종자를 지니고 적집하여 사라지지 않으므로, 전전하여 원인이 되어서 유전함이 그치지 않는다.
19 이하 세 겹의 문답이 앞을 밟아서 일어나는데, 모두 18게송이 있다.
20 위에서 푸르고 붉은 등의 외진이 모든 식을 일으킴은 바다의 파랑과 같이 모두 하나와 다름이 아니라고 말하였고, 또 심은 적집하는 것이라는 등 행상에 다름이 있다고 말하였으므로 이 물음(=경계와 마음은 모두 실재이며

③ 그 때 세존께서는 게송으로 대답　爾時 世尊 以頌答曰.
하셨다.

① 푸르고 붉은 여러 색상을　　　　青赤諸色像
　 파랑 중에선 얻을 수 없되　　　　浪中不可得
　 심心이 중상衆相 일으킨다 말해　　言心起衆相
　 모든 범부를 개오시키나21　　　　開悟諸凡夫

② 그것은 본래 일어남 없고　　　　而彼本無起
　 자심自心은 소취 여의었으니　　　自心所取離
　 능취와 그리고 소취는　　　　　　能取及所取
　 그 파랑과 더불어 같다네22　　　　與彼波浪同

③ 몸 살림살이와 안주처는　　　　　身資財安住
　 중생의 식이 나타난 바니　　　　　衆生識所現
　 그래서 이의 일어남 봄은　　　　　是故見此起
　 파랑과 차별이 없다네23　　　　　 與浪無差別

──────────
　 양상에 차별이 있어, 붓다의 말씀과 모순되는 것이 아닌지)을 불렀다.
21 위의 2구는 색즉시공임을 밝히기 때문에 '얻을 수 없고', 제3구는 공즉시
　 색이기 때문에 '중상을 일으키며', 뒤의 1구는 제3구를 해석하는 것이다.
22 이 게송은 법과 합함으로써 ①의 앞 2구를 거듭 밝히는 것이다.
23 색신은 정보이고, 살림살이의 재물 및 안주처는 의보이다. 이 게송은 법과
　 합함으로써 '마음이 중상 일으킨다 말해'라고 한 것을 거듭 밝히는 것이니,
　 업을 지어서 과보를 감득해 의보·정보가 같지 않은 것은 모두 중생의 자심
　 自心이 망령되이 나타냄이다.

④ 그 때 대혜는 다시 게송으로 말하   爾時 大慧 復說頌言.
였다.

    대해의 파랑은 성품이　　　　　　大海波浪性
    치고 오르매 분별 가한데　　　　　鼓躍可分別
    장식도 이리 일어난다면　　　　　　藏識如是起
    어째서 각지치 못합니까24　　　　　何故不覺知

⑤ 그 때 세존께서는 게송으로 대답   爾時 世尊 以頌答曰.
하셨다.

    아뢰야식은 바다와 같고　　　　　　阿賴耶如海
    전식은 파랑과 같다 함은　　　　　　轉識同波浪
    지혜 없는 범부를 위하여　　　　　　爲凡夫無智
    비유로 널리 개연함이네25　　　　　譬喩廣開演

⑥ 그 때 대혜가 다시 게송으로 말하   爾時 大慧 復說頌言.
였다.

1 비유하면 태양빛 나오면　　　　　　譬如日光出
    상·하를 같이 다 비추듯이　　　　　上下等皆照

....
24 이는 법과 비유에 의거해 힐난하는 것이다.
25 그 대해의 비유에 의지해 연설해서 어리석은 범부로 하여금 알게 한 것이
   (지 볼 수 있는 모습이 있다는 것은 아니)다.

세간등도 그러해 우부에도	世間燈亦然
진실을 설하셔야 하거늘	應爲愚說實

② 이미 법 개시하고도 어찌 　　　已能開示法
　 진실 드러내지 않습니까26　　　　何不顯眞實

⑦ 그 때 세존께서는 게송으로 대답하　爾時 世尊 以頌答曰.
셨다.

① 만약 진실 말하려고 해도　　　若說眞實者
　 그 마음에 진실 없어서라　　　彼心無眞實
　 비유하면 바다의 파랑과　　　 譬如海波浪
　 거울 속의 영상 및 꿈이　　　　鏡中像及夢

② 동시에 현현하는 것같이　　　俱時而顯現
　 마음과 경계도 그러하고27　　　心境界亦然
　 경계가 갖춰지지 않으매　　　 境界不具故
　 차례로 전전해서 난다네　　　 次第而轉生

------

26 대혜가 위에서 '마음이 중상 일으킨다 말해 모든 범부 개오시킨다'고 하였음은 곧 여래께서 방편으로 진실을 설하시지 않았다는 것이기 때문에 이로 인해 묻는 것이다.
27 이상 1게송반에서 위의 2구는 법설이니, 비기非器가 들음을 감당치 못해서이지 실제로 평등치 않은 것이 아니라고 말함이다. 다음 3구는 3비유를 들어서 그 마음에 진실 없음을 견주는 것이며, 세 번째의 1구는 법으로써 비유와 합하기 때문에 '(마음과 경계)도 그러하다'라고 말한 것이다.

③ 의식은 요별해 알고 의는　　　　識以能了知
　　또 헤아려 그렇게 여기며　　　　意復意謂然
　　5식은 나타난 경계 아니　　　　五識了現境
　　정해진 차례는 없다네[28]　　　　無有定次第

④ 비유하면 능숙한 화가와　　　　譬如工畫師
　　그리고 화가의 제자가　　　　　及畫師弟子
　　채색 펼쳐 온갖 상 그리듯　　　布彩圖衆像
　　나의 설법 또한 이와 같네　　　我說亦如是

⑤ 채색 중에는 무늬가 없고　　　　彩色中無文
　　붓 아니며 바탕도 아니나　　　　非筆亦非素
　　중생 기쁘게 하기 위하여　　　　爲悅衆生故
　　아름답게 온갖 상 이루네[29]　　綺煥成衆像

....
[28] 다음 이상 1게송반은 외경의 연이 만약 구족되지 않으면 내식內識도 곧 차례로 전전하여 난다는 것을 말하는 것이다. 말하자면 연이 만약 동시에 구족되면 곧 함께 나타나는 것이, 마치 거울이 상을 나타냄에 전후가 없는 것과 같지만, 이 게송은 연이 같이 갖추어지지 않으면 곧 차례로 전전하여 난다는 것을 말하는 것이다. 제6식은 여러 법진을 분별하므로 '의식은 요별해 안다'라고 말하고, '의'는 아뢰야를 반연해 나와 내 것이라는 집착을 일으키므로 '의는 또 헤아려[意] 그렇게 여긴다'라고 말하며, 5식은 나타난 외진을 따르니, 어찌 정해진 차례가 있겠는가?
[29] 이상 2게송은 그림의 색에는 본래 형상 없지만, 형상을 따라서 곧 상을 그린다는 것을 말함으로써, 여래께서도 본래 법이 없지만 근기 따라 곧 법을 설하신다는 것에 견준 것이니, 어찌 한 가지 법을 설함에 그칠 수 있겠는가라고 함이다.

6 언설은 곧 변해 달라지니　　言說則變異
　진실은 문자를 여읜 것　　　眞實離文字
　내가 머무는 진실한 법을　　我所住實法
　모든 수행자 위해 설하네　　爲諸修行說

7 진실한 자증의 도리[處]는　　眞實自證處
　능소의 분별 여의었으니　　能所分別離
　이것은 불자 위해 설하나　　此爲佛子說
　우부엔 따로 개연한다네　　愚夫別開演

8 갖가지는 다 환상과 같아　　種種皆如幻
　보이는 것 얻을 수 없듯이　　所見不可得
　이와 같이 갖가지 설도　　　如是種種說
　현상 따라 변해 달라지네　　隨事而變異

9 설할 게 마땅한 것 아니면　　所說非所應
　그에겐 설할 것 아님 되니30　於彼爲非說
　비유하면 온갖 병자에게　　　譬如衆病人
　양의가 따라서 약 주듯이　　良醫隨授藥

....
30 이상 3게송반은 여래께서 근기에 응해 설함이 다르다는 것을 바로 밝히는 것이다. 위의 2구는 설함의 뜻을 총체적으로 표방하는 것이고, 다음 5구는 이근을 상대해 일승의 진실한 법 설한다는 것을 말하는 것이며, 다음 5구는 나머지 둔근을 상대해서는 갖가지 환상과 같은 법을 설한다는 것을 말하는 것이니, 하나하나가 글과 같다. 아래 2구는 설하는 법이 근기에 맞지 않는다면 도리어 망어妄語가 된다는 것을 말함이니, 그래서 '설할 게 아님'이라고 말한 것이다.

여래는 중생을 위하여 　　　　如來爲衆生
마음 따라 양 맞춰 설하네31 　　隨心應量說

⑩ 세간이 믿고 의지하는 분이 　　世間依怙者
　 증지로써 행하는 도리는 　　　證智所行處
　 외도에겐 경계가 아니고 　　　外道非境界
　 성문도 또한 그러하다네32 　　聲聞亦復然

(6) "① 또 다음 대혜여, 보살마하살이 만약 능취·소취의 분별 경계가 다 자기 마음이 나타낸 것임을 요지하고자 한다면 응당 시끄러움과 혼침·수면을 떠나 초·중·후의 밤 동안 부지런히 수습을 더하고, 일찍이 들은 외도의 사론 및 이승의 법을 멀리 떠나, 자기 마음이 분별하는 모습을 통달해야 한다.33

② 또 다음 대혜여, 보살마하살은 지

"復次 大慧, 菩薩摩訶薩 若欲了知 能取所取 分別境界 皆是自心 之所現者 當離憒鬧 昏滯睡眠 初中後夜 勤加修習, 遠離曾聞 外道邪論 及二乘法, 通達自心 分別之相.

復次 大慧, 菩薩摩訶薩

---

31 이 1게송은 또 양의도 병을 따라 약을 주는 것이 같지 않거늘, 하물며 여래께서 양(=근기)에 맞춰 설법함에 다름 있음이리오. 그러니 해가 평등하게 사물을 비추는 것과 같을 수는 없다. 이로써 앞의 물음을 맺는 것이다.
　* 범문화역에는 이상 6구가 1게송으로 되어 있다.
32 '믿고 의지하는 분'이란 곧 여래이다.
33 【(6)은 여섯째 자각성지의 세 가지 모습을 바로 보이는 것[直示自覺聖智三相]이다.】 '능취·소취'란 또한 능연·소연이라고도 말하니, 곧 심식의 견분·상분의 2분을 말한다. 나머지 글의 뜻은, 요지하고자 한다면 부침하는 모든 나쁜 각관을 떠나 진실하게 수행해야 함을 말하는 것이다.

혜의 마음이 머무는 모습에 머물고 나서는 상성지上聖智의 세 가지 모습을 부지런히 닦고 배워야 한다.34

무엇이 세 가지인가? 이른바 무영상의 모습, 일체제불 원지願持의 모습, 자증성지 소취所趣의 모습이다.

모든 수행자가 이 상을 얻고 나면 곧 절름발이 나귀의 지혜심의 모습을 버리고 보살의 제8지에 들어서 이 세 가지 모습을 수행하고 버리지 않는다.35

③ 대혜여, 무영상의 모습이란 일체 이승과 외도의 모습을 익힘으로 말미암아 생기함 얻는 것을 말한다.36

일체 제불 원지의 모습이란 제불 스스로의 본원의 힘으로 가지되는 바로 말미암아 생기함 얻는 것을 말한다.37

자증성지 소취의 모습이란 일체 법상

住智慧心 所住相已 於上聖智三相 當勤修學.

何者 爲三? 所謂 無影像相, 一切諸佛 願持相, 自證聖智 所趣相.

諸修行者 獲此相已 卽捨跛驢 智慧心相 入菩薩第八地 於此三相 修行不捨.

大慧, 無影像相者 謂由慣習 一切二乘 外道相故 而得生起.

一切諸佛 願持相者 謂由諸佛 自本願力 所加持故 而得生起.

自證聖智 所趣相者 謂

....

34 '지혜의 마음이 머무는 모습에 머문다'는 것은 곧 위에서 '자기 마음이 분별하는 모습을 통달해야 한다'고 말한 것이다.
35 '절름발이 나귀'라고 말한 것은 아직 무공용의 지혜를 얻지 못했기 때문에 이로써 견준 것이다.
36 '무영상의 모습'이란 무분별지로 2취를 떠난 것을 말한다. 그렇지만 이승과 외도는 익힌 바가 얕고 낮아서 여래께서 늘 갖가지로 꾸짖으시니, 이에 반하여 이것을 취한 것은 그들로 하여금 마음을 돌려 삿된 길을 버리고 바른 길로 들게 하려는 것이다.
37 '제불 원지의 모습'이란 제불께서 다 큰 서원을 일으켜 유정을 성숙시키고 불국토 엄정하심과 같은 것을 말한다.

을 취하지 않고 환상과 같은 여러 삼매 의 무리를 성취하여 불지佛地의 지혜로 취향함으로 말미암아 생기함 얻는 것을 말한다.38

④ 대혜여, 이를 상성지의 세 가지 모습이라고 이름한다. 만약 이 모습을 얻는다면 곧 자증성지가 행하는 곳에 이르니, 그대 및 모든 보살마하살은 응당 부지런히 수학해야 한다."39

由不取 一切法相 成就 如幻 諸三昧身 趣佛地 智故 而得生起.

大慧, 是名上聖智 三種相. 若得此相 卽到自證聖智 所行之處, 汝及 諸菩薩摩訶薩 應勤修學."

2.2
2.2.1 40

(1) 그 때 대혜보살마하살은 모든 보살이 마음으로 생각하는 바를 알고 일체 붓다의 위신의 힘을 받들어 붓다께 말하였다.

"오직 원컨대 108구의 차별이 의지하

爾時 大慧菩薩摩訶薩 知諸菩薩 心之所念 承一切佛 威神之力 白佛言.

"唯願爲說 百八句差別

---

38 '자증성지 소취의 모습'이란 여래 법신의 자각성지의 모습을 말한다.
39 이 세 가지 모습으로써 능히 여래의 지위에 이르기 때문에 권해서 수학케 한 것이다.
40 【위에서 첫째 8식의 인과의 사정을 밝혀서 성지의 자각 드러내는 것은 마쳤고, 이하는 둘째 5법·자성·무아가 이승·외도와 구별됨을 보여 정법의 인과를 드러내는 것[示五法自性無我 簡二乘外道 以顯正法因果]인데, 셋으로 나누어진다. 처음은 5법을 밝히는 것[明五法]인데, 아홉으로 나누어진다. 그 중 처음은 대혜가 묻는 것[大慧問]이다.】 * 여기에서 아홉으로 나누어지는 5법을 밝히는 경문의 구성을 미리 도표로 보이면 다음과 같다.

는 바 성지聖智의 일과 자성의 법문을
설해 주소서.41

  일체 여래 응 정등각께서는 모든 보
살마하살로서 자상·공상에 떨어진 자를
위해 이 망계성의 차별되는 뜻의 문을
설하시니, 이 뜻을 알고 나면 곧 능히 2
무아관을 정치淨治하고 모든 지를 비추
어 밝히며 일체 이승·외도의 삼매의 즐
거움을 초월하여 모든 여래의 불가사의
한 소행의 경계를 보고, 필경 5법과 자
성을 버려 떠나며 일체 붓다의 법신의
지혜로써 스스로 장엄하여, 환상 같은
경계[如幻境]에 들어서 일체 국토의 도솔

所依聖智事 自性法門.

一切如來 應正等覺 爲
諸菩薩摩訶薩 墮自共
相者 說此妄計性 差別
義門, 知此義已 則能淨
治 二無我[觀境]<觀>
照明諸地 超越一切 二
乘外道 三昧之樂 見諸
如來 不可思議 所行境
界, 畢竟捨離 五法自性
以一切佛 法身智慧 而
自莊嚴, 入如幻境 住一

대혜가 물음	2.2.1(1)
외도의 유·무 망계함을 깨뜨림	(2)~(5)
청정하게 제거함의 돈·점을 보임	2.2.2(1)~(2)
세 종류 붓다가 말하는 정지와 여여의 차별을 보임	(3)
이승의 자각성지의 차별을 구별함	2.2.3
성지로써 얻는 항상·부사의를 구별함	2.2.4
이승의 허망 버려 여여 구함을 구별함	2.2.5
5종성의 망상·정지·여여의 차별을 보임	2.2.6
망상·정지·여여의 평등을 보여서 천제도 불성이 끊어지지 않았음을 드러냄	2.2.7

41 '모든 보살대중이 마음으로 생각하는 것'은 5법·3자성·8식·2무아를 말하
니, 모두 성인이 중생을 제도하는 법문의 일이다. 여래께서 위에서 이미 8
식을 설하여 마쳤으므로, 또한 응당 우리를 위해 '108구의 차별이 의지하
는 바' 5법의 '성지의 일'과 '3자성의 법문'을 설할 것이므로, 대중에게 이
생각이 있는 것이다. '성지의 일'이라고 말한 것은 곧 5법이다.

타궁에 머물다가 색구경천에서 여래의 　切利 兜率陀宮 色究竟
몸을 이룹니다."⁴² 　天 成如來身."

⑵ 붓다께서 말씀하셨다.⁴³ 　佛言.
 "① 대혜여, 어떤 한 부류의 외도는 　"大慧, 有一類外道
일체의 법이 원인을 따라서 다하는 것 　見一切法 隨因而盡
을 보고 분별의 이해를 내어 토끼에 뿔 　生分別解 想兎無角
이 없는 것을 생각하고 없다는 견해를 　起於無見,
일으켜서, 토끼에 뿔이 없는 것과 같이 　如兎角無
일체의 모든 법도 다 또한 이와 같다고 　一切諸法 悉亦如是.
한다.
 다시 어떤 외도는 대종·속성[求那]·티 　復有外道　見大種求那
끌 등 모든 물건의 형량과 분위가 각각 　塵等諸物　形量分位
차별되는 것을 보고 나서, 토끼에 뿔이 　各差別已, 執兎無角

----

42 '자상·공상'이라고 말한 것은 우선 4제 중 고제로써 이를 말한다면 예컨대 고제 아래 3계의 의보·정보의 온·계·처의 일체의 모든 법이 각각 같지 않은 것을 '자상'이라 이름하고, 고제는 곧 '공상'이라고 이름하니, 말하자면 고제의 4문 중 무상은 일체 유위법의 공상이 되고, 고는 일체 유루법의 공상이 되며, 공과 무아는 통틀어 일체법의 공상이 된다. 또 예컨대 오온이 같지 않은 것은 자상이라 이름하고, 함께 사람의 몸 이루는 것은 공상이라 이름하며, 계·처 등도 역시 그러하고, 나아가 일체의 모든 법도 또 각각 자상·공상을 가진다.
　'도솔타'란 여기 말로는 지족인데, 그 하늘의 내궁은 일생보처보살의 거처이고, '색구경천'은 행이 만족한 보신불이 정각을 이루는 곳이다. 나머지 글은 다 허물의 익힘을 멀리 떠나고 온갖 덕을 현시하며 여래 법신을 성취하는 뜻을 밝히는 것이니, 이 이익이 있기 때문에 제불께서 위해 위와 같은 법문을 설하신다는 것이다.
43 【이하는 둘째 외도의 유·무 망계함을 깨뜨리는 것[破外道妄計有無]이다.】

없는 것에 집착하여 여기에서 소에는 | 於此而生 牛有角想.
뿔이 있다는 생각을 낸다.44

② 대혜여, 그들은 두 가지 견해에 떨 | 大慧, 彼墮二見
어져 오직 마음뿐임을 알지 못하고 다 | 不了唯心 但於自心
만 자기 마음에서 분별을 증장하지만, | 增長分別,
대혜여, 몸 및 살림살이와 기세간 등 일 | 大慧, 身及資生 器世間
체는 다 오직 분별로써 나타나는 것일 | 等 一切皆唯 分別所現.
뿐이다.45

③ 대혜여, 토끼의 뿔은 있음과 없음 | 大慧, 應知兎角 離於有
을 떠났다고 알아야 한다. 모든 법도 다 | 無. 諸法悉然
그러하므로 분별을 내어서는 안된다.46 | 勿生分別.

어찌하여 토끼의 뿔은 있음과 없음을 | 云何兎角 離於有無?
떠났는가? 상호 상대함[待]을 원인으로 | 互因待故.
하기 때문이다.47 소의 뿔을 분석해서 | 分析牛角

---

44 이하에서는 여래께서 소와 토끼의 뿔에 의거해서, 이름과 모습을 집착하고 망상의 견해 일으키는 것을 깨뜨린다.
　이 ①은 그 외도의 계탁을 밝혀서 서술하는 것이다. 말하자면 한 외도는 일체법이 인연을 따라 소멸하는 것을 보고 망령되이 토끼는 뿔이 없다고 분별하는 지각을 일으키고, 다시 한 외도는 대종의 공능과 유근신·외진경계의 연이 아직 흩어지지 않았을 때 형량의 차별을 보고 소에게는 뿔이 있다고 계탁하니, 알지 못하기 때문에 서로 집착해서 달리 보고 결정된 이해를 낸다는 것이다. * '구나求那Ⓢguṇa'는 요소, 공덕, 속성의 뜻.
45 이는 그 외도의 견해를 따와서 깨뜨리는 것을 밝히는 것이다. 글에 8구가 있는데, 위의 4구는 견해를 일으키는 원인을 깨뜨리는 것이고, 아래의 4구는 오직 허망하게 나타남일 뿐임을 보이는 것이다.
46 이 일단의 경문에서 이상 4구는 허망 여의어야 한다는 것을 총체적으로 맺는 것이고, 그 아래의 여러 구는 따로 따져서 깨뜨리는 것이다.
47 '어찌 하여' 이하는 그 없다는 견해에 떨어진 것을 따로 따져서 깨뜨리는

나아가 미진에 이르도록 그 체상을 구 | 乃至微塵 求其體相
하더라도 끝내 얻을 수 없다.48 | 終不可得.
성지로 행하는 바는 그러한 견해를 | 聖智所行 遠離彼見,
멀리 떠나니, 그러므로 여기에서 분별해 | 是故於此 不應分別."
서는 안된다."49

(3) 그 때 대혜보살마하살은 다시 붓다 | 爾時 大慧菩薩摩訶薩
께 말하였다. | 復白佛言.
"세존이시여, 그는 어찌 망견으로써 | "世尊, 彼豈不以 妄見
상을 일으켜 견주어 헤아리고 관대觀待 | 起相 比度觀待
하지 않고서도 망령되이 없다고 계탁합 | 妄計無耶?"
니까?"50

(4) 붓다께서 말씀하셨다. | 佛言.
"① 분별로 상을 일으키고 상대함으 | "不以分別起相 待以言
로써 없다고 말하지 않는다. 어째서인가 | 無. 何以故

....
것이다. 그 토끼의 뿔이 없다는 것은 소의 뿔이 있음을 원인으로 하기 때문
이다. 만약 소의 뿔이 없다면 그는 어떤 원인으로써 없다고 말하겠는가?
48 다음 이는 그 있다는 견해에 떨어진 것을 따로 깨뜨리는 것이다. 말하자면
만약 소에게는 뿔이 있다고 집착한다면, 소의 뿔을 분석해서 극미에 이른
다 해도 어찌 실체가 있겠는가? 그런데도 있다고 계탁하겠는가?
49 이는 말하자면 여실하게 보는 자는 모두 유견인 상견의 유를 떠나고, 또한
사견邪見인 단견의 무도 떠난다는 것이다.
50 대혜가 위의 말로 인하여 그 망견을 여의게 되어서 다시 붓다께 묻는다.
그 견해를 여윈 자는 이미 소에게 뿔이 있다는 지각을 짓지 않는데, 어찌
견주어 헤아리고 관대(=상대되는 것[待]에 의존함[觀])하지 않고서도, 같
이 망령되이 계탁하여 없다고 말하는가[同妄計言無耶]?

하면 그들은 분별을 생인生因으로 하기 때문에 뿔을 분별함이 그 의지하는 바[所依]가 되어 의지하는 바를 원인으로 삼지만, 다르고 다르지 아니함을 떠났으므로 상과 상대함[相待]으로 말미암아 토끼뿔이 없음을 드러내는 것이 아니기 때문이다.51

② 대혜여, 만약 이 분별이 토끼뿔과 다르다고 한다면 곧 뿔을 원인으로 하는 것이 아닐 것이고, 만약 다르지 않다고 한다면 그로 인해 일어날 것이다.52 대혜여, 소의 뿔을 분석하여 나아가 극미에 이르도록 구해도 얻을 수 없으니 뿔이 있는 것과 다르고, 뿔이 없다고 말하는 것의 이와 같은 분별은 결정코 이치가 아니다. 둘 모두 있음이 아니니, 무

彼以分別 爲生因故
以角分別 爲其所依
所依爲因,
離異不異
非由相待
顯兎角無.

大慧, 若此分別 異兎角者 則非角因,
若不異者
因彼而起.
大慧, 分析牛角
乃至極微 求不可得
異於有角, 言無角者
如是分別 決定非理.
二俱非有, 誰待於誰?

---

51 망견을 여읜 자는 분별로 상을 일으키고 관대해서 없다고 말하지 않는다. 어째서인가 하면 그 망견자는 허망한 분별이 생인이 되기 때문에 뿔이 있고 없음으로써 분별을 일으킴이 그 의지하는 바가 되고, 이미 의지하는 바를 원인으로 하여 곧 있고 없다고 망령되이 계탁하는 것이다. 그렇지만 분별과 더불어 뿔은 모두 정해진 성품이 없어서 다르고 다르지 아니함을 떠났으니, 분별을 여읜 자는 상과 소의 뿔이 없다는 성품을 관대함으로 말미암아 토끼뿔이 없음을 드러내는 것이 아니다.
52 이하는 다시 따와서 깨뜨리는 것이다. 만약 이 분별이 결정코 토끼뿔과 다르다고 한다면 곧 뿔은 (분별의) 원인이 아닐 것이고, 만약 결정코 다르지 않다고 한다면 또 이것이 그(=분별)로 인해 일어날 것이라고 말한 것은, 다 자성이 없음을 말한 것이다.

엇이 무엇을 상대하겠는가?53

 만약 서로 상대함이 성립되지 않는다면 있음을 상대하기 때문에 토끼뿔이 없다고 말하는 것은 분별되어서는 안될 것이니, 바르지 못한 원인이기 때문이다. 있고 없음을 논하는 자가 있다고 집착하고 없다고 집착함은 둘 모두 성립되지 않는다.54

 ③ 대혜여, 다시 어떤 외도는 물질의 형상과 허공의 분제를 보고 집착을 내어서 물질은 허공과 다르다고 말하고 분별을 일으킨다.55

若相待不成
待於有故 言兎角無
不應分別,
不正因故.
有無論者 執有執無
二俱不成.

大慧, 復有外道 見色形
狀 虛空分齊 而生執著
言色異虛空
起於分別.

---

53 소뿔을 분석해서 나아가 극미에 이르도록 구해도 얻을 수 없으니, 뿔이 있는 것과 다르며, 또 뿔이 없다고 말하는 이와 같은 분별은 결정코 이치가 아니다. 말하자면 만약 있음이 있는 것이 된다면 곧 없음도 없는 것이 되겠지만, 있음이 이미 있지 않으니 곧 없음도 없다는 것이다. 그래서 '둘 모두 있음이 아니니, 무엇이 무엇을 상대하겠는가'라고 말한 것이다. 이로써 소뿔과 토끼뿔은 둘 다 성품이 없음을 알지니, 어떤 법을 상대하여 있다고 말하고 없다고 말하겠는가.

54 말하자면 있음이 없음에게 원인이 되고, 없음이 있음에게 원인이 되었으므로 이 원인은 바르지 않은 것이다. 이 두 가지 원인이 바르지 않으므로 있음과 없음의 양쪽 결과는 이치가 스스로 성립하지 않는다. 그래서 맺어서 깨뜨려 말하기를, '있고 없음을 논하는 자가 있다고 집착하고 없다고 집착함은 둘 모두 성립되지 않는다'고 하였다.

55 위에서는 법을 분석함으로써 소와 토끼를 깨뜨렸고, 여기에서는 체의 법으로써 색과 공을 모은다. 말하자면 중생이 집착하는 대상은 들어서 마땅한 것[聞宜]이 같지 않으므로, 붓다께서 치료수단을 베푸심에도 교巧·졸拙에 차이가 있는 것이니, 역시 전전하여 계탁함을 깨뜨리는 것이다.
 또 어떤 외도가 물질의 형상이 질애質礙·변이變異함과 허공의 분제(=가지 대혜여, 허공은 물질이고, 물질의 종류에 따라 들어간다. 대혜여, 물질은 허공이니, 능지와 소지로 건립되는 성품이기 때문이다. 물질과 허공의 문제는 응당 이와 같이 알아야 한다.56

대혜여, 대종이 낼 때 자상이 각각 달라서 허공 중에 머물지 않는다고 하지만, 그것에 허공이 없는 것이 아니다.57

④ 대혜여, 토끼뿔도 또한 그러해서 소뿔을 관대하여 그것은 뿔이 없다고 말하지만, 대혜여, 소뿔을 분석하여 나아가 미진에 이르고, 또 그 미진을 분석해도 그 모습이 나타나지 않는데, 그것

大慧, 虛空是色, 隨入色種. 大慧, 色是虛空, 能持所持 建立性故. 色空分齊 應如是知.

大慧, 大種生時 自相各別 不住虛空中, 非彼無虛空.

大慧, 兎角亦爾 觀待牛角 言彼角無, 大慧, 分柝牛角 乃至微塵, 又析彼塵 其相不現, 彼何所待

런하지 않고 분한이 있음의 뜻으로, 한계, 경계, 범위, 분한 등의 뜻)가 텅 비어서 걸림이 없는 것을 보고 집착을 내어, 색은 공과 다르다고 여겨서 허망한 분별을 일으킨다고 말한 이것은 말하자면 여래께서 그들의 계탁을 서술한 것이다.

56 이하에서 바로 깨뜨린다. 붓다께서 '대혜여, 허공은 물질이고, 물질의 종류 중에 따라 들어간다'고 말씀하시니, 따라서 색 외에 공은 없다. 색이 공이니, 상호 능·소가 되어서 건립되는 성품이기 때문이다. 색이 멸한 것이 공인 것은 아니니, 색과 공의 문제를 응당 이와 같이 알아야 한다.

57 과거의 방편설을 모아서 거듭 색·공이 둘이 아님을 밝힌다. 말하자면 과거에 외도가 유아有我라고 집착함을 깨뜨리려 하기 때문에 소조색[造色]이 있어 대종으로부터 나는데 자상이 각각 다르다(=4대종인 지·수·화·풍은 각각 견堅·습濕·난煖·동動을 자상으로 함)고 설하여, 소조색은 성품이 곧 공임을 은밀히 나타내고, 그래서 다시 별도의 색으로서 허공에 머무는 것이 없다고 하였기 때문에 '머물지 않는다고 하였지만, 그것에 허공에 없는 것이 아니다'.

은 어떻게 상대되어 없다고 말하겠는가? 만약 다른 물건을 상대한다고 해도 그 또한 이와 같을 것이다.58

⑤ 대혜여, 그대는 응당 토끼뿔과 소뿔, 허공 및 색에 있는 분별을 멀리 떠나야 한다. 그대 및 모든 보살마하살은 응당 자기 마음이 보는 바 분별의 모습을 늘 관찰하여, 일체 국토에서 모든 불자들을 위해 자기 마음을 관찰하여 수행하는 법을 설해야 한다."59

⑸ 그 때 세존께서는 곧 게송으로 말씀하셨다.60

而言無耶.
若待餘物
彼亦如是.
大慧, 汝應遠離 兎角牛角 虛空及色 所有分別. 汝及 諸菩薩摩訶薩 應常觀察 自心所見 分別之相, 於一切國土 爲諸佛子說 觀察自心 修行之法."

爾時 世尊 卽說頌言.

---

58 이는 또 위의 소뿔과 토끼뿔을 이끌어서 색과 공에 합하고, 모든 법의 차별의 망견을 유추관찰해서 낱낱이 상대해 깨뜨리는 것도 역시 그러하다고 알아야 한다는 것이다.
　그런데 모든 외도의 다른 계탁이 비록 많기는 하지만, 악견 및 무인·사인의 두 가지 원인을 벗어나지 않는다. 악견이라고 말한 것은 모든 진리의 이치에서 전도되게 미루고 헤아리는 잡염된 지혜를 성품으로 하는 것으로서, 능히 정견을 장애하고 괴로움 초래하는 것을 업으로 한다. 말하자면 악견이란 대부분 괴로움을 받기 때문인데, 이 악견의 행상의 차별에 다섯이 있으니, 첫째는 살가야견, 둘째는 변견, 셋째는 사견, 넷째는 견취견, 다섯째는 계금취견이다.(=5악견에 대한 설명은 졸역『주석 성유식론』p.554 이하와 같아 생략하였음) 두 가지 원인은 아래에서 설하는 것과 같다.
59 붓다께서 보살에게 권하시는 것이다.
60 아래의 5게송은 글이 드러나서 알 수 있으므로 다시 번거로이 해석치 않는다. 이로써 5법 중 이름·모습·망상을 깨뜨리는 것을 마쳤다.

① 마음에 보인 것은 없으니　　　　心所見無有
　 마음 의지해 일어났을 뿐　　　　唯依心故起
　 몸·자재·주처는 영상이라　　　　身資所住影
　 중생 장식의 나타남이네　　　　衆生藏識現

② 마음과 의 및 더불어 식과　　　　心意及與識
　 자성과 다섯 가지 법과　　　　　自性五種法
　 두 가지 무아의 청정을　　　　　二無我淸淨
　 모든 도사는 연설하시네　　　　諸導師演說

③ 길고 짧음은 공히 관대해　　　　長短共觀待
　 전전해 상호 서로 내는 것　　　　展轉互相生
　 있음으로 인해 없음 이루고　　　因有故成無
　 없음으로 인해 있음 이루네　　　因無故成有

④ 미진으로 사물 분석해도　　　　微塵分析事
　 색 분별 일으키지 않으니　　　　不起色分別
　 유심으로 안립된 바임을　　　　唯心所安立
　 악견인은 믿지 못하네　　　　　惡見者不信

⑤ 외도가 행할 곳이 아니고　　　　外道非行處
　 성문 또한 다시 그러하니　　　　聲聞亦復然
　 구세자들이 설하신 바는　　　　救世之所說
　 스스로 증득할 경계라네　　　　自證之境界

2.2.2[61]

(1) 그 때 대혜보살마하살은 마음의 현류現流를 청정히 하기 위해 붓다께 청하여 말하였다.
 "세존이시여, 모든 중생의 자기 마음의 현류를 어떻게 청정케 합니까, 점차 청정케 합니까, 단박에 청정케 합니까?"[62]

爾時 大慧菩薩摩訶薩 爲淨心現流故 而請佛言.
"世尊, 何淨諸衆生 自心現流, 爲漸次淨, 爲頓淨耶?"

(2) 붓다께서 말씀하셨다.
 "① 대혜여, 점차 청정케 하는 것이지 단박이 아니다.
 마치 암라열매는 점차 익지 단박이 아닌 것과 같이, 제불 여래께서 모든 중생의 자심의 현류를 청정케 하심도 또한 다시 이와 같아서 점차 청정케 하시지 단박이 아니다.
 마치 도공이 그릇을 만드는 것은 점차 이루어지지 단박이 아닌 것과 같이, 제불 여래께서 모든 중생의 자심의 현류를 청정케 하심도 또한 다시 이와 같

佛言.
"大慧, 漸淨
非頓.
如菴羅果 漸熟非頓,
諸佛如來 淨諸衆生
自心現流 亦復如是
漸淨
非頓.
如陶師造器 漸成
非頓,
諸佛如來 淨諸衆生 自心現流 亦復如是

---

61 【이하는 셋째 청정히 제거함의 돈·점을 보이는 것[示淨除頓漸]이다.】
62 여기에서는 중생심이 익혀서 나타내는 흐름[習現流]를 청정케 함에 나아가, 5법 중 다음으로 정지正智의 뜻을 밝히니, 말하자면 능히 청정케 하는 것은 자각성지이고, 청정해지는 대상은 자기 마음의 현류(=나타내는 흐름 내지 유주)이다.

아서 점차이지 단박이 아니다.　　　　　漸而非頓.

　비유하면 대지가 여러 초목을 내는 　譬如大地 生諸草木
것은 점차 내지 단박이 아닌 것과 같이, 　漸生非頓,
제불 여래께서 모든 중생의 자심의 현 　諸佛如來 淨諸衆生 自
류를 청정케 하심도 또한 다시 이와 같 　心現流 亦復如是
아서 점차이지 단박이 아니다.　　　　　漸而非頓.

　대혜여, 비유하면 사람이 음악·서화 　大慧, 譬如人學 音樂書
와 갖가지 기술을 배우는 것은 점차 이 　畫 種種伎術 漸成
루어지지 단박이 아닌 것과 같이, 제불 　非頓, 諸佛如來
여래께서 모든 중생의 자심의 현류를 　淨諸衆生 自心現流
청정케 하심도 또한 다시 이와 같아서 　亦復如是
점차이지 단박이 아니다.63　　　　　　　漸而非頓.

　② 비유하면 밝은 거울은 단박에 온 　譬如明鏡 頓現衆像
갖 영상을 나타내면서 분별이 없는 것 　而無分別,
과 같이, 제불 여래께서 모든 중생의 자 　諸佛如來 淨諸衆生 自
심의 현류를 청정케 하심도 또한 다시 　心現流 亦復如是
이와 같아서 단박에 일체 무상無相의 경 　頓現一切 無相境界
계를 나타내시되 분별이 없다.　　　　　而無分別.

　마치 해와 달은 일시에 일체 색상을 　如日月輪 一時遍照 一

---

63 이상의 ①과 아래의 ②에서 네 가지 점차와 네 가지 단박을 밝히니, 중생의 자심의 현류를 청정케 하는 것은, 그 근기가 큰 자는 단박에 하고, 그 근기가 작은 자는 점차 한다는 것을 말함이다. 점차는 그 방편을 말하고, 단박은 그 진실을 말하며, 방편은 진실을 좇고 진실은 방편을 인도하니, 중생으로 하여금 마땅함을 따라 들어감 얻기를 바라는 것이다. 또 점차는 수행이 아직 증입치 못했음에 의거하기 때문이고, 단박은 수행이 이미 증입하였음에 의거하기 때문이다.

두루 비추는 것과 같이, 제불 여래께서 모든 중생의 자심의 허물과 습기를 청정케 하심도 또한 다시 이와 같아서 단박에 불가사의한 제불 여래의 지혜 경계를 위해 시현하신다.

비유하면 장식은 몸 및 살림살이와 국토의 일체 경계를 단박에 나타내는 것과 같이, 보신불께서도 또한 그러해서 색구경천에서 단박에 일체 중생을 능히 성숙시켜서 모든 행을 닦게 하신다.

비유하면 법신불은 단박에 보신불 및 화신불이 광명으로 환히 비춤을 나타내는 것과 같이, 자증성지의 경계도 또한 이와 같아서 단박에 법상을 나타내고 위해 환히 비추어서 일체 유·무의 악견을 떠나게 한다.

(3) ① 또 다음 대혜여, 법성에서 흐른 붓다께서는, 일체법의 자상과 공상은 자기 마음이 나타내는 습기의 인상因相과, 집착대상을 망령되이 계탁하는 성품의 인상이 다시 서로 계속繫屬함으로써, 갖가지 환상의 일로서 다 자성이 없는데도 모든 중생이 갖가지로 집착하여 취

切色像, 諸佛如來
淨諸衆生 自心過習
亦復如是 頓爲示現
不可思議 諸佛如來 智慧境界.

譬如藏識 頓現於身 及資生國土 一切境界,
報佛亦爾

於色究竟天 頓能成熟 一切衆生 令修諸行.

譬如法佛 頓現報佛 及以化佛 光明照曜,
自證聖境 亦復如是
頓現法相
而爲照曜 令離一切 有無惡見.

復次 大慧, 法性所流 佛說, 一切法 自相共相 自心現習氣 因相,
妄計性所執 因相
更相繫屬, 種種幻事 皆無自性
而諸衆生 種種執著 取

해서 진실로 삼지만, 다 얻을 수 없다고 설하신다.64

② 또 다음 대혜여, 망계자성은 연기자성을 집착해서 일어나는 것이다.65

대혜여, 비유하면 환술사가 환술의 힘으로써 초목 와석에 의지해 중생의 여러 색상을 환작幻作해서 그 보는 자로 하여금 갖가지로 분별케 하지만 다 진실이 없는 것과 같다.66 대혜여, 이것도 또한 이와 같아서 경계를 취착하는 습기의 힘 때문에 연기하는 성품 중에서 망령되이 계탁하는 성품의 갖가지 모습의 나타남이 있으니, 이를 망계성의 남

以爲實, 悉不可得.

復次 大慧, 妄計自性 執著緣起自性起.

大慧, 譬如幻師 以幻術力 依草木瓦石 幻作衆生 若干色像 令其見者 種種分別 皆無眞實.

大慧, 此亦如是 由取著境界 習氣力故 於緣起性中 有妄計性 種種相現, 是名妄計性生.

---

64 【(3)은 넷째 세 종류 붓다가 설하는 정지와 여여의 차별을 보이는 것[示三佛所說智如差別]이다.】 여기에서는 3붓다께서 건립해 설하시는 법을 밝혀서, 돈·점이 나타내는 뜻을 해석해 이룬다. '법성에서 흐른 붓다'란 보신불이다. 일체법의 자상·공상은 자기 마음의 근본식이 나타내는 습기의 인상 및 앞의 전식轉識이 집착대상[所執]을 망령되이 계탁하는 인상(=장식·전식의 두 가지 원인의 모습[因相]에 기인한다는 취지)이 다시 서로 계속함(=매어 소속시킴)으로써, 갖가지 환상의 일로서 다 자성이 없는데도, 중생이 알지 못해 갖가지로 집착하여 취해서 진실로 삼으니, 어찌 잘못이 아니랴고 설하신다는 것이다.
65 자상·공상 등 일체의 모든 법은 다 자성이 없다고 말한 것은, 다른 온갖 연이 화합함에 의지해 생기하므로 마치 환상의 일과 같으니, 곧 의타기성이다. 그런데도 모든 중생이 망상으로 계탁하고 갖가지로 집착하여 취해서 진실로 삼으니, 곧 망계자성(=변계소집성)은 연기자성(=의타기성)을 집착해서 일어나는 것이다.
66 이는 비유를 들어서 연기의 진실치 못함을 밝히는 것이니, 여래장성이 연을 따라 갖가지 모든 법 일으키는 것을 비유하는 것이다.

이라고 이름한다.67

대혜여, 이것을 법성에서 흐른 붓다께서 설하시는 법의 모습이라 이름한다.68

③ 대혜여, 법성불이란 자증의 지혜로 행하는 바를 건립하고 마음의 자성의 모습을 떠난다.69

④ 대혜여, 화신불께서는 보시·지계·인욕·정진·선정·지혜와 온·계·처의 법 및 모든 해탈, 모든 식의 행상을 설하시고 차별을 건립하셔서, 외도의 견해와 무색의 행을 초월하신다.70

⑤ 또 다음 대혜여, 법성불은 반연될 바가 아니어서, 일체 소연과 일체 짓는 바 근의 인식[根量] 등의 모습을 모두 다 멀리 떠났으니, 범부와 이승 및 나의 모습을 집착하는 모든 외도가 취할 바 경계가 아니다.

大慧, 是名 法性所流佛說法相.

大慧, 法性佛者 建立自證智所行 離心自性相.

大慧, 化佛說 施戒忍進禪定智慧 蘊界處法 及諸解脫 諸識行相 建立差別, 越外道見 超無色行.

復次 大慧, 法性佛 非所攀緣, 一切所緣 一切所[作相]＜作＞ 根量等相 悉皆遠離, 非凡夫二乘 及諸外道 執著我相所取境界.

---

67 이는 법과 합하는 것이니, 연기하는 성품 중 망령되이 계탁하는 성품을 내는 것도 또한 이와 같음을 말하는 것이다.
68 인연에서 난 모든 법은 다 환상과 같이 진실치 못함을 맺어 말한 것이다.
69 자각성지로 증득된 법계를 건립하고, 망상심으로 헤아리는 자성과 외진경계의 모습을 떠난 것이 법신불의 법이다.
70 변화불께서는 8상을 보여 이루시고 연에 응해 거두어 교화하시니, 6바라밀로써 6폐를 다스림과, 음·계·입을 떠나서 모든 식의 모습에서 해탈함을 설하시고, 마땅함을 따라 제법의 차별을 건립하셔서, 외도의 집착하는 견해를 초월하고, 무색으로 행하는 바를 초월하니, 외도는 무색을 취해 열반으로 삼음을 말한다.

그러므로 대혜여, 자증성지의 뛰어난 경계의 모습을 부지런히 닦고 배워서, 자기 마음이 나타낸 것을 분별하여 보는 모습을 속히 버려 떠나야 한다.71

是故 大慧, 於自證聖智勝境界相 當勤修學, 於自心所現 分別見相 當速捨離.

2.2.3 72

(1) 또 다음 대혜여, 성문승에는 두 가지 차별되는 모습이 있으니, 이른바 자증성지의 수승한 모습과 자성을 분별해 집착하는 모습이다.73

復次 大慧, 聲聞乘有二種差別相, 所謂 自證聖智 殊勝相 分別執著自性相.

(2) ① 어떤 것이 자증성지의 수승한 모습인가? 말하자면 고·공·무상·무아와 모든 진리의 경계를 밝게 보고 욕망을 떠나 적멸하기 때문이며, 온·계·처의 자

云何 自證聖智 殊勝相? 謂明見苦空 無常無我 諸諦境界 離欲寂滅故, 於蘊界處 若自若

---

71 '반연한다'는 것은 망념妄念이다. 소연은 허망한 법이고, 짓는 바는 허망한 업이며, 나머지 뜻은 글과 같다.
　이상에서 이미 3불이 설하는 법을 현시하였으므로, 여기에서 맺으면서 법성불의 소증법을 홀로 들어서 수학할 것을 권하였다. 그래서 《법화경》(=졸역 p.107의 게송 ⑦1 및 p.108의 게송 ⑦6)에서 이르기를, "비록 갖가지 도를 설하시나 그 실은 일승을 위함이다"라고 하였다.
72 【이하는 다섯째 이승의 자각성지의 차별을 구별하는 것[別二乘自覺聖差別]이다.】
73 이하 둘째는 성문 소증의 성지에 의거하여 정지正智의 뜻을 밝히니, 위에서 보살에게 자증성지의 경계의 모습을 닦도록 권했음으로 인한 것이다. 그런데 성문에게도 역시 자증성지의 경계의 모습이 있으므로 성문과 다름을 구별하려고 성문에게 두 가지 차별되는 모습이 있음을 든 것이다. 처음의 자증성지는 저 외도와는 다르기 때문에 '수승한'이라고 말하였다.

상·공상과 외부의 무너지지 않는 모습을 여실히 요지하기 때문에 마음이 하나의 경계에 머물고, 하나의 경계에 머물고 나서 선정·해탈·삼매·도·과를 얻고 출리를 얻어 자증성지의 경계의 즐거움에 머물지만, 아직 습기 및 부사의한 변역사를 여의지 못하니, 이것을 성문승의 자증성지의 경계의 모습이라 이름한다.74

② 보살마하살은 비록 또한 이 성지의 경계를 얻었다고 하더라도 중생을 연민하기 때문이며 본원으로 유지되기 때문에 적멸문 및 삼매의 즐거움을 증득치 않으니, 모든 보살마하살은 이 자증성지의 즐거움 중에서 수학해서는 안 된다.75

共 外不壞相
如實了知故 心住一境,
住一境已
獲禪解脫 三昧道果
而得出離 住自證聖智
境界樂, 未離習氣 及不
思議 變易死, 是名聲聞
乘 自證聖智 境界相.

菩薩摩訶薩 雖亦得此
聖智境界 以憐愍衆生
故 本願所持故
不證寂滅門 及三昧樂,
諸菩薩摩訶薩 於此自
證聖智樂中 不應修學.

---

74 성문이라고 말한 것은 삼계에서 유정이 무상·고·공·무아 및 4제의 경계를 밝게 보고 5욕을 떠나 마음의 적멸에 머물며, 온·계·처(=내부)의 자상·공상과 외부의 무너지지 않는 모습에서 아직 법공을 얻지 못하고 단지 인공의 지혜만을 얻었지만 여실히 요지하기 때문에 마음이 하나의 경계에 머물고, 마음이 하나의 경계에 머물고 나서 마침내 모든 선정·8해탈·3삼매문·8성도분·4사문과를 얻고 출리를 얻는다. 다만 현행의 번뇌만을 끊고 아직 습기번뇌를 끊지 못하며, 단지 분단생사만을 끊고 아직 변역생사는 떠나지 못하니, 그러므로 성문승의 자증성지의 경계의 모습이라 이름한다.
75 보살의 소증은 일체법의 본성이 무생임을 알고 바르게 즐거움을 받는 것이므로, 성문이 음·계·입을 쉬고 열반의 즐거움을 구하는 것과 같지 않으니, 보살도 비록 또한 이 성지의 경계를 얻지만 대비의 본원 때문에 적멸

(3) ① 대혜여, 어떤 것이 자성을 분별하여 집착하는 모습이겠는가? 이른바 견·습·난·동과 청·황·적·백의 이와 같은 등 법은 작자가 내는 것이 아님을 알지만, 가르침과 이치에 의지해 자상·공상을 보고 분별하여 집착하니, 이것을 성문승의 분별하여 집착하는 모습이라 이름한다.76

② 보살마하살은 이 법 중에서 응당 알고 응당 버려 떠나서 인무아의 견해에서 법무아의 모습으로 들어가 점차 모든 지에 머물러야 한다."77

大慧, 云何 分別執著自性相? 所謂 知堅濕煖動 靑黃赤白 如是等法非作者生,
然依敎理 見自共相分別執著, 是名聲聞乘分別執著相.

菩薩摩訶薩 於此法中應知應捨離 人無我見入法無我相 漸住諸地."

2.2.4[78]

(1) 그 때 대혜보살마하살은 붓다께 말하였다.

爾時 大慧菩薩摩訶薩白佛言.

"세존이시여, 여래께서 설하신 바 항

"世尊, 如來所說 常不

및 삼매의 즐거움을 취해 증득치 않음을 밝힌 것이다. 그래서 모든 보살에게 이 즐거움 중에서 수학해서는 안된다고 경계시키는 것이다.

76 이는 성문도 그 시대의 형색과 현색 등의 갖가지 모든 법은, 외도가 계탁하는 것과 같이 작자가 내는 것이 아님을 알지만, 여래가 단지 방편설을 읊은 것을 지켜서 자상·공상을 망상으로 집착함을 말하는 것이다.

77 보살은 거기에서 오직 자기 마음이 망령되이 나타냄임을 응당 알고, 따라서 응당 버려 떠나서 아공·법공을 요달하고 점차 지혜의 지위에 머물러서 여래경계에 이르러야 한다.

78 【이하는 여섯째 성지로써 얻는 항상·부사의를 구별하는 것[別聖智所得 常不思議]이다.】

상하며 부사의한 자증성지의 제일의의 경계는 혹시 여러 외도가 설하는 바 항상하며 부사의한 작자와 같음이 없습니까?"79

思議 自證聖智 第一義境 將無同諸 外道所說 常不思議 作者耶?"

(2) 붓다께서 말씀하셨다.

"① 대혜여, 여러 외도의 작자는 항상하며 부사의함을 얻는 것이 아니다.

까닭이 무엇인가 하면, 여러 외도의 항상하며 부사의함은 자상을 원인으로 해서 이루어지지 않기 때문이다. 이미 자상을 원인으로 해서 이루어지지 않는다면 무엇으로써 항상하며 부사의함을 현시하겠는가?

대혜여, 외도가 설하는 바 항상하며 부사의함이 만약 자상을 원인으로 해서 이루어진다면 그것에 곧 항상함은 있겠지만, 다만 작자를 원인의 모습으로 삼기 때문에 항상하며 부사의함은 이루어지지 않는다.80

佛言.

"大慧, 非諸外道作者 得常不思議. 所以者何, 諸外道 常不思議 因自相 不成. 既因自相 不成 以何顯示 常不思議?

大慧, 外道所說 常不思議 若因自相成 彼則有常, 但以作者 爲因相故 常不思議 不成.

---

79 이하는 셋째 외도가 계탁하는 바를 깨뜨려 정지의 뜻을 나타낸다. 말하자면 외도는 작자를 항상하며 부사의함의 원인의 모습으로 삼기 때문이다.
80 여러 외도의 작자라는 인연은 항상하며 부사의함을 얻는 것이 아니니, 그것은 자상을 원인으로 해서 이루어지지 않기 때문이다. * 이 부분은 『주해』의 다음과 같은 설명이 이해에 도움이 된다. 「(4권본에서) '자상을 원인으

② 대혜여, 나의 제일의의 항상하며 부사의함은 제일의의 원인의 모습으로써 이루어지므로 있고 없음을 멀리 떠났다. 자증성지로 행하는 모습이기 때문에 모습이 있고, 제일의의 지혜를 그 원인으로 하기 때문에 원인이 있으며, 있고 없음을 떠났기 때문에 작자가 아니면서 허공·열반·적멸의 법과 같기 때문에 항상하며 부사의하니, 그러므로 내가 말하는 항상하며 부사의함은 외도에 있는 쟁론과는 같지 않다.81

대혜여, 이 항상하며 부사의함은 모든 여래께서 자증성지로 행하는 진실한 이

大慧, 我第一義 常不思議 第一義因相成 遠離有無.
自證聖智 所行相故 有相, 第一義智 爲其因故 有因, 離有無故
非作者
如虛空涅槃 寂滅法故 常不思議, 是故我說 常不思議 不同外道 所有諍論.

大慧, 此常不思議 是諸如來 自證聖智 所行眞

로 해서 이루어지지 않는다[不因自相成]'이라 한 것은, 자각상自覺相으로 이루어지는 것이 아님을 말하니, 곧 항상하며 부사의한 경계의 과보도 역시 이루어지지 않는다는 것이다. 그 원인이 만약 자각상을 좇아서 이루어진다면, 곧 원인이 항상하므로 결과도 역시 항상할 것이다. 그러나 '작자를 원인의 모습으로 하기 때문'이라고 말한 것은, 짓는 바의 원인이 삿된 계탁이기 때문이니, 까닭에 항상하고 부사의한 결과를 이루지 못한다.」

81 여래께서 위의 항상하며 부사의함은 원인이 있고 모습이 있음을 들어서 이루어진다는 것을 밝히니, 능·소의 인상因相이 모두 있고 없음을 떠났다. 말하자면 자증성지로 행하는 모습이기 때문에 다른 경계가 아니니, 따라서 모습이 있고,(=능인) 제일의의 지혜를 바른 원인으로 하기 때문에 생멸하는 것이 아니니,(=소인) 따라서 원인이 있으며, 능·소의 인상이 있고 없음을 떠났기 때문(=있는 것도 아니고 없는 것도 아니기 때문)에 작자가 아니고, 비유하면 허공·열반·적멸이 무작의 법인 것과 같으니, 따라서 항상하며 부사의하다. 그러므로 내가 설하는 것은 여러 외도에 있는 쟁론과는 다르다. 이 항상하며 부사의함은 모든 여래께서 자각성지로 얻는 것이니, 그래서 보살에게 항상 부지런히 닦기를 권하는 것이다.

치이니, 그러므로 보살은 응당 부지런히 수학해야 한다.

③ 또 다음 대혜여, 외도의 항상하며 부사의함은 무상하여 달라지는 모습의 원인 때문에 항상하다는 것이지, 자상의 원인의 힘 때문에 항상한 것이 아니다.82

대혜여, 외도의 항상하며 부사의함은 지어진 법이 있다가 다시 없어져 무상한 것을 보고 나서 이것이 항상하다고 견주어 아는 것인데, 나도 또한 지어진 법이 있다가 다시 없어져 무상한 것을 보지만, 이로 인해 항상하다고 말하지 않는다.83

④ 대혜여, 외도는 이와 같은 원인의 모습으로써 항상하며 부사의함을 이루지만, 이 원인의 모습은 있는 것 아님이 토끼의 뿔과 같기 때문에 항상하며 부사의함은 오직 분별일 뿐이고 단지 언설만 있을 뿐이다. 어째서 그 원인이 토

理, 是故菩薩 當勤修學.

復次 大慧, 外道 常不思議 以無常異相因故常, 非自相
因力故常.

大慧, 外道 常不思議 以見所作法 有已還無 無常已 比知是常,
我亦 見所作法
有已還無 無常已,
不因此說爲常.

大慧, 外道以 如是因相 成常不思議,
此因相非有
同於兎角故 常不思議 唯是分別 但有言說.
何故彼因 同於兎角

---

82 외도는 무상하여 변이하는 모습을, 항상하며 부사의함의 원인으로 삼기 때문에 항상하다고 말하니, 자각으로 행하는 모습의 원인의 힘 때문에 항상한 것이 아니다.
83 외도는 세간에서 지어진 법은 있다가 다시 없어져서 모두 무상한 것을 보고, 망령되이 신아는 항상하다고 계탁하므로, 무상을 상대해서 이것이 항상하다고 견주어 아는 것이지만, 붓다는 곧 이에 반하여, 이로 인하여 항상함이 된다고 말하지 않는다는 것을 밝힌 것이다.

끼의 뿔과 같은가 하면 자인自因의 모습이 없기 때문이다.[84]

⑤ 대혜여, 나의 항상하며 부사의함은 자증함을 원인의 모습으로 하고, 외부의 법이 있다가 다시 없어지는 무상함을 원인으로 하지 않지만, 외도는 이에 반하여 항상하며 부사의함의 자인의 모습을 일찍이 능히 알지 못하고, 늘 자증성지로 행하는 모습 밖에 있으니, 이것은 설해서는 안된다.[85]

無自因相故.

大慧, 我常不思議
以自證爲因相, 不以外
法 有已還無 無常爲因,
外道反此
曾不能知 常不思議 自
因之相, 而恒在於 自證
聖智 所行相外, 此不應
說.

2.2.5[86]

(1) ① 또 다음 대혜여, 모든 성문은 생사 망상의 괴로움을 두려워하여 열반을 구하지만, 생사와 열반의 차별되는 모습은 일체가 다 허망한 분별로 있는 것으로서 있는 바 없음을 알지 못하기 때문

復次 大慧, 諸聲聞畏
生死妄想苦 而求涅槃,
不知 生死涅槃 差別之
相 一切皆是 妄分別有
無所有故

---

84 만약 외도가 이와 같은 무상한 원인의 모습으로써 항상하며 부사의함을 이룬다면 이 원인의 모습은 진실이 아니기 때문에 토끼의 뿔과 같고, 따라서 항상하며 부사의함은 오직 망상의 언설일 뿐이다. 왜냐 하면 항상한 원인[常因]과 항상한 모습[常相]이 없기 때문이다.
85 앞은 붓다는 외도와 반대라는 것을 말하고, 이것은 곧 외도가 붓다와 반대라는 것이다. 그래서 여래께서 설해서는 안된다고 경계시키는 것이다. 그런데 삼승의 도는 우열이 비록 다르다 해도 모두 다 안으로 증득함이지만, 만약 마음 밖에서 법을 본다면 설이 현묘하다 해도 외도를 이룬다.
86 【이하는 일곱째 이승의 허망 버리고 여여 구함과 구별하는 것[別二乘捨妄求如]이다.】

에[87] 망령되이 미래의 모든 근·경이 멸함을 계탁하여 열반으로 삼고, 자기 지혜의 경계를 증득하여 의지처인 장식을 전환하는 것을 대열반으로 삼을 줄 모른다.[88]

妄計未來 諸根境滅 以爲涅槃, 不知 證自智境界 轉所依藏識 爲大涅槃.

② 그 어리석은 사람은 삼승이 있다고 말하고, 오직 마음일 뿐 경계는 없음은 말하지 못한다.[89] 대혜여, 그 사람은 과거·미래·현재의 제불께서 설하신 자기 마음의 경계를 알지 못하고, 마음 밖의 경계를 취하여 늘 생사에서 윤전함이 끊어지지 않는다.[90]

彼愚癡人 說有三乘, 不說唯心 無有境界. 大慧, 彼人不知 去來現在 諸佛所說 自心境界, 取心外境 常於生死 輪轉不絶.

---

87 이하는 넷째 지혜 어리석은 자의 관해觀解의 우열에 의거해 정지를 밝힌다. '생사와 열반의 차별되는 모습은 허망한 분별로 있는 것임을 알지 못한다'고 함은 말하자면 생사를 대해 열반을 말함은 마치 병을 대해 약을 설함과 같으므로, 생사가 없음을 통달한다면 따라서 대하는 열반도 또한 얻을 수 없다. 그래서 《사익경》에서 이르기를, "제불의 출세는 중생으로 하여금 생사를 벗어나 열반에 들게 하기 위한 것이 아니라, 단지 생사와 열반의 두 가지 견해를 건너게 하기 위함일 뿐이니, 망상의 성품 없음이 곧 열반이기 때문이다."라고 하였다.
88 범우凡愚는 생사가 곧 열반임을 알지 못해서 미래의 근·경이 멸함을 계탁하여 열반이라는 지각을 짓지만, 자각 소증의 경계가 아니다. 여래 증득의 '자기 지혜의 경계'란 식장識藏(=여래장이 무명과 화합한 것)이 있기 때문에 망령되이 생사를 보지만, 식장을 전환하기 때문에 생사가 곧 열반이다.
89 우부愚夫는 생사가 열반과 다르다고 하므로, 이 우부를 위해 생사를 끊어서 열반으로 취향함을 설하고, 그래서 삼승의 종성을 설한다. 지혜로운 자는 이 육취의 생사는 망상심으로 헤아리는 것이지, 경계는 없다고 설한다.
90 그럼에도 그 우부는 삼세의 여래께서 설하신 바, 생사는 망상으로서 자기 마음이 나타낸 경계라는 것을 알지 못하고, 마음 밖의 경계를 취하여 생사

⑵ ① 또 다음 대혜여, 과거·미래·현재의 모든 여래께서는 일체법의 불생不生을 설하신다. 왜냐 하면 자기 마음에 보이는 것은 있음의 성품이 아니기 때문이고 유생·무생을 떠났기 때문이다.91 토끼와 말 등의 뿔과 같은데도 범우가 망령되이 취하니, 오직 자증성지로 행하는 도리는 모든 우부의 두 가지 분별의 경계가 아니다.92

② 대혜여, 몸 및 살림살이와 기세간 등은 일체가 다 장식의 영상인, 소취·능취의 두 가지 모습이 나타난 것인데도, 그 모든 우부는 생·주·멸과 두 가지 견해 중에 떨어졌기 때문에 그 중에서 망령되이 유·무의 분별을 일으키는 것이다.93

復次 大慧, 去來現在
諸如來說 一切法不生.
何以故 自心所見
非有性故
離有無生故.
如兎馬等角
凡愚妄取, 唯自證聖智
所行之處 非諸愚夫 二
分別境.
大慧, 身及資生 器世間
等 一切皆是 藏識影像,
所取能取 二種相現,
彼諸愚夫 墮生住滅 二
見中故 於中妄起
有無分別.

....
의 모습은 열반과 차별된다고 계탁하니, 그래서 생사에 유전하는 것이다.
91 삼세의 여래께서 일체법의 불생을 설하신다고 말한 것은 어째서인가? 말하자면 자기 마음에 나타난 것은 있음의 성품이 아니기 때문에 불생이고, 유생·무생의 두 가지 견해를 떠났기 때문에 불생이다. 이는 지자智者에 나아가서 모든 법이 무생임을 알고 붓다의 종성을 일으킨다는 것이다.
92 마치 토끼와 말 등의 뿔 등과 같아서 본래 불생인데도, 범우는 깨닫지 못하고 망령되이 생멸을 취하니, 오직 여래의 자각 소증의 도리인, 일체법 자체의 성·상性相이 불생임은, 우부가 유·무로 분별할 경계가 아니다.
93 정보의 색신 및 (의보의) 살림살이와 기세계의 일체의 모든 법은 근본식의 영상인, 능·소 2취가 변현된 것이며, 망상은 성품이 없는데도, 모든 우부는 그 견해(=모든 법이 실제로 생·주·멸한다는 견해와 이 망상에 의지

대혜여, 그대는 이 뜻을 부지런히 수학해야 한다.94

大慧, 汝於此義 當勤修學.

2.2.6 95

(1) 또 다음 대혜여, 다섯 가지 종성種性이 있는데, 어떤 것이 다섯이겠는가? 성문승聲聞乘종성, 연각승緣覺乘종성, 여래승如來乘종성, 부정不定종성, 무無종성을 말한다.96

復次 大慧, 有五種種性, 何等 爲五? 謂聲聞乘種性 緣覺乘種性 如來乘種性 不定種性 無種性.

(2) ① 대혜여, 어떻게 이 성문승종성을 알 것인가? 말하자면 만약 온·계·처의 자상·공상을 앎과 증득함 설하는 것을 듣고서 온 몸의 털이 서고 마음이 즐겨 수습하지만, 연기의 모습을 즐겨 관찰하지 않는다면, 이는 성문승종성이라고 알아야 한다.97

大慧, 云何知是 聲聞乘種性? 謂若聞說 於蘊界處 自相共相 若知若證 舉身毛豎 心樂修習, 於緣起相 不樂觀察, 應知此是 聲聞乘種性.

해 일으키는 유·무의 두 가지 사견) 중에 떨어져 유·무를 분별한다.
94 그래서 대혜에게 권하기를, 그대는 이 마음이 나타난 일체법의 불생인 뜻을 부지런히 수학해야 한다는 것이다.
95 【이하는 여덟째 5종성의 망상·정지·여여의 차별을 보이는 것[示種性妄想智如差別]이다.】
96 이하는 다섯째 종성으로써 근기를 조사함에 의거해 정지의 뜻을 밝히니, 위의 생사의 괴로움을 두려워함으로 인해 열반을 즐겨 구하기 때문에 다음으로 종성의 모습을 밝히는 것이다.
97 만약 음·계·입의 자상·공상을 멸하여 몸으로 열반을 얻어서, 고를 '알고' 집을 끊으며 멸을 '증득하고' 도를 닦는다 함을 들으면, 슬픔이 기쁨으로 달

② 그는 자기 승에서 증득할 바를 보고 나면 제5·6지에서 번뇌의 결박을 끊어도 번뇌의 습기를 끊지 못하여 부사의한 죽음에 머물면서도 바로 사자후하여 말하기를, '나의 생은 이미 다했고 범행은 이미 섰으며 지을 바는 이미 성취해서 후유를 받지 않는다'라고 하고, 인무아를 수습해서 나아가 열반을 얻는다는 지각을 내기에 이른다.98

③ 대혜여, 다시 어떤 중생은 열반 증득함을 구하면서, 능히 나·사람·중생·기르는 자·취하는 자를 깨달아 아는 이것이 열반이라고 말한다.

다시 혹자는 일체법이 작자로 인해 있음을 보는 이것이 열반이라고 말한다.99

彼於自乘 見所證已
於五六地 斷煩惱結
不斷煩惱習 住不思議
死 正師子吼言,
'我生已盡 梵行已立
所作已辦
不受後有', 修習人無我
乃至 生於 得涅槃覺.

大慧, 復有衆生 求證涅
槃, 言能覺知 我人衆生
養者取者 此是涅槃.

復有說言 見一切法 因
作者有 此是涅槃.

....
라지는 모습으로 애락하여 수습하지만, 연기에서 깨달음(=무생의 지혜)을 일으키는 모습을 즐겨 관찰하지 않으니, 위의 법을 닦으면 성문승종성이라 이름한다고 알아야 한다.
98 이는 성문승이 번뇌를 끊는 범위를 밝혀서 여러 보살의 제5·6지에 견준다. 그러나 단지 삼계의 현행의 번뇌만을 끊고, 아직 습기의 부림[使] 및 소지장을 끊지 못하며, 아직 부사의한 변역사를 건너지 못했으면서도 결정적으로 외쳐 이르기를, '나는 네 가지 지혜와 구경각을 얻었다'라고 하고, 나아가 열반을 얻었다는 지각을 내기에 이른다.
99 어떤 중생은 망령되이 계탁해서 나·사람·중생이나 장양하는 사부가 각각 차별됨을 깨달아 알고서 신아를 보는 이것이 열반이라고 하고, 다시 혹자는 집착해서 자재천 등이 작자가 된다고 말하고 이름해서 열반이라고 하는

④ 대혜여, 그들에게는 해탈이 없으니, 아직 능히 법무아를 보지 못하기 때문이다. 이는 성문승 및 외도의 종성이 아직 출리하지 못한 가운데 출리의 지각을 내는 것이니, 응당 부지런히 수습해서 이 악견을 버려야 한다.100

大慧, 彼無解脫,
以未能見 法無我故.
此是 聲聞乘及 外道種
性 於未出中 生出離想,
應勤修習
捨此惡見.

(3) 대혜여, 어떻게 이 연각승종성을 알 것인가? 말하자면 만약 연각승의 법 설하는 것을 듣고서 온 몸의 털이 서고 슬피 울며 눈물 흘리고 시끄러운 연을 떠나 염착하는 바 없으며, 어떤 때에는 갖가지 몸을 나타내어 혹은 모이고 혹은 흩어짐과 신통 변화를 설하는 것을 듣고서 그 마음이 신수하여 위역하는 바 없다면, 이는 연각승종성이라고 알아야 하니, 그를 위해서는 연각승의 법을 설해야 한다.101

大慧, 云何知是 緣覺乘
種性? 謂若聞說 緣覺
乘法 擧身毛豎 悲泣流
淚 離憒鬧緣
無所染著, 有時聞說 現
種種身 或聚或散
神通變化
其心信受 無所違逆,
當知此是 緣覺乘種性,
應爲其說 緣覺乘法.

....
데, 이 둘은 곧 무종성의 외도이다.
100 이는 외도가 신아의 성품이 있다고 계탁함에는 해탈의 법이 없고, 성문은 자상·공상을 취하고 아직 법공을 얻지 못하므로 다 망각妄覺을 벗어나지 못했음을 밝히는 것이다.
101 만약 연기의 모든 법 설하는 것을 듣고 연의 체가 공함을 알아 염착하는 바 없으며, 혹 때로 갖가지 몸을 나타내어, 혹 많은 몸을 합쳐 한 몸으로 하거나, 혹은 한 몸을 분리하여 많은 몸으로 함 및 신통변화를 설하는 것을 듣고 신수하여 위역함 없이 기쁘게 즐겨 수습한다면 이는 일러서 연각승종

⑷ 대혜여, 여래승종성이 증득하는 법에는 세 가지가 있다. 이른바 자성·무자성의 법, 내신內身으로 자증하는 성지의 법, 외부 모든 불국토의 광대한 법이다.

대혜여, 만약 누군가가 이 낱낱의 법 및 자기 마음이 나타낸 몸과 재물의 건립이 아뢰야식의 부사의한 경계임을 설하는 것을 듣고 놀라지 않고 두려워하지 않으며 무서워하지 않는다면, 이는 여래승종성이라고 알아야 한다.102

大慧, 如來乘種性 所證法 有三種. 所謂 自性無自性法, 內身自證聖智法, 外諸佛刹廣大法. 大慧, 若有聞說 此一一法 及自心所現 身財建立 阿賴耶識 不思議境 不驚不怖不畏,
當知此是
如來乘性.

⑸ ① 대혜여, 부정종성이란 그 세 가지 법 설하는 것을 들을 때 따라서 신해를 내고 수순해 수학하는 것을 말한다.103

大慧, 不定種性者 謂聞說彼 三種法時 隨生信解 而順修學.

....
성이라고 한다. 그런데 두 종류가 있어 같지 않다. 첫째는 붓다께서 12인연의 법 연설하는 것을 만나서 의지해 받아 행하는 것이니, 연각이라고 이름하고, 둘째는 붓다 없는 세상에 나와 연을 보고 스스로 깨닫는 것이니, 독각이라고 이름한다.
102 '자성·무자성의 법'이란 3자성과 3무자성의 비밀한 법을 말한다. '내신으로 자증하는 성지의 법'이란 붓다께서 자증하신 일승 요의의 불가사의한 진실한 법을 말한다. '외부 모든 불국토의 광대한 법'이란 광대한 자비와 서원으로 국토를 장엄 청정하고 중생을 거두어 교화하여, 구경에 일체지의 지위의 법에 이르게 하는 것을 말한다. 만약 누군가 이러한 등의 법 설하는 것을 듣는다면, 이 때문에 불승종성이라고 이름한다. * 뒤의 '몸'은 정보, '재물'은 의보를 뜻함.
103 이 부정종성인은 삼승의 법 설하는 것을 듣고 따라서 믿음을 내고 들어가 수순하여 배워서 이룬다는 것을 말하니, 그 성품이 옮길 수 있기 때문에 '부정'이라고 말하는 것이다.

② 대혜여, 처음 다스리는 지위의 사람을 위해 종성을 설해서 그로 하여금 무영상의 지위에 들게 하고자 이를 만들어 건립하는 것이다.104

大慧, 爲初治地人 而說種性 欲令其入 無影像地 作此建立.

⑹ 대혜여, 그 삼매의 즐거움에 머무는 성문도 만약 능히 스스로 의지하는 바 식을 증지하여 법무아를 보고 번뇌의 습기를 청정케 한다면 필경 여래의 몸을 얻을 것이다."105

大慧, 彼住三昧樂 聲聞 若能證知 自所依 識 見法無我 淨煩惱習 畢竟當得 如來之身."

⑺ 그 때 세존께서는 곧 게송으로 말씀하셨다.

爾時 世尊 卽說頌言.

1 예류와 일래의 과보와
　불환과 아라한의 과보
　이들은 모든 성인들의

預流一來果
不還阿羅漢
是等諸聖人

---

104 '처음 다스리는 지위의 사람'은 곧 부정종성자이니, 삼승에 모두 들어갈 수 있는 것이다. 위해 이 종성을 설한 것은 그로 하여금 방편을 밝게 깨달아 알고 진실로 향하게 해서, 제8 무소유의 지에 뛰어서 들고 임운하여 여래지에 이르게 하려는 연고로 이를 만들어 건립하였다.
105 이는 삼승과 5성五性이 같이 여래의 일불승에 들어감을 밝힌 것이다. 말하자면 과거에 방편으로 삼승과 5성 중 정성의 이승과 무성 천제는 성불을 인정하지 않음을 설하였지만, 이제 구경을 설함이니, 비록 삼승과 5성의 차이가 있다 해도 신훈新熏(=새로운 훈습)으로 말미암기 때문에 본래 오직 일불승이라는 것이다. 하나(=성문)를 들어서 모두를 비례시킨 것이다.

그 마음이 다 미혹한 것106　　　　其心悉迷惑

2 내가 세운 바의 삼승과　　　　　我所立三乘
　　일승 그리고 승 아님은　　　　　一乘及非乘
　　우부와 소지少智로 적멸 즐기는　爲愚夫少智
　　모든 성인 위해 설한 것이네107　樂寂諸聖說

3 제일의의 법문은　　　　　　　　第一義法門
　　2취를 멀리 떠나서　　　　　　　遠離於二取
　　경계 없음에 머물거늘　　　　　住於無境界
　　어찌 삼승을 건립하리오108　　　何建立三乘

---

106 소승은 첫 마음에서 7방편(=5정심관·별상염주·총상염주의 3현과 난법·정법·인법·세제일법의 4선근)을 닦아 사성제의 이치를 봄(=신도)에 니트러 능히 삼계의 견도 소단의 88사를 끊어서 처음 성인의 흐름에 드는 것을 예류과라고 이름하고, 다음 여기에서 6무간도를 일으켜 욕계의 앞의 6품의 수도 소단의 번뇌를 끊고 제6 해탈을 증득하여 인·천으로 다시 한 번만 왕래하는 것을 일래과라고 이름하며, 또 뒤의 3무간도를 일으켜 욕계 제7·8·9품의 모든 번뇌를 영원히 다 끊어서 다시 욕계로 돌아와 수생하지 않는 것을 불환과라고 이름하고, 또 색계에서 수행하여 영원히 위 2계의 수도 소단의 일체 번뇌를 끊고 진지와 무생지를 얻어서 후유를 받지 않는 것을 아라한과라고 이름한다. 여래께서 방편으로 생사 망상의 괴로움을 두려워하는 우부를 위해 삼계의 번뇌를 끊고 여러 과보의 차별 얻는 것을 설하셨지만, 모두 마음의 인식[心量]을 떠나지 않는다.
107 붓다께서 근기에 응해 세우신 삼승과 일승은 모두 방편이다. 삼三은 일一에 의거해 베풀고, 일은 삼을 대하여 시설하는데, 삼이 이미 존재하지 않으니, 일도 역시 있는 것이 아니다.
108 제일의 중에서 모든 법은 있는 바 없거늘, 어찌 가르침의 법이 있으며, 여러 승의 이름이 있으리오.

④ 모든 선정 및 사무량과	諸禪及無量
무색의 삼매에서 나아가	無色三摩提
멸수상정에 이르기까지	乃至滅受想
유심일 뿐 얻을 수 없다네109	唯心不可得

2.2.7110

⑴ "① 또 다음 대혜여, 이 가운데 일천제는 어째서 해탈에 대해 욕락을 내지 않는가?

대혜여, 일체 선근을 버렸기 때문이고, 무시의 중생을 위해 서원을 일으켰기 때문이다.111

② 무엇을 일체 선근을 버렸다고 하는가? 말하자면 보살장을 비방하여 말하기를, '이것은 경전과 계율[調伏]의 해탈에 수순하는 말이 아니다'라고 하니, 이 말을 할 때 선근이 모두 끊어져서 열

"復次 大慧, 此中一闡提 何故 於解脫中 不生欲樂?

大慧, 以捨 一切善根故, 爲無始衆生 起願故.

云何 捨一切善根? 謂謗菩薩藏言, '此非隨順 契經調伏 解脫之說',

作是語時 善根悉斷 不

...

109 '모든 선정 및 무량'이란 4정려과 4무량심을 말하고, '무색의 삼마제'는 곧 무색계의 4공처정이며, '멸수상'은 성문의 멸진정을 말하니, 여래께서 설한 삼매 등의 모든 법도 또한 진실이 없다고 말한다. 망상심으로 헤아리는 우부를 위해 이와 같은 설을 지으신 것이기 때문에 '유심일 뿐 얻을 수 없다'고 말한 것이다. 이상 정지 밝히는 것을 마쳤다.
110 【이하는 아홉째 망상·정지·여여의 평등을 보여서 천제도 불성이 끊어지지 않았음을 드러내는 것[示妄想智如平等 以顯闡提佛性不斷]이다.】
111 셋째(=첫째는 이름·모습·망상을 밝힘, 둘째는 정지를 밝힘) 보살 천제는 생사와 열반이 둘이 없음을 앎에 의거해서 여여의 뜻을 밝힌다.

반에 들지 못하는 것이다.112

③ 무엇을 무시의 중생을 위해 서원을 일으켰다고 하는가? 말하자면 모든 보살은 본원의 방편으로써 일체 중생이 다 열반에 들기를 원해서, 만약 한 중생이라고 아직 열반치 않았다면 나도 끝내 들지 않으리라고 하니, 이것도 또한 일천제의 취에 머무는 것이다.

이들은 열반종성이 없는 모습이다."113

(2) ① 대혜보살이 말하였다.

"세존이시여, 이 중 어떤 자가 필경 열반에 들지 않습니까?"

② 붓다께서 말씀하셨다.

"대혜여, 그 보살인 일천제는 일체법이 본래 열반임을 알므로 필경 들지 않는다. 선근을 버려서가 아니니, 왜냐하면 선근을 버린 일천제도 붓다의 위력으로써 혹 때로는 선근이 나기 때문이

入涅槃.

云何 爲無始衆生 起願? 謂諸菩薩 以本願方便 願一切衆生 悉入涅槃, 若一衆生 未涅槃者 我終不入, 此亦住
一闡提趣.
此是 無涅槃種性相."

大慧菩薩言.

"世尊, 此中何者 畢竟不入涅槃?"

佛言.

"大慧, 彼菩薩一闡提知一切法 本來涅槃 畢竟不入. 非捨善根, 何以故 捨善根 一闡提以佛威力故 或時善根

---

112 이 천제는 대승의 법장을 비방하고, 그리고 나쁜 말을 지어서, 이것은 수다라와 비니의 해탈을 수순하는 설이 아니라고 함으로써 일체 선근을 끊어 열반을 얻지 못한다.
113 보살장을 비방하기 때문에 열반을 얻지 못하는 것과, 보살이 생사가 곧 열반임을 알므로 또한 다시 열반을 얻지 않는 것은, 열반의 이름을 얻지 못하는 점에서는 같기 때문에 '또한 일천제의 취에 머문다'고 말하니, 이들은 열반의 종성이 없는 모습이다.

다. 까닭이 무엇인가 하면 붓다께서는 한 중생도 버리시는 때가 없기 때문이다.

그러므로 보살인 일천제는 열반에 들지 않는다.114

生. 所以者何 佛於一切 衆生 無捨時故.

是故 菩薩一闡提 不入 涅槃.

2.3115

(1) 또 다음 대혜여, 보살마하살은 3자성의 모습을 알아야 한다.

무엇이 셋인가? 이른바 망계자성妄計自性, 연기자성緣起自性, 원성자성圓成自性이다.116

復次 大慧, 菩薩摩訶薩 當善知 三自性相.

何者 爲三? 所謂 妄計自性, 緣起自性, 圓成自性.

---

114 선근을 버린 일천제도 여래의 신력으로써 혹 때로는 선근이 나서 열반을 얻는다고 말한다. 그러므로 보살은 생사가 곧 열반임을 알기 때문에 들지 않는다고 말한다. 이상 여여를 밝히는 것은 마쳤다.
115 【이상 5법을 밝히는 것은 마쳤다. 이하는 둘째 3자성을 밝히는 것[明三自性]이다.】
116 위에서 비록 3자성을 분별하여 5법으로 삼았지만, 아직 무엇이 3자성인지 알지 못하기 때문에 이하에서 바로 3자성의 체를 밝힌다.
  '망계자성'이라 말한 것은 말하자면 여러 우부가 집착대상인 온·계·처 등을 망상으로 계탁해서 실아와 실법으로 삼는 것을 망계성이라고 이름한다. 이것에는 두 가지가 있다. 첫째는 자성이니, 모든 법이 실제로 자성이 있다고 총체적으로 집착하는 것이고, 둘째는 차별이니, 항상하고 무상한 등이 실제로 자체가 있다고 개별적으로 집착하는 것이다. 혹은 이름에 의지해 뜻을 망계하기도 하고, 혹은 뜻에 의해 이름을 망계하기도 하는데, 체에 의거하면 인·법의 두 가지 체를 벗어나지 않고, 집착에 의거하면 이름·뜻의 두 가지 집착을 벗어나지 않는다. 또 중생의 잡염된 마음은 의타기자성에 대해 두 가지 망계자성이 있다고 말하기도 한다. 첫째는 따라 지각함[隨覺]이니, 곧 현행의 집착이요, 둘째는 늘 익힌 습기의 수면[慣習習氣隨眠]이니,

⑵ ① 대혜여, 망계자성은 모습[相]에서 생긴다. 어떻게 모습에서 생기는가? 말하자면 그것은 연기한 사상事相의 종류가 현현함에 의지해 계착計著을 내는 것이기 때문이다.117

② 대혜여, 그 사상을 계착하므로 두 가지 망계성의 남이 있다는 것이 모든 여래께서 연설하신 바이니, 명상名相계착상과 사상事相계착상을 말한다.

대혜여, 사계착상事計著相이란 안·팎의 법을 계착하는 것을 말하고, 상계착상相計著相이란 곧 그 안·팎의 법 중에서 자상·공상을 계착함을 말하니, 이를 두 가지 망계자성의 모습이라고 이름한다.118

大慧, 妄計自性 從相生. 云何從相生? 謂彼依緣起事相 種類顯現 生計著故.

大慧, 彼計著事相 有二種 妄計性生 是諸如來之所演說, 謂名相計著相 事相計著相.

大慧, 事計著相者 謂計著內外法, 相計著相者 謂卽彼內外法中 計著自共相, 是名二種 妄計自性相.

....
곧 집착의 종자이다.
　'연기자성'이라고 말한 것은 말하자면 다른 온갖 연의 화합에 의지해 생기해서 마치 환상의 일과 같은 것을 연기자성이라 이름한다. 역시 두 가지 뜻이 있다. 첫째는 진실한 이치의 타他에 의지한 것이니, 마치 파랑이 물에 의지하는 것과 같고, 둘째는 망연妄緣의 타에 의지한 것이니, 마치 파랑이 바람에 의지하는 것과 같다.
　'원성자성'이란 말하자면 망상의 체는 공하고, 연기는 성품이 없는 것이 곧 '원성圓成'이니, 구경에는 오직 하나의 진심眞心일 뿐, 다시 있는 것이 없기 때문이다. 이상 총체적으로 해석하는 것은 마쳤고, 아래의 글에서는 곧 개별적으로 해석한다.
117 망상은 체가 없음을 말하니, 다만 연에 의지해 일어난 '사상'(=현상의 모습)에서 '계착'(=계탁하여 집착함)을 내기 때문이다.
118 말하자면 안·팎의 법에서 남·여와 병·옷 등의 이름을 일으키는 것을 명상계착상名相計著相(=경문 아래의 '사계착상')이라고 이름하고, 그 안·팎의

⑶ 대혜여, 의지되는 것과 연 되는 것을 　　大慧, 從所依所緣起
좇아서 일어나는 것이 연기성이다.119　　是緣起性.

⑷ 무엇이 원성자성인가? 명상과 사상 　　何者 圓成自性? 謂離
의 일체 분별을 떠나 자증성지로 행하 　　名相事相 一切分別 自
는 진여를 말한다. 　　證聖智 所行眞如.
　　대혜여, 이것이 원성자성의 여래장심 　　大慧, 此是 圓成自性
이다."120 　　如來藏心."

⑸ 그 때 세존께서는 곧 게송으로 말씀 　　爾時 世尊 卽說頌言.
하셨다.

　　이름·모습·분별은 　　　　　　　　名相分別

....
　　법 중에서 자상·공상을 계착하는 것이 사상계착상事相計著相(=경문 아래의 '상계착상')이니, 곧 자성과 차별의 두 가지 계착이다. * 이에 의하면 경문 아래의 '사계착상'은 위의 '명상계착상'을 가리키고, '상계착상'은 위의 '사상계착상'을 가리키는 것으로 되는데, 4권본에서는 위·아래 모두 '명상계착상'과 '사상계착상'이라는 용어를 통일해 사용하고 있고, 10권본과 범문화역에도 위와 아래의 용어에 차이가 없으므로, 이 7권본의 용어에는 무언가 착오가 있었던 것이 아닌가 한다.
119 인연에 의지한 것이니, 말하자면 모든 법이 인연을 좇아 나는 것을 연기성이라 이름한다. 따라서 일찍이 한 법도 인연을 좇아 나지 않은 것이 없었다.
120 원성자성은 별도의 자체가 없고 다만 연기자성에서 명상·사상의 망상분별을 떠나 자각성지로 증득되는 여여임을 말하는 것이니, 이는 곧 원성자성은 법신의 진실한 체인 여래장성의 청정한 진심이라는 것이다. 그러므로 모름지기 여실한 방편에 의지해 망념을 여의고 관찰해야 바야흐로 깨달아 들어갈 수 있다.

두 자성의 모습이고	二自性相
정지와 진여는	正智眞如
원성자성이라네121	是圓成性

⑹ "대혜여, 이를 5법과 자성의 모습을 관찰하는 법문이라 이름하니, 자증성지로 행하는 경계를 그대 및 모든 보살마하살은 부지런히 수학해야 한다.122

"大慧, 是名 觀察五法 自性相法門, 自證聖智 所行境界 汝及 諸菩薩 摩訶薩 當勤修學.

2.4

2.4.1123

⑴ 또 다음 대혜여, 보살마하살은 2무아   復次 大慧, 菩薩摩訶薩

---

121 앞에서는 세·출세간 인·과의 염·정의 차별은 5법을 벗어나지 않음을 밝혔고, 이 1행의 경문은 다시 5법을 거두어서 3자성으로 했으니, 이름·모습·분별은 망계·연기의 2자성이고, 정지·여여는 곧 원성실임을 말한다. 이로써 3자성은 경계가 없어서 하나를 따라서 전부가 거두어지고, 진·망은 상호 융통해서 성·상이 무애함을 알지니, 연기에서 분별을 내는 것이 곧 망계이고, 연기에서 진실을 깨닫는 것이 곧 원성이다. 까닭에 분별로 말미암아 일부분은 생사를 이루고, 진실로 말미암아 일부분은 열반을 이룬다. 분별의 성품이 공함을 알기 때문에 곧 생사가 열반을 이루고, 진실의 성품이 있다고 미혹하기 때문에 곧 열반이 생사를 이루니, 전혀 하나의 법인데, 연을 따라서 뜻을 나타내어 셋을 이룬다. 셋이 셋이 아니어서 하나의 성품이 원만하고, 하나가 하나가 아니어서 세 가지 성품이 갖추어지니, 말고 폄에 잃지를 않고, 숨고 드러남에 늘 여여해서, 하나도 아니고 셋도 아니며, 셋이면서 하나이다.
122 이는 5법과 3자성의 법문을 맺어 이루어서, 수학하기를 권하는 것이다.
123 【셋째 2무아를 밝히는 것[明二無我]은 넷으로 나누어진다. 처음 2.4.1은 인무아를 밝히는 것[明人無我]이다.】 * 여기에서 2무아를 밝히는 경문의 배치를 도표로써 미리 보이면 다음과 같다.

의 모습을 잘 관찰해야 하는데, 무엇이 둘인가? 이른바 인무아의 모습과 법무아의 모습이다.124

當善觀察 二無我相, 何者 爲二? 所謂 人無我相 法無我相.

(2) 대혜여, 무엇이 인무아의 모습인가? 말하자면 온·계·처는 나와 내 것을 떠났는데도, 무명과 갈애의 업으로 생기된 안식 등의 식이 나면 색 등을 취해서 계착을 내지만, 또 자기 마음에 보이는 몸과 기세간은 다 장식의 마음이 나타난

大慧, 何者是 人無我相? 謂蘊界處 離我我所, 無知愛業 之所生起 眼等識生 取於色等 而生計著, 又自心所見 身器世間 皆是藏心 之所

인무아를 밝힘		2.4.1(1)~(2)
법무아를 밝힘		(3)
법무아에 능숙함을 보임	건립과 비방을 떠남	2.4.2(1)~(4)
	구경의 도탈로 취향함	(5)~(6)
법무아에 능숙하여 네 가지 법무아의 모습 얻음을 보임	법공의 모습	2.4.3(1)~(2)
	무생의 모습	(3)
	무자성의 모습	(4)
	무이의 모습	(5)~(7)
	4모습이 일체 경전에 들어감을 맺음	(8)

124 이미 능히 5법과 3자성을 수학하였으므로, 다시 응당 인·법 2무아의 모습을 관찰해야 한다는 것이다. '인무아'라고 말한 것(에서 '인')은 범어로 보특가라라고 하는데, 여기 말로는 삭취취數取趣이다. 말하자면 모든 유정이 번뇌를 일으켜서 업을 짓는 것이 곧 '취'하는 주체[能取]가 되어서 장차 5취로 오는 것을 '취趣'라고 하는데, 비록 다시 자주[數數] 번뇌를 일으키고 업을 지어서 5취에서 윤회한다 해도, 전혀 주재의 진실하며 자재한 작용[主宰實自在用]은 없기 때문에 무아라고 말한다. '법무아'란 말하자면 모든 법은 체가 비록 다시 임지任持하여 궤범으로서 사물에 대한 이해를 낸다[軌生物解]고 해도, 역시 뛰어난 성품의 진실하며 자재한 작용[勝性實自在用]은 없기 때문에 무아라고 말한다. 이상 간략히 통틀어 해석함은 마쳤고, 이하의 경문에서는 곧 개별적으로 자세히 해석한다.

것으로서,125 찰나에 상속하며 변괴함이
멈추지 않는 것이 마치 강물 같고 종자
같으며 등불의 불꽃 같고 빠른 바람 같
으며 뜬 구름과 같고, 조급히 움직이며
안정되지 못한 것이 마치 원숭이와 같
고,126 부정한 곳을 즐기는 것이 마치
나는 파리와 같으며,127 족히 여김을 모
르는 것이 마치 맹렬한 불과 같고,128

顯現, 刹那相續 變壞不
停 如河流 如種子
如燈焰 如迅風
如浮雲, 躁動不安
如猿猴,
樂不淨處 如飛蠅,
不知厭足
如猛火,

---

125 무엇을 인무아라고 하는가? 나를 떠나는 것을 말한다. 무엇을 나를 떠나는 것이라고 하는가? 말하자면 '내 것'이라고 하는 음·계·입 중에서 분별 관찰하는 것은, 단지 무명의 업과 갈애 등이 안식 등과 모든 근을 내면 자기 마음이 나타낸 망상의 경계를 허망하게 취한 것일 뿐이니, 거기에 '나'는 없다는 것이다. 이는 곧 음·계·입 중에 나아가서 무아를 보인 것이다.

126 '찰나에' 이하는 비유로 5관의 문을 듦에 의거해 무아를 밝히는 것인데, 먼저 이는 무상문無常門을 든 것이다. 대저 '나'는 항상한 뜻을 말하니, 지금은 이미 무상하기 때문에 나가 없다는 것이다. 글에서는 6비유를 표방하니, 위의 5비유는 환상의 몸[幻身]을 비유하고, 아래의 1비유는 허망한 마음[妄心]을 비유한다. 마치 물이 세차게 흐르고, 종자·싹이 변역하며, 등불이 온갖 연에 의지하고, 질풍이 머물지 않으며, 뜬 구름이 기별하는 것과 같다는 위의 모두는 찰나에 변괴함을 비유하는데, 이 몸도 또한 그러하니, 어찌 항상함이 있겠는가. 또한 허망한 마음이 조급히 움직이는 것은 원숭이와 같다. 이미 몸과 마음으로 하여금 항상 머물게 할 수 없으니, '나'의 뜻이 어찌 있으리오.

127 이는 부정문不淨門을 들어서 그 무아를 밝히는 것이다. 그런데 일체 세간이 탐착하는 이 몸은 부정한 것의 무더기라, 서른여섯 가지 더러움의 몸인 것이, 마치 그 나는 파리가 더러운 곳에서 노는 것과 같다. 나는 말하자면 청정하다는 뜻이니, 따라서 무아라고 알아야 한다.

128 이는 고문苦門을 들어서 나를 깨뜨리는 것인데, 어떤 곳(=4권본)에서는 '풍화風火와 같다'고 하였다. 나는 즐겁다는 뜻이다. 이제 탐욕의 족히 여김 없는 것이 마치 바람 중의 맹렬한 불이 섶을 만나면 더욱 치성한 것과 같지만, 추구해도 얻지 못하니, 괴로움으로 고뇌하는 바이다. 이미 즐거움이 없으니, 따라서 무아라고 알아야 한다.

무시의 허위의 습기가 원인이 되어 제유의 취 중에서 유전함을 쉬지 않는 것이 마치 물긷는 도르레와 같으며,129 갖가지 색신의 위의로써 나아가고 멈추는 것이 비유하면 시체가 주술의 힘 때문에 가는 것과 같고, 또한 기관목인[木人]이 기관으로 인해 움직이는 것과 같으니,130 만약 능히 여기에서 그 모습을 잘 안다면 이를 인무아의 지혜라고 이름한다.131	無始虛僞 習氣爲因 諸有趣中 流轉不息 如汲水輪, 種種色身 威儀進止 譬如死屍 咒力故行, 亦如木人 因機運動, 若能於此 善知其相 是名 人無我智.
(3) ① 대혜여, 어떤 것이 법무아의 모습인가? 온·계·처는 망계의 성품임을 아는 것을 말한다.132 저 온·계·처는 나와 내 것을 떠나서 오직 함께 쌓여 모인 애업의 밧줄이 묶	大慧, 云何爲 法無我智? 謂知蘊界處 是妄計性. 如蘊界處 離我我所 唯共積聚 愛業繩縛

....
129 이는 부자재문不自在門을 들어서 무아를 보이는 것이다. 말하자면 무시의 허위의 업에 훈습되어 삼유를 왕래함이, 마치 물긷는 우물의 도르레가 순환함을 그치지 않는 것과 같다. 곧 업인業因이 미는 바[所推]이니, 어찌 실제의 '나'가 있겠는가?
130 이는 공문空門을 들어서 나를 깨뜨리는 것이다. 음·계·입과 갖가지 색신을 관찰하면 기관목인이나 주술로 일어난 송장과 같음을 말한다. 그렇다고 한다면 실제로 '나'가 아닌 것이다.
131 이상 법과 비유로써 미루고 따졌으니, 음·계·입 중 모두 나가 없는 것이 기관목인 등과 같음을 잘 안다면 이를 인공의 지혜라고 이름한다.
132 보살이 연기된 음·계·입의 법을 아는 것이라고 말하니, 만약 집착해서 실제로 삼는다면 이는 망계자성이니, 본래 있는 것이 아니다.

은 것이 상호 연이 되어서 일어날 뿐 능히 짓는 자는 없는 것과 같이, 온 등도 또한 그래서 자상·공상을 떠나 허망하게 분별된 갖가지 모습이 나타난 것을 우부가 분별하지만, 모든 성자는 아닙니다.133

이와 같이 일체의 모든 법을 관찰해서 심·의·의식과 5법·3자성을 떠나는 이것을 보살마하살의 법무아의 지혜라고 이름한다.134

② 이 지혜를 얻고 나면 경계가 없음을 알고 모든 지의 모습을 알아서 곧 초지에 들어 마음이 환희를 내며, 차례로 점차 나아가 선혜지 및 법운지에 이르러서 모든 지을 바 있는 것이 모두 다 이미 성취된다. 이 지에 머물고 나면 큰 보배연꽃왕이 있어 온갖 보배로 장엄되고, 그 꽃 위에 보배궁전의 모습이 있어 모습이 연꽃과 같은데, 보살이 가서 환

互爲緣起 無能作者,
蘊等亦爾
離自共相 虛妄分別
種種相現
愚夫分別, 非諸聖者.

如是觀察 一切諸法
離心意意識 五法自性
是名 菩薩摩訶薩 法無我智.

得此智已 知無境界
了諸地相 卽入初地
心生歡喜, 次第漸進
乃至善慧 及以法雲
諸有所作 皆悉已辦.
住是地已 有大寶蓮花
王 衆寶莊嚴,
於其花上 有寶宮殿
狀如蓮花, 菩薩往修 幻

---

133 저 온·계·처는 공하여 나와 내 것이 없으니, 오직 함께 쌓여 모인 번뇌와 업 때문이다. 마치 밧줄로 스스로 묶어서 전전하여 서로 내는 것과 같아서, 실제의 자체가 없다. ('온 등') 일체의 모든 법도 또한 다시 이와 같아서 자상·공상을 떠나 허망한 분별로 말미암은 갖가지 모습이 나타난 것을 우부가 이와 같이 (분별)하지만, 모든 성자는 아닙니다.
134 모든 성현은 어째서 망상을 일으키지 않는가를 말함이니, 일체 심·의·식과 이름·모습·망상을 멸했기 때문이다.

성幻性법문으로 성취하는 바를 닦고서 그 위에 앉는다.135 같이 수행하던 불자들이 앞뒤에서 둘러싸고 일체 불국토에 계시는 여래들께서 다 그 손을 뻗어서 마치 전륜왕의 아들에게 관정하는 법과 같이 그 정수리에 관정하시니,136 불자의 지위를 초월해 자증의 법을 얻어서 여래의 자재한 법신을 성취한다.

性法門 之所成就
而坐其上. 同行佛子
前後圍繞 一切佛刹
所有如來 皆舒其手
如轉輪王子 灌頂之法
而灌其頂, 超佛子地
獲自證法
成就如來 自在法身.

　대혜여, 이를 법무아를 본 모습이라고 이름하니, 그대 및 모든 보살마하살은 응당 부지런히 수학해야 한다."137

大慧, 是名　見法無我
相, 汝及 諸菩薩摩訶薩
應勤修學."

2.4.2138

(1) 그 때 대혜보살마하살이 다시 붓다께 말하였다.

爾時　大慧菩薩摩訶薩
復白佛言.

---

135 ②는 법무아를 관찰함으로써 얻는 이익을 밝히는 것이다. 말하자면 법무아를 보기 때문에 초지에 들어감을 얻어서 관찰하여 깨달음을 열고, 차례로 점차 나아가 십지에 이르러 지을 바를 이미 성취하기에 이르러, 큰 보배 연꽃왕이 있어 온갖 보배로 장엄한 위에, 큰 보배궁전과 연꽃왕의 자리가 있어서, 보살이 여환삼매를 닦아 성취하고서 그 자리에 앉아 붓다의 지위를 받는다.

136 이 보살이 붓다의 지위를 받고자 하기 때문에 같은 부류의 보살들이 권속이 되어서 앞뒤에서 둘러싸고, 일체 제불께서 시방에서 오셔서 손으로 관정함으로써 붓다의 지위를 줌을 말한다.

137 법무아를 보기 때문에 보살의 지위를 초월해 여래의 법신을 얻으니, 그러므로 모든 보살은 부지런히 수학해야 한다.

138 【이하 셋째 법무아에 능숙함을 보이는 것[示善法無我]은 둘로 나누어진다. 이하 처음은 건립과 비방을 떠나는 것[離建立誹謗]이다.】

"세존이시여, 원컨대 건립하고 비방하는 모습을 설하시어139 저 및 모든 보살마하살들로 하여금 이 악견을 떠나 속히 아뇩다라삼먁삼보리를 얻게 하시고,140 보리를 얻고 나서 건립의 상견과 비방의 단견을 깨뜨리고 정법에 대해 훼방을 내지 않게 하소서."141

"世尊, 願說建立誹謗相 令我及 諸菩薩摩訶薩 離此惡見 疾得阿耨多羅三藐三菩提, 得菩提已 破建立常 誹謗斷見 令於正法 不生毁謗."

(2) 붓다께서는 그 청을 받고 곧 게송으로 말씀하셨다.

佛受其請 卽說頌言.

> 몸과 살림살이와 주처는
> 다 마음의 영상일 뿐인데
> 범우는 능히 알지 못하여
> 건립과 비방을 일으키나
> 일어난 건 마음일 뿐이라
> 마음 떠나선 얻을 수 없네142

> 身資財所住
> 皆唯心影像
> 凡愚不能了
> 起建立誹謗
> 所起但是心
> 離心不可得

---

139 위에서 2무아를 관찰함으로써 유·무와 단·상의 2견을 떠날 수 있게 됨으로 인해 건립·비방의 모습을 청하는 것이다. 비유에서 유를 말하는 것을 건립이라 이름하고, 비무에서 무를 말하는 것을 비방이라 이름한다. * 범문화역에 의하면 건립과 비방은 'samāropa'와 'apavāda'이니, 흔히 '증익'과 '손감'으로 번역되는 용어임.
140 만약 여래께서 우리를 위해 설하시어 우리들로 하여금 유·무의 악견을 떠나게 하신다면 속히 무상보리를 얻을 것이다.
141 정법은 유·무를 떠났음에도 만약 유·무를 말한다면 정법을 비방한다고 이름한다.
142 의보·정보의 모든 법은 자기 마음의 허망한 나타남임을 알지 못하므로

⑶ 그 때 세존께서는 이 뜻을 거듭 설하시고자 대혜에게 말씀하셨다.

 "① 네 가지 없음에서 있음을 건립함이 있는데, 무엇이 넷이겠는가?

 이른바 모습 없음에서 모습을 건립함, 봄 없음에서 봄을 건립함, 원인 없음에서 원인을 건립함, 성품 없음에서 성품을 건립함, 이것이 넷이다.143

 ② 대혜여, 비방이란 모든 악견으로 건립된 바의 법을 구해도 얻을 수 없자 잘 관찰하지 않고 이윽고 비방을 내는 것을 말한다.144

 ③ 이것이 건립하고 비방하는 모습이다.

⑷ ① 대혜여, 무엇을 모습 없음에서 모습을 건립한다고 하는가? 말하자면 온·계·처의 자상·공상은 본래 있는 바 없는데도 계착을 내어, 이것은 이와 같고

爾時 世尊 欲重說此義 告大慧言.

"有四種 無有有建立, 何者 爲四?

所謂 無有相 建立相, 無有見 建立見, 無有因 建立因, 無有性 建立性, 是爲四.

大慧, 誹謗者 謂於諸惡見 所建立法 求不可得 不善觀察 遂生誹謗.

此是 建立誹謗相.

大慧, 云何 無有相 建立相? 謂於蘊界處 自相共相 本無所有 而生計著, 此如是

....
 유·무의 건립과 비방을 일으켜서 2견에 떨어짐을 말하는 것이다. * 범문화역에는 이 6구가 1게송으로 되어 있다.
143 이는 넷의 이름을 열거하는 것이니, 모습·봄·원인·성품이 있는 것 아님 중에서 제멋대로 세우는 것이다.
144 그 건립된 바의 법을 관찰해도 얻지 못하자 없다고 말하는 것은 '비방'이라고 이름한다. * 여여와 원성실은 있다는 취지임.

이것은 다르지 않다고 하지만, 이 분별
은 무시의 갖가지 악습에서 난 것이니,
이를 모습 없음에서 모습을 건립함이라
이름한다.145

此不異, 而此分別
從無始種種 惡習所生,
是名 無有相 建立相.

② 무엇을 봄 없음에서 봄을 건립한
다고 하는가? 말하자면 온·계·처에서
나·사람·중생 등의 봄을 건립하는 것,
이것을 봄 없음에서 봄을 건립함이라
이름한다.146

云何 無有見 建立見?
謂於蘊界處
建立我人 衆生等見,
是名 無有見 建立見.

③ 무엇을 원인 없음에서 원인을 건
립한다고 하는가? 말하자면 처음의 식
전에는 원인이 없어 그 처음을 내지 않
아서 식이 본래 없다가 뒤에 눈·색·밝
음·새김 등이 원인이 되어 환상과 같이
나는데도, 나고 나서 있다가 있음이 다
시 멸한다고 하니, 이것을 원인 없음에
서 원인을 건립함이라 이름한다.147

云何 無有因 建立因?
謂初識前
無因 不生其初
識本無 後眼色明念等
爲因 如幻生,
生已有 有還滅,
是名 無有因
建立因.

....
145 음·계·입의 자상·공상을 망령되이 계탁해서 이것은 이와 같다고 하니,
자상이고, 이것은 다르지 않다고 하니, 공상인데, 무시의 과악이 훈습함에
서 난 것이기 때문이라고 말하는 것이다.
146 말하자면 온·계·처 중에서 나·사람·중생을 능히 보는 자[能見者]로서 망
령되이 건립하는 것이다.
147 외도는 초식初識이 원인이 있다고 건립해서 명제에서 난다고 하지만, 붓
다께서는 이 식은 처음 명제의 원인에서 생기지 않는다고 말씀하신다. 그
초식은 본래 남이 없다가, 뒤에 눈·색·밝음·새김 등이 원인이 되어 환상과
같이 나니, 일념도 머물지 않기 때문인데, (이승은 그것이 실제로 원인이
되어) 나고 나면 있다가 있음이 다시 멸한다고 한다. * 이 부분을 4권본에

④ 무엇을 성품 없음에서 성품을 건립한다고 하는가? 허공·열반·비택멸[非數滅]의 지음 없음[無作]에서 성품을 집착하여 건립하는 것을 말한다.

대혜여, 이들은 성품과 성품 아님을 떠났고, 일체의 모든 법도 있고 없음을 떠나서 마치 모륜毛輪이나 토끼·말의 뿔과 같으니, 이를 성품 없음에서 성품을 건립함이라 이름한다.148

⑸ ① 대혜여, 건립과 비방은 모두 범우가 유심임을 알지 못해서 분별은 내는 것인데, 모든 성자는 아니다. 그러므로 그대들은 부지런히 관찰해서 이런 견해

云何 無有性 建立性?
謂於虛空涅槃 非數滅
無作 性執著建立.

大慧, 此離性非性,
一切諸法 離於有無
猶如毛輪 兎馬等角,
是名 無有性 建立性.

大慧, 建立誹謗 皆是凡
愚 不了唯心 而生分別,
非諸聖者. 是故
汝等 當勤觀察 遠離此

서는 「말하자면 처음의 식은 원인에서 남이 없고 뒤는 부실함이 환상과 같아 본래 불생인데도, 눈·색·밝음·계가 일념 전에 내고 나고 나면 실제로 다시 무너진다고 하니, 이를 원인 있음이 아님에서 건립하는 모습이라 이름한다.[謂初識無因生 後不實如幻 本不生, 眼色明界 念前生 生已實已還壞, 是名非有因建立相]」라고 번역하고, 10권본에서는 「말하자면 처음의 식은 원인에서 나지 않아 본래 불생이고, 뒤의 시기의 남은 환상과 같아 본래 원인인 사물이 없는데도, 원인이 있어 눈·색·밝음·새김 때문에 식이 나고, 나고 나면 다시 멸한다고 하니, 대혜여, 이를 원인 있음이 아님에서 건립하는 모습이라 이름한다.[謂初識不從因生 本不生, 後時生如幻 本無因物, 而有因 眼色明念故識生, 生已還滅, 大慧, 是名建立非有因相]」라고 번역한다.
148 외도는 3무위의 무작법에서 성품 있음을 건립한다고 말하는 것이다. 붓다께서는 이들은 성품과 성품 없음을 떠났다고 말씀하셨으므로, 일체의 모든 법이 있고 없음을 떠나, 마치 모륜이 눈병으로 말미암아 나는 것이나 토끼·말의 뿔과 같아서, 본래 스스로 없는 것에 견주어서 밝히는 것이다.

를 멀리 떠나야 한다.149

② 대혜여, 보살마하살은 심·의·의식, 5법, 자성, 2무아의 모습을 잘 알고 나서,150 중생을 위해 갖가지 몸을 짓는 것을, 마치 연기에 의지해 망계성을 일으키는 것과 같고, 또한 마치 마니주가 마음을 따라 물질을 나타내는 것과 같이 해서, 널리 붓다의 모임에 들어가 붓다께서 '모든 법은 환상과 같고 꿈과 같으며 그림자와 같고 거울 속의 영상과 같으며 물 속의 달과 같아서 생·멸 및 단·상을 멀리 떠났으니, 성문과 벽지불의 도에 머물지 말라'고 설하심을 청문하며,151 듣고 나서는 한량없는 백천억 나유타의 삼매를 성취하고, 이 삼매를

見.

大慧, 菩薩摩訶薩 善知心意意識 五法自性 二無我相已, 爲衆生故 作種種身, 如依緣起 起妄計性, 亦如摩尼 隨心現色,

普入佛會 聽聞佛說 '諸法如幻 如夢 如影 如鏡中像 如水中月 遠離生滅 及以斷常, 不住聲聞 辟支佛道',

聞已成就 無量百千億 那由他三昧, 得此三昧

---

149 【이하는 둘째 구경의 도탈로 취향하는 것[趣究竟度脫]이다.】 2악견을 떠나라고 총결하는 것이다.
150 붓다께서 8식·5법·3자성·2무아를 말씀하신 것은, 중생들로 하여금 이름·모습·망상을 떠나 여래의 법신을 얻게 하고자 하심임을 말하는 것이다.
151 중생을 이익하기 위해 붓다종성을 끊어지지 않게 하기 때문에 중생의 선근을 따라서 영상으로 갖가지 모든 색신을 나타내는 것이다. '연기에 의지해 망계를 일으키는 것과 같이'는 여래께서 중생의 선근에 의지해 나시는 것을 비유하고, 또한 '마니주가 물건을 따라 변하는 것과 같이'는 여래께서 중생의 선근을 따라서 불국토와 대중의 집회를 취해서 그 중에서 설법하심을 나타내시는 것을 비유한다. 그 설하시는 바 모든 법이 부실하여 환상·꿈 등과 같다는 것은, 보살이 이미 모든 법은 환상과 같음을 알고 생·멸과 단·상 등의 견해를 떠났지만, 또한 이승의 자상·공상의 견해도 떠나는 것이다.

얻고 나서는 일체의 모든 불국토에서 두루 노닐며 제불을 공양하며, 모든 천상에 태어나 삼보를 현양하고 붓다의 몸을 시현해서, 모든 성문과 보살대중을 위해 외부 경계는 다 오직 마음일 뿐임을 설하여 모두 유·무 등의 집착을 멀리 떠나게 할 것이다."152

已 遍遊一切 諸佛國土 供養諸佛, 生諸天上 顯揚三寶 示現佛身, 爲諸聲聞 菩薩大衆 說外境界 皆唯是心 悉令遠離 有無等執."

⑹ 그 때 세존께서는 곧 게송으로 말씀하셨다.

爾時 世尊 卽說頌言.

    불자는 능히 세간은 오직
    마음 뿐임을 관찰해 보고
    갖가지의 몸을 시현하여
    짓는 바에 장애가 없어서
    신통과 힘과 자재로써
    일체가 모두 성취된다네153

佛子能觀見
世間唯是心
示現種種身
所作無障礙
神通力自在
一切皆成就

2.4.3154

---

152 보살은 이미 모든 법은 환상과 같음을 알고 모든 지의 한량없는 억의 삼매를 얻어서 정각 이룸을 나타내며, 다시 자심 현량의 법을 설하여 중생으로 하여금 유·무 등의 견해 떠나게 한다는 것을 말하는 것이다.
153 능히 생사 세간은 오직 자기 마음이 허망하게 나타난 것임을 관찰하기 때문에, 마치 마니주가 사려 없이 많은 몸을 보이는 것과 같이, 짓는 바의 행을 떠나서 곧 일체가 성취됨을 말하는 것이다. * 범문화역에는 이 6구가 합쳐서 1게송으로 되어 있다.

(1) 그 때 대혜보살마하살은 다시 붓다께 청하여 말하였다.

"원컨대 저를 위해 일체법의 공하여 남 없고 둘 없으며 자성 없는 모습을 설해 주소서.155 저 및 모든 보살은 이 모습을 깨닫기 때문에 유·무의 분별을 떠나 속히 아뇩다라삼먁삼보리를 얻을 것입니다."156

爾時　大慧菩薩摩訶薩 復請佛言.
"願爲我說　一切法空 無生無二　無自性相. 我及諸菩薩　悟此相故 離有無分別 疾得阿耨多羅三藐三菩 提."

(2) 붓다께서 말씀하셨다.

"잘 들으라. 그대를 위해 설하겠다.

① 대혜여, 공이란 곧 망계성이란 문구의 뜻이다. 대혜여, 망계자성을 집착함이 되기 때문에 공, 남 없음, 둘 없음, 자성 없음을 말하는 것이다.157

佛言.
"諦聽. 當爲汝說.
大慧, 空者卽是 妄計性 句義. 大慧, 爲執著 妄 計自性故 說空無生 無 二無自性.

---

154 【이상 셋째 법무아에 능숙함을 보이는 것은 마쳤고, 이하는 넷째 법무아에 능숙하여 네 가지 법무아의 모습 얻음을 보이는 것[示善法無我 得四法無我相]인데, 다섯으로 나누어진다. 처음은 법공의 모습[法空相]이다.】
155 위에서 일체법이 환상과 같고 꿈과 같음을 설한 것은 곧 법공을 설한 것이기 때문에 대혜가 이 공의 법을 들어서 여래께 청하는 것이다. 또 이하에서 공과 남 없음 등을 든 것은 위 4문(=8식·5법·3자성·2무아)의 지극한 취지를 드러내기 위함이라고 말한다. 말한 바 '공'은 앞의 5법이 있는 것 아님을 밝히는 것이고, '남 없음'으로써 8식의 불생을 나타내며, '둘 없음'은 곧 두 가지 나가 모두 사라짐이고, 성품을 떠남(='자성 없음')'은 곧 3자성이 공적한 것이다.
156 우리들이 깨닫고 나면 곧 망상을 떠나 보리를 증득할 것이라 함이다.
157 '공'이라 말하는 것은 말하자면 세간에서 망상으로 계탁하는 성품이라는 문구의 뜻이다. 우부가 모든 법의 자성을 계탁해 집착함이 되니, 이 때문에

② 대혜여, 공의 성품을 간략히 말하면 일곱 가지가 있으니, 상공相空, 자성공自性空, 무행공無行空, 행공行空, 일체법의 불가설공, 제일의성지의 대공大空, 피피공彼彼空을 말한다.158

③ 무엇을 상공이라고 하는가? 일체법의 자상·공상이 공함을 말한다. 전전하여 쌓이고 모여서 상호 서로 상대하기 때문이고, 분석해서 추구해도 있는 바 없기 때문이며, 자·타 및 공共에서 다 나지 않기 때문에 자상·공상은 남이 없고 또한 머묾도 없으니, 그러므로 일체법은 자상이 공하다고 이름한다.159

④ 무엇을 자성공이라고 하는가? 말하자면 일체법은 자성이 나지 않으니, 이를 자성공이라고 이름한다.160

大慧, 略說空性
有七種, 謂相空 自性空
無行空 行空 一切法不
可說空 第一義聖智大
空 彼彼空.

云何 相空? 謂一切法
自相共相空. 展轉積聚
互相待故,
分析推求 無所有故,
自他及共
皆不生故 自共相 無生
亦無住, 是故 名一切法
自相空.

云何 自性空? 謂一切
法 自性不生,
是名自性空.

....
내가 모든 법의 공, 남 없음, 둘 없음, 자성 떠난 모습을 말하는 것이다.
158 여러 교에서 공을 분별함에는 스스로 증감이 있는데, 이 경전은 비록 간략하지만, 그 뜻은 다르지 않다.
159 모든 법은 서로 전전하여 인연이 쌓여 모인 것이고, 자체가 없기 때문이고, 자·타 및 공共에서 다 나지 않기 때문에 상相이 무엇에 의지해 머물랴 라고 말하는 것이다.
160 * 4권본은 이 부분을 「말하자면 자기의 성품인 자성이 나지 않으니, 이를 일체법은 성품의 자성이 공하다고 이름한다.[謂自己性自性不生, 是名一切性自性空]」라고 번역하였고, 이에 대해 『집주』는 「자기의 성품인 자성이 나지 않으니, 곧 일체법의 자성이 나지 않고, 나지 않으므로 곧 공이다.」라고 설명한다.

⑤ 무엇을 무행공이라고 하는가? 이른바 모든 온은 본래 열반이라 모든 행이 없으니, 이를 무행공이라고 이름한다.161

⑥ 무엇을 행공이라고 하는가? 이른바 모든 온은 업 및 원인이 화합함으로 말미암아 일어나고 나와 내 것을 떠났으니, 이를 행공이라고 이름한다.162

⑦ 무엇을 일체법의 불가설공이라고 하는가? 말하자면 일체법의 망계자성은 가히 언설할 것이 없으니, 이를 불가설공이라고 이름한다.163

⑧ 무엇을 제일의성지의 대공이라고 하는가? 말하자면 자증성지를 얻을 때 일체 모든 견해의 허물과 습기를 다 떠나니, 이를 제일의성지의 대공이라고 이름한다.164

⑨ 무엇을 피피공이라고 하는가? 말

云何 無行空? 所謂 諸蘊 本來涅槃 無有諸行, 是名 無行空.

云何 行空? 所謂 諸蘊 由業及因 和合而起 離我我所, 是名 行空.

云何 一切法 不可說空? 謂一切法 妄計自性 無可言說, 是名 不可說空.

云何 第一義聖智大空? 謂得自證聖智時 一切諸見 過習悉離, 是名 第一義聖智大空.

云何 彼彼空? 謂於此

---

161 일체의 모든 법은 본성이 항상 멸이므로[本性常滅], 또한 다시 멸하지 않으니, 어찌 행이 있으리오.
162 오음의 제행의 법은 온갖 연을 좇아서 일어나는 것이어서 나와 내 것이 없기 때문에, 유위의 모든 행은 공하다.
163 일체법은 망상에서 일어나는 것이어서 자성이 없기 때문에 언설을 여의었다.
164 말하자면 여래께서 자각성지의 제일의를 얻으실 때에는 일체 망상의 견해의 허물과 습기를 모두 다 떠나기 때문이다.

하자면 이것에는 그것이 없으니, 이를 피피공이라고 이름한다.165

無彼, 是名彼彼空.

비유하면 녹자모강당에는 코끼리·말·소·양 등이 없으므로 내가 그 강당은 공하다고 말한 것이지, 비구대중이 없다는 것은 아닌 것과 같다.166

譬如 鹿子母堂 無象馬牛羊等 我說彼堂空, 非無比丘衆.

대혜여, 강당에 강당의 자성이 없다고 말한 것이 아니고, 비구에게 비구의 자성이 없다고 말한 것이 아니며, 다른 곳에 코끼리·말·소·양이 없다고 말한 것이 아니다.167

大慧, 非謂堂 無堂自性, 非謂比丘 無比丘自性, 非謂餘處 無象馬牛羊.

대혜여, 일체 모든 법의 자상·공상을 피피에서 구해도 얻을 수 없다면, 이 때문에 말하기를 피피공이라고 이름한다.168

大慧, 一切諸法 自共相 彼彼求不可得, 是故說 名彼彼空.

⑩ 이들을 일곱 가지 공이라고 이름

是名 七種空.

....
165 이는 상호 없음의 공[互無空]이라고 이름하니, 이것에 그것은 없고, 그것에 이것은 없기 때문에 공이라고 이름한다. 그것에 이것이 있고, 이것에 그것이 있다면 곧 공이라고 이름하지 않는다.
166 '녹자'는 사람의 이름이니, 그의 어머니인 곧 비사거毘舍佉우바이가 삼보를 깊이 소중이 여겨 정사를 건립해서 비구들이 편안히 머물게 했다. 그 중에 코끼리와 말 등을 기르지 않아서 코끼리와 말은 없었기 때문에 공하다고 말한 것이다.
167 정사精舍 및 비구는 있으므로 공하다고 이름하지 않으며, 만약 다른 곳에 코끼리와 말이 있다면 또한 코끼리와 말이 공하다고 말하지 않는다.
168 * 이 의미에서는 제1의 상공相空이 아니라, 피피공이라고 이름해야 한다는 취지.

한다. 대혜여, 이 피피공이 공 중에서 가장 거친 것이니, 그대는 응당 멀리 여의어야 한다.169

大慧, 此彼彼空 空中最麤, 汝應遠離.

⑶ 또 다음 대혜여, 남이 없다고 함은 자체가 나지 않는 것이지만, 나지 않는 것도 아니니, 삼매에 머무는 경우를 제외하고, 이를 남이 없다고 이름한다.170

復次 大慧, 無生者 自體不生, 而非不生, 除住三昧, 是名無生,

⑷ 대혜여, 자성이 없다고 함은 남이 없기 때문에 비밀한 뜻으로써 말하는 것이다. 대혜여, 일체법은 자성이 없으니, 찰나에 머물지 않기 때문이고, 뒤에 변하여 달라짐을 보기 때문이다. 이를 자성이 없다고 이름한다.171

大慧, 無自性者 以無生故 密意而說. 大慧, 一切法 無自性, 以刹那不住故, 見後變異故. 是名無自性.

---

169 이 피피공은 가장 거친 것으로서, 진공眞空이 아니기 때문에 멀리 여의기를 권하는 것이다.
170 【이는 둘째 무생의 모습[無生相]이다.】 이는 '남 없음'을 해석하는 것이다. 인연 중에 나아가 남을 깨뜨리기 때문에 자체가 나지 않는다(=그렇지만 나지 않는 것도 아니다)고 말한다. 만약 남을 깨뜨려서 무생을 말한다면 진정한 무생[眞無生]이 아니므로, 제8지의 여환삼매 이상에 머무는 경우를 제외하니, 이는 진정한 무생이라고 이름한다. * 이 부분에 대해 『관기』(상권)는 「말하자면 남에 즉해 나지 않음이니, 한결같이 나지 않는다는 것은 아니다. 그런데 제8지 이상의 삼매의 힘으로써 무생의 이치를 증득하고 나아가 닦아서 후득한다면 이는 곧 모든 법은 자성이 본래 스스로 무생일 것이니, 삼매에 머묾의 진무생인 경우를 제외한다.」라고 설명한다.
171 【이는 셋째 자성을 떠난 모습[離自性相]이다.】 모든 법은 일념도 머물지 못하니, 달라지는 성품이 일어나기 때문이다.

(5) 무엇을 둘이 없는 모습이라고 하는가? 대혜여, 마치 빛과 그림자와 같고, 길고 짧음과 같으며, 검고 흰 것과 같이 다 서로 상대하여 서고 홀로는 곧 이루어지지 않는다.172

대혜여, 생사 밖에 열반이 있는 것이 아니고, 열반 밖에 생사가 있는 것이 아니어서, 생사와 열반은 서로 거스르는 모습이 없다. 마치 생사와 열반과 같이 일체법도 또한 이와 같으니, 이를 둘이 없는 모습이라고 이름한다.173

(6) 대혜여, 공, 남 없음, 둘 없음, 자성이 없는 모습을 그대는 부지런히 배워야 한다."

(7) 그 때 세존께서는 거듭 게송으로 말씀하셨다.

云何 無二相? 大慧, 如光影, 如長短, 如黑白 皆相待立 獨則不成.

大慧, 非於生死 外有涅槃, 非於涅槃 外有生死, 生死涅槃 無相違相. 如生死涅槃 一切法 亦如是, 是名無二相.

大慧, 空無生 無二無自性相 汝當勤學."

爾時 世尊 重說頌言.

---

172 【이하는 넷째 둘이 없는 모습[無二相]이다.】 비유하면 빛·그림자, 장·단, 흑·백과 같이 다 서로 상대해 서고 실체가 없기 때문에 둘이라고 말할 수 없다.
173 말하자면 망상의 성품이 공함을 요달한다면 곧 생사가 열반이지만, 만약 진실한 성품이 있다고 미혹한다면 곧 열반이 생사를 이룬다. 마치 생사와 열반이 이미 둘이 없는 것과 같이, 일체법도 또한 그러하다고 견주어서 통하게 하는 것이다.

| 1| 내가 늘 공의 법을 설하여　　　　我常說空法
　　단·상을 멀리 떠나게 하니　　　　遠離於斷常
　　생사는 환상·꿈과 같지만　　　　生死如幻夢
　　업은 또한 무너지지 않네174　　　而業亦不壞

| 2| 허공과 그리고 열반　　　　　　　虛空及涅槃
　　둘 멸함도 또한 이같거늘　　　　滅二亦如是
　　우부는 허망히 분별하나　　　　 愚夫妄分別
　　모든 성인은 유·무 떠나네175　　 諸聖離有無

(8) 그 때 세존께서 다시 대혜보살마하살에게 말씀하셨다.176

"대혜여, 이 공, 남 없음, 자성 없음, 둘 없음의 모습은 다 일체 제불께서 설하신 경전 중에 들어가므로, 붓다께서 설하신 경전에는 다 이 뜻이 있다.

대혜여, 모든 경전은 일체 중생의 마음을 수순해 말한 것이므로, 진실이 말

爾時　世尊　復告大慧菩薩摩訶薩言.

"大慧, 此空無生　無自性　無二相　悉入一切諸佛所說 修多羅中, 佛所說經 皆有是義.

大慧, 諸修多羅 隨順一切 衆生心說, 而非眞實

---

174 진실한 도리로 생사는 실제로 공하여 마치 환상이나 꿈과 같지만, 단지 환상과 꿈의 이해를 얻지 못한 자에게 생사의 모든 업은 곧 무너질 수 없다고 말한다.
175 위의 3무위는 공함을 든 것이다. 열반을 대해 생사 말함을 얻지 못하고, 또한 생사를 대해 열반 설함을 얻지 못하여, 우부는 망상 때문에 둘이 된다고 말하지만, 성인은 체달하기 때문에 있고 없음을 떠난다.
176 【이는 다섯째 4모습이 일체 경전에 들어감을 맺는 것[結四相入一切修多羅]이다.】

가운데 있는 것은 아니다. 비유하면 아지랑이가 모든 짐승을 속이고 미혹시켜 물의 지각을 내게 하지만, 실제로는 물이 없는 것과 같다. 온갖 경전에서 설한 것도 또한 다시 이와 같아서 모든 우부가 스스로 분별하는 바를 따라서 환희를 내게 하지만, 다 성지로써 증득한 곳의 진실한 법을 현시하는 것은 아니다.
대혜여, 응당 뜻을 수순하고, 언설에 집착하지 말라."177

在於言中. 譬如陽焰
誑惑諸獸
令生水想, 而實無水.
衆經所說
亦復如是 隨諸愚夫
自所分別 令生歡喜,
非皆顯示 聖智證處
眞實之法.
大慧, 應隨順義, 莫著言說."

2.5178

(1) 그 때 대혜보살마하살이 붓다께 말하였다.

"① 세존이시여, 경전 중에서 여래장은 본성이 청정하고 항상 끊어지지 않으며 변역함이 없고 삼십이상을 갖추어

爾時　大慧菩薩摩訶薩白佛言.

"世尊, 修多羅中 說如來藏 本性淸淨 常恒不斷 無有變易 具三十二

---

177 이는 방편을 모아서 진실로 돌아가는 것이다. 여러 경전에 공·무생을 설하지 않음이 있는 것은 중생의 희망이 하나가 아니기 때문에 여래께서 중생의 마음을 따라서 갖가지 다른 말씀을 하신 것이니, 진실은 마음으로 깨달음[心悟]에 있는 것이지, 문언文言에 있지 않다.
178 【이하는 (정종분의 둘째 언설로 들어갈 바 제일의 식해가 상주함을 보여서 유심을 드러냄 중의) 셋째 여래장이 우부·외도의 망상의 언설을 초과하여 모든 지와 구경의 과해를 성취함을 보이는 것[示如來藏 超過愚外 妄想言說 成就諸地 究竟果海]인데, 열하나로 나누어진다. 그 중 처음은 여래장이 외도의 신아와 같지 않음을 보이는 것[初示如來藏 不同外道神我]이다.】 * 여기에서 셋째 분단 11개 항의 경문 배치를 도표로써 보이면 다음과 같다.

서 일체 중생의 몸 가운데 있지만, 온·계·처의 때문은 옷으로 감싸이고 탐·진·치 등의 허망한 분별의 때로 오염되어, 마치 무가의 보배가 때문은 옷 속에 있는 것과 같다고 말씀하셨습니다.179

② 외도는 '나'는 늘 짓는 자로서, 속성을 떠나 자재하며 멸함이 없다고 말하니, 세존께서 말씀하신 여래장의 뜻이 어찌 외도의 '나'와 같지 않습니까?"180

相 在於一切 衆生身中, 爲蘊界處 垢衣所纒 貪恚癡等 妄分別垢 之所汚染, 如無價寶 在垢衣中.

外道說 我是常作者, 離於求那 自在無滅, 世尊所說 如來藏義 豈不同於 外道我耶?

여래장이 외도의 신아와 같지 않음을 보임	2.5
여래장이 방편으로 나타내는 바를 보임	2.6
여래장의 모든 인연 떠났음을 보임	2.7
여래장의 제일의는 언설의 망상을 떠났음을 보임	3.1
여래장의 자각성지는 유·무의 4구 떠났음을 보임	3.2
4종선을 보여서 여래의 청정은 이승과 같지 않음을 드러냄	3.3
여래장의 자성열반은 이승과 같지 않음을 보임	3.4
신력으로 건립됨은 유·무에 떨어지지 않음을 보임	3.5
모든 법의 연기함을 보여 여래장의 인연 아닌 뜻을 드러냄	3.6
모든 법이 항상 환상처럼 머묾을 보여서 여래장의 자성이 무생임을 드러냄	3.7
말을 떠나 뜻을 얻음 내지 열반 건립함을 보임	3.8

179 《(대방등)여래장경》에서도 역시 이르기를, "일체 중생은 탐·진·치의 여러 번뇌 중에서도 여래의 몸이 있어 늘 오염이 없고 덕상이 구족되어 있는 것이 나와 다름이 없다."(=졸역 p.37)라고 하였다.
180 이는 여래께 힐난하는 것이다. 만약 여래장이 있다고 설하신 뜻이, 위에서 일체 경전은 다 응당 공을 설한다는 것과 어긋난다면, 곧 외도가 있다고 말하는 신아와 같을 것이라는 것이다. 그런데 그들이 계탁하는 '나'는 그 뜻에 셋이 있다. 첫째는 체가 항상하다는 것이니, 짓는 자라고 이름한다. 둘째는 비록 오온에 있다 해도 속성을 떠났다는 것이다. 셋째 두루 제취를 편력하지만 실제로 생멸하지 않는다는 것이다. 어찌 외도의 나와 같은 것이 아

(2) 붓다께서 말씀하셨다.

"대혜여, 내가 말하는 여래장은 외도가 말하는 '나'와 같지 않다.

대혜여, 여래 응 정등각이 성공性空, 실제, 열반, 불생, 무상, 무원 등 여러 문구의 뜻으로써 여래장을 설하는 것은, 우부로 하여금 무아의 두려움을 여의게 하기 위해 분별 없고 영상 없는 곳이 여래장의 문이라고 설하는 것이니, 미래와 현재의 모든 보살마하살은 여기에서 나를 집착해서는 안된다.181

대혜여, 비유하면 도공이 진흙더미 중에서 사람의 공, 물, 막대, 물레, 노끈의 방편으로써 갖가지 그릇을 만드는 것과 같이, 여래도 또한 그러해서 일체 분별의 모습을 멀리 떠난 무아의 법 중에서 갖가지 지혜와 방편 선교로써 혹은 여

佛言.
"大慧, 我說如來藏 不同外道 所說之我.
大慧, 如來應正等覺 以性空實際 涅槃不生 無相無願 等諸句義 說如來藏, 爲令愚夫 離無我怖, 說無分別 無影像處 如來藏門, 未來現在 諸菩薩摩訶薩 不應於此 執著於我.
大慧, 譬如陶師 於泥聚中 以人功水杖 輪繩方便 作種種器,
如來亦爾 於遠離一切 分別相 無我法中 以種種智慧 方便善巧 或說

....
닌가?
181 여래께서 설하신 것은 외도의 신아와 같지 않음을 말하는 것이다. 외도가 말하는 나는 그 고정된 모습을 세우지만, 붓다께서 설하시는 여래장은 혹은 공이라 이름하고, 혹은 실제 내지 무원이라고 이름한다. 이는 곧 체는 하나인데 중생에 응해 이름이 다른 것이니, 외도가 말하는 신아와는 같지 않다. 우부가 무아를 두려워하기 때문에 여래께서 방편으로 있는 바 없는 경계(=모든 망상의 분별을 떠난 경계)를 설하여 여래장의 문을 만든 것이니, 모든 보살이 이것을 외도가 계탁하는 나와 같이 여기지 않기를 권하는 것이다.

래장을 설하고, 혹은 무아라고 설하여, 갖가지 명자가 각각 차별된다.182

대혜여, 내가 말한 여래장은 나를 집착하는 모든 외도대중을 거두어 허망한 견해를 여의고 3해탈에 들어 속히 아뇩다라삼먁삼보리 증득케 하기 위한 것이다. 그러므로 제불께서 설하시는 여래장은 외도가 말하는 나와는 같지 않다. 만약 외도의 견해를 여의고자 하는 자라면 응당 무아인 여래장의 뜻을 알아야 한다."183

如來藏, 或說爲無我, 種種名字 各各差別.
大慧, 我說如來藏 爲攝著我 諸外道衆 令離妄見 入三解脫 速得證於 阿耨多羅三藐三菩提. 是故 諸佛 說如來藏 不同外道 所說之我. 若欲離於 外道見者 應知無我 如來藏義."

(3) 그 때 세존께서는 곧 게송으로 말씀하셨다.

爾時 世尊 卽說頌曰.

사부 상속하는 온 온갖 연	士夫相續蘊
및 미진 뛰어난 자재천과	衆緣及微塵
짓는 자, 이들은 단지	勝自在作者
마음의 분별일 뿐이라네184	此但心分別

---

182 마치 도공이 하나의 진흙더미에 의해 그 필요로 하는 바를 따라서 방편으로 갖가지 그릇을 만드는 것과 같다는 것으로써, 여래께서 하나의 법인 무아에서 근기에 맞는 방편으로 혹은 여래장을 설하고, 혹은 무아를 설하시어 갖가지 이름이 같지 않음을 비유한 것이다.
183 이는 망견을 여의고 무상보리를 증득하려면 응당 무아인 여래장의 뜻을 알아야 한다는 것을 밝힌 것이다.
184 외도가 계탁하는 바는, 신아로 말미암아 온으로 하여금 상속하게 한다고

2.6[185]

(1) 그 때 대혜보살은 널리 미래의 일체 중생을 관찰하고 다시 붓다께 청하여 말하였다.

 "원컨대 저를 위해 수행 갖추는 법을 설하시어 모든 보살마하살과 같이 큰 수행을 이루게 하소서."[186]

(2) 붓다께서 말씀하셨다.

 "대혜여, 보살마하살이 네 가지 법을 갖추면 큰 수행을 이룬다.

 무엇이 넷인가? 말하자면 자기 마음이 나타낸 것을 관찰하기 때문이고, 생·주·멸 보는 것을 멀리 떠나기 때문이며, 밖의 법의 성품 없음을 잘 알기 때문이고, 오로지 자증성지를 구하기 때문이다.

 만약 모든 보살이 이 네 가지 법을 이

爾時 大慧菩薩 普觀未來 一切衆生 復請佛言.

"願爲我說 具修行法 如諸菩薩摩訶薩 成大修行."

佛言.

"大慧, 菩薩摩訶薩 具四種法 成大修行.

何者 爲四? 謂觀察自心所現故, 遠離 生住滅見故,

善知 外法無性故,

專求 自證聖智故.

若諸菩薩 成此四法

하고, 또 미진 등이 나는 법[生法]에게 연이 된다고 계탁하며, 혹은 일체 모두는 승묘한 자재천이 짓는 것이라고 계탁하지만, 이는 단지 심량의 망상일 뿐이다.

185 【이하는 둘째 여래장이 방편으로 나타내는 바를 보이는 것[示如來藏方便所顯]이다.】

186 위에서 3해탈문에 들어 속히 보리를 얻는다고 함으로 인했기 때문에 대혜가 여래께 모든 보살과 같이 수행하는 법의 무루의 방편 설해 주시기를 청하는 것이다.

룬다면 곧 큰 수행자라고 이름할 수 있 | 則得名爲 大修行者.
다.187

(3) 대혜여, 무엇을 자기 마음이 나타낸 것을 관찰한다고 하는가? | 大慧, 云何觀察 自心所現?

말하자면 삼계는 오직 자기 마음일 뿐 나와 내 것을 떠나고 동작이 없으며 오고 감이 없는데도, 무시로 집착하는 허물의 습기에 훈습된 바 삼계의 갖가지 색행色行의 명언이 계박하여 몸·살림살이·주처의 분별에 따라 들어가서 현현한 것이라고 관찰하는 것이니, 보살마하살은 이와 같이 자기 마음이 나타낸 것을 관찰한다.188 | 謂觀三界 唯是自心 離我我所 無動作 無來去, 無始執著 過習所熏 三界種種 色行名言繫縛 身資所住 分別隨入 之所顯現, 菩薩摩訶薩 如是觀察 自心所現.

(4) ① 대혜여, 무엇을 생·주·멸 보는 것에서 떠남을 얻는 것이라고 하는가? | 大慧, 云何得離 生住滅見?

이른바 일체법은 마치 환상·꿈과 같이 난다고 관찰하는 것이니, 자·타 및 | 所謂 觀一切法 如幻夢生, 自他及俱

---

187 여래께서 4방편을 갖추면 능히 큰 수행을 성취한다고 말씀하시고, 여기에서 넷의 이름을 든다.
188 이는 삼계의 의보·정보 등의 법은 오직 자기 마음이 허물의 습기로 훈습되어 분별에 따라 들어가서 나타낸 것임을 말하는 것이니, 이와 같이 관찰하는 것을 정관正觀이라 이름한다. * '색행'을 『주해』에서는 오온으로 해석하면서, 오온 중 두 가지(=색온·행온)를 든 것이라고 설명하는데, 색신과 심행을 줄인 것으로도 볼 수 있음.

함께[俱]에서 다 나지 않기 때문이고, 자기 심량을 따라서 나타난 것이기 때문이며, 밖의 물건의 없음을 보기 때문이고, 모든 식의 일어나지 않음을 보기 때문 및 온갖 연은 쌓임이 없기 때문이며, 분별의 인연이 삼계를 일으키기 때문이다. 이와 같이 관찰할 때 안과 밖의 일체의 모든 법은 다 얻을 수 없으므로 실체[體實]가 없음을 알고 남을 보는 것[生見]에서 멀리 떠나 환상과 같은 성품을 깨달으니, 곧 그 때 무생법인을 얻어 제8지에 머물러서 심·의·의식, 5법·자성·2무아의 경계를 요달하고 의지처[所依止]를 전환해서 의생신을 얻는다."189

② 대혜가 말하였다.

"세존이시여, 무슨 인연으로써 의생신이라고 이름합니까?"190

③ 붓다께서 말씀하셨다.

"대혜여, 의생신이란 비유하면 뜻이

皆不生故, 隨自心量
之所現故,
見外物無有故,
見諸識不起故
及衆緣無積故,
分別因緣 起三界故.
如是觀時 若內若外 一切諸法 皆不可得 知無體實 遠離生見
證如幻性,
卽時逮得 無生法忍 住第八地 了心意意識 五法自性 二無我境 轉所依止 獲意生身."

大慧言.

"世尊, 以何因緣 名意生身?"

佛言.

"大慧, 意生身者 譬如

---

189 '남을 보는 것에서 멀리 떠난다'는 것은, 제7지가 만족해서 공용의 지위가 끝나면 두 가지 생(=상생·상속생) 중 그 상의 남을 보는 것에서 능히 떠나는 것을 말한다. 환상과 같은 성품을 깨달아 제8지에 머물러서 심식 등을 요달하고 의생신을 얻는다는 것은 곧 무공용도의 법의 자성을 깨달은 의생신(=뒤 4.1⑵의 ③)이다.

190 위에서 제8지보살은 이미 의지처인 식을 전환한다고 말했으므로, 그 기회에 어째서 다시 의생신이라 이름하는지 묻는 것이다.

가는 것이 신속하고 걸림 없는 것과 같으므로 의생신이라 이름한다. 대혜여, 비유하면 마음과 뜻은 한량없는 백천유순 밖에서도 먼저 보았던 갖가지 모든 물건을 억념하면 생각생각이 서로 이어져 속히 그것으로 나아가므로, 이는 그의 몸 및 산하와 석벽이 능히 장애가 되는 바가 아닌 것과 같이, 의생신도 또한 다시 이와 같아서 여환삼매의 힘·신통·자재와 모든 상의 장엄으로써 본래 중생을 성취하려 한 서원을 억념하기 때문에 마치 뜻이 가듯이 일체의 모든 성인들 중에 태어나는 것이다.191

이를 보살마하살이 생·주·멸을 보는 것에서 멀리 떠남을 얻는 것이라고 이름한다.

意去 速疾無礙 名意生身. 大慧, 譬如心意 於無量百千由旬之外 憶先所見 種種諸物 念念相續 疾詣於彼, 非是其身 及山河石壁 所能爲礙, 意生身者 亦復如是 如幻三昧 力通自在 諸相莊嚴 憶本成就 衆生願故 猶如意去 生於一切 諸聖衆中. 是名 菩薩摩訶薩 得遠離於 生住滅見.

(5) ① 대혜여, 무엇을 밖의 법의 성품 없음을 관찰한다고 하는가?

말하자면 일체법은 아지랑이와 같고 꿈의 경계와 같으며 모륜과 같다고 관

大慧, 云何觀察 外法無性?
謂觀察一切法 如陽焰 如夢境 如毛輪,

---

191 '뜻[意]'에는 세 가지 뜻이 있기 때문에 뜻을 취해 비유로 삼는다. 첫째는 신속한 것, 둘째는 걸림 없는 것, 셋째는 두루 이르는 것이다. 보살이 여환삼매를 얻으면 형상을 시방에 나투어 중생을 교화함에도 역시 이 세 가지 뜻이 있으므로 비유로 삼는다.

찰하는 것이니, 무시의 희론과 갖가지 집착의 허망한 악습이 그 원인이 되기 때문이다.

② 이와 같이 일체법을 관찰할 때 곧 오로지 자각성지를 구한다.

③ 대혜여, 이것을 보살이 네 가지 법을 갖추어 큰 수행을 이루는 것이라고 이름하니, 그대는 이와 같이 부지런히 닦고 배움을 더해야 한다.192

無始戲論 種種執著 虛妄惡習 爲其因故.

如是觀察 一切法時 卽是專求 自證聖智.

大慧, 是名 菩薩 具四種法 成大修行. 汝應如是 勤加修學."

2.7193

(1) 그 때 대혜보살마하살이 다시 붓다께 청하여 말하였다.

"원컨대 일체법의 인연의 모습을 설하시어 저 및 모든 보살마하살들로 하여금 그 뜻을 요달해서 있고 없음의 견해를 떠나고 망령되이 모든 법의 점차 남

爾時 大慧菩薩摩訶薩 復請佛言.

"願說 一切法 因緣相 令我 及諸菩薩摩訶薩 了達其義 離有無見 不妄執諸法 漸生頓生."

....
192 이는 4여실행 닦음을 밝혀서 위의 네 가지 법문을 이루는 것이다. 말하자면 자기 마음이 나타낸 것을 관찰하는 행은 위의 일체법의 공문을 이루는 것이고, 생·주·멸의 견해를 원리하는 행은 위의 무생법문을 이루는 것이며, 밖의 법은 성품이 없음을 잘 아는 행은 위의 무자성법문을 이루는 것이고, 오로지 자증성지를 구하는 행은 위의 둘이 없는 문을 이루는 것이다. 이를 보살이 4법을 성취한다고 이름하니, 수행을 얻는 자의 여실한 대방편이다. 그래서 그대에게 닦기를 권하는 것이다.
193 【이하는 셋째 여래장은 모든 인연을 떠났음을 보이는 것[示如來藏離諸因緣]이다.】

과 단박 남을 집착치 않게 하소서."194

(2) 붓다께서 말씀하셨다.　　　　　　　佛言.

"① 대혜여, 일체법이 인연에서 남에는　"大慧, 一切法 因緣生
두 가지가 있으니, 안 및 밖을 말한다.　有二種, 謂內及外.

② 밖이란 말하자면 진흙덩이, 물, 막　外者 謂以泥團 水杖輪
대, 물레, 노끈과 사람의 공 등의 연이　繩 人功等緣
화합해서 병을 이루고, 마치 진흙과 병　和合成瓶, 如泥瓶
처럼 실과 천, 풀과 자리, 종자와 싹, 낙　縷疊草席 種牙酪蘇
과 소도 다 또한 이와 같은 것을, 밖의　悉亦如是, 名外緣
연이 앞뒤로 전전해서 내는 것이라고　前後轉生.
이름한다.195

③ 안이란 말하자면 무명·갈애·업 등　內者 謂無明愛業等
이 온·계·처의 법을 내는 이것이 안의　生蘊界處法　是爲內緣
연으로 일어남이 되는데, 이는 단지 우　起, 此但愚夫
부가 분별한 것일 뿐이다.196　　　　　　之所分別.

---

194 위에서 망상의 인연이 삼계를 낸다고 보았기 때문에 대혜가 인연의 모습을 들어서 청해 묻는 것이다.
195 진흙덩이가 인이 되고, 물과 막대 등이 연이 되어서 병이 결과로 됨을 이루는 것을 말한다. 진흙과 병의 인·과가 이미 그러함과 같은 것을, 나머지 실과 천 등의 넷도 또한 다시 이와 같다고 비례시키는 것이니, 모두 실·풀·종자·낙이 그 인이 되어서 천·자리·싹·소가 결과가 되고, 연의 뜻은 알 수 있을 것이다. 이를 연생의 법이라고 이름하니, 반드시 앞의 인에서 뒤의 결과가 전전해서 난다. 말하자면 직접 일으키는 것[親起者]은 인이 되고, 간접적으로 돕는 것[疏助者]은 연이 되는 것이다.
196 안의 연이란 말하자면 무명·갈애·업 등이 인연이 되기 때문에 음·계·입의 몸을 내는 것을 결과라고 이름하지만, 단지 우부가 허망하게 분별해서

(3) ① 대혜여, 인에는 여섯 가지가 있으니, 당유인當有因, 상속인相屬因, 상인相因, 능작인能作因, 현료인顯了因, 관대인觀待因을 말한다.197

② 대혜여, 당유인이란 안팎의 법이 인이 되어서 결과 내는 것을 말한다.198

③ 상속인이란 안팎의 법이 연이 되어서 결과로서 온과 종자 등을 내는 것을 말한다.199

④ 상인이란 틈 없는 모습을 지어서 상속하는 결과를 내는 것이다.200

⑤ 능작인이란 증상연이 되어서 결과

大慧, 因有六種,
謂當有因 相屬因 相因
能作因 顯了因 觀待因.

大慧, 當有因者 謂內外法 作因生果.

相屬因者 謂內外法 作緣生果 蘊種子等.

相因者 作無間相
生相續果.

能作因者 謂作增上 而

각각 봄이 차별되는 것일 뿐이니, 자세한 것은 《중론》 파인연품에서 밝히는 것과 같다.
197 위에서는 일체 모든 법의 안팎의 인연을 통틀어 말하였고, 이하에서는 여섯 가지 인 및 네 가지 연을 개별적으로 말하는데, 모두 우부가 스스로 분별하는 것이다.
198 후의 결과가 일어날 때를 이름해서 '당유當有'(=미래의 있음)라고 하니, 곧 현재 원인을 지어서 장래 결과를 얻는 것을 당유인이라고 이름한다.
199 말하자면 (현재의 안팎의 법이) 반연이 되고 나면 (다시) 안팎의 법이 생겨서 능·소의 인·과가 다시 서로 소속되기 때문이다. '온'은 결과(=현행)이고, '종자'는 원인이다.
200 상호 결과의 모습이 되어서 상속하여 끊어지지 않는 것[互爲果相 相續不斷]을 상인이라 이름한다고 말한 것이다. 《구사론》(=제6권)에서 이르기를, "함께 있으면서 상호 결과가 되니[俱有互爲果], 마치 사대, 상과 소상, 심이 심수전에 대한 것과 같다[如大相所相 心於心隨轉]"라고 하였으니, 말하자면 (동시에 생기한 사대 상호간과) 유위법(='소상')에 대한 유위상, 유위상에 대한 유위법, 수심법(=심소 등)에 대한 마음, 마음에 대한 수심법은 상호 결과가 되기 때문이다. 또한 구유인俱有因이라고도 이름한다.

를 내는 것을 말하니, 전륜왕과 같다.201

⑥ 현료인이란 분별이 나면 능히 경계의 모습을 드러내는 것을 말하니, 마치 등불이 사물을 비추는 것과 같다.202

⑦ 관대인이란 멸할 때 상속이 끊어져서 망상의 남이 없는 것을 말한다.203

生於果, 如轉輪王.
顯了因者 謂分別生 能顯境相, 如燈照物.

觀待因者 謂滅時 相續斷 無妄想生.

⑷ ① 대혜여, 이는 우부가 스스로 분별한 것이니, 점차 나는 것도 아니고 또한 단박 나는 것도 아니다.204

어째서이겠는가? 대혜여, 만약 단박 난다고 한다면 곧 짓는 것과 지어진 것은 차별이 없어서 그 원인의 모습을 구해도 얻을 수 없기 때문이다.205 만약

大慧, 此是愚夫 自所分別, 非漸次生 亦非頓生.

何以故? 大慧, 若頓生者 則作與所作 無有差別 求其因相 不可得故. 若漸生者

---

201 일체 유위법은 오직 자체만 제외하고는 일체법이 능작인이 되니, 그것이 날 때 장애하면서 머묾이 없기 때문이다. 비유하면 국민은 그 전륜왕이 손해하지 않으므로 모두 '나는 전륜왕으로 인해 안락을 얻는다'라고 말하는 것과 같다.
202 망상의 일이 생기고 나면 능히 경계의 모습을 드러내어서 능·소의 인·과가 상호 서로 밝음을 일으키니, 마치 등불이 사물을 일으키는 것과 같다.
203 마치 길고 짧음이나 높고 낮음은 상호 서로 원인하는 것과 같이 관대인과 결과도 또한 그러하다. 원인(=망상)이 멸하면 결과(=무망상)가 일어나기 때문에 '멸할 때 상속이 끊어진다'고 이름하니, 망상법의 남을 보지 못하는 것이다.
204 이하는 여섯 가지 인연에서 난다고 계탁함을 깨뜨리는 것이니, 이는 자기 마음의 망상의 모습이다.
205 만약 단박 난다고 한다면 곧 능·소의 인·과에 다름이 없을 것이니, 어찌 원인이 있으리오.

점차 난다고 한다면 그 체상을 구해도 또한 얻을 수 없을 것이니, 마치 아직 아들을 낳지 않은 것과 같거늘 어떻게 아버지라고 이름하리오.206

求其體相 亦不可得, 如未生子 云何名父.

② 모든 계탁하는 사람들이 인연·소연연·무간연·증상연 등의 소생·능생이 상호 서로 계속繫屬함으로써 차례로 난다고 말하는 것은 이치상 이루어질 수 없으니, 모두 허망한 생각으로 집착하는 모습이기 때문이다.207

諸計度人言 以因緣 所緣緣 無間緣 增上緣等 所生能生 互相繫屬 次第生者 理不得成, 皆是妄情 執著相故.

③ 대혜여, 점차와 단박으로 모두 다 나지 않으니, 단지 마음이 있어 몸·살림

大慧, 漸次與頓 皆悉不生, 但有心現 身資等

---

206 아직 아들을 낳지 않았다면 아버지라고 이름할 수 없다고 말한 이 하나의 비유는 두 가지 소견을 함께 깨뜨린다. 만약 인·과가 동시로서 단박에 난다고 한다면, 곧 아버지와 아들이 가지런한 체인 것과 같아서 존·비를 분별치 못할 것이다. 만약 원인이 먼저이고 결과가 뒤라면 곧 아버지가 앞이고 아들이 뒤일 것인데, 아들이 만약 결정코 뒤라면 아버지란 명칭이 무엇을 좇을 것인가. 두 가지 소견이 완전히 죽는다. 아버지는 원인을 비유하고, 아들은 결과를 비유한다. 또 마치 아버지가 없기 때문에 아들이라고 이름할 수 없는 것과 같다고도 말하니, 앞 부분이 이미 사라졌기 때문에 뒷 부분이 순차적인 이름을 얻지 못하는 것이다.
207 이는 네 가지 연으로 난다고 허망하게 계탁하는 것을 말하는 것이다. 말하자면 직접 능히 결과를 완성하는 것을 인연이라고 이름하고, 다시 서로 의지하기 때문에 소연연이라고 말하며, 앞뒤로 열고 인도[開導]하므로 차제연(=무간연)이라고 칭하고, 냄을 장애하지 않는 뜻이기 때문에 증상연이라고 말하는데, 모든 계탁하는 사람들이 이 4연의 능생·소생의 법이 서로 계속함으로써 차례로 난다고 하는 것은 다 얻을 수 없으니, 오직 심량의 망상으로 집착하는 모습일 뿐이기 때문이다. 4연의 자세한 뜻은 《성유식론》에서 밝히는 것(=졸역 p.704 이하)과 같다.

살이 등을 나타낼 뿐이기 때문이고, 밖의 자상·공상은 다 성품이 없기 때문이다. 오직 식이 스스로 분별하여 봄을 일으키는 것만은 제외한다.

　대혜여, 그러므로 인연으로 짓는 바 화합상 중에서 점차·단박 난다는 견해를 떠나야 한다."208

故, 外自共相
皆無性故.
惟除識起 自分別見.

大慧, 是故應離 因緣所作　和合相中　漸頓生見."

(5) 그 때 세존께서는 거듭 게송으로 말씀하셨다.

爾時 世尊 重說頌言.

① 일체의 법은 남이 없고
　또한 다시 멸함 없거늘
　그 여러 연 가운데에서
　생멸하는 상 분별하누나209

一切法無生
亦復無有滅
於彼諸緣中
分別生滅相

② 여러 연이 모여 이와 같이
　멸하고 남 막은 것 아니라

非遮諸緣會
如是滅復生

---

208 붓다께서 과거에 방편으로 일체법은 인연에서 난다고 설하심으로써 외도의 자연·무인·사인邪因을 깨뜨리셨고, 또 연생의 무아를 설하시어 외도의 나가 있다고 집착함을 깨뜨리셨다. 이제 이 회에서는 회통해서 방편승[權乘]을 버리고 오직 마음의 나타남일 뿐임을 통달케 하시려고, 맺어 깨뜨려서 이르시기를, "인연 화합상 중에서 돈·점생의 견해를 떠나야 한다"라고 말씀하신다.
209 일체법은 남이 없기 때문에 멸한다고 말할 수 없다. 다만 그 부실한 모든 연 가운데에서 망령되이 생멸하는 모습이 있다고 분별할 뿐이다.

단지 범·우가 망정으로　　　　但止於凡愚
집착하는 것 멈출 뿐이네210　　妄情之所著

3 연 중에서 법의 있고 없음　　緣中法有無
이는 모두 남이 없으나　　　　是悉無有生
습기로 미혹해 맘 굴리니　　　習氣迷轉心
이를 좇아 삼유 나타나네211　 從是三有現

4 본래 남은 없으며　　　　　　本來無有生
또한 다시 멸함도 없으니　　　亦復無有滅
일체 유위를 관찰하면　　　　　觀一切有爲
마치 허공의 꽃과 같네　　　　譬如虛空花

5 인식주체·인식대상과　　　　離能取所取
일체 미혹된 봄을 여의면　　　一切迷惑見
내는 주체와 난 대상 없고　　　無能生所生
또한 다시 인연도 없지만　　　亦復無因緣
단지 세속 따르기 때문에　　　但隨世俗故
생·멸 있다고 말할 뿐이네212　而說有生滅

....
210 붓다께서는 연기해서 법을 멸하고 다시 낸다는 것을 막은 것이 아님을 밝히는 것이니, 법은 자성이 나지 않기 때문에, 오직 범·우가 어리석음으로 미혹해서 망상으로 계착하는 것을 끊기 위함일 뿐이기 때문이다.
211 연으로 일어난 유·무의 일체 모든 법은 다 남이 없으며, 오직 자기 마음의 습기가 미혹해서 굴리기 때문에 삼유가 나타난다는 것을 말한 것이다. '삼유'란 욕유·색유·무색유를 말한다.
212 만약 2취와 일체 허망한 봄을 여읜다면 곧 소생의 법과 능생의 인연은

     모두 다 본래 없음을 알리니, 다시 미루어서 없게 하는 것이 아닌 것이다.
* 범문화역에는 이 6구가 1게송으로 되어 있다.

大乘入楞伽經
대승입능가경

卷第三

제3권

大周 于闐國 三藏法師 實叉難陀 奉敕譯
대주 우전국 삼장법사 실차난다 봉칙역

【『심인』의 정종분 분과에 의한 제3권의 구성】

Ⅰ 이언절증하며 광대미묘한 제일의의 법문을 바로 가리킴	1.2.1~1.2.2
Ⅱ 언설로 들어갈 바 제일의의 식해가 상주함을 보여서 유심을 드러냄	
1. 8식인과의 사정을 간략히 밝혀 성지의 자각을 드러냄	1.3~2.1
2. 5법·자성·무아가 이승·외도와 구별됨을 보여 정법의 인과를 드러냄	2.2~2.4
3. 여래장이 우부·외도의 망상의 언설을 초과하여 모든 지와 구경의 과해를 성취함을 보임	
(1) 여래장은 외도의 신아와 같지 않음을 보임	2.5
(2) 여래장이 방편으로 나타내는 바를 보임	2.6
(3) 여래장의 모든 인연 떠났음을 보임	2.7
(4) 여래장의 제일의는 언설의 망상을 떠났음을 보임	3.1
(5) 여래장의 자각성지는 유·무의 4구를 떠났음	3.2
(6) 여래의 청정은 이승과 같지 않음	3.3
(7) 여래장의 자성열반은 이승과 같지 않음	3.4
(8) 신력으로 건립됨은 유·무에 떨어지지 않음	3.5
(9) 여래장의 인연 아닌 뜻을 드러냄	3.6
(10) 여래장은 자성이 무생임을 보임	3.7
(11) 말을 떠나 뜻을 얻음 내지 열반 건립함을 보임	3.8
4. 원만한 불신은 유무에 떨어지지 않음을 보임	
(1) 자각의 일승을 보임	3.9
(2) 성지로써 모든 지를 조명함	
(3) 방편으로 내적인 5행에 능숙함을 보임	
(4) 원만한 붓다의 깨달음을 보임	
5. 종·설 2통의 말·뜻과 식·지에 능숙한 작용을 보여 우부·외도의 자·타에 부지해 정법의 해탈로 나아감과 구별함	4.1~6.2
6. 정각은 진상무구하게 단박 모든 지 초과함을 드러냄	
7. 8식·5법·3자성·2무아가 제일의 이룸을 보임	
8. 삼세여래의 법신은 청정 무루함을 보임	

| 대승입능가경 | 大乘入楞伽經 |
| 제3권 | 卷第三 |

| 제2 | 集一切法品 |
| 집일체법품(의 3) | 第二之三 |

3.1[1]

⑴ ① 그 때 대혜보살마하살이 다시 붓다께 말하였다.

"세존이시여, 원컨대 저를 위해 언설로 분별하는 모습과 마음의 법문을 설해 주소서. 저 및 모든 보살마하살들은 이를 잘 알기 때문에 능설·소설의 두 가지 뜻을 통달해서 속히 아뇩다라삼먁삼보리를 얻고, 일체 중생들로 하여금 두 가지 뜻 가운데서 청정을 얻게 하겠습니다."[2]

② 붓다께서 말씀하셨다.

"대혜여, 네 가지 언설로 분별하는 모

爾時 大慧菩薩摩訶薩 復白佛言.

"世尊, 願爲我說 言說分別相 心法門. 我及 諸菩薩摩訶薩 善知此故 通達能說 所說二義 疾得阿耨多羅三藐三菩提, 令一切衆生 於二義中 而得淸淨."

佛言.

"大慧, 有四種 言說分

---
1 【이하는 넷째 여래장의 제일의는 언설의 망상을 떠났음을 보이는 것[示如來藏第一義 離言說妄想]이다.】
2 위에서 '단지 세속 따르기 때문에 생·멸 있다고 말할 뿐'이라고 말하였기 때문에 대혜가 언설로 분별하는 모습 및 마음의 법문을 들어서 청문한 것이다.

습이 있으니, 이른바 모습의 언설, 꿈의 언설, 과악을 계착하는 언설, 무시의 망상의 언설이다.

　대혜여, 모습의 언설이란 이른바 스스로 분별한 물질의 모습을 집착해서 내는 것이고, 꿈의 언설이란 말하자면 꿈에서 먼저 거쳤던 경계를 깨고 나서 억념하여 진실치 못한 경계에 의지해 내는 것이며, 과악을 계착하는 언설이란 말하자면 원수가 먼저 지었던 업을 억념해서 내는 것이고, 무시의 망상의 언설이란 무시의 희론과 허망한 집착의 습기로써 내는 것이니, 이것이 넷이다."³

(2) ① 대혜가 다시 말하였다.

　"세존이시여, 원컨대 다시 언어의 분별이 행하여지는 모습은 어느 곳에서 어떤 원인으로 어떻게 일어나는지 위하여 설해 주소서."⁴

別相, 所謂 相言說 夢言說 計著過惡言說 無始妄想言說.
大慧, 相言說者 所謂 執著自分別 色相生,
夢言說者 謂夢先所經境界 覺已憶念
依不實境生,
計著過惡言說者
謂憶念怨讎 先所作業生, 無始妄想言說者
以無始戲論 妄執習氣生, 是爲四."

大慧 復言.
"世尊, 願更爲說 言語分別 所行之相 何處何因 云何而起."

....
3 네 가지 언설은 글이 드러나서 알 수 있을 것이다. 또 '꿈의 언설'이란 또한 이르기를, 제8지 보살이 무생법인의 깨달음을 얻고 나서 승해행지 내지 제7지에서 먼저 거쳤던 경계를 반연하면 진실치 못하므로 모든 법은 꿈과 같다고 말하기 때문에 '꿈의 언설'이라고 이름한다.
4 언설이 나오는 곳을 묻는 것이니, 언설이 무엇으로 인해 나는지 묻는 것이다.

② 붓다께서 말씀하셨다.
"대혜여, 머리·가슴·목구멍·코와 입술·잇몸·치아·혀가 화합함에 의해 일어난다."5

佛言.
"大慧, 依頭胸喉鼻 脣齶齒舌 和合而起."

⑶ ① 대혜가 다시 말하였다.
"세존이시여, 언어와 분별은 다릅니까, 다르지 않습니까?"
② 붓다께서 말씀하셨다.
"대혜여, 다른 것도 아니고 다르지 않은 것도 아니다. 왜냐 하면 분별이 원인이 되어 언어를 일으키기 때문이다.
만약 다르다고 한다면 분별은 응당 원인이 되지 못할 것이고,6 만약 다르지 않다고 한다면 언어는 응당 뜻을 드러내지 못할 것이다. 그러므로 다른 것도 아니고 또한 다르지 않은 것도 아니다."7

大慧 復言.
"世尊, 言語分別 爲異不異?"
佛言.
"大慧 非異 非不異.
何以故 分別爲因
起言語故.
若異者 分別 不應爲因,
若不異者
語言 不應顯義.
是故 非異
亦非不異."

⑷ ① 대혜가 다시 말하였다.

大慧 復言.

---

5 이들 여러 연이 언설을 내는 곳이다.
6 그 언설은 분별로 인해서 난다는 것을 말하는 것이다.
7 만약 언설이 분별과 다르다고 한다면 응당 분별로 인해 언설을 일으키지 않을 것이고, 만약 언설이 분별과 다르지 않다고 한다면 분별은 뜻을 드러내지 못하므로 언설도 역시 응당 뜻을 드러내지 못할 것이지만, 언설은 능히 뜻을 드러내니, 그러므로 모두 아니다.

"세존이시여, 언어가 제일의가 됩니까, 설해진 것이 제일의가 됩니까?"8

② 붓다께서 대혜에게 말씀하셨다.

"언어도 아니고, 또한 설해진 것도 아니다. 왜냐 하면 제일의란 성인의 즐거움의 처소라, 말로 인해 들어가기는 하지만 곧 말인 것은 아니고,9 제일의란 성지聖智로써 안으로 스스로 깨닫는 경계라, 언어로 분별하는 지혜의 경계가 아니어서, 언어의 분별로는 현시할 수 없기 때문이다. 대혜여, 언어란 기멸하고 동요하며 전전하는 인연으로 나니, 만약 전전하는 인연에서 나는 것이라면 제일의를 현시할 수 없는 것이다.10

③ 제일의란 자·타의 모습이 없는데 언어는 모습이 있으므로 현시할 수 없다. 제일의란 단지 오직 자기 마음일 뿐, 갖가지 밖의 모습은 모두 다 없으므로

"世尊, 爲言語 是第一義, 爲所說 是第一義?" 佛告 大慧.

"非言語是, 亦非所說. 何以故 第一義者 是聖樂處, 因言而入 非卽是言, 第一義者 是聖智 內自證境, 非言語分別智境, 言語分別 不能顯示. 大慧, 言語者 起滅動搖 展轉因緣生, 若展轉緣生 於第一義 不能顯示. 第一義者 無自他相 言語有相 不能顯示. 第一義者 但唯自心, 種種外[想]<相> 悉皆無

---

8 위에서 언설이 능히 뜻을 드러낸다고 하였으므로 그로 인해 대혜가, 언설이 제일의인지, 설해진 것이 제일의인지 묻는 것이다. 아울러 위의 제일의의 심법을 거듭 들어서 청문하는 것이기도 하다.
9 그렇지만 붓다께서는 언어도 아니고, 또한 설해진 것도 아니라고 답하신다. 왜냐 하면 제일의란 자증성지의 삼매락의 경계여서, 말로 인해 들어가기는 하지만 곧 말인 것은 아니기 때문이다.
10 언어는 생멸하고 동요하니, 무상하기 때문이다. 온갖 연에서 난다면 곧 자체가 없는 것이거늘, 어떻게 제일의를 드러낼 수 있으랴.

언어의 분별로는 현시할 수 없다. 　　有 言語分別 不能顯示.
　그러므로 대혜여, 응당 언어의 분별을 　是故　大慧, 應當遠離
멀리 여의어야 한다."11 　　　　　　　言語分別."

(5) 그 때 세존께서는 거듭 게송으로 말　爾時 世尊 重說頌言.
씀하셨다.

1 모든 법은 자성이 없으며　　　　　　諸法無自性
　또한 다시 언설도 없거늘　　　　　　亦復無言說
　공과 공의 뜻 보지 못하니　　　　　　不見空空義
　우부는 그래서 유전하네12　　　　　　愚夫故流轉

2 일체의 법은 성품이 없고　　　　　　一切法無性
　언어의 분별을 떠났으며　　　　　　　離語言分別
　제유는 꿈과 변화 같으니　　　　　　諸有如夢化
　생사도 열반도 아니라네13　　　　　　非生死涅槃

---

11 제일의제는 자·타의 모습이 끊어졌지만, 언설은 모습 있음과 관계하기 때문에 현시할 수 없다. 또 제일의란 단지 오직 자기 성품의 진실한 마음[自性眞心]에 증입하는 것일 뿐, 마음 밖에는 법이 없다. 밖의 갖가지 법은 모두 다 성품이 없으니, 언설의 망상으로 어찌 현시할 수 있으랴. 그래서 언설의 분별을 떠나 제일의에 의지하기를 권하는 것이다.
12 모든 법은 체가 없기 때문에 또한 언설도 없다. 범우는 언설의 공함과 설해진 바가 공함을 보지 못하기 때문에 생사에 유전한다.
13 일체의 법 및 언설은 진실치 못한 것이 꿈과 같고 변화와 같다고 말한다. 꿈과 변화와 같다면 어찌 생사와 열반의 고정된 모습이 있으랴.

③ 마치 왕과 그리고 장자가	如王及長者
모든 아들 기쁘게 하려고	爲令諸子喜
먼저 비슷한 물건 보이고	先示相似物
뒤에 진실한 것을 주듯이	後賜眞實者

④ 나도 지금 또한 그러해서	我今亦復然
먼저 비슷한 법을 설하고	先說相似法
뒤에야 그들을 위하여	後乃爲其演
자증의 실제의 법 편다네14	自證實際法

3.2,15

(1) 그 때 대혜보살마하살은 다시 붓다께 말하였다.

爾時 大慧菩薩摩訶薩 復白佛言.

"세존이시여, 원컨대 저를 위해 하나·다름·구·불구, 있음·없음·있고 없음이 아님, 항상함·무상함 등을 떠나, 일체 외도가 행할 수 없는 자증성지로 행하는 바의 경계와,16 허망하게 계탁하는

"世尊, 願爲我說 離一異俱不俱 有無非有無 常無常等, 一切外道 所不能行 自證聖智 所行境界, 遠離妄計

---

14 위의 ③은 비유를 든 것이고, 아래의 ④는 법과 합하는 것이다.
15 【이하는 다섯째 여래장의 자각성지는 유·무의 4구를 떠났음을 보이는 것 [示如來藏自覺聖智 離有無四句]이다.】
16 대혜가 위에서 제일의란 자증성지로 얻는 것이지, 언설로 분별하는 경계가 아니라고 말한 것으로 인해, 곧 자증성지로 얻는 제일의를 들어서 청해 묻는 것이다. 그런데 제일의는 체가 하나와 다름, 있음과 없음, 끊어짐과 항상함, 함께 함과 함께 하지 않음 등의 4구의 견해를 떠난 것이기 때문에 대혜가 4구를 떠난 법을 청문한 것이다. 이 중 세 가지 법을 설함으로써 4구

자상·공상을 멀리 떠나 진실한 제일의 의 경계에 들어 점차 모든 지를 청정하고 여래의 지위에 들어서, 무공용의 본원의 힘으로써 여의주와 같이 널리 일체 무변한 경계를 나타내되, 일체의 모든 법은 다 자기 마음이 보는 바의 차별일 뿐임을 설하시어, 저 및 나머지 모든 보살 등으로 하여금 이와 같은 등의 법에서 망계자성의 자상·공상의 견해를 떠나 속히 아뇩다라삼먁삼보리를 증득하게 하시고, 널리 중생들로 하여금 일체 공덕을 구족히 원만케 하소서."17

自相共相 入於眞實
第一義境 漸淨諸地
入如來位, 以無功用 本
願力故 如如意寶 普現
一切 無邊境界, 一切諸
法 皆是自心 所見差別,
令我及餘 諸菩薩等
於如是等法
離妄計自性 自共相見
速證阿耨多羅三藐三菩
提, 普令衆生 具足圓滿
一切功德."

(2) 붓다께서 말씀하셨다.

"① 대혜여, 훌륭하고 훌륭하구나. 그대가 세간을 연민하여 나에게 이 뜻을 청했으니, 이익하는 바가 많고 안락하는 바가 많으리라.

佛言.
"大慧, 善哉善哉. 汝哀愍世間 請我此義,
多所利益 多所安樂.

를 밝힌다면 12구가 있을 것이지만, 경문에 의하면 아홉이 있으니, 숨기고 드러내어 상호 내는 것이다. 하나와 다름 위에는 4구가 있지만, 있음과 없음 위에는 3구가 있으며,(=있기도 하며 없기도 함[구俱구]은 없음) 항상함과 무상함 위에는 2구가 있는 것(=구俱구·불구不俱구는 없음)은 경전 편집자가 생략했기 때문이다.
17 오직 외도의 견해를 떠나는 것만 아니라, 또한 이승이 집착하는 음·계·입의 자상·공상의 견해도 떠나서, 모든 보살 및 모든 중생으로 하여금 여래의 위없는 일체종지를 증득케 함을 말하는 것이다.

② 대혜여, 범부는 지혜가 없어 심량心量의 허망한 습기가 원인이 된 것을 알지 못하고, 밖의 사물을 집착해서 하나·다름·구·불구, 있음·없음·있고 없음이 아님, 항상함·무상함 등의 일체 자성을 분별하는 것이다.18

大慧, 凡夫無智 不知心量 妄習爲因,
執著外物 分別一異
俱不俱 有無非有無
常無常等 一切自性.

(3) ① 대혜여, 비유하면 뭇 짐승들이 갈증에 쫓겨서 더울 때의 아지랑이에 대해 물이라는 지각을 내어서 미혹해 치달리며 물이 아님을 알지 못하는 것과 같다.

大慧, 譬如群獸 爲渴所逼 於熱時焰
而生水想 迷惑馳趣
不知非水.

어리석은 범부도 또한 다시 이와 같아서 무시의 희론과 분별에 훈습되어 삼독으로 마음을 태우고 물질의 경계를 즐겨서 생·주·멸함을 보고 안팎의 법을 취하여 하나와 다름 등의 집착 가운데 떨어지는 것이다.19

愚癡凡夫 亦復如是
無始戲論 分別所熏
三毒燒心 樂色境界
見生住滅 取內外法
墮一異等 執著之中.

---

18 위에서 비록 있고 없음 등 떠나는 것을 말했지만, 아직 무엇이 있고 없음인지 알지 못하므로, 이제 바로 있고 없는 법의 체를 내는 것이다. 범부는 어리석어 자기의 심량의 허망한 습기가 원인이 되어 변현된 것임을 알지 못하고, 밖의 법을 집착해서 있음으로 삼고 없음으로 삼아서 4구 등의 견해를 일으키니, 이것이 허망하게 계탁하는 있고 없음의 체임을 말하는 것이다. 아래의 12비유로 이 있음·없음과 하나·다름 등의 법은 다 진실치 못함을 견줌으로써 이를 멀리 떠나야 한다고 하여, 위에서 '저를 위해 설해주소서'라고 원한 것에 답한다.

② 대혜여, 마치 건달바성은 성이 아니며 성이 아닌 것도 아닌데도 지혜 없는 사람은 무시의 때로부터 성을 집착하는 종자와 허망한 습기가 훈습하기 때문에 성이라는 지각을 짓는 것과 같다.

외도도 또한 그래서 무시로부터 허망한 습기가 훈습함으로써 자기 마음이 나타낸 것을 능히 요달하지 못하여 하나와 다름 등의 갖가지 언설을 집착하는 것이다.

③ 대혜여, 비유하면 어떤 사람이 꿈에서 남·녀, 코끼리·말·수레·걷는 병사, 성읍·원림의 갖가지 엄식을 보고, 깨고 나서 그 진실치 못한 일을 억념하는 것과 같다.

대혜여, 그대 생각에는 어떠한가, 이와 같은 사람은 지혜로운가?"

대답해 말하였다.

大慧, 如乾闥婆城 非城
非非城 無智之人
無始時來 執著城種
妄習熏故
而作城想.

外道亦爾 以無始來 妄
習熏故 不能了達 自心
所現 著一異等
種種言說.

大慧, 譬如有人 夢見男
女 象馬車步
城邑園林 種種嚴飾, 覺
已憶念 彼不實事.

大慧, 汝意云何, 如是
之人 是黠慧不?"
答言.

....
19 사슴이 더울 때의 아지랑이 쫓는 것을 어리석어서 욕망의 경계를 즐기는 것에 견준다. '어리석은 범부도 또한 다시 이와 같다'고 말한 것은 위의 '뭇 짐승'에 합하는 것이고, '무시의 희론과 분별에 훈습되어 삼독으로 마음을 태운다'는 것은 위의 '갈증에 쫓겨서'에 합하는 것이며, '물질의 경계를 즐겨서 생·주·멸함을 본다'는 것은 위의 '더울 때의 아지랑이에 대해 물이라는 지각을 내어서'에 합하는 것이고, '안팎의 법을 취하여 하나와 다름 등의 집착 가운데 떨어진다'는 것은 '미혹해 치달리며 물이 아님을 알지 못한다'는 것에 합하는 것이다.

"그렇지 않습니다."

"대혜여, 외도도 또한 그래서 악견에 침해되어 오직 마음뿐임을 알지 못하고 하나·다름, 있음·없음 등의 견해에 집착하는 것이다.

④ 대혜여, 비유하면 그림의 형상은 높음도 없고 낮음도 없는데도 우부가 망령되이 보고 높고 낮다는 지각을 하는 것과 같다.

미래의 외도도 또한 다시 이와 같아서 악견이 훈습하여 허망한 마음이 증장해서 하나와 다름 등을 집착하여 스스로 무너지고 남도 무너뜨리며, 있고 없음을 떠난 무생의 이론에 대해 역시 없음이 된다고 말할 것이니, 이는 인과를 비방하여 선의 근본을 뽑는 것이다. 이 사람은 있고 없음을 분별하고 자·타의 견해를 일으켜 장차 지옥에 떨어질 것이라고 알아야 하니, 뛰어난 법을 구하고자 한다면 의당 속히 멀리 여의어야 한다.

⑤ 대혜여, 비유하면 병든 눈으로 모륜이 있는 것을 보고 상호 서로 말하기를 '이 일은 희유하다'고 하지만, 이 모륜

"不也."

"大慧, 外道亦爾 惡見
所噬 不了唯心
執著一異 有無等見.

大慧, 譬如畫像
無高無下 愚夫妄見
作高下想.

未來外道 亦復如是
惡見熏習 妄心增長
執一異等 自壞壞他,
於離有無
無生之論 亦說爲無,
此謗因果
拔善根本.
應知此人 分別有無 起
自他見 當墮地獄,
欲求勝法
宜速遠離.

大慧, 譬如翳目 見有毛
輪 互相謂言
'此事希有', 而此毛輪

은 있는 것도 아니고 없는 것도 아니니,
보여도 보이지 않아야 하기 때문이다.

　외도도 또한 그래서 악견으로 분별
하여 하나·다름·구·불구 등을 집착해서
정법을 비방하고 스스로 빠지며 남도
빠뜨리는 것이다.

　⑥ 대혜여, 비유하면 선화륜은 실제로
바퀴가 아닌데도 우부가 취착하지만, 모
든 지자는 아닌 것과 같다.

　외도도 또한 그래서 악견의 낙욕으
로 하나·다름·구·불구 등을 집착하므로
일체법이 나는 것이다.

　⑦ 대혜여, 비유하면 물거품은 파리玻
璃구슬과 비슷해서 우부가 진짜라고 집
착해서 달려가 취하려 하지만, 그러나
그 물거품은 구슬이 아니고 구슬이 아
닌 것도 아니어서, 취해도 취하지 못하
기 때문인 것과 같다.

　외도도 또한 그래서 악견으로 분별
하는 습기에 훈습되어, 있지 않은 것[非
有]을 말하여 남[生]이 된다고 하고, 연
으로 있음[緣有]을 무너뜨린다.20

非有非無,
見不見故.

外道亦爾 惡見分別
執著一異 俱不俱等
誹謗正法 自陷陷他.

大慧, 譬如火輪 實非是
輪　愚夫取著, 非諸智
者.

外道亦爾 惡見樂欲
執著一異 俱不俱等
一切法生.

大慧, 譬如水泡 似玻璃
珠 愚夫執實
奔馳而取, 然彼水泡
非珠非非珠,
取不取故.

外道亦爾 惡見分別
習氣所熏, 說非有
爲生, 壞於緣有.

────────
20 * '있지 않은 것[非有]을 말하여 남[生]이 된다고 하고, 연으로 있음[緣有]
　을 무너뜨린다'한 부분은, 4권본에는 "있는 바 없는 것에서 남이 있다고 말

⑷ ① 또 다음 대혜여, 세 가지 인식을 復次 大慧, 立三種量已
세우고 나서 성지로 내증하는, 두 가지 於聖智內證 離二自性
자성을 여읜 법에서 성품이 있다는 분 法 起有性分別.
별을 일으킨다.21

....
하고, 연으로 있는 것이 멸한다고 말한다[於無所有 說有生, 緣有者言滅]"라고 번역되어 있고, 10권본에는 "있음이 아니던 법이 인연에 의지해 난다고 말하고, 다시 실제로 있던 법이 멸한다고 말함도 있다[說非有法 依因緣生, 復有說言 實有法滅]"라고 번역되어 있다.
21 '세 가지 인식[삼량三量]'이라고 말한 것은, 첫째는 현량現量이라 하고, 둘째는 비량比量이라 하며, 셋째는 성언량聖言量이라 한다. '량量'이란 바르게 결정한다[楷定]는 뜻이니, 비유하면 되와 말로 물건을 재는 것과 같다. '현량'에서 '현'은 곧 드러나 나타난다[顯現]는 것이니, 분명히 경계를 증득하는 것을 말한다. 명언을 띠지 않고 헤아리는 마음이 없이 직접 법체를 얻으니, 허망한 분별을 떠난 것으로 착류가 아니다. '비량'에서 '비'는 곧 비류比類(=비교해 유추함)한다는 것이니, 말하자면 이유[因由]와 비유로써 비류해 헤아려서 앎을 얻기 때문이다. 마치 멀리서 연기를 보면 반드시 불이 있는 것을 알고, 막힌 담 위로 뿔을 보면 반드시 소임을 아는 것과 같으니, 비록 직접 보지 않는다 하더라도 또한 허망한 것은 아니다. '성언량'이란 말하자면 여래의 성스러운 가르침이 먹줄과 같은 기준이 되기 때문이다.
'오분론五分論'이란 첫째 종宗(=주장), 둘째 인因(=이유), 셋째 유喩(=실례), 넷째 합合(=합함), 다섯째 결結(=결론)이다.(여기에서 '5분론'을 설명하는 것은, 4권본과 10권본 모두 세 가지 인식 외에 5분론을 함께 들고 있기 때문임) 종·인·유의 셋은 또한 3지비량三支比量이라고도 말하니, 합함과 결론은 단지 이를 이루는 것일 뿐이다. 예컨대 외도가 망령되이 계탁해서 소리가 항상하다고 집착해서 성명론[聲明] 중에서 논증을 세워 말한다면, 소리는 주제[有法]이고, 결정코 항상하다는 것이 주장이 되며, 이유로는 소작의 성품[所作性]이기 때문이라는 것이고, 같은 실례로는 허공과 같다는 것이다. 그러나 허공은 지어진 것의 성품이 아니므로, 곧 이유 위에서 구르지 못하고, 실례를 인용한 것이 같지 않으니, 소리는 항상하다고 건립하는 것은 성립되지 못한다. 만약 불법 중에서 소리를 무상하다고 해서 논증을 세워 말한다면, 소리는 주제이고, 결정코 무상하다는 것이 주장이 되며, 이유로는 소작의 성품이기 때문이라는 것이고, 같은 실례로 병이나 그릇과 같다는 것이다. 어찌 항상한 것이겠는가. 외도가 갖가지로 계탁하고 집착해서 스스로 뛰어난 사람이라고 이르니, 만약 그 논증 세운 것을 견주어서 이

② 대혜여, 모든 수행자는 심·의·식을 전환하여 능취·소취를 떠나고 여래지의 자증성법에 머물러서 있음 및 없음에 대해 지각을 일으키지 않는다.

대혜여, 모든 수행자가 만약 경계에서 있고 없음의 집착을 일으킨다면 곧 나·사람·중생·수자에 집착하는 것이다.22

③ 대혜여, 일체 모든 법의 자상·공상은 화신불의 말씀이지, 법신불의 말씀이 아니다.

대혜여, 화신불의 설법은 단지 우부가 일으키는 견해를 수순할 뿐, 자증성지의 삼매락의 경계를 현시하지 않는다.23

大慧, 諸修行者 轉心意識 離能所取 住如來地 自證聖法 於有及無 不起於想.

大慧, 諸修行者 若於境界 起有無執 則著我人衆生壽者.

大慧, 一切諸法 自相共相 是化佛說, 非法佛說.

大慧, 化佛說法 但順愚夫 所起之見, 不爲顯示 自證聖智 三昧樂境.

를 깨뜨리지 않는다면, 무슨 방법으로 집착을 깨뜨리겠는가. 그러니 여래께서 설하신 오분론은 마치 쐐기로써 쐐기를 뽑듯 소리로써 소리를 멈추는 것이다. 이른바 외도의 다른 집착을 깨뜨리는 것은, 불법의 강종綱宗을 결정해서 모든 중생들로 하여금 자각성지 소증의 경계에서 있고 없음 등의 여러 다른 견해를 떠나게 하기 때문이거늘, 우부로서 가르침에 미혹한 자가 오히려 성품이 있다고 계탁해서 일—·이異, 단斷·상常의 망상으로 분별하는 것이다.

22 모든 수행자는 응당 심·의·식을 멸하고 능취·소취의 두 가지 자성을 떠나서 여래지에 들어가 있음 및 없음에 대해 망상을 내지 않아야 한다. 만약 자각 소증의 경계에 대해 유·무의 계탁을 짓는다면, 도리어 나와 내 것에 집착하는 것이다. * 그래서 『관기』는, 앞의 경문 (2)는 「그 4구는 단지 망상일 뿐이므로, 만약 망상이 성품 없는 줄 요달한다면 곧 4구도 체가 공하여 가히 떠날 만한 것이 없다」는 것을 밝히는 글이고, (3)의 7비유는 가히 떠날 만한 4구가 없음을 통틀어 밝히는 것이며, 경문 (4)는 또한 가히 얻을 만한 성지도 없음을 밝히는 글이고, (5)의 5비유는 가히 얻을 만한 성지가 본래 없음을 나타내는 것이라고 설명한다.

⑸ ① 대혜여, 비유하면 물 속에 나무의 영상의 나타남이 있지만, 그것은 영상도 아니고 영상 아닌 것도 아니며, 나무 형상도 아니고 나무 형상 아닌 것도 아닌 것과 같다.

大慧, 譬如水中 有樹影現, 彼非影
非非影, 非樹形
非非樹形.

　외도도 또한 그러해서 모든 견해에 훈습되어 자기 마음을 알지 못하므로 하나와 다름 등에 분별을 내는 것이다.

外道亦爾 諸見所熏
不了自心
於一異等 而生分別.

② 대혜여, 비유하면 밝은 거울은 분별 없이 온갖 연을 수순하여 여러 색상을 나타내니, 그것은 상이 아니고 상 아닌 것도 아닌데, 상이면서 상 아닌 것을 보고 우부가 분별하여 상이라는 지각을 짓는 것과 같다.

大慧, 譬如明鏡 無有分別 隨順衆緣 現諸色像,
彼非像 非非像,
而見像非像
愚夫分別 而作像想.

　외도도 또한 그러해서 자기 마음이 나타낸 갖가지 형상에서 하나·다름·구·불구의 모습을 집착하는 것이다.

外道亦爾　於自心所現 種種形像 而執一異 俱不俱相.

③ 대혜여, 비유하면 골짜기의 메아리는 바람·물과 사람 등의 음성의 화합에 의지해 일어나는데, 그것은 있는 것도 아니고 없는 것도 아닌 것과 같으니, 소리를 듣지만 소리가 아니기 때문이다.

大慧, 譬如谷響
依於風水 人等音聲 和合而起, 彼非有
非無, 以聞聲
非聲故.

23 화신불은 단지 우부가 망령되이 견해를 일으켜 갖가지 언설을 짓는 것을 수순해서 자상·공상을 설할 뿐이니, 진실치 못한 법을 알게 하기 때문이다.

외도도 또한 그래서 자기 마음으로 분별하여 훈습한 힘 때문에 하나·다름·구·불구의 견해를 일으키는 것이다.

④ 대혜여, 비유하면 대지의 초목 없는 곳에 햇빛의 비춤이 닿으면 아지랑이 물결이 일렁이는데, 그것은 있는 것도 아니고 없는 것도 아닌 것과 같으니, 전도된 지각은 지각이 아니기 때문이다.

어리석은 범부도 또한 다시 이와 같아서 무시의 희론과 악습에 훈습되어 성지로 자증하는 법성의 문 가운데서 생·주·멸과 하나·다름, 있음·없음, 구·불구의 성품을 보는 것이다.

⑤ 비유하면 기관목인 및 일어난 시체가 비사사毘舍闍와 기관의 힘 때문에 동요하고 움직이며 말하고 행하는 것이 끊어지지 아니하면, 지혜 없는 사람이 취해서 진실로 삼는 것과 같다.

어리석은 범부도 또한 다시 이와 같아서 외도를 따라 좇으며 모든 악견을 일으켜서 하나와 다름 등의 허망한 언설에 집착하는 것이다.

⑥ 그러므로 대혜여, 응당 성지로 증득하는 법 중에서 생·주·멸과 하나·다

外道亦爾 自心分別
熏習力故 起於一異
俱不俱見.
大慧, 譬如大地 無草木
處 日光照觸 焰水波動,
彼非有
非無, 以倒想
非想故.
愚癡凡夫 亦復如是
無始戲論 惡習所熏
於聖智自證 法性門中
見生住滅 一異有無 俱
不俱性.
大慧, 譬如木人 及以起
屍 以毘舍闍 機關力故
動搖運轉 云爲不絶,
無智之人
取以爲實.
愚癡凡夫 亦復如是
隨逐外道 起諸惡見
著一異等 虛妄言說.
是故 大慧, 當於聖智
所證法中 離生住滅 一

름, 있음·없음, 구·불구 등의 일체 분별 을 떠나야 한다."24 | 異有無 俱不俱等 一切分別."

(6) 그 때 세존께서는 거듭 게송으로 말씀하셨다. | 爾時 世尊 重說頌言.

|1| 모든 식과 다섯 있는 온은
　　마치 물의 나무영상 같고
　　보이는 건 환상·꿈 같으니
　　망령되이 분별하지 말라25

諸識蘊有五
猶如水樹影
所見如幻夢
不應妄分別

|2| 삼유는 마치 아지랑이와
　　환상과 꿈 및 모륜 같으니
　　만약 이렇게 볼 수 있다면
　　구경에 해탈을 얻으리라26

三有如陽焰
幻夢及毛輪
若能如是觀
究竟得解脫

|3| 비유하면 아지랑이가
　　일렁거려 마음 미란하니

譬如熱時焰
動轉迷亂心

---

24 여래께서 맺어서, 증득할 바 중에서 응당 위와 같은 범부와 외도의 생·멸, 하나·다름, 있음·없음, 단멸·상주, 구·불구 등 악견의 분별을 떠나야 한다고 권하신다.
25 이는 위 제3의 비유(=(3)의 ③)를 5온에 견주어 노래해서, 망령되이 분별 일으키지 말라는 것이다. * 첫 구의 표현을 적절하게 번역하기 어려운데, 범문화역은 '식을 제5로 하는 온'이라고 번역하고 있음.
26 제4의 비유(=(3)의 ④)를 노래해 따와서 삼유가 진실 아님을 밝히니, 이렇게 관찰하는 자는 반드시 보리를 얻는다.

목마른 짐승 물로 여기나 渴獸取爲水
실제로 물 자체는 없듯이 而實無水事

4 이와 같이 식의 종자가 如是識種子
움직여서 경계 보는 것이 動轉見境界
눈병에 보이는 것 같거늘 如瞖者所見
우부가 집착을 냄이라네27 愚夫生執著

5 무시로부터 생사 중에서 無始生死中
집착에 얽히고 덮였으매 執著所[緣]<纏>覆
퇴사退捨하여 출리케 하는 것 退捨令出離
쐐기 인해 쐐기 뽑듯하네28 如因楔出楔

6 환술·주문·기관이 짓는 바 幻咒機所作
뜬 구름과 꿈과 번개 浮雲夢電光
세간 늘 이들 같이 관하면 觀世恒如是
영원히 3상속 끊으리라29 永斷三相續

7 이 중에는 있는 바 없음이 此中無所有

27 위 3은 앞의 첫 비유(=(3)의 ①)를 노래한 것이고, 뒤의 4는 앞의 법과 합하는 것을 노래한 것이다.
28 전반은 12비유의 뜻을 통틀어 노래한 것이니, 무시로부터 나와 법을 집착함에 얽히고 덮인 바이기 때문이라는 것이고, 후반은 위의 12비유는 마치 역으로 쐐기로써 생사의 쐐기를 제거하고자 하심과 같다는 것이다.
29 또 제5 비유를 노래한 것이니, 세간을 이와 같이 관찰하면 능히 삼계를 끊어서 영원히 상속이 없게 할 것이다. 뜬 구름과 번개는 위에 글이 없었다.

공중의 아지랑이 같으니	如空中陽焰
이와 같이 모든 법 안다면	如是知諸法
곧 알 바가 없게 되리라30	則爲無所知

⑧ 제온은 모륜과 같은데도　　　　諸蘊如毛輪
　그 중 허망하게 분별하나　　　　於中妄分別
　임시로 시설된 이름일 뿐　　　　唯假施設名
　모습 구해도 얻을 수 없네31　　　求相不可得

⑨ 마치 그려진 아이[畫垂髮]와 환상　如畫垂髮幻
　꿈과 건달바성　　　　　　　　　夢乾闥婆城
　선화륜과 아지랑이 같아　　　　　火輪熱時焰
　실제로 없는데 있음 보네　　　　　實無而見有

⑩ 이와 같이 항상함·무상함　　　　如是常無常
　하나·다름·구·불구는　　　　　　一異俱不俱
　시작 없는 계박 때문에　　　　　　無始繫縛故
　우부가 허망 분별함이네32　　　　愚夫妄分別

....
30 모든 법은 체가 없음을 안다면 곧 가히 알 것이 없음을 말한 것이다.
31 모든 온은 있음이 아니고, 가명이며, 또한 공하고, 자성과 모습이 없음을 말한 것이다.
32 또 통틀어 7비유(=(3))를 노래해서, 유·무, 일·이一異, 상·무상常無常 등 4구의 견해는 진실치 못함을 나타낸다. * 한역문의 '수발垂髮'은 아이의 땋아 늘어뜨린 머리, 또 그에서 나아가 어린아이를 가리키는 말.

|11| 밝은 거울, 물, 맑은 눈과 　　　　　明鏡水淨眼
　　　마니의 묘한 보배 구슬 　　　　　　摩尼妙寶珠
　　　그 중에 색상 나타내지만 　　　　　於中現色像
　　　실제로 있는 바가 없다네 　　　　　而實無所有

|12| 심식도 또한 이와 같아서 　　　　　心識亦如是
　　　널리 온갖 색 모습 나투나 　　　　　普現衆色相
　　　꿈, 공중의 아지랑이 같고 　　　　　如夢空中焰
　　　또한 석녀의 아이와 같네33 　　　　亦如石女兒

(7) "① 또 다음 대혜여, 제불의 설법은 4구를 여의었으니, 말하자면 하나·다름·구·불구 및 있음과 없음 등의 건립과 비방을 여의었다.

　　대혜여, 제불의 설법은 사성제, 연기, 멸, 도, 해탈을 그 첫머리로 삼으니, 승성·자재천·숙작·자연·시간·미진 등과는 더불어 함께 상응하는 것이 아니다.34

　　② 대혜여, 제불의 설법은 번뇌·지혜

"復次 大慧, 諸佛說法 離於四句, 謂離一異俱不俱 及有無等 建立誹謗.

大慧, 諸佛說法 以諦緣起 滅道解脫 而爲其首, 非與勝性 自在宿作 自然時微塵等 而共相應.

大慧, 諸佛說法 爲淨惑

---

33 이는 모든 법은 비록 나타나더라도 모두 진실한 체가 없음을 밝힌 것이다.
34 제불께서 출세하시어 무릇 연설하시는 법은 4구를 여의고 백비百非를 끊었으니, 건립하고 비방하는 범부의 생각은 성인의 인식에 미칠 수 없는 것이다. 큰 근기를 아직 만나지 못해서 모두 사제, 십이인연, 멸을 증득함, 도를 닦음, 생사에서 해탈함을 시작의 첫머리로 삼았으니, 모든 외도의 승성이나 자연과는 그 모습을 같이 하지 않는다. 비록 처음에 소승의 인연을 설했지만, 이미 외도의 현묘함보다 뛰어나다.

의 두 가지 장애를 청정케 하기 위한 때 智 二種障故
문에 차례로 108구의 무상의 법 중에 次第令住 一百八句 無
머물게 해서 모든 승乘과 지地의 모습을 相法中 而善分別 諸乘
잘 분별케 하니, 마치 상주商主가 무리의 地相, 猶如商主 善導衆
사람들을 잘 인도하는 것과 같다.35 人.

3.3 36

⑴ ① 또 다음 대혜여, 네 가지 선이 있 復次 大慧, 有四種禪,
으니, 어떤 것이 넷이겠는가? 우부소행 何等 爲四? 謂愚夫所
선, 관찰의선, 반연진여선, 제여래선을 行禪, 觀察義禪, 攀緣

---

35 번뇌・지혜의 두 가지 장애를 청정케 하기 위한 때문에 마치 상주가 상인들을 인도하는 것과 같이 하시니, 길 중의 통하고 막힘, 허물, 머물러 묵을 곳을 잘 알고 또 갖가지 모든 보배를 잘 구별하는 것으로써, 여래께서 중생을 인도하시어 두 가지 장애를 끊고 제거해서 무상법 중의 안온한 곳에 머물게 하시고, 또 모든 승이 차별과 지위의 보배를 잘 구별하심에 비유한 것이다.
 번뇌・지혜의 두 가지 장애라 함은, 《기신론》(=졸역 pp.793-794)에서 이르기를, "또 여섯 가지 염심(=졸역 pp.790-792)은 번뇌애煩惱礙라고 이름하니, 능히 진여의 근본지를 장애하기 때문이고, 무명의 뜻은 이름해서 지애智礙라고 하니, 능히 세간의 자연업지自然業智(=후득지)를 장애하기 때문이다. 이 뜻은 어떠한가? 염심에 의지함으로써 능히 보고 능히 나타내어 망령되이 경계를 취해서 평등한 성품을 어기기 때문이고, 일체법이 항상 고요해서 일어나는 모습이 없는데도 무명으로 깨닫지 못하는 사이에 망령되이 법과 어긋남으로써 세간의 일체 경계에 수순하는 갖가지 지혜를 얻을 수 없기 때문이다."라고 한 것과 같으니, 이는 근본과 지말의 모습에 의거해서 두 가지 장애의 뜻을 밝힌 것이다. 만약 두 가지 집착(=아집・법집)에 의거해서 두 가지 장애(=번뇌장・소지장)의 뜻을 밝힌다면 뒤에서 인용하는 것과 같은데, 《성유식론》(=졸역 p.858 이하)에서 그 뜻을 해석한다.
36 【이하는 여섯째 4종선을 보여서 여래의 청정은 이승과 같지 않음을 드러내는 것[示四種禪 以顯如來淸淨 不同二乘]이다.】

말한다.37

② 대혜여, 어떤 것이 우부소행선인가? 말하자면 성문과 연각의 모든 수행자가 인무아를 알므로 자·타의 몸이 뼈사슬로 서로 연결되어도 다 무상하고 괴로우며 부정한 모습임을 보고, 이와 같이 관찰함을 굳게 집착하며 버리지 않고 점차 증승하여 무상멸정에 이르니, 이를 우부소행선이라 이름한다.38

③ 어떤 것이 관찰의선인가? 말하자면 자상·공상과 인무아를 알고 또한 외도의 자·타·공[俱]의 지음도 떠나, 법무아의 모든 지의 모습과 뜻을 수순하여 관찰하니, 이를 관찰의선이라 이름한다.39

眞如禪, 諸如來禪.

大慧, 云何 愚夫所行禪? 謂聲聞緣覺 諸修行者 知人無我 見自他身 骨鎖相連 皆是無常苦不淨相, 如是觀察 堅著不捨

漸次增勝 至無想滅定, 是名 愚夫所行禪.

云何 觀察義禪? 謂知自共相 人無我已 亦離外道 自他俱作, 於法無我 諸地相義 隨順觀察, 是名 觀察義禪.

---

37 위의 두 가지 장애가 능히 성도를 장애함으로 인해 여래의 보리·열반의 두 가지 전의의 과보를 증득치 못하니, 무릇 도를 배우는 자는 응당 선정을 닦아 무루의 묘혜를 일으켜야 바야흐로 그 두 가지를 청정케 할 수 있다. 그래서 다음에 네 가지 선을 말하는 것이다. 또한 육바라밀 중에서는 선정의 1행이 가장 신묘함이 된다고 말하니, 능히 성품 위의 무루의 지혜를 일으키며, 만행과 만덕 내지 신통 광명이 다 선정에서 일어난다. 그러니 삼승의 학인이 성도를 구하고자 한다면 반드시 선정을 닦아야 하기 때문에 네 가지 선을 통틀어 밝히는 것이다.

38 이승의 관행을 수행하는 자가 인무아를 통달해서 자·타의 온·계·처는 다 무상하고 괴로우며 공하고 부정한 모습임을 보고, 관찰함을 버리지 않아 초선을 얻으며, 점차 더욱 뛰어나서 지각·느낌이 다 멸하여 없는 삼매[無想受滅盡三昧]에 이르는 것을 말한다. 그러나 모습을 떠나지 않기 때문에 우부소행선(=우부가 행하는 선)이라고 이름한다.

39 '뜻'이란 모든 법의 진실한 모습이니, 초지에서 제7지에 이르기까지의 보

④ 어떤 것이 반연진여선인가? 말하자면 만약 무아에 둘이 있다고 분별한다면 이는 허망한 생각이니, 만약 여실하게 알아 그 생각이 일어나지 않는다면, 이를 반연진여선이라고 이름한다.40

⑤ 어떤 것이 제여래선인가? 말하자면 붓다의 지위에 들어서 자증성지의 세 가지 즐거움에 머물고 모든 중생을 위해 부사의한 일을 지으니, 이를 제여래선이라 이름한다.41

云何 攀緣眞如禪? 謂若分別 無我有二是虛妄念, 若如實知彼念不起,
是名 攀緣眞如禪.
云何 諸如來禪? 謂入佛地 住自證聖智三種樂 爲諸衆生作不思議事, 是名 諸如來禪."

....
살이 이승과 외도의 법을 관찰해서 모두 진실치 못함을 알고 법무아의 모든 지의 모습과 뜻을 수순해서 바르게 관찰하기 때문에 관찰의선(=뜻을 관찰하는 선)이라고 이름한다.
40 무엇이 망념인가 하면 이 2무아가 망념임을 말한다. 왜냐 하면 두 가지 아견을 대치하기 위한 때문에 두 가지 무아를 말하나, 소치가 이미 진실치 못하므로 능치도 역시 허망하니, 그래서 2무아는 허망한 생각이라고 말한 것이다. 만약 진여의 이치가 평등함을 여실하게 알아서 2무아의 허망한 생각을 일으키지 않는다면 이를 반연진여선(=진여를 반연하는 선)이라고 이름한다.
41 여래지의 자증성지의 진실한 법신이 적멸에 상주함을 얻어서 중생으로 하여금 세 가지 즐거움 및 여래의 지혜와 법신의 부사의한 일을 얻게 하는 것을 말한다. '세 가지 즐거움'이란 선정의 즐거움, 보리의 즐거움, 열반의 즐거움을 말한다. 이것을 제여래선(=모든 여래의 선)이라고 이름한다.

또 선덕先德은 범부・외도・삼승・일승의 의지하는 바가 같지 않음에 의거해서 통틀어 다섯 가지 선을 두었다. 말하자면 다른 계탁[異計]에 막혀서 위를 기뻐하고 아래를 싫어하며[欣上厭下] 닦는 것은 외도선이고, 인과를 바르게 믿지만 역시 기뻐하며 싫어함으로써 닦는 것은 범부선이며, 아공의 치우친 진실의 이치를 깨닫고 닦는 것은 소승선이고, 아공・법공으로 드러나는 진실한 이치를 깨닫고 닦는 것은 대승선이며, 만약 자기 마음이 본래 청정하고 원래 번뇌가 없으며 무루지혜의 성품이 본래 스스로 구족되어 있음을 단박에 깨닫고 이에 의지해 닦는 것은 최상승선이니, 또한 여래청정선이라

(2) 그 때 세존께서는 거듭 게송으로 말씀하셨다.　　爾時 世尊 重說頌言.

① 우부가 행하는 선　　　　　　　愚夫所行禪
　뜻과 모습을 관찰하는 선　　　　觀察義相禪
　진여를 반연하는 선　　　　　　攀緣眞如禪
　모든 여래의 청정한 선42　　　　如來淸淨禪

② 수행자가 선정에 있을 때　　　修行者在定
　해와 달의 형상과　　　　　　　觀見日月形
　파두마의 깊고 험함　　　　　　波頭摩深險
　허공·불 및 그림의 이러한　　　虛空火及畫

③ 갖가지 모습 관찰해 보면　　　如是種種相
　외도의 법에 떨어지고　　　　　墮於外道法
　또한 성문과 벽지불의　　　　　亦墮於聲聞
　경계에 떨어진다네43　　　　　辟支佛境界

고 이름하고, 또한 일행삼매라고 이름하며, 또한 진여삼매라고 이름한다. 이것이 일체 삼매의 근본이니, 만약 능히 순간순간 수습한다면 저절로 한량없는 백천의 모든 삼매를 점차 얻는다.
42 위 네 가지 선의 이름을 노래한 것이다.
43 ②는 외도와 이승이 선 닦는 모습을 밝힌 것이다. 외도는 신아를 계착하므로 선에서 관찰할 때 해나 달과 같은 형상이 밝고 맑게 빛남을 보거나, 혹은 홍련화(='파두마')가 깊고 험한 곳 아래에 있음을 보며, 이승은 자상·공상이 실재함과, 회신멸지灰身滅智하여 '허공'과 같은 것이 마치 섶이 '다해' '불'이 사라짐[薪盡火滅]과 같은 것을 구경의 열반으로 삼는다. '화畫'자는 오자로 의심되니, 나머지 2본에서는 다 '진盡'자를 썼다. ③은 위와 같은 여러

④ 이 일체를 버리고 떠나서　　　　　捨離此一切
　소연이 없음에 머문다면44　　　　 住於無所緣
　이로써 곧 여여 진실한　　　　　　是則能隨入
　모습에 능히 따라 들리니　　　　　如如眞實相

⑤ 시방의 모든 국토에　　　　　　　十方諸國土
　계시는 무량 붓다들께서　　　　　 所有無量佛
　다 광명의 손을 이끌어서　　　　　悉引光明手
　이 사람 마정하시리라　　　　　　 而摩是人頂

3.4 45

(1) 그 때 대혜보살마하살이 다시 붓다　　爾時　大慧菩薩摩訶薩
께 말하였다.　　　　　　　　　　　　　復白佛言.
　"세존이시여, 제불 여래께서 말씀하신　"世尊, 諸佛如來 所說
열반은 어떠한 법을 말하여 열반이라고　涅槃 說何等法 名爲涅
이름하신 것입니까?"46　　　　　　　　 槃?"

(2) 붓다께서 대혜에게 말씀하셨다.　　　佛告 大慧.

　모습은 외도 및 성문·벽지불의 선의 경계라는 것이다.
44 제1구는 관찰의선이고, 제2구는 반연진여선이다. 제3구 이하는 여래청정
　선에 들어간 것을 말하는 것이다.
45 【이하는 일곱째 여래장의 자성열반은 이승과 같지 않음을 보이는 것[示如
　來藏自性涅槃 不同二乘]이다.】
46 위에서 외도가 신아를 보는 것을 열반으로 삼고, 이승이 몸과 지혜가 소멸
　함이 마치 섶이 다해 불이 소멸함과 같은 것을 열반으로 삼는다고 하였기
　때문에 여래께서는 어떤 법을 설하여 열반으로 삼으시는지 묻는 것이다.

"① 일체 식의 자성의 습기 및 장식·의·의식의 보는 습기가 전환되어 마친 것을 나 및 제불은 말하여 열반이라 이름하니, 곧 모든 법의 성품이 공한 경계이다.47

② 또 다음 대혜여, 열반이란 자증성지로 행하는 경계이므로, 단·상 및 유·무를 멀리 떠났다.48

어찌 하여 항상한 것이 아닌가? 말하자면 자상·공상의 모든 분별을 떠났기 때문이다.49 어찌 하여 끊어지는 것이 아닌가? 말하자면 과거·미래·현재의 일체 성자가 스스로의 증지로 행하는 것이기 때문이다.50

③ 또 다음 대혜여, 대반열반은 무너지지 않고 죽지 않으니, 만약 죽는다고 한다면 응당 다시 수생할 것이고, 만약

"一切識 自性習氣 及藏識 意意識 見習轉已 我及諸佛 說名涅槃, 卽是諸法 性空境界.

復次 大慧, 涅槃者 自證聖智 所行境界, 遠離斷常 及以有無.

云何 非常? 謂離自相共相 諸分別故.

云何 非斷?

謂去來現在 一切聖者 自證智 所行故.

復次 大慧, 大般涅槃不壞不死, 若死者應更受生, 若壞者

---

47 모든 식 등의 보는 습기가 전환된 것을 열반이라고 이름한다고 말한 것은, 말하자면 무명이 바뀌고 곧 변하여[轉卽變] 밝음이 된 것이, 마치 얼음을 녹여서 물이 된 것과 같아서, 다시 다른 물건이 아니고, 다른 곳에서 오지도 않기 때문에 곧 모든 법의 성품의 공으로 드러나는 진실한 경계라고 말한 것이다.
48 여래께서 증득하신 열반의 경계를 밝히는 것이니, 단·상과 유·무의 성품을 떠났기 때문이다.
49 말하자면 자상·공상의 망상을 없앴기 때문에 항상한 것이 아니다.
50 말하자면 삼세의 여래들이 증득하시는 것이기 때문에 끊어지는 것이 아니다.

무너진다고 한다면 응당 유위일 것이다. 그러므로 열반은 무너지지 않고 죽지 않으니, 모든 수행자가 돌아갈 곳이다.51

④ 또 다음 대혜여, 버림 없고 얻음 없기 때문이고, 끊어지는 것 아니고 항상한 것 아니기 때문이며, 하나이지 않고 다르지 않기 때문에 말하여 열반이라고 이름한다.52

⑤ 또 다음 대혜여, 성문과 연각은 자상·공상을 알고 시끄러움을 버려 떠나며 전도를 내지 않고 분별을 일으키지 않으면, 그들은 그 중에서 열반이라는 지각을 낸다.53

(3) 또 다음 대혜여, 두 가지 자성의 모습이 있는데, 무엇이 둘이겠는가?

應是有爲. 是故 涅槃 不壞不死, 諸修行者 之所歸趣.

復次 大慧, 無捨無得故, 非斷非常故, 不一不異故 說名涅槃.

復次 大慧, 聲聞緣覺 知自共相 捨離憒鬧 不生顚倒 不起分別, 彼於其中 生涅槃想.

復次 大慧, 有二種自性相, 何者 爲二?

---

51 다시 수생함이 상속하지 않기 때문에 열반은 죽지 않고, 유위의 생·주·멸의 법이 아니기 때문에 열반은 무너지지 않는다. 무너지지 않고 죽지 않기 때문에 모든 수행자의 돌아갈 바가 된다.
52 열반은 가히 버릴 만한 번뇌가 없고 가히 얻을 만한 보리가 없다. 따라서 단·상과 일一·이異가 아니고, 오직 증득과만 상응하니, 이를 여래의 열반이라고 이름한다.
53 이승은 음·계·입 중에는 명제와 신아가 없다는 것을 깨달아 알고, 시끄러움을 버려 떠나며, 번뇌장이 멸하여 전도를 내지 않고, 미래 생사의 분별을 일으키지 않으면, 그들은 그 중에서 열반이라는 지각을 낸다. 그래서《법화경》(=졸역 p.127 참조)에서 이르기를, "다만 생사 다한 것을 해탈이라 이름하지만, 그 실제로는 아직 일체 해탈을 얻지 못했다"라고 말하였다.

말하자면 언설의 자성의 모습을 집착하는 것과 모든 법의 자성의 모습을 집착하는 것이다.

  언설의 자성의 모습을 집착하는 것은 무시의 희론과 언설을 집착하는 습기 때문에 일어나고, 모든 법의 자성의 모습을 집착하는 것은 자기 마음이 나타낸 것을 깨닫지 못하기 때문에 일어난다.54

謂執著言說 自性相 執著諸法 自性相.

執著言說 自性相者 以無始戱論 執著言說 習氣故起, 執著諸法 自性相[著]<者> 以不覺自心 所現故起.

3.5 55
(1) ① 또 다음 대혜여, 모든 붓다에게는 두 가지 가지加持가 있어서 모든 보살에게 가지하여 붓다의 발에 엎드려 예배하고 온갖 뜻을 청문케 하니, 어떤 것이 둘이겠는가?

  말하자면 삼매에 들게 함 및 몸을 그

復次 大慧, 諸佛有 二種加持 持諸菩薩 令頂禮佛足 請問衆義, 云何 爲二?

謂令入三昧 及身現其

---

54 위에서 일체 식의 자성의 습기 등이 전환된 것을 열반이라고 이름한다고 하였지만, 일체 식의 자성은 범부의 법이기 때문에 범부가 일체 식의 자성을 계탁하고 집착해서 두 가지 자성의 모습 일으키는 것을 밝히는 것이다. 말하자면 무시 이래의 망상과 언설의 습기가 끊어지지 않기 때문에 언설의 자성의 모습이 있다고 계탁해 집착하고, 자기 마음이 일으키는 모든 법을 알지 못하기 때문에 자상·공상의 음·계·입의 일체법이 있다고 보니, 그래서 모든 법의 자성의 모습을 집착한다.
55 【이하는 여덟째 신력으로 건립됨은 유·무에 떨어지지 않음을 보이는 것 [示神力建立 不隨有無]이다.】

앞에 나타내어 손으로 그에게 관정함이 다.56

② 대혜여, 초지의 보살마하살은 제불의 가지의 힘을 입기 때문에 보살의 대승광명삼매에 들고, 들고 나면 시방의 제불께서 널리 그 앞에 나타나시어 몸과 말로써 가지하시니, 마치 금강장보살 및 이와 같은 공덕의 모습을 성취한 다른 보살마하살이 이러한 것과 같다.57

③ 대혜여, 이 보살마하살이 붓다의 가지의 힘을 입어서 삼매에 들고 나면 백천 겁 동안 모든 선근을 모아 점차 모든 지에 들며, 능치·소치의 모습을 능히 잘 통달해서 법운지에 이르러 큰 연꽃의 미묘한 궁전에 처해 보좌에 앉으면, 같은 부류의 보살들에게 함께 둘러싸여 머리에 보배관을 쓰고 몸이 황금의 첨복화색과 같으며 성만한 달처럼 큰 광

前 手灌其頂.

大慧, 初地菩薩摩訶薩 蒙諸佛持力故 入菩薩 大乘 光明定, 入已 十方諸佛 普現其前 身語加持, 如金剛藏 及餘成就 如是功德相 菩薩摩訶薩者是.

大慧, 此菩薩摩訶薩 蒙佛持力 入三昧已 於百千劫 集諸善根 漸入諸地, 善能通達 治所治相 至法雲地 處大蓮花 微妙宮殿 坐於寶座, 同類菩薩 所共圍繞 首戴寶冠 身如黃金 瞻蔔花色 如盛滿月 放大

---

56 위에서 범부가 계착해서 두 가지 자성의 모습을 일으키기 때문에 여래께서 두 가지 자성의 모습을 상대해서, 두 가지 가지로써 모든 보살에게 가지하시는 것이다.
57 초지보살이 여래의 신력의 가지를 입기 때문에 보살의 대승광명삼매에 들고, 들고 나면 일체 제불께서 다 그 앞에 나타나시어 삼업으로 가지하시는 것이, 저 금강장보살이 화엄회 중 초지에 머물 때(=졸역『대방광불화엄경』제Ⅳ권 p.32 이하) 및 초지의 공덕을 성취한 다른 보살에게 또한 이와 같이 가지하시는 것과 같다.

명을 놓아서, 시방의 제불께서 연꽃의 손을 그 자리 위로 뻗어서 그에게 관정하시니, 마치 전륜왕의 태자가 관정을 받고 나서 자재함을 얻는 것과 같다.58

④ 이 모든 보살들도 또한 다시 이와 같으니, 이를 이름해서 둘이라고 한다. 모든 보살마하살은 두 가지의 가지로 가지되기 때문에 곧 일체 제불을 친견할 수 있고, 달리로는 곧 불가능하다.59

⑤ 또 다음 대혜여, 모든 보살마하살은 삼매에 들어서 신통을 나타내고 법을 설하니, 이와 같은 일체는 다 제불의 두 가지의 가지의 힘으로 말미암는 것이다.60

光明, 十方諸佛 舒蓮花手 於其座上 而灌其頂, 如轉輪王太子 受灌頂已 而得自在.

此諸菩薩 亦復如是, 是名 爲二.

諸菩薩摩訶薩 爲二種持 之所持故 卽能親見一切諸佛, 異則不能.

復次 大慧, 諸菩薩摩訶薩 入於三昧 現通說法, 如是一切 皆由諸佛 二種持力.

---

58 보살이 가지를 입어 삼매에 들고 나면 백천 겁 동안 일체의 모든 선근을 모으기 때문에 점차 모든 지에 들고 능히 능치·소치의 모습을 통달해서 법운지에 이른다고 함에서 총체적으로 지地를 거두는 뜻에는 대략 두 가지가 있다. 첫째는 과분果分인데, 이는 말할 수 없고 오직 증득과만 상응한다. 둘째는 인분因分이니, 가히 말에 의탁해서 행·이해·끊음·증득 등을 분별할 수 있기 때문이다. 그래서 이 십지는 열 가지 뛰어난 행을 닦아서 열 가지 장애를 끊고 열 가지 진여를 증득함으로써 십지를 건립한다. 장차 붓다의 직위를 받으려 하면 연화왕의 자리에 앉아 권속들에 둘러싸이고 온갖 보배와 영락으로 그 몸을 장엄하며, 시방의 제불께서 다 오른손을 뻗어 보살의 정수리를 쓰다듬으니, 비유하면 자재한 전륜성왕의 태자가 관정으로써 그 직위를 얻고 자재를 얻는 것과 같기 때문이다.
59 법과 합해서 맺어 보이는 것인데, 경문과 같으므로 알 수 있을 것이다.
60 무릇 신통을 얻어서 머물고 법요를 잘 설하는 것은 다 두 가지 신력이 가지해서 부른 것이기 때문이다.

⑥ 대혜여, 만약 모든 보살의 붓다의 가지를 떠나 법을 설할 수 있다면 곧 모든 범부도 또한 설할 수 있을 것이다.

대혜여, 산림, 풀과 나무, 성곽, 궁전 및 모든 악기마저 여래가 이르는 곳에서는 붓다의 가지의 힘으로써 늘 법음을 펴거늘, 하물며 마음을 가진 것인 귀머거리·소경·벙어리가 괴로움을 떠나서 해탈함이겠는가.

대혜여, 여래의 가지의 힘에는 이와 같은 등의 광대한 작용이 있다."61

⑵ ① 대혜보살이 다시 붓다께 말하였다.

"무엇 때문에 여래께서는 그 가지의 힘으로써 모든 보살로 하여금 삼매에 들게 하시며 그리고 수승한 지 중에서 손으로 그에게 관정하시는 것입니까?"62

大慧, 若諸菩薩 離佛加持 能說法者 則諸凡夫 亦應能說.

大慧, 山林草樹 城郭宮殿 及諸樂器 如來至處 以佛持力 尙演法音, 況有心者 聾盲瘖啞 離苦解脫.

大慧, 如來持力 有如是等 廣大作用."

大慧菩薩 復白佛言.

"何故如來 以其持力 令諸菩薩 入於三昧 及殊勝地中 手灌其頂?"

---

61 '가지의 신력을 떠나도 능히 설법할 수 있다면 곧 범부도 설할 수 있을 것'이라고 말한 것은 범부는 알 수 없다고 말하는 것이다. 더구나 붓다께서 대비로써 가지한 일체 무정의 물건도 오히려 법음을 펴거늘, 하물며 마음을 가진 자이리오. 사례로 보인 것은 《월광동자경》에서 밝힌 바이니, 단지 보고 들음만 있어도 이익 얻지 않는 것이 없기 때문이다.
62 붓다께서 위에서 초지·십지의 2지를 설명하셨지만, 아직 가지하시는 까닭을 밝히시지 않았기 때문에 대혜가 무슨 인연에서 2지에 치우쳐 가지하시는지를 청문하는 것이다.

② 붓다께서 말씀하셨다.

"대혜여, 그들로 하여금 마업과 모든 번뇌를 멀리 떠나게 하고자 하기 위한 때문이고, 성문의 지위에 떨어지지 않게 하기 위한 때문이며, 속히 여래지에 들게 하기 위한 때문이고, 얻은 법으로 하여금 배로 증장케 하기 때문이니, 그러므로 제불께서는 가지의 힘으로써 모든 보살에게 가지하시는 것이다.63

③ 대혜여, 만약 이와 같이 하지 않으면 그 보살들은 문득 외도 및 성문의 마의 경계 가운데 떨어져서 곧 무상보리를 얻을 수 없을 것이니, 그러므로 여래는 가지의 힘으로써 모든 보살들을 거두는 것이다."64

(3) 그 때 세존께서는 거듭 게송으로 말씀하셨다.

佛言.
"大慧, 爲欲令其 遠離
魔業 諸煩惱故,
爲令不墮 聲聞地故.
爲令速入 如來地故,
令所得法
倍增長故, 是故諸佛
以加持力 持諸菩薩.

大慧, 若不如是
彼菩薩 便墮外道 及以
聲聞 魔境之中 則不能
得 無上菩提, 是故 如
來 以加持力 攝諸菩
薩."

爾時 世尊 重說頌言.

....
63 두 가지 허물을 떠나게 하기 위한 때문에 초지에서 가지함을 필요로 하고, 두 가지 이익을 얻게 하기 위한 때문에 십지에서 가지함을 필요로 한다. 보리심을 망실하고 모든 선근을 닦는 것이 마업 등이 되니,《화엄경》과《대집경》중에서 밝히는 것과 같다.
64 초지에서 가지하지 않으면 반드시 외도의 악견 및 성문의 경계에 떨어지고, 십지에서 가지하지 않으면 속히 보리를 얻을 수 없다고 말하는 것이다.

세존의 청정한 서원으로	世尊淸淨願
큰 가지의 힘이 있으니	有大加持力
초지와 십지 중에서의	初地十地中
삼매 그리고 관정이라네65	三昧及灌頂

3.6⁶⁶

⑴ ① 그 때 대혜보살마하살은 다시 붓다께 말하였다.

"세존이시여, 붓다께서는 연에서 일어남을 설하셨는데, 이는 지음으로 말미암아 일어나는 것이지, 자체에서 일어나는 것이 아닙니다.

　외도도 또한 승성·자재천·시간·나·미진이 모든 법을 낸다고 말하니, 이제 붓다 세존께서는 단지 다른 이름으로써 말씀하시어 연에서 일어남을 지으신 것일 뿐, 뜻에 다름이 있는 것은 아닙니다.67

爾時　大慧菩薩摩訶薩 復白佛言.

"世尊, 佛說緣起, 是由作起, 非自體起.

外道亦說 勝性自在 時 我微塵 生於諸法, 今佛世尊 但以異名 說作緣起, 非義有別.

---

65 여래의 본원 때문에 가지하심이 마치 마니보가 사려 없이 응하는 것과 같기 때문에 청정하다고 말한 것이다.
66 【이하는 아홉째 모든 법이 연으로 일어남을 보여서 여래장의 인연 아닌 뜻을 드러내는 것[示諸法緣起 以顯如來藏 非因緣義]이다.】
67 위(=3.2(7)의 ①)에서 제불의 설법은 사성제, 연기, 멸, 도, 해탈을 그 첫머리로 삼으니, 외도의 승성·자재천·숙작·자연·시간·미진 등과는 더불어 함께 상응하는 것이 아니라고 말하였기 때문에 대혜가 위의 붓다께서 스스로 설하시는 연기를 들어서 세존께 청문하는 것이다. 「붓다께서 설하시는

세존이시여, 외도도 또한 짓는 자 때문에 없음에서 있음을 낸다고 말하고, 세존께서도 또한 인연 때문에 일체의 모든 법이 본래 없다가 나고, 나고서는 소멸함으로 돌아간다고 말씀하시는 것입니다.68

② 붓다께서 설하신 것처럼 무명을 조건으로 행하고 나아가 노사에 이른다면, 이는 원인 없음을 설하신 것이지, 원인 있음을 설하신 것이 아닙니다.69

세존께서는 이것이 있기 때문에 저것이 있다고 설명하여 말씀하셨는데, 만약 일시에 건립되고, 순차 서로 상대하는 것이 아니라면 그 뜻은 성립되지 않을 것입니다.70

③ 그러므로 외도의 설명이 뛰어나지, 여래가 아닙니다.71

世尊, 外道亦說 以作者故 從無生有,
世尊亦說 以因緣故 一切諸法 本無而生, 生已歸滅.

如佛所說 無明緣行 乃至老死,
此說無因, 非說有因.

世尊說言 此有故彼有, 若一時建立 非次第相待者 其義不成.

是故 外道說勝, 非如來也.

연기처럼 지음으로 말미암아 일어나고, 마음 자체로부터 일어나는 것이 아니라면, 외도도 또한 승성·자재천 등이 모든 법을 낸다고 말하니, 지금 붓다께서는 단지 다른 이름으로써 말씀하시어 연에서 일어남을 지으신 것일 뿐, 다른 뜻이 있는 것은 아닙니다.」
68 이는 여래께서 설하신 것이 바로 외도의 부류라고 힐난하는 것이다.
69 여래께서 설하신 12연 중 무명은 원인이 없는 것이지, 원인 있는 것이 아니라고 말하는 것이다.
70 또 무명이 있기 때문에 행이 있고, 행이 있기 때문에 의식이 있다고 설한 것은, 점차 서로 상대하는 것이 아니면 그 뜻은 성립되지 않는다.
71 다시 여래께서 설하신 연기는 외도와 같지 않으니, 따라서 외도의 설명이

왜냐 하면 외도는 원인이 연에서 나 何以故 外道說因 不從
지 않으면서 내는 것이 있다고 설하지 緣生 而有所生,
만, 세존께서 설하신 바는 결과는 원인 世尊所說 果待於因,
을 기다리고, 원인은 다시 원인을 기다 因復待因,
리며, 이와 같이 전전해서 끝이 없는 허 如是展轉 成無窮過,
물을 이루고,72 또 이것이 있기 때문에 又此有故
저것이 있다는 것은 곧 원인이 없는 것 彼有者 則無有因."
이기 때문입니다.73

(2) 붓다께서 말씀하셨다. 佛言.
"대혜여, 나는 모든 법은 오직 마음이 "大慧, 我了諸法 唯心
나타낸 것일 뿐 능취와 소취는 없음을 所現 無能取所取,
요달해서, 이것이 있기 때문에 저것이 說此有故彼有,
있다고 말한 것이므로, 원인이 없는 것 非是無因
및 인연의 과실이 아니다. 及因緣過失
 대혜여, 만약 모든 법은 오직 마음이 大慧, 若不了諸法 唯心

뛰어나고, 여래가 (뛰어난 것이) 아니라고 힐난하는 것이다.
72 무슨 까닭으로 외도가 여래보다 뛰어난가? 말하자면 그들은 미진 등의 원인은 다른 연에서 나지 않으면서 능히 다른 것을 낸다고 말하니, 원인은 항상 원인이 되지 결과가 되지는 않으니, 그러므로 외도의 설이 뛰어나다.
73 붓다께서 설하신 바와 같다면 행을 관찰하면 이는 무명의 결과이고 의식을 관찰하면 곧 이것(=행)이 원인이니, 이와 같이 하나의 법이 곧 원인이며 곧 결과이므로 인연이 잡란하다. 무명이 모든 행을 내고, 모든 행이 노사를 내며, 노사가 무명을 내니, 이와 같이 전전하여 끝이 없는 허물을 이룬다. 또 이것이 있기 때문에 저것이 있다는 것은 곧 정해진 원인이 없는 것이다. 이 두 가지 뜻으로써 여래의 설이 외도와 같지 못하다고 해석해 이루는 것이다.

나타낸 것일 뿐임을 요달하지 못하고 능취 및 소취가 있다고 계탁해서 외부 경계의 있음과 없음을 집착한다면, 그것에 허물이 있지만, 내가 말한 바는 아니다."74

所現 計有能取 及以所取 執著外境 若有若無, 彼有是過, 非我所說."

(3) 대혜보살이 다시 붓다께 말하였다.
"세존이시여, 언설이 있으므로 반드시 모든 법도 있을 것이니, 만약 모든 법이 없다면 말은 무엇에 의지해 일어나겠습니까?"75

大慧菩薩 復白佛言.
"世尊, 有言說故 必有諸法, 若無諸法 言依何起?"

(4) 붓다께서 말씀하셨다.
"① 대혜여, 비록 모든 법이 없다 해도 또한 언설은 있으니, 어찌 거북의 털, 토끼의 뿔, 석녀의 아이 등을 현견하지 못하는데도, 세상 사람이 그것들에 대해 다 언설을 일으키지 않더냐.
대혜여, 그것은 있는 것도 아니고 있

佛言.
"大慧, 雖無諸法 亦有言說, 豈不現見 龜毛兎角 石女兒等, 世人於中 皆起言說.
大慧. 彼非有 非非有,

---
74 말하자면 모든 법은 있음이 아니고, 남이 없으며, 단지 오직 마음이 나타낸 것일 뿐임을 요달하기 때문에 설법과 인연에 과실이 없다. 만약 이와 같이 모든 법을 요지하지 못하여 마음 밖에서 경계를 보고 있음과 없음을 계탁하며 언설하는 바가 있다면 다 희론을 이룬다.
75 언설인 '인연'의 이름이 있다면 반드시 언설대상인 '인연'의 모든 법도 있을 것이다. 만약 언설대상인 인연의 성품이 없다면 언설이 무엇에 의지해 나겠는가.

는 것 아님도 아니지만, 언설은 있다.

대혜여, 그대가 말한 것처럼 언설이 있기 때문에 모든 법이 있다고 한다면, 이 이론은 곧 무너질 것이다.76

② 대혜여, 일체 불국토에 다 언설이 있는 것은 아니니, 언설이란 임시로 안립된 것일 뿐이다.77

대혜여, 혹 어떤 불국토에서는 똑바로 봄으로써 법을 드러내고, 혹은 기이한 모습을 나타내거나, 혹은 다시 눈썹을 치켜올리거나, 혹은 눈동자를 움직이거나, 혹은 미소를 보이고 얼굴 찡그리며 신음하고 기침하며 억념하고 동요하는, 이와 같은 등으로써 법을 드러낸다.

대혜여, 불순세계와 묘향세계 및 보현여래의 불국토 중에서는 단지 똑바로 보고 깜작이지 않음만으로써 모든 보살로 하여금 무생법인 및 모든 뛰어난 삼매를 얻게 하는 것과 같다.

而有言說耳.
大慧, 如汝所說 有言說故 有諸法者,
此論則壞.
大慧, 非一切佛土 皆有言說, 言說者 假安立耳.
大慧, 或有佛土 瞪視顯法, 或現異相,
或復揚眉,
或動目睛,
或示微笑 嚬呻謦欬 憶念動搖,
以如是等 而顯於法.
大慧, 如不瞬世界 妙香世界 及普賢如來 佛土之中 但瞪視不瞬 令諸菩薩 獲無生法忍 及諸勝三昧.

---

76 일체법은 단지 언설만 있을 뿐, 도무지 진실한 뜻이 없음을 말씀하는 것이다. 그래서 거북의 털이나 토끼의 뿔의 비유를 인용해서, 가령 언설의 자성이 있다고 해도 또한 설해진 모든 법의 자성은 없다는 것을 밝히신 것이다.
77 이는 또 언설의 성품도 역시 없다는 것을 밝히신 것이다. 그래서 《기신론》(=졸역 p.772)에서 이르기를, "일체의 언설은 임시의 이름일 뿐 실체가 없고, 단지 망념을 따른 것이므로 얻을 수 없기 때문"이라고 하였다. 만약 언설에 성품이 있다면 곧 일체 국토에 다 말이 있어야 할 것이다.

대혜여, 언설로 말미암아 모든 법이 있는 것은 아니니,[78] 이 세계 중에서 파리나 개미 등의 벌레는 비록 언설이 없어도 자신의 일을 이루기 때문이다."[79]

大慧, 非由言說 而有諸法, 此世界中 蠅蟻等蟲 雖無言說 成自事故."

(5) 그 때 세존께서는 거듭 게송으로 말씀하셨다.

爾時 世尊 重說頌言.

① 마치 허공이나 토끼의 뿔
　 및 석녀의 아이는 없지만
　 언설은 있는 것과 같이
　 망계의 법도 이와 같다네

如虛空兎角
及與石女兒
無而有言說
妄計法如是

② 인연 화합한 중에 난다[生]고
　 우부가 망령되이 여기고
　 능히 여실히 알지 못해서
　 삼유에서 유전한다네[80]

因緣和合中
愚夫妄謂生
不能如實解
流轉於三有

3.7
3.7.1[81]

....
78 위의 일체 불국토에 다 언설이 있어서 법을 드러내는 것이 아님을 해석하신 것이니, 그러므로 언설의 자성은 없는 것이다.
79 위의 언설은 임시로 안립된 것이라 함을 해석하신 것이다.
80 위의 세 가지 사물은 모두 체성이 없고 단지 언설만 있듯이, 망령되이 계탁하는 모든 법의 이름·실질·자성도 역시 그러함을 말씀하시는 것이다.

⑴ ① 그 때 대혜보살마하살이 다시 붓다께 말하였다.

"세존이시여, 말씀하신 바 항상하다는 단어는 어떤 도리에 의거해 설하신 것입니까?"82

② 붓다께서 말씀하셨다.

"대혜여, 허망한 법에 의거해 말한 것이다. 모든 허망한 법은 성인에게도 역시 나타나지만, 그러나 전도되지 않는다.83

爾時 大慧菩薩摩訶薩 復白佛言.

"世尊, 所說常聲 依何處說?"

佛言.

"大慧, 依妄法說. 以諸妄法 聖人亦現, 然不顚倒.

....
81 【이하는 열째 모든 법이 항상 환상처럼 머묾을 보여서 여래장의 자성이 무생임을 드러내는 것[示諸法常住如幻 以顯如來藏 自性無生]인데, 넷으로 나누어진다. 처음은 혹란의 항상함을 드러내는 것[顯惑亂常]이다.】 * 여기에서 제10단의 경문 배치를 도표로써 보이면 다음과 같다.

혹란의 항상함을 드러냄		3.7.1(1)~(2)
혹란이 2성 일으킴을 보여 진여의 평등을 드러냄	혹란의 2성 일으킴을 보임	(3)
	허망 여읜 평등한 진여를 보임	(4)
혹란은 없는 법임을 보임	환상 같이 없는 법임을 보임	(5)~(7)
	환상 같음의 허물 없음을 보임	3.7.2
환상 같이 남이 없음을 바로 보임		3.7.3

82 위에서 붓다께서, 언설과 설해진 대상은 다 자성이 없다고 이르신 것은 곧 인연의 법이 없다는 것이기 때문에 대혜가 다른 경전에서 붓다께서 스스로, 12인연은 붓다가 있든 붓다가 없든 성품과 모습이 상주한다고 말씀하신 것을 든 것이니, 그래서 "말씀하신 바 항상하다는 단어는 어떤 도리에 의거해 설하신 것입니까?"라고 물은 것이다.
83 곧 허망한 법이 항상하다고 말한 것이다. 우부가 인연의 허망한 법을 보고 집착해서 진실로 삼아서 나고 멸한다는 견해를 일으키는 것을 위해서, 여래께서 이것이 곧 항상하다고 말한 것이니, 그 허망한 법은 모든 성인에게도 역시 나타나지만, 그러나 유·무의 전도를 일으키지는 않는다.

대혜여, 비유하면 아지랑이, 선화륜, 그려진 아이, 건달바성, 꿈, 환상, 거울의 영상에 대해 세상의 지혜 없는 자는 전도된 앎을 내고, 지혜가 있으면 그리하지 않지만, 그러나 나타나지 않는 것은 아닌 것과 같다.84

③ 대혜여, 허망한 법이 나타날 때에는 한량없이 차별되지만, 그러나 무상한 것은 아니다. 왜냐 하면 있고 없음을 떠났기 때문이다.

어떻게 있고 없음을 떠났는가? 일체 우부가 갖가지로 이해하기 때문이다.85

마치 항하의 물을 봄과 보지 못함이 있으니, 아귀는 보지 못하므로 있다고 말할 수 없지만, 나머지에게는 보이는 것이기 때문에 없다고 말할 수 없는 것과 같다. 성인은 허망한 법에서 전도된 봄을 떠난다.86

大慧, 譬如陽焰 火輪
垂髮 乾闥婆城 夢幻鏡
像 世無智者
生顚倒解, 有智不然,
然非不現.

大慧, 妄法現時
無量差別, 然非無常.
何以故 離有無故.

云何 離有無? 一切愚
夫 種種解故.

如恒河水 有見不見,
餓鬼不見 不可言有,
餘所見故
不可言無.
聖於妄法 離顚倒見.

....
84 이 7비유는 경계는 하나인데도 봄에 차이가 있다는 것을 밝히는 것이다.
85 그 허망한 법이 나타날 때에는 비록 갖가지 한량없는 차별이 있지만, 마치 물속의 달과 같다. 그러나 무상한 것은 아니니, 어째서 무상하지 않는가 하면, 허망한 법은 유·무를 떠났기 때문에 무상한 것이 아니라고 말한다. 어떻게 유·무를 떠난 곳에서 허망한 봄을 일으키는가? 말하자면 모든 우부의 갖가지 경계는 유·무를 떠난 곳에서 갖가지 허망한 견해를 일으킨 것이다.
86 저 항하의 물을 아귀는 불이라고 보는 것과 같다. 불이 없는 데서 불을 보는 것이니, 곧 다른 것을 보는 것인데, 좋은 사람[好人]은 보지 않는 것으로

④ 대혜여, 허망한 법은 항상한 것이니, 모습이 다르지 않기 때문이다. 모든 허망한 법은 차별된 모습이 있는 것이 아니지만, 분별 때문에 별다름이 있는 것이다. 그러므로 허망한 법은 그 체가 항상한 것이다.87

大慧, 妄法是常, 相不異故. 非諸妄法 有差別相, 以分別故 而有別異. 是故妄法 其體 是常.

(2) 대혜여, 어떻게 허망한 법의 진실을 얻는가? 말하자면 모든 성자는 허망한 법 중에서 전도를 일으키지 않으므로, 전도된 지각이 아니다. 만약 허망한 법에 조금의 지각이 있다면 곧 성자의 지혜가 아니니, 조금의 지각이 있다는 것은 곧 우부의 희론이지, 성자의 언설이 아니라고 알아야 한다.88

大慧, 云何而得 妄法眞實? 謂諸聖者 於妄法中 不起顚倒, 非顚倒覺. 若於妄法 有少分想 則非聖智, 有少想者 當知則是 愚夫戲論, 非聖言說.

(3) ① 대혜여, 만약 허망한 법은 전도라

大慧, 若分別妄法 是倒

써, 우부가 허망이 없는 곳에서 허망을 봄으로써 곧 다른 것을 보나, 성인은 보지 않는 것에 비유하였다. 그러므로 모든 성인은 허망한 법에서 전도된 유·무의 봄을 모두 떠났기 때문이다.

87 모든 허망한 법은 진실로 항상하기 때문이라는 것이니, 얻을 만한 갖가지 모습의 다름이 없기 때문이며, 우부가 망상으로 분별하여 차이가 있다고 말하기 때문이다.

88 조금의 지각이 있다고 말한 것은, 마음을 내어 생각을 움직이는 것[生心動念]을 말한다. 생각하면 곧 법체에 어긋나니, 정념을 잃기 때문이다. 이미 정념을 잃었으니, 우부의 희론이 아니겠는가?

거나 전도가 아니라거나 분별한다면 그로써 곧 두 가지 종성을 성취하니, 성자의 종성과 범부의 종성을 말한다.89

② 대혜여, 성자의 종성이란 그에 다시 세 가지가 있으니, 말하자면 성문승·연각승·불승이 다르기 때문이다.

대혜여, 어떤 것이 우부가 허망한 법을 분별하여 성문승종성을 냄인가? 이른바 자상·공상을 계착하는 것이다.90

대혜여, 무엇을 일러서 다시 어떤 우부가 허망한 법을 분별해서 연각승종성을 이룬다고 하는가? 곧 자상·공상을 집착할 때 시끄러움을 떠나는 것을 말한다.91

대혜여, 무엇을 일러서 지혜로운 사람이 허망한 법을 분별해서 불승종성 성취함을 얻는다고 하는가? 이른바 일체

非倒 彼則成就
二種種性, 謂聖種性
凡夫種性.

大慧, 聖種性者 彼復三
種, 謂聲聞緣覺
佛乘別故.

大慧, 云何愚夫 分別妄
法 生聲聞乘種性? 所
謂計著 自相共相.

大慧, 何謂 復有愚夫
分別妄法 成緣覺乘種
性? 謂卽執著 自共相
時 離於憒鬧.

大慧, 何謂智人 分別妄
法 而得成就 佛乘種
性? 所謂 了達一切

---

89 【이하는 둘째 혹란이 두 가지 성품 일으키는 것을 보여서 진여의 평등을 드러내는 것[示惑亂起二種性 以顯真如平等]인데, 둘로 나누어진다. 처음 (3)은 혹란이 두 가지 성품 일으키는 것을 보이는 것[示惑亂起二種性]이다.】 만약 우부가 연에서 일어난 허망한 법이 전도나 전도 아니라고 분별한다면 이윽고 두 가지 종성의 차별이 있게 된다.
90 말하자면 그 우부가 허망한 법을 관찰해서 자상·공상을 취하면 성문승종성을 일으킨다.
91 곧 그 성문이 관찰하는 바 허망한 자상·공상의 법에서 계착을 멀리 떠난다면 연각승종성을 일으킨다.

는 오직 자기 마음이 분별해서 보는 것 일 뿐, 밖의 법은 없음을 요달하는 것이 다.92

③ 대혜여, 어떤 여러 우부가 허망한 법의 갖가지 사물을 분별해서, 결정코 이와 같다거나 결정코 다르지 않다고 한다면, 이들은 곧 생사승종성을 성취한 다.93

⑷ ① 대혜여, 그 허망한 법 중의 갖가지 사물은 곧 사물인 것도 아니고 또한 사물 아닌 것도 아니다.94

② 대혜여, 곧 그 허망한 법에서 모든 성스러운 지자는 심·의·의식의 모든 나쁜 습기의 자성의 법을 전의했기 때문에 곧 이 허망을 말하여 진여라고 이름한다. 그러므로 진여는 심식을 떠난 것

唯是自心 分別所見, 無有外法.

大慧, 有諸愚夫 分別妄法 種種事物, 決定如是 決定不異, 此則成就 生死乘性.

大慧, 彼妄法中 種種事物 非卽是物 亦非非物.

大慧, 卽彼妄法 諸聖智者 心意意識 諸惡習氣 自性法轉依故 卽說此妄 名爲眞如. 是故眞如 離於心識.

---

92 지혜로운 자는 이 허망한 법의 실상을 관찰해서 그 능견과 소견은 자기 마음에서 일어나는 것이므로 밖의 법은 없다는 것을 요달하여 망상이 없으니, 불승종성을 일으킨다.
93 이는 두 번째의 우부종성을 해석하는 것이다. 모든 우부는 이 허망한 법에서 갖가지 사물의 성품과 모습을 취해서 결정코 실아와 실법이 있다고 집착하므로 생사승종성을 일으킨다는 것이다.
94 【⑷는 둘째 허망 떠난 평등한 진여를 보이는 것[示離妄平等真如]이다.】 이 허망한 법은 있음도 떠나고 없음도 떠났음을 말하는 것이다. 이들을 삼승 및 범부의 종성이라고 이름한다.

이다.

나는 이제 이 문구를 명료히 현시하여 분별을 떠난 것이라고 하니, 일체의 모든 분별을 다 떠났기 때문이다."95

我今明了 顯示此句
離分別者, 悉離一切
諸分別故."

⑸ ① 대혜보살이 말하였다.
"세존이시여, 말씀하신 허망한 법은 있는 것입니까, 없는 것입니까?"96
② 붓다께서 말씀하셨다.
"환상과 같으니, 집착의 모습이 없기 때문이다. 만약 집착의 모습이 체가 있는 것이라고 한다면 응당 바꿀 수 없을 것이므로, 곧 모든 연기는 응당 마치 외도가, 작자가 낸다고 말하는 것과 같을

大慧菩薩 白言.
"世尊, 所說妄法
爲有爲無?"
佛言.
"如幻, 無執著相故.
若執著相 體是有者
應不可轉,
則諸緣起 應如外道
說作者生."

---

95 이는 불승종성을 거듭 해석해 이루는 것인데, 글과 같으므로 알 수 있을 것이다. 마치 물을 알지 못해서 사람이 얼음을 가리켜 물이라고 하고, 물을 가리켜 얼음이라고 하는 것과 같다. 단지 이름만 있을 뿐, 어찌 두 가지 물건이 있어서 상즉한다고 논하겠는가. 또한 마치 하나의 구슬이 달을 향하면 물을 내고, 해를 향하면 불을 내며, 향하지 않으면 곧 물과 불이 없는 것과 같다. 한 물건이 둘인 적이 없지만, 물과 불의 다름이 있었을 뿐이다. 일심법의 문도 또한 다시 이와 같아서 범부에게 있으면 곧 진여를 허망한 법이라고 이름하고, 성인에게 있으면 곧 허망한 법을 진여라고 이름한다. 성·범의 생각이 다하고 진·망의 소견이 없어진다면 무엇이 이름을 얻겠는가.
96 【위에서 둘째 혹란이 두 가지 성품 일으키는 것을 보여서 진여의 평등을 드러내는 것은 마쳤고, 이하는 셋째 혹란은 없는 법임을 보이는 것[示惑亂無法]인데, 둘로 나누어진다. 처음은 혹란은 환상과 같이 없는 법임을 보이는 것[示惑亂無法如幻]이다.】 위의 삼승과 범부가 같이 허망한 법을 보는 것을 들어서, 여래에게 있는 것인지, 없는 것인지를 묻는 것이다.

것이다."97

(6) ① 대혜가 또 말하였다.　　　　　　大慧又言.
"만약 모든 허망한 법은 환상과 같다　"若諸妄法　同於幻者
고 한다면 이는 곧 응당 다른 허망에게　此則當與　餘妄作因."
원인이 될 것입니다."98

② 붓다께서 말씀하셨다.　　　　　　佛言.
"대혜여, 모든 환상의 일은 허망한 미　"大慧, 非諸幻事　爲妄
혹의 원인이 되는 것이 아니니, 환상은　惑因, 以幻不生
모든 과악을 내지 않기 때문이고, 모든　諸過惡故, 以諸幻事
환상의 일은 분별이 없기 때문이다.99　無分別故.

대혜여, 대저 환상의 일은 남의 명주　大慧, 夫幻事者 從他明
明咒에서 생기할 수는 있어도, 스스로 분　咒 而得生起, 非自分別
별하는 허물과 습기의 힘으로 일어나는　過習力起.
것이 아니다. 그러므로 환상의 일은 과　是故幻事 不生過惡.
악을 내지 않는다.

---
97 허망한 법은 환상과 같으니, 유·무로써 계탁해 집착할 수 없기 때문이라는 것이다. 만약 있음의 성품과 모습이 곧 진실이라고 계탁해 집착한다면 바꿀 수 없기 때문에, 곧 모든 연기한 허망한 법은 응당 외도가 유·무를 좇아 일체법을 낸다고 계탁하는 것과 같을 것이다.
98 만약 모든 허망한 법이 환상과 같다고 한다면, 이 환상은 응당 우부의 허망한 법에게 원인이 되어서 장래 반드시 다른 과보의 결과를 초래할 것이기 때문이다.
99 환상은 허망한 미혹에게 원인이 되는 것이 아니니, 환상은 진실치 못해서 [不實] 과악 및 분별을 일으키지 않기 때문이다. 만약 모든 허물을 일으키고 분별을 낸다면 이것이 곧 원인이 되니, 따라서 (환상이) 다른 허망에게 원인이 되는 것이 아니다.

대혜여, 이 허망한 미혹의 법은 오직 　大慧, 此妄惑法 唯是愚
우부가 마음으로 집착한 것일 뿐, 모든 　夫　心所執著, 非諸聖
성자는 아니다."100 　者."

(7) 그 때 세존께서는 거듭 게송으로 말 　爾時 世尊 重說頌言.
씀하셨다.

1 성인은 망법 보지 않으며 　　　聖不見妄法
　중간도 또한 진실 아니나 　　　　中間亦非實
　허망이 진실에 즉하므로 　　　　以妄卽眞故
　중간도 또한 진실하다네101 　　　中間亦眞實

2 만약 허망한 법을 떠나서 　　　若離於妄法
　모습의 남이 있다고 하면 　　　　而有相生者
　이는 도리어 곧 허망이니 　　　　此還卽是妄
　눈병 아직 청정 못함 같네102 　　如翳未淸淨

------

100 이는 허망한 법은 환상과 같음을 밝히는 것이니, 만약 마음으로 지각하여 계착하는 자라면 단지 우부일 뿐이다.
101 전반의 2구는 성인은 허망한 미혹은 체에 진실이 없음을 알기 때문에 허망한 법을 보지 않는다는 것을 말하고, 후반의 2구는 허망한 법의 진실한 성품의 관찰하기 때문에 허망한 미혹이 곧 진실임을 말하는 것이다.
102 * 본 『주』는 2에 대해 설명이 없다. 『주해』는 이 2게송 전체에 대해 다음과 같이 해석하고 있다. 「1은 대승의 성지聖智는 허망이 곧 진실임을 밝히는 것이다. 허망한 법에 혹란함은 범부의 경계이지만, 불안으로써 보면 진실 아닌 것이 없으나, 이 진실 또한 실체는 아니니, 이 공과 유를 떠나는 이것이 진실이 된다. 진실로 성지에 의해 허망한 법을 요달함이 곧 진실이기 때문이다. 뒤의 2는 적은 지혜[小智]는 허망을 떠나서 진실을 나타내나,

3.7.2[103]

(1) "또 다음 대혜여, 모든 법을 보면 환상이 아니고서는 상사한 것이 없기 때문에 일체법이 환상과 같다고 말하는 것이다."[104]

"復次 大慧, 見諸法 非幻 無有相似故 說一切法 如幻."

(2) 대혜가 말하였다.

"① 세존이시여, 갖가지 환상[幻]에 집착하는 모습에 의거해서 일체법이 마치 환상과 같다고 말씀하신 것입니까, 달리 이 전도에 집착하는 모습에 의거한 것입니까?[105]

② 만약 갖가지 환상에 집착하는 모습에 의거해 일체법이 마치 환상과 같다고 말씀하신 것이라면, 세존이시여, 일체법이 모두 다 환상과 같은 것은 아닐 것입니다. 왜냐 하면 갖가지 색상의

大慧言.

"世尊, 爲依執著 種種幻相 言一切法 猶如幻耶, 爲異 依此執著 顚倒相耶?

若依執著 種種幻相 言一切法 猶如幻者, 世尊, 非一切法 悉皆如幻. 何以故 見種種色相

진실에서 모습에 집착하는 것은 혹란이 됨을 밝히는 것이니, 마치 눈에 눈병이 있어서 보는 것이 깨끗치 못한 것과 같다.」

103 【이하는 둘째 환상 같음의 허물 없음을 다시 보이는 것[再示如幻無過]이다.】
104 모든 허망한 법은 환상을 떠나서는 다시 상사한 것이 없기 때문에 일체법은 환상과 같다고 설하였다는 것이다.
105 이미 환상을 떠나서는 다시 상사한 것이 없다고 말하였기 때문에, 갖가지 환상을 계착함이 되므로 환상과 같다고 말하는가, 이 계탁에 의거함과는 달리 전도에 집착하는 모습이 되므로 환상과 같다고 말하는가?

원인 없지 않음을 보기 때문입니다.106

③ 세존이시여, 전혀 원인 없이 갖가지 색상으로 하여금 나타나게 하는 것이 환상과 같은 것입니다. 그러므로 세존이시여, 갖가지 환상에 집착하는 모습에 의거해서 일체법이 환상과 상사하다고 말하는 것은 언설할 수 없는 것입니다."107

不無因故.
世尊, 都無有因 令種種色相顯現
如幻. 是故 世尊,
不可說言 依於執著 種種幻相 言一切法 與幻相似."

⑶ 붓다께서 말씀하셨다.
"대혜여, 갖가지 환상을 집착하는 모습에 의거해서 일체법이 환상과 같다고 말하지 않고, 대혜여, 일체법이 진실치 못해 속히 멸하는 것이 번개와 같기 때문에 환상과 같다고 말하는 것이다.108

佛言.
"大慧, 不依執著 種種幻相 言一切法如幻,
大慧, 以一切法 不實速滅 如電
故說如幻.

---

106 만약 환상을 계탁하는 모습으로써 모든 법이 다 환상과 같다고 말하는 것이라면 다른 있음의 성품의 법[餘有性法]은 곧 환상과 같은 것이 아닐 것이기 때문에 '일체법이 다 환상과 같은 것은 아닐 것'이라고 말한 것이다. 무엇 때문에 환상을 보는 것과 같지 않은가 하면, 인·천과 남·녀의 색상은 원인 없는 것이 아니기 때문이고, 또한 주술로 인해 일어난 것이 아니기 때문에 환상과 같지 않은 것이기 때문이다.
107 전혀 별개의 원인이 없이 모든 색상으로 하여금 차별되게 나타나게 함이 어야 환상과 같다고 말할 수 있을 것이다. 그러므로 환상의 모습을 보는 것과 상사하기 때문에 일체법이 환상과 같다고 말하는 것은 불가한 것이다.
108 환상에 갖가지가 있고, 인·천에도 갖가지가 있어 2법이 상사함으로써 일체법이 환상 같다고 말하지 않는다. 일체법은 당체가 부실하여 속히 일어나고 속히 멸함이 그 번개와 같기 때문에 환상과 같다고 말하는 것이다.

대혜여, 비유하면 번개는 보고 나면 곧 멸하는 것과 같다. 세간의 범·우가 모두 다 일체의 모든 법을 현견하고 스스로의 분별에 의지해 자상·공상이 나타나는 것도 또한 다시 이와 같으니, 능히 있는 바 없음을 관찰하지 못하기 때문에 갖가지 색상을 망령되이 계착하는 것이다."109

大慧, 譬如電光 見已卽滅. 世間凡愚 悉皆現見 一切諸法 依自分別 自共相現 亦復如是, 以不能觀察 無所有故 而妄計著 種種色相."

(4) 그 때 세존께서는 거듭 게송으로 말씀하셨다.

爾時 世尊 重說頌言.

　　환상 아니곤 상사함 없고
　　모든 법 또한 있음 아니니
　　부실 신속함 번개와 같고
　　환상 같다고 알아야 하네110

非幻無相似
亦非有諸法
不實速如電
如幻應當知

3.7.3111

----

109 비유하면 번개는 찰나경에 나타나고 나타나서는 곧 사라져서 신속하여 무상한데도 세간에서 현견하는 것과 같다. 모든 법이 자기 마음의 망상에 의지해 나타나는 것도 역시 그러함에도, 부실하여 있는 것 아님을 능히 관찰하지 못하고 자상·공상의 색상을 일으켜 집착하는 것에 견주어 합하는 것이다.
110 전반의 2구는 환상이 아니고서는 상사한 것이 없기 때문에 일체법은 환상과 같다고 말하는 것을 노래함이고, 후반의 2구는 위의 답하신 글을 노래한 것이다.

(1) 그 때 대혜보살마하살이 다시 붓다께 말하였다.

"세존이시여, 붓다께서 먼저 설하신 것처럼 일체의 모든 법은 모두 다 남이 없는데, 또 환상과 같다고 말씀하시면, 혹시 설하신 것의 앞뒤가 서로 어긋나는 것은 아닙니까?"112

爾時 大慧菩薩摩訶薩 復白佛言.

"世尊, 如佛先說 一切 諸法 皆悉無生, 又言如幻, 將非所說 前後相違?"

(2) 붓다께서 말씀하셨다.

"① 대혜여, 서로 어긋남이 없다.

② 왜냐 하면 남은 곧 남이 없으며, 오직 자기 마음이 본 것일 뿐임을 내가 요지하기 때문이고, 있음이든 없음이든 일체의 밖의 법은 그 성품 없음과 본래 나지 않음을 보기 때문이다.113

佛言.

"大慧, 無有相違. 何以故 我了於生 卽是無生, 唯是自心 之所見故, 若有若無 一切外法 見其無性 本不生故.

....

111 【위에서 셋째 혹란이 없는 법임을 보이는 것은 마쳤고, 이하는 넷째 환상과 같이 남이 없음을 바로 보여서, 떠나기를 희망케 하는 것[直示無生如幻 令離希望]이다.】
112 대혜가, 붓다께서 먼저 일체법은 남이 없다고 설하시고, 지금은 또 부실하며 신속해서 마치 번개와 같다고 이르시며, 일체법은 환상과 같다고 설하심으로 인해, 붓다께 앞뒤의 설하신 것이 스스로 서로 어긋난다고 말하는 것이다. *『주해』의 설명은 다음과 같다. 「붓다께서 이미 일체법은 남이 없다고 설하신 것은 없음이고, 또 환상과 같다고 이르신 것은 있음이다. 어찌 있음과 없음은 서로 어긋나는 것이 아니겠는가?」
113 모든 법은 오직 자기 마음의 나타남일 뿐임을 요지함으로 말미암아 곧 남은 본래 남이 없음을 알기 때문이다. 용수가 이르기를, 「모든 법은 스스로 나지 않고[諸法不自生], 또한 남에게서 나지 않으며[亦不從他生], 함께에서 나지 않고 원인 없음에서 나지 않으니[不共不無因], 그러므로 남 없음을 안

③ 대혜여, 외도의 원인이 낸다는 뜻을 떠나게 하기 위한 때문에 나는 모든 법은 모두 다 불생이라고 말한 것이다.

대혜여, 외도의 무리들은 함께 악견을 일으켜서, 있음과 없음에서 일체법을 내는 것이지, 스스로의 집착과 분별이 연이 되는 것이 아니라고 말하나, 대혜여, 나는 모든 법은 있음과 없음이 내는 것이 아니라고 말하니, 그래서 남이 없다고 이름한다.114

④ 대혜여, 모든 법을 설하는 것은 제자들로 하여금 모든 업에 의지해 생사를 섭수한다는 것을 알게 해서, 그 없다는 단멸견을 막기 위한 때문이다.115

大慧, 爲離外道 因生義故 我說諸法 皆悉不生.

大慧, 外道群聚 共興惡見, 言從有無 生一切法, 非自執著 分別爲緣, 大慧, 我說諸法 非有無生, 故名無生.

大慧, 說諸法者 爲令弟子 知依諸業 攝受生死 遮其無有 斷滅見故.

다오[是故知無生](=《중론》 제1 관인연품 제3게송)라고 하였으니, 이에 의해 관찰한다면 있음이든 없음이든 밖의 법은 다 자성이 없고, 따라서 본래 불생이다.

114 외도는 작자가 내는 원인이 된다는 뜻으로써, 있음과 없음에서 일체법을 낸다고 말한다. '있음'은 종자 있음[有種]을 말하니, 곧 자재천·미진 등을 능히 내는 원인으로 삼는 것이고, '없음'은 종자 없음[無種]을 말하니, 곧 허공·자연 등이 낸다는 것이니, 자기 마음의 망상에서 난다고 말하지 않는다. 그러므로 내가 말하는 일체법은, 외도의 무인생·사인생과는 같지 않으니, 그래서 무생이라고 이름한다. *『주해』는 경문 ②는 총답이고, 경문 ③은 별답이라고 하면서, 별답에는 '외도의 원인이 낸다고 함을 무너뜨리기 위한 것'과 '외도의 있음과 없음에서 낸다고 계탁함을 깨뜨리기 위한 것'의 둘이 있다고 설명한다.

115 붓다께서 대혜에게, 내가 모든 법은 있음과 없음에서 내는 것이 아니고 오직 자기 마음의 분별이 연이 되는 것이라고 말하는 것은, 교화 받을 자들

⑤ 대혜여, 모든 법은 모습이 마치 환상과 같다고 말한 것은 모든 법의 자성·자상을 여의게 하려는 때문이다. 모든 범·우가 악견의 욕구에 떨어져 모든 법은 오직 마음이 나타낸 것임을 알지 못함이 되므로, 인연으로 생기하는 모습에 집착함을 멀리 떠나게 하기 위해 일체 법은 환상과 같고 꿈과 같다고 말하는데도, 그 모든 우부는 악견을 집착하여 자신과 남을 속이고 능히 일체 모든 법

大慧, 說諸法相 猶如幻者 令離諸法 自性相故. 爲諸凡愚 墮惡見欲 不知諸法 唯心所現, 爲令遠離 執著因緣 生起之相 說一切法 如幻如夢, 彼諸愚夫 執著惡見 欺誑自他 不能明見 一

로 하여금 일체법은 비록 짓는 자가 없다고 해도 업은 없어지지 않고 그래서 두 가지 생사를 섭수한다는 것을 알게 해서, 그 사견의 단멸 희론을 차단하려는 것이라고 말씀하시는 것이다. 그래서 《성유식론》(=졸역 pp.796-797)에서 이르기를, 「생사가 상속하는 것은, 내부의 인과 연에 의하고, 외부의 연을 기다리지 않는다. 따라서 오직 식만이 있다. '인'은 유루·무루의 두 가지 업으로써 생사를 바로 감득[正感]하는 것을 말한다. '연'은 번뇌·소지의 두 가지 장애로써 생사를 도와서 감득[助感]하는 것을 말한다. 까닭이 무엇인가 하면 생사에는 두 가지가 있다. 첫째는 분단생사이니, 모든 유루의 선·불선의 업이 번뇌장의 연이 돕는 세력에 의하여 감득된, 삼계의 두드러진[麤] 이숙과를 말한다. 신체와 목숨이 짧고 긴 것에, 인과 연의 힘에 따라서 정해진 한정이 있기 때문에 분단이라고 이름한다. 둘째는 부사의不思議변역생사이니, 모든 무루의 유분별의 업이 소지장의 연이 돕는 세력에 의하여 감득된, 수승하고 미세한[殊勝細] 이숙과를 말한다. 연민과 서원의 힘에 의해서 신체와 목숨을 전환하되[改轉] 정해진 한정이 없기 때문에 변역이라고 이름하고, 묘한 작용이 헤아리기 어려움을 부사의라고 이름한다.」라고 하였고, 경전(=졸역 『설무구칭경·유마경』 p.50 및 p.509)에서, 「나[我]도 없고 작자[造]·수자受者 모두 없지만 선악의 업은 또한 없어지잖네」라고 하였으니, 어찌 악견의 단멸론에 견주겠는가.

이상 여래께서 무생의 뜻 서술함은 끝났고, 아래의 ⑤에서는 환상과 같음을 설해서 두 가지 뜻이 서로 어긋남 없음을 바로 대답하신다.

의 여실한 주처를 밝게 보지 못하는 것 　切諸法 如實住處.
이다.116

　대혜여, 일체법의 여실한 처소를 본다 　大慧, 見一切法 如實處
는 것은 오직 마음이 나타낸 것일 뿐임 　者 謂能了達 唯心所
을 능히 요달하는 것을 말한다."117 　現."

⑶ 그 때 세존께서는 거듭 게송으로 말 　爾時 世尊 重說頌言.
씀하셨다.

　　지음 없으므로 남 없지만 　　　無作故無生
　　법이 있어 생사를 거두니 　　　有法攝生死
　　환상 등 같음을 요달하면 　　　了達如幻等
　　모습을 분별치 않으리라118 　　　於相不分別

3.8
3.8.1119

....
116 '여실한 주처'란 머무는 바가 없음을 말하니, 그래서 여실한 머묾이라고 이름한다. 이는 자각성지·무사지無師智·자연지로 증득되는 것이니, 남의 깨달음으로 말미암지 않는다. 만약 머무는 바가 있다면 곧 머묾 아님[非住]이 된다.
117 무주의 근본에서 일체법을 세우니, 오직 자기 마음일 뿐임을 요달함이 아니면 어찌 능히 밝게 보리오. 그러므로 여래께서 설하신 바 남이 없다는 것과 환상 같다는 것은 서로 어긋남이 없다.
118 지음 없는 성품이기 때문에 남이 없다고 말하되, 단견을 차단하려는 때문에 업의 성품이 생사 거둠을 말한다. 모든 법의 환상과 같은 성품·모습을 관찰한다면 얻을 만한 모습이 없을 것이니, 그러므로 연으로 일어난 것의 분별을 멀리 떠난다.

⑴ "또 다음 대혜여, 내가 명·구·문신의 모습을 설할 것이니, 모든 보살마하살이 이 모습을 잘 관찰한다면 그 뜻을 요달해서 속히 아뇩다라삼먁삼보리를 얻고, 다시 일체 중생을 개오케 할 수 있으리라.120

"復次 大慧, 我當說 名句文身相, 諸菩薩摩訶薩 善觀此相 了達其義 疾得阿耨多羅三藐三菩提, 復能開悟 一切衆生.

⑵ ① 대혜여, 명신이란 사물에 의지해 이름을 세운 것을 말한다. 이름이 곧 몸이니, 이를 명신이라고 이름한다.121

大慧, 名身者 謂依事立名. 名卽是身, 是名名身.

---

119 【위에서 열째 모든 법은 환상과 같이 항상 머묾을 보여서 여래장은 자성이 무생임을 드러내는 것은 마쳤고, 이하는 열한 번째 말을 떠나 뜻을 얻음, 외도를 멈춤, 우부와 구별함, 각의 마음을 선택함, 열반을 건립함을 보이는 것[示離言得義 止外別愚 選擇覺心 建立涅槃]인데, 다섯으로 나누어진다. 처음 3.8.1은 말을 떠나 뜻을 얻음을 보이는 것[示離言得義]이다.】 * 여기에서 제11단의 경문 배치를 도표로써 보이면 다음과 같다.

말을 떠나 뜻을 얻음을 보임	3.8.1
지기론止記論을 보여서 뜻이 말에 있지 않음을 밝힘	3.8.2
4과를 구별해서 진각眞覺을 냄	3.8.3
각의 마음 선택함을 보임	3.8.4
열반 건립함을 보임	3.8.5~3.8.6

120 위에서 여래께서 중생을 위한 때문에 자비의 방편으로 갖가지 다른 말씀을 지으시니, 중생들로 하여금 이름과 문구 중의 진실한 뜻을 알고 언설에 집착치 않게 하려는 것이다. 이로써 알지니, 법은 말의 모습이 없지만 말의 모습을 떠난 것도 아니다. 만약 말의 모습이 없다면 미혹하여 전도될 것이고, 말의 모습에 집착한다면 진실에 미혹할 것이니, 그래서 성인께서 이익을 보시고 모습을 드리워서 가르침을 시설하신 것이다.
121 마치 병과 그릇의 사물에 의지해 병과 그릇이라는 이름을 세우는 것과 같이, 말하자면 한 이름, 두 이름, 많은 이름으로써 능히 자성을 표현하는 것을 이름해서 명신이라고 부른다.

② 구신이란 능히 뜻을 나타내어 구경을 결정하는 것을 말하니, 이를 구신이라고 이름한다.122

句身者 謂能顯義 決定究竟, 是名句身.

③ 문신이란 이에 의해 능히 명·구를 이루는 것을 말하니, 이를 문신이라고 이름한다.123

文身者 謂由於此 能成名句, 是名文身.

(3) 또 다음 대혜여, 구신이란 문구가 일의 구경임을 말하고,124 명신이란 모든 문자의 이름이 각각 차별됨을 말하니, 아阿자에서 나아가 하呵자에 이르기까지와 같으며, 문신이란 길고 짧으며 높고 낮음을 말한다.125

復次 大慧, 句身者 謂句事究竟, 名身者 謂諸字名 各各差別, 如從阿字 乃至呵字, 文身者 謂長短高下.

----

122 구신이라고 말한 것은 곧 이름으로 인해 문구[句]를 이루고, 문구로 인해 뜻을 나타내니, 마치 구리나 쇠의 병은 문구의 뜻이 각각 다른 것과 같다. 말하자면 한 문구, 두 문구, 많은 문구로써 능히 차별을 표현하는 것을 이름해서 구신이라고 부른다.

123 이 문자[文]에 의지해서 능히 이름과 문구를 이루니, 말하자면 한 문자, 두 문자, 많은 문자가 두 가지의 의지하는 바가 되는 것을 이름해서 문신이라고 부른다. 만약 옛 번역에 의해 '문文'을 '미味'라고 번역한다면, 단지 표현대상[所顯]일 뿐, 표현주체[能顯]는 아닌 것이다. '신身'이란 많은 법이 쌓여 모였다는 뜻이다.

124 이하는 다른 뜻을 거듭 밝히는 것이다. '구신은 문구의 일의 구경을 말한다'고 함은, 문자가 있을 때에는 반드시 이름(=문자의 이름)이 있으나 문구는 반드시 있는 것이 아니지만, 만약 문구가 있을 때에는 반드시 이름 및 문자가 있는 것을 말한다. 그래서 문구가 일의 구경이라고 말한 것이다.

125 명신이란 모든 문자의 이름이 각각 차별됨을 말한다. '아ⓢa자에서 나아가 하ⓢha자에 이르기까지를 말한다'는 것은 14음의 아·하 등의 문자가 모두 처음은 단음이고, 다음은 장음이며, 높고 낮음도 역시 그러한 것과 같다.

⑷ ① 또 다음 구신이란 마치 발자취와 같고, 마치 거리 중의 사람·가축 등의 자취와 같으며, 명신은 색 아닌 4온을 말하니, 이름으로써 말하기 때문이고, 문신은 말하자면 이름의 자상이 문자로 말미암아 드러나기 때문이다.126

復次 句身者 如足跡 如衢巷中 人畜等跡, 名謂非色四蘊, 以名說故, 文謂名之自相 由文顯故.

② 이를 명·구·문신이라고 이름하니, 이 명·구·문신의 모습을 그대는 응당 닦고 배워야 한다."

是名 名句文身, 此名句文身相 汝應修學."

⑸ 그 때 세존께서는 거듭 게송으로 말씀하셨다.

爾時 世尊 重說頌言.

명신과 더불어 구신
그리고 문신[字身]의 차별에
범·우가 계착함은 마치

名身與句身
及字身差別
凡愚所計著

그래서 이어서 말하기를, "문신이란 길고 짧으며 높고 낮음을 말한다"라고 하였으니, 곧 음운의 굴곡이 길고 짧으며 높고 낮은 것이다. 명신과 구신은 반드시 문자에 의지해 건립되기 때문이다.
126 세간의 모든 법은 오온에서 벗어나지 않으니, 이는 또 오온에 의거해서 명·구·문신을 밝히는 것이다. 구신은 마치 발자취와 같다는 것은, 세상 사람이 코끼리나 말을 잃었을 때에는 자취를 찾아서 이를 얻는 것과 같음을 말한다. 그래서 실상에 어두운 자도 역시 말로 인해 깨달으니, 이를 구신이라 이름한다. 색온은 모습이 드러나기 때문에 '자취'로써 말한 것이다. '4온'이란 수·상·행·식이니, 형상이 있는 것이 아니기 때문에 이름으로써 말한다. 만약 본래 고요함을 비추어 본다면 이것이 다 실상이니, 둘은 문자로 말미암아 드러난다.

| 코끼리 깊은 진창 빠지듯127 | 如象溺深泥 |

3.8.2128

⑴ "또 다음 대혜여, 미래세 중에 여러 삿된 지혜와 나쁜 사유지각을 가진 자가 있어서, 여실한 법을 떠나 하나·다름·구·불구의 모습을 보고서 여러 지혜로운 자에게 물으면, 그들은 곧 답하여 말하기를, '이것은 바른 물음이 아니다'라고 할 것이다.129

"復次 大慧, 未來世中有諸邪智 惡思覺者, 離如實法 以見一異俱不俱相 問諸智者, 彼卽答言, '此非正問'.

말하자면 색과 무상함은 다른가 다르지 않은가, 이와 같이 열반과 모든 행[諸行], 능상[相]과 소상所相, 의지[依]와 소의所依, 능조[造]와 소조所造, 능견[見]과 소견所見, 지대[地]와 미진, 지혜[智]와

謂色與無常 爲異爲不異, 如是 涅槃諸行 相所相 依所依 造所造 見所見 地與微塵 智與智者

---
127 여래께서는 중생마음의 병을 없애기 위해서 명·구·문신의 방편으로써 설법하심은 마치 독으로써 독을 공격하는 것과 같다. 만약 모든 우부가 오히려 명·구에 집착하여 진실한 뜻을 깨닫지 못한다면 해탈할 기약이 없으니, 비유하면 향코끼리가 진창에 빠지는 것과 같다.
128 【이하는 둘째 지기론을 보여서 뜻이 말에 있지 않음을 밝히는 것[示止論以明義不在言]이다.】
129 위에서 명·구·문신의 모습을 설하여 모든 보살로 하여금 여실한 뜻을 알게 해서 속히 보리를 얻고 중생에게 개시하게 함으로 인해, 미래의 나쁜 각관 가진 자가 사견邪見의 하나·다름·구·불구의 모습으로써 여러 지혜로운 자에게 물을 것을 염려한 것이다. 그들은 응당 답하여 말하기를, "내가 통달한 뜻은 4구를 여읜 진실한 법이니, 그대가 지금 이를 물었지만, 이는 그릇된 물음[非問]이라고 이름한다"고 해야 한다는 것이다.

지자智者는 다른가, 다르지 않은가의, 이 와 같은 등 기록할 수 없는 일을 차례로 물으면, 세존은 이에는 지기止記로써 답해야 한다고 말하니, 우부는 지혜가 없어 알 수 있은 바가 아니므로, 붓다는 그로 하여금 놀라고 두려워할 곳을 여의게 하고자 위해 기록해 설하지 않는 것이다.130

② 대혜여, 기록해 설하지 않는다는 것은 외도로 하여금 길이 작자의 견해에서 출리함을 얻게 하고자 하기 때문이다.

대혜여, 여러 외도 대중이 작자가 있다고 헤아려서, '목숨이 곧 몸이니, 목숨이 다르면 몸도 다르다'라는 이와 같은

爲異爲不異, 如是等 不可記事 次第而問, 世尊 說此 當止記答, 愚夫無智 非所能知, 佛欲令其 離驚怖處 不爲記說.

大慧, 不記說者 欲令外道 永得出離 作者見故.

大慧, 諸外道衆 計有作者 作如是說, '命卽是身, 命異身異',

---

130 이는 삿된 지혜와 나쁜 사유지각을 가진 자가 허망하게 미루어 헤아리는 이치 아닌 문난[非理問難]의 말을 서술하는 것이다. 말하자면 색과 무상 내지 지혜와 지자는 다른가, 다르지 않은가에 지혜로운 자는 응당, "이와 같은 등의 물음은 기록할 수 없는 일이므로 붓다께서 이름하시기를 무기無記이며 치답置答(=내버려 둠으로써 답함)이라고 하셨다"라고 말해야 한다. 그 어리석은 사람은 들은 지혜가 없기 때문에 있고 없음이 삿된 것인지 옳은 것인지 알지 못하므로, 그로 하여금 단·상의 사견의 모든 두려움을 떠나게 하시려고 기록해 설하지 않으셨으니, 《구사론》 제19권에서 이르기를, "여러 경전에서 14무기를 설한다"라고 한 것이 곧 그 뜻이다. 또한 치답이라고 이름하는데, 답하지 않는 까닭은 말하자면 이것은 뜻이 없는 말이어서이니, 이를 알아도 생사를 면하지 못하고, 알지 못해도 열반을 장애하지도 않는다. * 경문에서 '지기(=기록을 멈춤)로써 답한다'는 것이 치답의 뜻이고, '기록해 설한다[記說]'는 것은 가려서 설한다는 뜻임.

말을 하지만, 이와 같은 등의 설은 무기의 이론이라고 이름한다.131

③ 대혜여, 외도는 어리석고 미혹해서 무기의 이론을 말하지만, 나의 가르침 중에서 말하는 것이 아니니, 능취·소취를 떠나 분별을 일으키지 않는데, 어떻게 멈출 수 있겠는가.

대혜여, 만약 누군가가 능취·소취를 집착하고 오직 자기 마음이 보는 것일 뿐임을 알지 못한다면, 그는 응당 멈출 수 있을 것이다.

대혜여, 제불 여래께서는 네 가지 기론으로써 중생을 위해 설법하신다.

대혜여, 지기론이란 내가 특별한 때에 말하는 것이니, 근기가 아직 익지 않아서 잠시 설함을 멈추기 때문이다.132

如是等說 名無記論.

大慧, 外道癡惑
說無記論, 非我敎中說,
離能所取
不起分別, 云何可止.

大慧, 若有執著 能取所取 不了唯是 自心所見,
彼應可止.

大慧, 諸佛如來 以四種記論 爲衆生說法.

大慧, 止記論者 我別時說, 以根未熟
且止說故.

---

131 '위해 기록해 설하지 않는다'고 말한 것은 외도로 하여금 생각에 반하여 스스로 이해해서 작자라는 허망한 견해에서 출리를 얻게 하고자 하기 때문이니, 외도는 즉온·이온(=졸역『주석 성유식론』p.58 참조)으로 나를 계탁하기 때문이다. 그래서 몸과 목숨은 하나가 된다거나 다르다거나 하는 등으로 말하니, 다 무기의 삿된 이론일 뿐이다.

132 이는 여래 응 정등각께서 항상 네 가지 기론(=뒤의 (3)의 ①에서 설명됨)으로써 설법하여 중생을 제도하시는데, 지기론(=기론을 멈춤)이란 뜻이 특별한 때에 있으니, 근기가 아직 익지 않은 중생이어서 잠시 치답하는 것이고, 근기가 익은 자를 위해서는 지기론을 설하지 않음을 밝힌 것이다.

(2) ① 또 다음 대혜여, 어째서 일체법은 불생인가? 능작·소작을 떠나서 짓는 자가 없기 때문이다.

② 어째서 일체법은 자성이 없는가? 증지로써 관찰하면 자상·공상을 얻을 수 없기 때문이다.

③ 어째서 일체법은 오고 감이 없는가? 자상·공상은 와도 좇은 바가 없고 가도 이르는 바가 없기 때문이다.

④ 어째서 일체법은 불멸인가? 말하자면 일체법은 성품과 모습이 없기 때문이고, 얻을 수 없기 때문이다.

⑤ 어째서 일체법은 무상한가? 말하자면 모든 모습의 일어남이 무상한 성품이기 때문이다.

⑥ 어째서 일체법은 항상한가? 말하자면 모든 모습의 일어남은 곧 일어나지 않음이어서 있는 바가 없고, 따라서 무상한 성품이 항상하니, 이 때문에 나는 일체법이 항상하다고 말한다."133

復次 大慧, 何故 一切法不生? 以離能作所作 無作者故.

何以一切法 無自性? 以證智觀 自相共相 不可得故.

何故 一切法 無來去? 以自共相 來無所從 去無所至故.

何故 一切法 不滅? 謂一切法 無性相故, 不可得故.

何故 一切法 無常? 謂諸相起 無常性故.

何故 一切法常? 謂諸相起 卽是不起 無所有, 故無常性常, 是故 我說 一切法常."

---
133 여래께서 근기가 익은 중생을 위해서는 방편의 문을 열고 진실한 모습을 보이시니, 그 종류를 따라서 혹은 불생, 불멸, 항상, 무상 등을 설하신다는 것을 말한 것이다. 말하자면 ① 능작·소작을 떠나 짓는 자가 없기 때문에 일체법의 불생을 설하고, ② 증지로써 관찰하면 자상·공상의 법을 얻을 수 없기 때문에 일체법의 무자성을 설하며, ③ 모든 법은 본래 좇아서 온 바가

(3) 그 때 세존께서는 거듭 게송으로 말　爾時 世尊 重說頌言.
씀하셨다.

① 곧바로 말함[一向] 및 반문함과　　一向及返問
　　분별함과 더불어 치답함　　　　　　分別與置答
　　이와 같은 네 가지 설로써　　　　　如是四種說
　　모든 외도를 꺾어 누르네134　　　　摧伏諸外道

② 수론과 더불어 승론은　　　　　　　數論與勝論
　　유·비유에서 남을 말하나　　　　　言有非有生
　　이와 같은 등의 모든 설은　　　　　如是等諸說

················

없고 가도 또한 이르는 곳이 없기 때문에 일체법의 오고 감 없음을 설하고, ④ 모든 법은 체가 공해서 스스로의 성품과 모습이 없고, 얻을 수 없기 때문에 일체법의 불멸을 설하며, ⑤ 일체 모든 법은 모습이 일어나도 곧 멸하여 무상한 성품이기 때문에 일체법의 무상을 설하고, ⑥ 모든 법은 모습이 일어남이 곧 일어나지 않음이어서 본래 생멸이 없고 무상한 성품이 항상하기 때문에 일체법의 항상함을 설한다. 이는 여래께서는 능취·소취를 떠나 분별을 일으키지 않으시면서 선교하게 설법하신다는 것을 말하는 것이다.
134 '여래의 네 가지 기론'이라고 말한 것은, 첫째는 말하자면 물음을 따라서 답하는 것을 '일향一向'(=여기에서는 '곧바로'의 뜻)이라고 이름하니, 예컨대 일체 중생은 모두 나고 죽는가라는 물음에, 모두 다 나고 죽는다고 응당 곧바로 답하는 것과 같고, 둘째는 말하자면 물음이 있는 자에게 반문해서 답이 되게 함이니, 반힐反詰이라고 이름하며, 셋째는 말하자면 묻는 자의 근기가 성숙한 경우 자세하게 분별하는 것이니, 예컨대 일체중생이 나고 죽으면 다시 나는가라고 물으면 응당 분별해서, 번뇌가 있는 자는 죽었다가 다시 나고, 번뇌가 없는 자는 죽고 나면 나지 않는다고 하는 것과 같고, 넷째는 말하자면 외도를 꺾어 누르려면 모름지기 치답함을 요하니, 예컨대 몸과 번뇌, 계란과 닭은 어느 것이 앞뒤인가를 묻는 것과 같은 경우 멈추고 답하지 않는 것이다.

일체가 모두 무기라네135   一切皆無記

③ 지혜로써 관찰할 때   以智觀察時
   체성을 얻을 수 없으므로   體性不可得
   그것은 설할 수 없으니   以彼無可說
   그래서 자성 없다 말하네136   故說無自性

3.8.3137

(1) ① 그 때 대혜보살마하살은 다시 붓다께 말하였다.

"세존이시여, 원컨대 저를 위하여 모든 수다원·수다원과의 행이 차별되는 모습을 설하셔서,138 저 및 모든 보살마

爾時 大慧菩薩摩訶薩 復白佛言.

"世尊, 願爲我說 諸須陀洹 須陀洹果 行差別相, 我及 諸菩薩摩訶薩

---

135 모든 외도의 유·무 등의 견해는 다 기록할 수 없음을 말하는 것이다.
136 정지로써 관찰하면 자성은 있지 않음을 밝히면서, 앞의 일체법의 불생 등 6문을 통틀어 노래한 것이다.
137 【3.8.3은 셋째 4과를 구별함으로써 진각을 내는 것[別四果 以出眞覺]인데, 여섯으로 나누어진다. 처음은 4과의 차별을 묻는 것[問四果差別]이다.】 * 여기에서 제3단의 6개 항의 경문 배치를 도표로써 보이면 다음과 같다.

4과의 차별을 물음		(1)
세 종류 수다원을 열거함	수다원과의 모습을 보임	(2)①~②
	수다원의 결박 끊음의 차별을 보임	③~⑥
사다함과의 모습을 보임		(3)
아나함과의 모습을 보임		(4)
아라한과의 모습을 보임		(5)①
아라한은 초월한 깨달음[超覺]과 같지 않다고 구별함		②~(6)

138 위에서 우부가 허망한 법을 분별해서 성문승종성을 낸다고 하였지만, 그러나 성문법 중에 4과의 차별이 있기 때문에 대혜가 4과의 차별을 들어서

하살이 이 뜻을 들었기 때문에 수다원·사다함·아나함·아라한의 방편의 모습에서 다 선교함을 얻고, 이와 같이 중생들을 위해 연설하여 그들로 하여금 두 가지 무아의 법을 증득하고 두 가지 장애를 청정히 제거하며 모든 지의 모습을 점차 통달해 여래의 불가사의한 지혜의 경계를 얻게 하시어, 마치 온갖 색의 마니가 널리 중생들로 하여금 다 요익을 얻게 함과 같게 하소서."139

聞是義故 於須陀洹 斯陀含 阿那含 阿羅漢 方便相 皆得善巧, 如是而爲 衆生演說 令其證得 二無我法 淨除二障 於諸地相 漸次通達 獲於如來 不可思議 智慧境界, 如衆色摩尼 普令衆生 悉得饒益."

청문하는 것이다. '행'은 인행을 말하니, 수다원의 사람이 닦는 인행은 바로 아라한과를 취향하고자 함인데, 근에 이·둔이 있기 때문에 차별의 다름이 있는 것이다.

139 '방편의 모습'이라고 말한 것은 4과 수행의 방편의 모습이다. 수다원은 여기 말로는 예류이다. 말하자면 범부의 지위에서 7방편을 닦아서 팔인八忍과 팔지八智를 일으켜 삼계 사제 하의 88사의 분별번뇌를 끊는데, 끊음이 87품에 이르면 초과향이라고 이름하고, 88품이 다하면 초과라고 이름하니, 처음으로 성인의 유류流類에 들기 때문에 예류하고 이름한다. 사다함은 여기 말로는 일왕래이다. 말하자면 초과에서 견도를 하고 나서 9무간도와 9해탈도를 일으켜서 삼계 구지 공통의 9×9=81품의 수도번뇌[修惑]를 끊는데, 우선 욕계 1지의 9품의 수도번뇌가 함께 7생을 윤생하므로, 초과의 몸 중에 있으면서 욕계의 전 5품을 끊음이 다하면 제2과향이라 이름하고, 6품이 다하면 제2과라고 이름한다. 여기에서 목숨이 끝나면 다시 반드시 한번 천상에 가고[往] 한번 인간에 와서[來] 나머지 3품의 번뇌를 끊기 때문에 일왕래라고 이름한다. 아나함은 여기 말로는 불래不來이다. 말하자면 이미 이과의 몸 중에 있으면서 욕계 9품의 수도번뇌를 끊어서 8품이 다하기에 이르면 제3과향이라 이름하고, 9품이 다하기에 이르면 제3과라고 이름한다. 한번 색계의 천상으로 가면 다시 욕계로 돌아와 수생하지 않기 때문에 불래라고 이름한다. 이상 삼과의 사람은 유학이라 이름한다. 아라한은 여기에 세 가지 번역이 있으니, 첫째는 살적殺賊이라 하고, 둘째는 무생無生이라 하며, 셋째는 응공應供이라 한다. 말하자면 삼과의 몸 중에 있으면서 상2계

② 붓다께서 말씀하셨다. 佛言.
"잘 들으라, 그대를 위해 설하리라." "諦聽, 當爲汝說."
③ 대혜가 말하였다. 大慧言.
"예." "唯."

(2) 붓다께서 말씀하셨다. 佛言.
"① 대혜여, 모든 수다원·수다원과의 차별에는 셋이 있으니, 하·중·상을 말한다.140 "大慧, 諸須陀洹 須陀洹果 差別有三, 謂下中上.

대혜여, '하'인 자는 제유 중에서 많아야 일곱 번 되돌아와 태어나고,141 '중' 大慧, 下者 於諸有中 極七反生, 中者

8지의 8×9=72품의 수도번뇌를 끊는데, 끊음이 71품에 이르면 제4과향이라 이름하고, 72품을 다 끊으면 제4 아라한과의 무학위라고 이름한다.
　이로써는 단지 범정凡情만을 다할 뿐, 따로 성해聖解는 없으므로, 보살은 이의 선교함을 얻어 중생들을 위해 이와 같은 성문의 법과 이와 같은 보살의 법을 설하여, 그들로 하여금 인·법의 무아를 증득케 하고 번뇌장·소지장을 청정케 하며 모든 지의 모습을 구경 통달해 여래 소증의 경계에 이르게 해서, 붓다의 법신과 법재를 얻어 중생을 이익함이 다함 없게 하니, 이런 이익이 있기 때문에 여래께 4과의 차별 설하시기를 청한 것이다.
140【이하는 둘째 세 가지 수다원을 열거하는 것[列三種須陀洹]인데, 둘로 나누어진다. 처음은 수다원과의 모습을 보이는 것[示須陀洹果相]이다.】위에서 모든 수다원·수다원과의 행을 물었는데, 이제 모든 수다원과를 답하여 말한 것은 말로써 상호 나타내기 때문이다. 이·둔이 같지 않기 때문에 셋이 있는 것이다.
141 '칠반생七反生'이란 말하자면 욕계 1지의 9품의 구생번뇌(=수도에서 끊는 선천적 번뇌)가 함께 7생을 윤생하니[潤], 초품은 2생을 윤생하고, 다음 3품은 각각 1생씩을 윤생하며, 그 다음 2품은 함께 1생을 윤생하고, 뒤의 3품은 함께 1생을 윤생하므로, 수다원으로서 극히 둔한 자는 아직 욕계의 번뇌를 끊지 못했기 때문에 인·천에 일곱 번 되돌아오고서 아라한과를 얻는다는 것을 밝히는 것이다. 비유하면 마치 독사가 사람을 물면 일곱 걸음

인 자는 세 번 태어나거나 다섯 번 태어나며, '상'인 자는 곧 이 생에서 열반에 든다.142

② 대혜여, 이 세 가지 사람은 세 가지 결박을 끊으니, 유신견·의심·계금취견을 말한다. 상상으로 승진하면 아라한과를 얻는다.143

③ 대혜여, 유신견에는 두 가지가 있으니, 구생 및 분별을 말한다. 마치 연기에 의지하여 망계의 성품이 있는 것과 같다.144

三生五生, 上者 卽於此生 而入涅槃.

大慧, 此三種人 斷三種結, 謂身見疑 戒禁取. 上上勝進 得阿羅漢果.

大慧, 身見有二種, 謂俱生及分別. 如依緣起 有妄計性.

························
에 곧 죽는 것과 같다. 어째서 여섯 걸음에 죽지 않는가 하면, 큰 힘 때문이고, 어째서 여덟이 아닌가 하면 독의 힘 때문이다. 이로써 비유컨대 수다원이 어째서 6생 하지 않는가 하면 번뇌의 힘이 강하기 때문이고, 어째서 8생 하지 않는가 하면 무루업이 성숙하기 때문이다.
142 중근기인 자는 혹은 3생이나 5생에 아라한의 열반과를 얻고, 상근기인 자는 곧 이 1생에 아라한과를 얻으니, 현멸現滅수다원이라 이름한다. 중간에 두 가지 생을 거치는 것(=4생과 2생)은 말하지 않았다.
143 【이하는 둘째 수다원의 결박 끊음의 차별을 보이는 것[示須陀洹斷結差別]이다.】 수다원에는 비록 이·둔의 세 가지 같지 않음이 있지만, 공통으로 세 가지 결박을 끊는다는 것을 말하는 것이다. '상상으로 승진하면 아라한과를 얻는다'고 말한 것은, 말하자면 수다원이 끊는 바 모든 결박을 나누면 9품이 되고, 능히 모든 결박을 끊는 자의 지혜도 역시 9품으로 나누어지는데, 만약 처음 배우는 사람의 지혜가 미약한 것을 하하의 지혜라고 이름하고 능히 상상의 결박을 끊는다고 한다면, 오래 배운 자의 지혜가 명료한 것을 '상상'의 지혜라고 이름하고, 능히 하하의 결박을 끊어서 아라한의 열반과를 얻는다는 것이다.
144 《성유식론》(=졸역 pp.560-561)에서 말하기를, "탐욕·성냄·어리석음·거만·의심(=5둔사)과 유신견·변견·사견·견취견·계금취견(=5이사)의 이와 같은 총체적이고 개별적인 10사 번뇌 중, 여섯 가지는 구생 및 분별로 일

대혜여, 비유하면 연기의 성품에 의지하기 때문에 갖가지 허망하게 계탁해 집착하는 성품이 나는 것과 같다. 그 법은 단지 허망하게 분별된 모습일 뿐, 있는 것도 아니고 없는 것도 아니며 있기도 하고 없기도 한 것도 아닌데도, 범부가 어리석어서 멋대로 집착하는 것이니, 마치 목마른 짐승이 망령되이 물이라는 지각을 내는 것과 같다.145 이 분별의 유신견은 지혜가 없기 때문에 구원久遠으로부터 상응하였으나, 인무아를 보면 즉시 버려 떠난다.146

대혜여, 구생의 유신견은 널리 자·타

大慧, 譬如依止 緣起性
故 種種妄計
執著性生. 彼法但是
妄分別相, 非有
非無 非亦有亦無,
凡夫愚癡
而橫執著,
猶如渴獸 妄生水想.
此分別身見
無智慧故 久遠相應,
見人無我
卽時捨離.
大慧, 俱生身見 以普觀

어나는 것에 통한다. 임운하여서도 사려관찰하여서도 모두 생겨날 수 있기 때문이다. 의심과 사견·견취견·계금취견의 네 가지는 오직 분별로 일어나는 것이다. 반드시 나쁜 친구나 삿된 가르침의 힘, 스스로 살펴서 사려관찰함에 의하여 비로소 생겨날 수 있기 때문이다.

145 경전에서 말하기를, "유신견에는 두 가지가 있으니, 구생 및 분별을 말한다."라고 하고, 연기자성에 의지하기 때문에 갖가지 허망하게 계탁해 집착하는 성품이 나는 것으로 비유한 것은, 구생에 의지해서 분별의 일어남이 있는 것과 같다는 것이니, 오온(=구생)에 의지해서 망상의 신견(=분별)을 일으키는 것을 말한다. 그 망상은 부실하기 때문에 있는 것 아닌 없음의 법[非有無法]인데도, 우부가 멋대로 집착하니, 마치 아지랑이 중에 물이 없는 데도 사슴이 갈증에 핍박되어서 망령되이 물이라는 지각을 짓는 것과 같다.

146 이 분별의 유신견은 지혜가 없기 때문에 나와 내 것을 집착함과 구원 이래로 상응한 것이다. 수다원은 비록 오온이 있어 화합하여 이 사람을 이루지만 그 중에는 나가 없음을 관찰하고, 살펴 관찰하게 하기 때문에 인무아를 보니, 즉시 분별의 유신견을 버려 떠나서 끊는다.

의 몸을, 수온 등의 4온은 색의 모습이 없기 때문이고, 색온은 대종으로 말미암아 남을 얻기 때문인데, 이 모든 대종은 상호 서로 원인하기 때문이고, 물질은 모이지 않기 때문임을 관찰하니, 이와 같이 관찰해서 있고 없음을 밝게 보면 즉시 버려 떠난다.147

유신견을 버리기 때문에 탐욕이 곧 나지 않으니, 이를 유신견의 모습이라 이름한다.148

④ 대혜여, 의심의 모습이란 증득한 법에서 모습을 잘 보기 때문이고, 그리고 앞의 두 가지 유신견의 분별이 끊어지기 때문에 모든 법 중에 의심이 날 수 없으며, 또한 다른 이에게 큰 스승이라는 생각을 내어 청정하다거나 부정하다

察 自他之身, 受等四蘊
無色相故, 色由大種
而得生故, 是諸大種
互相因故, 色不集故,
如是觀已
明見有無
卽時捨離.

捨身見故 貪則不生,
是名身見相.

大慧, 疑相者 於所證法
善見相故, 及先二種身
見 分別斷故
於諸法中 疑不得生,
亦不於餘 生大師想
爲淨不淨,

---

147 능히 널리 자기의 몸과 남의 몸이 가지런히 같다고 관찰함을 말한다. 수·상·행·식의 여러 온과 색온은 모두 이름만 있지 체가 없고 스스로의 성품과 모습이 없다. 색온을 관찰하기를, 사대종으로부터 만들어진 것으로, 전전해서 서로 원인하여 나지만 사대종 중에는 이미 주재가 없거늘 무엇이 능히 합하고 모아서 색을 이루겠는가. 색온은 본질이 있는데도 오히려 공하거늘, 하물며 수온 등의 4온은 색의 모습이 없기 때문에 어찌 공이 아니리오. 이와 같이 관찰해서 있고 없음을 밝게 보면 모두 허망 부실하여, 오온은 체가 없으므로 유신견이 곧 끊어진다.
148 무릇 탐애하는 자는 유신견이 있어서인데, 유신견을 버렸기 때문에 탐욕이 무엇에서 생기겠는가. 그래서 《법화경》(=졸역 p.172)에서 이르기를, "모든 괴로움의 원인은 탐욕이 근본"이라고 하였다.

고 하지 않으니, 이를 의심의 모습이라 이름한다.149

⑤ 대혜여, 어째서 수다원은 계금戒禁을 취하지 않는가? 말하자면 나는 곳의 괴로운 모습을 밝게 보니, 이 때문에 취하지 않는다. 대저 그 취하는 것은 말하자면 모든 범·우가 제유 중에서 세간의 즐거움을 탐착하여 고행과 지계로써 거기에 나기를 원하는 것이지만, 수다원의 사람은 이 모습을 취하지 않고, 오직 증득할 바 가장 뛰어난 무루의 무분별의 법만을 구하여 계품을 수행하니, 이를 계금취의 모습이라 이름한다.150

⑥ 대혜여, 수다원의 사람은 세 가지 결박을 버렸기 때문에 탐·진·치를 떠난다."

대혜가 말하였다.

是名疑相.

大慧, 何故須陀洹 不取戒禁? 謂以明見 生處苦相, 是故不取. 夫其取者 謂諸凡愚 於諸有中 貪著世樂 苦行持戒 願生於彼, 須陀洹人 不取是相, 惟求所證 最勝無漏 無分別法 修行戒品, 是名 戒禁取相.

大慧, 須陀洹人 捨三結故 離貪瞋癡."

大慧白言.

---

149 말하자면 증득한 네 가지 진제의 법에서 그 모습을 잘 보기 때문이고, 두 가지 망상의 신견을 결정코 능히 끊기 때문에 의심이 좇아 일어남이 없으며, 또한 천마·외도·범부의 처소에서 큰 스승이라는 생각을 내어서 청정하다는 견해를 일으키지 않으니, 이를 의심을 끊은 모습이라고 이름한다.
150 수다원은 미래에 수생하는 계를 취하지 않음을 말하는 것이다. 남이 있는 곳에는 곧 모든 괴로움이 있음을 관찰하므로 수생하는 곳의 즐거움을 구하지 않는다. 수다원의 사람은 미래 수생처의 오욕락을 취하지 않고, 오직 증득할 바 최승 무루의 4진제의 이치의 무분별법만을 구하여, 방편으로 바른 계를 수지하여 수행한다.

"탐욕에는 많은 종류가 있는데, 어떤 탐욕을 버립니까?"

붓다께서 말씀하셨다.

"대혜여, 여색에 얽힌 탐욕을 버린다. 이것은 현재 즐거워도 미래의 괴로움 내는 것을 보기 때문이고, 또 삼매의 수승한 즐거움을 얻기 때문이다. 그러므로 그것을 버리지만, 열반에 대한 탐욕은 아니다.151

(3) 대혜여, 무엇을 사다함의 과보라고 하는가? 말하자면 색의 모습을 요달하지 못하여 색의 분별을 일으키지만, 한 번 왕래하고 나면 선정수행을 잘 닦아 괴로움의 끝을 다하고 반열반하니, 이를 사다함이라고 이름한다.152

"貪有多種, 捨何等貪?"

佛言.

"大慧, 捨於女色 纏綿貪欲. 見此現樂 生來苦故, 又得三昧 殊勝樂故. 是故捨彼, 非涅槃貪.

大慧, 云何 斯陀含果? 謂不了色相 起色分別, 一往來已 善修禪行 盡苦邊際 而般涅槃, 是名斯陀含.

....
151 범부는 오욕에 탐착하고, 성문은 출세간의 열반을 탐착하기 때문에 탐욕에는 많은 종류가 있다고 말한 것인데, 여색이 심하기 때문에 유독 얽는 욕망 버리는 것을 말하였다. 그리고 삼매 정수의 즐거움을 얻기 때문이니, 열반에 대한 탐욕은 아직 능히 끊지 못한다. 보살승인 자는 이 두 가지 탐욕을 다 능히 버리기 때문이다. *『주해』는 여기에서 떠난다고 한 '탐·진·치'는 '견혹 중의 사혹'이라고 설명한다.
152 【위에서 둘째 세 가지 수다원을 열거하는 것은 마쳤고, 이는 셋째 사다함과의 모습을 보이는 것[示斯陀含果相]이다.】 '색의 모습을 요달하지 못한다'고 함은 색의 분별을 일으키는 것이다. 사다함은 갖가지 색의 모습이 망상에서 나는 것을 관조하기 때문에 인·천에 한번 왕래하고 나면 선정과 지혜를 잘 닦아 아견이 나지 않으므로 괴로움의 끝을 다하고 열반을 얻는다.

⑷ 대혜여, 무엇을 아나함의 과보라고 하는가? 말하자면 과거·미래·현재의 색의 모습에서 유·무의 견해를 일으켜 분별하는 과악이 잠들어서 일어나지 않고 영원히 모든 결박을 버려서 다시 돌아오지 않으니, 이를 아나함이라 이름한다.153

大慧, 云何 阿那含果? 謂於過未 現在色相 起有無見 分別過惡 隨眠不起 永捨諸結 更不還來, 是名 阿那含.

⑸ ① 대혜여, 아라한이란 모든 선정·삼매·해탈·힘·신통을 모두 이미 성취해서 번뇌, 모든 괴로움, 분별이 영원히 다하였음을 말하니, 이를 아라한이라 이름한다."154

大慧, 阿羅漢者 謂諸禪 三昧 解脫力通 悉已成就 煩惱諸苦 分別永盡, 是名 阿羅漢."

② 대혜가 말하였다.

"세존이시여, 아라한에는 세 종류가 있으니, 말하자면 일향취적의 아라한, 퇴보리원退菩提願의 아라한, 불소변화佛

大慧言.

"世尊, 阿羅漢 有三種 謂一向趣寂 退菩提願 佛所變化,

---

153 【이는 넷째 아나함과의 모습을 보이는 것[示阿那含果相]이다.】 아나함은 또 욕망의 진창에서 벗어났다고 말하니, 욕계의 번뇌는 마치 진창과 같기 때문이다. 아나함은 이미 욕계를 벗어나 다 색계에 나서, 삼세의 색의 성품이 진실 없음을 관찰해 무릇 남이 있는 곳은 곧 모든 괴로움의 과악이 있는 것을 보므로, 번뇌의 습기가 일어나지 않고 모든 결박을 버려 떠나 다시 욕계로 돌아와 수생하지 않으니, 곧 색계천에서 모든 누를 다한다.
154 【이는 다섯째 아라한과의 모습을 보이는 것[示阿羅漢果相]이다.】 아라한은 4선 및 3삼매를 수행하여 8해탈을 요달하고 10력을 부분적으로 증득하며 삼명과 육통을 다 이미 성취해서, 번뇌로 업을 일으켜 초래하는 모든 괴로움과 망상이 영원히 사라진 것을 말한다.

所變化의 아라한인데, 여기에서는 어느 것을 말씀하신 것입니까?"155

③ 붓다께서 말씀하셨다.
"대혜여, 여기에서는 취적을 말한 것이고, 그 나머지는 아니다.

대혜여, 나머지 두 종류의 사람은 말하자면 이미 일찍이 선교한 방편과 서원을 일으켰고 그리고 제불 중회를 장엄하기 위하여 거기에 태어남을 보이는 것이다.156

대혜여, 허망한 곳에서 갖가지 법을 설하니, 이른바 과의 증득, 선자禪者 및 선禪이지만, 모두 성품을 떠났기 때문에

此說何者?"

佛言.
"大慧, 此說趣寂, 非是其餘.

大慧, 餘二種人 謂已曾發 巧方便願 及爲莊嚴 諸佛衆會 於彼示生.

大慧, 於虛妄處 說種種法, 所謂 證果 禪者及禪, 皆性離故

---

155 【이하는 여섯째 아라한은 (심량을) 초월한 깨달음과 같지 않다고 구별하는 것[別阿羅漢不同超覺]이다.】《유가론》및 《법화론》에서 성문에는 네 종류가 있다고 말한다. 첫째는 결정된 종성이니, 또한 취적(=적멸로 취향함)이라고 이름한다. 둘째는 증상만이니, 이는 범부가 제4선을 얻고는 아라한이라고 말하는 것이다. 셋째는 물러나서 이미 다시 대보리에 대한 마음을 일으킨 것이니, 또한 부정不定종성이라 이름한다. 저 법화 회상에서 사리불 등의 수기를 얻은 성문이 그 부류이다. 넷째는 응화신으로서 진실이 아니니, 말하자면 붓다 및 보살이 변화로써 시현하여 실제의 성문을 이끌어 대승으로 향하게 하기 때문이다. 이 경전에서 물은 것에는 증상만을 제외하고 단지 세 종류만 있는데, 어느 것을 말한 것인가라고 함이다.

156 말한 바는 취적의 정성 아라한이니, 4주번뇌를 끊어 생사의 괴로움에서 벗어나 열반을 얻은 자이고, 그 나머지는 아니다. 물러나 이미 다시 대보리의 마음을 일으킨 자(='퇴보리원')는 이미 일찍이 선교하고 광대한 행원을 일으켜서 유정을 성숙시킨다. 붓다께서 변화한 이(='불소변화')는 제불국토 및 중회 권속을 장엄하기 위하여 거기에 태어남을 보여 아라한이 된 것이다.

자기 마음이 보는 바 과보 얻은 모습이 기 때문이다.157

④ 대혜여, 만약 수다원이 '나는 모든 결박을 떠났다'는 이와 같은 생각을 한다면 곧 두 가지 허물이 있으니, 말하자면 아견에 떨어짐 및 모든 결박이 끊어지지 않음이다.158

⑤ 또 다음 대혜여, 만약 모든 선정, 사무량심, 무색계삼매를 초과하고자 한다면 응당 자기 마음이 보는 바 모든 모습을 떠나야 한다.159

대혜여, 상수멸삼매는 자기 마음이 보는 바 경계를 초과한 것인가 하면 그렇지 않으니, 마음을 여의지 않았기 때문이다."160

自心所見 得果相故.

大慧, 若須陀洹 作如是
念 '我離諸結'
則有二過, 謂墮我見
及諸結不斷.

復次 大慧, 若欲超過
諸禪無量 無色界者
應離自心 所見諸相.

大慧, 想受滅三昧 超自
心所見境者 不然,
不離心故."

----

157 (퇴보리원·불소변화의 두 종류의 방편 아라한이) 망상의 중생을 위해 그 처소에서 갖가지 법을 설하고 모든 번뇌를 끊어 증득하는 바의 4과(='과의 증득')와, 여실하게 아는 바 선을 행하는 자[行禪者](='선자') 및 모든 선정과 삼매(='선')는 모두 성품을 떠났기 때문에 오직 자신의 심량으로 허망하게 보는 바의 과보를 얻은 모습일 뿐이다. * 두 종류의 방편 아라한은 방편으로 시현하는 것일 뿐, 실제로 4과를 증득하는 것이 아니라는 취지.
158 이는 초과에서 결박을 끊으면 끝내 내가 능히 결박을 끊었다는 생각을 일으키지 않는다는 것을 밝힌다. 만약 생각을 일으킨다면 응당 두 가지 허물이 있으니, 곧 유신견에 떨어짐 및 세 가지 결박 등이 다 끊어지지 않았기 때문이다. 나머지 3과에 견주더라도 역시 또한 이와 같다.
159 성문의 모든 선정, 4무량심 및 무색계의 4공정空定 등을 초과하여 여래의 삼매를 얻고자 한다면, 응당 삼계의 자기 마음의 망상의 모습을 떠나야 한다는 것을 말한 것이다.

⑹ 그 때 세존께서는 거듭 게송으로 말 씀하셨다. 爾時 世尊 重說頌言.

① 모든 선정과 사무량심 諸禪與無量
무색계의 네 가지 삼매 無色四摩提
및 상·수가 멸한 삼매는 及以想受滅
유심일 뿐 얻을 수 없다네161 惟心不可得

② 수다원과 사다함의 과보 預流一來果
아나함과 아라한의 不還阿羅漢
이러한 모든 성인도 모두 如是諸聖人
마음 의지해 허망히 있네162 悉依心妄有

③ 선 닦는 자와 선의 소연 禪者禪所緣
번뇌 끊음과 진제를 봄 斷惑見眞諦
이들도 모두 망상이니 此皆是妄想
요지하면 곧 해탈이라네163 了知卽解脫

160 성문의 극과極果는 곧 상수멸정을 구경으로 삼지만, 만약 심량을 초과하였다고 여긴다면 그렇지 않다. 왜냐 하면 망상의 마음이 아직 멸하지 않았기 때문이다.
161 모두 오직 심량일 뿐, 그 모두는 없는 것이기 때문에 "유심일 뿐 얻을 수 없다"라고 말한 것이다.
162 다음 이는 4과 역시 망상의 심량을 여의지 않은 것임을 밝힌 것이다.
163 처음 ①은 수행하는 법을 밝히는 것을 노래함이고, 다음 ②는 능히 증득하는 사람 밝히는 것을 노래함이며, 이 ③은 능·소를 합쳐서 밝혀서, 모두 망상의 심량을 여의지 않았다는 것이다. 만약 여실하게 깨닫는다면, 망령되이 생사를 계탁하기 때문에 열반을 말하지만, 소치인 생사가 이미 없으므

3.8.4[164]

(1) "① 또 다음 대혜여, 두 가지 각지覺智가 있으니, 관찰의 지혜 및 모습을 취해 분별하고 집착해서 건립되는 지혜이다.[165]

② 관찰의 지혜란 일체법이 4구를 떠나 얻을 수 없음을 관찰함을 말한다.

4구란 하나·다름·구·불구, 있음과 있음 아님, 항상함과 무상함 등을 말하는 것이니, 나는 모든 법은 이 4구를 떠났으므로 이 때문에 일체법은 떠났다고 말하는 것이다.

대혜여, 이와 같이 법 관찰하는 것을 그대는 응당 닦고 배워야 한다.

"復次 大慧, 有二種覺智, 謂觀察智 及取相分別執著 建立智.

觀察智者 謂觀一切法離四句 不可得.

四句者 謂一異 俱不俱有非有 常無常等, 我以諸法 離此四句是故說言 一切法離.

大慧, 如是觀法汝應修學.

로 능치의 열반도 역시 보내니, 그래서 보살은 일체 해탈을 얻는다.

164 【위에서 셋째 4과를 구별해서 진각을 내는 것은 마쳤고, 3.8.4는 넷째 각의 마음 선택함을 보이는 것[選擇覺心]인데, 셋으로 나누어진다. 처음은 관찰하는 각의 모습을 바로 보이는 것[正示觀察覺相]이다.】 * 여기에서 제4단의 3개 항의 경문 배치를 도표로써 보이면 다음과 같다.

관찰하는 각의 모습을 바로 보임	(1)①~②
망상의 각의 모습을 아울러 보여 자각성지의 즐거움을 밝힘	③
사대와 조색에 능숙해서 관찰하는 각에 들어감을 보임	(2)~(3)

165 위의 게송에서 "요지하면 곧 해탈"이라고 말하였지만, 그러나 알고 깨달아도 해탈하지 못함이 있기 때문에 두 가지 각지를 들어서 우열을 구별하는 것이다. 말하자면 인·법의 2무아를 관찰하여 아는 것이 바른 각지이지만, 인·법 두 가지의 '나'가 공함을 알지 못하고, 모습을 취해 집착해서 '나'가 있다고 건립하고 이와 같이 요지하는 것은 삿된 각지여서 해탈을 얻지 못한다.

③ 무엇을 모습을 취해 분별하고 집착해서 건립되는 지혜인가? 견・습・난・동의 모든 대종의 성품에서 모습을 취해 집착하고 허망하게 분별해서 주장・이유・실례로써 허망하게 건립하는 것을 말하니, 이를 모습을 취해 분별하고 집착해서 건립되는 지혜라고 이름한다.166

④ 이것을 두 가지 각지의 모습이라고 이름한다.

⑤ 보살마하살이 이 지혜의 모습을 알면 곧 능히 인・법의 무아를 통달하여, 무상의 지혜로써 해행지에서 선교하게 관찰하여 초지에 들어서 백 삼매를 얻으니, 뛰어난 삼매의 힘으로써 백 붓다와 백 보살을 보고, 전후제의 각각 백 겁의 일을 알며, 광명이 백 붓다세계를 환히 비추고,167 상상지의 모습을 잘 능

云何 取相分別執著建立智? 謂於堅濕煖動諸大種性 取相執著 虛妄分別 以宗因喩而妄建立,
是名 取相分別執著建立智.
是名 二種覺智相.

菩薩摩訶薩 知此智相 卽能通達 人法無我, 以無相智 於解行地 善巧觀察 入於初地 得百三昧, 以勝三昧力 見百佛百菩薩, 知前後際 各百劫事, 光明照曜 百佛世界, 善能了知 上上地

---

166 【이하는 둘째 망상의 각의 모습을 아울러 보여 자각성지의 즐거움을 밝히는 것[幷示妄想覺相 以明自覺聖樂]이다.】 범부는 대종의 성품과 모습이 있다고 헤아리고 집착해서 망상으로 분별하며, 주장・이유・실례와 5분론의 법으로써 진실치 못함을 이루어서 허망하게 건립한다.
167 만약 보살마하살이 허망이 곧 진실임을 통달하여 이 두 가지 각지의 모습을 알고 인・법은 공하고 '나'는 얻을 수 없음을 요달하면, 생각을 여읜 무상의 지혜로써 지전의 승해행지에서 선교하게 관찰하여 곧 초지에 들어서 대승광명삼매 등 백 삼매의 문을 얻으며, 그 뛰어난 힘으로써 백 붓다를 보고, 나아가 광명이 비추어 백 붓다세계에 닿기에 이른다. 나머지 지는 배의 배로 늘어서 뛰어나다.

히 요지하여 뛰어난 서원의 힘으로써 변현에 자재하여 법운지에 이르러 관정을 받으며, 불지에 들어서 열 가지 다함 없는 서원으로써 중생을 성취하고자 갖가지로 응현함에 휴식함이 없으면서, 늘 자각의 경계와 삼매의 뛰어난 즐거움에 안주한다.168

相 以勝願力 變現自在 至法雲地 而受灌頂, 入於佛地 十無盡願 成就衆生 種種應現 無有休息, 而恒安住 自覺境界 三昧勝樂.

(2) ① 또 다음 대혜여, 보살마하살은 응당 대종과 만들어진 색[造色]을 잘 요지해야 한다.169

復次 大慧, 菩薩摩訶薩 當善了知 大種造色.

② 어떻게 요지하는가?

云何 了知?

대혜여, 보살마하살은 응당 '그 모든 대종은 진실로 나지 않고, 모든 삼계는 단지 오직 마음이 나타낸 것을 분별한 것일 뿐, 밖의 사물은 없다'라고 이와 같이 관찰해야 한다. 이와 같이 관찰할 때 대종과 만들어진 것은 모두 다 성품이 떠나 4구를 초과해서 나와 내 것이 없이

大慧, 菩薩摩訶薩 應如是觀 '彼諸大種 眞實不生, 以諸三界 但是分別 惟心所現, 無有外物'. 如是觀時 大種所造 悉皆性離 超過四句 無我我所

---

168 제2 이구지 내지 여래지에서 모두 초지 중의 열 가지 다함 없는 서원(=졸역『대방광불화엄경』제Ⅳ권 p.106 이하)을 성취하니, 그 일이 《화엄경》 등의 경전에 보인다. 나머지 뜻은 경문에 스스로 드러난다.
169 【이하는 셋째 사대와 조색에 능숙함으로써 관찰하는 각에 들어감을 보이는 것[示善四大造色 入觀察覺]이다.】 위에서 외도가 사대종의 성품이 있다고 계탁한다고 하였으므로, 다음 보살에게 권하여 대종과 조색을 잘 요지하여 진실 없음을 알게 하는 것이다.

여실한 곳에 머물러서 무생의 모습을 이룬다.170

③ 대혜여, 그 모든 대종이 어떻게 색을 만드는가?

대혜여, 말하자면 허망하게 분별된, 윤택하는 대종이 안팎의 수계를 이루고, 태우는 대종이 안팎의 화계를 이루며, 표동하는 대종이 안팎의 풍계를 이루고, 색분단의 대종이 안팎의 지계를 이루어 허공에서 분리되니, 삿된 진리에 집착함으로 말미암아 오온의 모임과 대종으로 만들어진 색이 난다.171

④ 대혜여, 식이란 갖가지 언설의 경

住如實處 成無生相.

大慧, 彼諸大種 云何造色?

大慧, 謂虛妄分別 津潤大種 成內外水界, 炎盛大種 成內外火界, 飄動大種 成內外風界, 色分段大種 成內外地界 離於虛空, 由執著邪諦 五蘊聚集 大種造色生.

大慧, 識者 以執著種種

---

170 '무생'이라고 말하는 것을 통틀어 말하면 둘이 있다. 첫째는 이치의 무생[理無生]이니, 원성실성은 본래 불생이기 때문이다. 둘째는 현상의 무생[事無生]이니, 연생의 모습은 곧 무생이기 때문이다.
171 이는 외도가 망령되이 계탁해서 사대종이 있어 조색을 낸다고 함을 나타낸 것이다. 말하자면 그들이 망상으로 계탁하는, 윤택하는 성품이 있어 수대종이 되어 안팎의 수계를 내니, 안은 곧 피, 땀, 흐르는 액이고, 밖은 곧 강, 바다, 샘이다. 뜨겁게 태워서 성숙시키는 성품이 있어 화대종이 되어 안팎의 화계를 내니, 안은 곧 몸이 머금은 온기이고, 밖은 곧 만물을 태우는 것이다. 표동하는 성품이 있어 풍대종이 되어 안팎의 풍계를 내니, 안은 곧 공기와 숨이 움직이는 것이고, 밖은 곧 만 가지 소리가 함께 읊조리는 것이다. 색 본질의 분한의 성품이 있어 지대종이 되어 안팎의 지계를 내니, 안은 곧 피부, 살, 근육, 뼈이고, 밖은 곧 들판, 습지, 구릉이다.
  망상으로 견·습·난·동이 있어 허공에서 분리되었다고 계탁하고, 삿된 진리에 집착함으로 말미암아, 오온은 허가虛假하게 적취積聚되어서 본래 자성이 없음을 알지 못하고, 대종으로 말미암아 조색이 난다고 말한다. 그래서 붓다께서 보살에게 응당 잘 요지해야 한다고 고하는 것이다.

계를 집착함이 원인이 되어 일어나기 때문에 다른 취들 중에서 상속하여 수생하는 것이다.172

言說境界 爲因起故 於餘趣中 相續受生.

대혜여, 땅 등의 만들어진 색에는 대종의 원인이 있지만, 사대종은 대종의 원인이 되는 것이 아니다. 왜냐 하면 만약 어떤 법에 형상이 있다면 곧 지어진 것이겠지만, 형상이 없는 것은 아니기 때문이다.173

大慧, 地等造色 有大種因, 非四大種 爲 大種因. 何以故 謂若有 法 有形相者 則是所作, 非無形者.

⑤ 대혜여, 이 대종과 만들어진 색의

大慧, 此大種造色相

---

172 '식'이라고 말한 것은 곧 위의 5온 중의 허망한 식이다. 진심에 미혹함으로 말미암아 갖가지 언설의 경계를 집착함을 이룬 것이 직접 일으키는 원인이 되니, 그래서 업을 지어 수생해서 여러 취 중에 상속함이 끊어지지 않는다. 응당 안의 몸, 밖의 경계, 사대, 오온은 단지 분별하는 심량이 나타낸 것일 뿐임을 알아야 한다.

173 4대종은 대종의 원인이 되는 것이 아니다. * 이 설명의 취지는 다음과 같은 『심인』의 설명이 이해에 도움이 된다. 「위에서 사대는 망상에서 생기하는 것이라고 함을 이어서, 여기에서는 다시 4생의 제취는 다 불각으로 말미암아 허망하게 나타남임을 내는 것이다. '식'은 곧 망상인데, 사대는 이미 안의 식이 변현한 것이고, 그리고 이 식의 성품은 갖가지 색의 모습을 즐겨 봄으로 인해 다시 능히 다른 취에 상속하게 하니, 곧 삼계는 안팎의 색의 모습이 처음 식의 지각으로 말미암아 변현된 것임을 알 것이다. 이미 식의 지각으로 말미암은 것이 이어진 것이지, 그 사대가 능히 생인이 되는 것이 아니다. 사대는 망상에서 나기 때문에 사대의 연이 있다고 말하지만, 사대는 능히 다시 생인이 되지 않기 때문에 그것이 사대의 연은 아니라고 말하였다. 우선 땅 등에는 각각 자체가 있고, 각각 형상이 있으며, 각각 방위와 지어진 방편이 있으니, 비록 자성이 없기는 하지만, 형색이 없는 것은 아니다. 형색이 어찌 형색에게 짓는 원인이 될 수 있을 것이며, 하물며 능히 무색온의 원인이 될 수 있겠는가. 이는 큰 오류이다, 그래서 (아래에서) 외도의 망상이지, 나의 법이 아니라고 말한다.」

모습은 외도가 분별하는 것이지, 나의 말이 아니다.174

外道分別, 非是我說.

(3) ① 또 다음 대혜여, 내가 이제 오온의 체상을 말할 것이니, 색·수·상·행·식을 말한다.175

復次 大慧, 我今當說五蘊體相, 謂色受想行識.

② 대혜여, 색은 사대 및 만들어진 색을 말하는데, 이는 각각 다른 모습이다. 수 등은 색이 아니다.

大慧, 色謂四大 及所造色, 此各異相. 受等非色.

대혜여, 색이 아닌 모든 온은 마치 허공과 같아서, 4라는 수가 없다.

大慧, 非色諸蘊 猶如虛空, 無有四數.

대혜여, 비유하면 허공은 수의 모습을 초과하지만, 그러나 '이것이 허공이다'라고 분별하여 말하는 것과 같이, 색이 아닌 모든 온도 또한 다시 이와 같아서 모든 수의 모습을 떠났으니, 있고 없음 등 네 가지 구를 떠났기 때문이다. 수의 모습이란 우부가 말하는 것이지, 모든 성자는 아니다.

大慧, 譬如虛空 超過數相, 然分別言 '此是虛空', 非色諸蘊 亦復如是 離諸數相, 離有無等 四種句故. 數相者 愚夫所說, 非諸聖者.

③ 모든 성자는 다만 '환상과 같이 지어진 것이어서 오직 임시로 시설된 것

諸聖但說 '如幻所作 唯假施設,

---

174 말하자면 모두 마음에 의해 나타나는 것이다. 그래서 맺어서, 이 대종과 조색의 모습은 외도가 망상으로 분별하는 것이라고 말하였다,
175 이하에서는 다시 오온도 모두 공하여 자성·자상이 없다고 깨뜨리니, 유독 색온과 사대만 진실 아닌 것이 아니라고 함이다.

일 뿐, 다름과 다르지 않음을 떠나서 꿈과 같고 영상과 같이 따로 있는 바가 없다'라고 말할 뿐인데도, 성지로 행하는 경계를 알지 못하기 때문에 모든 온이 분별되어 현전함 있음을 보니, 이를 모든 온의 자성·자상이라 이름한다.176

④ 대혜여, 이와 같은 분별을 그대는 응당 버려 떠나야 한다. 이를 버려 떠나고 나면 적정한 법을 설하여 일체 국토의 모든 외도의 견해를 끊고 법무아를 청정케 하여 원행지에 들어가, 한량없이 자재한 삼매를 성취하며 의생신을 얻고 여환삼매·힘·신통·자재를 모두 다 구족해서, 마치 대지가 널리 중생들을 이익함과 같으리라.177

離異不異 如夢如像
無別所有',
不了聖智 所行境故
見有諸蘊
分別現前, 是名 諸蘊自性相.

大慧, 如是分別 汝應捨離. 捨離此已
說寂靜法 斷一切刹
諸外道見 淨法無我
入遠行地, 成就無量
自在三昧 獲意生身
如幻三昧 力通自在 皆悉具足, 猶如大地 普益群生.

3.8.5178

....
176 성인은 비록 오온을 보더라도, 진실치 못해 오직 임시로 시설된 것일 뿐 다름과 다르지 않음을 떠나 환상과 같고 꿈과 같음을 요지한다는 것이다. 그러므로 오온은 따로 있는 바가 없는데도, 여래 소증의 경계를 알지 못하므로, 온의 법이 있음을 보아 집착하고 분별해서 항상 앞에 나타나 있으니, 이를 망상하는 모든 온의 자성상이라 이름한다.
177 '적정한 법'이란 모든 법의 실상을 말하니, 본래부터 일어난 모습이 없는 것이다. 나머지 뜻은 경문과 같다.
178 【위에서 넷째 각의 마음 선택함을 보이는 것은 마쳤고, 이하에서는 열반 건립하는 것을 보이는 것[示建立涅槃]인데, 셋으로 나누어진다. 처음은 외도와 이승의 열반을 개별적으로 열거하여 여래의 열반을 드러내는 것[別列外

⑴ ① 또 다음 대혜여, 열반에는 네 가지가 있는데, 어떤 것이 넷이겠는가?179

모든 법의 자성이 없음의 성품인 열반, 갖가지 모습의 성품이 없음의 성품인 열반, 스스로의 모습과 성품을 깨달음이 없음의 성품인 열반,180 모든 온의 자상·공상이 유주함을 끊는 열반이다.

대혜여, 이 네 가지 열반은 외도의 뜻이지, 내가 말하는 것이 아니다.181

② 대혜여, 내가 말하는 것은 분별하

復次 大慧, 涅槃 有四種, 何等 爲四?

謂諸法自性 無性涅槃, 種種相性 無性涅槃, 覺自相性

無性涅槃, 斷諸蘊 自共相流注 涅槃.

大慧, 此四涅槃 是外道義, 非我所說.

大慧, 我所說者 分別爾

道二乘涅槃 以顯如來涅槃]이다.】 * 여기에서 제5단의 3개 항의 경문 배치를 도표로써 보이면 다음과 같다.

외도·이승의 열반을 개별 열거해 여래의 열반을 드러냄	3.8.5(1)
망상의 식이 멸함이 곧 열반이 됨을 보임	(2)~(3)
망상의 차별을 다하면 지혜·여여가 진실한 열반의 과해를 이룸을 드러냄	3.8.6

179 위에서는 각지를 밝혔고, 여기에서는 열반을 밝혀서, 그 덕을 나타냄과 사邪·정正을 분별하니, 이는 보리·열반의 두 가지 전의의 과덕을 말하는 것이다.

180 외도가 모든 법의 체성이 있다고 계탁하는 것을 '자성'이라 이름하고, 뒤에 제거해서 없게 되는 것을 '없음의 성품'이라 이름하니, 명제冥諦를 열반으로 삼는 것이다. 또 모든 법의 모습이 있다고 계탁하는 것은 '갖가지 모습의 성품'이라 이름하고, 뒤에 관찰해서 없게 되는 것을 '없음의 성품'이라고 이름하니, 신아神我를 열반으로 삼는 것이다. 또 성품과 모습이 있다고 통틀어 계탁하는 것을 '스스로의 모습과 성품'이라고 이름하고, 역시 뒤에 관찰해서 없게 되는 것을 '없음의 성품'이라고 이름하니, 허망한 깨달음[妄覺]을 열반으로 삼는 것이다. 이상 세 가지는 바로 외도의 계탁을 낸 것이다.

181 또 오온이 6도 중에 유주함을 끊는 것이니, 인무아를 열반으로 삼는 것이다. 이는 이승의 열반이다. 오온이 있다고 보기 때문에 또한 외도와 같다.

여 아는 바의 식이 멸하는 것을 이름해   炎識滅 名爲涅槃."
서 열반이라고 한다."182

(2) 대혜가 말하였다.183   大慧言.
"세존이시여, 어찌 여덟 가지 식을 건   "世尊, 豈不建立 八種
립하시지 않았습니까?"   識耶?"
붓다께서 말씀하셨다.   佛言.
"건립했다."   "建立."
대혜가 말하였다.   大慧言.
"만약 건립하셨다면 어찌 하여 단지   "若建立者 云何但說
의식이 멸하는 것만을 말씀하십니까, 일   意識滅, 非七識滅?"
곱 가지 식은 멸하는 것이 아닙니까?"
붓다께서 말씀하셨다.   佛言.
"대혜여, 그것이 원인 및 소연이 되기   "大慧, 以彼爲因 及所
때문에 일곱 가지 식이 남을 얻는다.184   緣故 七識得生.

----

182 앞에서는 "자기 지혜의 경계를 증득하여 의지처인 장식을 전환하는 것을 대열반으로 삼는다"(=2.2.5(1)의 ①)라고 말하고, 또 "일체 식의 자성의 습기 및 장식·의·의식의 보는 습기가 전환된 것을 나 및 제불은 설명하여 열반이라 이름한다"(=3.4(2)의 ①)라고 하였지만, 여기에서는 또 유독 "분별로 아는 바[所知](=한역문의 '爾炎')의 경계의 식이 멸하는 것을 이름해서 열반이라고 한다"라고 말하였다. 통·별칭의 다름을 떠나, 모두 모든 식의 습기·종자·현행이 다 멸하는 것을 말한다. 다음 (2)의 문답에서 볼 수 있다.
183 【이하는 둘째 망상의 식이 멸함이 곧 열반이 됨을 보이는 것[示妄想識滅卽爲涅槃]이다.】
184 여래께서 분별하는 식이 멸하는 것을 열반이라고 이름한다고 말씀하시니, 대혜가 앞의 말씀과 다르다고 의심하여 물은 것이다. 붓다께서 대혜에게 말씀하신다. "그 의식은 세 가지 성품에 통하기 때문에 번뇌를 일으키고 업을 지으니, 모든 식에게 원인이 되고, 그리고 반연되는 경계(=제7식이

대혜여, 의식이 경계를 분별하여 집착   大慧, 意識分別境界 起
을 일으킬 때 모든 습기를 내어 장식을   執著時 生諸習氣 長養
장양하면, 이로 말미암아 의意가 함께   藏識, 由是意俱
하여 나와 내 것을 집착하고 사량함이   我我所執 思量隨轉,
따라서 구르니, 별도의 체상이 없고,185   無別體相,
장식이 원인이 되고 소연이 되기 때문   藏識爲因 爲所緣故
에 자기 마음이 나타낸 경계를 집착하   執著自心 所現境界
여 마음의 무리[心聚]가 생기하고 전전   心聚生起 展轉爲因.
하여 원인이 되는 것이다.186

    대혜여, 비유하면 바다의 파랑과 같으   大慧, 譬如海浪,
니, 자기 마음이 나타낸 경계의 바람이   自心所現 境界風吹

제6 의식을 반연하여 '내 것'으로 삼는다는 견해에 의거한 듯)이기 때문에 나머지 일곱 가지 식이 이에 의지해 일어나니, 의식이 만약 멸한다면 곧 나머지 식도 나지 않는다." * 만약 제6식은 제7식의 소연이 아니라는 견해에 의거한다면 경문의 '그것'은 장식을 가리키는 것으로 해석할 수 있다. 그렇게 이해하면 이 문장은 장식이 모든 식이 생기하는 근본이 됨을 우선 천명하는 것이고, 그 아래의 경문은 의식이 멸하면 나머지 일곱 가지 식이 멸하는 원리를 설명하는 구조가 될 것이다. 한편 뒤 (3)의 ②에서는 "의식이 마음의 원인 되고, 마음이 의의 경계가 된다"고 노래하므로, 원인이 되는 그것은 의식이고, 소연이 되는 그것은 장식인데, 이러한 의미일 수도 있다.

185 육식이 경계를 요별하여 집착을 일으킬 때 세 가지 습기(=명언·아집·유지의 습기)를 내어, 아뢰야식을 훈습하여 증장하면, 이로 말미암아 말나의 제7 의가 함께 해서 나와 내 것을 집착하며, 늘 살피고 사량함이 상속하여 따라서 구르니, 별도의 체상이 없다는 것이다.

186 또 근본식이 원인이 되어 유근신·종자·기세계를 변현하여 일으켜서 소연으로 삼으니, 그래서 이르기를, "자기 마음이 나타낸 경계를 집착하여 모든 마음의 무리가 생긴다"고 하였다. 이는 종자에서 현행을 일으키고, 현행에 의해 종자를 냄을 말하는데, 현행과 종자는 성품 없는 것이 마치 마른 갈대와 같으면서, 번갈아 서로 원인이 되기 때문에 '전전하여 원인이 된다'고 말한 것이다.

불어서 일어나고 멸함이 있는 것이다. 그러므로 의식이 멸할 때 일곱 가지 식도 역시 멸하는 것이다."187	而有起滅. 是故 意識滅時 七識亦滅."
⑶ 그 때 세존께서는 거듭 게송으로 말씀하셨다.	爾時 世尊 重說頌曰.
① 나는 자성 및 지음[作]과 　모습[相]으로써 하지 않고188 　경계 분별하는 식 멸하는 　이러함으로 열반 말하네189	我不以自性 及以於作相 分別境識滅 如是說涅槃
② 의식이 마음의 원인 되고 　마음이 의의 경계가 되니 　원인 및 소연 때문에 　모든 식이 의지해서 나네190	意識爲心因 心爲意境界 因及所緣故 諸識依止生

---

187 마치 바다 중의 파랑이 상호 서로 밀어내고 이끌며 또한 전전하여 서로 내는 것과 같다. 색·성·향·미·촉은 자기 마음이 나타낸 경계의 바람인데, 불어서 움직이면 모든 식이 순간순간 일어나고 멸함도 또한 다시 이와 같으니, 그래서 의식이 멸할 때 나머지 일곱 가지 식도 역시 멸한다고 말한 것이다.
188 위의 외도의 네 가지 열반을 노래한 것이니, 말하자면 나는 자성·지음·모습이 멸한 명제 등으로써 열반을 삼지 않는다는 것을 말한 것이다.
189 위의 허망하게 경계를 보는 식의 멸함이 여래의 열반임을 노래한 것이다.
190 위의 8식이 전전해서 상호 원인이 됨을 노래한 것이다.

③ 마치 큰 폭류가 다하면　　　　　　如大瀑流盡
　　파랑이 곧 일어나지 않듯　　　　　波浪則不起
　　이와 같이 의식이 멸하면　　　　　如是意識滅
　　갖가지 식도 나지 않네191　　　　種種識不生

3.8.6192

⑴ "① 또 다음 대혜여, 내가 이제 망계　　"復次 大慧, 我今當說
자성의 차별상을 말하여 그대 및 모든　妄計自性 差別相 令汝
보살마하살들로 하여금 이 뜻을 잘 알　及 諸菩薩摩訶薩 善知
게 해서, 모든 망상을 초월하여 성지의　此義, 超諸妄想 證聖智
경계를 증득하고 외도의 법을 알아서　境 知外道法
능취·소취의 분별을 멀리 떠나며, 의타　遠離能取 所取分別,
기의 갖가지 모습 중에서 다시 망령되　於依他起 種種相中 不
이 계탁된 모습[妄所計相]을 취착치 않게　更取著 妄所計相.
하겠다.193

　② 대혜여, 무엇을 망계자성의 차별상　大慧, 云何 妄計自性
이라고 하는가? 이른바 언설의 분별, 설　差別相? 所謂 言說分

---

191 저 폭류가 다하면 곧 파랑이 다함으로써, 의식이 멸하면 나머지 7식도
또한 나지 않음에 비유함으로써 위의 비유 및 법과 합함을 노래한 것이다.
192 【이하는 셋째 망상의 차별을 다하면 지혜·여여가 진실한 열반의 과해를
이룸을 드러내는 것[窮妄想差別 以顯智如 成實涅槃果海]이다.】
193 위에서 망상의 분별로 아는 바의 식이 멸함을 열반이라고 이름한다고 말
함으로 인해, 이제 멸할 망상식의 차별의 공통된 모습을 밝혀, 모든 보살로
하여금 부실함을 요지하게 해서, 모든 망상을 초월하여 여래의 경계에 이
르게 하고, 외도의 법을 알고 모든 견해가 나지 않게 하며, 능·소의 분별을
떠나 연기 중에서 다시는 망령되이 계탁치 않게 하시겠다는 것이다.

해진 것[所說]의 분별, 모습[相]의 분별, 재물[財]의 분별, 자성의 분별, 원인[因]의 분별, 견해[見]의 분별, 이치[理]의 분별, 남[生]의 분별, 나지 않음[不生]의 분별, 서로 속함[相屬]의 분별, 묶고 풂[縛解]의 분별이니, 대혜여, 이것이 망계자성의 차별상이다.194

別 所說分別 相分別
財分別 自性分別 因分別 見分別 理分別
生分別 不生分別
相屬分別 縛解分別,
大慧, 此是 妄計自性差別相.

(2) ① 무엇을 언설의 분별이라 하는가? 말하자면 갖가지 아름답고 묘한 소리와 말에 집착하는 것이니, 이를 언설의 분별이라 이름한다.195

云何 言說分別?
謂執著種種 美妙音詞,
是名 言說分別.

② 무엇을 설해진 것[所說]의 분별이라 하는가? 말하자면 어떤 설해진 사물이 성지 소증의 경계라고 집착해서 이에 의지해 말을 일으키니, 이를 설해진 것의 분별이라 이름한다.196

云何 所說分別?
謂執有所說事
是聖智所證境 依此起說, 是名 所說分別.

③ 무엇을 모습의 분별이라 하는가? 말하자면 곧 그 설해진 사물 중에서 마

云何 相分別?
謂卽於彼 所說事中 如

---

194 열두 가지 허망한 분별의 이름을 물어서 열거한 것이다. 뜻은 아래에서 해석하는 것과 같다.
195 갖가지 음성과 글의 문구를 계탁하고 집착해서 있음의 성품으로 삼는 것을 언설의 분별이라 이름한다.
196 5법과 3자성(=성인에 의해 '설해진 것')이 있다고 계탁하는 것을 설해진 것의 분별이라 이름한다.

치 목마른 짐승이 생각하듯이 견·습·난·동 등의 일체의 모든 모습을 분별해서 집착하니, 이를 모습의 분별이라 이름한다.197

④ 무엇을 재물의 분별이라 하는가? 말하자면 갖가지 금·은 등의 보배를 취착해서 언설을 일으키니, 이를 재물의 분별이라 이름한다.198

⑤ 무엇을 자성의 분별이라 하는가? 말하자면 악견으로써 '이것이 자성이고, 결정코 다른 것이 아니다'라고 이와 같이 분별하니, 이를 자성의 분별이라 이름한다.199

⑥ 무엇을 원인의 분별이라 하는가? 말하자면 인연에서 있고 없음을 분별해서 이 원인의 모습이 능히 낸다고 하기 때문이니, 이를 원인의 분별이라 이름한다.200

渴獸想 分別執著 堅濕煖動等 一切諸相, 是名 相分別.

云何 財分別? 謂取著種種 金銀等寶 而起言說, 是名 財分別.

云何 自性分別? 謂以惡見 如是分別 '此自性, 決定非餘', 是名 自性分別.

云何 因分別? 謂於因緣 分別有無 以此因相 而能生故, 是名 因分別.

....
197 사대의 모습이 있다고 계탁하는 이것을 모습의 분별이라 이름한다는 것이다.
198 재물이 있다고 계탁해서 간탐하고 취착하는 것을 재물의 분별이라 이름한다.
199 사대의 성품이 있다고 계탁해서, 지대의 성품은 견고함이고, 수대의 성품은 습함이며, 화대의 성품은 뜨거움이고, 풍대의 성품은 움직임이라고 말하는 것과 같이, 나아가 진·속에 이르기까지 각각 자성이 있어 같지 않다고 하는 것을 자성의 분별이라 이름한다.

⑦ 무엇을 견해의 분별이라 하는가? 말하자면 모든 외도가 악견으로 있고 없음, 하나와 다름, 함께 함과 함께 하지 않음 등을 집착하니, 이를 견해의 분별이라 이름한다.201

云何 見分別? 謂諸外道 惡見執著 有無一異 俱不俱等, 是名 見分別.

⑧ 무엇을 이치의 분별이라 하는가? 말하자면 나와 내 것에 집착하는 모습이 있어 언설을 일으키니, 이를 이치의 분별이라 이름한다.202

云何 理分別? 謂有執著 我我所相 而起言說, 是名 理分別.

⑨ 무엇을 남[生]의 분별이라 하는가? 말하자면 모든 법의 있음과 없음이 연에서 난다고 계탁하니, 이를 남의 분별이라 이름한다.203

云何 生分別? 謂計諸法 若有若無 從緣而生, 是名 生分別.

⑩ 무엇을 나지 않음[不生]의 분별이라 하는가? 말하자면 일체법은 본래 불생으로서, 아직 모든 연이 있기 전에 먼저 체가 있었으므로 원인에서 일어나지 않는다고 계탁하니, 이를 나지 않음의

云何 不生分別? 謂計一切法 本來不生, 未有諸緣 而先有體 不從因起, 是名 不生分別.

---

200 인과 연에서 있고 없음을 분별해서 인의 모습이 낸다고 말하는 이것을 원인의 분별이라 이름한다.
201 이 있고 없음에 의지해 4구의 견해를 일으키는 이것을 견해의 분별이라 이름한다.
202 오온 중에서 나와 내 것을 헤아려서 허망한 법을 말하는 이것을 이치의 분별이라 이름한다.
203 있고 없음의 법이 결정코 연에서 난다고 헤아리는 이것을 남의 분별이라 이름한다.

분별이라 이름한다.204

⑪ 무엇을 서로 속함의 분별이라 하는가? 말하자면 이것과 저것은 번갈아 서로 매여서 속한 것이, 마치 바늘과 실과 같다고 하니, 이를 서로 속함의 분별이라 이름한다.205

云何 相屬分別? 謂此與彼 遞相繫屬, 如針與線, 是名 相屬分別.

⑫ 무엇을 묶고 풂의 분별이라 하는가? 말하자면 묶는 주체로 인해 묶이는 대상이 있는 것이, 마치 사람이 줄이라는 방편의 힘으로써 묶었다가 다시 푸는 것과 같다고 집착하니, 이를 묶고 풂의 분별이라 이름한다.206

云何 縛解分別? 謂執因能縛 而有所縛, 如人以繩 方便力故 縛已復解, 是名 縛解分別.

대혜여, 이것이 망계자성의 차별상이니, 일체 범우는 그 중에서 있음과 없음을 집착한다.207

大慧, 此是妄計性 差別相, 一切凡愚 於中執著 若有若無.

(3) ① 대혜여, 연에서 일어난 것 중에서

大慧, 於緣起中

---

204 모든 법은 본래 불생이니, 없고 있음의 체성은 연에 의지해 일어나지 않는다고 계탁하는 이것을 나지 않음의 분별이라 이름한다.
205 유위의 모든 법은 함께 있는 인과[俱有因果]로서 번갈아 서로 매여서 속한 것이, 마치 금을 실로 삼으면 금은 곧 실에 있고 실은 곧 금에 있는 것과 같다고 계탁하니, 이를 서로 속함의 분별이라 이름한다.
206 번뇌가 있어서 능히 중생을 속박했다가 뒤의 시기의 수도가 능히 중생을 푸는 것이, 마치 사람이 먼저 줄로 묶는 것과 같아서, 속박하고 나서 다시 푸는 것도 또한 다시 이와 같다고 계탁하는 것을 묶고 풂의 분별이라 이름한다.
207 우부가 망령되이 있음과 없음을 계탁해서 이 분별을 낸다고 말함이다.

갖가지 망계자성을 집착함은, 마치 환상에 의지해 갖가지 물건을 보는 것과 같은데도, 범우는 분별하여 환상과 다른 것을 본다.208

執著種種 妄計自性, 如依於幻 見種種物, 凡愚分別 見異於幻.

② 대혜여, 환상과 갖가지 물건은 다른 것도 아니고 다르지 않은 것도 아니다. 만약 다른 것이라면 응당 환상은 갖가지 물건의 원인이 아닐 것이고, 만약 하나인 것이라면 환상과 갖가지 물건은 응당 차별이 없을 것인데, 그러나 차별을 보니, 그러므로 다른 것도 아니고 다르지 않는 것도 아니다.209

大慧, 幻與種種 非異非不異.
若異者 應幻 非種種因,
若一者
幻與種種
應無差別, 然見差別,
是故 非異非不異.

대혜여, 그대 및 모든 보살마하살들은 환상에서 있고 없음에 대해 집착을 내어서는 안된다."210

大慧, 汝及 諸菩薩摩訶薩 於幻有無 不應生著."

(4) 그 때 세존께서는 거듭 게송으로 말씀하셨다.

爾時 世尊 重說頌言.

....
208 의타연기 중에서 갖가지 망계자성을 내는 것은, 마치 주술에 의지해 여러 환상의 일을 보는 것과 같은데도, 우부는 망상으로 환상과 다른 것을 보고 갖가지 실제의 물건이 있다고 집착한다.
209 주술과 갖가지 물건은 하나와 다름을 떠났다는 것이다.
210 그러므로 마치 환술에 의지해 갖가지 물건을 내는 것과 같이, 하나와 다름, 있음과 없음을 떠났으니, 계착해서는 안된다.

① 마음이 경계에 속박되면 　　　　　心爲境所縛
　각상覺想의 지혜 따라 구르니211 　　覺想智隨轉
　무상無相처와 최승처에서 　　　　無相最勝處
　평등의 지혜가 난다네212 　　　　　平等智慧生

② 망계에 있으면 있음이나 　　　　在妄計是有
　연기에서는 곧 없거늘213 　　　　於緣起則無
　망계로 미혹해 취하지만 　　　　妄計迷惑取
　연기는 분별을 떠났다네214 　　　緣起離分別

③ 갖가지의 지분이 나지만 　　　　種種支分生
　환상 같아 성취치 못하니 　　　　如幻不成就
　갖가지 모습 나타내지만 　　　　雖現種種相
　허망 분별이라 곧 없다네215 　　　妄分別則無

---

211 우부의 허망한 마음이 생사의 경계에 속박되는 바 되어 망상의 지혜가 경계를 따라 구른다는 것이니, '각'은 허망한 깨달음[妄覺]이다.
212 '무상처'는 제8지이고, '최승처'는 불지이니, 위의 2지에서 생사와 열반의 평등을 얻는다는 것이다.
213 마치 등걸에 의지해서 뱀을 계탁함과 같다. 망정으로 있다고 여기나, 등걸의 연기에서 뱀의 모습은 실제로 없다.
214 망령되이 계탁하는 미혹한 마음이 등걸을 취해 뱀으로 여기지만, 연기한 등걸 자체는 실제로 뱀의 모습이 아니라는 것이다. 이 1행은 연기를 들어서 망계를 깨뜨리는 것이다.
215 말하자면 갖가지 이름과 모습의 지분의 남이 있다 해도 환술로 일으킨 것과 같아서 곧 갖가지를 이루지 못하니, 비록 모든 모습을 나타내더라도 허망한 분별임을 알면 곧 다 진실이 없다. 이 1행은 연기를 깨뜨리는 것이다.

4 그 모습은 곧 허물이니　　　　　彼相卽是過
　　다 마음의 속박에서 난 것　　　皆從心縛生
　　망계자가 알지 못하고　　　　　妄計者不了
　　연기된 법을 분별한다네216　　　分別緣起法

5 이 모든 망계의 성품은　　　　　此諸妄計性
　　모두 곧 연기한 것이니217　　　 皆卽是緣起
　　망계해 갖가지가 있다고　　　　妄計有種種
　　연기 중에서 분별함이네218　　　緣起中分別

6 세속제와 제일의제요　　　　　　世俗第一義
　　제3이라면 무인생이니219　　　 第三無因生
　　망계함은 세속이요　　　　　　　妄計是世俗
　　끊으면 성인의 경계라네220　　　斷則聖境界

....

216 '그 연기한 것의 모습은 곧 허물'이라는 것은 마음을 속박하는 번뇌에서 난 것임을 말하니, 어리석은 사람은 알지 못하기 때문에 실제로 있고 없음이라고 분별한다는 것이다.
217 위에서는 연기는 망계하는 마음의 속박에서 난다고 말했고, 여기에서는 또 망계성이 연기에서 나므로, 곧 '연기한 것'이라고 말한 것이다.
218 이 망계성의 갖가지는 연기 중에서 계탁 분별을 낸 것이다.
219 세속제와 제일의제가 있고, 제3은 없다는 것을 밝히는 것이니, 만약 제3제를 말한다면 곧 외도의 무인생과 같다는 것이다.
220 연을 망계함으로 말미암아 삼계의 생사와 유·무의 일체 모든 법을 내니, 곧 세속제이고, 만약 연의 성품 없음을 요달하면 곧 성인이 행하는 바 경계인 제일의이다. 그래서 《성유식론》에서 이르기를, "모든 법의 성품에는 대략 두 가지가 있다. 첫째는 허망이니, 변계소집을 말함이요, 둘째는 진실이니, 원성실을 말함이다. 다시 두 가지가 있다. 첫째는 세속이니, 의타기를 말함이요, 둘째는 승의니, 원성실을 말함이다."(=졸역 pp.849-850)라고

7 마치 관행을 닦는 자가　　　　　如修觀行者
　　하나[一]서 갖가지 나타내나　　　於一種種現
　　거기엔 갖가지가 없듯이　　　　於彼無種種
　　망계의 모습도 이와 같고221　　妄計相如是

8 눈이 갖가지로 흐리면　　　　　如目種種翳
　　망상으로 온갖 색 보지만　　　　妄想見衆色
　　그엔 색도 색 아님도 없듯　　　彼無色非色
　　연기 알지 못함도 그러며222　　不了緣起然

9 금이 티끌의 때를 떠나듯　　　　如金離塵垢
　　물이 진흙의 탁함 떠나듯　　　　如水離泥濁
　　허공에는 구름이 없듯이　　　　如虛空無雲
　　망상 맑게 함도 이와 같네223　　妄想淨如是

하고, 그래서, "원성실은 그것(=의타기)에 있어서 항상 앞(=변계소집)을 멀리 떠난 성품"(=졸역 p.806)이라고 하였다. 의타기에서 만약 망계를 여읜다면 곧 원성실이라 하니, 그래서 "끊으면 곧 성인의 경계"라고 말한 것이다.

221 마치 이승과 외도의 관행을 닦는 자가 만약 청상관靑想觀을 지을 때라면 천지만물이 다 청색 아닌 것이 없고, 적·황·백색도 또한 다시 이와 같지만, 원래 청색이 없는 곳에서 바로 청색의 지각을 지었으므로 곧 청색인 것과 같다. 곧 청색 없는 곳에서 청색을 보는 것으로써, 범부와 외도가 망령되이 유·무와 생사의 모든 법을 보지만, 역시 생사의 모든 법이 없는 곳에서 망령되이 있는 것을 보는 것임에 비유하였다. 그래서 "망계의 모습도 이와 같다"고 말한 것이다.

222 연기는 오직 임시로 시설된 것일 뿐임을 깨닫지 못하는 것은, 또한 마치 어린이(=그림 속의)나 선화륜이 진실치 못함을 깨닫지 못하는 것과 같다.

223 이는 망계의 때와 탁함을 떠나서 연기의 구름 가림[雲翳]을 요달하면 곧 원성실의 청정하고 진실한 성품임을 말하는 것이니, 그래서 위 셋을 비유

10	망계의 자성은 없고	無有妄計性
연기의 자성은 있다고	而有於緣起
건립 및 비방하면 이는	建立及誹謗
분별에 의해 무너진다네224	斯由分別壞

11 만약 망계성은 없지만　　　若無妄計性
　　연기는 있다고 한다면　　　而有緣起者
　　무법이면서 유법임이요　　　無法而有法
　　유법이 없음에서 남이라　　　有法從無生

12 망계를 의지하고 인하여　　　依因於妄計
　　연기가 있음을 얻음이니225　　而得有緣起
　　모습과 이름이 항상 서로　　　相名常相隨
　　따르며 망계를 낼 것이라　　　而生於妄計

13 연기가 허망에 의지하여　　　以緣起依妄
　　구경 성취되지 못하므로226　　究竟不成就

....
　로 삼았다.
224 연기는 있다고 계탁하는 것은 '건립'이라 이름하고, 망상은 없다고 계탁하는 것을 '비방'이라고 이름한다. 이 있고 없다는 견해를 짓는 자는 망령된 분별로 말미암아 스스로 정견(=경문의 '이[斯]'=원성실)을 파괴한다고 말하는 것이다.
225 위의 2구는 계탁을 따온 것이고, 다음 1게송은 망상으로 인해 연기를 낸다는 것을 밝히는 것이니, 곧 바로 깨뜨리는 것이다.
226 위의 2구는 연기로 인하여 또 망상 낸다는 것을 밝히는 것이고, 그 다음 2구는 또 연기가 허망에 의지하므로 또한 망계의 자성 없음과 같으니, 이 연기와 망계가 끝내 성취되는 바 없음을 안다고 깨뜨리는 것이다.

이 때 청정을 나타내니 　　　是時現淸淨
제일의라고 이름한다네227 　　　名爲第一義

14 망계에는 열둘이 있으며 　　　妄計有十二
연기에 여섯 가지 있으나228 　　　緣起有六種
스스로 진여 경계 증하면 　　　自證眞如境
거기에는 차별이 없다네229 　　　彼無有差別

15 다섯 가지 법 진실이 되고 　　　五法爲眞實
3자성도 또한 그러하니 　　　三自性亦爾
수행자가 이를 관찰하면 　　　修行者觀此
진여를 넘지 않으리라230 　　　不越於眞如

16 연기의 모습에 의지하여 　　　依於緣起相
갖가지 이름을 망계하나 　　　妄計種種名
그 모든 망계의 모습은 　　　彼諸妄計相
다 연기로 인하여 있다네231 　　　皆因緣起有

----

227 만약 망상을 건넌다면 곧 성인의 제일의제 원성실성이라고 이름한다.
228 위의 열두 가지 분별과 육진경계의 바람이 표동함으로 말미암아 있다는 것을 노래한 것이다.
229 자각성지 소증의 경계로 그 연기와 망계를 요달하기 때문에 차별이 없다.
230 수행자가 5법과 3자성은 체에 두 가지 모습이 없음을 관찰한다면 곧 여여임을 말하는 것이다.
231 연기와 망계는 다시 상호 서로 내므로 모두 힘이 없어서 스스로 설 수 없음을 말하는 것이다.

17 지혜로써 잘 관찰한다면　　　智慧善觀察
　　연기도 없고 망계도 없어　　　無緣無妄計
　　진실 중에는 물건 없거늘　　　眞實中無物
　　어떻게 분별 일으키리오232　　云何起分別

18 원성실성이 만약 있다면　　　圓成若是有
　　이는 곧 유·무 떠난 것이니　　此則離有無
　　이미 유·무를 떠났다면　　　既已離有無
　　어떻게 두 성품 있으리오233　　云何有二性

19 두 성품 있다고 망계하여　　　妄計有二性
　　두 성품이 안립된 것이니　　　二性是安立
　　분별하면 갖가지를 보나　　　分別見種種
　　청정이 성인 행하는 바네234　　清淨聖所行

20 망계한 갖가지 모습은　　　　妄計種種相
　　연기 중에서 분별함이니　　　緣起中分別
　　이와 다르게 분별한다면　　　若異此分別
　　곧 외도론에 떨어지리라235　　則墮外道論

232 성인의 자각성지로써 관찰할 때에는 연기자성도 없고 또한 망계자성도 없으며, 곧 정지·여여·원성자성임을 말하는 것이다.
233 원성실성이 진실로 있는 것이니, 원만하고 항상하며 청정하고 묘해서, 허망한 있고 없음을 떠나 본래 두 가지 성품이 없다.
234 망계하기 때문에 망계와 연기의 2자성이 있게 되므로, 성인은 방편으로 생각을 따라서 법을 설한 것이다. 또한 방편을 안립해서 망상의 갖가지를 알게 한 것이니, 청정이 성인이 행하는 곳이기 때문이다.

[21] 여러 허망한 견해 때문에   以諸妄見故
　　 망계에서 망계하니   妄計於妄計
　　 이 두 가지 계탁을 떠나면   離此二計者
　　 곧 진실한 법이 되리라236   則爲眞實法

3.9237

(1) ① 대혜보살마하살이 다시 붓다께 　大慧菩薩摩訶薩　復白
말하였다.   佛言.

....
235 이는 불법은 생사 연기하는 법이 망상심 중에서 남을 안다는 것을 밝힌 것이니, 만약 생사 유무의 모든 법이 망상과 달리 미진·명제·자재천 등에서 난다고 계탁한다면 곧 외도의 이론이라는 것이다.
236 '여러 (허망한) 견해'란 5악견이다. 외경이 허망한 식과 함께 함을 봄으로 인해 망상을 내기 때문에 '망계에서 망계한다'고 말하였다. 연기와 망계의 두 가지 망상을 능히 떠나서 본다면 곧 정지로 증득하는 바 여여의 '진실한 법'이라는 것이다.
237 【이상 셋째 여래장이 우부·외도의 망상의 언설을 초과하여 모든 지와 구경의 과해를 성취함을 보이는 것은 마쳤고, 이하는 넷째 자각의 일승으로 모든 지를 비추어 밝히고, 모든 누를 잘 끊은 원만한 불신은 유무에 떨어지지 않음을 보이는 것[示自覺一乘 照明諸地 善斷諸漏 圓滿佛身 不墮有無]인데, 넷으로 나누어진다. 처음은 자각의 일승을 보이는 것[示自覺一乘]인데, 다섯으로 나누어진다. 그 처음은 자각성지를 보이는 것[示自覺聖智]이다.】 * 여기에서 넷째 분단 4개 항의 경문 배치를, 그 제1항의 세부과목과 함께 도표로써 보이면 다음과 같다.

	자각성지를 보임	3.9(1)①~②
	일승을 보임	③
자각의 일승을 보임	삼승의 근기 따름을 보임	(2)①~②
	일승의 평등을 보임	③
	총체적으로 노래함	(3)
성지로써 모든 지 비추어 밝힘을 보임		4.1
방편으로 내적인 5행에 능숙함을 보임		4.2
원만한 붓다의 깨달음을 보임		4.3

"세존이시여, 오직 원컨대 자증성지의 행상 및 일승의 행상을 위해 설하셔서, 저 및 모든 보살마하살이 이의 선교함을 얻어 불법 중에서 남으로 말미암아 깨닫지 않게 하소서."[238]

② 붓다께서 말씀하셨다.

"잘 들으라, 그대를 위해 설하겠다."

대혜가 말하였다.

"예."

붓다께서 말씀하셨다.

"대혜여, 보살마하살은 모든 성인의 가르침에 의지하여 분별함 없이 홀로 한가하며 고요한 곳에 처해 관찰하여 스스로 깨달으면 남의 가르침을 말미암지 않고 분별하여 봄을 떠나서 상상으로 승진하여 여래지에 드니, 이와 같이 수행하는 것을 자증성지의 행상이라 이름한다.[239]

"世尊, 惟願爲說 自證聖智行相 及一乘行相, 我及 諸菩薩摩訶薩 得此善巧 於佛法中 不由他悟."

佛言.

"諦聽, 當爲汝說."

大慧言.

"唯."

佛言.

"大慧. 菩薩摩訶薩 依諸聖敎 無有分別 獨處閑靜 觀察自覺
不由他悟
離分別見 上上昇進
入如來地, 如是修行
名自證聖智行相.

....
238 대혜가 위(=⑭)에서 스스로 진여 경계를 증득하면 그 연기와 망계에 차별 없음을 안다고 말한 것으로 인해, 능증의 자각성지 및 소증의 일승의 행상을 들어서 청문한 것이니, 이의 선교함을 얻어서 남의 가르침을 따르지 않고 스스로 깨달아 들어가고자 하는 것이다.
239 이 자각성지는 언설로 미칠 바가 아님을 말하는 것이다. 전의 성인이 아시는 바로서 자비로써 유정에게 가르쳐 굴려서 서로 전수케 하려고, 모든 법은 성품이 없으며 단지 망상의 분별이 병이 된 것일 뿐임을 설하였다. 모든 성인의 가르침에 의지해 허망한 분별이 없으면 곧 스스로 증입한다. 그

③ 무엇을 일승의 행상이라고 이름하는가?240 말하자면 일승의 도를 깨달아 앎[證知]을 얻기 때문이다.

云何 名一乘行相? 謂得證知 一乘道故.

무엇을 이름해서 일승의 도를 앎이라고 하는가? 능취·소취의 분별을 떠나서 여실하게 머무는 것을 말한다.

云何 名爲 知一乘道? 謂離能取 所取分別 如實而住.

대혜여, 이 일승의 도는 오직 여래를 제외하고는 외도·이승·범천왕 등이 얻을 수 있는 것이 아니다."241

大慧, 此一乘道 惟除如來 非外道二乘 梵天王 等 之所能得."

(2) ① 대혜가 붓다께 말하였다.

"세존이시여, 무엇 때문에 삼승이 있음을 설하시고, 일승을 설하시지 않습니까?"242

大慧 白佛言.

"世尊, 何故 說有三乘, 不說一乘?"

러나 이 망상은 본래 체가 없기는 하지만, 무시로부터의 습기로 말미암아 성품을 이루었으니, 반드시 고요한 연에 의지해 관조해 스스로 깨달을 것을 요하고, 남의 가르침으로 말미암는 것이 아니다. 망상의 봄을 떠나면 곧 능히 점차 나아가 붓다지위에 들어가니, 이와 같이 수행하는 것을 이 때문에 자각성지의 행상이라고 이름한다.
240 【이는 둘째 일승을 보이는 것[示一乘]이다.】
241 '일승'이라고 말한 것은 곧 일심—心이니, 포함하고 실어서 옮긴다는 뜻이다. 만약 경계를 반연하여 취한다면 곧 옮겨서 육취의 문으로 들어가게 하고, 만약 망상이 나지 않는다면 곧 옮겨서 하나의 진실한 땅에 이르게 한다. 그래서 붓다께서 대혜에게, "능취·소취의 분별을 떠나서 여실하게 머무는 것"이라고 말씀하셨으니, 이는 곧 생사의 허망이 곧 열반의 진실임을 요달해서 일심을 단박에 깨닫고 다시는 향하는 바가 없는 것이다. 그래서 범부와 이승의 삿되고 하열한 심행으로 알 수 있는 것이 아닌 것이다.
242 【이하는 셋째 삼승은 근기를 따른 것임을 보이는 것[示三乘隨機]이다.】 위

② 붓다께서 말씀하셨다.

"대혜여, 성문과 연각에게는 스스로의 반열반법이 없기 때문에 일승을 설하지 않았으니, 그들은 단지 여래가 설한 것에 의지해 조복하고 멀리 떠나며 이와 같이 수행해서 해탈을 얻지만, 스스로 얻는 것이 아니다.243

또 그들은 아직 능히 지혜의 장애 및 업의 습기를 제멸하지 못했고, 아직 법무아를 깨닫지 못했으며, 아직 부사의변역사라고 이름하지 못하니, 이 때문에 나는 위해 삼승을 설하였다.244

③ 만약 그들이 일체 허물과 습기를 능히 제거하고 법무아를 깨닫는다면, 이때 마침내 삼매로 취한 바에서 떠나며 무루계에서 깨달음을 얻고 나서 출세의 상상의 무루계 중에서 모든 공덕을 닦

佛言.
"大慧, 聲聞緣覺 無自般涅槃法故 [我]<不>說一乘, 以彼但依 如來所說 調伏遠離 如是修行 而得解脫, 非自所得.
又彼未能除滅 智障及業習氣, 未覺法無我, 未名不思議變易死, 是故我說
以爲三乘.
若彼能除 一切過習 覺法無我, 是時乃離 三昧所醉
於無漏界 而得覺悟已
於出世上上 無漏界中

....

에서 일승은 다른 외도·이승·범천왕 등이 얻을 수 있는 것이 아니라고 말씀하셔서, 곧 여래께서 방편으로 삼승을 설하셨다는 것을 알았기 때문에 묻는 것이다.
243 일승의 사람은 생사의 자성이 열반임을 알기 때문이고, 성문과 연각은 스스로의 열반법이 없기 때문에 일승을 설하지 않았으니, 그들은 단지 세간을 염리하고 조복하는 수행에만 의지해 해탈을 얻으므로 자기의 힘으로써 열반법을 얻는 것이 아니다. 그래서 위해 일승을 설하지 않았을 뿐이다.
244 위와 같은 허물을 아직 멸하지 못해 큰 법 받음을 감당하지 못하기 때문에 여래가 삼승을 설하였다.

아서 널리 만족케 해서 부사의하고 자 修諸功德 普使滿足 獲
재한 법신을 얻게 할 것이다."245 不思議 自在法身."

(3) 그 때 세존께서는 거듭 게송으로 말 爾時 世尊 重說頌言.
씀하셨다.246

① 하늘의 승 및 범천의 승 天乘及梵乘
　성문의 승과 연각의 승 聲聞緣覺乘
　모든 붓다 여래의 승의 諸佛如來乘
　모든 승은 내가 설한 바나247 諸乘我所說

② 내지 마음 일어남 있으면 乃至有心起
　모든 승 아직 구경 아니요 諸乘未究竟
　그 마음의 구름이 멸하면 彼心轉滅已
　승 및 승자乘者도 없으리니 無乘及乘者

③ 승의 건립이 없는 것을 無有乘建立

---

245 【이 ③은 넷째 일승의 평등을 보이는 것[示一乘平等]이다.】 이승은 삼매의 즐거움에 맞들여 탐착해서 열반의 지각을 짓지만, 만약 능히 그 지혜의 장애 및 업의 습기를 멸하고 법무아를 깨달아서 부사의변역사를 건넌다면, 그 때 바야흐로 삼매로 취한 바에서 떠나 하열한 무루삼매 중에서 깨달음을 얻을 것인데, 이미 깨달음을 얻고 나면 스스로 남음이 있는 지[有餘地]에 머묾을 알고 상상으로 승진하는 여실한 수행을 일으켜서, 모든 공덕이 만족하며 또한 여래의 자재한 법신을 얻는다는 것이다.
246 【이는 다섯째 총체적으로 노래하는 것[總頌]이다.】
247 이 1행의 게송은 위의 모든 승의 이름을 노래한 것이다.

나는 일승이라고 말하고[248]   我說爲一乘
우부 거두기 위한 때문에   爲攝愚夫故
모든 승의 차별을 말하네   說諸乘差別

4 해탈에 세 가지가 있으니   解脫有三種
모든 번뇌를 떠나는 것 및   謂離諸煩惱
법무아와 평등한 지혜의   及以法無我
해탈을 말하는 것이라네[249]   平等智解脫

5 비유하면 바다 중 나무가   譬如海中木
늘 파랑을 따라 구르듯이   常隨波浪轉
성문의 마음 또한 그러해   聲聞心亦然
모습의 바람에 표류하니   相風所漂激

6 번뇌 일으킴 멸했다 해도   雖滅起煩惱
여전히 습기의 속박 받고[250]   猶被習氣縛

---

248 마음의 움직임이 있어 여러 승 있음을 계탁하면 곧 구경이 아니라고 말하는 것이다. 만약 망상의 마음이 멸하면 곧 모든 승도 없고, 또한 능히 모든 승에 타는 사람(='승자')도 없으니, 사람이 없기 때문에 또한 모든 승도 건립되지 않는다. 이를 일승이라고 이름한다.
249 중생을 인도하기 위하여 삼승의 해탈을 말한다. '모든 번뇌를 떠나는 것'은 이승의 해탈이니, 말하자면 단지 분단생사만을 다한 것을 해탈이라고 이름하지만, 기실은 아직 일체 해탈을 얻지 못한 것이다. 법무아를 통달한 평등의 큰 지혜가 곧 여래의 진해탈이다.
250 성문은 비록 현행의 번뇌를 끊었다고 해도 아직 소지장 및 근본무명을 끊지 못하여, 여전히 습기의 자상·공상의 바람이 그 마음을 표류시킴을 입는 것이, 비유하면 바다 중의 나무와 같다는 것이다.

삼매의 술에 취한 바로	三昧酒所醉
무루의 계에 머묾이라네	住於無漏界

⑦ 저는 구경의 취가 아니나 彼非究竟趣
　　또한 다시 퇴전하지 않고 亦復不退轉
　　삼매의 몸 얻지만 나아가 以得三昧身
　　겁 이르러도 깨닫지 못해251 乃至劫不覺

⑧ 비유하면 혼취한 사람이 譬如昏醉人
　　술기운 소멸한 뒤 깨닫듯 酒消然後悟
　　성문도 또한 이와 같아서 聲聞亦如是
　　깨달은 뒤에 성불하리라252 覺後當成佛

....
251 멸진정에 맛들여 탐착해서 인공의 무루계 중에 머묾을 열반으로 삼음으로써 아직 붓다의 구경지에 이르지 못했지만, 그러나 또한 퇴전해 다시 범부가 되지도 않는다. 삼매의 몸을 얻어서 스스로 붓다라고 여기지만, 나아가 겁에 이를지라도 깨닫지 못하니, 아직 불과에 이르지 못했다.
252 만약 무루계에서 깨어서 스스로 화성化城에 머물고 아직 보소寶所에 이르지 못했음을 안다면, 다시 뛰어난 행을 일으키고 모든 공덕을 모아서 뒤에 역시 붓다의 위없는 몸을 얻으리라는 것이다.

大乘入楞伽經
대승입능가경

卷第四
제4권

大周 于闐國 三藏法師 實叉難陀 奉敕譯
대주 우전국 삼장법사 실차난다 봉칙역

【『심인』의 정종분 분과에 의한 제4권의 구성】

Ⅰ 이언절증하며 광대미묘한 제일의의 법문을 바로 가리킴	1.2.1~1.2.2
Ⅱ 언설로 들어갈 바 제일의의 식해가 상주함을 보여서 유심을 드러냄	
1. 8식인과의 사정을 간략히 밝혀 성지의 자각을 드러냄	1.3~2.1
2. 5법·자성·무아가 이승·외도와 구별됨을 보여 정법의 인과를 드러냄	2.2~2.4
3. 여래장이 우부·외도의 망상의 언설을 초과하여 모든 지와 구경의 과해를 성취함을 보임	2.5~3.8
4. 원만한 불신은 유무에 떨어지지 않음을 보임 (1) 자각의 일승을 보임	3.9
(2) 성지로써 모든 지를 조명함	4.1
(3) 방편으로 내적인 5행에 능숙함을 보임	4.2
(4) 원만한 붓다의 깨달음을 보임	4.3
5. 종·설 2통의 말·뜻과 식·지에 능숙한 작용을 보여 우부·외도의 자·타에 부지해 정법의 해탈로 나아감과 구별함	
(1) 종·설의 2통은 망상의 계착 멀리 떠났음을 보임	4.4
(2) 말·뜻과 식·지를 보여 종통의 작용을 드러냄	4.5~4.6
(3) 정법의 해탈은 우부·외도를 멀리 초월했음을 보임	4.7
6. 정각은 진상무구하게 단박 모든 지 초과함을 드러냄	
7. 8식·5법·3자성·2무아가 제일의 이룸을 보임	5.1~6.2
8. 삼세여래의 법신은 청정 무루함을 보임	

대승입능가경   大乘入楞伽經
　　제4권   卷第四

　　　제3   無常品
　　무상품1(의 1)   第三之一

4.1²

⑴ 그 때 붓다께서 대혜보살마하살에게   爾時 佛告 大慧菩薩摩
말씀하셨다.   訶薩言.

....
1 장차 이 품의 뜻을 해석함에 3문이 있으니, 처음은 온 뜻을 서술함이요, 둘째는 품의 명칭을 해석함이며, 셋째는 경문을 해석함이다.
　　처음은 온 뜻이다. 위의 품은 심생멸문의 각과 불각의 두 가지 뜻이 일체법을 거두고 일체법을 낸다는 것을 통틀어 밝히기 때문에 다만 총체적으로 집일체법품이라고 이름하였지만, 이하의 13개 품은 심생멸문의 각과 불각의 두 가지 뜻이 일체법을 내고 거두는 것을 개별적으로 밝히므로, 이 품을 첫머리에 둔 것이니, 그래서 다음에 왔다.
　　둘째 명칭을 해석한다. 범어로 불타는 여기 말로는 깨달은 분[覺者]이라고 하고, 범어로 건율다야乾栗陀耶Shṛdaya는 여기에서는 진실심이라고 이름하니, 곧 일체 붓다의 자성인 때 여읜 묘정명심[離垢妙淨明心]이다. 그래서 불심품이라고 이름하였다.(=10권본에 의거한 명칭의 해석이니, 이 7권본의 제3 무상품은, 10권본에서는 제4 불심품 내지 제8 무상품의 5개 품으로 나누어져 있음)
　　다음 아래에서는 경문을 해석한다. 나머지 품의 경문 앞에도 역시 3문이 있으니, 응당 준해서 생각할 것이다. 다시 열어서 해석하지 않겠다.
2 【이하는 둘째 성지로써 모든 지 비추어 밝힘을 보이는 것[示聖智照明諸地]인데, 넷으로 나누어진다. 처음은 세 가지 의생신을 열거하는 것[列三種意生身], 둘째 ⑵의 ②는 제7지까지의 몸의 모습을 보이는 것[示七地以上身相], 셋째 ③은 제8지의 몸의 모습을 보이는 것[示八地身相], 넷째 ④ 이하는 불지의 행함·지음 없는 몸의 모습을 보임과 아울러 노래하는 것[四示佛地 無行作身相 幷頌]이다.】

"이제 그대를 위해 의성신의 차별상을 설할 것이니, 잘 듣고 잘 들으며 잘 생각하고 새기라."3

대혜가 말하였다.

"예."

"今當爲汝 說意成身差別相, 諦聽諦聽 善思念之."

大慧言.

"唯."

(2) 붓다께서 말씀하셨다.

"① 대혜여, 의성신에는 세 가지가 있는데, 무엇이 셋이겠는가?

말하자면 삼매의 즐거움에 든 의성신, 법의 자성을 깨달은 의성신, 종류와 함께 남을 지음 없이 행하는 의성신이니, 모든 수행자가 초지에 들고 나면 점차 증득한다.4

② 대혜여, 무엇을 삼매의 즐거움에 든 의성신이라 하는가?

말하자면 제3·4·5지에서 삼매에 들면 갖가지 마음을 떠나 적연 부동하므로, 마음바다가 전식의 파랑을 일으키지 않고, 경계는 마음의 나타남이라 다 있는

佛言.

"大慧, 意成身 有三種, 何者 爲三?

謂入三昧樂 意成身, 覺法自性 意成身, 種類俱生 無作行 意成身, 諸修行者 入初地已 漸次證得.

大慧, 云何 入三昧樂意成身?

謂三四五地 入於三昧離種種心 寂然不動, 心海不起 轉識波浪, 了境心現 皆無所有,

---

3 위에서 자각성지로 일승의 도 증득해서 법신을 이룬다고 말씀하셨기 때문에, 법신이 대비로써 작용을 일으켜 종류의 몸[種類身]을 지어서 중생 교화함을 밝히니, 그래서 다음에 세 가지 의성신을 밝히는 것이다.

4 세 가지 의성신을 말하는 것이니, 여실한 행을 닦는 모든 자는 초지 이상에서 불지에 이르기까지 추·세, 우·열로 이 세 종류가 있다.

바 없음을 아니, 이를 삼매의 즐거움에 든 의성신이라 이름한다.5

③ 무엇을 법의 자성을 깨달은 의성신이라 하는가?

말하자면 제8지 중에서 법은 환상과 같아 다 모습이 없음을 알고 마음이 의지하는 바를 전환하면, 여환삼매 및 다른 삼매에 머물러 능히 한량없는 자재와 신통을 나타냄이 마치 꽃이 활짝 핀 것과 같고, 신속함이 뜻과 같으며, 환상과 같고 꿈과 같으며 그림자와 같고 영상과 같아 사대로 만든 것이 아니면서 만든 것과 상사하여 일체 색상으로 구족히 장엄하고 널리 불국토에 들어가되, 모든 법의 성품을 요지하니, 이를 법의 자성을 깨달은 의성신이라 이름한다.6

是名 入三昧樂
意成身.

云何 覺法自性 意成身?

謂八地中 了法如幻
皆無有相 心轉所依,
住如幻定 及餘三昧
能現無量 自在神通
如花開敷,
速疾如意, 如幻如夢
如影如像
非四大造
與造相似, 一切色相 具足莊嚴 普入佛刹,
了諸法性, 是名 覺法自性 意成身.

---

5 초지에서 제7지에 이르기까지의 보살이 반드시 선정의 정수正受에 들 것을 요하는데, 그러면 비로소 능히 갖가지 몸 지음을 나타내어 뜻대로 두루 이르고 장애가 없음을 밝히는 것이다. 삼매에 들어 즐거움을 바르게 받을 때 모든 허망한 마음을 떠나 적연 부동해서 마음바다가 늘 안주해 식의 파랑을 일으키지 않고, 일체 경계는 오직 자기 마음의 나타남일 뿐 본래 있는 바 없음을 아니, 그래서 삼매의 즐거움을 바르게 받는 의성신이라고 이름한다. 경전편집자가 생략하기를 좋아해서 중간의 3지만을 들었으나, 뜻은 앞뒤를 포함해서 7지를 밝히는 것이다.

6 제8지 보살은 모든 법의 성품이 환상이나 꿈과 같음을 깨달아 알므로, 삼매에 듦을 요하지 않고 능히 갖가지 몸을 나타냄이 마치 뜻이 내는 것[意生]과 같음을 말하는 것이다. 환상 같음을 알기 때문에 마음이 의지하는 바를 전

④ 무엇을 종류와 함께 남을 지음 없이 행하는 의성신이라 하는가?
　　말하자면 제불께서 자증하신 법의 모습을 요달하는 것이니, 이를 종류와 함께 남을 지음 없이 행하는 의성신이라 이름한다.7
　　대혜여, 세 가지 의성신의 모습을 부지런히 관찰해야 한다."8

云何 種類俱生 無作行 意成身?
謂了達諸佛 自證法相, 是名 種類俱生 無作行 意成身.
大慧, 三種身相 當勤觀察."

(3) 그 때 세존께서는 거듭 게송으로 말씀하셨다.

爾時 世尊 重說頌言.

1 나의 대승은 승이 아니고
　소리 아니며 문자 아니고
　진리 아니며 해탈 아니고

我大乘非乘
非聲亦非字
非諦非解脫

　환해서 여환 등 10삼매왕 및 다른 한량없는 삼매에 머물러서 능히 자재한 신통을 나타내되 신속함이 뜻과 같은 등이고, 사대로 만들어진 것이 아니지만 형상과 모습이 마치 사대로 만든 것과 같다. 일체 색상의 갖가지 지분支分으로 구족히 장엄하고 널리 불국토에 들어가 중생을 교화하되, 모든 법의 성품이 환상과 같이 진실치 못함을 통달하니, 그래서 이름해서 법의 자성을 깨달은 의성신이라 한다.
7 제10지 내지 여래지에서 제불께서 자증하신 성지의 경계를 요달하면, 한량없는 종류의 다른 근기들에 같이 감응하므로, 앞뒤 없이 일시에 함께 나는 것이, 마치 뜻이 낸 것과 같이 장애가 없음을 밝히는 것이다. 이 종류를 나타내는 것은 뜻 지을 것[作意]을 요하지 않기 때문에 '무작행'이라고 말한다.
8 그러므로 법신이 대비로써 작용을 일으키는 3의성신을 부지런히 관찰해야 한다.

또한 무상無相 경계 아니로되9　　　亦非無相[竟]<境>

② 그러나 마하연을 타면　　　　　　然乘摩訶衍
　　삼마제에 자재해서　　　　　　　　三摩提自在
　　갖가지의 의성신이　　　　　　　　種種意成身
　　자재의 꽃으로 장엄되리10　　　　自在花莊嚴

4.211
(1) 그 때 대혜보살마하살이 다시 붓다　爾時　大慧菩薩摩訶薩
께 말하였다.　　　　　　　　　　　　　復白佛言.
　"세존이시여, 세존께서 말씀하신 것과　"世尊, 如世尊說
같은 5무간업은 무엇이 다섯이 됩니까?　五無間業 何者爲五?
만약 사람이 짓고 나면 아비지옥에 떨　若人作已 墮阿鼻獄?"

....
9 붓다께서 나는 소승을 상대해 대승을 말하지 않았다고 말씀하셔서, 불승은
　소리도 아니고 문자도 아니며 진실도 아니고 헛됨도 아니며 해탈도 아니고
　속박도 아니며 또한 있고 없음의 경계도 아님을 밝히신 것이다.
10 그렇지만 이 여래께서 얻으신 대승은, 위의 자각지로 일승의 도를 증득
　함으로써 법신이 작용을 일으켜 의성신을 나타낸다는 것이다. '삼마제에 자
　재하다'는 것은 위의 삼매락의성신을 노래한 것이고, '갖가지 의성신'이란
　종류구생무작행의성신을 노래한 것이며, '자재의 꽃으로 장엄된다'는 것은
　각법자성의성신을 노래한 것이다.
11 【위에서 둘째 성지로써 모든 지 비추어 밝힘을 보이는 것은 마쳤고, 이하는
　셋째 방편으로 안의 5행에 능숙함을 보이는 것[示方便善內五行]인데, 여섯으로
　나누어진다. 처음은 대혜가 물음으로 인해 5무간행을 보이는 것[因大慧問 列五
　無間行], 둘째 (2)의 ②는 두 가지 근본 끊는 것을 보이는 것[示二根本斷], 셋째
　③은 모든 법을 구경 끊는 것을 보이는 것[示諸法究竟斷], 넷째 ④는 모든 온을
　구경 끊는 것을 보이는 것[示諸陰究竟斷], 다섯째 ⑤ 이하는 일곱 가지 식 끊는
　것을 보이는 것[示七種識斷], 여섯째 (3) 이하는 밖의 무간행을 보임과 아울러
　노래하는 것[示外無間行 并頌]이다.】

제3 무상품(의 1)　309

어집니까?"12

붓다께서 말씀하셨다.
"잘 들으라, 그대를 위해 설하겠다."
대혜가 말하였다.
"예."

佛言.
"諦聽, 當爲汝說."
大慧言.
"唯."

(2) 붓다께서 대혜에게 말씀하셨다.

① 오무간이란 이른바 어머니를 죽임, 아버지를 죽임, 아라한을 죽임, 화합승을 깨뜨림, 악역惡逆한 마음을 품고 붓다 몸의 피를 냄이다.13

② 대혜여, 어떤 것이 중생의 어머니인가? 말하자면 태어남을 끄는 갈애이니, 탐욕·기쁨과 함께 하는 것이 마치 어머니가 양육하는 것과 같다.14

어떤 것이 아버지인가? 이른바 무명이니, 육처의 취락 중에 태어나게 하기 때문이다.15

佛告 大慧.
"五無間者 所謂 殺母 殺父 殺阿羅漢 破和合 僧 懷惡逆心 出佛身血.

大慧, 何者 爲衆生母? 謂引生愛,
與貪喜俱 如母養育.

何者 爲父? 所謂 無明,
令生六處 聚落中故.

---

12 위에서 세 가지 의성신을 말씀하신 기회에, 세 가지 의성신은 반드시 무루를 무간에 앎으로 인해 얻는 것임을 밝히고, 다섯 가지 안의 무간업[內無間業]이 무루의 원인임을 밝히고자 하는 것이다.
13 이는 수를 물어서 이름을 열거하는 것이다. 뜻에는 안과 밖이 있는데, 아래에서 해석하는 것과 같다.
14 갈애가 근본이 되어 능히 생사윤회를 이끌면 다시 탐욕·갈애가 있어 몸과 더불어 함께 일어남을, 마치 어린아이가 어머니를 따르기 때문에 양육이 성립됨에 견주었다.

두 가지 근본을 끊는 것을 아버지와 어머니를 죽이는 것이라고 이름한다.16

③ 어떤 것이 아라한을 죽이는 것인가? 말하자면 수면을 원수로 삼아서 마치 쥐독이 일어난 것처럼 그것을 구경 끊으니, 그러므로 설하여 아라한을 죽이는 것이라고 이름한다.17

④ 어떤 것이 화합승을 깨뜨리는 것인가? 말하자면 모든 온의 다른 모습이 화합하여 적취하니, 그것을 구경 끊는 것을 이름해서 승을 깨뜨린다고 한다.18

⑤ 어떤 것이 악심으로 붓다 몸의 피

斷二根本 名殺父母.

云何 殺阿羅漢?
謂隨眠爲怨　如鼠毒發
究竟斷彼,
是故 說名 殺阿羅漢.

云何 破和合僧?
謂諸蘊異相
和合積聚, 究竟斷彼
名爲破僧.

云何　惡心　出佛身血?

---

15 무지無知 때문에 갈애의 원인이 이 생에서 의식·명색·육입의 몸을 받게 하기 때문에 무명이 중생의 아버지가 된다고 이름한 것이니, '육처의 취락'이란 곧 육입의 몸이다.
16 무간無間의 지혜로써 무명·갈애의 근본을 영원히 끊는 것을 부모를 죽이는 것이라고 이름하였다.
17 모든 번뇌의 습기인 종자가 모든 유정을 따라서 장식에 잠들어 잠복하기 때문에 수면을 원수로 삼는다고 말한 것이니, 아라한의 습기[習使]가 미세하게라도 나타나지 않는 것을 밝히는 것이다. 마치 쥐가 사람을 물면 비록 다시 상처가 나았다고 하더라도 우레[雷]를 만나면 미세하게 일어나는 것으로써, 아라한의 습기가 비록 다시 나타나지 않는다고 하더라도 연을 만나면 미세하게 일어남에 비유해서, 이 미세한 습기를 구경 끊는 것을 아라한을 죽이는 것이라고 이름하였다.
18 오온은 꿈이나 환상 같이 진실치 못함을 관찰해서 색·수·상·행·식의 다른 모습이 화합하여 몸 이루는 것이 없는 것을 이름해서 승을 깨뜨린다고 이름한 것이다. 무릇 화합을 승이라고 이름하는데, 지금 오온도 역시 이름해서 승이라고 하였으니, 오온이 체가 없음을 요달하는 것을 그로 인해 승을 깨뜨리는 것이라고 이름하였다.

를 내는 것인가? 말하자면 8식의 무리가 망령되이 사유 지각을 내어서 자기 마음 밖의 자상·공상을 보므로, 3해탈의 무루의 악심으로 그 8식 무리의 붓다를 구경 끊는 것을, 악심으로 붓다 몸의 피를 내는 것이라고 이름한다.19

⑥ 대혜여, 이것이 안의 5무간이라고 하니, 만약 짓는 자가 있다면 무간에 곧 진실한 법을 현증할 것이다.20

謂八識身 妄生思覺 見自心外 自相共相, 以三解脫 無漏惡心 究竟斷彼 八 識身佛, 名爲 惡心 出 佛身血.

大慧, 是爲 內五無間, 若有作者 無間卽得 現證實法.

(3) ① 또 다음 대혜여, 이제 그대를 위해 밖의 5무간을 설해서, 그대 및 다른 보살들로 하여금 이 뜻을 듣고 나서 미래세에 의혹을 내지 않게 하겠다.21

② 무엇을 밖의 5무간이라고 하는가?

復次 大慧, 今爲汝說 外五無間, 令汝 及餘菩 薩 聞是義已 於未來世 不生疑惑.

云何 外五無間?

---

19 오온과 모든 법의 자상·공상은 자기 마음의 허망한 나타남이어서 진실치 못함을 깨닫지 못하기 때문에 망령되이 8식의 무리가 있다고 계탁하고, 곧 망상으로 갖가지 경계를 지각해 앎이 있으니, 경계를 깨닫는 것을 '붓다'라고 이름하며, 이에 의지해 염오 일으키는 것을 다시 '피'라고 이름함을 밝힌 것이다. 공·무상·무원의 3무루지로써 그 8식의 망각의 염오를 끊는 것을 이름해서 악심으로 붓다 몸의 피를 내는 것이라고 한 것이다.
20 안의 5무간은 무루의 원인이다. 만약 짓는 자가 있다면 무간에 곧 자각성지를 얻어서 진실한 법의 일승의 도를 현증한다.
21 위에서 안의 5무간을 행하면 지옥에 들어가지 않고 진실한 법 현증함을 얻는다고 말했으니, 사람들이 이를 듣고 밖의 5무간을 행하여도 지옥에 들어가지 않는다고 여길까 염려하기 때문에, 다음에 밖의 5무간을 행하면 지옥의 괴로움 얻는다는 것을 밝히는 것이다.

다른 가르침 중에서 설한 무간을 말하니, 만약 짓는 자가 있다면 3해탈을 현증할 수 없다.22 오직 여래와 여러 큰 보살 및 큰 성문이 그 무간업 짓는 자가 있음을 보고, 권하고 일으켜서 그로 하여금 허물을 고치게 하고자 신통력으로써 그 일을 같이 함을 보여서, 이윽고 곧 뉘우쳐 없애고 해탈을 증득케 하는 경우를 제외하나,23 이는 다 화현이지 진실로 짓는 것이 아니다.

만약 실제로 무간업을 짓는 자가 있다면 끝내 현재의 몸으로 해탈을 얻음은 없다.24 오직 자기 마음이 나타낸 몸·살림살이·주처임을 깨달아 알고 나와 내 것이라고 분별해 집착하는 견해를 떠나거나, 혹은 미래세에 다른 곳에서 수생해 선지식을 만나서 분별의 허물을 떠나 바야흐로 해탈을 증득하는

謂餘敎中 所說無間,
若有作者 於三解脫 不能現證. 唯除如來 諸大菩薩 及大聲聞 見其有造 無間業者, 爲欲勸發 令其改過 以神通力 示同其事, 尋卽悔除 證於解脫,
此皆化現
非是實造.
若有實造 無間業者
終無現身 而得解脫.
唯除覺了 自心所現
身資所住 離我我所
分別執見,
或於來世 餘處受生
遇善知識 離分別過
方證解脫."

---

22 만약 이 밖의 무간을 행하는 자라면 3해탈의 틈 없는 즐거움을 얻지 못하고, 오직 지옥의 틈 없는 괴로움을 받을 뿐이다.
23 오직 붓다와 보살 및 큰 성문이 다른 무간업 짓는 자를 보고 권하고 일으키는 연고로 의심을 제거하고 허물을 뉘우치게 하기 위하여 신력의 변화로써 그 일을 같이 함을 보이는 경우만을 제외한다는 것을 밝힌 것이다.
24 실제로 무간업을 지은 자로서 무간의 괴로움을 얻지 않는 자는 없으니, 반드시 무간의 괴로움을 받고 끝내 현재의 몸으로 해탈 얻음은 없다는 것을 말하는 것이다.

경우만은 제외한다."25

(4) 그 때 세존께서는 거듭 게송으로 말 爾時 世尊 重說頌言.
씀하셨다.

① 탐애는 어머니라 이름하고　　　　　貪愛名爲母
　무명은 곧 아버지이며　　　　　　　無明則是父
　식은 경계를 요별하므로　　　　　　識了於境界
　이는 곧 붓다라 이름하고　　　　　　此則名爲佛

② 수면은 아라한이며　　　　　　　　隨眠阿羅漢
　온의 모임은 화합승인데　　　　　　蘊聚和合僧
　그들 끊고 남는 틈 없으니　　　　　斷彼無餘間
　이의 이름 무간업이라네26　　　　　是名無間業

4.3
4.3.1 27

---

25 마치 아사세왕과 같이 붓다의 교화를 받고 나서 자기 마음이 망령되이 나타낸 것은 진실치 못함을 깨달아 알고 나와 내 것이라고 망상으로 집착하는 견해를 떠나거나, 혹은 미래세에 다른 도[異道]의 몸으로 선지식을 만나서 자기 마음의 망상의 견해의 허물을 떠나서 바야흐로 해탈을 얻는 경우를 제외한다.
26 이 2게송은 안의 5무간업을 노래한 것이니, 경문에서 스스로 밝힌 것과 같다. * ②의 제3구의 뜻은 「그들을 끊고 남는 틈 없이 진실한 법을 현증하니」일 듯.
27 【이상에서 방편으로 안의 5행에 능숙함으로 보이는 것은 마쳤고, 이하는 넷째 원만한 붓다의 깨달음을 보이는 것[示圓滿佛覺]인데, 넷으로 나누어진

⑴ ① 그 때 대혜보살마하살이 붓다께 말하였다.

"세존이시여, 원컨대 저를 위해 제불의 체성을 설해 주소서."28

② 붓다께서 말씀하셨다.

"대혜여, 두 가지 무아를 깨닫고 두 가지 장애를 없애어 두 가지 죽음을 떠나고 두 가지 번뇌를 끊는 것이 붓다의 체성이다.29

爾時 大慧菩薩摩訶薩白佛言.

"世尊, 願爲我說 諸佛體性."

佛言.

"大慧, 覺二無我 除二種障 離二種死 斷二煩惱 是佛體性.

다. 처음은 붓다의 깨달음을 보이는 것[初示佛覺]이다.】 * 여기에서 제4단의 4개 항의 경문 배치를 도표로써 보이면 다음과 같다.

붓다의 깨달음을 보임	4.3.1
여래의 문자·말·몸·법 네 가지의 평등을 보임	4.3.2
붓다가 깨달은 자증법은 설시할 수 없는 것임을 보임	4.3.3
붓다 깨달음의 경계는 이변을 떠났음을 보임	4.3.4

28 위에서 식은 경계를 요별하므로 곧 이름해서 붓다라고 하였지만 진불이 아니기 때문에 3해탈의 무루지로써 끊음을 필요로 한다고 하였으니, 위의 붓다는 진실치 못하고 끊음을 필요로 한다면 다시 어떤 것이 진불이 된다고 설하시는가. 이 때문에 붓다의 체성을 청문함이 있게 된 것이다.

29 제불의 체성은 곧 법신이니, 항상 보신·화신의 의지하는 바가 되기 때문이다. 일체 중생이 오랜 겁 동안 떠돌고 가라앉으며 혹은 사도와 소승에 떨어져서 능히 깨닫지 못하는 것은 진실로 두 가지 장애 때문인데, 두 가지 장애가 끊어지지 않는 것은 두 가지 집착으로 말미암는다. 두 가지 집착을 없애고자 한다면 반드시 두 가지 공을 빌려야 한다. 집착과 장애가 이미 없어져서 두 가지 죽음이 영원히 끊어지고 곧 성인의 성품이 현전하여 응하여 작용함이 진사塵沙(=티끌과 모래처럼 한량없음)인 것을 이름해서 붓다라고 한다. 그러므로 인·법의 2무아를 깨달아서 번뇌·소지의 두 가지 장애를 없애고 분단·변역의 두 가지 죽음을 떠나서 현행·습기의 두 가지 번뇌를 끊으면 이 때문에 이름해서 제불의 체성이라고 한다. 그런데 모든 장애 중에서 번뇌가 더욱 심하여 또 따로 그 모습을 보인 것이니, 배우고자 하는

③ 대혜여, 성문과 연각도 이 법을 얻고 나면 또한 붓다라고 이름한다. 나는 이 뜻으로써 단지 일승만을 설하는 것이다."

大慧, 聲聞緣覺 得此法已 亦名爲佛. 我以是義 但說一乘."

(2) 그 때 세존께서는 거듭 게송으로 말씀하셨다.

爾時 世尊 重說頌言

두 가지 무아를 잘 알아서
두 가지 장애, 두 가지 번뇌
및 부사의 변역사 끊으니
이 때문에 이름 여래라네

善知二無我
除二障二惱
及不思議死
是故名如來

4.3.2[30]

(1) 그 때 대혜보살마하살이 다시 붓다께 말하였다.

"세존이시여, 여래께서는 어떤 비밀한 뜻으로 대중 가운데서 외쳐서 '나는 과거의 일체 모든 붓다이다'라고 말씀하시고, 그리고 백천의 본생의 일을 설하시며, '나는 그 때 정생왕, 큰 코끼리, 앵무

爾時 大慧菩薩摩訶薩 復白佛言.

"世尊, 如來 以何密意 於大衆中 唱如是言 '我是過去 一切諸佛', 及說百千 本生之事, '我於爾時 作頂生王 大

자는 통절히 이를 다스릴 것이다.
30 【이하는 둘째 여래의 문자·말·몸·법 네 가지의 평등을 보이는 것[示如來字語身法 四等]이다.】

새, 월광, 묘안이라는 이와 같은 등이 되었다'라고 하셨습니까?"31

象鸚鵡 月光妙眼 如是等'?"

(2) 붓다께서 말씀하셨다.

"① 대혜여, 여래 응 정등각은 네 가지 평등의 비밀한 뜻에 의하기 때문에 대중 가운데서 '나는 과거 시기에 구류손붓다, 구나함모니붓다, 가섭붓다가 되었다'라는 이와 같은 말을 하였으니, 어떤 것이 넷인가 하면, 이른바 문자의 평등, 말의 평등, 몸의 평등, 법의 평등이다.

② 어떤 것이 문자의 평등인가?

말하자면 나도 붓다라고 이름하고, 일체 여래들도 역시 붓다라고 이름해서, 붓다라는 이름은 다름이 없으니, 이를 문자의 평등이라고 말한다.32

佛言.

"大慧, 如來 應正等覺 依四平等 秘密意故 於大衆中 作如是言 '我 於昔時 作拘留孫佛 拘那舍牟尼佛 迦葉佛', 云何爲四, 所謂 字平等 語平等 身平等 法平等.

云何 字平等?

謂我名佛, 一切如來 亦名爲佛,

佛名無別, 是謂字等.

---

31 위에서 두 가지 무아의 법 등을 깨달은 것을 붓다라고 이름한다고 하였으니, 과거 제불께서도 이 법을 깨달으셨기 때문에 붓다라고 이름하였을 것이다. 그러나 과거이기 때문에, 세존께서 지금 이 법을 깨달아 역시 붓다라고 이름하지만, 깨달음의 도는 비록 하나라 하더라도 과거와 현재는 같지 않은데, 어떻게 '나는 과거의 일체 모든 붓다이다'라고 말씀하시는가? 그리고 《본생경》에 의하면 여래께서 과거 일찍이 갖가지로 수생하신 것을 설하셨으니, 정생왕 및 코끼리나 새의 왕, 월광선인, 묘안선인 등 백천의 생과 같다. 또 '나는 과거의 일체 모든 붓다이다'라고 말씀하셨으니, 두 가지 글이 서로 어긋남을 들어서 여래께 청문한 것이다.
32 붓다와 붓다의 이름은 둘이 없고 다름이 없으니, 이를 문자의 평등이라고

③ 어떤 것이 말의 평등인가? 云何 語平等?

말하자면 나도 예순네 가지 청정한 음성의 말을 하고, 일체 여래들도 역시 이 말을 해서, 가릉빈가의 청정한 음성의 성품은 늘지도 않고 줄지도 않아서 차별이 없으니, 이를 말의 평등이라 이름한다.33

謂我作 六十四種 梵音聲語, 一切如來 亦作此語, 迦陵頻伽 梵音聲性 不增不減
無有差別, 是名語等.

④ 어떤 것이 몸의 평등인가? 云何 身平等?

말하자면 나와 제불은 법신과 색신의 모습 및 수형호가 같아서 차별이 없되, 갖가지 중생을 조복하기 위해 부류 따른 몸을 나타내는 경우는 제외하니, 이를 몸의 평등이라고 말한다.34

謂我與諸佛 法身色相 及隨形好 等無差別, 除爲調伏 種種衆生 現隨類身, 是謂身等.

말한다. 또한 앙굴마라와 문수사리가 함께 시방을 유행하면서 본 시방의 제불과도 같으니, 그 붓다들 모두 석가붓다라고 칭한 것이 이것이다.

33 《밀적역사경密跡力士經》 제2권에서 설하기를, "붓다의 음성에는 8전성이 있으니, 주격[體]·대격[業]·구격[具]·위격[爲]·종격[從]·속격[屬]·처격[於]·호격[呼]을 말하며, 이 8전성이 각각 여덟 가지 덕을 갖추니, 이른바 조화로운 소리, 유연한 소리, 확실한 소리, 알기 쉬운 소리, 착류 없는 소리, 유약함 없는 소리, 광대한 소리, 심원한 소리이다."라고 하였으니, 여덟에 여덟이므로 곧 예순네 가지를 이룬다. 오직 석가붓다뿐만 아니라 일체 제불도 다 이와 같다. '가릉빈가'는 곧 새의 이름인데, 그 소리의 청아함은 온갖 새를 초월하기 때문에 이끌어서 비유로 삼은 것이다.

34 '법신'이란 2무아 등의 법을 아는 것을 법신이라고 이름하고, '색신'이란 상호로써 장엄한 것을 색신이라고 이름하는데, 붓다와 붓다는 다 차별이 없다. 그러그러한 제취의 차별되는 중생을 조복하기 위해 갖가지 다른 부류의 색신을 시현하는 경우는 제외한다. 이것이 정답이다. 무엇이 붓다 및 백천 종류의 수생을 방해하겠는가. 이를 몸의 평등이라고 이름하므로, 서로 어긋남이 없다.

⑤ 어떤 것이 법의 평등인가? 云何 法平等?
나와 제불은 모두 같이 서른일곱 가지 보리분법을 증득했으니, 이를 법의 평등이라고 말한다.35
謂我與諸佛 皆同證得 三十七種 菩提分法, 是謂法等.

이 때문에 여래 응 정등각은 대중 가운데서 이와 같은 말을 한 것이다."
是故 如來 應正等覺 於大衆中 作如是說."

(3) 그 때 세존께서는 거듭 게송으로 말씀하셨다.
爾時 世尊 重說頌言.

---

35 '37보리분법'에서 '보리'는 깨닫는 것이고, '분'은 원인의 뜻이니, 이 서른일곱이 모든 승의 깨달음의 원인이다. 또한 도품이라고도 이름한다. 그래서 《정명경》(=졸역 p.573)에서 이르기를, "도품이 도량이다"라고 하였으니, 이는 법신의 원인이다.
  그런데 37품에는 모두 일곱 가지 종류가 있다. 첫째는 전도를 대치하는 도이니, 곧 사념처이고, 둘째는 모든 해태를 끊는 도이니, 사정근을 말하며, 셋째는 신통을 이끌어 일으키는 도이니, 사신족을 말하고, 넷째는 현관의 방편의 도이니, 이른바 오근이며, 다섯째는 현관을 친근하는 도이니, 곧 오력이고, 여섯째는 현관 자체의 도이니, 칠각분을 말하며, 일곱째는 현관 후에 일으키는 도이니, 팔정도를 말한다.
  이 일곱 종류의 차례는 법을 듣고 나면 먼저 응당 새김을 지녀야 하고, 다음에는 곧 부지런히 닦으며, 부지런하기 때문에 마음을 거두어 부드럽게 길들이고, 부드럽기 때문에 믿음 등이 근을 이루며, 근이 늘어서 힘이 되는데, 칠각분은 개별적이고, 팔정도는 바로 행하는 것이다. 총체적으로 비유로써 나타낸다면 법성은 땅과 같고, 염처는 종자와 같으며, 정근은 종자를 심는 것이 되고, 신족은 싹이 트는 것과 같으며, 오근은 뿌리는 내는 것과 같고, 오력은 줄기와 잎이 증장하는 것과 같으니, 칠각의 꽃을 열어서 팔정도의 열매를 맺는다.
  일체 제불이 다 같이 증득하므로 이를 법의 평등이라고 이름한다. 어떤 본(=10권본)에는 보리분법 아래에 다시 '십력과 사무외 등'이라는 6글자가 있다.

가섭불과 구류손불과	迦葉拘留孫
구나함불이 나라고 함은	拘那含是我
4평등에 의하기 때문에	依四平等故
모든 불자 위해 설했다네36	爲諸佛子說

4.3.3[37]

(1) 그 때 대혜보살마하살이 다시 붓다께 말하였다.

"세존이시여, 세존께서 '나는 어느 날 밤에 최정각을 이루었고 나아가 어느 날 밤에 열반에 들 것인데, 그 중간에 한 자도 설하지 않으니, 또한 이미 설하지도 않았고, 또한 장차 설하지도 않을 것이다. 설하지 않는 것이 붓다의 설이다'라고 말씀하신 것과 같다면, 세존께서는 어떤 비밀한 뜻에 의거해 이러한 말씀을 하셨습니까?"[38]

"世尊, 如世尊說 '我於某夜 成最正覺 乃至某夜 當入涅槃, 於其中間 不說一字, 亦不已說, 亦不當說. 不說是 佛說', 世尊 依何密意 作如是語?"

(2) 붓다께서 말씀하셨다.

佛言.

---

36 위의 4붓다의 이름 및 4평등의 비밀한 뜻을 노래한 것이다.
37 【이하는 셋째 붓다가 깨달은 자증의 법은 설시할 수 없는 것임을 보이는 것[示佛覺自證 不可說示]이다.】
38 위에서 '4평등에 의하기 때문에 모든 불자 위해 설했다'고 하였으니, 곧 여래는 설한 바가 있다는 것이다. 그래서 과거에 두 밤의 중간에 실제로 언설함이 없다고 하신 것을 들어서 청문한 것이다.

"① 대혜여, 두 가지 비밀한 법에 의하기 때문에 이와 같은 말을 하였으니, 어떤 것이 두 가지 법인가 하면, 자증의 법 및 본래 머무는 법을 말한다.

② 무엇을 자증의 법이라고 하는가?

제불께서 증득하신 바를 나도 역시 같이 증득해서 더하지도 않고 덜하지도 않음을 말하니, 증지로 행하는 바는 언설의 모습을 떠나고 분별의 모습을 떠나며 명자의 모습을 떠났다.39

③ 무엇을 본래 머무는 법[본주법]이라고 하는가?

법의 본래 성품은 마치 금 따위가 광석에 있는 것과 같음을 말하니, 붓다가 출세하든 출세하지 않든 법주·법위·법계·법성은 모두 다 상주한다.40

"大慧, 依二密法故 作如是說, 云何二法, 謂自證法 及本住法.

云何 自證法? 謂諸佛所證 我亦同證 不增不減, 證智所行 離言說相 離分別相 離名字相.

云何 本住法? 謂法本性 如金等在礦, 若佛出世 若不出世 法住法位 法界法性 皆悉常住.

---

39 자증법으로 행하는 경계는 삼세의 여래가 필경 평등하며, 모두 언설, 마음으로 반연함, 명자 등의 모습을 떠났음을 밝힌 것이니, 그래서 설하지 않는다고 말한 것이다.
40 마치 금·은 등의 성품은 본래 스스로 있는 것이지, 금세공사가 두드려서 처음 있는 것이 아닌 것과 같음으로써, 본래 머무는 법의 성품은 본래 스스로 있는 것이지, 여래가 설함으로 말미암아 처음 있는 것이 아님에 비유한 것이다. 가사 여래께서 출세하여 이를 설하신다 하여 법계가 그로 인해 늘지 않고, 만약 붓다께서 나오시지 않아 언설하는 바가 없다 하여 법계가 그로 인해 줄어들지 않는다. 이 법의 머묾[法住]과 법의 자리[法位](=법주법위를 이어 읽어서 '법이 법의 자리에 머묾'이라고 이해하기도 함)는 모두 다 항상 머물고, 언설해서가 아님을 말하는 것이다.

대혜여, 비유하면 어떤 사람이 광야를 가던 중 옛성으로 향하는 평탄한 옛길을 보고 곧 따라 들어가 머물면서 휴식하며 유희하는 것과 같다.

대혜여, 그대 생각에는 어떠한가, 그가 이 길 및 성 중의 갖가지 물건을 만들었겠는가?"

대혜가 말하였다.

"아닙니다."

붓다께서 말씀하셨다.

"대혜여, 나 및 제불께서 증득한 진여가 늘 법성에 머무는 것도 또한 다시 이와 같다.

이 때문에 처음 성불해서부터 나아가 열반하기에 이르기까지 그 중간에 한 자도 설하지 않으니, 또한 이미 설하지도 않았고 또한 장차 설하지도 않을 것이라고 말한 것이다."41

大慧, 譬如有人 行曠野中 見向古城 平坦舊道 卽便隨入 止息 遊戲.

大慧, 於汝意云何, 彼作是道 及以城中 種種物耶?"

白言.

"不也."

佛言.

"大慧, 我及諸佛 所證 眞如 常住法性 亦復如是.

是故說言 始從成佛 乃至涅槃 於其中間 不說一字, 亦不已說 亦不當說."

(3) 그 때 세존께서는 거듭 게송으로 말씀하셨다.

爾時 世尊 重說頌言.

---

41 또한 마치 옛성으로 향하는 길은 본래 스스로 있는 것이지, 사람이 이를 감으로 말미암아 비로소 있는 것이 아닌 것과 같음으로써, 진여 법계는 본래 스스로 있는 것이지, 여래께서 설하심으로 말미암아 비로소 있는 것이 아님에 비유해서, 설하지 않는다고 함을 밝힌 것이다.

① 어느 밤에 정각을 이루고 　　　某夜成正覺
　 어느 밤 반열반하리로되 　　　　某夜般涅槃
　 이 둘의 중간에 나는 　　　　　　於此二中間
　 전혀 설하는 바가 없다네 　　　　我都無所說

② 자증법과 본주법 때문에 　　　　自證本住法
　 이 비밀한 말을 하였으니 　　　　故作是密語
　 나와 그리고 모든 여래는 　　　　我及諸如來
　 조그만 차별조차 없다네42 　　　無有少差別

4.3.4[43]
⑴ 그 때 대혜보살마하살이 다시 붓다　　爾時　大慧菩薩摩訶薩
께 말하였다. 　　　　　　　　　　　　　白佛言.
　"세존이시여, 원컨대 일체법의 있고 　"世尊, 願說 一切法 有
없는 모습을 설하시어, 저 및 모든 보살　無相, 令我 及諸菩薩摩
마하살들로 하여금 이 모습을 떠나서　訶薩 離此相
속히 아뇩다라삼먁삼보리를 얻게 하소　疾得阿耨多羅三藐三菩

----

42 나와 제불은 같이 이 언설 없는 법을 증득했기 때문에 삼세 중에서 가히 설할 것이 없음을 밝힌 것이니, 무릇 언설이란 중생의 생각을 수순한 것일 뿐이다.
43 【이하는 넷째 붓다의 깨달음의 경계는 이변을 멀리 떠났음을 보이는 것 [示佛覺境界 遠離二邊]인데, 넷으로 나누어진다. 처음은 세간의 유·무 두 가지 계탁을 보이는 것[示世間有無二計]이고, 둘째 ⑵의 ② 이하는 유·무 두 가지 계탁의 원인의 모습을 내는 것[出有無二計因相], 셋째 ⑶ 이하는 없음을 계탁함이 능히 정법을 무너뜨린다고 배척하는 것[斥計無能壞正法], 넷째 ⑸는 총체적으로 노래하는 것[總頌]이다.】

서."44

붓다께서 말씀하셨다.
"잘 들으라, 그대를 위해 설하겠다."
대혜가 말하였다.
"예."

(2) 붓다께서 말씀하셨다.
"① 대혜여, 세간의 중생은 두 가지 견해에 많이 떨어지니, 있다는 견해와 없다는 견해를 말함이라, 두 가지 견해에 떨어지기 때문에 출리가 아닌데도 출리라고 생각한다.45
② 어떤 것이 있다는 견해인가?
실제로 있는[實有] 인연이 모든 법을 내므로 실재[實有]하지 않는 것이 아니며, 실제로 있는 모든 법이 인연에서 나고, 없는 법이 내는 것이 아니라고 말하는 것이다.
대혜여, 이와 같이 설하는 자는 곧 원

提."
佛言.
"諦聽, 當爲汝說."
大慧言.
"唯."

佛言.
"大慧, 世間衆生
多墮二見, 謂有見
無見, 墮二見故
非出
出想.
云何 有見?
謂實有因緣 而生諸法
非不實有,
實有諸法 從因緣生,
非無法生.
大慧, 如是說者 則說無

---

44 위에서 내가 어느 날 밤에 정각을 이루었다는 것은 곧 있음이고, 어느 날 밤에 이르러 열반한다는 것은 곧 없음이기 때문에, 있고 없음을 들어서 청문해서, 나 및 모든 보살로 하여금 있고 없음의 두 가지 견해가 허망한 것임을 알게 하고, 그래서 여실수행하여 속히 보리를 얻게 하라는 것이다.
45 있고 없다는 두 가지 견해로는 생각[情]을 초월할 수 없으므로 출리의 법이 아닌데도, 세간의 중생으로서 이 견해에 떨어진 자는 망령되이 여겨서 출리라고 생각한다.

인 없음[無因]을 말하는 것이다.46   因.
　③ 어떤 것이 없다는 견해인가?　　　　　云何 無見?
　탐·진·치를 받았음을 알고 나서 망령　　謂知受貪瞋癡已　而妄
되이 계탁해서 없다고 말하는 것을 말　　計言無.
한다.47
　대혜여, 그리고 그들은 있는 모습을　　大慧, 及彼分別有相
분별하고서도 모든 법의 있음을 받아들　　而 不受諸法有,
이지 않고, 다시 모든 여래·성문·연각에　　復有知諸如來　聲聞緣
게 탐·진·치의 성품이 없음을 알고 계　　覺 無貪瞋癡性
탁해서 있지 않음으로 삼음이 있다.　　　而計爲非有.

(3) ① 이 중 누구가 무너뜨리는 자가 되　　此中 誰爲壞者?"
는가?"48
　② 대혜가 말하였다.　　　　　　　　　大慧白言.
"탐·진·치의 성품이 있음을 말하다가　　"謂有貪瞋癡性
뒤에 없음을 취하는 것을 이름해서 무　　後取於無 名爲壞者."
너뜨리는 자라고 합니다."49

....
46 일체의 모든 법은 인연에서 일어난 것이므로 성품이 있고 없음을 떠났다. 만약 실제로 있다고 집착하는 자라면 오직 마음이 나타낸 것일 뿐임을 알지 못하므로, 곧 세간은 원인도 없고 연도 없이 모든 법을 낸다고 말한다.
47 먼저 탐·진·치를 받아서 있음으로 삼고, 뒤에 그것을 멸하여 없음으로 삼는 것, 이를 없다는 견해라고 이름한다는 것이다.
48 여래께서 이상의 두 가지 뜻을 대혜에게 묻는 것이다. 이 중에 누가 불법을 파괴하는 자가 되는가?
49 탐·진·치의 성품이 있다고 망령되이 취했다가 뒤에 없음이라고 계탁하는 것을, 불법의 파괴하는 자라고 이름한다.

③ 붓다께서 말씀하셨다.

"훌륭하도다, 그대는 나의 물음을 이해하는구나. 이 사람은 단지 탐·진·치가 없다고 해서 무너뜨리는 자라고 이름할 뿐만 아니라, 또한 여래·성문·연각도 무너뜨리는 것이다. 왜냐 하면 번뇌는 안팎에서 얻을 수 없기 때문이고, 체성이 다름도 아니고 다르지 않음도 아니기 때문이다.50

대혜여, 탐·진·치의 성품은 안이든 밖이든 다 얻을 수 없으니, 체성이 없기 때문에 취할 수 없기 때문이며, 성문·연각 및 여래는 본성이 해탈이어서 속박의 주체[能縛] 및 속박의 원인[縛因]이 없기 때문이다.51

佛言.

"善哉, 汝解我問.
此人非止 無貪瞋癡
名爲壞者,
亦壞如來 聲聞緣覺.
何以故 煩惱內外
不可得故, 體性非異
非不異故.

大慧, 貪瞋癡性 若內若外 皆不可得, 無體性故
無可取故, 聲聞緣覺
及以如來 本性解脫 無
有能縛 及縛因故.

----

50 여래께서 그 이해한 것을 찬탄하면서, 이 사람은 단지 탐·진·치를 망령되이 취해 있음의 성품으로 삼았다가 뒤에 제거해서 없음으로 삼아서 불법을 무너뜨리는 자라고 이름할 뿐만 아니라, 또한 삼승의 성인도 무너뜨리는 것이라고 말씀하신다. 본래 탐·진·치를 취해 있음으로 삼았다가 뒤에 제거해서 없게 하여 성과聖果 이룸을 얻는다고 말하기 때문이니, 무엇 때문에 이것이 불법을 파괴하는 것인가 하면, 번뇌는 안팎에서 얻을 수 없기 때문이고, 체성이 다른 것도 아니고 다르지 않은 것도 아니기 때문이다. '안'이란 몸이고, '밖'이란 진塵이다. 안의 몸과 밖의 진은 망상이라 진실치 못하니, 곧 가히 얻을 만한 사람이 없다. 사람도 오히려 스스로 없거늘, 탐·진·치의 번뇌가 무엇으로 인해 있을 수 있겠는가라는 것이다. 곧 성품과 4구를 떠났기 때문이다. 그러므로 사람이 번뇌를 끊어 성과를 얻음이 있다고 망령되이 계탁하는 자라면 이는 불법을 무너뜨리는 사람이라고 알아야 한다.
51 탐·진·치는 안팎에 있지 않기 때문에 얻을 수 없고, 본래 체성이 없기 때

대혜여, 만약 속박의 주체 및 속박의 원인이 있다고 한다면 곧 속박 대상도 있을 것이니, 이와 같은 설을 짓는다면 무너뜨리는 자라고 이름한다.52

大慧, 若有能縛 及以縛因 則有所縛, 作如是說 名爲壞者.

(4) ① 이것이 있고 없음의 모습이다. 나는 이 뜻에 의하여 밀의로써 '차라리 아견 일으킴을 수미산과 같이 할지언정, 공견을 일으켜서 증상만을 품지 말라'라고 말한 것이다.53

② 만약 이 견해를 일으킨다면 무너

是爲 無有相. 我依此義 密意而說 '寧起我見 如須彌山, 不起空見 懷增上慢'.

若起此見 名爲壞者,

....
문에 취할 수 없으며, 삼승의 성인은 그것의 허망함을 아시므로, 곧 자성이 해탈이지, 탐·진·치를 파괴해서 비로소 해탈을 얻는 것이 아니다. 만약 파괴하여 해탈을 얻는다고 한다면 곧 지음이 있는 법[有作法]이라 오래 갈 수 없다. '속박'이란 번뇌이니, '속박 원인'은 중생이다. 붓다께서는 번뇌와 중생에 진실이 없음을 아시기 때문에 곧 사람이 번뇌를 끊어서 해탈을 얻음이 없는 것이다.
52 '속박 대상'도 역시 중생이니, 마치 쇠가 품은 때가 스스로 쇠의 모습을 허무는 것과 같다. 이제 중생이 공함을 관찰하기 때문에 속박의 원인이 없고, 또한 번뇌가 속박의 주체로 됨도 없으며, 속박의 주체가 이미 없으므로, 속박 대상도 또한 없다. 이는 자성 해탈을 거듭 해석한 것이다.
53 만약 위와 같은 설을 지어서 탐·진·취를 취해 있음으로 삼았다가 이를 무너뜨려서 없음으로 삼는다면 이는 있음을 깨뜨려서 없음으로 삼는 모습이라고 이름하니, 단멸공견에 타락하는 것이다. 그러므로 있음을 깨뜨려 공으로 삼는 것은 진공이 아니니, 그래서 나는 이 뜻에 의해 일찍이 밀의로써 말하셨다. '차라리 인아의 유견 일으키기를 수미산과 할지언정 공견을 일으켜 증상만을 품지말라'라고. 말하자면 있음을 깨뜨려서 없음으로 삼는 것은 진공이 아닌데도, 우부가 이를 진공으로 삼으니, 아직 얻지 못하고도 얻었다고 여기는 것이어서 증상만이라고 이름한다.

뜨리는 자라고 이름하니, 자상·공상의 　墮自共見
견해에 떨어져 즐기고 바라는 가운데 　樂欲之中
모든 법은 오직 마음이 나타낸 것일 뿐 　不了諸法 惟心所現,
임을 알지 못하고, 알지 못하기 때문에 　以不了故
밖의 법이 있어 찰나에 무상하게 전전 　見有外法 刹那無常 展
하여 차별됨과, 온·처·계의 모습이 상속 　轉差別, 蘊界處相 相續
하여 유전해서 일어났다가 다시 멸하는 　流轉 起已還滅,
것을 보고, 문자를 여읜 모습을 허망하 　虛妄分別 離文字相
게 분별하므로 또한 무너뜨리는 자를 　亦成壞者."
이루는 것이다."54

(5) 그 때 세존께서는 거듭 게송으로 말 　爾時 世尊 重說頌言.
씀하셨다.

① 있고 없음은 두 극단이니 　　　　　有無是二邊
　　내지 마음 행하는 것에서 　　　　　乃至心所行
　　그 행하는 것 맑게 없애면 　　　　　淨除彼所行
　　평등한 마음 적멸하리라55 　　　　　平等心寂滅

....
54 망상의 자상·공상의 견해 중에 떨어져 자기 마음의 현량을 알지 못하고 계탁해서 있음과 없음으로 삼으며, 나아가 문자를 여읜 법을 허망하게 분별하여 또한 무너뜨리는 자를 이루니, 이를 불법을 파괴하는 사람이라고 이른다는 것이다.
55 있고 없음 및 망령되이 행하는 경계를 깨끗이 제거하면 곧 평등하고 적멸한 마음을 얻는다는 것을 밝힌 것이다.

② 경계를 취하지 아니하고　　　　　不取於境界
　　멸하여 없는 바가 아니면　　　　非滅無所有
　　진여의 묘한 물건이 있어　　　　有眞如妙物
　　모든 성인 소행과 같으리56　　　如諸聖所行

③ 본래 없음에서 남이 있음　　　　本無而有生
　　나고 나서 다시 멸함　　　　　　生已而復滅
　　인연의 유 및 무, 그것들은　　　因緣有及無
　　내 법에 머무는 것 아니네57　　 彼非住我法

④ 외도 아니고 붓다 아니며　　　　非外道非佛
　　신아 아니고 여중餘衆 아니니　　非我非餘衆
　　연으로써 있음 이룬다면　　　　能以緣成有
　　어떻게 없음을 얻으리오58　　　云何而得無

....
56 탐애하는 경계의 성품이 허망하여 가히 취할 만한 것이 없음을 알면 곧 체성이 적멸한 것이지, 달리 있는 바를 없게 하여 비로소 적멸한 것이 아니다. 마음 밖에 물건이 없기 때문에 있는 물건이 다 여여해서, 현성聖賢의 경계와 같다.
57 위의 생·멸, 유·무의 견해는 여래의 실상의 법계에는 머물지 않는다는 것을 노래한 것이다.
58 붓다께서 난 법[生法]은 외도가 짓는 것이 아니고, 또 붓다가 짓는 것도 아니며, 또한 다른 자재천·미진 등이 짓는 것도 아니니, 단지 망상에서 나는 것이기 때문이라고 말씀하셨다. 이미 허망한 연이 모여서 비로소 일어남을 얻는 것이라면 곧 자체가 없을 것이니, 자체가 없기 때문에 이 난 법은 없다는 것을 밝히는 것이다. 난 법이 본래 없다면 어찌 다시 없게 할 것을 요하겠는가. * 제2구 중 '여중餘衆'은 다른 온갖 것이라는 뜻.

⑤ 누가 연으로 있음 이루며　　　　　誰以緣成有
　다시 없다 말할 수 있으리　　　　　而復得言無
　악견으로 난다고 말하고　　　　　　惡見說爲生
　망상으로 유·무 헤아리네59　　　　　妄想計有無

⑥ 만약 나는 바 없음과 또한　　　　 若知無所生
　다시 멸하는 바 없음 알고　　　　　亦復無所滅
　세간이 다 공적함 본다면　　　　　 觀世悉空寂
　있고 없음 둘 모두 떠나리60　　　　有無二俱離

4.4

4.4.1⁶¹

⑴ 그 때 대혜보살마하살이 붓다께 청　　爾時　大慧菩薩摩訶薩

59 사대와 오온 중에는 각각 수재가 없는데, 누가 이를 보으겠는가. 거듭 이에 인연으로 남이 있다고 말하나, 있음이 이미 있지 않음이니, 어찌 다시 있음을 깨뜨려 없음이 된다고 말할 수 있으랴. 외도의 악견 때문에 난 법이 있다고 말하고, 망상 때문에 있고 없음이라고 계탁한다는 것을 밝히는 것이다.
60 인연 중에는 본래 남이 없어서 뒤에도 역시 멸함을 요하지 않음을 능히 알고, 세간의 공적함이 허공의 꽃과 같음을 관찰한다면 곧 있고 없음의 두 가지 견해가 없다는 것이다.
61 【이상으로 넷째 자각의 일승으로 모든 지를 비추어 밝히고, 모든 누를 잘 끊은 원만한 불신은 유무에 떨어지지 않음을 보이는 것은 마쳤고, 이하는 다섯째 종·설 2통의 말·뜻과 식·지에 능숙한 작용을 보여서 우부·외도의 자·타에 부지해 정법의 해탈로 나아감과 구별하는 것[示宗說二通 以善語義識智之用 揀別愚外 扶進自他正法解脫]인데, 셋으로 나누어진다. 처음은 종·설의 2통은 망상의 계착을 멀리 떠났음을 보이는 것[示宗說二通 遠離妄想計著]인데, 둘로 나누어진다. 그 처음은 종·설의 2통을 보이는 것[示宗說二通]이다.】 * 여기에서 제5단의 3개 항목을 그 제1항의 세부과목과 함께 도표로 보이면 다음과 같다.

하여 말하였다.

"세존이시여, 오직 원컨대 위해 종취의 모습을 설하셔서, 저 및 모든 보살마하살들로 하여금 이 뜻을 잘 요달해서 일체 온갖 삿되며 허망한 이해를 따르지 않고 속히 아뇩다라삼먁삼보리를 얻게 하소서."62

붓다께서 말씀하셨다.

"잘 들으라, 그대를 위해 설하겠다."

대혜가 말하였다.

"예."

請佛言.

"世尊, 惟願爲說 宗趣之相, 令我 及諸菩薩摩訶薩 善達此義 不隨一切 衆邪妄解 疾得阿耨多羅三藐三菩提."

佛言.

"諦聽, 當爲汝說."

大慧言.

"唯."

(2) 붓다께서 말씀하셨다.

"① 대혜여, 일체 이승 및 모든 보살에게는 두 가지 종법의 모습이 있다.

어떤 것이 둘인가 하면, 종취법의 모

佛言.

"大慧, 一切二乘 及諸菩薩 有二種 宗法相. 何等 爲二, 謂宗趣法相

종·설의 2통은 망상의 계착을 멀리 떠났음을 보임	종·설의 2통을 보임		4.4.1
	망상 나는 모습을 다함을 보여 제일의를 드러냄	망상이 나는 모습을 보임	4.4.2(1)~(2)
		망상의 생·불생을 힐난함	(3)
		자기 심량을 깨달으면 망상이 나지 않음을 보임	(4)
		총체적으로 노래함	(5)
말·뜻과 식·지를 보여 종·설의 작용을 드러냄			4.5
정법의 해탈은 우부·외도를 멀리 초월했음을 보임			4.6

62 위에서 있고 없음은 외도의 종지라고 하였기 때문에 여래의 자기 종을 들어서 청문한 것이다.

습과 언설법의 모습이다.63

② 종취법의 모습이란 말하자면 스스로 증득한 바 수승한 모습으로 문자와 언어의 분별을 떠나 무루계에 들어가서 자지自地의 행을 이루고 일체 부정한 사유 지각을 초과하여 마와 외도를 누르며 지혜의 광명을 내니, 이를 종취법의 모습이라고 이름한다.64

③ 언설법의 모습이란 말하자면 9부의 갖가지 교법이 하나와 다름, 있음과 없음 등의 모습을 떠나 선교한 방편으로써 중생의 마음을 따라서 이 법에 들게 하니, 이를 언설법의 모습이라고 이름한다.65

言說法相.

宗趣法相者　謂自所證殊勝之相 離於文字 語言分別 入無漏界 成自地行 超過一切 不正思覺 伏魔外道 生智慧光, 是名 宗趣法相.

言說法相者　謂說九部種種敎法 離於一異 有無等相 以巧方便 隨衆生心 令入此法, 是名 言說法相.

---

63 스스로 깨닫고 관찰해서 생사의 진실치 못함이 마치 허공 중의 꽃과 같음을 알고 실상의 경계를 증득하는 것을 종취법의 모습이라고 이름하고, 남을 위해 이 진실치 못한 법을 해설해서 여실한 이치를 깨닫고 닦아서 증입케 하는 것을 언설법의 모습이라고 이름한다. 이 두 가지 종법(=근본되는 법)의 모습을, 어떤 본(=4권본)에서는 종통宗通 및 설통說通이라고 하였다.
* 범문화역에 의하면 범본의 표현은 'svasiddhānta-naya'와 'deśanā-naya'인 것으로 되어 있다.
64 자각성지로 증득하는 바 진실한 법으로 문자와 언어의 허망한 분별을 떠나 진실하고 청정한 계에 들어가서 여래께서 자각한 지의 행을 성취하고 모든 세간의 망상의 사유 지각을 초월하여 마와 외도를 제복하고 광명을 발휘하니, 이는 여래 내심으로 증득하신 바 경계로서 본래 생멸이 없으므로, 이름해서 종취법의 모습이라고 부른다.
65 경전에서는 공통으로 대승·소승에 12부가 있다고 한다. 지금 9부를 말한 것은 《열반경》 제3권에서 "대승을 수호하는 자는 9부를 수지한다"라고 하

그대 및 모든 보살은 응당 부지런히　汝及諸菩薩 當勤修學."
닦고 배워야 한다."

⑶ 그 때 세존께서는 거듭 게송으로 말　爾時 世尊 重說頌言.
씀하셨다.

① 종취의 법과 언설의 법은　　　宗趣與言說
　　자증의 법 및 교법이니　　　　自證及敎法
　　만약 능히 잘 알고 본다면　　若能善知見
　　다른 망해妄解 따르지 않으리66　不隨他妄解

....
고, 《법화경》 제1권에서 "나의 이 9부법은 중생들을 수순해 설한 것"이라
고 하였으며, 《유가론》 등의 논서에서, 성문장에는 방광方廣이 없다고 말한
것과 같다. 그렇지만 여러 경론은 우선 하나의 모습에 의거하기 때문에 이
런 말을 하지만, 여실하게 말한다면 대·소승 모두 갖추니, 《해심밀경》 중
에서 보살은 12분교에 의지해 사마타를 닦는다고 하고, 《유가론》 제21권
에서 붓다께서는 성문을 위해 낱낱이 12분교를 갖추어 펴신다고 한 것과
같다. 그런데도 《열반경》에서 대승에는 단지 9부만 있다고 설한 것은, 3부
는 소승의 모습에 의지하기 때문이다. 말하자면 인연 중에서는 인행의 일
을 취해서 계를 제정하고, 비유 중에서는 위해 유인함에 의지하며, 논의 중
에서는 요의 아닌 것에 의거하는 것이고, 《법화경》의 9부가 소승인 것은
세 가지는 모습이 대승이기 때문이니, 기별 중에서는 붓다 지으리라고 기
별함을 취하고, 자설 안에서는 청하지 않는 선우에 의지하며, 방광 중에서
는 광대하게 이락함에 의거하는 것이지만, 그 정법을 널리 펴는 것은 대승
에도 통하고 소승에도 통한다.
　지금 여기에서는 이미 "일체 이승 및 모든 보살에게는 두 가지 종법의 모
습이 있다"고 하여, 곧 방편을 모아서 진실로 취향함이므로 역시 《법화경》
과 《열반경》의 두 가지 뜻을 포함하는 것이니, 그래서 9부의 갖가지 교법
이 하나와 다름, 있음과 없음, 끊어짐과 항상함 등 4구의 견해의 모습을 떠
나 방편의 선교함으로 중생을 수순해 도탈을 얻게 하니, 이 때문에 언설
법의 모습이라고 이름한다고 하였다.
66 이는 종취와 언설의 두 가지 뜻을 간략히 표방해 해석한 것이다.

② 우부 분별한 것 같은 것은　　　　如愚所分別
　　진실한 모습이 아니니　　　　　　非是眞實相
　　그 어찌 구하여 못 건너나　　　　彼豈不求度
　　가히 얻을 만한 법 없다네67　　　無法而可得

③ 모든 유위가 나고 멸하는　　　　　觀察諸有爲
　　등으로 상속함 관찰하면　　　　　生滅等相續
　　두 가지 견해를 증장하나　　　　　增長於二見
　　전도라서 아는 바 없다네68　　　顚倒無所知

④ 열반은 마음과 뜻 떠나서　　　　　涅槃離心意
　　오직 이 한 법만 진실이니　　　　唯此一法實
　　세간은 다 허망하여 마치　　　　　觀世悉虛妄
　　환상·꿈·파초 같음 관하네69　　如幻夢芭蕉

⑤ 탐욕·진에·우치는 없으며　　　　無有貪恚癡
　　또한 다시 사람도 없지만　　　　　亦復無有人

----

67 붓다의 종취는 우부가 허망하게 분별하여 진실한 성품을 보는 것과 같지 않다는 것이다. 그(=우부)가 어찌 망령되이 구함 일으켜서 건너지 못하는가. 만약 모든 법은 진실한 성품이 있는 것 아님을 안다면, 가히 얻을 만한 것이 없기 때문에 곧 해탈이니, 여래의 종취이다.
68 생멸 중에서 진실이 있다고 망령되이 계탁해서 증장함을 밝히는 것이니, 있고 없음의 두 가지 견해는 우부의 전도라서 바른 지견이 없다.
69 심식을 떠나면 곧 열반이니, 오직 이 하나의 여만이 진실이 됨을 말한 것이다. 이상에서 여래의 종취를 밝혔으니, 여래에게는 자종통이 있기 때문에 세간법이 허망하여 모두 환상·꿈과 같음을 아신다는 것이다.

    갈애 좇아 모든 온을 내니　　　從愛生諸蘊
    꿈에서 보는 것과 같다네[70]　　　如夢之所見

4.4.2[71]

⑴ ① 그 때 대혜보살마하살이 다시 붓다께 말하였다.

"세존이시여, 원컨대 저를 위해 허망하게 분별하는 모습을 설해 주소서.[72] 이 허망한 분별은 어찌 하여 나고, 어디에서 나며, 무엇으로 인해 나고, 무엇이 내는 것이며, 어째서 허망한 분별이라고 이름합니까?"[73]

  ② 붓다께서 말씀하셨다.

爾時　大慧菩薩摩訶薩 復白佛言.

"世尊, 願爲我說　虛妄分別相.

此虛妄分別　云何而生, 是何而生,　因何而生, 誰之所生, 何故名爲 虛妄分別?"

佛言.

....
70 이 1게송은 위의 언설법의 모습을 노래한 것이다. 비록 탐욕·진에·우치가 있다 해도 이는 허망하게 보는 것이기 때문이고, 실제로 사람은 없으며, 갈애에 핍박됨을 좇아 망령되이 오온을 내니, 이 오온을 계탁해서 있음으로 삼는다면 마치 꿈에서 보는 것과 같다고 붓다께서 말씀하시는 것이다.
71 【4.4.2는 둘째 망상 나는 모습 다하는 것을 보여 제일의를 드러내는 것[示窮妄想生相 以顯第一義]인데, 넷으로 나누어진다. 처음은 대혜가 물음으로 인하여 망상이 나는 모습을 보이는 것[初因大慧問 示妄想生相]이다.】
72 위의 종취에서 "세간은 다 허망하여 마치 환상·꿈·파초와 같음을 관찰한다"라고 말씀하셨기 때문에 다시 허망하게 분별하는 모습을 들어 청문한 것이다.
73 위에서는 망상의 분별이 행해지는 모습을 총체적으로 물었고, 여기에서는 개별적으로 묻는 뜻을 중첩시키는데, 다시 다섯이 있다. 첫째는 허망분별은 어떻게 나는지를 묻고, 둘째는 허망분별은 어느 곳에서 나는지를 물으며, 셋째는 허망분별이 원인하는 바를 묻고, 넷째는 허망분별의 체는 무엇이 되는지 물으며, 다섯째는 허망분별의 이름을 묻는다.

"대혜여, 훌륭하고 훌륭하구나. 그대는 세간의 천·인을 연민하여 이 뜻을 물었으니, 이익하는 바가 많고 안락하는 바가 많으리라. 잘 듣고 잘 들으며, 잘 생각하고 새기라. 그대를 위해 설하겠다."74

③ 대혜가 말하였다.
"예."

⑵ 붓다께서 말씀하셨다.
"대혜여, 일체 중생은 갖가지 경계에서 자기 마음이 나타낸 것임을 능히 요달하지 못하여, 능취·소취를 계탁하고 허망하게 집착해서 모든 분별을 일으키

"大慧, 善哉善哉. 汝爲哀愍 世間天人 而問此義, 多所利益 多所安樂. 諦聽 諦聽, 善思念之. 當爲汝說."

大慧言.
"唯."

佛言.
"大慧, 一切衆生 於種種境 不能了達 自心所現 計能所取 虛妄執著 起諸分別

----

74 일체 범부가 생사에 유랑함은 다 일념의 망상이 연이 됨으로 말미암는다. 이 때문에 대혜가 이 기회에 이 뜻을 물었으니, 진실로 중생을 요익하고 안락함이 된다. 그러나 망상은 진실치 못하고 비록 본래 성품이 없기는 하지만, 무시 이래의 악습에 훈습되어 필경 없는 것에서 필경 있음을 이룬다. 그런데도 중생은 알지 못하므로 모름지기 방편을 빌어서 듣고 사유하며 관찰해서 그 성품 없음과 본래 생멸 없음을 깨닫고, 있고 없음의 분별의 망상을 일으키지 않는다면 곧 능히 여래 경계를 증득할 것이다. '잘 들으라'고 말한 것은 문혜이고, '잘 생각한다'는 것은 사혜이며, '새긴다'는 것은 수혜이다. 장차 붓다께서 열반하시려 함에 최후로 부촉하니, 네 가지 법을 준수한다면 곧 열반을 증득할 수 있다. 첫째는 선지식을 친근하는 것이고, 둘째는 정법을 청문하는 것이며, 셋째는 그 뜻을 사유하는 것이고, 넷째는 여실하게 수행하는 것이다. 온갖 경전이 한량없고 수행의 문이 같지 않아도 다 증입할 수 있지만, 오직 이 원문圓門만이 온갖 행을 통섭하니, 그래서 요의 교는 대부분 잘 듣고 잘 생각하며 새기게 한다.

며, 있고 없음의 견해에 떨어져 외도의 허망하게 보는 습기를 증장하므로, 심·심소법이 상응하여 일어날 때 밖의 뜻에 갖가지 얻을 만한 것이 있다고 집착하며, 나 및 내 것을 계탁하고 집착하니, 이 때문에 이름해서 허망한 분별이라고 한다."75

墮有無見 增長外道
妄見習氣, 心心所法
相應起時 執有外義
種種可得,
計著於我 及以我所,
是故 名爲 虛妄分別."

(3) 대혜가 말하였다.76
"만약 이와 같다고 한다면 밖의 갖가지 뜻은 성품이 있고 없음을 떠났는데도 모든 봄의 모습을 일으키는 것입니

大慧白言.
"若如是者 外種種義
性離有無
起諸見相.

---

75 모든 중생의 '갖가지' 색·성·향·미·촉·법의 진실치 못한 '경계'라고 말한 것은 위의 '허망분별이 행해지는 모습'을 물은 것에 답하는 것이고, '자기 마음이 나타낸 것임을 능히 요달하지 못하여'는 위의 '망상이 어찌 하여 나는지'를 물은 것에 답하는 것이며, '능취·소취를 계탁하고 허망하게 집착해서 모든 분별을 일으키며'는 위의 '망상이 어디에서 나는지'를 물은 것에 답하는 것이고, '있고 없음의 견해에 떨어져 외도의 허망하게 보는 습기를 증장하므로'는 위의 '망상이 원인하는 바'를 물은 것에 답하는 것이며, '심·심소법이 상응하여 일어날 때 밖의 뜻(=외경)에 갖가지 얻을 만한 것이 있다고 집착하며'는 위의 '망상의 체가 되는 것이 무엇인지'를 물은 것에 답하는 것이고, '나 및 내 것을 계탁하고 집착하니, 이 때문에 이름해서 허망한 분별이라고 한다'는 위의 망상의 이름을 물은 것에 답하는 것이다.
  '심·심소법' 등이라고 말한 것은 8식의 심왕과 6위 심소(=변행·별경·선·번뇌·수번뇌·부정의 여섯. 졸역 『주석 성유식론』 p.489 이하 참조)를 말한 것이니, 상응하여 일어날 때 얻을 만한 색 등의 모든 법이 있다고 집착한다는 것이다. 나머지 뜻은 경문에서 스스로 밝힌 것과 같다.
76 【(3)은 둘째 망상이 한 곳에서는 난다고 하시고 한 곳에서는 나지 않는다고 하심을 힐난하는 것[難妄想一生一不生]이다.】

다.77

세존이시여, 제일의제도 또한 이와 같아서 모든 근과 인식, 주장·이유·비유를 떠난 것입니다.78

세존이시여, 어째서 갖가지 뜻에서는 분별을 일으킨다고 말씀하시면서, 제일의 중에서는 일으킨다고 말씀하시지 않습니까? 혹시 세존께서 말씀하신 것에 이치에 어긋나는 것은 없습니까? 한 곳에서는 일으킨다고 말씀하시고, 한 곳에는 말씀하시지 않기 때문입니다.79

세존이시여, 또 '허망한 분별이 있고 없음의 견해에 떨어지게 하는 것은, 비

世尊, 第一義諦 亦復如是 離諸根量 宗因譬喩.

世尊, 何故 於種種義 言起分別, 第一義中 不言起耶? 將無世尊 所言 乖理? 一處言起 一不言故.

世尊, 又說 '虛妄分別 墮有無見, 譬如幻事

....
77 이하는 대혜가 세속제와 제일의제의 2제를 들어서 그 시설을 함께 밝히는 것이다. '이와 같다'는 것은 세존께서 위에서 답하신 말씀을 가리키는 것이다. 말하자면 '만약 이와 같다고 한다면'이란 '세속제로 보는 바 밖의 갖가지 뜻이 있고 없음의 모습에 떨어지게 한다면'이라는 것이니, 곧 성품이 있고 없음을 떠났는데도 4구의 봄의 모습을 일으킨다는 것이다.
78 제일의제도 또한 세제와 같아서 있고 없음의 4구에 떨어지게 한다는 것은 곧 있고 없음의 4구를 떠났다는 것이다. '모든 근과 인식, 주장·이유·비유를 떠난 것'이라고 함은 제일의는 망상의 모든 근 및 세 가지 인식, 5분론의 주장·이유·실례의 모습을 떠났다는 것이다.
79 세존께서 어째서 일방적으로 세속제에서만 있고 없음을 떠난 곳에서 분별을 일으킨다고 말씀하시고, 제일의제에서는 있고 없음을 떠난 곳에서 분별을 일으킨다고 말씀하시지 않습니까? 그러니 세존께서 말씀하신 것에 이치에 어긋남이 있다고 알 것입니다. 이미 있고 없음을 같이 떠났는데도, 어째서 한 곳에서는 일으킨다고 말씀하시고, 한 곳에서는 일으킨다고 하지 않으십니까?

유하면 환상의 일은 갖가지가 진실이 種種非實.
아닌 것과 같다. 분별도 또한 그러해서 分別亦爾
있고 없음의 모습이 떠난 것이다'라고 有無相離',
말씀하시면서, 어떻게 두 가지 견해에 云何而說　墮二見耶?
떨어지게 한다고 말씀하십니까? 이 말 此說豈不
씀은 어찌 세간의 견해에 떨어지지 않 墮於世見?"
습니까?"⁸⁰

⑷ 붓다께서 말씀하셨다.⁸¹ 佛言.
 "① 대혜여, 분별은 나지 않고 멸하지 "大慧, 分別 不生不滅.
않는다. 왜냐 하면 있고 없다고 분별하 何以故 不起有無 分別
는 모습을 일으키지 않기 때문이니, 보 相故, 所見外法
이는 밖의 법은 다 없기 때문이고, 오직 皆無有故, 了唯自心
자기 마음이 나타낸 것일 뿐임을 알기 之所現故.
때문이다.⁸²
 ② 단지 우부가 자기 마음의 갖가지 但以愚夫 分別自心 種
모든 법을 분별하여 갖가지 모습을 집 種諸法 著種種相

....
80 또 망상의 분별이 있고 없는 견해에 떨어지게 하는 것은, 마치 환상과 같아서 진실이 아니며, 또한 있고 없음의 모습이 떠난 것이라고 말씀하시면서, 어떻게 다시 두 가지 견해에 떨어지게 한다고 말씀하십니까? 이는 곧 전도된 세간의 견해일 것입니다.
81 【⑷는 셋째 자기 심량을 깨달으면 망상이 나지 않음을 보이는 것[示覺自心量 妄想不生]이다.】
82 붓다께서 대혜에게, 나는 세속제의 처소에서 망상을 내고, 제일의의 처소에서 망상을 멸한다고 말하는 것이 아니라고 이르시는 것이니, 그래서 '분별은 나지 않고 멸하지 않는다'고 말한 것이다. 그 다음은 물어서 해석하는 것인데, 경문과 같아서 알 수 있을 것이다.

착해서 이런 말을 하므로, 보이는 것은 다 자기 마음임을 알게 해서 나와 내 것이라는 일체 견해와 집착을 끊고 짓는 것과 지어진 것의 모든 나쁜 인연을 떠나 오직 마음뿐임을 깨닫는 연고로 그 의요를 전환해서 모든 지를 잘 알고 붓다의 경계에 들어서 오법과 자성의 모든 분별하는 견해를 버리게 하니,83 이 때문에 나는 갖가지 자기 마음이 나타낸 것을 허망하게 분별하여 집착해서 모든 경계가 나므로, 여실하게 요지한다면 곧 해탈을 얻는다고 말한 것이다."84

而作是說, 令知所見 皆是自心 斷我我所 一切見著 離作所作 諸惡因緣 覺唯心故 轉其意樂 善明諸地 入佛境界 捨五法自性 諸分別見, 是故我說 虛妄分別 執著種種 自心所現 諸境界生, 如實了知 則得解脫."

(5) 그 때 세존께서는 거듭 게송으로 말씀하셨다.85

爾時 世尊 重說頌言.

---

83 앞에서 말한 바 갖가지 진실치 못한 경계에서 망상의 분별을 낸다고 한 것은, 모든 우부가 자기 마음의 일체 제법을 분별하여 갖가지 모습을 계탁해서 진실이라고 집착하므로, 보이는 것은 다 오직 마음의 나타남일 뿐임을 요달하게 해서, 나와 내 것이라는 등의 모든 나쁜 인연 떠남을 얻어서 스스로의 망상의 심량을 깨닫고 심·의·식을 전환해서 모든 지를 밝게 알며 여래의 경계에 들어서 5법과 3자성을 버리게 하려는 때문이니, 사문의 모든 망견妄見을 상대한 것이라는 것이다.
84 이 우부의 망상의 인연 때문에 내가 허망한 분별로 갖가지 계탁 집착이 난다고 말한 것이니, 만약 능히 여실한 뜻을 안다면 곧 해탈을 얻어서 모든 망상을 멸할 것이다.
85 【이는 넷째 총체적으로 노래하는 것[總頌]이다.】

① 모든 인과 더불어 연　　　　　諸因及與緣
　 이들을 좇아 세간을 내니　　　從此生世間
　 4구와 더불어 상응해서　　　　與四句相應
　 나의 법을 알지 못하네86　　　不知於我法

② 세간은 유·무서 남 아니고　　世非有無生
　 또한 구·불구도 아닌데도　　　亦非俱不俱
　 어찌 하여 모든 우부는　　　　云何諸愚夫
　 인연서 일어남 분별하나87　　 分別因緣起

③ 있음 아니고 없음 아니며　　　非有亦非無
　 또한 역유역무[有無]도 아니니　亦復非有無
　 이렇게 세간 관찰한다면　　　 如是觀世間
　 맘 바뀌어 무아 증득하리88　　心轉證無我

④ 일체의 법은 나지 않으니　　　一切法不生
　 연을 좇아 나기 때문이요　　　以從緣生故
　 모든 연으로 지어진 바라　　　諸緣之所作
　 지어진 법은 남이 아니네89　　所作法非生

....
86 세간이 인연을 좇아서 나면 우부는 인연이 성품 여의었음을 알지 못해서
　 4구의 견해를 일으키므로, 여래께서 연에서 나는 것은 무생의 법이라고 설
　 하시는 뜻을 알지 못한다는 것이다.
87 말하자면 세간은 4구와 상응하는 것이 아니거늘, 어찌 하여 우부는 망상
　 으로 분별하여 인연 중에서 남이 있다고 계탁하는가.
88 인연 중에서 남은 없어서, 4구를 떠났으니, 능히 이와 같이 관찰한다면 망
　 심이 바뀌어 멸하고 법의 무아를 얻는다는 것이다.

⑤ 과 스스로 과 내지 않으니　　　　果不自生果
　　2과 허물 있기 때문이요　　　　　有二果失故
　　2과 없을 것이기 때문에　　　　　無有二果故
　　유성有性 얻을 수 있음 아니네90　　非有性可得

⑥ 모든 유위법을 관찰하면　　　　　觀諸有爲法
　　능연과 소연을 떠나서　　　　　　離能緣所緣
　　결정코 오직 마음이니　　　　　　決定唯是心
　　그래서 내 심량을 말하네91　　　　故我說心量

⑦ 인식의 자성의 처소는　　　　　　量之自性處
　　연과 법의 둘 모두가 떠나　　　　緣法二俱離
　　구경 묘청정한 일이므로　　　　　究竟妙淨事
　　내가 심량이라 이름했네92　　　　我說名心量

....
89 연에서 나는 것은 자체가 없기 때문에 일체법은 남이 없다는 것을 알며, 이미 연에서 지어진 것이라서 스스로 남이 있는 것이 아니므로 곧 없음임을 밝힌다는 것이다.
90 마치 병瓶 위에 다시 스스로 병瓶을 내는 것과 같으니, 곧 능생과 소생의 두 가지 결과라는 허물이 있다. 이미 둘의 허물은 없으니, 곧 얻을 만한 남의 성품은 없다. 이 게송의 앞까지는 위의 우부가 갖가지 진실치 못한 여러 법이 인연에서 나는 것을 망령되이 계탁해서 있고 없음의 분별 일으키는 것을 노래한 것이고, 이 게송 중에서는 인연에서 난 법이기 때문에 있고 없다는 4구의 망상의 견해를 떠났다고 깨뜨리는 것이다.
91 망상으로 생각하고 사려하는 것은 능연이라고 이름하고, 6진의 경계는 소연이라고 이름한다. 유위법을 관찰하면 허망하기 때문에 능연과 소연을 떠나서 결정코 오직 제일의 마음일 뿐이기 때문에 나도 또한 설해서 심량이라고 이름하였다는 것이다.
92 인식[量] 자체의 처소는 인연 및 법의 이 둘이 모두 떠나서 구경 청정하고

⑧ 시설해 나라고 가명하나　　　　施設假名我
　　실제로는 얻을 수 없고　　　　　而實不可得
　　모든 온과 온도 가명이니　　　　諸蘊蘊假名
　　또한 다 진실한 일은 없네93　　 亦皆無實事

⑨ 네 가지 평등이 있으니　　　　　有四種平等
　　모습과 원인 및 소생과　　　　　相因及所生
　　무아가 네 번째가 됨이라　　　　無我爲第四
　　수행자는 관찰해야 하네94　　 　修行者觀察

⑩ 일체의 모든 견해 및　　　　　　離一切諸見
　　능소의 분별을 떠난다면　　　　 及能所分別
　　얻음 없고 또한 남 없으니　　　 無得亦無生
　　나는 이 심량이라 말하네95　　 我說是心量

⑪ 유 아니고 무도 아니므로　　　　非有亦非無
　　유와 무의 둘 모두 떠나고　　　 有無二俱離

……………………
묘하며 원만한 진실이라, 모두 대치의 법문이므로, 또한 심량이라고 말했다는 것이다.
93 삼계는 허가虛假해서 나 및 모든 법에는 다 진실한 일이 없음을 밝힌 것이다.
94 네 가지 평등은, 유위의 '모습'은 무상無常으로 평등하고, 유루의 '원인'은 고苦로서 평등하며, '소생'법은 다 공하여 진실치 못하고, 그리고 '무아'의 평등 이것이 4평등이니, 모든 수행자는 부지런히 관찰해야 한다.
95 수행자가 4평등을 관찰해서 능히 모든 견해와 능소의 분별을 떠난다면 남도 없고 얻음도 없을 것이므로, 이를 상대해서 또한 이 심량을 설한다는 것이다.

이런 마음도 떠나야 하니 　　　　　如是心亦離
나는 이 심량이라 말하네96 　　　　我說是心量

12 진여와 공과 실제와 　　　　　　眞如空實際
열반과 그리고 법계와 　　　　　　涅槃及法界
갖가지의 의성신도 　　　　　　　種種意成身
나는 이 심량이라 말하네97 　　　　我說是心量

13 망상의 습기가 속박해서 　　　　妄想習氣縛
갖가지가 마음에서 나면 　　　　　種種從心生
중생이 보고 밖이라 함도 　　　　　衆生見爲外
나는 이 심량이라 말하네 　　　　　我說是心量

14 밖에 보이는 것 유 아니고 　　　　外所見非有
마음 갖가지 나타남이니 　　　　　而心種種現
몸과 살림살이 및 주처도 　　　　　身資及所住
나는 이 심량이라 말하네98 　　　　我說是心量

....
96 말하자면 유·무의 4구를 떠나고, 이렇게 떠나는 마음도 또한 다시 떠나야 하므로, 역시 아직 심량을 넘지 못했다는 것이다.
97 변이함을 상대하여 진여를 말하고, 유를 상대하여 공을 말하며, 허망을 상대하여 실제를 말하고, 생사를 상대하여 열반을 말하며, 육도를 상대하여 법계를 말하고, 오온을 상대하여 의성신을 말하니, 이 모두는 대치법문이라, 만약 말에서 찾아 얻음이 있다고 취착한다면 모두가 이 심량이라는 것이다.
98 이 2게송은 육도 생사의 의보·정보의 경계는 망상의 세속 심량임을 말하는 것이다. 마치 대혜가 "제일의제도 또한 이와 같아서 모든 근과 인식, 주장·이유·비유를 떠난 것"이라고 말한 것과 같다. 말하자면 세속제의 심량을

4.5
4.5.1[99]

(1) 그 때 대혜보살마하살이 다시 붓다께 말하였다.

"세존이시여, 여래께서는 '내가 말한 것처럼 그대 및 모든 보살은 말에 의지하지 말고 그 뜻을 취해야 한다'라고 말씀하셨는데, 세존이시여, 어째서 말에 의지하지 말고 뜻을 취해야 하며, 어떤 것이 말이고, 어떤 것이 뜻입니까?"[100]

爾時 大慧菩薩摩訶薩 復白佛言.

"世尊, 如來說言 '如我所說 汝及諸菩薩 不應依語 而取其義', 世尊, 何故 不應依語 取義, 云何 爲語, 云何 爲義?"

상대하기 때문에 제일의의 양량을 말하는 것이니, 위의 제일의의 양도 역시 대치설인 것이다.

99 【이상으로 처음 종·설의 2통은 망상의 계착을 멀리 떠났음을 보이는 것은 마쳤고, 이하는 둘째 말과 뜻, 식과 지혜를 보여서 종통의 작용을 드러내는 것[示語義識智 以顯宗通之用]인데, 다섯으로 나누어진다. 처음은 말과 뜻을 보이는 것[示語義]인데, 다섯으로 나누어진다. 처음은 대혜의 물음으로 인해 말의 모습을 보이는 것[因大慧問 先示語相]이고, 둘째 (2)의 ②는 뜻의 모습을 보이는 것[示義相]이며, 셋째 ③은 말로써 뜻에 들어감을 보이는 것[示以語入義]이고, 넷째 ④는 말에 의지해 뜻을 취하는 것과 구별하는 것[別依語取義]이며, 다섯째 (3)은 총체적으로 노래하는 것[總頌]이다.】 * 여기에서 제2단의 5개 항의 경문 배치를 도표로써 보이면 다음과 같다.

말과 뜻을 보임	4.5.1
식과 지혜를 분별함	4.5.2
말에 의지해 뜻을 취해 심밀한 집착 이루는 것과 구별함	4.5.3
성지의 공한 일[聖智空事]을 보여서 망계를 깨뜨림	4.5.4~4.5.5
방편 망집함으로 인해 종·설을 다시 보여 세론을 깨뜨림	4.5.6~4.6

100 위에서 여실하게 요지한다면 곧 해탈을 얻는다고 말씀하셨기 때문에, 보살이 뜻에 의지하고 언설에 집착하지 말라고 하신 것을 들어서, 어떤 것이 말이 되고 뜻이 되는지를 물은 것이다.

붓다께서 말씀하셨다.
"잘 들으라, 그대를 위해 설하겠다."
대혜가 말하였다.
"예."

佛言.
"諦聽, 當爲汝說."
大慧言.
"唯."

(2) 붓다께서 말씀하셨다.

"① 대혜여, 말이란 이른바 분별하는 습기가 그 원인이 되어서 목구멍·혀·입술·잇몸·치아·광대뼈에 의지해 갖가지 음성과 문자를 내어 상대하여 담설하니, 이를 말이라고 이름한다.101

② 어떤 것이 뜻인가 하면, 보살마하살이 홀로 한 고요한 곳에 머물러 문·사·수혜로써 사유 관찰해서 열반으로 향하는 길의 자기 지혜의 경계로써 모든 습기를 전환하고 모든 지의 갖가지 행의 모습을 행하니, 이를 뜻이라고 이름한다.102

③ 또 다음 대혜여, 보살마하살은 말

佛言.
"大慧, 語者 所謂 分別習氣 而爲其因 依於喉舌 脣齶齒輔 而出種種音聲文字 相對談說, 是名爲語.

云何 爲義, 菩薩摩訶薩住獨一靜處 以聞思修慧 思惟觀察 向涅槃道自智境界　轉諸習氣行於諸地 種種行相, 是名爲義.

復次 大慧, 菩薩摩訶薩

---

101 망상의 습기가 원인이 되어서 목구멍·혀·잇몸 등을 연으로 하여 모든 음성과 문자를 내어 담설하기 때문에 말이라고 이름한다.
102 이는 진실한 뜻을 밝히는 것이다. 이 대보살은 적정한 곳에서 정념으로 관찰해서 인·법의 2공을 보고 열반의 성으로 향하는 자각경계로써 모든 망상의 습기를 멸하고 모든 지의 뛰어나게 나아가는 행의 모습[勝進行相]을 행하여 여래지에서 증득하는 진실한 법에 이르기 때문에 뜻이라고 이름한다.

과 뜻에 능숙해서 말은 뜻과 더불어 하나이지 않고 다르지도 않으며, 뜻도 말과 더불어 또한 다시 이와 같음을 안다.

만약 뜻이 말과 다르다고 한다면 곧 응당 말로 인해 뜻을 드러내지 못하겠지만, 말로 인해 뜻을 보기를, 마치 등불이 물질을 비추는 것과 같이 한다.

비유하면 어떤 사람이 등불을 들고 물건을 비추면 이 물건은 이와 같고 이와 같은 곳에 있다고 하는 것과 같다.

보살마하살도 또한 다시 이와 같아서 언어의 등불로 인해 언설을 떠난 자증 경계에 들어가는 것이다.103

④ 또 다음 대혜여, 만약 누군가가 불생불멸, 자성, 열반, 삼승, 일승, 오법, 모든 마음의 자성 등 중에서 말과 같이 뜻을 취한다면 곧 건립 및 비방의 견해에 떨어진다. 그와 다르다고 분별을 일으키기 때문이고, 환상의 일을 보고 계

善於語義 知語與義 不一不異, 義之與語 亦復如是.
若義異語 則不應因語而顯於義,
而因語見義 如燈照色.

大慧, 譬如有人 持燈照物 知此物如是 在如是處.

菩薩摩訶薩 亦復如是 因語言燈 入離言說 自證境界.

復次 大慧, 若有 於不生不滅 自性涅槃 三乘一乘 五法諸心 自性等中 如言取義 則墮建立及誹謗見. 以異於彼 起分別故, 如見幻事 計以

---

103 모든 보살이 말과 뜻에 능숙하다는 것은, 하나이거나 다른 것이 아님을 통달하여, 마치 등불이 물질을 비추지만 물질은 등불이 아닌 것과 같음을 밝히는 것이다. 말하자면 등불로 인해 물질을 보므로 다르다고 말할 수 없지만, 물질은 등불이 아니기 때문에 하나라도 말할 수도 없음으로써, 말로 인해 뜻에 들어가므로 다르다고 말할 수 없지만, 뜻은 말이 아니기 때문에 하나라고 말할 수 없음에 비유하니, 그래서 언어의 등불로 인해 언설을 떠난 자증의 진실한 뜻에 들어간다고 말한 것이다.

탁해서 진실로 삼는 것과 같은 것은 우 　爲實 是愚夫見,
부의 견해이지, 현성이 아니다."104 　　非賢聖也."

⑶ 그 때 세존께서는 거듭 게송으로 말 　爾時 世尊 重說頌言.
씀하셨다.

① 만약 말을 따라 뜻을 취해　　　　若隨言取義
　　모든 법을 건립한다면　　　　　　建立於諸法
　　그 건립하기 때문에　　　　　　　以彼建立故
　　죽어 지옥 중에 떨어지리105　　　死墮地獄中

② 온 중에는 나가 없으며　　　　　　蘊中無有我
　　온이 곧 나인 것도 아니니　　　　非蘊卽是我
　　그 분별함과 같지 않으며　　　　　不如彼分別
　　또한 없는 것도 아니라네106　　　亦復非無有

....
104 이는 만약 누군가가 불생불멸 등 염·정의 모든 법 중에서 말과 같이 뜻을 취해서 언설이 뜻과 하나라고 계탁한다면 건립이라고 이름하고, 언설이 뜻과 다르다고 계탁한다면 비방이라고 이름한다는 것을 밝힌 것이다. '그와 다르다고 분별을 일으키기 때문'이라고 말한 것은 다르다고 계탁하는 것을 해석해 이루는 것이고, 비유하면 보이는 바 갖가지 환상의 일을 계탁해서 진실로 삼는 것과 같은 것은 우부의 견해이지, 현성이 아니라고 함은 하나라고 계탁하는 것을 해석해 이루는 것이다.
105 모든 우부가 말을 따라서 뜻을 취해 모든 법을 건립한다면 있음의 법을 계탁함으로써 악도를 면하지 못하고, 비방함도 또한 그러하다는 것이다.
106 '온 중에 나가 없다'은 언설 중에는 뜻이 없음에 견준 것이고, '온이 곧 나인 것이 아니다'는 언설은 곧 뜻이 아님에 견준 것이다. 말의 진실한 뜻은 그 우부가 망상으로 건립하는 것과 같지 않지만, 또한 다시 없는 것도 아니어서, 있고 없음을 떠났다는 것을 밝힌 것이다.

③ 우부가 분별하듯 일체가　　　　如愚所分別
　 모두 있음의 성품이어서　　　　一切皆有性
　 만약 그가 본 것과 같다면　　　 若如彼所見
　 다 진실을 보아야 하리라107　　 皆應見眞實

④ 일체 잡염·청정의 법은　　　　一切染淨法
　 모두 다 체성이 없어서　　　　　悉皆無體性
　 그 보는 것과 같지 않지만　　　 不如彼所見
　 또 있는 바 없음도 아니네108　　亦非無所有

4.5.2109

⑴ "① 또 다음 대혜여, 내가 응당 그대　 "復次 大慧, 我當爲汝
　 를 위해 지혜와 식의 모습을 설할 것이　 說智識相,

---

107 만약 그 우부가 분별해서 보는 것과 같이 일체의 말과 뜻에 다 진실한 성품이 있다고 한다면, 일체 범·우도 곧 진제를 보는 사람이므로 응당 성인이라 이름해야 할 것이라는 것이다.
108 그 우부는 진제를 볼 수 없기 때문이고, 범우가 보는 염·정 등의 법은 다 자성이 없기 때문에 '그 보는 것과 같지 않다'고 말하였다. '또 있는 바 없음도 아니다'는, 진실한 뜻은 유·무와 관계되는 것이 아니고, 모든 성인의 자각성지로만 증득할 수 있는 것이라는 것이다.
109 【이상 처음 말과 뜻을 보이는 것은 마쳤고, 이하는 둘째 식과 지혜를 분별하는 것[辨識智]인데, 셋으로 나누어진다. 처음은 세 가지 지혜의 모습을 보이는 것[示三種智相]이다.】 * 여기에서 제2단의 3개 항의 경문 배치를 도표로써 보이면 다음과 같다.

세 가지 지혜의 모습을 보임		(1)
식과 지혜의 차별을 보임		(2)~(3)
외도의 전변은 식의 허망	외도 전변의 이름과 모습을 보임	(4)~(5)
을 떠나지 못했음을 보임	전변은 식의 허망 연유함을 보임	(6)~(7)

니, 그대 및 모든 보살마하살들이 만약 지혜와 식의 모습을 잘 요지한다면 곧 속히 아뇩다라삼먁삼보리를 얻을 수 있으리라.110

② 대혜여, 지혜에는 세 가지가 있으니, 세간의 지혜, 출세간의 지혜, 출세간 상상의 지혜를 말한다.

어떤 것이 세간의 지혜인가? 일체 외도·범우가 있고 없음의 법을 헤아리는 것을 말한다.111

어떤 것이 출세간의 지혜인가? 일체 이승이 자상·공상을 집착하는 것을 말한다.112

어떤 것이 출세간 상상의 지혜인가? 모든 붓다 보살이 일체법에는 다 모습이 없고 나지 않으며 멸하지 않고 있음도 아니며 없음도 아님을 관찰해서 법무아를 증득하고 여래의 지위에 들어가

汝及 諸菩薩摩訶薩 若善了知 智識之相 則能疾得 阿耨多羅三藐三菩提.

大慧, 智有三種,
謂世間智 出世間智 出世間上上智.

云何 世間智? 謂一切外道凡愚 計有無法.

云何 出世間智? 謂一切二乘 著自共相.

云何　出世間上上智? 謂諸佛菩薩 觀一切法皆無有相 不生不滅 非有非無 證法無我入如來地.

....
110 여래께서 위에서 보살은 응당 말과 뜻의 모습에 능숙해야 한다고 하셨음으로 인해, 말을 아는 것은 식이고, 뜻을 아는 것은 지혜임을 밝히고자 다음에 지혜와 식의 모습을 설하시는 것이다.
111 있고 없음을 헤아려 집착한다고 말한 것은 범부와 외도가 세간의 생각으로 보는 지혜이다.
112 이승인은 음·계·입 등의 자상·공상을 계탁하여 집착하기 때문에 법공을 요달하지 못해서, 수행하여 생사를 끊고 열반하기를 희망하니, 이것이 출세간의 지혜이다.

는 것을 말한다.113

③ 대혜여, 다시 세 가지 지혜가 있으니, 자상·공상을 아는 지혜, 생·멸을 아는 지혜, 불생·불멸을 아는 지혜를 말한다.114

大慧, 復有 三種智, 謂知自相共相智, 知生滅智, 知不生不滅智.

(2) 또 다음 대혜여, 생멸은 식이고, 불생멸은 지혜이며, 모습과 모습 없음 및 있고 없음의 갖가지 모습의 원인에 떨어지는 것은 식이고, 모습과 모습 없음 및 있고 없음의 원인을 떠난 것은 지혜이다.115

復次 大慧, 生滅 是識, 不生滅 是智, 墮相無相 及以有無 種種相因 是識, 離相無相 及有無 因 是智.

적집의 모습이 있는 것은 식이고, 적집의 모습이 없는 것은 지혜이며, 경계의 모습에 집착하는 것은 식이고, 경계의 모습에 집착하지 않는 것은 지혜이며,116 세 가지의 화합과 상응하여 나는

有積集相 是識, 無積集相 是智, 著境界相 是識, 不著境界相 是智, 三和合 相應生

---

113 자각의 성지로써 자상·공상의 일체 제법은 본래 생멸하지 않아, 있음도 떠나고 없음도 떠났음을 관찰해서 인·법의 2무아를 요달하고 여래의 지위를 증득하는 이것을 출세간 상상의 지혜라고 이름함을 밝히는 것이다.
114 여래의 하나의 지혜가 중생에 응해 다름이 있음을 밝히는 것이니, 말하자면 이승은 인도하려고 자상·공상을 알고, 범부에 응해서 생·멸을 알며, 보살을 좇아서 불생멸을 안다.
115 【이하는 둘째 식과 지혜의 차별을 보이는 것[示識智差別]이다.】 생멸과 있고 없음 및 있고 없음의 원인에 떨어지는 것은 식이고, 생멸 없음과 있고 없음 및 원인을 떠난 것은 지혜라고 이름한다는 것이다.
116 적집된 종자가 현행의 모습을 일으키는 것은 식이고, 또 모든 법의 종자

것은 식이고, 무애와 상응하는 자성의 　是識, 無礙相應 自性相
모습은 지혜이며, 얻음의 모습이 있는 　是智, 有得相 是識,
것은 식이고, 얻음의 모습이 없는 것은 　無得相 是智,
지혜이니,117 스스로의 성지를 증득해서 　證自聖智
행하는 경계는 마치 물속의 달과 같아 　所行境界 如水中月
서 들어가지도 않고 나오지도 않기 때 　不入不出故."
문이다."118

⑶ 그 때 세존께서는 거듭 게송으로 말 　爾時 世尊 重說頌言.
씀하셨다.

① 업 채집하는 게 마음이고 　　採集業爲心
　 법 관찰하는 게 지혜이니 　　觀察法爲智
　 지혜는 능히 무상 증득해 　　慧能證無相
　 자재한 위광에 이른다네119 　　逮自在威光

　　를 능히 훈습해서 적집하는 모습은 식이라고 이름한다.
117 나 및 근·진 세 가지의 화합과 상응하여 나는 것은 식이고, 연을 빌려 나
　　지 않고 경계로 인해 일어나지 않아서 무애와 상응하는 성품이 스스로 신
　　령스럽게 아는 것은 지혜라고 이름한다.
118 스스로의 성지로 깨닫는 모든 경계는 진실 없는 것이 마치 물속의 달과
　　같기 때문에 출입이 없음을 말하는 것이다. 또 지혜의 성품은 본래 밝고 진
　　실로 생멸하는 것이 아님을 말하는 것이니, 단지 허망을 떠나면 난다고 이
　　름하고, 허망이 덮으면 멸한다고 말하나, 마치 물이 맑으면 달이 나타나고
　　물이 흐리면 영상이 가라앉는 것과 같이, 달의 성품도 항상 그러해서 본래
　　출입이 없다.
119 업의 종자를 채취해서 생사의 원인이 되는 것을 심식이라고 이름하고,
　　모든 법이 꿈, 환상, 거울의 영상과 같음을 관찰해서 번뇌를 따라 모든 업
　　을 짓지 않는 것을 지혜라고 이름하며, 능히 무상의 정묘한 법신을 증득해

② 경계에 묶임은 마음이고 　　　　　境界縛爲心
　　상생想生 깨달음은 지혜이니 　　　覺想生爲智
　　모습 없음 및 증승함 　　　　　　無相及增勝
　　그 중에서 지혜 일어나네120 　　　智慧於中起

③ 심·의와 더불어 식이 　　　　　　心意及與識
　　모든 분별의 지각을 떠나 　　　　離諸分別想
　　분별 없는 법을 얻는 것은 　　　　得無分別法
　　불자이지 성문이 아니네121 　　　佛子非聲聞

④ 적멸의 수승한 인忍인 　　　　　　寂滅殊勝忍
　　여래의 청정한 지혜는 　　　　　　如來淸淨智
　　훌륭한 승의에서 나서 　　　　　　生於善勝義
　　모든 소행을 멀리 떠나네122 　　　遠離諸所行

―――――――
　　서 위광이 자재하므로, 이를 지혜라고 이름한다.
120 꿈·환상의 경계에 속박되는 것을 망상의 마음이라 이름하고, 갖가지 진실치 못한 경계가 망상에서 나는 것을 깨닫는 것은 지혜라고 이름한다는 것이다. '모습 없음'은 제8지이고, '및 증승함'은 여래지이니, 붓다지혜는 제8지와 여래지에서 난다는 것을 말하는 것이다.
121 '심'은 제8의 장식이고, '의'는 제7식이며, '식'은 전6식이다. 장식 및 모든 전식이 허망함을 깨닫기 때문에 다시 분별치 않음을 말하는 것이다. '불자'란 보살이니, 망상으로 법을 분별함이 없음을 얻었으므로 곧 보살이지, 성문이 아니라는 것이다.
122 《인왕경》 중에서 5인을 설하니, 복伏인·신信인·순順인·무생인·적멸인을 말한다. 각각 하·중·상품이 있는데, 지전에서는 단지 복인의 3품만을 얻고, 9지는 순서대로 다음 3인에 배분되며, 십지와 등각 및 붓다는 적멸인을 얻는다. 그래서 '적멸의 수승한 인인 여래의 청정한 지혜'라고 말한 것이니, 붓다의 인인 청정한 지혜가 승의제에서 나면 망상의 심식 소행의 경계는

⑤ 나에 세 가지 지혜 있어서　　　　　　　我有三種智
　　성자는 능히 모든 모습을　　　　　　　聖者能明照
　　분별하는 것 밝게 비추고　　　　　　　分別於諸相
　　일체에게 법 열어 보이네123　　　　　　開示一切法

⑥ 내 지혜는 모든 모습 떠나　　　　　　　我智離諸相
　　이승을 뛰어넘었으니　　　　　　　　　超過於二乘
　　모든 성문 등은 모든 법의　　　　　　　以諸聲聞等
　　있음을 집착하지만　　　　　　　　　　執著諸法有
　　여래 지혜는 때가 없어서　　　　　　　如來智無垢
　　유심 요달하기 때문이네124　　　　　　了達唯心故

(4) "또 다음 대혜여, 모든 외도에게는　　"復次 大慧, 諸外道有
아홉 가지 전변의 견해가 있으니,125 이　九種 轉變見, 所謂

　　모두 다 멀리 떠남을 밝힌 것이다.
123 여래는 근기를 따라 법을 설하므로 세 가지 지혜가 있다. 이것은 성인이
　　분별된 모든 모습은 진실치 못한 것임을 비추어 밝혀서 알고 일체에게 열
　　어 보여서 진실한 법을 깨닫게 하는 것이다.
124 이승은 생사를 싫어하고 열반을 구하므로 오온 등의 모든 법이 있다고
　　계탁해서 오직 심량일 뿐임을 요달하지 못하지만, 붓다의 지혜는 청정해서
　　온·계·처의 모습은 진실치 못함을 알므로 심량을 요달한다고 이름한다. *
　　범문화역에는 이 6구가 1게송으로 되어 있다.
125 【이하는 셋째 외도의 전변은 식의 허망을 떠나지 못했음을 보이는 것[示
　　外道轉變 不離識妄]인데, 둘로 나누어진다. 처음은 외도의 전변의 이름과 모습
　　을 보이는 것[出外道轉變名相]이다.】 위의 지혜와 식의 모습 중 외도의 지혜
　　는 생멸을 안다고 하였으니, 이 때문에 다음에 외도의 아홉 가지 생멸 전변
　　을 밝힌다. 혹은 경계가 바뀌어 마음이 변하거나, 혹은 마음이 바뀌어 경계
　　가 변하는 것을 말한다. * 범문화역에 의하면 '전변'은 변형 내지 변화를 뜻

른바 형상[形]의 전변, 양상[相]의 전변, 원인[因]의 전변, 상응의 전변, 견해[見]의 전변, 남[生]의 전변, 존재[物]의 전변, 연명료緣明了의 전변, 소작所作명료의 전변, 이것이 아홉이 된다.126

일체 외도는 이 견해로 인해 유·무 전변의 이론을 일으킨다.127

(5) ① 이 중 형상의 전변이란, 형상이 다르게 달라진다는 견해를 말한다. 비유하면 금으로 장엄구를 만드는데 반지·비녀·영락의 갖가지가 같지 않을 때 형상에는 다름이 있어도 금의 체는 바뀜이 없는 것과 같이, 일체의 법이 변하는

形轉變 相轉變
因轉變 相應轉變 見轉變 生轉變 物轉變
緣明了轉變 所作明了轉變, 是爲九.
一切外道 因是見故 起有無轉變論.

此中 形轉變者 謂形別異見. 譬如以金
作莊嚴具 環釧瓔珞
種種不同 形狀有殊
金體無易,
一切法變

하는 'pariṇāma'를 번역한 것임.
126 의보·정보의 형상形狀이 같지 않은 것을 형상의 전변이라고 이름하고, 오온의 양상이 생·주·이·멸하며 한 순간도 머물지 않는 것을 양상의 전변이라고 이름하며, 무인無因·사인邪因이 능히 모든 법을 낸다고 말하는 것을 원인의 전변이라고 이름하고, 마음이 나면 경계가 일어나 능·소가 상응하는 것을 상응의 전변이라고 이름하며, 있고 없음의 4구의 견해를 견해의 전변이라고 이름하고, 소생의 법이 명제·자재천 등으로부터 난다고 말하는 것을 남의 전변이라고 이름하며, 모든 유위법이 멸하는 것을 존재의 전변이라고 이름하고(=범문화역에 의하면 '物'의 원어는 존재를 뜻하는 'bhāva'로 되어 있음), 연이 능히 결과를 드러내는 것을 연명료의 전변이라고 이름하며,(=범문화역에 의하면 '명료'는 현현함을 뜻하는 'abhivyakti'로 되어 있음), 연으로 지어진 법의 차별을 소작명료의 전변이라고 이름한다.
127 모든 외도는 이 아홉 가지 전변으로 인해 유·무의 견해를 일으키고 전변의 이론을 낸다.

것도 또한 다시 이와 같다.128 　　亦復如是.

② 모든 다른 외도는 갖가지로 계탁 　諸餘外道 種種計著,
해 집착하지만, 모두 이와 같은 것도 아 　皆非如是
니고 또한 따로 다른 것도 아니니, 단지 　亦非別異, 但分別故.
분별일 뿐이기 때문이다. 일체의 전변도 　一切轉變
이와 같다고 알아야 한다.129 　　如是應知.

③ 비유하면 우유와 낙, 술과 과일 등 　譬如乳酪 酒果等熟
이 익으면 외도는 여기에 다 전변이 있 　外道言此 皆有轉變,
었다고 말하지만, 실제로는 없다. 있음 　而實無有. 若有若無
이든 없음이든 자기 마음으로 보는 것 　自心所見
에 밖의 물건은 없기 때문이다.130 　　無外物故.

⑹ 이와 같은 것은 다 어리석고 미혹한 　如此皆是 愚迷凡夫
범부가 스스로 분별하는 습기를 좇아 　從自分別 習氣而起,

---

128 이 형상의 전변은, 비유하면 금으로써 여러 그릇을 만들면 곧 갖가지 형상의 같지 않음이 있으므로 전변이 있다고 말하나, 금의 성품은 변한 것이 아닌 것과 같음을 밝히는 것이다. 일체 모든 법의 전변도 역시 그래서 묘하고 밝으며 진실한 체[妙明眞體]는 상주하고 바뀌지 않는데도, 범부와 외도에는 아는 자가 없다는 것이다.
129 모든 다른 외도는 나아가 소작명료의 전변에 이르기까지 갖가지로 계탁해서 집착하지만, 모두 하나와 다름이 아니니, 단지 망상 때문에 이와 같이 일체가 전변하는 것이다.
130 외도는 망령되이 일체는 성품이 전변한다고 계탁하지만, 하나인 것도 아니고 다른 것도 아니니, 비유하면 우유·낙·술·과일 등이 익는 것과 같은 것이다. 우유로 인해 낙을 얻으므로 다르다고 말할 수 없고, 기운과 맛이 같지 않으므로 하나라고 말할 수도 없으니, 거기에 실제로 가히 전변할 만한 있고 없음의 법은 없는 것이다. 있고 없다고 말하는 법은 자기 마음이 허망하게 나타낸 것이니, 밖의 성품에는 실질이 없기 때문이다.

일으킨 것이라, 실제로는 한 법도 나거 　實無一法 若生若滅,
나 멸한 것이 없으니, 마치 환상·꿈으로 　如因幻夢
인해 보이는 모든 물질과 같고, 마치 석 　所見諸色, 如石女兒
녀의 아이에게 나고 죽음이 있다고 말 　說有生死."
하는 것과 같다."131

⑺ 그 때 세존께서는 거듭 게송으로 말 　爾時 世尊 重說頌言.
씀하셨다.

1　형상 처소와 시절의 전변　　　　　形處時轉變
　　대종 그리고 모든 근과　　　　　　大種及諸根
　　중유에서 점차 난다 함은　　　　　中有漸次生
　　망상이지 명지明智가 아니네132　　妄想非明智

2　모든 붓다께서는 연기 및　　　　　諸佛不分別
　　세간을 분별치 않으시니　　　　　緣起及世間
　　단지 모든 연과 세간은　　　　　　但諸緣世間

---

131 【이하는 둘째 전변은 성품이 없는데도 다 식의 허망으로 말미암음을 보이는 것과 아울러 노래하는 것[示轉變無性 皆由識妄 并頌]이다.】 이는 모두 우부 스스로의 망상의 습기로 전변이 있다고 말하는 것임을 맺는 것이다. 마치 꿈·환상에서 보는 물질이나 석녀의 아이와 같아서 본래 법이 없거늘, 어찌 생멸의 전변이 있다고 논할 수 있으랴.
132 외도는 형상의 처소(=4권본에서는 '형상의 전변'을 '형처形處의 전변'이라 번역하였음), 시절, 사대종, 모든 근이 전변을 짓는다고 말하고, 이승인은 중음(=사유와 생유 중간의 '중유')이 있어 점점 상속해서 온을 낸다고 계탁하나, 모두 망상이라는 것이다.

건달바성과 같을 뿐이네133　　　如乾闥婆城

4.5.3134

(1) 그 때 대혜보살마하살이 다시 붓다께 말하였다.　　爾時　大慧菩薩摩訶薩復白佛言.

"세존이시여, 오직 원컨대 여래께서 저를 위해 일체법의 깊고 비밀한 뜻 및 뜻을 이해하는 모습을 해설하시어,135 저 및 모든 보살마하살들로 하여금 이 법을 잘 알아서, 말과 같이 뜻을 취하는　　"世尊, 惟願如來　爲我解說 於一切法 深密義 及解義相,

令我　及諸菩薩摩訶薩善知此法, 不墮如言取

---

133 붓다께서는 인연으로 일어나는 법은 무생임을 아시므로, 그들이 망상으로 분별해서 인연 중에 세간의 모든 법의 전변이 있다고 계탁하는 것과 같지 않다. 단지 세간이 연을 좇아 일어나는 것은 마치 건달바성이 본래 진실치 못함과 같기 때문이다. 이로써 알지니, 지혜로써 비추면 곧 세간법이 불법을 이루니, 그래서 분별이 없고, 생각으로 집착하면 곧 불법이 세간법을 이루니, 그래서 전변을 논한다. 일심은 실제로 부동이거늘, 두 가지로 봄이 스스로 차별을 이루니, 같은 공통의 한 법 중에서 따로 범·성의 이해를 이룬다.
134 【이상으로 둘째 식과 지혜를 분별하는 것은 마쳤고, 이하는 셋째 말에 의지해 뜻을 취해 심밀한 집착을 이루는 것과 구별하는 것[別依語取義 成深密執]인데, 다섯으로 나누어진다. 처음은 대혜가 청하여 묻는 것[大慧請問]이고, 둘째 (2)의 ①은 열한 가지 상속의 심밀함을 내는 것[出十一種相續深密]이며, 셋째 ②는 상속의 심밀함이 스스로 무너뜨리고 남도 무너뜨림을 보이는 것[示相續深密 自壞壞他]이고, 넷째 ③ 이하는 모든 법은 적정하여 상속 및 불상속을 멀리 떠났음을 보이는 것[示諸法寂靜 遠離相續及不相續]이며, 다섯째 (3)은 총체적으로 노래하는 것[總頌]이다.】
135 위의 게송에서 대종 및 모든 근과 중유에서 점차 난다고 말한 것은 곧 깊고 비밀한 집착의 뜻이니, 이미 비밀한 집착이 있다면 또한 응당 비밀한 집착을 끊고 해탈을 얻는 것도 있어야 하기 때문에, 깊고 비밀한 집착의 뜻과 반대로 해탈하는 뜻의 모습을 들어서 청문한 것이다. 어떤 본(=4권본)에서는 일체법이 상속하는 뜻과 해탈하는 뜻이라고 번역하였다.

깊고 비밀한 집착에 떨어지지 않고 문자와 언어의 허망한 분별을 떠나게 하시어, 널리 일체 제불의 국토에 들어가 힘·신통·자재·총지에 찍힌 바 깨달음의 지혜로써 열 가지 다함 없는 서원에 잘 머물면서 무공용으로써 갖가지를 변현하여 광명이 환히 비추는 것이, 마치 해·달·마니·땅·물·불·바람이 모든 땅에 머무는 것과 같게 하여, 분별의 견해를 떠나 일체법이 환상과 같고 꿈과 같음을 알고서 여래의 지위에 들어가 널리 중생들을 교화해서, 모든 법이 허망하고 진실치 못함을 알게 해, 있고 없음의 품류를 떠나 생멸의 집착을 끊고 언설을 집착치 않음으로써 의지처를 전환케 하소서."136

義 深密執著 離文字語言 虛妄分別,
普入一切 諸佛國土
力通自在 總持所印 覺慧善住 十無盡願
以無功用 種種變現
光明照曜, 如日月摩尼地水火風 住於諸地,
離分別見
知一切法 如幻如夢
入如來位 普化衆生,
令知諸法 虛妄不實,
離有無品
斷生滅執 不著言說
令轉所依."

(2) 붓다께서 말씀하셨다.
"① 잘 들으라, 그대를 위해 설하겠다. 대혜여, 일체법에서 말과 같이 뜻을 취해 집착함의 깊고 비밀함은 그 수가

佛言.
"諦聽, 當爲汝說.
大慧, 於一切法 如言取義 執著深密 其數無量

---

136 사려 없이 중생을 이익하는 것이 마치 해·달·마니·물·불 등과 같은 것이다. 나머지 뜻은 경문에서 스스로 밝힌 것과 같다. 비밀한 집착과 해탈에 진실이 없음을 안다면 이와 같은 이익이 있으니, 이 때문에 응당 물어야 함을 말하는 것이다.

한량없으니, 이른바 모습의 집착, 연의 집착, 있음과 있음 아님의 집착, 남과 남 아님의 집착, 멸함과 멸함 아님의 집착, 승과 승 아님의 집착, 유위와 무위의 집착, 지지地地의 자상의 집착, 스스로 분별한 현증現證의 집착, 외도종의 유·무품의 집착, 삼승과 일승의 집착이다.

② 대혜여, 이들 비밀한 집착이 한량없는 종류이지만, 모두 범우가 스스로 분별하여 집착하고 비밀하게 집착하는 것이다. 이 모든 분별은 마치 누에가 고치를 만드는 것처럼 망상의 실로써 스스로 얽으며 남도 얽으니, 있고 없음에 집착하는 욕락이 견밀한 것이다.137

③ 대혜여, 이 중에 실제로는 비밀과 비밀 아닌 모습이 없으니, 보살마하살은 일체법이 적정에 머묾을 보기 때문이고,

所謂 相執著 緣執著 有非有執著 生非生執著 滅非滅執著 乘非乘執著 爲無爲執著 地地自相執著 自分別現證執著 外道宗有無品執著 三乘一乘執著.
大慧, 此等密執 有無量種, 皆是凡愚 自分別執 而密執著.
此諸分別 如蠶作繭 以妄想絲 自纏纏他, 執著有無 欲樂堅密.
大慧, 此中實無 密非密相, 以菩薩摩訶薩 見一切法 住寂靜故,

---

137 이는 일체의 모든 법은 허망하여 체가 없고 언설할 수 없음에도, 성인이 방편으로 중생을 이끌어 접해서 진실치 못함을 알게 하려고 갖가지 언설을 하면, 범우가 알지 못하고 언설에 계착해서 그 뜻을 취하고 집착함이 깊고 비밀함을 밝히는 것이다. 이른 바 모습의 집착 내지 삼승과 일승의 집착의 이들 비밀한 집착이 그 수가 한량없지만, 모두 외도와 범우의 중생이 스스로의 망상으로 집착하는 것이, 마치 누에가 고치를 만들면서 스스로 얽어매는 것과 같으며, 이 집착으로써 전전하여 다른 사람을 가르치니, 이것이 남을 얽는 것이 된다. 그래서 있고 없음에 집착하는 욕락이 견밀함에도 스스로 깨닫지 못한다는 것이다.

분별이 없기 때문이다.138

만약 모든 법은 오직 마음이 보는 것일 뿐, 밖의 물건은 없고 다 같이 모습이 없음을 알고 수순하여 관찰한다면, 있음과 없음을 분별하여 비밀하게 집착함에서 모두 적정함을 볼 것이니, 그러므로 비밀과 비밀 아닌 모습은 없는 것이다.139

대혜여, 이 중에는 속박이 없고 또한 해탈도 없는데도, 진실을 알지 못하는 자가 속박과 해탈을 볼 뿐이다. 왜냐하면 일체의 모든 법은 있음이든 없음이든 그 체성을 구해도 얻을 수 없기 때문이다.140

④ 또 다음 대혜여, 어리석은 범부에

無分別故.

若了諸法 唯心所見, 無有外物 皆同無相 隨順觀察, 於若有若無 分別密執 悉見寂靜, 是故無有 密非密相.

大慧, 此中無縛 亦無有解, 不了實者 見縛解耳. 何以故 一切諸法 若有若無 求其體性 不可得故.

復次 大慧, 愚癡凡夫

---

138 위의 ①과 ②의 경문에서는 모두 계탁하는 것을 서술하였고, 이 ③에서는 바로 모든 법의 진실한 뜻을 밝히는 것이니, 그래서 이 중에는 실제로 비밀과 비밀 아닌 모습이 없다고 말한 것이다. 만약 고정된 있음이라면 모든 대보살들도 곧 모든 법의 적정함과 분별 없음을 볼 수 없을 것이다.
139 만약 모든 외도와 범부가 오직 마음이 보는 것일 뿐, 본래 밖의 물건은 없으며 다 같이 무상임을 알고 수순해 관찰할 수 있다면, 있고 없음의 일체의 법에서 다 적정함을 볼 것이니, 그러므로 비밀한 속박과 비밀한 속박 아닌 모습은 없다.
140 그런데 이것은 오직 본래 속박만이 없을 뿐 아니라 또한 해탈도 없는데도, 모든 법의 진실한 뜻을 깨닫지 못한 자가 망령되이 속박과 해탈을 보는 것일 뿐이다. 어째서 속박과 해탈이 없는가? 일체 범부의 생각과 성인이 인식하는 유·무의 모든 법은 다 허망하기 때문에 그 실체를 구하여도 다 얻을 수가 없음을 말한다.

게는 세 가지 비밀한 속박이 있으니, 탐·진·치 및 내생을 사랑하는 것과, 탐욕·기쁨과 함께 하는 것이다. 이 비밀한 속박이 모든 중생들로 하여금 오취에 이어 나게 하지만, 비밀한 속박이 만약 끊어지면 이로써 곧 비밀과 비밀 아닌 모습은 없다.141

有三種密縛, 謂貪恚癡 及愛來生 與貪喜俱. 以此密縛 令諸衆生 續生五趣, 密縛若斷 是則無有 密非密相.

또 다음 대혜여, 만약 세 가지 화합하는 연에 집착함이 있어 모든 식의 비밀한 속박이 차례로 일어나면, 집착함이 있기 때문에 곧 비밀한 속박이 있지만, 만약 3해탈을 보고 세 가지가 화합한 식을 떠난다면 일체의 모든 비밀도 모두 다 나지 않을 것이다."142

復次 大慧, 若有執著 三和合緣 諸識密縛 次第而起, 有執著故 則有密縛, 若見三解脫 離三和合識 一切諸密 皆悉不生."

(3) 그 때 세존께서는 거듭 게송으로 말씀하셨다.

爾時 世尊 重說頌言.

① 진실치 못한 허망한 분별

不實妄分別

----
141 삼독이 있고 및 내생의 부귀한 과보를 사랑하며, 탐욕·기쁨과 더불어 함께 행하기 때문에 삼계의 생사가 있어 상속하고 끊어지지 않는다는 것이다.
142 마음이 속박되면 곧 일체 속박이 진로塵勞와 더불어 함께 일어나기 때문에 '모든 식의 비밀한 속박이 차례로 일어난다'고 말하고, 마음이 해탈하면 곧 일체가 해탈되어 실상과 더불어 상응하기 때문에 '일체 비밀한 속박이 모두 다 나지 않을 것'이라고 말한 것이니, 출요出要의 방법은 이를 벗어나지 않음을 말하는 것이다.

이의 이름이 비밀한 모습	是名爲密相
만약 능히 여실히 안다면	若能如實知
모든 비밀망 다 끊어지리143	諸密網皆斷

② 범우는 능히 알지 못하여	凡愚不能了
말을 따라서 뜻을 취해서	隨言而取義
누에가 고치에 처한듯이	譬如蠶處繭
망상으로 자신 얽어매네144	妄想自纏縛

4.5.4145

⑴ ① 그 때 대혜보살마하살이 다시 붓   爾時　大慧菩薩摩訶薩
다께 말하였다.   復白佛言.

....

143 진실치 못한 망상 때문에 비밀한 속박이 있다고 말하지만, 만약 진실을 안다면 해탈조차 오히려 없거늘, 비밀의 그물이 어찌 있으리오.
144 범부는 모든 법의 성품 없음을 알지 못하여 말을 따라서 뜻을 취하기 때문에 망상으로 스스로 얽어맴이 된다고 말하는 것이다.
145 【이하는 넷째 성지의 공한 일을 보여서 망계를 깨뜨리는 것[示聖智空事 以破妄計]인데, 여섯으로 나누어진다. 처음은 대혜가 모든 법이 단멸한다고 힐난하는 것[大慧難諸法斷滅]이다.】 * 여기에서 제4단의 6개 항의 경문 배치를 도표로써 보이면 다음과 같다.

대혜가 모든 법이 단멸한다고 힐난함		4.5.4(1)①
성지의 지견은 없는 것이 아님을 보임		②
성지가 있음에 떨어진다 힐난함	성지 소지는 망상 현현과 같다 의심함	(2)①~③
	성지가 있음에 떨어진다고 의심함	④~⑤
성지의 공한 일은 유·무 떠났음을 보임		(3)①
성지의 공한 일은 종취로 세워서는 안됨을 보임	불생의 주장은 세워서 안됨을 보임	②~⑦
	성지 소견의 환상 같음은 허물이 없음	⑧
	환상처럼 나지 않음을 총결함	(4)
성지는 소지를 멀리 떠났음을 보임		4.5.5

"세존이시여, 세존께서 말씀하신 것처럼 갖가지 마음으로 말미암아 모든 법을 분별하지만, 모든 법은 자성이 있는 것이 아니고, 이는 단지 허망한 계탁일 뿐입니다.146

세존이시여, 만약 단지 허망한 계탁일 뿐 모든 법이 없다고 한다면, 염·정의 모든 법이 혹시 실괴됨이 없겠습니까?"147

② 붓다께서 말씀하셨다.148

"대혜여, 그러하고 그러하다. 그대가 말한 것처럼 일체 범·우가 모든 법을 분

"世尊, 如世尊說 由種種心 分別諸法, 非諸法 有自性, 此但妄計耳.

世尊, 若但妄計 無諸法者, 染淨諸法 將無悉壞."

佛言.

"大慧, 如是如是. 如汝 所說 一切凡愚 分別諸

---

146 위에서 일체법에서 집착함의 깊고 비밀함은 그 수가 한량없지만 모두 범·우가 스스로 분별하여 집착하는 것이지, 속박과 집착은 모두 없다고 말한 것으로 인해, 대혜가 장차 힐난을 시설하여 혹시 공견에 떨어지지 않는지 분간하려고 먼저 따와서 묻는 것이다. '세존께서 말씀하신 것처럼 갖가지 마음으로 말미암아 모든 법을 분별한다'고 함은 곧 위에서 붓다께서 모습 등 비밀한 집착에 한량없는 종류가 있지만 모두 범·우가 스스로 분별하는 등이라고 말씀하신 글이고, '모든 법은 자성이 있는 것이 아니다'라는 것은 위에서 붓다께서 일체의 모든 법은 그 체성을 구하여도 얻을 수 없다고 말씀하신 것이다. '이는 단지 허망한 계탁일 뿐'이라는 것은 위에서 붓다께서 이 중에는 속박도 없고 또한 해탈도 없는데도 진실을 알지 못하는 자가 속박과 해탈을 본다고 말씀하신 것을 따온 것이다.
147 이는 일정한 주장을 밝혀서 바로 힐난을 시설하는 것이다. 만약 단지 허망한 분별로 계탁해서 갖가지 속박과 해탈이 있을 뿐, 실제로 모든 법은 없다고 말씀하신다면, 곧 중생에게 잡염된 번뇌도 없고, 또한 성인에게 청정한 열반도 없을 것이니, 혹시 여래께서 일체법을 무너뜨리고 공견에 떨어진 것은 아닙니까?
148 【이는 둘째 모든 법은 성품이 없지만 성지의 지견은 없는 것이 아님을 보이는 것[示無諸法性 非無聖智知見]이다.】

별하지만, 모든 법은 성품이 이와 같이 있는 것이 아니니, 이는 단지 허망한 집착일 뿐, 성품과 모습은 없다.149

그렇지만 모든 성자는 성스러운 지혜의 눈으로써 모든 법의 자성이 있음을 여실하게 알고 본다."150

法, 而諸法性 非如是有, 此但妄執, 無有性相.

然諸聖者 以聖慧眼 如實知見 有諸法自性."

(2) 대혜가 말하였다.151

"① 만약 모든 성인이 성스러운 지혜의 눈으로써 모든 법의 성품 있음을 보는 것은 천안과 육안이 아니고, 범우가

大慧白言.

"若諸聖人 以聖慧眼 見有諸法性 非天眼肉眼, 不同凡愚

---

149 위의 대혜의 물음 중에는 두 가지 힐난이 있다. 첫째는 여래께서 속박과 해탈이 없다고 말씀하셨으므로 곧 염정의 일체의 모든 법은 없다는 힐난이고, 둘째는 여래가 공견의 허물에 떨어진다는 힐난이다. 붓다께서 '그러하다' 등으로 말씀하심으로써 물은 바를 인정해 서술하시고, 먼저 앞의 힐난에 답해 말씀하신다. 진실한 도리로는 실제로 중생의 번뇌도 없고 또한 청정한 열반도 없다. 이는 단지 허망한 계탁의 집착일 뿐, 본래 모든 법의 성품과 모습은 없는 것이다.
150 이는 뒤의 힐난에 답하여, 나는 공견에 떨어지지 않는다고 말씀하시는 것이다. 일체 성인에게는 진실한 법의 자성(=원성실성)이 있어서 오직 성인만이 성스러운 지혜로써 아니, 혜안으로써 볼 수 있으므로 공견에 떨어지지 않는다. 이로써 위에서 이미 유를 보내고 공을 말하였으며, 이제 다시 진실을 보여서 단견을 쪼개니, 단지 생각의 집착만을 여읜다면 진실한 성품이 스스로 밝아짐을 알 것이다. 그래서 여실하게 알고 본다고 말한 것이다. *『관기』는 「변계소집은 본래 없지만 원성실은 있으므로 단멸의 허물에 떨어지지 않는다는 것을 말씀하신 것」이라고 설명한다.
151 【이는 셋째 모든 법이 없는 것 아니라면 성지는 있음에 떨어진다고 힐난하는 것[難諸法非無 聖智墮有]인데, 둘로 나누어진다. 그 처음은 성지로 아는 바는 망상의 나타남과 같으리라고 의심하는 것[疑聖智所知 同妄想現]이다.】

분별하는 바와 같지 않다면,152 어떻게 범우는 분별을 떠날 수 있습니까? 모든 성인의 법을 깨달아 알 수 없기 때문입니다.153

② 세존이시여, 그들은 전도된 것이 아니고 전도되지 않은 것도 아닐 것입니다. 왜냐 하면 성인이 보는 법을 보지 못했기 때문이고, 성인의 봄은 있고 없음의 모습을 멀리 떠났기 때문이며,154

③ 성인은 또한 범부가 분별하는 것처럼 이와 같이 얻지 않기 때문에 스스로 행하는 경계의 모습이 아니기 때문이

之所分別, 云何凡愚 得離分別？ 不能覺了 諸聖法故.

世尊, 彼非顛倒 非不顛倒. 何以故 不見聖人 所見 法故, 聖見遠離 有無相 故,

聖亦不如 凡所分別 如是得故 非自所行 境界相故,

---

152 위에서 붓다께서 모든 법의 자성이 있으므로 공견에 떨어지지 않는다고 말씀하심으로 인해, 대혜가 다시 힐난을 시설하여 분간하고자 다시 따라서 묻는 것이다. 만약 모든 성인이 모든 법의 진실한 자성이 있음을 성지로써 능히 알고 혜안으로 능히 본다면, 천안과 육안으로 알고 볼 수 있는 것이 아니고, 범우가 허망하게 분별하여 보는 것과 같지 않을 것이기 때문에, 대혜가 이로 인해 의심을 일으켜 다섯 가지 힐난을 펴서 여래의 결단을 바라는 것이다.

153 첫째는 범·성이 각각 다르다는 힐난이다. 외도와 우부는 이미 성인의 진실한 법의 성품을 보지 못하는데, 어떻게 진실에 의지해 허망을 버릴 수 있는가라는 것이다. 그래서 이르기를, '모든 성인의 법을 깨달아 알 수 없기 때문'이라고 하였다.

154 둘째 전도와 부전도가 아니라는 힐난이니, 또한 그 우부도 전도되거나 전도되지 않았다고 말할 수 없다는 것이다. 어째서 전도와 부전도가 아닌가? 말하자면 범·성이 이미 각각 달라서 우부는 성인의 있고 없음을 떠난 진실한 법을 보지 못하기 때문이다. 만약 일찍이 성인이 보는 법을 본 적이 있는데도, 또 세속의 망상의 일을 행한다면 전도라고 말할 수 있겠지만, 본래 진실치 못했기 때문에 전도나 전도가 아니라고 말할 수 없다는 것이다.

나,155 그들도 역시 모든 법의 성품과 모 彼亦見有 諸法性相
습이 있음을 보므로 마치 허망한 집착의 如妄執性
성품이 현현하는 것과 같기 때문이고, 而顯現故,
원인 있음 및 원인 없음을 설하시지 않 不說有因 及無因故
으므로 모든 법의 성품과 모습을 보는 墮於諸法 性相見故.
것에 떨어지기 때문입니다.156

　세존이시여, 그 나머지 경계도 이미 世尊, 其餘境界 旣不同
이와 같지 않을 것입니다. 이와 같다면 此. 如是則成
곧 끝이 없는 허물을 이룰 것이니, 누가 無窮之失, 孰能於法
법에서 성품과 모습을 요지할 수 있겠습 了知性相?

---

155 ③은 셋째 성인도 범부와 같이 전도된다는 힐난이다. 모든 성인은 또한 범부가 허망하게 분별해서 얻는 바가 있는 모습인 것과는 같지 않기 때문이라고 말한 것은, (범부의 분별은) 성인의 자지自智로써 행하는 경계의 모습이 아님을 밝히기 때문이다.(=성인의 자각성지소행의 경계→무소득, 범부의 분별→유소득→자각성지소행의 경계가 아님) 그래서 범부가 이와 같이 얻는 것과는 같지 않다는 것이다. 만약 스스로의 경계를 행한다면(=행한다고 집착한다면) 곧 무소득이 아닐 것이며, 이는 또한 범부와 같으리라는 것이다.

156 이는 바로 힐난을 건립하는 것이다. 그 성인이 행하는 스스로의 경계에도 역시 모든 법의 진실한 성품과 모습이 있다고 말씀하신다면, 곧 범우에게 허망하게 계탁하여 집착하는 성품이 현현하는 것과 같기 때문(=원성실이 있음→유소득)이고, 또 진실한 법성의 인연과 인연 아님의 까닭을 말씀하시지 않으시므로(=이 대목에 관해『주해』는「여래의 진실한 성품과 모습은 인연 및 무인의 성품을 떠났다」라고 설명함) 범우가 허망하게 집착하는 모든 법의 성품과 모습이라는 견해에 떨어지기 때문에 이는 성인도 역시 범부와 같이 전도된 것이라고 말하는 것이다. * 뒷 부분에 관해『관기』는「그 성지의 경계는 무엇인가? 불법 중에서 유인과 무인을 논하지 않고 다만 지견할 수 있다고만 한다면 곧 있음의 법에 떨어질 것이다. 이제 성지도 이미 볼 수 있는 것이 있다고 한다면, 어찌 범부의 망견과 같지 않겠는가. 그래서 '성품과 모습을 보는 것에 떨어진다'라고 말한 것이다.」라고 설명한다.

니까?157

④ 세존이시여, 모든 법의 성품과 모습은 분별로 인하지 않는데, 어찌 하여 분별하기 때문에 모든 법이 있다고 말씀하십니까?158

세존이시여, 분별하는 모습이 다르고 모든 법의 모습이 다르다면 원인이 서로 비슷하지 않은데, 어찌 하여 모든 법이 분별로 말미암는 것입니까?159

또한 무엇 때문에 범우는 분별하나 이와 같이 있지 않다고 하시면서, '중생들로 하여금 분별을 버리게 하기 위한 때문에 분별로 보는 법의 모습과 같은, 이와 같은 법은 없다고 말한다'라는 말씀을 하셨습니까?160

世尊, 諸法性相
不因分別, 云何而言
以分別故 而有諸法?

世尊, 分別相異
諸法相異 因不相似,
云何諸法
而由分別?

復以何故 凡愚分別
不如是有, 而作是言
'爲令衆生 捨分別故
說如分別 所見法相
無如是法'?

----

157 이는 거듭 해석해 이루는 것이다. '그 나머지 경계'란 곧 삼계 범부들의 경계이니, 범부들이 성도聖道를 어기는 허물이 이에 끝이 없음을 말하는 것이다. 만약 성인이 범부와 다른 것도 또한 다시 이와 같다면, (역시 끝이 없는 허물을 이룰 것이니) 누가 법에서 진실한 성품과 모습을 여실하게 요지할 수 있겠습니까?

158 【이하는 둘째 성지도 있음에 떨어진다고 힐난하는 것[疑聖智墮有]이다.】 ④는 넷째 범부의 경계가 허망이 아니리라는 힐난을 밝히는 것이다. 모든 법의 성품과 모습이 스스로 있다고 말한다면 분별로 말미암아 있지 않다는 것이다. 어째서 붓다께서는 분별하기 때문에 모든 법이 있다고 말씀하실까?

159 세존이시여, 분별하는 마음의 모습과 모든 법의 경계의 모습, 두 모습이 각각 다르다면 원인이 서로 비슷하지 않은데, 어찌 하여 모든 법이 분별로 말미암아 있다는 것입니까?

⑤ 세존이시여, 무엇 때문에 모든 중생들로 하여금 있고 없음의 견해로써 집착하는 법을 떠나게 하시면서, 다시 성지의 경계에 집착함으로써 있음의 견해에 떨어지게 하십니까? 왜냐 하면 적정하고 공하여 없는 법을 설하시지 않고, 성지의 자성의 일을 설하시기 때문입니다."161

世尊, 何故 令諸衆生
離有無見
所執著法, 而復執著
聖智境界 墮於有見?
何以故 不說寂靜
空無之法,
而說聖智 自性事故."

(3) 붓다께서 말씀하셨다.162

① 대혜여, 나는 적정하고 공한 법을 설하지 아니해서 있음의 견해에 떨어지는 것이 아니다. 왜냐 하면 이미 성지의

佛言.

"大慧, 我非不說 寂靜
空法 墮於有見.
何以故 已說聖智

---

160 또한 무슨 일 때문에 '범우는 모든 법을 분별하지만 모든 법의 성품은 이와 같이 있는 것이 아니다'라고 이르시면서, '중생들로 하여금 분별을 버리게 하기 위한 때문에 분별로 보는 법의 모습과 같은, 이와 같은 진실한 법은 없다고 말한다'라고 말씀하셨습니까? 이는 범부가 보는 경계는 진실이고 허망이 아니어서 분별로 말미암아 있지 않음을 밝힘으로써 힐난을 세우는 것이다.
161 ⑤는 성인도 유견에 떨어지리라는 힐난을 밝히는 것이다. 붓다께서는 무엇 때문에 저 범부들로 하여금 있고 없음의 견해를 떠나게 하시면서, 다시 진실한 법성의 성지의 경계에 집착함으로써 있음의 견해에 떨어지게 하시는가? 무엇 때문에 공여래장, 심행처가 아닌 적멸의 법을 설하지 않으시고, 성지 소행의 진실한 자성의 일을 설하시는가? 이는 유견에 떨어지게 하는 것이다. 붓다께서는 위에서 또 분별하는 법의 성품은 이와 같이 있는 것이 아니라고 말씀하셨으니, 이는 무견에 떨어진 것이다. 이는 성인도 역시 유무에 떨어진다고 힐난하는 것이다.
162 【(3)의 ①은 넷째 성지의 공한 일은 유무를 떠났음을 보이는 것[示聖智空事 離於有無]이다.】

자성의 일을 설했기 때문이니, 나는 중생들이 무시의 때로부터 있음에 계착하는 것을 위하여 적정한 법에서 성스러운 일을 설하였다. 이제 그들은 듣고 나서 공포를 내지 않고 능히 적정하며 공한 법을 여실하게 깨달아서, 혹란의 모습을 떠나 유식의 이치에 들어 그 보는 바에 밖의 법은 없음을 알고 삼해탈문을 깨달아 여실한 인印을 얻으며 법의 자성을 보므로 성스러운 경계를 알고, 있고 없음의 일체 모든 집착을 멀리 떠난다.163

② 또 다음 대혜여, 보살마하살은 '일체의 모든 법은 모두 다 나지 않음'을 이루어 세워서는 안된다. 왜냐 하면 일

自性事故, 我爲衆生 無始時來 計著於有 於寂靜法 以聖事說. 今其聞已
不生恐怖 能如實證 寂靜空法, 離惑亂相 入唯識理 知其所見 無有外法 悟三脫門 獲如實印 見法自性 了聖境界,
遠離有無 一切諸著.

復次 大慧, 菩薩摩訶薩 不應成立 '一切諸法 皆悉不生'. 何以故 一切

---

163 여래께서 방편으로 성지의 진실한 자성이 있음을 설한 것은 곧 가히 얻을 만한 진실의 모습은 없어서, 범·성의 인식이 끊어지고 오직 증득과만 상응하는 것임을 밝혀서, 앞의 5힐난에 총체적으로 답하는 것이다. 내가 견해를 떠나고 생각을 초월한 적멸의 공한 법을 설하지 아니하여 있음의 견해에 떨어지는 것이 아니다. 어째서 있음의 견해에 떨어지지 않는가? 이미 말한 성지 소증의 진실한 법이 진공의 자성의 일과 어긋나지 않기 때문이다. 나는 중생이 시각始覺이 없기 때문에 있고 없음에 계착하는 것을 위해, 여실공법에서 여실불공의 성지의 일을 설하여, 그들로 하여금 이 법을 듣고 나서 단·상의 두려움을 내지 않고 또한 능히 내가 증득한 바와 같은 진실한 법으로 혹란한 망상의 모습을 떠나서 유식의 진실한 성품에 들게 해서, 그 보는 바 밖의 법은 따로 없음을 알고 공·무상·무작의 3해탈문을 깨닫게 해서 여실한 법인을 얻고 성인의 경계를 깨닫게 한 것이다. 그래서 있고 없음과 범정凡情과 성량聖量의 일체 계착을 떠나는 것이다.

체법은 본래 없기 때문이고, 그리고 그 주장은 남의 모습[生相]을 원인으로 하기 때문이다.164

③ 또 다음 대혜여, 일체의 법이 나지 않는다는 이 말은 스스로 무너뜨린다. 왜냐 하면 그 주장은 남[生]을 기다려서 있는 것이기 때문이다.165

④ 또 그 주장도 곧 일체법 중에 들어가므로, 나지 않는다는 모습도 역시 나지 않기 때문이다.166

法 本無有故, 及彼宗 因生相故.

復次 大慧, 一切法不生 此言自壞. 何以故 彼宗有 待而生故.

又彼宗 卽入 一切法中, 不生相 亦不生故.

---

164 【이하는 다섯째 성지의 공한 일은 종취로 세워서는 안됨을 보이는 것[示聖智空事 不立宗趣]인데, 셋으로 나누어진다. 처음은 불생의 주장을 세워서는 안됨을 보이는 것[示不應立不生宗]이다.】 이는 일체법의 진실한 자성이 본래 불생이라면 다시 불생의 주장을 세워서는 안된다는 것을 말하는 것이다. 글에 여섯 마디가 있어 주장을 세우는 생각의 집착[立宗情執]을 깨뜨리는데, 첫째는 법은 본래 불생임으로써 깨뜨리는 것이다. '보살은 일체의 모든 법은 모두 다 나지 않음을 이루어 세워서는 안된다'고 말한 것은 총체적으로 표방해 권유하는 것인데, 어째서 불생의 주장을 세워서는 안되는가? 말하자면 일체법은 본래 없기 때문이고, 그리고 그 주장이 원인으로 하는 남의 모습은 본래 없기 때문에 불생의 주장을 세울 수 없다는 것이다.
165 둘째 남의 법을 기다림을 원인으로 함으로써 깨뜨리는 것이다. 만약 불생의 주장을 세운다면 곧 불생의 뜻을 무너뜨린다는 것을 밝히는 것이다. 또 어째서 스스로 불생의 뜻을 무너뜨리는가 묻는다면, 세우는 바 그 불생의 주장은 반드시 남의 법[生法]을 기다림을 원인으로 하기 때문에 불생의 주장을 말하지만, 불생이 만약 다른 남의 법으로 인하여 말한다면 곧 스스로 불생의 뜻을 무너뜨리는 것이기 때문이다.
166 셋째 모든 법과 같다고 책망해서 깨뜨린다. 또 그 불생의 주장도 곧 일체법의 수 중에 들어가니, 일체법이란 세·출세, 생·불생, 유·무, 일·이, 상·비상 따위의 법인 것이다. 만약 불생의 주장을 세운다면 곧 일체법의 수에 들어가니, 일체법의 불생의 모습도 역시 나지 않기 때문에 기다려서 세우지 못한다는 것이다.

⑤ 또 그 주장은 여러 부분으로 이루어지기 때문이고, 또 그 주장에서 있고 없음의 법은 다 나지 않는다고 하지만, 이 주장도 곧 일체법 중에 들어가며 있고 없음의 모습도 역시 나지 않기 때문이다.167

又彼宗 諸分而成故,
又彼宗 有無法
皆不生,
此宗 卽入 一切法中
有無相 亦不生故.

⑥ 그러므로 일체법은 나지 않는다는 이 주장은 스스로 무너뜨리므로 이와 같이 세워서는 안되니, 여러 부분은 허물이 많기 때문이고, 전전하는 이유가 다른 모습이기 때문이다.168

是故 一切法不生
此宗自壞 不應如是立,
諸分多過故,
展轉因
異相故.

----

167 넷째 다섯 부분을 빌려 이루어지며, 있고 없음에 떨어진다고 해서 깨뜨린다. 또 그 세우는 불생의 주장은 반드시 이유·실례·합함·맺음을 빌려서 다섯 부분으로 이루어지기 때문(=이른바 5분론)에 세워서는 안된다.(=그 이유는 ⑥에서 간략히 제시됨) 또 그 불생의 주장은 있고 없음의 법 위에다 불생을 세우지만, 이 주장도 곧 일체법의 수 중에 들어가는데, 있고 없음의 성품과 모습은 본래 역시 나지 않기 때문에 어느 곳에 불생의 주장에 세울 수 있겠는가.

168 다섯째 주장을 세우면 허물이 많다고 깨뜨리는 것이다. 그러므로 만약 일체법 불생의 주장을 세운다면 곧 스스로 불생의 뜻을 무너뜨리므로, 맺어서 이와 같이 주장을 세우지 말라고 권하는 것이다. 5분론은 많은 과실을 이루기 때문이다.(=이에 대해 『주해』와 『관기』는 모두, 「허물이 많다'는 것은 주장·이유·실례 셋의 허물이다. 주장에 9허물이 있고, 이유에 14허물이 있으며, 같은 실례에 5허물, 다른 실례에 5허물이 있어, 모두 33허물이 있다.」라고 설명하고, 『주해』는 인명론상 허물의 이름을 구체적으로 열거하고 있으며, 『관기』는 구체적인 것은 《인명입정리론》과 같다고 언급하고 있음) 이유[因]로서 체성이 본래 불생임 위에 다시 불생의 주장을 세우기 때문에 '전전하는 이유'라고 말하고, '다른 모습이기 때문'이란 일체법의 체성의 불생이 불생의 주장과 다르다는 것이다.

⑦ 나지 않음[不生]과 같이, 일체법의 공·무자성도 또한 이와 같다.169

⑧ 대혜여, 보살마하살은 응당 일체법은 환상과 같고 꿈과 같다고 말해야 하니, 보여도 보지 못하기 때문이고, 일체가 모두 혹란의 모습이기 때문이며, 어리석은 범부를 위해 공포 내는 것을 제거한다.170

如不生 一切法
空無自性 亦如是.
大慧, 菩薩摩訶薩 應說
一切法 如幻如夢,
見不見故, 一切皆是
惑亂相故, 除爲愚夫
而生恐怖.

---

169 여섯째 서로 바라보고 준하며 견주어서 깨뜨린다. 나지 않음이 이미 그러한 것과 같이, 일체법의 공·무자성도 주장으로 세워서는 안되는 것도 또한 다시 이와 같다는 것이다.
170 【이는 둘째 성지로 보는 바는 환상과 같다고 함에는 허물이 없음을 보이는 것[示聖智所見 如幻無過]이다.】 위에서는 주장을 세워서는 안된다고 모두 깨뜨렸고, 여기에서는 보살은 일체법은 체가 환상이나 꿈과 같고, 성품이 있고 없음을 떠났다고 설해야 한다는 것을 말한다. 환상이나 꿈과 같이 나타나기 때문에 남이 남을 이루지 못하고, 환상과 꿈은 나타나지 않기 때문에 불생이 불생을 이루지 못한다. 그래서 환상과 같고 꿈과 같다고 말한 것이니, 보여도 보지 못하기 때문이고, 그러므로 일체법은 다 혹란한 망상의 모습이기 때문이다. 만약 남과 나지 않음을 말한다면 어리석은 범부가 있고 없음에 떨어져서 공포를 내지만, 만약 환상과 같고 꿈과 같다고 말한다면, 두 가지 생각(=남과 나지 않음)이 스스로 제거된다.
 * 10권본의 이 마지막 문장의 번역은 「일체 어리석은 범부가 공포를 떠나는 곳은 제외한다.[除遮一切 愚癡凡夫 離驚怖處]」라고 하고, 이어서 그 아래의 문장도 「대혜여, 모든 범부는 있고 없음의 사견 중에 떨어졌기 때문이니, [以諸凡夫 墮在有無 邪見中故] 범부가 환상과 같고 꿈과 같다고 함을 들으면 놀람과 공포를 내기 때문이다.[以凡夫聞 如幻如夢 生驚怖故] 모든 범부가 듣고 놀람과 공포를 내고 나면 대승을 멀리 떠날 것이다[諸凡夫聞 生驚怖已 遠離大乘].」라고 하고 있어, 그 뜻이 본문의 해석과는 반대이다. 4권본의 경우 「除爲愚夫 離恐怖句故」라고 되어 있어 뜻이 분명치 아니하나, 본문과 비교하면 '生恐怖'가 아니라 '離恐怖'로 되어 있어 반대로 해석될 여지가 있고, 그래서인지 『주해』와 『관기』 모두 본문의 해석과는 반대로, 10권본의 뜻과 같이 해석하며, 『집주』 역시 「보살은 응당 일체법은 환상과 같고 꿈과 같다고

대혜여, 범부는 어리석어 있고 없음의 　　大慧, 凡夫愚癡 墮有無
견해에 떨어졌으니, 그들로 하여금 놀람 　見, 莫令於彼
과 공포를 내어 대승을 멀리 떠나게 하 　而生驚恐 遠離大乘."
지 말라."171

(4) 그 때 세존께서는 거듭 게송으로 말 　爾時 世尊 重說頌言.
씀하셨다.172

① 자성 없고 언설 없으며 　　　　　　無自性無說
　 현상 없고 의지처 없거늘 　　　　　無事無依處
　 범우는 허망히 분별하니 　　　　　凡愚妄分別
　 나쁜 지각이 시체와 같네173 　　　惡覺如死屍

....

　설해야 하고, 일체법의 불생이라는 주장을 세워서는 안되지만, 우부를 위해
　부득이 일체법의 불생을 설하는 것은 제외한다」라고 해서, 같은 해석의 흐
　름을 따르고 있는데, 아마 10권본 번역의 영향을 받은 것이 아닌가 한다.
　그러나 범문화역의 경우는 이와 반대로 7권본, 즉 본문의 해석과 같다. 다
　만 7권본의 '除爲愚夫 而生恐怖'은 오해의 소지가 있는 번역으로 보인다.
171 맺으면서 앞에서 진실한 자성이 있다고 말한 것은 있음도 떠나고 없음도
　떠난 것이라고 회통하니, 응당 이와 같이 깨달아 들어간다면 곧 대승에 계
　합한다.
172 【이는 셋째 나지 않음의 환상 같음을 총결하는 것[總結不生如幻]이다.】
173 일체법은 자성·자상이 없고, 또한 언설도 없으며, 현상과 이치, 능히 의
　지하는 심소와 의지처도 모두 없고, 단지 우부의 망상의 나쁜 지각일 뿐,
　혜명慧命 없는 것이 마치 저 시체와 같다고 말하는 것이다. 위에서 힐난한
　바를 여래께서 인정해 서술하시고, 먼저 앞 물음에 답해서 '모든 법은 성품
　이 이와 같이 있는 것이 아니니, 이는 단지 허망한 집착일 뿐'이라고 말씀
　하신 것을 노래한 것이다.

② 일체의 법은 나지 않으니　　　一切法不生
　 외도가 성립시키는 바의　　　　外道所成立
　 거기에 있는 바의 남은　　　　　以彼所有生
　 연소성緣所成이 아닌 때문이네174　非緣所成故

③ 일체의 법이 나지 않음을　　　一切法不生
　 지자는 분별하지 않으니　　　　智者不分別
　 그 주장은 남[生]을 인한 고로　　彼宗因生故
　 이 지각이 곧 무너뜨리네175　　　此覺則便壞

④ 비유해 눈에 병이 있으면　　　譬如目有翳
　 망상으로 모륜을 보듯이　　　　妄想見毛輪
　 모든 법도 또한 이와 같아　　　諸法亦如是
　 범우가 허망 분별함이네176　　　凡愚妄分別

....
174 이는 모든 법의 성품과 모습은 본래 불생임을 밝히는 것이다. 외도는 알지 못해서 허망한 법을 계탁하여 남이 있다고 이루어 세우나, 그들이 세우는 바의 남이란 인연으로 이루어지는 것을 말하는 것이 아니고, 신아나 명제 등에서 난다고 계탁하기 때문이다. 만약 법이 연에서 남을 깨달아 안다면 곧 자성이 없고, 자성이 없기 때문에 곧 남은 없다.
175 지자는 일체법은 체가 불생임을 알기 때문에 있고 없음의 분별을 짓지 않음을 말하는 것이다. 만약 불생의 주장이 다른 남의 법으로 인해 성립된다면, 이와 같은 망령된 지각은 곧 본래 불생의 뜻을 무너뜨린다. 이상 2게송은 위에서 일체법 불생을 주장으로 세워서는 안된다고 한 것을 노래한 것이다.
176 말하자면 망상의 분별로 모든 법이 있다고 계탁하는 것은, 비유하면 병든 눈이 모륜과 어린아이를 보는 것과 같다는 것이다.

5| 삼유는 오직 가명일 뿐 　　　　　三有唯假名
　 진실한 법체가 없는데도 　　　　無有實法體
　 이 임시 시설로 말미암아 　　　　由此假施設
　 분별해 허망히 계탁하네 　　　　分別妄計度

6| 가명의 모든 현상 모습이 　　　　假名諸事相
　 심식 움직여 어지럽히나 　　　　動亂於心識
　 불자는 모두 뛰어 넘어서 　　　　佛子悉超過
　 유행하되 분별함이 없네177 　　遊行無分別

7| 물 없는데 물 모습 취함은 　　　　無水取水相
　 갈애 말미암아 일어나니 　　　　斯由渴愛起
　 범우가 법 봄도 그러하나 　　　　凡愚見法爾
　 모든 성인은 그렇지 않네178 　　諸聖則不然

8| 성인은 봄이 청정하여 　　　　　聖人見淸淨
　 세 가지 해탈문을 내어서 　　　　生於三解脫

....
177 삼계와 있고 없음의 생사의 모든 법은 단지 가명만 있을 뿐, 진실한 뜻이 없는데도, 성인의 방편의 언교는 가시설임을 우부가 통달하지 못하고, 이로 말미암아 분별하여 망상으로 명언의 현상의 모습이 실제로 있다고 계탁하므로 심식을 혹란시키나, 불자인 보살은 여래의 방편의 언설에는 가히 계탁할 만한 것이 없음을 능히 알므로, 생각과 인식으로 행하는 경계를 초과하여 분별함이 없다는 것이다.
178 갈애로 말미암아 물이 없는 곳에서 망령되이 물의 지각을 짓는 것으로써, 우부가 어리석음과 갈애로 말미암아 생멸과 유무가 없는 곳에서 망령되이 생멸과 유무의 지각을 짓는 것에 비유하였다. 이상 4게송은 위에서 대혜가 다섯 가지 힐난을 가정해 세운 것을 노래한 것이다.

| 나고 멸함을 멀리 떠나 | 遠離於生滅 |
| 늘 무상無相의 경계를 행하네 | 常行無相境 |

⑨ 무상의 경계 닦고 행하면 　　　修行無相境
　 또한 있고 없음도 없으니 　　　亦復無有無
　 있고 없음에 다 평등하면 　　　有無悉平等
　 이 때문에 성과聖果를 낸다네179　是故生聖果

⑩ 무엇을 법의 유·무라 하고 　　　云何法有無
　 어떻게 평등을 이루는가 　　　　云何成平等
　 마음이 법을 알지 못하면 　　　若心不了法
　 안팎이 이에 동란하지만 　　　　內外斯動亂

⑪ 알고 나면 곧 평등하므로 　　　了已則平等
　 어지런 모습 그 때 멸하네180　　亂相爾時滅

....
179 3해탈은 성인의 청정한 지견에서 난다는 것을 말하는 것이다. 나고 멸함을 멀리 떠나서 늘 무상의 경계를 행하는 자에게는 또한 유·무와 일一·이異 등의 법도 없다는 것이니, 이로 말미암아 있고 없음에 평등해 모든 법의 실상을 깨닫고, 그러므로 능히 성인의 과보를 낸다는 것이다.
180 붓다께서 무엇이 있고 없음이며, 무엇이 평등인지 스스로 물으신다. 말하자면 그 우부가 모든 법이 허망함을 통달하지 못하여 있고 없음을 계착하기 때문에 안팎이 혹란하지만, 만약 능히 안다면 있고 없음의 망상이 본래 평등하므로 어지러운 모습이 스스로 사라진다. 이상 3게송반(=범문화역에는 ⑩과 ⑪이 합쳐 1게송으로 되어 있음)은 여래께서 다섯 가지 힐난에 답하시고, 맺어서 모든 법에 진실한 자성이 있음을 모으신 것을 노래한 것이니, 있고 없음에 평등하면 능히 성과를 낸다. 그러므로 오직 증득과만 상응하니, 허망하게 분별치 말라.

4.5.5[181]

(1) 그 때 대혜보살마하살이 다시 붓다께 말하였다.

"① 세존이시여, 붓다께서 설하신 것처럼 만약 경계는 단지 가명일 뿐 전혀 얻을 수 없는 것임을 안다면 곧 소취가 없을 것이고, 소취가 없기 때문에 또한 능취도 없을 것이며, 능취·소취의 둘이 모두 없기 때문에 분별을 일으키지 않는 것을 말해 지혜라고 이름합니다.[182]

② 세존이시여, 무엇 때문에 그 지혜는 경계를 얻지 못합니까, 일체 모든 법의 자상·공상이 하나인가 다른가의 뜻을 알 수 없기 때문에 얻지 못한다고 말씀하신 것입니까,[183] 모든 법의 자상·공상의 갖가지 같지 않음이 다시 서로 은폐하므로 얻지 못하는 것입니까,[184] 산·

爾時 大慧菩薩摩訶薩 復白佛言.

"世尊, 如佛所說 若知境界 但是假名 都不可得 則無所取, 無所取故 亦無能取, 能取所取 二俱無故 不起分別 說名爲智.

世尊, 何故彼智 不得於境, 爲不能了 一切諸法 自相共相 一異義故 言不得耶, 爲以諸法 自相共相 種種不同 更相隱蔽 而不得耶, 爲山巖石

---

181 【위에서 다섯째 성지의 공한 일은 종취로 세워서는 안됨을 보이는 것은 마쳤고, 이하는 여섯째 성지는 소지를 멀리 떠났음을 보이는 것[示聖智遠離所知]이다.】
182 위에서 삼유는 오직 가명일 뿐 진실한 법체가 없다고 하고, 또 일체법의 나지 않음을 지자는 분별하지 않는다고 말한 것으로 인해, 대혜가 이 지혜가 능·소의 분별을 얻지 못하는 것을 들어서 청문하는 것이다.
183 마치 하나의 쌀을 많은 쌀에 던진 것과 같아서 서로 비슷해서 분별치 못하기 때문에 지혜가 얻지 못하는 것인가.
184 적은 소금을 많은 물에 던진 것과 같아서 맛이 서로 은폐하기 때문에 지혜가 얻지 못하는 것인가.

바위·돌·벽·발·휘장의 장애에 덮이고 가려서 얻지 못하는 것입니까,185 극히 멀거나 극히 가깝거나 늙거나 어리거나 눈멀어 어둡거나 모든 근이 갖추어지지 못하여 얻지 못하는 것입니까?186

③ 만약 모든 법의 자상·공상이 하나인가 다른가의 뜻을 알지 못하기 때문에 얻지 못한다고 말씀하신 것이라면 이는 지혜라고 이름하지 못하고, 응당 지혜 없음이어야 하니, 경계가 있어도 알지 못하기 때문입니다.187

④ 만약 모든 법의 자상·공상의 갖가지 같지 않음이 다시 서로 은폐하므로 얻지 못하는 것이라면 이도 역시 지혜가 아니니, 경계를 아는 것을 말해 지혜라고 이름하지, 알지 못함이 아니기 때문입니다.188

⑤ 만약 산·바위·돌·벽·발·휘장의 장

壁簾幔帷　障之所覆隔
而不得耶, 爲極遠極近
老小盲冥
諸根不具
而不得耶?

若不了諸法　自相共相
一異義故
言不得者
此不名智, 應是無智,
以有境界
而不知故.

若以諸法　自相共相　種種不同　更相隱蔽
而不得者 此亦非智,
以知於境 說名爲智,
非不知故.

若山巖石　壁簾幔帷　障

---

185 이와 같은 등의 장애 밖에 물건이 있기 때문에 지혜가 얻지 못하는 것인가.
186 '극히 가깝다'는 것은 속눈섭이다. 이상 4마디는 주장을 결정하는 것이고, 그 아래는 낱낱이 따와서 힐난하는 것이다.
187 오는 일[來事]이 있어도 분별하여 얻을 수 없기 때문에 응당 지혜 없음이어야 한다는 것이다.
188 앞의 경계의 모습이 지혜와 더불어 화합함이 없는 것을 지혜라고 이름하는 것은 아니라는 것이다.

애에 덮이고 가린 바이거나 극히 멀거 나 극히 가깝거나 늙거나 어리거나 눈 멀어 어두워서 알지 못하는 것이라면 그것도 역시 지혜가 아닐 것이니, 경계 가 있어도 지혜가 구족하지 못하여 알 지 못하기 때문입니다."189

之所覆隔 極遠極近
老小盲冥
而不知者
彼亦非智, 以有境界
智不具足 而不知故."

(2) 붓다께서 말씀하셨다.

"① 대혜여, 이것이 진실로 지혜이지, 그대의 말과 같은 것이 아니다. 내가 말한 바는 숨기고 덮음을 말한 것이 아니다. 내가 경계는 오직 가명일 뿐 얻을 수 없다고 말한 것은, 단지 자기 마음이 보는 것일 뿐 밖의 법이 있고 없음은, 지혜가 그 중에서 필경 얻음 없음을 아는 것이다.190 얻음이 없기 때문에 알 바가 일어나지 않으므로 3해탈문에 들어가 지혜의 체도 역시 잊는 것이다.191

佛言.
"大慧, 此實是智,
非如汝說. 我之所說
非隱覆說.
我言境界 唯是假名 不
可得者, 以了但是 自心
所見 外法有無,
智慧於中 畢竟無得.
以無得故 爾焰不起
入三脫門
智體亦忘.

....
189 이 모든 일이 있어도 능히 분별하지 못하기 때문에 역시 지혜 없음이다.
190 여래께서는 이것이 진실로 지혜이고, 그대가 앞의 경계를 얻지 못하므로 지혜 없음이라고 이름한다고 말하는 것과 같은 것이 아니라고 말씀하신다. 그대는 앞의 경계가 있어서 번갈아 서로 숨기고 덮기 때문에 지혜가 얻지 못한다고 말하지만, 나는 경계는 가명일 뿐 진실이 없어서 지혜가 얻지 못한다는 것을 말하므로, 응당 이것이 지혜이다. 모든 법은 오직 자기 마음일 뿐, 있고 없음의 성품이 떠났으므로, 지혜가 그 중에서 얻을 바 없음을 아는 것이다.

② 일체 각상覺想의 범부가 무시 이래로 희론에 훈습되어 밖의 법의 있음·없음의 갖가지 형상을 계착하는 것과 같은 것이 아니니, 이와 같이 아는 것은 알지 못함이라고 이름한다.192

모든 법은 오직 마음이 보는 것일 뿐임을 알지 못하여, 나와 내 것을 집착하고 경계를 분별하는 지혜로써 밖의 법이 있는지 없는지를 알지 못하여 그 마음이 단견 중에 머물기 때문에193 이와 같은 분별을 버리고 떠나게 하기 위해 일체법은 오직 마음이 건립한 것일 뿐임을 말한 것이다."194

非如一切 覺想凡夫 無始已來 戲論熏習 計著外法 若有若無 種種形相, 如是而知 名爲不知.

不了諸法 唯心所見, 著我我所 分別境智 不知外法 是有是無 其心住於 斷見中故 爲令捨離 如是分別 說一切法 唯心建立."

---

191 현상을 얻지 못하기 때문에 지혜가 경계에서 나지 않고, 3해탈문에 들어가므로 지혜의 체마저 오히려 또한 잊거늘, 하물며 나머지 밖의 법이겠는가.
192 나쁜 지각[惡覺]과 망상妄想의 우부가 무시의 허위의 희론에 훈습되어 모든 법의 있고 없는 형상을 계착해서 이와 같이 안다고 짓는 것은, 알지 못함이라고 이름한다는 것이다.
193 그 우부는 모든 법은 오직 자기 마음의 현량일 뿐임을 깨닫지 못해서 나와 내 것을 계탁하고 경계를 분별하는 지혜로써 실재[實有]로 삼아서, 장애와 원근과 모든 근의 불구 때문에 밖의 법이 있는지 없는지를 알지 못하는 것을 곧 지혜 없음이라고 이름한다고 하니, (이를) 단견이라고 이름한다.
194 삼계의 만법은 오직 마음이 건립한 것일 뿐이라고 말하는 것은, 일체 여래께서 중생의 병에 응해 약의 요점을 일으키신 것이다. 그래서 게송(=출처 미상)에서 이르기를, "모든 법이 유심임을 알면 문득 외진外塵의 모습 버리니, 이로 말미암아 분별 쉬고 평등한 진여를 깨닫다"라고 하니, 이는 단지 망연妄緣만 여의면 곧 여여한 붓다라서, 범정凡情과 성량聖量이 따로 관행 지음을 기다리지 않고 스스로 사라짐을 말한 것이다.

(3) 그 때 세존께서는 거듭 게송으로 말 爾時 世尊 重說頌言.
씀하셨다.

① 누군가 소연에서 지혜로　　　　若有於所緣
　　관견하지 못하면 그것은　　　　智慧不觀見
　　무지無智라 지혜 아니라 하면　　彼無智非智
　　이는 망계자妄計者라 이름하네195　是名妄計者

② 무변한 상이 상호 숨기고　　　　無邊相互隱
　　장애하며 멀고 가까워서　　　　障礙及遠近
　　지혜가 볼 수 없다고 하면　　　智慧不能見
　　이는 사지邪智라고 이름하네　　是名爲邪智

③ 늙고 어리며 제근 어두워　　　　老小諸根冥
　　실제로 경계가 있는데도　　　　而實有境界
　　지혜를 낼 수 없다고 하면　　　不能生智慧
　　이는 사지邪智라고 이름하네196　是名爲邪智

4.5.6197
....
195 소연인 일체법이 있는데도 자상·공상과 일·이의 뜻의 갖가지 경계의 일을 능히 관찰하여 분별해 알지 못하는 것을 따와서 노래한 것이다. 가령 (이를) 능히 안다고 해도 또한 지혜가 아니고 알지 못한다고 해도 무지가 아니다. 만약 알고 알지 못하는 것을 지혜와 지혜 아님이 된다고 말한다면, 이는 망상의 우부가 계탁하는 바라는 것이다.
196 이 2게송에서 모두 위의 3구는 따오는 것, 아래의 1구는 깨뜨리는 것을 노래한 것이니, 경문에서 스스로 밝히는 것과 같다.

⑴ ① "또 다음 대혜여, 어리석은 범부는 시작 없는 허위의 나쁘고 삿된 분별에 현혹되어 여실한 법 및 언설의 법을 알지 못해서, 마음 밖의 모습을 계탁하고 방편의 말에 집착해서 청정하고 진실하여 4구를 떠난 법을 능히 수습하지 못한다."198

"復次 大慧, 愚癡凡夫 無始虛僞 惡邪分別 之所幻惑 不了如實 及 言說法, 計心外相 著方便說 不能修習 淸 淨眞實 離四句法."

② 대혜가 말하였다.

大慧白言.

"그러하고 그러해서 진실로 세존의 가르침과 같습니다. 원컨대 저를 위해 여

"如是如是 誠如尊敎. 願爲我說 如實之法

---

197 【이상으로 넷째 성지의 공한 일을 보여서 망계를 깨뜨리는 것은 마쳤고, 이하는 다섯째 자종을 알지 못해서 방편을 망집함으로 인해 종·설을 다시 보여 세론을 깨뜨리는 것[因不了自宗 妄執方便 再示宗說 以破世論]인데, 셋으로 나누어진다. 처음은 우부가 방편설에 집착함을 책망함으로써 대혜의 청을 일으키는 것[責愚夫著方便說 起大慧請]이다.】 * 여기에서 제5단의 3개 항의 경문 배치를, 세부 항목과 더불어 도표로써 보이면 다음과 같다.

우부의 방편설 집착함을 책망해 대혜의 청을 일으킴		4.5.6(1)
종·설은 범부의 보는 모습에 떨어지지 않음을 보임		(2)~(3)
세론을 물리쳐서 자종을 드러냄	세론은 자통自通에 들지 못함을 보임	4.6(1)~(2)
	여래는 자통을 따라 말함을 보임	(3)~(4)
	여래께서 논의 멈춤을 보임	(5)~(6)
	세론은 정법 섭수치 못함을 보임	(7)①~③
	정법 섭수하려면 세론 원리해야 함 보임	④~⑤
	총체적으로 노래함	(8)

198 위의 게송에서 "그것은 무지라, 지혜 아니라 하면 이는 망견자라고 이름하네"라고 한 기회에, 우부는 여래의 여실한 종취의 법 및 언설의 법을 알지 못하기 때문에 시작 없는 허위의 나쁘고 삿된 망상에 현혹된 바 됨으로써 자기 마음의 망상을 능히 깨달아 알지 못함을 밝히고, 보살은 이 두 가지 법을 알기 때문에 자기 마음의 망상을 능히 앎을 밝히고자 하시니, 그래서 다음에 여실한 종취의 법 및 언설의 법을 밝히시는 것이다.

실한 법 및 언설의 법을 설하시어, 저
및 모든 보살마하살들로 하여금 이 두
가지 법에서 선교함을 얻어서, 외도와
이승이 들어갈 수 있는 바가 아니게 하
소서."

及言說法, 令我
及諸菩薩摩訶薩 於此
二法 而得善巧, 非外道
二乘 之所能入."

(2) 붓다께서 말씀하셨다.199

"잘 들으라, 그대를 위해 설하겠다.

대혜여, 삼세의 여래에게는 두 가지
법이 있으니, 언설의 법 및 여실한 법을
말한다.

언설의 법이란 중생의 마음을 따라서
위해 갖가지 여러 방편의 가르침을 설
한 것을 말한다.200

여실한 법이란 말하자면 수행자가 마
음이 나타낸 것에서 모든 분별을 떠나
하나·다름·구·불구의 품류에 떨어지지
않고 일체 심·의·의식을 뛰어 넘어 자
각성지로 행하는 경계에서 모든 인연과

佛言.

"諦聽, 當爲汝說.

大慧, 三世如來 有二種
法, 謂言說法 及如實
法.

言說法者 謂隨衆生心
爲說種種 諸方便敎.

如實法者 謂修行者 於
心所現 離諸分別
不墮一異 俱不俱品
超度一切 心意意識 於
自覺聖智 所行境界 離

---

199 【이하는 둘째 종·설은 범부의 보는 모습에 떨어지지 않음을 보이는 것
[示宗說 不墮凡夫見相]이다.】
200 삼장과 12부의 일체 경전은 여래께서 중생 마음의 차별을 따라서 방편으
로써 갖가지 다른 말씀을 지으신 것이므로, 말씀은 달라도 하나에 계합해
서 표현과 뜻 둘 다 사라지니, 가히 언설의 법에 통한 것이라고 이를 만하
다.

상응하는 봄의 모습을 떠난 것으로서, 일체 외도와 성문·연각의 두 극단에 떨어진 자로서는 알 수 없는 것이니, 이를 여실한 법이라고 이름한다.201
 이 두 가지 법을 그대 및 모든 보살마하살들은 잘 닦고 배워야 한다."

諸因緣 相應見相, 一切外道 聲聞緣覺 墮二邊者 所不能知, 是名如實法. 此二種法 汝及 諸菩薩摩訶薩 當善修學."

(3) 그 때 세존께서는 거듭 게송으로 말씀하셨다.

爾時 世尊 復說頌言.

    나는 두 가지 법을 설하니
    언교의 법 및 여실한 법
    교법은 범부에 보임이나
    여실은 수행자 위함이네202

    我說二種法
    言敎及如實
    敎法示凡夫
    實爲修行者

---

201 '여실한 종통의 법'이라고 말한 것은, 모든 수행자가 자심의 현량에서 허망한 분별이 없고 4구에 떨어지지 않아서 심식을 초월하며, 자각성지의 소행 경계에서 허망한 인연 및 능취·소취와 상응해서 보는 모습을 떠나므로, 외도와 이승의 지혜로 헤아릴 수 없으니, 그러므로 여실한 종통의 법이라고 이름한다.
 (문) 종취의 두 가지 뜻은 앞의 경문에서 이미 밝혔는데, 이제 여기에서 재차 설하는 것은 어찌 번거로운 중복이 아니겠는가? (답) 앞은 삼승에 의거한 것이고, 이것은 일승에 의거한 것이다. 또 앞은 곧 먼저 종통이고 뒤가 설통이었지만, 이것은 곧 앞이 설통이고, 뒤가 종통이니, 근기의 감응에 차이가 있기 때문에 중복이 아니다.
202 '교법은 범부에 보임'이라는 것을 어떤 본(=4권본)에서는 '언설은 어린이에게 줌'이라고 하였는데, 범우는 앎 없음이 마치 어린이와 같음을 말하는 것이다. 여실한 종통은 언설이 아니기 때문에 수행자를 위한 것이다.

4.6[203]

(1) 그 때 대혜보살마하살이 다시 붓다께 말하였다.

"세존이시여, 여래께서는 한 때 '로가야타의 주술과 사론詞論은 단지 세간의 재물의 이익만을 거두어 취할 수 있을 뿐, 법의 이익을 얻을 수 없으니, 법의 이익을 얻을 수 없으므로 친근하고 받들어 모시며 공양해서는 안된다'라고 말씀하셨습니다.

세존이시여, 어째서 이와 같은 말씀을 하셨습니까?"[204]

爾時 大慧菩薩摩訶薩 復白佛言.

"世尊, 如來一時說 '盧迦耶陀 咒術詞論 但能攝取 世間財利, 不得法利, 不得法利 不應親近 承事供養'.

世尊, 何故 作如是說?"

(2) 붓다께서 말씀하셨다.

"① 대혜여, 로가야타에게 있는 사론

佛言.

"大慧, 盧迦耶陀 所有

---

203 * 이 4.6은 10권본의 '제5 로가야타품'에 해당한다. 【이하는 셋째 세론을 물리쳐서 자종을 드러내는 것[斥世論 以顯自宗]인데, 여섯으로 나누어진다. 처음은 세론은 자통自通(=자신의 종통·설통)에 들지 못하고, 능히 번뇌와 괴로움을 부르며 파괴하고 집을 모으는 것임을 보이는 것[示世論不入自通 能招惑苦 破壞結集]이다.】
204 위에서 붓다께서 삼세의 여래에게는 두 가지 법이 있으니, 언설의 법 및 여실한 법을 말한다고 말씀하셨으니, 곧 언설이 있는 것이기 때문에 붓다께서 과거에 로가야타의 주술과 사론(=말과 이론)을 친근해서는 안된다고 말씀하신 것을 들어서 청문한 것이다. 이 교에도 이미 언설이 있거늘, 그 교에 대해서는 어째서 이와 같은 말씀을 하셨는가. '로가야타'는 아직 바른 번역을 찾지 못했는데, 곧 외도의 논사이다. * 로가야타⑤Lokāyata는 사후세계를 부정하고 현세적 쾌락주의를 주장하는 자유사상가로서, 보통 순세順世 외도라고 번역된다.

은 단지 문구를 장식해서 범우를 속이고 미혹하며 세간의 허망한 언설을 수순할 뿐, 뜻과 같지 않고 이치에 맞지 아니하므로 진실한 경계에 증입할 수 없으며 일체의 모든 법을 깨달아 알 수 없고, 늘 두 극단에 떨어져 스스로 바른 길을 잃고 또한 남도 잃게 해서, 제취에 윤회하고 길이 출리하지 못하는 것이다.205

왜냐 하면 모든 법은 오직 마음이 보는 것일 뿐임을 알지 못해서 밖의 경계를 집착하여 분별을 늘리기 때문이다.

이 때문에 나는 세론의 문구는 이유와 실례로 장엄해서 단지 우부를 속일 뿐, 생·로·병·사·근심·슬픔 등의 고통에서 해탈할 수 없는 것이라고 말한 것이다.206

② 대혜여, 석제환인은 널리 온갖 이론을 이해하고 스스로 여러 이론을 짓는데, 그 세론자에게 한 제자가 있어 용의 몸이 됨을 나타내고 석제환인의 천

詞論 但飾文句 誑惑凡愚 隨順世間 虛妄言說,
不如於義 不稱於理
不能證入 眞實境界
不能覺了 一切諸法,
恒墮二邊 自失正道
亦令他失, 輪迴諸趣
永不出離.

何以故 不了諸法 唯心所見 執著外境
增分別故.

是故 我說 世論文句
因喩莊嚴 但誑愚夫,
不能解脫 生老病死 憂悲等患.

大慧, 釋提桓因 廣解衆論 自造諸論,
彼世論者 有一弟子 現作龍身 詣釋天宮

---

205 말하자면 외도에게 있는 언설의 법은 단지 문구만 장식해서 세간을 속이고 미혹하지, 뜻과 같지 않고 이치에 맞지 않아 여실한 법에 증입할 수 없으며, 스스로 무너지고 남도 무너뜨려서 길이 해탈하지 못한다.
206 붓다께서 스스로 물어서 해석하는 것이니, 경문과 같아서 알 수 있다.

궁을 방문해 이론의 주장을 세우고서 요점을 지어 말하기를, '교시가여, 내가 그대와 함께 논쟁해서 그대가 만약 이기지 못하면 내가 그대의 천 폭의 수레를 부수고, 내가 만약 이기지 못하면 낱낱의 머리를 끊어서 사죄하고 굴복하겠소'라고 하고, 이 말을 하고 나서는 곧 논법으로 제석을 꺾어 누르고 천 폭의 수레를 파괴하고 인간으로 돌아왔다.

대혜여, 세간의 언론은 이유와 실례로 장엄하며 나아가 능히 용의 모습을 나타내고 묘한 글과 말로써 모든 천신 및 아수라를 미혹해서 그들로 하여금 생멸 등의 견해를 집착케 하거늘, 하물며 사람이겠는가.

그러므로 대혜여, 친근하고 받들어 모시며 공양해서는 안되니, 그것은 능히 괴로움 내는 원인을 짓기 때문이다.207

③ 대혜여, 세론은 오직 몸으로 지각하는 경계를 말할 뿐이다.

대혜여, 그 세론에는 백천의 자구가

而立論宗
作是要言, '憍尸迦, 我
共汝論 汝若不如
我當破汝 千輻之輪,
我若不如 斷一一頭
以謝所屈',
說是語已 卽以論法
摧伏帝釋 壞千輻輪
還來人間.
大慧, 世間言論 因喩莊
嚴 乃至 能現龍形
以妙文詞 迷惑諸天 及
阿修羅 令其執著 生滅
等見, 而況於人.

是故 大慧, 不應親近
承事供養, 以彼能作
生苦因故.
大慧, 世論唯說 身覺境
界.
大慧, 彼世論有 百千字

---

207 제석은 복덕과 지혜가 모두 뛰어난데도, 오히려 세론의 제자가 축생의 모습을 나타내고 글과 말로써 혹란시킴을 입거늘, 하물며 사람이겠는가. 그러므로 친근해서는 안되니, 그 세론은 능히 생사의 괴로움의 원인이 되기 때문이라는 것이다.

있지만, 후의 말세 중에 악견으로 괴리되고 삿된 무리들이 무너지고 흩어져 많은 부파를 나누어 이루어서 각각 자신의 이유를 집착할 것이다.

대혜여, 나머지 외도들은 교법을 세울 수 있는 것이 아니고, 오직 로가야타만이 백천의 자구로써 널리 한량없이 차별되는 이유의 모습을 설하지만, 여실한 이치가 아니며, 또한 이것이 세간 미혹하는 법임을 스스로 알지도 못한다."208

句, 後末世中 惡見乖離 邪衆崩散 分成多部 各執自因.

大慧, 非餘外道 能立敎法, 唯盧迦耶 以百千句 廣說無量 差別因相, 非如實理, 亦不自知 是惑世法."

(3) 그 때 대혜가 말하였다.209

"세존이시여, 만약 로가야타가 지은 이론이 갖가지 문자의 이유·실례로 장엄해서 자기 주장을 집착하지만 여실한 법이 아니므로 외도라고 이름한다면, 세존께서도 역시 세간의 일을 설하시면서 갖가지 문구와 언사로써 이르시고 널리 시방 일체 국토의 천·인 등의 대중이 와

爾時 大慧白言.

"世尊, 若盧迦耶 所造之論 種種文字 因喩莊嚴 執著自宗 非如實法 名外道者, 世尊 亦說 世間之事 謂以種種 文句言詞 廣說十方 一切國土 天人

---

208 세론의 언설은 오직 이 몸으로 견문각지하는 허망한 경계만을 말하니, 가진 바 백천의 자구가 후의 말세 중에 많은 부파를 분열해 이루고 다 로가야타의 차별되는 이유의 모습을 내겠지만, 각각 스스로 이것이 세간 미혹하는 법인 줄 알지 못하고 뛰어난 견해라고 집착할 것임을 밝히는 것이다.
209 【이하는 둘째 여래께서는 자통을 따라서 설하심을 보이는 것[示如來隨自通說]이다.】

서 모인 곳에서 설하시나, 이는 자각성지 소증의 법이 아니니, 세존께서도 역시 외도가 말하는 것과 같습니까?"210

等衆 而來集會, 非是自智 所證之法, 世尊亦同 外道說耶?"

⑷ 붓다께서 말씀하셨다.
 "대혜여, 나는 세론의 설이 아니요, 또한 오고 감이 없으며, 나는 모든 법이 오지 않고 가지 않음을 말한다.
 대혜여, 온다는 것은 모여서 나는 것이고, 간다는 것은 무너져 멸하는 것이니, 오지도 않고 가지도 않는 이것은 곧 나지 않고 멸하지 않음이라고 이름한다.
 대혜여, 내가 말하는 바는 외도가 분별 가운데 떨어지는 것과 같지 않다. 왜냐 하면 밖의 법의 있고 없음에 집착하는 바가 없기 때문이며, 오직 자기 마음일 뿐임을 알고 2취를 보지 않으며 모습의 경계를 행하지 않고 분별을 내지 않으며 공·무상·무원의 문에 들어서 해탈하는 것이기 때문이다.211

佛言.
 "大慧, 我非世說, 亦無來去, 我說諸法不來不去.
 大慧, 來者集生, 去者壞滅,
 不來不去 此則名爲不生不滅.
 大慧, 我之所說 不同外道 墮分別中. 何以故外法有無 無所著故,了唯自心
 不見二取 不行相境不生分別
 入空無相 無願之門 而解脫故.

---

210 이는 세존께서도 역시 세간의 갖가지 언사를 설하시는 것은 세론에 떨어지고, 자증의 법이 아니니, 만약 그렇다면 역시 외도의 언설과 같을 것이라고 힐난하는 것이다.
211 붓다께서 나는 세론의 생멸하는 법을 말하지 않으므로 외도가 망상 중에 떨어져 밖의 법의 있고 없음에 집착하는 것과 같지 않고, 오직 자기 마음일

⑸ ① 대혜여, 내가 기억하니 어느 때 한 곳에 머무는데, 어떤 세론의 바라문이 나의 처소에 와서 갑자기 나에게 물었다. '구담이시여, 일체는 지어진 것입니까?'212

내가 그 때 대답하였다. '바라문이며, 일체가 지어진 것이라는 것은 첫 세론입니다.'

또 나에게 물었다. '일체는 지어진 것이 아닌 것입니까?'

내가 그 때 대답하였다. '일체가 지어진 것이 아니라는 것은 두 번째의 세론입니다.'

그가 다시 물었다. '일체는 항상합니까, 일체는 무상합니까? 일체는 납니까 일체는 나지 않습니까?'

내가 그 때 대답하였다. '이것은 여섯 번째 세론입니다.'

그가 다시 물었다. '일체는 하나입니까, 일체는 다릅니까, 일체는 하나이기도 하고 다르기도 한 것입니까, 일체는

大慧, 我憶有時於一處住, 有世論婆羅門 來至我所 遽問我言. '瞿曇, 一切 是所作耶?'

我時報言. '婆羅門, 一切所作 是初世論.'

又問我言. '一切 非所作耶?'

我時報言. '一切 非所作是 第二世論.'

彼復問言. '一切常耶, 一切無常耶? 一切生耶, 一切不生耶?'

我時報言. '是第六世論.'

彼復問言. '一切一耶, 一切異耶, 一切俱耶, 一切

뿐임을 깨달아서 능취·소취를 떠나고 허망한 분별을 일으키지 않으며 일심의 3해탈문에 들어가 여실한 법을 증득케 하는 것이라고 답하시는 것이다.
212 【이하는 셋째 여래께서 논의 멈추는 것을 보이는 것[示如來止論]이다.】

하나인 것도 아니고 다른 것도 아닌 것입니까? 일체는 다 갖가지 인연으로 말미암아 남을 받는 것입니까?'

나는 그 때 대답하였다. '이것은 열한 번째 세론입니다.'213

② 그가 다시 물었다. '일체는 유기입니까, 일체는 무기입니까? 나는 있습니까, 나는 없습니까? 이 세상은 있습니까, 이 세상은 없습니까? 다른 세상은 있습니까, 다른 세상은 없습니까? 해탈은 있습니까, 해탈은 없습니까? 찰나입니까, 찰나가 아닙니까? 허공과 열반 및 비택멸은 지어진 것입니까, 지어진 것이 아닙니까? 있음 중에 있는 것입니까, 없음 중에 있는 것입니까?'

내가 그 때 대답하였다. '바라문이여, 이와 같은 것은 다 그대의 세론이지, 내가 말하는 바가 아닙니다.214

③ 바라문이여, 나는 무시의 희론과

不俱耶? 一切皆由 種種因緣 而受生耶?'

我時報言. '是第十一世論.'

彼復問言. '一切有記耶, 一切無記耶? 有我耶, 無我耶? 有此世耶, 無此世耶? 有他世耶, 無他世耶? 有解脫耶, 無解脫耶? 是刹那耶, 非刹那耶? 虛空涅槃 及非擇滅 是所作耶, 非所作耶? 有中有耶, 無中有耶?'

我時報言. '婆羅門, 如是皆是 汝之世論, 非我所說.

婆羅門, 我說因於 無始

---

213 여래께서 그 과거의 일을 들어서 세론을 자세히 밝히시는 것이다. 일체의 법은 범천 등이 짓는 것인가를 먼저 물었기 때문에 '첫 세론'이라고 대답하였고, 다시 물었기 때문에 '두 번째 세론'이라고 대답했으며, 뒤의 네 가지를 합하면 여섯이 됨을 밝혔고, 또 앞의 여섯에 뒤의 다섯은 열하나가 되는 것이다. '구담'이란 붓다 조상의 성씨이다.
214 '허공과 열반 및 비택멸'의 이 셋은 무위법이다. 나머지 뜻은 알 수 있을 것이다. 모두 외도의 세론이지, 여래께서 설하시는 법이 아니라는 것이다.

모든 나쁜 습기로 인하여 삼유를 내며, 오직 자기 마음이 보는 것일 뿐임을 알지 못해서 밖의 법을 취하나, 실제로는 얻을 만한 것이 없다고 말합니다. 서 외도는 나 및 근·경의 셋이 화합하여 앎이 난다고 말하지만, 나는 이와 같지 않습니다. 나는 원인을 말하지 않고 원인 없음도 말하지 않으며, 오직 허망한 마음의 능취·소취와 비슷한 것을 반연하는 것에서 연기를 설하니, 그대 및 나머지 나를 취착하는 자들이 헤아릴 수 있는 것이 아닙니다.'

대혜여, 허공과 열반 및 비택멸은 단지 셋의 수가 있을 뿐 본래 체성이 없거늘, 어찌 하물며 지음과 지음 아님을 설하겠는가.215

戱論 諸惡習氣 而生三有, 不了唯是 自心所見 而取外法, 實無可得.
如外道說
我及根境 三合知生,
我不如是.
我不說因 不說無因,
唯緣妄心
似能所取
而說緣起, 非汝及餘 取著我者 之所能測.'

大慧, 虛空涅槃 及非擇滅 但有三數 本無體性 何況而說 作與非作.

---

215 붓다께서는 일체법을 설하시기를, 무시의 희론과 업·집착의 모든 나쁜 습기로 인하여 삼유를 낸다고 하면, 우부는 오직 자기 마음의 망상으로 보는 것일 뿐임을 깨닫지 못하고 밖의 법을 집착해서 취한다. 그리고 외도는 나 및 근·경이 화합해서 앎이 난다고 말하지만, 붓다께서는 이와 같은 것이 아니니, 말하자면 일체의 법은 모두 허망함을 알기 때문에 원인 있음과 원인 없음을 설할 수 없다. 오직 망념의 능·소 분별에 의지해 연기를 임시로 시설할 뿐, 본래 실체가 없으니, 나를 집착하는 자들이 깨달아 알 수 있는 것이 아니다. 또 열반 등도 역시 수에 셋이 있을 뿐이거늘, 어찌 지음과 지음 아님을 설하겠는가.

(6) ① 대혜여, 그 때 세론의 바라문이 다시 나에게 물었다. '무명과 갈애와 업이 인연이 되기 때문에 삼유가 있는 것입니까, 원인이 없는 것입니까?'

내가 말하였다. '이 둘도 역시 세론입니다.'

또 나에게 물었다. '일체의 모든 법은 다 자상 및 공상에 들어가는 것입니까?'

내가 그 때 대답하였다. '이것도 역시 세론입니다. 바라문이여, 나아가 조금이라도 심식의 유동이 있어 밖의 경계를 분별하면 모두가 세론입니다.'216

② 대혜여, 그 때 그 바라문이 다시 나에게 물었다. '세론 아닌 것이 조금이라도 있습니까? 일체 외도에게 있는 사론詞論의 갖가지 문구와 이유·실례의 장엄은 다 나와 법 중에서 나오지 않는 것이 없습니다.'

내가 대답하였다. '있습니다. 그대가 인정하는 것은 아니지만, 세간에서 인정하지 않는 것도 아니며, 갖가지 문구를

大慧, 爾時 世論婆羅門 復問我言. '無明愛業 爲因緣故 有三有耶, 爲無因耶?'

我言. '此二 亦是世論.'

又問我言. '一切諸法 皆入自相 及共相耶?'

我時報言. '此亦世論. 婆羅門, 乃至少有 心識流動 分別外境 皆是世論.'

大慧, 爾時 彼婆羅門 復問我言. '頗有非是 世論者不? 一切外道 所有詞論 種種文句 因喩莊嚴 莫不皆從 我法中出.'

我報言. '有. 非汝所許, 非世不許, 非不說種種文句

---

216 무명·애·업이 인연이 되기 때문에 삼계에 태어난다는 것 및 일체법이 모두 자상·공상에 들어간다는 것은 이승의 법이니, 나아가 조금이라도 심식의 유주가 있어 다하지 않는다면 모두 세론이라는 것이다.

말하지 않는 의리義理와 상응하는 것이
아니지만, 상응하지 않는 것도 아닙니
다.'217

③ 그가 다시 물었다. '이찌 세간이
인정하면서 세론 아닌 것이 있습니까?'
내가 대답하였다. '있습니다. 다만 그
대 및 일체 외도가 알 수 있는 것이 아
닐 뿐입니다. 왜냐 하면 밖의 법을 허망
하게 분별하여 집착을 내기 때문입니다.
만약 있고 없음 등의 법은 일체가 다 자
기 마음이 보는 것임을 능히 요달한다
면 분별을 내지 않고 밖의 경계를 취하
지 않으며 자신의 처소에 머물 것입니
다. 자신의 처소에 머문다는 것은 뜻을
일으키지 않는 것이니, 일으키지 않는다
면 어디에서도 분별을 일으키지 않을
것이나, 이것은 나의 법이지, 그대에게
있는 것이 아닙니다.218

義理相應,
非不相應.'

彼復問言. '豈有世許
非世論耶?'
我答言.'有. 但非於汝
及以一切 外道能知.
何以故 以於外法 虛妄
分別 生執著故.
若能了達 有無等法 一
切皆是 自心所見
不生分別 不取外境
於自處住.
自處住者 是不起義,
不起
於何 不起分別,
此是我法, 非汝有也.

---

217 붓다께서 세론이 아닌 법이 있다고 말씀하신다. 그대에게 있는 것이 아
니기 때문에 '그대가 인정하는 것은 아니지만, 세간이 인정하지 않는 것도
아니다'라는 것이다. 비록 언론을 떠났지만, 또한 갖가지 문구와 이유·실례
의 장엄을 빌려서 비로소 깨달을 수 있는 것이니, 그래서 '갖가지 문구를
말하지 않는 의리(=뜻과 이치)와 상응하는 것이 아니지만, 상응하지 않는
것도 아니다'라고 말하였다.
218 진실치 못한 갖가지 밖의 법은, 허망하게 분별하여 계착을 내기 때문에
모두가 자기 마음의 현량임을 알지 못하는 것이고, 그래서 세론 아닌 것을

④ 바라문이여, 간략히 말해서 어느 곳 중을 따라서도 심식이 가고 옴과 죽고 남을 구하며 그리워하여, 느끼고 보며 접촉하고 머물면서 갖가지 모습을 취하여 화합함이 상속하고 갈애와 원인에 계착을 내는 것은 다 그대의 세론이지, 나의 법이 아닙니다.'219

⑤ 대혜여, 세론의 바라문이 이와 같은 질문을 해서 내가 이와 같이 답했더니, 나의 자종의 진실한 법을 묻지도 않고 묵묵히 가면서 생각해 말하였다. '사문 구담은 가히 존중할 만한 것이 없다. 일체법은 무생이고, 무상이며, 무인이고, 무연으로, 오직 자기 마음이 분별해서 보는 것일 뿐이니, 만약 이를 능히 안다면 분별이 나지 않는다고 말한다.'220

婆羅門, 略而言之 隨何處中 心識往來 死生求戀, 若受若見
若觸若住 取種種相 和合相續 於愛於因 而生計著 皆汝世論, 非是我法.'
大慧, 世論婆羅門 作如是問 我如是答,
不問於我 自宗實法
默然而去　作是念言.
'沙門瞿曇　無可尊重.
說一切法 無生無相 無因無緣, 唯是自心 分別所見, 若能了此
分別不生'.

....
능히 알지 못한다는 것이다. 능히 자신의 처소에 머물러서 있고 없다는 망념의 분별을 일으키지 않는다면 이것이 여래의 법이니, 외도에게 있는 것이 아니다.
219 허망한 식이 가고 옴 등의 법을 계착하는 것은 다 세론임을 밝히는 것이다.
220 세론자가 위와 같은 질문을 해서 붓다께서 위와 같이 답하셨더니, 오히려 조금도 깨닫지 못하고 스스로가 성인의 명지라고 여겨서 인사도 하지 않고 물러가면서, 반대로 여래께서 설하시는 바가 그르다고 생각했다는 것이다.

(7) ① 대혜여, 그대도 지금 또한 다시 나에게 이 뜻을 물은 것이니, 어째서 모든 세론자를 친근하면 오직 재물의 이익을 얻을 뿐 법의 이익을 얻지 못하겠는가?"221

② 대혜가 말하였다.
"말씀하신 바 재물과 법은 어떤 뜻입니까?"

③ 붓다께서 말씀하셨다.
"훌륭하구나, 그대는 능히 미래의 중생을 위해 이 뜻을 사유하는구나. 잘 듣고 잘 들으라, 그대를 위해 설하겠다.

대혜여, 말한 바 재물이란 접촉할 수 있고 받아들일 수 있으며 취할 수 있고 맛볼 수 있어서, 밖의 경계를 집착하게 하여 두 극단에 떨어져 있으며 탐애를 증장해서 나고 늙고 병들고 죽으며 근심하고 슬퍼하고 괴로워하고 고뇌하게 하게 하는 것을, 나 및 모든 붓다들은 말하여 재물의 이익을 이름하니, 세론을 친근해서 얻는 것이다.

大慧, 汝今亦復問我是義, 何故親近 諸世論者 唯得財利 不得法利?"

大慧白言.
"所言財法 是何等義?"

佛言.
"善哉, 汝乃能爲 未來衆生 思惟是義. 諦聽諦聽, 當爲汝說.

大慧, 所言財者 可觸 可受 可取 可味, 令著外境 墮在二邊 增長貪愛 生老病死 憂悲苦惱 我及諸佛 說名財利, 親近世論 之所獲得.

---

221 【이하는 넷째 세론은 탐욕을 섭수하고 정법을 섭수하지 못함을 보이는 것[示世論攝受貪欲 不攝正法]이다.】 이는 과거 바라문에게 답한 뜻을 들어서, 대혜가 청한 바에 맞어 답하신 것이다.

④ 무엇을 법의 이익이라고 하는가? 말하자면 법은 마음임을 알고 2무아를 보아서 모습을 취하지 않아 분별함이 없으며 모든 지를 잘 알고 심·의·식을 떠나 일체 제불께서 함께 관정하는 바로 열 가지 다함 없는 서원을 구족히 받아 행하며 일체법에서 다 자재를 얻는 것이니, 이를 법의 이익이라고 이름한다. 이로써 일체의 모든 견해·희론·분별과 상견·단견의 두 극단에 떨어지지 않는다.222

⑤ 대혜여, 외도의 세론은 모든 어리석은 사람들로 하여금 두 극단에 떨어져 있게 하니, 상견 및 단견을 말한다.

무인론을 받아들이면 곧 상견을 일으키고, 원인이 무너져 멸함으로써 곧 단견을 낳는다.

나는 생·주·멸을 보지 않는 것이 법의 이익을 얻는 것이라고 이름한다고 말한다.

云何 法利?
謂了法是心 見二無我
不取於相 無有分別
善知諸地 離心意識
一切諸佛 所共灌頂
具足受行 十無盡願
於一切法 悉得自在,
是名法利.
以是不墮 一切諸見 戲
論分別 常斷二邊.

大慧, 外道世論 令諸癡
人 墮在二邊,
謂常及斷.
受無因論 則起常見,
以因壞滅 則生斷見.

我說不見 生住滅者 名
得法利.

----
222 【이하는 다섯째 정법을 섭수하려면 세론을 원리해야 함을 보이는 것[示攝受正法 遠離世論]이다.】 재물의 이익은 탐애를 증장하여 나고 늙고 병들고 죽으며 근심하고 슬퍼하고 괴로워하고 고뇌하게 하게 하므로 친근해서는 안되며, 법의 이익은 붓다의 관정을 받고 일체법에서 다 자재를 얻기 때문에 친근하고 받들어 모시며 공양해야 함을 말하는 것이다.

이것을 재물과 법 두 가지의 차별상이라고 이름하니, 그대 및 모든 보살마하살들은 부지런히 관찰해야 한다."223	是名財法 二差別相, 汝及 諸菩薩摩訶薩 應勤觀察."

(8) 그 때 세존께서는 거듭 게송으로 말씀하셨다.224　　　　　爾時 世尊 重說頌言.

① 중생을 조복해서 거두어	調伏攝衆生
계로 모든 악 항복시키고	以戒降諸惡
지혜로 모든 견해 멸하니	智慧滅諸見
해탈이 증장함을 얻네225	解脫得增長

② 외도의 허망한 말은	外道虛妄說
모두가 세속의 이론이라	皆是世俗論
멋대로 작·소작 계탁하니	橫計作所作

---

223 외도는 오온이 인연에서 나지 않는다고 계탁하기 때문에 상견을 일으키고, 지어진 색[造色]이 멸하면 다시 날 수 없다고 계탁하는 것을 단견이라고 이름하지만, 여래께서 설하신 바는 오직 자기 마음의 현량일 뿐이라는 것이다. '생·주·멸을 보지 않는다'는 것은 이 둘의 차별을 부지런히 관찰하여, 외도가 계탁하여 집착하고 버리지 않는 것과 같이 말라고 권하는 것이다.
224 【이는 여섯째 총체적으로 노래하는 것[總頌]이다.】
225 여래께서는 중생을 조복하여 섭수하시고 늘 수행의 세 가지 결정된 뜻을 설하시니, 마음을 거둠이 계가 되고, 계로 인해 삼매를 내며, 삼매로 인해 지혜를 일으킴이라, 이를 3무루학이라고 이름한다. 이 도를 배우기 때문에 해탈을 증장하고 능히 실상을 증득한다. 그렇지만 계는 삼매의 체이고, 지혜는 삼매의 작용인데, 게송의 글은 비추고 생략한 것이니, (삼매를) 말하지 않는 것은 아니다.

능히 스스로 성립 못하네226	不能自成立

3 오직 나의 한 자종만이 　　　唯我一自宗
　 능·소를 집착하지 않고 　　　　不著於能所
　 모든 제자를 위해 설해서 　　　爲諸弟子說
　 세론을 떠나게 한다네227 　　　令離於世論

4 능취와 소취의 법은 오직 　　　能取所取法
　 마음일 뿐 있는 바 없으니 　　　唯心無所有
　 둘 다 마음의 나타남이라 　　　二種皆心現
　 단·상을 얻을 수 없다네 　　　　斷常不可得

5 나아가 마음 유동한다면 　　　乃至心流動
　 이는 곧 세론이 되니 　　　　　是則爲世論
　 분별을 일으키지 않는 자 　　　分別不起者
　 이 사람은 자기 마음 보리 　　　是人見自心

6 옴이란 일의 남을 봄이고 　　　來者見事生
　 감이란 일이 불현不現함이니 　　去者事不現
　 오고 감을 밝게 요지하면 　　　明了知來去
　 분별을 일으키지 않으리 　　　　不起於分別

---

226 범천 등이 능작이 되고, 일체의 모든 법은 소작이 된다. 망령되이 능·소를 계탁하니, 여래 법신의 진실한 자종自宗은 거기에서 성립될 수 없다.
227 여래는 오직 하나의 자종으로써 세간에 출현하니, 능·소의 영상은 전혀 없고, 제자를 위해 설해서 세론을 떠나게 함을 말하는 것이다.

7 항상함 있음 및 무상함　　　　　有常及無常
　 소작所作과 소작이 없음　　　　　所作無所作
　 이 세상과 다른 세상 등은　　　　此世他世等
　 모두가 세론의 법이라네228　　　 皆是世論法

4.7229

⑴ ① 그 때 대혜보살마하살이 다시 붓　爾時　大慧菩薩摩訶薩
다께 말하였다.　　　　　　　　　　　　復白佛言.

"세존이시여, 붓다께서 열반을 설하신　"世尊, 佛說涅槃
것은 어떤 법을 말하여 열반이라고 하　說何等法 以爲涅槃,
신 것이며, 그런데도 모든 외도는 갖가　而諸外道 種種分別?"
지로 분별하는 것입니까?"230

② 붓다께서 말씀하셨다.　　　　　　　佛言.

----

228 이상 4게송은 장행에서 세론이 계탁해 집착하는 것을 간략히 노래한 것이다.
229 이 4.7은 10권본의 제6 열반품이다. 【이상으로 둘째 말과 뜻, 식과 지혜를 보여서 종통의 작용을 드러내는 것은 마쳤고, 이하는 셋째 정법의 해탈은 우부와 외도를 멀리 초월함을 보이는 것[示正法解脫 遠超愚外]인데, 셋으로 나누어진다. 처음은 망상의 열반을 열거하는 것[列妄想涅槃]이다.】 * 여기에서 제3단의 3개 항의 경문 배치를 도표로써 보이면 다음과 같다.

망상의 열반을 열거함	⑴~⑶
여래는 열반에 수순하심을 보임	⑷
총체적으로 노래함	⑸

230 위에서 외도가 허공과 열반 및 비택멸은 지어진 것인지, 지어진 것이 아닌지를 물었고, 붓다께서 대혜에게 허공과 열반 및 비택멸은 본래 체성이 없고, 단지 수가 셋이 있을 뿐이라고 말씀하셨기 때문에, 여래께서는 어떤 법을 설하여 열반이라고 하시는지, 그런데도 외도가 허망한 분별하여 열반이라는 견해를 일으키는지 거론한 것이다.

"대혜여, 모든 외도가 분별하는 것과 같은 열반은 모두 열반의 모습에 수순하지 않으니, 잘 듣고 잘 들으라, 그대를 위해 설하겠다.231

"大慧, 如諸外道 分別涅槃 皆不隨順 涅槃之相, 諦聽諦聽, 當爲汝說.

(2) 대혜여, 혹 어떤 외도는 '법의 무상함을 보고 경계를 탐하지 않으며 온·계·처가 멸하고 심·심소법이 앞에 나타나 있지 않으며 과거·현재·미래의 경계를 생각하지 않는 것이, 마치 등불이 다한 것과 같고 종자가 썩은 것과 같으며 불이 멸한 것과 같아서, 모든 취착이 일어나지 않고 분별이 나지 않는다'라고 말하면서, 열반의 지각을 일으키지만, 대혜여, 무너짐을 보는 것을 열반이라고 이름하는 것이 아니다.232

大慧, 或有外道言 '見法無常 不貪境界 蘊界處滅 心心所法 不現在前 不念過現 未來境界, 如燈盡
如種敗 如火滅,
諸取不起
分別不生',
起涅槃想 大慧,
非以見壞 名爲涅槃.

---

231 그 외도들이 망령되이 계탁하는 열반으로는 진실한 열반에 수순함을 얻을 수 없다고 말씀하시는 것이다.
232 어떤 외도는 무상관 등의 관찰을 짓기 때문에 경계를 그리워하지 않고, 관찰이 이루어져 삼매를 얻기 때문에 색·심과 심소의 모든 법이 앞에 나타나 있지 않으며, 또한 삼세의 경계를 반연하여 생각하지도 않고, 어리석음·갈애·업의 원인이 다했기 때문에 마치 등불의 기름이 다하여 다시 밝아지지 않는 것과 같고, 종자가 썩어서 다시 싹이 트지 않는 것과 같으며, 불이 섶을 멸해 없애어 다시는 타지 않는 것과 같아서, 능취·소취가 일어나지 않고, 허망한 분별이 나지 않는다고 말하면서, 이 유여·무여에서 열반의 지각을 지으니, 이는 성문의 열반이다. 분단생사를 멸하여 무너뜨려서 비로소 열반을 얻는다고 보기 때문에 또한 외도와 같다.

⑶ ① 혹은 이르기를, 방위에 이르는 것을 열반을 얻음이라고 이름하고, 경계의 지각이 떠나는 것이 마치 바람이 멈추는 것과 같다고 한다.233

② 혹은 이르기를, 능각과 소각을 보지 않는 것을 열반이라고 이름하고, 혹은 이르기를, 항상·무상을 분별하는 견해를 일으키지 않는 것을 열반을 얻음이라고 이름한다.234

③ 혹 누군가는 모든 모습을 분별하면 괴로움을 발생시킨다고 말하고, 능히 자기 마음이 나타낸 것임을 알지 못하니, 알지 못하기 때문에 모습을 두려워해서 모습 없음을 구하며 깊이 애락함을 내고 집착해서 열반으로 삼는다.235

或謂至方
名得涅槃, 境界想離
猶如風止.

或謂不見 能覺所覺
名爲涅槃, 或謂
不起分別 常無常見
名得涅槃.

或有說言 分別諸相
發生於苦, 而不能知
自心所現,
以不知故 怖畏於相
以求無相 深生愛樂
執爲涅槃.

---

233 방론사方論師는 방위[方]에서 사람을 내고, 사람이 천지를 내니, 멸한 후에는 다시 방위로 돌아간다고 계탁해서, 방위가 항상한 것이라고 말하며, 풍선風仙론사는 바람이 능히 만물을 내고 죽이니, 바람의 성품이 역시 항상한 것이라고 계탁해서, 다 열반을 얻는다고 여긴다는 것이다.
234 위타圍陀Sveda론사는 범천이 능히 일체를 내니, 능각이고, 만물은 소각이 된다고 계탁한다. 이사나伊賖那Siṣaṇa론사는 계탁하는 바 일체는 이사나에서 나니, 만물은 무상하고, 그것은 항상하다고 하면서 말하기를, 능·소를 보지 않고 분별을 일으키지 않는 것을 열반을 얻는 것이라고 이름한다. * 《대지도론》 제56권에서, "이사나는 대자재천왕이다"라고 말하고 있음.
235 나형裸形논사가 이와 같은 계탁을 지으니, 모습은 마음에서 나타나는 것임을 알지 못하는 것이다. 또 이르기를, 한 부류는 무상천無想天을 열반으로 삼고, 그리고 4공처를 열반으로 삼는다고 하니, 다 이것을 계탁하는 바로 삼는 것이다.

④ 혹은 안팎의 모든 법의 자상·공상과 과거·미래·현재는 성품이 있어 무너지지 않음을 깨달아 안다고 말하며 열반의 지각을 짓는다.236

⑤ 혹은 나·사람·중생·수명 및 일체의 법이 무너져 멸함 없음을 계탁해서 열반의 지각을 짓는다.237

⑥ 다시 어떤 외도는 지혜가 없어서 자성 및 사부의 공능[求那]가 있어 전변하여 일체 사물을 짓는다고 계탁해서 열반으로 삼는다.238

⑦ 혹 어떤 외도는 복과 복 아님의 다함을 계탁하고, 혹은 지혜로 말미암지 않고 모두 번뇌가 다함을 계탁하며, 혹은 자재천이 진실한 작자라고 계탁해서 열반으로 삼는다.239

⑧ 혹은 이르기를, 중생이 전전하여 서로 내는 이것이 원인이 되고 다시 다

或謂覺知 內外諸法 自相共相 去來現在 有性不壞 作涅槃想.

或計我人 衆生壽命 及一切法 無有壞滅
作涅槃想.

復有外道 無有智慧
計有自性 及以士夫 求那轉變 作一切物 以爲涅槃.

或有外道計 福非福盡,
或計 不由智慧
諸煩惱盡, 或計自在
是實作者
以爲涅槃.

或謂衆生 展轉相生
以此爲因 更無異因,

---

236 비세毘世론사(=위세사衛世師=승론사)는 허공 및 사대의 성품과 삼세가 무너지지 않음을 계탁한다.
237 상견常見의 논사는 나 및 모든 법이 다시 무너져 멸함 없음을 계탁한다.
238 여인권속女人眷屬논사는 자성 및 사부의 공능(='구나')이 있어 전변하여 일체 사물을 짓는다고 계탁한다.
239 고행외도는 죄와 복이 함께 다하는 것을 계탁하고, 정안淨眼논사는 지혜로 말미암지 않고 모든 번뇌가 모두 다하는 것을 계탁하며, 마다라摩陀羅논사는 대자재천이 진실로 중생의 생사를 능히 짓는 자라고 계탁한다.

른 원인은 없다고 하니, 그는 지혜가 없기 때문에 능히 깨달아 알지 못하고, 알지 못하기 때문에 집착해서 열반으로 삼는다.240

彼無智故
不能覺了, 以不了故
執爲涅槃.

⑨ 혹은 진리의 도를 깨달았다고 계탁해서 허망하게 분별하여 열반으로 삼는다.241

或計 證於諦道
虛妄分別 以爲涅槃.

⑩ 혹은 공능과 공능의 주체가 함께 하나의 성품, 다름의 성품, 구俱 및 불구不俱를 화합한다고 계탁하고 집착해서 열반으로 삼는다.242

或計求那 與求那者 而
共和合 一性異性 俱及
不俱 執爲涅槃.

⑪ 혹은 모든 사물은 자연에서 난다고 계탁해서, 공작의 문채, 가시의 침의 예리함, 보배를 내는 곳에서 갖가지 보배를 내는 이와 같은 등의 일은 이를 누가 능히 짓는가 하면 곧 자연이라고 집착해서 열반으로 삼는다.243

或計諸物 從自然生,
孔雀文彩 棘針銛利
生寶之處 出種種寶
如此等事 是誰能作
卽執自然
以爲涅槃.

---

240 니건자尼揵子논사는 겁초에 한 남자와 한 여인이 생기니, 그 둘이 화합하여 전전해서 서로 낸다고 계탁하고, 무명·갈애·업이 근본이 됨을 알지 못하므로, 일체 사물이 멸하여 그들에게로 돌아가는 것이 열반이 된다고 말한다.
241 상키야[僧佉]논사(=수론사)는 25제가 명제에서 날 때의 자연의 4덕(=명제·사트바·라자스·타마스. 졸역『주석 성유식론』p.68 이하 참조)을 계탁해서 진실한 진리의 도를 깨달았다고 말한다.
242 마혜수라摩醯首羅논사는 마혜수라의 한 체의 세 부분에 큰 공능이 있어서 능히 공능의 주체와 함께 화합한다고 계탁해서 4구의 견해에 떨어지고 집착해서 열반으로 삼는다.

⑫ 혹은 이르기를 능히 25제를 안다면 곧 열반을 얻는다고 하고, 혹 누군가는 설하기를 능히 여섯 부분을 받아 중생을 수호한다면 이것이 열반을 얻는 것이라고 말하며, 혹 누군가는 설하기를 시간이 세간을 내므로 시간이 곧 열반이라고 말한다.244

或謂能解 二十五諦 卽得涅槃, 或有說言 能受六分 守護衆生 斯得涅槃, 或有說言 時生世間 時卽涅槃,

⑬ 혹은 사물의 있음이 열반이 된다고 집착하고, 혹은 사물의 없음이 열반이 된다고 계탁하며, 혹은 사물의 있음과 사물의 없음이 열반이 된다고 계착함이 있고, 혹은 모든 사물이 열반과 더불어 차별이 없는 것을 계탁해서 열반의 지각을 짓는다.245

或執有物 以爲涅槃, 或計無物 以爲涅槃, 或有計著 有物無物 爲涅槃者, 或計諸物 與涅槃無別 作涅槃想.

---

243 자연自然논사가 계탁하는 것에는 둘이 있다. 만약 자연이 원인이 되어 능히 만물을 낸다고 하면 곧 이는 사인론이고, 만약 만물이 자연히 난다고 말한다면 곧 이는 무인론이다.
244 가비라迦毘羅논사는 25제를 밝게 아는 것이 열반이 된다고 하고, 만약 6덕론六德論을 능히 받아서 만민을 안락케 한다면 안락의 성품이 곧 열반이라고 하며, 혹 누군가는 설하기를 시간이 세간을 내니 시간이 곧 열반이라고 말하니, 시경론사時敬論師는 시절이 원인이 되어 능히 세간의 모든 법을 낸다고 계탁한다. * 앞의 둘에 관하여 『관기』는 「이는 능히 25제를 아는 것과 능히 육분론을 받아서 중생을 수호하는 것이 곧 열반을 얻는 것이라고 계탁하는 것이다. 앞(=수론사와 승론사)은 명제와 6구(=승론의 실체·속성·행위·보편·특수·내속. 졸역『주석 성유식론』p.73 이하 참조)를 열반이라고 계탁하는 것이고, 이들은 능히 25제를 아는 것과 능히 6분을 받는 것이 가히 열반을 얻는 것이라고 하므로, 앞과는 계탁하는 바가 같지 않다.」라고 설명한다.

⑷ ① 대혜여, 다시 그 외도들이 말하는 것과 다른 것이 있어 일체지의 대사자후로써 설하니, 오직 마음이 나타낸 것일 뿐임을 능히 요달해서 밖의 경계를 취하지 않고 4구를 멀리 떠나 여실한 봄에 머물러서 두 극단에 떨어지지 않고 능취·소취를 떠나 모든 인식에 들어가지 않으며 진실을 집착하지 않고 성지로써 현증하는 법에 머물러 2무아를 깨달으며 2번뇌를 떠나고 두 가지 장애를 청정케 하여 모든 지를 전전해 닦고 불지에 들어서 여환삼매 등 모든 대삼매를 얻어 길이 심·의 및 의식을 초월함을 열반을 얻는 것이라고 이름한다.246

② 대혜여, 그 모든 외도들은 이치와 같지 않아서 지자가 버리는 바요 다 두 극단에 떨어지는 것을 허망하게 계탁하

大慧, 復有異彼 外道所說 以一切智 大師子吼說, 能了達 唯心所現 不取外境
遠離四句 住如實見
不墮二邊
離能所取 不入諸量
不著眞實 住於聖智
所現證法 悟二無我
離二煩惱 淨二種障
轉修諸地 入於佛地
得如幻等 諸大三昧
永超心意 及以意識
名得涅槃.
大慧, 彼諸外道 虛妄計度 不如於理 智者所棄 皆墮二邊

---

245 혹은 있음의 성품을 열반으로 삼고, 혹은 없음의 성품을 열반으로 삼으며, 혹은 있음과 없음의 2법을 열반으로 삼고, 혹은 만물은 시끄럽게 움직이고, 열반은 적정하니, 이 둘의 차별 없음을 열반으로 삼는다. 이상의 외도가 갖가지 허망한 계탁으로 열반의 견해를 일으키니, 갖춘다면 《제바보살석능가경중외도소승열반론》 등의 논에서 자세히 그 모습을 해석하는 것과 같다.
246 【이하는 둘째 여래는 열반에 수순하심을 보이는 것[示如來隨順涅槃]이다.】 이는 여래의 진실한 열반을 보여서, 개오케 하고 수순하여 증입하게 하니, 경문에서 스스로 밝히는 것과 같다.

여 열반의 지각을 지으니, 여기에는 머 作涅槃想, 於此無有 若
묾과 출리가 없다. 그 모든 외도들은 다 住若出. 彼諸外道 皆依
자종에 의지해 망령된 지각을 내어서 自宗 而生妄覺
이치를 위배하고 성취하는 바가 없으니, 違背於理 無所成就,
오직 마음과 뜻으로 하여금 치산하고 唯令心意 馳散往來,
왕래하게 할 뿐, 일체 열반을 얻는 자는 一切無有 得涅槃者.
없다. 그대 및 모든 보살은 의당 멀리 汝及諸菩薩 宜應遠離."
떠나야 한다."247

(5) 그 때 세존께서는 거듭 게송으로 말 爾時 世尊 重說頌言.
씀하셨다.248

① 외도의 열반의 견해는　　　　　　外道涅槃見
　각각 다르게 분별하지만　　　　　各各異分別
　그들은 오직 망상일 뿐　　　　　　彼唯是妄想
　해탈의 방편이 없다네　　　　　　無解脫方便

② 모든 방편을 멀리 떠나서　　　　　遠離諸方便
　속박 없는 곳 이르지 못하고　　　不至無縛處
　망령되이 해탈상을 내나　　　　　妄生解脫想
　실제로는 해탈이 없다네　　　　　而實無解脫

---

247 모든 외도는 갖가지로 계탁해서 열반의 지각을 짓지만, 이미 바른 이치에 어긋나니 끝내 이루는 바가 없고, 오직 허망한 식을 치달려서 산란하게 함[馳騁散亂]과 생사에 왕래함만 늘릴 뿐, 해탈을 얻을 수 없다.
248 【이는 셋째 총체적으로 노래하는 것[總頌]이다.】

③ 외도가 이루어 세우는 바　　　　　外道所成立
　　중지衆智는 각각 달리 취하나　　　　衆智各異取
　　거기엔 모두 해탈 없거늘　　　　　　彼悉無解脫
　　어리석어 허망 분별하네249　　　　　愚癡妄分別

④ 일체의 어리석은 외도는　　　　　　一切癡外道
　　망령되이 작·소작을 보나　　　　　　妄見作所作
　　다 유·무론에 집착함이라　　　　　　悉著有無論
　　이 때문에 해탈은 없다네　　　　　　是故無解脫

⑤ 범우는 분별을 좋아해서　　　　　　凡愚樂分別
　　진실한 지혜 내지 못하니　　　　　　不生眞實慧
　　언설은 삼계의 근본이나　　　　　　言說三界本
　　진실은 멸고의 원인이네250　　　　　眞實滅苦因

⑥ 비유하면 거울 속 영상은　　　　　　譬如鏡中像
　　나타나도 진실 아니건만　　　　　　雖現而非實
　　습기의 마음 거울 속에서　　　　　　習氣心鏡中
　　범우는 둘이 있음을 보네　　　　　　凡愚見有二

------

249 모든 외도의 허망한 열반의 견해는 해탈의 방편이 없는데도 해탈의 지각을 냄을 밝히는 것이니, 사람마다 삿된 이해로 각각 스스로 달리 향하나, 모두가 어리석어 허망하게 분별하는 것이다.
250 세론世論의 언설은 삼계 생사의 근본이고, 세론의 언설을 떠나는 이것을 진실이라 이름하니, 괴로움을 멸하는 원인이다.

⑦ 맘 나타남일 뿐 알지 못해　　　不了唯心現
　　고로 둘의 분별 일으키나　　　故起二分別
　　단지 마음일 뿐임을 알면　　　若知但是心
　　분별은 곧 나지 않으리라251　　分別則不生

⑧ 마음은 곧 갖가지이지만　　　心卽是種種
　　상과 소상을 멀리 떠나면　　　遠離[想]<相>所相
　　우부가 분별하는 것처럼　　　如愚所分別
　　본다고 해도 봄은 없다네　　　雖見而無見

⑨ 삼유는 오직 분별일 뿐　　　三有唯分別
　　밖의 경계는 다 없는데도　　　外境悉無有
　　망상이 갖가지 나타냄을　　　妄想種種現
　　범우 능히 깨닫지 못하네252　　凡愚不能覺

⑩ 경전마다 분별을 설하나　　　經經說分別
　　단지 다른 이름일 뿐이니　　　但是異名字
　　만약 언어를 떠난다면　　　若離於語言
　　그 뜻은 얻을 수 없으리라253　　其義不可得

---

251 망상심의 거울 중에 경계가 나타나더라도 실체가 없기 때문에 둘이라고 말할 수 없는데도, 우부는 알지 못하기 때문에 둘이 있음을 보나, 만약 오직 마음일 뿐임을 안다면 능취·소취의 망상은 나지 않음을 말하는 것이다.
252 허망한 마음에서 갖가지 경계를 냄을 말하는 것이다. 이미 망상의 마음에서 내기 때문에 능상·소상은 없으니, 어리석어서 허망하게 분별하는 것과 같은 것은 비록 본다고 해도 곧 봄이 없는 것이다. 삼유도 역시 그러함에도 우부는 능히 깨닫지 못한다.

....
253 망상의 분별의 법은 단지 언설만 있을 뿐 전혀 진실한 뜻은 없으니, 만약 표현을 잊고 뜻에 계회한다면 허망한 분별의 뜻은 다 얻을 수 없다.

大乘入楞伽經
대승입능가경

卷第五
제5권

大周 于闐國 三藏法師 實叉難陀 奉敕譯
대주 우전국 삼장법사 실차난다 봉칙역

【『심인』의 정종분 분과에 의한 제5권의 구성】

Ⅰ 이언절증하며 광대미묘한 제일의의 법문을 바로 가리킴	1.2.1~1.2.2
Ⅱ 언설로 들어갈 바 제일의의 식해가 상주함을 보여서 유심을 드러냄	
1. 8식인과의 사정을 간략히 밝혀 성지의 자각을 드러냄	1.3~2.1
2. 5법·자성·무아가 이승·외도와 구별됨을 보여 정법의 인과를 드러냄	2.2~2.4
3. 여래장이 우부·외도의 망상의 언설을 초과하여 모든 지와 구경의 과해를 성취함을 보임	2.5~3.8
4. 원만한 불신은 유무에 떨어지지 않음을 보임	3.9~4.3
5. 종·설 2통의 말·뜻과 식·지에 능숙한 작용을 보여 우부·외도의 자·타에 부지해 정법의 해탈로 나아감과 구별함	4.4~4.7
6. 정각은 인과의 법이 아니고 생멸과 언설 떠났음을 보여 진상무구하고 단박 모든 지 초과함을 드러냄	
(1) 여래의 법신은 인과가 아님을 보임	5.1.1
(2) 여래의 법신은 불생불멸하고 언설 떠났음을 보임	5.1.2
(3) 여래의 불생불멸은 외도와 같지 않음을 보임	5.1.3
(4) 여래가 설하는 법은 상·무상이 아님을 보임	5.2
(5) 여래의 제일의는 단박 모든 지 제거함을 보임	5.3
(6) 여래의 정각은 상주함을 보임	5.4
(7) 장식이 곧 여래장으로서 본래 무구함을 보임	5.5
7. 8식·5법·3자성·2무아가 제일의 이룸을 보임	
(1) 5법의 전변을 보임	5.6(1)~(2)
(2) 일체법이 5법에 다 들어감을 보임	(3)~(5)
8. 삼세여래의 법신은 세간의 바라봄을 초과하고 찰나가 아닌 뜻이며 시종 허물 없고 청정 무루함을 보임	
(1) 법신의 자통은 세간의 바라봄 초과함을 보임	5.7
(2) 법신의 무루는 찰나가 아닌 뜻을 보임	5.8
(3) 법신의 진불로써 의심 부수고 허물 떠남을 보임	6.1
(4) 여래의 정인 정과는 필경 청정함을 보임	6.2

대승입능가경 　　　　大乘入楞伽經
제5권 　　　　　　　　　卷第五

제3 　　　　　　　　　無常品
무상품(의 2) 　　　　　第三之[餘]<二>

5.1[1]

5.1.1[2]

....

1 * 이 5.1은 10권본의 제7 법신품에 해당한다.
2 【이하는 여섯째 정각은 인과의 법이 아니고 생멸과 언설을 떠났음을 보여 진상 무구하며 단박 모든 지 초과함을 드러내는 것[示正覺非因果法 離生滅說 顯眞常無垢 頓超諸地]인데, 일곱으로 나누어진다. 처음은 여래의 법신은 원인도 아니고 결과도 아님을 보이는 것[示如來法身 非因非果]인데, 일곱으로 나누어진다. 그 처음은 여래의 법신은 원인도 되고 결과도 되는지를 묻는 것[問 如來法身 爲因爲事]이다.】 * 여기에서 제6단의 7개 항의 경문 배치를, 그 제1항의 세부 과목과 함께 도표로써 보이면 다음과 같다.

	원인도 되고 결과도 되는지를 물음	5.1.1(1)
여래의 법신은 원인도 아니고 결과도 아님을 보임	인과가 아니고 4구를 원리했음을 보임	(2)
	법신의 진·아·상·적을 보임	(3)
	법신과 대현對現의 비일비이를 보임	(4)
	법신과 해탈의 비일비이를 보임	(5)①
	지혜와 장애의 비일비이를 보임	②
	모든 근량 떠났음을 총결함과 노래함	③~(6)
여래의 법신은 불생불멸이며 언설을 떠났음을 보임		5.1.2
여래의 불생불멸은 외도와 같지 않음을 보임		5.1.3
여래 설하는 법은 상·무상이 아니어서 외도와 같지 않음을 보임		5.2
여래의 제일의는 모든 지를 단박 없애고 홀로 유심 드러냄 보임		5.3
여래의 정각은 상주함을 보임		5.4
생멸의 근원을 보여 장식이 곧 여래장으로 본래 무구함을 드러냄		5.5

(1) ① 그 때 대혜보살마하살이 다시 붓다께 말하였다.

"세존이시여, 원컨대 저를 위해 여래응 정등각의 자각의 성품을 설하시어, 저 및 모든 보살마하살들로 하여금 선교함을 얻어서 스스로 깨닫고 남도 깨닫게 하소서."3

② 붓다께서 말씀하셨다.

"대혜여, 그대가 물은 바와 같이 그대를 위해 설하겠다."

③ 대혜가 말하였다.

"예. 세존이시여, 여래 응공 정등각은 지음입니까, 지음이 아닙니까, 결과입니까, 원인입니까, 능상입니까, 소상입니까, 능설입니까, 소설입니까, 능각입니까, 소각입니까, 이러한 등과 다릅니까, 다르지 않습니까?"4

爾時 大慧菩薩摩訶薩 復白佛言.
"世尊, 願爲我說 如來應正等覺 自覺性,
令我及 諸菩薩摩訶薩 而得善巧 自悟悟他."

佛言.
"大慧, 如汝所問 當爲汝說."
大慧言.
"唯. 世尊, 如來應供 正等覺 爲作非作, 爲果爲因, 爲相所相,
爲說所說, 爲覺所覺, 如是等 爲異不異?"

---

3 위에서 진실한 열반은 심·의·식을 초월한다고 말씀하셨기 때문에, 대혜가 열반 증득의 주체인 여래의 법신 응 정등각의 자각의 성품을 들어서, 저 등의 보살로 하여금 선교함을 얻어 스스로 깨닫고 남도 깨닫게 하도록 청문한 것이다.
4 여래의 법신 응 정등각은 짓는 법인가, 짓는 법이 아닌가, 결과가 되는가, 원인이 되는가, 능상인가, 소상인가, 언설인가, 소설인가, 능각인가, 소각인가, 이러한 등의 문구와 다른 여래의 법신이 있는가, 곧 이러한 등의 문구가 여래의 법신인가?

(2) 붓다께서 말씀하셨다. 佛言.

"① 대혜여, 여래 응 정등각은 지음도 아니고 지음이 아닌 것도 아니며, 결과도 아니고 원인도 아니며, 능상도 아니고 소상도 아니며, 능설도 아니고 소설도 아니며, 능각도 아니고 소각도 아니다. 왜냐 하면 모두 허물이 있기 때문이다.5

"大慧, 如來 應正等覺 非作非非作, 非果 非因, 非相 非所相, 非說非所說, 非覺非所覺. 何以故 俱有過故.

② 대혜여, 만약 여래가 지음이라면 곧 무상할 것이고, 만약 무상하다면 일체의 짓는 법도 응당 여래일 것이므로, 나 및 모든 붓다들은 다 인가하지 않는다. 만약 짓는 법이 아니라면 곧 체성이 없을 것이고, 닦는 바의 방편도 다 공하여 이익이 없어서 토끼의 뿔이나 석녀의 아이와 같을 것이니, 원인을 지어서 이루는 것이 아니기 때문이다.6

大慧, 若如來 是作 則是無常, 若是無常 一切作法 應是如來, 我及諸佛 皆不忍可. 若非作法 則無體性, 所修方便 悉空無益 同於兎角 石女之子, 非作因成故.

③ 만약 원인도 아니고 결과도 아니 若非因非果

---

5 【둘째 (2)는 여래의 법신은 원인도 아니고 결과도 아니며 4구를 멀리 떠났음을 보이는 것[示如來法身 非因非事 遠離四句]이다.】 여래의 법신은 지음인가 지음이 아닌가 등은 모두 허물이 있기 때문에 붓다께서 그 허물을 막으시려고 모두 아니라고 말씀하신다.
6 만약 여래의 법신이 짓는 법이라면 곧 무상할 것이므로 붓다께서 인가하지 아니하고, 만약 짓는 법이 아니라면 곧 체성이 없으니, 원인을 지어서 이루는 것이 아니기 때문이다. 이 때문에 법신은 지음도 아니고 지음이 아닌 것도 아닌 것이다.

라면 곧 있음도 아니고 없음도 아닐 것 이고, 만약 있음도 아니고 없음도 아니 라면 곧 4구를 초과한다. 4구라고 말한 것은 단지 세간을 따라서 언설만 있을 뿐이며, 만약 4구를 초과한다 해도 오직 언설만 있을 뿐이므로 곧 석녀의 아이 와 같다.

　대혜여, 석녀의 아이란 오직 언설만 있어서 4구에 떨어지지 않고, 떨어지지 않기 때문에 헤아리고 측량할 수 없으 니, 모든 지혜 있는 자는 여래에게 있는 일체 문구의 뜻을 응당 이와 같이 알아 야 한다.7

⑶ ① 대혜여, 내가 말한 바와 같은 모

則非有非無,
若非有非無
則超過四句. 言四句者
但隨世間 而有言說,
若超過四句 惟有言說
則如石女兒.

大慧, 石女兒者 惟有言
說 不墮四句, 以不墮故
不可度量,
諸有智者 應如是知 如
來所有 一切句義.

大慧, 如我所說 諸法無

---

7 만약 지음도 아니고 지음이 아닌 것도 아니라면 곧 원인도 아니고 결과도 아닐 것이고, 만약 원인도 아니고 결과도 아니라면 곧 능상도 아니고 소상 도 아닐 것이기 때문에 있음도 아니고 없음도 아니라고 말한 것이다. 만약 있음도 아니고 없음도 아니라면 곧 능설도 아니고 소설도 아닐 것이기 때 문에 4구를 초과한다고 말한 것이다. 대저 4구에 떨어지는 것은 이름해서 세간이라고 부르니, 그래서 4구라고 말한 것은 단지 세간을 따라서 언설만 있는 것이나, 만약 4구를 초과한다 해도 오직 언설만 있을 뿐이므로 곧 석녀의 아이와 같다는 것이다. 석녀의 아이는 오직 언설만 있어서 4구에 떨 어지지 않으며, 떨어지지 않기 때문에 헤아리고 측량할 수 없으니, 곧 능각 도 아니고 소각도 아닌 것이다. 지자는 여래에게 있는 일체 문구의 뜻도 또 한 이와 같다고 알아야 하니, 어찌 이와 다르거나 곧 이 문구인 것이 있어 서 여래의 법신이겠는가.

든 법의 무아는 모든 법 중에 나의 성품
이 없기 때문에 무아라고 말한 것이지,
모든 법의 자성이 없다는 것은 아니니,
여래라는 문구의 뜻도 또한 그러하다고
알아야 한다.8

② 대혜여, 비유하면 소에는 말의 성
품이 없고 말에는 소의 성품이 없지만,
자성이 없는 것은 아닌 것과 같다. 일체
의 모든 법도 또한 다시 이와 같아서 자
상自相이 없으므로 있음이 아니지만 있
음에 즉하니, 모든 범우가 알 수 있는
것이 아니다. 어째서 알지 못하는가 하
면 분별하기 때문이다.9

我 以諸法中 無有我性
故說無我,
非是無有 諸法自性,
如來句義 應知亦然.

大慧, 譬如 牛無馬性
馬無牛性,
非無自性. 一切諸法
亦復如是 無有自相
而非有卽有,
非諸凡愚 之所能知.
何故不知
以分別故.

---

8 【(3)은 셋째 법신의 진실하고 나이며 항상하고 고요함을 보이는 것[示法身眞我常寂]이다.】 이는 과거의 방편을 인용하여 지금의 진실을 밝히는 것이다. 내가 항상 방편으로 일체법에는 나의 성품이 없기 때문에 무아라고 말하였으나, 음·계·입 법의 자성이 없다는 것은 아니다. 법신을 견주어서 음·계·입과 합하고자 해서, 음·계·입의 생사의 자성(=아래의 '현상의 법성')은 없지만, 법신의 상주하는 자성(=아래의 '진실의 법성')이 없는 것은 아니라는 것이니, 그래서 여래라는 문구의 뜻도 또한 그러하다고 알아야 한다고 하였다. 그래서 《보살지지경》 중에서 두 가지 법성이 있음을 밝혔다. 첫째는 현상의 법성[事法性]이니, 성품이 차별되기 때문이고, 둘째는 진실의 법성[實法性]이니, 성품이 진실하기 때문이다. 이 음·계·입의 모든 법의 자성은 곧 현상의 법성이고, 여래의 법신의 상주하는 자성은 곧 진실의 법성인 것이다.
9 비유하면 소와 말이 합친 무리에서, 소는 말의 성품이 아니고, 말은 소의 성품이 아니므로, 말의 체 위에서 소의 성품이 있다 없다를 말할 수 없지만, 그러나 말의 체의 자성이 없는 것은 아닌 것과 같다. 이로써 법신에 견주어서 음·계·입의 모든 법과 더불어 합하면, 법신 위에서는 음·계·입의 성품이

③ 일체법의 공, 일체법의 남 없음, 일체법의 자성 없음도 다 또한 이와 같다.10 　一切法空　一切法無生　一切法無自性　悉亦如是.

⑷ ① 대혜여, 여래는 온과 더불어 다른 것도 아니고 다르지 않은 것도 아니다.11 　大慧, 如來與蘊 非異非不異.

　만약 다르지 않다고 한다면 응당 무상한 것일 것이니, 오온의 모든 법은 지어진 것이기 때문이다. 　若不異者 應是無常, 五蘊諸法 是所作故.

　만약 다르다고 한다면 마치 소의 두 뿔에 다름과 다르지 않음이 있는 것과 같으니, 상호 비슷하기 때문에 다르지 않지만, 길고 짧음이 차별되기 때문에 다름이 있으며, 마치 소의 오른쪽 뿔은 　若異者 如牛二角 有異不異, 互相似故 不異, 長短別故 有異, 如牛右角異左

있다 없다를 말할 수 없지만, 그러나 법신의 자성이 없는 것은 아니라는 것이다. 그래서 '일체의 모든 법도 또한 다시 이와 같아서 자상이 없으므로 있음이 아니지만 있음에 즉한다'고 한 것이니, '있음이 아니다'라는 것은 모든 법의 자성(=위에서의 '현상의 법성')이 없다는 것이고, '있음에 즉한다'는 것은 법신의 상주하는 자성(=위에서의 '진실의 법성')은 있다는 것이다.
　그렇지만 오직 증득과만 상응하므로, 모든 우부가 알 수 있는 것이 아니다. 어째서 알지 못하는가 하면 모든 우부에게는 허망한 분별이 있기 때문에 알지 못할 뿐이라는 것이다.

10 이는 여래의 법신에는 일체법의 공, 남 없음, 자성 없음과 있고 없음을 초과하여 상주하는 자성이 있기 때문에 다 또한 그러하다고 알아야 한다는 것이다.
11 【⑷는 넷째 법신과 대하여 나타난 것은 하나인 것도 아니고 다른 것도 아님을 보이는 것[示法身對現 非一非異]이다.】

왼쪽과 다르고 왼쪽 뿔은 오른쪽과 다 　左角異右
르며 길고 짧음이 같지 않고 색상이 각 　長短不同 色相各別
각 다르면서 그러나 또한 다르지 않은 　然亦不異.
것과 같다.12

　② 온에 대한 것과 같이, 계·처 등의 　如於蘊, 於界處等
일체법에 대해서도 또한 이와 같다.13 　一切法 亦如是.

(5) ① 대혜여, 여래란 해탈에 의지해서 　大慧, 如來者 依解脫
말하는 것이니, 여래와 해탈은 다른 것 　說, 如來解脫 非異
도 아니고 다르지 않은 것도 아니다. 　非不異.

　만약 다르다고 한다면 여래는 곧 색 　若異者 如來便與 色相
상과 더불어 상응할 것인데, 색상과 상 　相應, 色相相應
응한다면 곧 무상할 것이다. 　卽是無常.

　만약 다르지 않다고 한다면 수행자의 　若不異者 修行者見
견해에는 응당 차별이 없을 것이지만, 　應無差別,
그러나 차별이 있기 때문에 다르지 않 　然有差別 故非不異.
은 것도 아니다.14

----
12 여래의 법신은 오온의 법과 더불어 하나와 다름을 떠났다는 것을 밝히니,
그래서 소의 뿔로써 비유로 삼았다.
13 오온에 대한 것과 같이 계·처 등의 일체법에 대해서도 또한 그러하니, 경
문에서 스스로 나타낸 것과 같다.
14 【이는 다섯째 법신과 해탈은 하나인 것도 아니고 다른 것도 아님을 보이
는 것[示法身解脫 非一非異]이다.】 위에서는 법신이 음·계·입의 계박하는 모
든 법과 더불어, 다름과 다르지 않음을 떠났음을 밝혔고, 여기에서는 또 출
세간의 해탈과 더불어, 다름과 다르지 않음을 떠났음을 밝힌다. 여래의 법
신은 해탈이라는 이름으로써 설하여 말하는 것이므로, 여래와 해탈은 다른
것도 아니고 다르지 않은 것도 아니다. 만약 여래가 해탈과 다른 것이라면

② 이와 같이 지혜와 알 바는 다른 것도 아니고 다르지 않은 것도 아니니, 만약 다른 것도 아니고 다르지 않은 것도 아니라면 곧 항상한 것도 아니고 무상한 것도 아니며, 짓는 것도 아니고 지어진 것도 아니며, 유위도 아니고 무위도 아니며, 능각도 아니고 소각도 아니며, 능상도 아니고 소상도 아니며, 온인 것도 아니고 온과 다른 것도 아니며, 언설도 아니고 설해진 것도 아니며, 하나인 것도 아니고 다른 것도 아니며, 함께 하는 것도 아니고 함께 하지 않는 것도 아니다. 이 뜻 때문에 일체 인식을 초월하니,15 ③ 일체 인식을 초월하기 때문에 오직 언설만 있으며, 오직 언설만 있기 때문에 곧 남이 없고, 남이 없기 때문에 곧 멸함이 없으며, 멸함이 없기 때문에 곧 허공과 같다.16

如是 智與所知 非異 非不異, 若非異 非不異 則非常 非無常, 非作 非所作, 非爲 非無爲, 非覺 非所覺, 非相 非所相, 非蘊 非異蘊, 非說 非所說, 非一 非異, 非俱 非不俱. 以是義故 超一切量, 超一切量故 惟有言說, 惟有言說故 則無有生, 無有生故 則無有滅, 無有滅故 則如虛空.

곧 색상과 같아서 곧 무상할 것이며, 만약 여래가 해탈과 하나인 것이라면 곧 사람이 증득한 법과 더불어 곧 분별이 없으니, 수행자의 견해에 차별이 없어야 하지만, 그러나 증득의 주체인 사람과 증득한 법에는 차별이 있기 때문에 하나인 것이 아니다.
15 【이는 여섯째 지혜와 장애는 하나인 것도 아니고 다른 것도 아님을 보이는 것[示智障 非一非異]이다.】
16 【이하는 일곱째 법신은 모든 근과 인식을 떠났음을 총결함과 아울러 노래하는 것[總結法身 離諸根量 并頌]이다.】 ② 이하는 여래의 진실한 법신을 밝히

대혜여, 허공은 짓는 것도 아니고 지　　大慧, 虛空 非作
어진 것도 아니며, 짓는 것도 아니고 지　　非所作, 非作
어진 것도 아니기 때문에 반연을 멀리　　非所作故 遠離攀緣,
떠나며, 반연을 멀리 떠나기 때문에 일　　遠離攀緣故　出過一切
체 모든 희론의 법을 초과하니, 일체의　　諸戲論法, 出過一切 諸
모든 희론의 법을 초과한 것이 곧 여래　　戲論法 卽是如來.
이다. 여래는 곧 정등각의 체이니, 정등　　如來卽是 正等覺體, 正
각이란 일체 모든 근의 경계를 길이 떠　　等覺者 永離一切 諸根
났다."17　　　　　　　　　　　　　　　　境界."

(6) 그 때 세존께서는 거듭 게송으로 말　　爾時 世尊 重說頌曰.
씀하셨다.

① 모든 근의 인식 초과해서　　　　　出過諸根量
　결과 아니고 원인 아니며　　　　　　非果亦非因
　능상 그리고 소상 따위의　　　　　　相及所相等
　이와 같음 모두 다 떠났네18　　　　　如是悉皆離

....
는 것이다. '지혜'란 법신이고, '알 바'란 음·계·입이니, 진실한 법신은 일체
경계가 있음과 없음, 하나와 다름, 항상함과 무상함 등 4구의 허망한 견해
를 떠나고, 견문각지하는 일체 심량을 초월해서, 오직 언설만 있을 뿐, 남도
없고 멸도 없어서 마치 허공과 같음을 안다. 그래서 《화엄경》(=졸역『대
방광불화엄경』제Ⅴ권 p.739)에서 이르기를, "제불의 마음 알고자 하면 응
당 붓다 지혜 관찰하라, 붓다 지혜는 의지처 없어 허공의 의지 없음과 같
네"라고 하였다.
17 앞의 거듭된 해석을 밟고 물은 바에 맺어서 답한다. 여래 법신의 정등각이
란 일체 모든 근의 경계를 영원히 떠났으므로 인식과 생각으로써 허망하게
측량해 헤아릴 수가 없는 것이다.

② 온의 연과 더불어 정각은　　　蘊緣與正覺
　　일·이—異로써 볼 수 없으니　　一異莫能見
　　이미 봄이 없다고 한다면　　　旣無有見者
　　어떻게 분별 일으키리오19　　　云何起分別

③ 작 아니고 비작 아니며　　　　非作非非作
　　인 아니고 비인 아니며　　　　非因非非因
　　온 아니고 불온不蘊 아니며　　非蘊非不蘊
　　다른 물건을 섞지도 않네20　　亦不[離]<雜>餘物

④ 그 분별해 보는 것과 같이　　　非有一法體
　　한 법의 체도 있음 아니나　　　如彼分別見
　　또한 다시 없음도 아니니　　　亦復非是無
　　모두 법의 성품 이와 같네21　　諸法性如是

⑤ 있음 상대해 없음 이루고　　　待有故成無
　　없음 상대해 있음 이루나　　　待無故成有

....
18 이하의 7게송은 법신은 생각을 떠나고 두 가지 견해 초과했음을 노래하는 것인데, 이 ①은 모두 다 떠났음을 총체적으로 밝히는 것이다.
19 '온의 연'이란 음·계·입이고, '정각'이란 법신이니, 법신과 음·계·입은 하나와 다름을 떠났음을 말하는 것이다. 만약 봄이 없다고 한다면 하나와 다름이 있다고 분별할 수 없다.
20 법신은 위에서와 같은 등의 법의 허물을 떠났음을 말하는 것이다.
21 법신은 그 우부가 허망하게 분별하여 보는 것과 같은 한 법체도 있는 것이 아니며, 비록 우부가 보는 바의 성품은 아니지만 또한 다시 없음도 아니라는 것이다. '모든 법의 성품 이와 같다'는 것은, 모든 법의 성품은 본래 역시 그러해서 있음도 떠나고 없음도 떠나 언설할 수 없음을 말한다.

| 없음 이미 취할 수 없으니 | 無旣不可取 |
| 있음 또한 설해선 안되네22 | 有亦不應說 |

6 나와 나 없음 알지 못하고　不了我無我
　다만 언어에만 집착하니　　但著於語言
　그는 두 극단에 빠져서　　　彼溺於二邊
　자신 허물고 세간 허무네23　自壞壞世間

7 만약 이 법을 볼 수 있다면　若能見此法
　곧 일체의 허물 떠나리니　　則離一切過
　이를 정관이며 대도사를　　　是名爲正觀
　헐지 않음이라 이름하네24　不毀大導師

5.1.2[25]

---

22 대저 방편의 가르침에서 있고 없음을 설하는 것은 서로 모습을 기다려서 내기 때문이니, 있다고 집착함을 보내기 위해 없음을 말하고, 없음에 떨어진 것을 보내기 위해 있음을 말한다. 만약 법신이 일체 인식을 초과한다고 말한다면 없음도 이미 취할 수 없거늘, 있음 어찌 언설함을 용납하리오.
23 우부는 여래의 법신은 체가 있고 없음을 떠났음을 알지 못해서 나와 무아를 계탁하고 언설에 집착하니, 일체 이변의 과환에 빠져서 곧 스스로 허물고 남도 허물어서 생사에 유전함을 말하는 것이다.
24 만약 이 여래의 법신을 본다면 곧 있고 없음의 일체 과환을 떠나기 때문에 이름해서 능히 바르게 관찰함이며, 도사께서 설하신 법요를 헐뜯지 않음이라고 한다.
25 【이하는 둘째 여래의 법신은 나지 않고 멸하지 않으며 언설을 떠났음을 보이는 것[示如來法身 不生不滅 離於言說]인데, 넷으로 나누어진다. 처음은 여래의 법신은 성품이 없는 것 아님을 보이는 것[示如來法身非無性]이다.】 * 여기에서 제2단의 4개 항의 경문 배치를 도표로써 보이면 다음과 같다.

(1) 그 때 대혜보살마하살이 다시 붓다께 말하였다.

"세존이시여, 저 불경 중에서 불생불멸을 분별하고 거두어 취하시어, 이것이 곧 여래의 다른 이름이라고 말씀하셨습니다.

세존이시여, 저를 위해 설해 주소서, 불생불멸이라면 이것은 곧 없는 법인데, 어떻게 이것이 여래의 다른 이름이라고 설하셨습니까?26

세존께서 설하신 것처럼 일체의 모든 법이 불생불멸이라면 이는 곧 있고 없음의 견해에 떨어진 것이라고 알아야 할 것입니다.

세존이시여, 만약 법이 불생이라면 곧 취할 수 없어서 조그만 법도 없을 것인

爾時 大慧菩薩摩訶薩 復白佛言.

"世尊, 如佛經中 分別 攝取 不生不滅, 言此卽 是 如來異名.

世尊, 願爲我說, 不生不滅 此則無法, 云何說是 如來異名?

如世尊說 一切諸法 不生不滅 當知此則 墮 有無見.

世尊, 若法不生 則不可 取 無有少法,

	여래의 법신은 성품이 없는 것 아님을 보임	(1)~(2)①
	여래의 법신이 남에 당하여 무생을 보임	(2)②
	여래 법신은 이름은 달라도 하나의 체임을 보임	③~⑤
말을 떠나서 진실을 드러냄	법신의 진실한 뜻은 문자에 떨어지지 않음	(3)
	언설로 건립함은 언설 보내기 위함임을 보임	(4)~(6)

26 위에서 여래의 법신은 생멸이 없다고 말씀하시고, 또 예컨대 붓다께서 과거 경전 중에서 불생불멸을 분별하고 거두어 취해서 이것이 곧 여래의 다른 이름이라고 설하셨으니, 그러나 불생불멸이라면 이는 곧 없는 법인데, 어떻게 여래의 다른 이름이 된다고 설하시는가? 그래서 대혜가 이 두 가르침이 상위함을 들어서 여래께서 회통하시기를 청하는 것이다.

데, 무엇이 여래입니까?　　　　　　　誰是如來?
　오직 원컨대 세존이시여, 저를 위해　惟願世尊, 爲我宣說."
펴 설해 주소서."27

(2) 붓다께서 말씀하셨다.　　　　　　佛言.
　"① 잘 들으라, 그대를 위해 설하겠다.　"諦聽, 當爲汝說.
　대혜여, 내가 말한 여래는 없는 법이　大慧, 我說如來 非是無
아니고, 또한 불생불멸을 거두어 취하는　法, 亦非攝取 不生不
것도 아니며, 또한 연을 기다리지도 않　滅, 亦不待緣,
고, 또한 없음의 뜻도 아니다.28　　　亦非無義.
　② 나는 남 없음이 곧 여래의 의생법　我說無生 卽是如來 意
신의 다른 이름이라고 말한 것인데도,　生法身 別異之名, 一切
일체 외도, 성문, 독각, 7지보살이 그 뜻　外道 聲聞獨覺 七地菩
을 알지 못한 것이다.29　　　　　　　薩 不了其義.

---

27 만약 법이 불생이라면 곧 조그만 법도 취할 만한 것이 없는데 무엇이 여래
인가, 곧 없음의 견해에 떨어진다. 만약 불생불멸을 거두어 취해서 여래의
다른 이름이라고 말씀하신다면 곧 가히 거두어 취할 만한 것이 있으니, 곧
있음의 견해에 떨어진다. 그래서 다시 세존께 두 가지 견해에 떨어지지 않
도록 저를 위해 펴 설해 주소서라고 청한 것이다.
28 내가 여래의 다른 이름을 불생불멸이라고 이름한다고 설한 것은 없는 법
이 아니라고 말한 것은, 위에서 '이것은 곧 없는 법'이라고 물은 것에 답하
신 것이다. '또한 불생불멸을 거두어 취하는 것도 아니다'라고 한 것은 위에
서 '어떻게 이것이 여래의 다른 이름이라고 설하셨는가'라고 물은 것에 답
하신 것이다. '또한 연을 기다리지도 않는다'라고 한 것은 '있음의 견해에
떨어진 것'이라고 함에 답하신 것이고, '또한 없음의 뜻도 아니다'라고 한
것은 '없음의 견해에 떨어진 것'이라고 함에 답하신 것이다.
29 【이는 둘째 여래의 법신은 남에 당하여 무생임을 보이는 것[示如來法身 當
生無生]이다.】 나는 남 없음이 즉함도 아니고 여읨도 아니어서[非卽非離] 곧

대혜여, 비유하면 제석과 땅 및 허공 내지 손·발은 낱낱 사물을 따라서 각각 많은 이름이 있지만, 이름이 많다고 해서 많은 체가 있는 것이 아니며, 또한 체가 없는 것도 아닌 것과 같다.30

③ 대혜여, 나도 또한 이와 같아서 이 사바세계에서 3아승기 백천의 명호가 있지만, 모든 범·우의 사람은 비록 듣거나 비록 말하더라도 이것이 여래의 다른 이름임을 알지 못한다.31

④ 그 중에는 혹은 여래라고 아는 자,

大慧, 譬如帝釋 地及虛空 乃至手足 隨一一物 各有多名, 非以名多 而有多體, 亦非無體.

大慧, 我亦如是 於此娑婆世界 有三阿僧祇 百千名號, 諸凡愚人 雖聞雖說 而不知是 如來異名.

其中或有 知如來者

....
여래의 각법자성·종류구생 의성법신의 다른 이름이라고 말한 것이다. 그러나 이 불생불멸은 범우의 외도, 어둡고 열등한 이승, 7지보살로서는 심량이 아직 멸하지 않아서 그들의 경계가 아니므로, 이를 다 능히 알지 못할 뿐이다. * 이 대목에 대해 『심인』은 다음과 같이 설명한다. 「이는 남에 즉해 무생을 말함으로써 깊고 비밀한 뜻을 드러낸 것이니, 진실로 이름을 구해 뜻을 잃어서는 안된다. 대개 의생법신은 곧 나지 않는 것[不生]이니, 그래서 여래의 다른 이름이라고 말한다. 이 나지 않음의 뜻은 이승 및 7지 보살의 경계가 아니다. 7지 이전에서는 단지 남의 원인[生因]만을 다할 뿐, 여래의 자성이 무생임은 통달하지 못한다. 여래의 자성이 무생이며 평등한 진여는 처소를 따르고 때를 따르되 기멸하는 모습이 없고, 연이 다하여 나타나는 것도 아니니, 따라서 무생에 막힌 자가 알 수 있는 것이 아닌 것이다.」
30 붓다는 비록 이름의 차별이 있지만, 끝내 달리 말할 다른 체는 없다고 말씀하시는 것이니, 그래서 제석 내지 손·발은 낱낱의 사물을 따라서 비록 많은 이름이 있지만 그 체는 오직 하나뿐임을 인용한 것이다.
31 【이하는 셋째 여래의 법신은 이름이 달라도 하나의 체임을 보이는 것[示如來法身 異名一體]이다.】 여래께서 위에서 대혜가 물은 것에 대해서 응하여 먼저 법으로써 말씀하시고, 다음에는 비유를 인용해 밝히셨으며, 여기에서는 또 법과 비유를 합하는 것이다. '아승기'라고 말한 것은 여기 말로는 무수無數이다. 나머지 글은 알 수 있을 것이다.

무사無師라고 아는 자, 도사導師라고 아는 자, 승도勝導라고 아는 자, 보도普導라고 아는 자, 붓다라고 아는 자, 우왕牛王이라고 아는 자, 범왕이라고 아는 자, 비뉴毘紐라고 아는 자, 자재라고 아는 자, 승勝이라고 아는 자, 가비라迦毘羅라고 아는 자, 진실변眞實邊이라고 아는 자, 무진無盡이라고 아는 자, 서상瑞相이라고 아는 자, 여풍如風이라고 아는 자, 여화如火라고 아는 자, 여구비라如俱毘羅라고 아는 자, 여월如月이라고 아는 자, 여일如日이라고 아는 자, 여왕如王이라고 아는 자, 여선如仙이라고 아는 자, 술가戌迦라고 아는 자, 인다라라고 아는 자, 명성明星이라고 아는 자, 대력大力이라고 아는 자, 여수如水라고 아는 자, 무멸無滅이라고 아는 자, 무생無生이라고 아는 자, 성공性空이라고 아는 자, 진여라고 아는 자, 제諦라고 아는 자, 실성實性이라고 아는 자, 실제라고 아는 자, 법계라고 아는 자, 열반이라고 아는 자, 상주常住라고 아는 자, 평등이라고 아는 자, 무이無二라고 아는 자, 무상無相이라고 아는 자, 적멸이라고 하는 자, 구상具相이라고

知無師者 知導師者
知勝導者 知普導者
知是佛者 知牛王者
知梵王者 知毘紐者
知自在者
知是勝者　知迦毘羅者
知眞實邊者
知無盡者 知瑞相者
知如風者 知如火者
知如俱毘羅者
知如月者 知如日者
知如王者
知如仙者 知戌迦者
知因陀羅者　知明星者
知大力者
知如水者 知無滅者
知無生者
知性空者 知眞如者
知是諦者 知實性者
知實際者 知法界者
知涅槃者 知常住者
知平等者 知無二者
知無相者
知寂滅者 知具相者

아는 자, 인연이라고 아는 자, 불성이라고 아는 자, 교도敎導라고 아는 자, 해탈이라고 아는 자, 도로道路라고 아는 자, 일체지라고 아는 자, 최승이라고 아는 자, 의성신이라고 아는 자가 있어, 이와 같은 등 3아승기 백천의 명호를 만족하지만, 늘지도 않고 줄지도 않으니, 여기 및 다른 모든 세계 중에는 내가 물속의 달처럼 들어가지도 않고 나오지도 않음을 능히 아는 자가 있다.32

⑤ 다만 모든 범우는 마음이 두 극단에 빠져서 능히 이해해 알지 못할 뿐이다. 그러나 또한 존중하고 받들어 모시며 공양하기도 하지만, 이름과 문구의 뜻을 잘 이해하지 못하여 언교를 집착하고 진실에 어두워서, 무생 무멸은 체성이 없는 것이라고 말하니, 이것이 붓

知因緣者 知佛性者
知敎導者 知解脫者
知道路者
知一切智者　知最勝者
知意成身者, 如是等
滿足三阿僧祇　百千名
號, 不增不減, 於此及
餘 諸世界中 有能知我
如水中月 不入不出.

但諸凡愚 心沒二邊
不能解了.
然亦尊重　承事供[義]
〈養〉, 而不善解 名字句
義 執著言敎
昧於眞實, 謂無生無滅
是無體性, 不知是佛

....
32 위와 같이 혹 어떤 아는 자의 50가지 이름을 간략히 들어서 많은 수에 견준 것이다. '비뉴'는 여기 말로 대력大力이라고 한다. '가비라'는 성의 이름이니, 붓다께서 그 성에서 태어나셨으므로 이로 인해 가비라선仙이라고 이름한다. '인다라'는 여기 말로는 존중이다, '구비라' 및 '술가'는 아직 바른 번역을 보지 못했다. 이와 같은 등 3무수 백천의 명호를 만족해서 칭하여 말하는 것은 같지 않지만, 그러나 그 체는 오직 하나로서 증감이 없다. 이 방위와 다른 세계에 이근利根인 자가 있어, 여래의 법신은 중생의 마음을 따라 나타나지만 실제로는 가고 옴이 없음을 능히 안다. 비유하면 밝은 달의 영상이 온갖 물에 나타나는 것과 같으니, 어찌 출입이 있으리오.

다의 차별된 명호임을 알지 못하는 것 이다.33 마치 인다라·석게라 등과 같은 데도, 언교를 믿고 진실에 어두워서 일 체의 법에서 말과 같이 뜻을 취하는 것 이다.34

差別名號.
如因陀羅 釋揭羅等,
以信言敎 昧於眞實 於
一切法 如言取義.

(3) ① 그 모든 범우는 이와 같은 말을 한다. '뜻은 언설과 같고, 뜻과 언설은 다름이 없다. 왜냐 하면 뜻은 체가 없기 때문이다.'

彼諸凡愚　　作如是言.
'義如言說, 義說無異.
何以故 義無體故.'

이 사람은 언음의 자성을 알지 못해서, 말은 곧 뜻이고 따로 뜻의 체가 없다고 말하는 것이다.35

是人不了 言音自性,
謂言卽義 無別義體.

---

33 그 우부는 이변의 견해에 떨어졌음을 말하는 것이다. 비록 또한 받들어 모시고 공양하기는 하지만, 이름과 뜻을 알지 못하여 언설을 집착하고 여래의 진실한 법신은 실제로 오고 감이 없음에 어두워서, 불생불멸은 없는 법과 같다고 여기고, 이것은 붓다께서 중생의 마음을 따라 갖가지 이름을 나타낸 것임에 밝지 못한 것이다.
34 '석게라'는 여기 말로는 용맹이고, '등'이라고 말한 것은 나머지를 등취한 것이니, 인다라와 석게라 등은 모두 제석의 다른 이름이다. 다만 이름의 가르침만을 믿을 뿐, 진실한 체에 어두워서 모든 법 중에서 말을 따라서 뜻을 취한다.
35 【이하는 넷째 여래의 법신은 말을 떠나서 진실 드러냄을 보이는 것[示如來法身 離言顯眞]인데, 둘로 나누어진다. 처음 (3)은 법신의 진실한 뜻은 문자에 떨어지지 않음을 보이는 것[示法身眞義 不墮文字]이다.】 모든 어리석은 자들은 '뜻은 언설과 같고 별다른 것이 없다'고 이와 같이 말한다. 말하자면 말이 곧 뜻이고, 체성이 역시 없다고 하니, 이 사람은 언설은 생멸하지만 뜻은 생멸하는 것이 아님을 알지 못하는 것이다.

② 대혜여, 그 사람은 어리석어서 언설은 나기도 하고 멸하기도 하지만, 뜻은 생멸하지 않음을 알지 못한다. 대혜여, 일체의 언설은 문자에 떨어지지만, 뜻은 곧 떨어지지 않으니, 있음을 떠나고 없음을 떠났기 때문이고, 남이 없고 체가 없기 때문이다.36

③ 대혜여, 여래는 문자에 떨어지는 법을 설하지 않으니, 문자의 있고 없음으로써 얻을 수 없기 때문인데, 오직 문자에 떨어지지 않는 자만은 제외한다.37

大慧, 彼人愚癡 不知言說 是生是滅, 義不生滅. 大慧,
一切言說 墮於文字, 義則不墮, 離有
離無故, 無生
無體故.

大慧, 如來不說 墮文字法, 文字有無
不可得故, 惟除不墮 於文字者.

⑷ ① 대혜여, 만약 사람의 설법이 문자에 떨어지는 것이라면 이는 허광한 설이다. 왜냐 하면 모든 법의 자성은 문자를 떠났기 때문이다.38

이 때문에 대혜여, 내가 경전 중에서

大慧, 若人說法 墮文字者 是虛誑說.
何以故 諸法自性 離文字故.
是故 大慧, 我經中說

---

36 일체 언어는 이름에 떨어지지만, 진실한 뜻은 이름에 떨어지지 않음을 밝히는 것이다. 있고 없음을 떠나고, 남을 받음[受生]이 없으며(=무생), 몸의 모습[身相]이 없으니(=무체상), 이 때문에 떨어지지 않는다.
37 여래께서 근기에 응해 설하시는 모든 법이 비록 용궁에 가득하고 법계에 두루하다 해도 기실은 문자의 언교에 떨어지지 않으니, 문자와 언어의 본성은 (진실한 뜻을) 떠났기 때문이다. 오직 방편으로써 진실한 뜻을 바로 드러내는 것은 제외하니, 이름의 가르침에 떨어지지 않는 자는 여래 설법의 미묘한 뜻을 통달하는 것이다.
38 【이하는 둘째 여래께서 언설로 건립함은 언설을 보내기 위함임을 보이는 것[示如來言說建立 爲遣言說]이다.】

나와 모든 붓다 및 모든 보살은 한 자도 말하지 않고 한 자도 답하지 않았다고 말한 것이다. 까닭이 무엇인가 하면 일체의 모든 법은 문자를 떠났기 때문인데, 그러나 뜻을 따라 분별해 말하지 않은 것은 아니다.39

② 대혜여, 만약 설하지 않는다면 교법은 곧 끊어질 것이고, 교법이 끊어진다면 곧 성문·연각·보살·제불이 없을 것이니, 만약 모두 없다면 누가 누구를 위해 설하겠는가?

그러므로 대혜여, 보살마하살은 문자에 집착하지 말고 마땅함을 따라 법을 설해야 한다. 나 및 제불은 모두 중생의 번뇌·이해·욕구가 갖가지로 같지 않음을 따라 위해 개연해서, 모든 법은 자기 마음이 보는 것일 뿐 밖의 경계는 없음을 알게 하여 두 가지 분별을 버리고 심·의·식을 전환케 하지만, 성지의 자증처를 성립시킴이 되는 것은 아니다.40

我與諸佛 及諸菩薩 不
說一字 不答一字.
所以者何 一切諸法
離文字故,
非不隨義 而分別說.

大慧, 若不說者 敎法
則斷, 敎法斷者
則無聲聞緣覺 菩薩諸
佛, 若總無者 誰說爲
誰?

是故 大慧, 菩薩摩訶薩
應不著文字 隨宜說法.
我及諸佛 皆隨衆生
煩惱解欲 種種不同
而爲開演, 令知諸法
自心所見 無外境界
捨二分別
轉心意識, 非爲成立 聖
自證處.

....
39 만약 사람이 법을 잘 설하지 못해서 문자의 언교에 떨어지는 것이라면 허광한 설(=헛되고 속이는 설)이라고 이름한다는 것이다. 삼세의 여래 및 모든 보살은 기실은 일찍이 한 글자도 말하고 답하지 않은 것이니, 모든 법의 성품과 모습은 (문자를) 떠났기 때문이다. 또한 진실한 뜻을 따르지 않은 것도 아니니, 따라서 임시로 분별하여 설해서 드러내었을 뿐이다.

⑸ ① 대혜여, 보살마하살은 뜻을 따라 야 하고 문자에 의지해서는 안된다.
　문자에 의지하는 자는 악견에 떨어져서 자기 주장을 집착해 언설을 일으켜 일체법의 모습과 문자·말·글귀를 능히 잘 알지 못하므로, 이미 스스로 손괴하고 또한 남도 무너뜨리며, 능히 사람들로 하여금 마음으로 깨달아 앎을 얻게 하지 못하지만,41 만약 능히 일체법의 모습과 문자·말·문구의 뜻을 잘 알고 모두 다 통달한다면 곧 능히 자신으로

大慧, 菩薩摩訶薩 應隨於義 莫依文字.
依文字者 墮於惡見 執著自宗 而起言說 不能善了 一切法相 文辭章句, 旣自損壞 亦壞於他, 不能令人 心得悟解,
若能善知 一切法相 文辭句義
悉皆通達 則能令自身

---

40 위에서 여래께서 중생으로 하여금 뜻을 알게 하고자 임시로 언설을 짓지만, 우부가 언설을 계착해서 진실한 뜻을 얻지 못함을 나타내시니, 중생이 이를 듣고 생각해 말하기를,「여래께서는 무엇 때문에 바로 진실한 뜻을 설하시지 않고 언설을 지어서 중생으로 하여금 계착하고 진실을 얻지 못하게 하시는가, 뜻이 무엇일까」라고 한다. 이 의심을 제거하기 위한 때문에, 진실한 불생불멸의 법을 바로 설함으로써 중생으로 하여금 삼승 등은 단멸하여 없으리라고 의심하는 공견의 허물을 일으키게 함을 얻지 못하고, 바로 방편을 얻어 문자로 설함을 빌렸다는 것을 밝히는 것이다. 만약 방편의 설을 빌리지 않는다면 교법이 곧 무너져서 삼승의 성인이 없을 것이니, 누가 누구를 위해 설하겠는가. 그러므로 보살은 응당 문자에 집착하지 말고 마땅함을 따라서 설법해야 한다고 해서, 방편의 언교는 모든 여래께서 중생의 마음·욕구·이해가 같지 않음을 따라서 위해 개연하여, 모든 법은 오직 마음이 나타난 것일 뿐임을 알게 해서 안팎의 분별을 버리고 허망한 식을 전환하여 멸하게 하는 것이지, 이것이 여래의 자각성지의 소증처를 성립시키는 것은 아님을 밝히는 것이다.
41 이는 보살이 응당 진실한 뜻에 의지해야 하고 언설에 집착하지 않아야 함을 보이는 것이다. 만약 문자에 의지하는 자라면 자·타를 손괴하고 밝은 깨달음을 얻지 못한다.

하여금 무상無相의 즐거움을 받게 하고 또한 능히 남으로도 하여금 대승에 안주하게 할 것이다. 만약 능히 남으로 하여금 대승에 안주하게 한다면 곧 일체 제불과 성문·연각 및 모든 보살들에게 섭수되는 바를 얻으며, 만약 제불과 성문·연각 및 모든 보살들에게 섭수되는 바를 얻는다면 곧 능히 일체 중생을 섭수할 것이고, 만약 능히 일체 중생을 섭수한다면 곧 능히 일체 정법을 섭수할 것이며, 만약 능히 일체 정법을 섭수한다면 곧 붓다종성을 끊지 않을 것이고, 만약 붓다종성을 끊지 않는다면 곧 승묘한 처소를 얻을 것이다.42

② 대혜여, 보살마하살이 승묘한 처소에 태어나면 중생들로 하여금 대승에 안주하게 하려고 열 가지 자재한 힘으로써 온갖 색상을 나타내어서 그 마땅한 바를 따라 진실한 법을 설하니, 진실한 법이란 다름도 없고 차별도 없으며 오지도 않고 가지도 않으며 일체 희론이 모두 다 그쳐 멸한 것이다.

受無相樂
亦能令他 安住大乘.
若能令他
安住大乘 則得 一切諸
佛 聲聞緣覺 及諸菩薩
之所攝受, 若得諸佛 聲
聞緣覺 及諸菩薩 之所
攝受 則能攝受 一切衆
生, 若能攝受 一切衆生
則能攝受 一切正法,
若能攝受 一切正法
則不斷佛種,
若不斷佛種 則得勝妙
處.
大慧, 菩薩摩訶薩 生勝
妙處 欲令衆生 安住大
乘 以十自在力
現衆色像 隨其所宜
說眞實法, 眞實法者
無異無別
不來不去 一切戲論
悉皆息滅.

---

42 능히 진실한 뜻을 아는 자라면 위에서와 같은 광대한 이익이 있음을 말하는 것이다. '승묘한 처소'란 곧 자각성지의 소증처이다.

그러므로 대혜여, 선남자 선여인은 말과 같이 뜻을 집착해서는 안된다. 왜냐하면 진실한 법은 문자를 떠났기 때문이다.43

③ 대혜여, 비유하면 어떤 사람이 손가락으로 물건을 가리키면 어린아이는 손가락을 보고 물건을 보지 못하는 것과 같다. 어리석은 범부도 또한 다시 이와 같아서 언설의 손가락을 따라서 집착을 내므로 나아가 목숨을 다하도록 끝내 능히 문자의 손가락을 버리고 제일의를 취하지 못한다.

대혜여, 비유하면 영아는 익힌 음식을 먹어야 하는데도 어떤 사람이 익히는 방편을 알지 못해서 날 것을 먹이면 곧 광란함을 일으키는 것과 같다. 불생불멸도 또한 다시 이와 같아서 방편으로 닦지 않으면 곧 불선한 것이 된다.

그러므로 마땅히 방편을 잘 닦고, 언

是故 大慧, 善男子善女人 不應如言 執著於義. 何以故 眞實之法 離文字故.

大慧, 譬如有人 以指指物 小兒觀指
不觀於物.

愚癡凡夫 亦復如是
隨言說指 而生執著
乃至盡命
終不能捨 文字之指 取第一義.

大慧, 譬如嬰兒 應食熟食 有人不解 成熟方便 而食生者 則發狂亂.
不生不滅
亦復如是 不方便修
則爲不善.

是故宜應 善修方便, 莫

---
43 최후신보살이 승묘한 처소를 얻고 나면 장애에서 벗어나 원명하므로 능히 미래제를 다하여 10자재의 힘으로써 유정의 부류를 교화해서 진실 깨닫게 함을 밝히는 것이다. 문자를 떠났기 때문에 위와 같이 집착을 일으켜서는 안된다. '열 가지 자재'라 함은 이른바 처음은 수명의 자재이니, 수명의 장단이 중생에 응하기 때문이고, 마음·재물·업·태어남·원·이해·여의·지혜·법 등도 또한 다시 이와 같으니, 갖춘다면 《화엄경》에서 밝히는 바(=졸역 제Ⅳ권 p.496)와 같다.

설 따르기를 손가락끝 보듯이 하지 말 라.44 　隨言說 如觀指端.

(6) ① 대혜여, 진실한 뜻이란 미묘하고 적정하며 열반의 원인인 것이고, 언설이란 망상과 더불어 합하여 생사에 유전하는 것이다.45

　大慧, 實義者 微妙寂靜
　是涅槃因, 言說者
　與妄想合 流轉生死.

② 대혜여, 진실한 뜻이란 많이 들음에서 얻는데, 많이 듣는다는 것은 뜻에 능숙한 것이지 언설에 능숙한 것이 아니다. 뜻에 능숙하다는 것은 일체 외도의 악견을 따르지 않되, 몸이 스스로 따르지 않고 또한 남으로도 하여금 따르지 않게 하는 것이니, 이를 곧 이름해서 뜻을 많이 듣는다고 말한다. 뜻을 구하고자 하는 자라면 응당 친근해야 하고, 이와 상위하게 문자에 집착하는 자라면 마땅히 속히 버리고 떠나야 한다."46

　大慧, 實義者 從多聞
　得, 多聞者 謂善於義
　非善言說.
　善義者 不隨一切 外道
　惡見, 身自不隨
　亦令他不隨,
　是則名曰
　於義多聞. 欲求義者
　應當親近,
　與此相違 著文字者
　宜速捨離."

....

44 우부가 언설의 손가락을 계착해서 진실한 뜻을 얻지 못하기 때문에 이 2 비유를 두었다. 앞은 표현을 집착하고 뜻을 잊는 것을 비유하고, 다음은 응당 뜻을 증득하고 표현을 버려야 함을 비유하며, 각각 법과 합함이 있는데, 경문에서 갖추어 밝히는 것과 같다. 그러므로 맺어서 마땅히 방편을 닦아야 한다고 권한다. 헛되이 이름의 가르침에 집착하지 말지니, 손가락끝을 보는 것과 같고, 다름이 없을 것이다.
45 이는 진실한 뜻을 깨닫기 때문에 모든 망상의 산란함을 떠나 열반을 얻는다는 것을 밝히는 것이다.

5.1.3⁴⁷

⑴ ① 그 때 대혜보살마하살이 붓다의 위신을 받들어서 다시 붓다께 말하였다.

"세존이시여, 여래께서 불생불멸을 연설하신 것은 기이하고 특별한 것이 아닙니다. 왜냐 하면 일체 외도도 또한 짓는 자의 불생불멸을 설하고, 세존께서도 또한 허공과 열반 및 비택멸의 불생불멸을 설하시기 때문입니다.⁴⁸

爾時　大慧菩薩摩訶薩 承佛威神　復白佛言.
"世尊, 如來演說 不生不滅 非爲奇特.
何以故 一切外道 亦說 作者 不生不滅, 世尊亦說 虛空涅槃 及非數滅 不生不滅.

---

46 진실한 뜻이란 많이 듣는 것에서 얻는데, 많이 듣는 것이란, 뜻을 잘 사유하고 닦아서 수순함을 말하는 것이니, 유독 언설에 능숙한 것만은 아니다. 자・타로 하여금 외도의 악견에 떨어지지 않게 하는 것을 이름해서 다문이라고 말하니, 그러므로 진실한 뜻을 구하고자 하는 자라면 응당 친근해야 하고, 뜻과 상위하는 자라면 삼가 가까이 하지 말아야 한다.

47 【이상으로 둘째 여래의 법신은 나지 않고 멸하지 않으며 언설을 떠났음을 보이는 것은 마쳤고, 이하는 셋째 여래의 불생불멸은 외도와 같지 않음을 보이는 것[示如來不生不滅 不同外道]인데, 여섯으로 나누어진다. 처음 ⑴은 여래가 외도의 네 가지 원인의 모습과 같다고 힐난하는 것[難如來 同於外道四種因相]이다.】 * 여기에서 제3단의 6개 항의 경문 배치를 도표로써 보이면 다음과 같다.

여래가 외도의 네 가지 원인의 모습과 같다고 힐난함		⑴
여래의 자심량 깨달음에는 망상이 나지 않음을 보임		⑵①~②
외도의 망계의 진실치 못함을 냄		③
망상의 진실한 성품은 곧 진실한 적정임을 보임		④
원인 없음을 보여서 무생의 뜻을 드러냄		⑶1~6
널리 무생의 뜻을 보임	바로 무생을 보임	7~16
	인연생법을 보여 인견을 파제함	17~33

48 위에서 붓다께서 우부를 위하여 바로 진실한 불생불멸의 뜻을 설하실 수 없으셨음이 마치 영아가 날 것을 먹어서는 안되는 것과 같이 하셨기 때문에, 다시 여래께서 설하신 불생불멸은 기이하고 특별함이 있는 것이 아니

② 외도도 또한 짓는 자의 인연이 세간을 낸다고 설하고, 세존께서도 또한 무명·갈애·업이 모든 세간을 낸다고 설하시니, 모두가 인연인데, 단지 이름만 다를 뿐입니다. 밖의 사물의 인연도 또한 다시 이와 같으니, 그러므로 붓다의 설은 외도의 설과 차별이 없습니다.49

③ 외도도 미진·승묘천·자재천·생주生主 등의 이와 같은 아홉 가지 물건은 불생불멸이라고 설하여 말하고, 세존께서도 또한 일체의 모든 법은 불생불멸이므로 있음과 없음을 다 얻을 수 없다고 설하십니다.50

④ 세존이시여, 대종은 무너지지 않아

外道亦說 作者因緣 生
於世間, 世尊亦說
無明愛業 生諸世間,
俱是因緣, 但名別耳.
外物因緣 亦復如是
是故佛說
與外道說 無有差別.

外道說言 微塵勝妙 自
在生主等 如是九物
不生不滅, 世尊亦說
一切諸法 不生不滅
若有若無 皆不可得.

世尊, 大種不壞

라고 묻는 것이다. 왜냐 하면 일체의 외도도 또한 짓는 자의 불생불멸을 설하므로, 붓다 세존께서 3무위법의 불생불멸을 설하시는 것과 차이가 없다는 것이다.

49 위에서는 붓다께서 외도와 같이 불생불멸의 법을 설하심을 말하고, 여기에서는 또 같이 인연이 모든 세간을 낸다고 설하시므로 또한 차이가 없다고 말한다.

50 이는 외도의 불생불멸의 뜻의 아홉 가지 물건의 체를 내는 것이다. 첫째는 시간[時], 둘째는 방위[方], 셋째는 허공, 넷째는 미진, 다섯째는 사대종, 여섯째는 대범천, 일곱째는 승묘천, 여덟째는 대자재천, 아홉째는 중생의 주인[衆生主]이니, 곧 신아이다. 말하자면 모든 외도는 이 아홉 가지 물건은 불생불멸로서, 능히 생사의 모든 법에게 짓는 원인[作因]이 된다고 계탁하니, 통틀어 이름해서 짓는 자[作者]라고 이름한다. 붓다의 대승에서 일체법은 본래 생멸하는 것이 아니므로 있음과 없음을 다 얻을 수 없다고 설하시는 것과 또한 차이가 없다는 것이다.

그 자상이 불생불멸이므로 제취에 두루 유전하더라도 자성을 버리지 않고, 세존께서 분별하심은 비록 조금 변이하기는 하지만 일체가 외도가 이미 설한 것 아님이 없으니, 그러므로 붓다의 법은 외도와 같습니다. 만약 같지 아니함이 있다면 원컨대 붓다께서 위해 펴소서. 어떤 까닭이 있어서 붓다의 설이 뛰어남이 됩니까?51

만약 특별한 다름이 없다면 외도도 곧 붓다일 것이니, 그들도 또한 불생불멸을 설하기 때문입니다. 세존께서는 항상 한 세계 중에는 여러 붓다가 없다고 선하셨지만, 앞에서 말한 것과 같다면 이는 곧 있어야 할 것입니다."52

以其自相 不生不滅 周流諸趣 不捨自性, 世尊分別 雖稍變異 一切無非 外道已說, 是故佛法 同於外道. 若有不同 願佛爲演. 有何所以 佛說爲勝?

若無別異 外道卽佛, 以其亦說 不生不滅故. 世尊常說 一世界中 無有多佛, 如向所說 是則應有."

(2) ① 붓다께서 말씀하셨다.53　　　　佛言.

----
51 아홉 가지 물건 중 하나인 대종을 들어서 여래께 힐난함을 맺고, 나머지를 비례시키는 것이다. 사대종도 역시 멸괴하지 않아서, 칠취(=육취+신선취)에 두루 유전하더라도 자성은 상주하여 불생불멸하고, 여래께서 분별하여 설하신 모든 법은 비록 이와 조금 다르기는 해도 기실은 외도가 이미 설한 것 아님이 없으니, 만약 같지 않음이 있다면 까닭을 설해 주시기 바란다고 말하는 것이다.
52 예컨대 다른 뜻이 없다면 일체 외도도 곧 여래일 것이니, 세존께서는 항상 한 세계 중에 여러 붓다께서 출세하신다는 것은 있을 수 없는 일이라고 설하셨지만, 앞에서 말한 것과 같다면 이것(=한 세계 중 여러 붓다의 출세)은 곧 응당 있어야 한다. 그들이 설하는 바는 여래와 다름이 없어서이다.

"대혜여, 내가 말한 불생불멸은 외도의 불생불멸·불생무상無常의 이론과 같지 않다. 왜냐 하면 외도가 설하는 바는 진실한 성품과 모습이 있어서 나지 않고 변하지 않는다는 것이나, 나는 이와 같이 있고 없음의 품류에 떨어지지 않기 때문이다.

내가 말하는 법은 있음도 아니고 없음도 아니며 남도 떠나고 멸함도 떠났다. 어째서 없음이 아닌가 하면 마치 환상과 꿈에서의 물질처럼 갖가지를 보기 때문이고, 어째서 있음이 아닌가 하면 색상의 자성이 있음이 아니기 때문에 보여도 보지 못하기 때문이고, 취하려 해도 취하지 못하기 때문이다. 이 때문에 나는 일체의 모든 법은 있음도 아니고 없음도 아니라고 말하는 것이다.54

"大慧, 我之所說 不生不滅 不同外道 不生不滅 不生無常論. 何以故 外道所說 有實性相 不生不變, 我不如是 墮有無品.

我所說法 非有非無 離生離滅.
云何非無 如幻夢色 種種見故,
云何非有 色相自性 非是有故 見不見故, 取不取故.
是故我說 一切諸法 非有非無.

53 【이하는 둘째 여래의 자심량 깨달음에는 망상이 나지 않음을 보이는 것[示如來覺自心量 妄想不生]이다.】
54 여래께서 설하시는 불생불멸의 뜻은 외도와 같지 않음을 말하는 것이다. 외도는 일체 모든 법에는 진실한 성품과 모습이 있어서 불생불멸을 얻는다고 계탁하고 집착하지만, 여래는 있고 없음의 품류에 떨어지지 않기 때문이니, 무릇 설하는 법은 있고 없음과 나고 멸함을 떠난 것이다. 어떻게 있고 없음을 떠났는가? 환상이나 꿈에서의 물질처럼 바로 꿈에 있을 때에는 없다고 말할 수 없는 것이다. 그렇지만 그 색상은 실제로 있는 것이 아니기 때문에 있다고 말할 수 없다는 것이다. 능·소의 견見·취取를 다 얻을 수 없으니, 그래서 모든 법은 불생불멸이고 유를 떠나고 무를 떠났다고 말하는

② 만약 오직 이것은 자기 마음이 보는 것일 뿐임을 깨달아서 자성에 머물고 분별이 나지 않는다면 세간의 지어진 것은 모두 다 영원히 쉴 것이니, 분별하는 것은 범우의 일이지, 현성이 아니다.55

③ 대혜여, 허망한 마음으로 진실치 못한 경계를 분별함은 마치 건달바성이나 환술로 지은 사람과 같다.56

대혜여, 비유하면 어린아이가 건달바성 및 환상의 사람인 상인이 들락날락하는 것을 보고 미혹한 마음으로 분별하여 실제의 일이 있다고 말하는 것과 같이, 범우가 보는 생과 불생, 유위와 무위도 다 또한 이와 같다. 환상 같은 사람이 나고 환상 같은 사람이 멸하지만, 환상의 사람은 그 실제로 나지 않고 멸하지 않으니, 모든 법도 또한 그러해서

若覺惟是 自心所見
住於自性
分別不生 世間所作
悉皆永息, 分別者
是凡愚事, 非賢聖耳.

大慧, 妄心分別 不實境
界 如乾闥婆城
幻所作人.

大慧, 譬如小兒 見乾闥
婆城 及以幻人 商賈入
出 迷心分別
言有實事.
凡愚所見 生與不生 有
爲無爲 悉亦如是. 如幻
人生 如幻人滅,
幻人其實 不生不滅,
諸法亦爾

것이다. * 경문의 '불생무상의 이론'과 관련하여 『관기』는 「외도는 모든 법에는 각각 자성이 있어서 나지 않고 변하지 않는다고 망령되이 계탁한다. 그러나 모든 법은 무상하니, 그들이 계탁하는 바 불생불멸은 역시 무상론일 뿐이다.」라고 설명한다.
55 오직 자기 마음의 심량일 뿐임을 능히 깨달아서 법신의 진실한 자성에 안주하고 허망한 분별이 없다면, 세간의 지어진 바 생사의 일과 업은 다 적정할 것이니, 따라서 망상으로 일을 짓는 것이지, 성인은 아니다.
56 【③은 셋째 외도의 망계의 진실치 못함을 내는 것[出外道妄計不實]이다.】

나고 멸함을 떠났다.

대혜여, 범부는 허망하게 나고 멸한다는 견해를 일으키지만, 모든 성인은 아니다.57

④ 허망이라고 말한 것은 법의 성품과 같지 않게 전도된 견해를 일으키는 것이다. 전도된 견해란 법에 성품이 있다고 집착해서 적멸을 보지 못하는 것이니, 적멸을 보지 못하기 때문에 허망한 분별을 멀리 떠날 수 없다.58

그러므로 대혜여, 무상無相으로 봄이 뛰어나고, 상相으로 봄은 아니니, 상은 태어남의 원인이다. 만약 상이 없다면 곧 분별이 없어, 나지도 않고 멸하지도 않으리니, 곧 열반이다.

離於生滅.

大慧, 凡夫虛妄 起生滅見, 非諸聖人.

言虛妄者 不如法性 起顚倒見. 顚倒見者 執法有性 不見寂滅, 不見寂滅故 不能遠離 虛妄分別.

是故 大慧, 無相見勝 非是相見, 相是生因. 若無有相 則無分別, 不生不滅, 則是涅槃.

---

57 여기에서는 어린아이가 건달바성 및 환화인인 상인이 출입하는 것을 보고 마음으로 실제로 있다고 여기는 것을 인용한다. 어리석은 사람이 허망하게 생멸·불생멸의 법을 일으켜서 있음으로 삼고 없음으로 삼는 것도 또한 다시 이와 같지만, 그 실제로 환화인은 나오지도 않고 들어가지도 않는다. 모든 법도 또한 그러해서 남을 떠나고 멸함을 떠났는데도, 범부는 망상으로 모든 다른 견해를 일으키나, 현성은 아니라는 것이다.
58 【④는 넷째 망상의 진실한 성품은 곧 진실 적정임을 보이는 것[示妄想實性 卽眞寂靜]이다.】 여래께서 설하시는 진실한 법성에는 기이하고 특별함이 있다고 말씀하시는 것이다. 망상이란 여실하지 못한 뜻으로 법의 성품을 깨닫기 때문에 갖가지 모든 전도된 견해를 일으켜서, 일체법에 진실한 성품과 모습이 있다고 집착하고 본래 적정한 뜻을 보지 못하는 것이니, 그래서 허망한 분별을 떠날 수 없는 것이다.

대혜여, 열반이라고 말한 것은 여실한 도리를 보고 분별하는 심·심소법을 버려 떠나서 여래 내증의 성지를 얻는 것이니, 나는 이것이 적멸한 열반이라고 말한다."59

大慧, 言涅槃者 見如實處 捨離分別 心心所法 獲於如來 內證聖智, 我說此是 寂滅涅槃."

(3) 그 때 세존께서는 거듭 게송으로 말씀하셨다.60

爾時 世尊 重說頌言.

① 남 있다는 집착 제거 위해
　무생의 뜻 이루어 세우고
　무인의 이론 내가 설하니
　우부 알 수 있는 것 아니네

爲除有生執
成立無生義
我說無因論
非愚所能了

② 일체의 법은 무생이지만
　또한 없는 법은 아니니
　건달바성·환상·꿈과 같아
　있기는 하나 원인은 없네

一切法無生
亦非是無法
如乾城幻夢
雖有而無因

---

59 그러므로 무상으로 보는 것은 열반에게 원인이 되기 때문에 뛰어나니, 상으로 보고 불생불멸을 얻었다고 계탁함이 수생의 원인이 되는 것과 같지 않다. 성품과 모습이 없음을 통달하여, 망상의 생·주·이·멸이 없고 적정하며 묘하고 항상하다면 곧 열반인 것이다.
60 【이하 ① 내지 ⑥은 다섯째 원인 없음을 보여서 무생의 뜻을 드러내는 것 [示無因 以顯無生之義]이다.】

③ 공, 남 없음과 성품 없음을　　　空無生無性
　어떻게 나 위해 설하는가61　　　云何爲我說
　모든 화합한 연 떠나서는　　　　離諸和合緣
　지혜로써 볼 수 없으니　　　　　智慧不能見
　이 때문에 나는 공하고　　　　　以是故我說
　남 없고 성품 없다 설하네62　　　空無生無性

④ 낱낱의 연이 화합해서　　　　　一一緣和合
　나타나지만 있음 아니고　　　　雖現而非有
　분석하면 화합도 없으니　　　　分析無和合
　외도 봄과 같은 것 아니네　　　非如外道見

⑤ 마치 꿈 및 그림 속 아이와　　如夢及垂髮
　아지랑이·건성과 같아서　　　　野馬與乾城
　원인 없이 망현함이니　　　　　無因而妄現
　세간의 일은 다 이와 같네63　　世事皆如是

....
61 이상에서 무생과 무인이란, 외도들이 짓는 자가 능히 모든 법을 내는 원인이 된다고 망령되이 계탁하는 것과 같지 않음을 말한다. 그래서 《수능엄경》에서 이르기를, "허망은 원래 원인이 없으니, 망상 중에서 인연의 성품을 세우는 것은 다 중생이 허망한 마음으로 계탁하는 것"이라고 하였다. * 범문화역에는 이 6행이 1게송으로 되어 있는데, 그 중 첫 2구는 붓다께 묻는 것이고, 그 다음 4구가 이에 대한 답이다.
62 모든 허망한 연을 떠난다면 볼 수 있는 자가 없으니, 그러므로 공·무생·무성이라고 설한다.
63 허망한 연이 화합하여 이루어진 것은 본래 자성이 없어서, 비록 나타나서 볼 수 있다고 해도 실제로 있는 것이 아니다.

6	유인론을 꺾어 누르려고	折伏有因論
	무생의 뜻을 펴서 말하니	申述無生旨
	무생의 뜻 만약 존속하면	無生義若存
	법안 늘 사라지지 않으리	法眼恒不滅

7	내가 무인론을 설하니	我說無因論
	외도는 모두 놀라고 떨며64	外道咸驚怖
	어떻게 무엇이 원인 되어	云何何所因
	다시 무엇 때문에 나며	復以何故生
	어느 곳에서 화합하길래	於何處和合
	무인론을 짓는가라 했네65	而作無因論

──────────

64 【이하는 여섯째 널리 무생의 뜻을 보이는 것[廣示無生之義]인데, 둘로 나누어진다. 처음은 바로 무생을 보이는 것[直示無生]이다.】 외도는 무인과 무생 설함을 들으면 곧 단멸견을 지어서 두려워함을 말하는 것이다.

65 '어떻게'라고 말한 것은 일찍이 보살이 있어 외도에게 물어서 말하기를, 「그대의 나는 법[生法]은 어떻게 나는가, 있음의 원인에서 나는가, 없음의 원인에서 나는가?」라고 한 것이니, 답하여 말하기를, 「있음의 원인에서 난다」라고 하였다. '무엇이 원인 되어'라고 말한 것은 말하자면 이미 있음의 원인에서 난다고 하였으므로 곧 「무엇이 원인되는 바인가」라고 물은 것이니, 답하여 말하기를, 「미진·사대종 등의 원인에서 난다」라고 하였다. '다시 무엇 때문에 나며'라고 말한 것은 말하자면 또 「그 대종 등은 다시 무엇 때문에 나는가」라고 물은 것이니, 답하여 말하기를, 「사대종 등은 원인 없이 난다」라고 하였다. '어느 곳에서 화합하길래 무인론을 짓는 것인가'라고 말한 것은 「만약 사대종 등이 원인이 없다면, 원인이 없는 것은 곧 없는 법이고, 없는 법은 곧 처소가 없으며, 처소가 없으면 곧 화합도 없고, 화합이 없다면 곧 남이 없을 것인데, 어찌 사대가 원인 없이 모든 세간을 낸다는 이론을 세울 수 있겠는가」라고 말하는 것이니, 대혜가 이를 들어서 거듭 붓다께 결단해 주시기를 청한 것이다. * 범문화역에는 이상 6행과 앞의 6이 모두 합쳐 1게송으로 되어 있다.

8	유위법을 관찰하면	觀察有爲法
	원인 아니고 무인 아니니	非因非無因
	그 생멸을 논하는 자가	彼生滅論者
	보는 건 여기에서 멸하네66	所見從是滅

9	없기 때문에 불생입니까	爲無故不生
	온갖 연 기다려서입니까	爲待於衆緣
	이름 있되 뜻은 없습니까	爲有名無義
	저를 위해 펴 설해 주소서67	願爲我宣說

10	법이 없어 불생이 아니고	非無法不生
	연을 기다려서도 아니며	亦非以待緣
	물건 있어 이름함 아니고	非有物而名
	이름에 뜻 없음도 아니네	亦非名無義

---

66 붓다께서 유위의 일체 모든 법을 관찰한다면 원인이 있어 나는 것이 아니고 원인 없이 나는 것도 아니니, 그래서 무생을 설하여 외도의 생멸의 희론을 멸한다고 말씀하시는 것이다. (문) 현전에 모든 법의 남이 있고 멸함이 있음을 보거늘, 어떻게 없다고 말하는가? (답) 일체의 모든 법이 연으로 일어나는 것은 성품이 없고, 그래서 얻을 만한 생멸의 자체가 없으니, 나도 곧 남이 없고 멸해도 곧 멸함이 없어서, 마치 아지랑이가 본래 스스로 마른 그대로인 것과 같다.

이상 9게송(=범본에 의해 개편한 것으로는 8게송)은 외도가 삿된 원인에서 난다고 계탁하는 것을 깨뜨린 것이니, 그래서 무생이라고 말한다.

67 없기 때문에 무생입니까, 온갖 연을 기다리기 때문에 무생입니까? 이미 불생이라는 이름이 있으니, 이 불생의 뜻이 없어서는 안될 것입니다. 오직 분별하여 설해 주시기만 바랍니다.

|11| 일체의 모든 외도들과　　　　　一切諸外道
　　성문 및 연각과 7지에　　　　　聲聞及緣覺
　　머무는 자 행할 바 아니니　　　[十]<七>住非所行
　　이것이 무생의 모습이네68　　　此是無生相

|12| 모든 인연을 멀리 떠나고　　　遠離諸因緣
　　능히 짓는 자가 없으며　　　　無有能作者
　　오직 마음으로 건립한 바　　　惟心所建立
　　이를 무생이라 난 설하네　　　我說是無生

|13| 제법은 원인이 냄 아니며　　　諸法非因生
　　없음 아니고 있음 아니며　　　非無亦非有
　　능·소의 분별을 떠났으니　　　能所分別離
　　이를 무생이라 난 설하네　　　我說是無生

|14| 오직 마음뿐 보는 바 없고　　　惟心無所見
　　또한 두 성품도 떠났으니　　　亦離於二性
　　이와 같이 의지처 전환함　　　如是轉所依
　　이를 무생이라 난 설하네69　　我說是無生

|15| 외물 있어도 있음 아니니　　　外物有非有

---

68 여래께서 모든 다 아니라고 답하신다. 이는 의생법신을 지음의 무생이라고 이름한 것인데, 외도·이승·7지보살은 그 경계가 아니라는 것이다.
69 '두 성품을 떠났다'는 것은 안팎의 두 가지 성품을 떠난 것이다. 나머지 글은 알 수 있을 것이다.

그 마음이 취하는 바 없어　　　其心無所取
일체 견해 다 끊어진다면　　　一切見咸斷
이것이 무생의 모습이네　　　　此是無生相

16 공과 성품 없음 등 문구는　　空無性等句
그 뜻이 모두 이와 같으니　　　其義皆如是
공하기 때문에 공 아니라　　　 非以空故空
무생이라 공이라 말하네70　　　無生故說空

17 인연이 함께 모이므로71　　　因緣共集會
이 때문에 생멸이 있지만　　　 是故有生滅
인연에서 분산된다면　　　　　 分散於因緣
생멸도 곧 없을 것이네　　　　 生滅則無有

18 만약 모든 인연 떠난다면　　 若離諸因緣
곧 다시 법은 없을 것이니　　　則更無有法
하나인 성품 다른 성품은　　　 一性及異性
범우가 분별하는 바라네　　　　凡愚所分別

19 유·무는 나지 않는 법이고　　有無不生法

----

70 태허의 단멸된 공 등과 같기 때문에 공이라고 말하는 것이 아니니, 법신이 무생이기 때문에 공이라고 말한다는 것이다.
　　이상 8게송은 여래의 의생법신으로써 무생을 삼음을 말한 것이다.
71 【이하는 둘째 인연으로 나는 법을 보여서 원인이라는 견해를 깨뜨려 없애는 것[示因緣生法 破除因見]이다.】

구·불구[非]도 또한 그러하니72	俱非亦復然
온갖 연의 모임 그 중에서	惟除衆緣會
기·멸 봄을 제거해야 하네	於中見起滅

20 세속 따라 임시로 인연이	隨俗假言說
번갈아 사슬 건다 말하나	因緣遞鉤瑣
만약 인연의 사슬 떠나면	若離因緣瑣
남의 뜻은 얻을 수 없다네73	生義不可得

21 나는 말하되 오직 사슬뿐	我說惟鉤瑣
남 없으매 불생이라 하여	生無故不生
모든 외도의 허물 떠나니	離諸外道過
범우의 아는 바가 아니네	非凡愚所了

22 만약 연의 사슬을 떠나서	若離緣鉤瑣
따로 난 법[生法]이 있다 한다면	別有生法者
이는 곧 무인의 이론이라	是則無因論
사슬의 뜻을 파괴하리라	破壞鉤瑣義

....
72 만약 망연을 떠나면 다시 인과라고 말할 별도의 법은 없으니, 하나인 성품과 다름의 성품은 모든 외도와 범우의 망상이다. 있고 없음은 불생이고, 구·불구의 4구도 또한 다시 이와 같다.
73 범부는 능히 모든 망연을 알지 못하므로 이 때문에 오랜 겁 동안 이에 사슬 묶여서 이어진 고리가 끊어지지 않으니, 그래서 인연을 가리켜서 사슬[鉤瑣](='瑣'는 '鎖'와 같은 뜻으로 쓰임)이라 이름한다. 만약 망연을 떠난다면 별도의 남의 법이란 없다.

23	마치 등불이 물건 비추듯	如燈能照物
	사슬 나타냄 그와 같다면	鉤鎖現若然
	이는 곧 사슬을 떠나서	此則離鉤鎖
	따로 모든 법 두는 것이나[74]	別有於諸法

24	남 없으면 곧 성품 없어서	無生則無性
	체상이 허공과 같은데도	體相如虛空
	사슬을 떠나 법을 구함은	離鉤鎖求法
	우부가 분별하는 바라네	愚夫所分別

25	다시 다른 무생이 있으니	復有餘無生
	온갖 성인이 얻는 바의 법	衆聖所得法
	그 남이 남 없는 것이라면	彼生無生者
	이것이 곧 무생인이라네[75]	是則無生忍

| 26 | 일체의 모든 세간은 | 一切諸世間 |
| | 사슬 아닌 것이 없으니 | 無非是鉤鎖 |

……………………
74 이 마지막 1게송은, 외도가 나는 법이 먼저 있었지만 인연을 반드시 기다려야 나는 것이, 비유하면 어둠 속에 먼저 물건이 있었지만 반드시 등불의 비춤을 기다려야 비로소 볼 수 있는 것과 같다고 구난하여 건립하는 것을 따오는 것이니, 그래서 '사슬이 나타냄도 그러함과 같다면'이라고 말한 것이다. 말하자면 인연이 난 법[生法]을 나타내는 것도 또한 마치 등불의 빛이 어둠 속의 물건을 나타내는 것과 같다는 것인데, 붓다께서는 만약 이와 같이 논한다면 이는 곧 인연을 떠난 밖에 별도로 다시 난 법이 있다는 것이라고 말씀하시는 것이다.
75 그 찰나에 생·주·이·멸하는 4상의 남이 없기 때문에 가히 무생이라 이를 만하니, 이를 곧 이름해서 무생법인이라고 한다.

만약 이와 같이 안다면 若能如是解
이 사람 마음 삼매 얻으리 此人心得定

[27] 무명과 더불어 갈애와 업 無明與愛業
이들은 곧 안의 사슬이고 是則內鉤鎖
종자 진흙 바퀴 따위는 種子泥輪等
응당 이름해 밖이라 하니 如爲名爲外

[28] 만약 다른 법이 있어서 若言有他法
인연에서 난다고 말하면 而從因緣生
사슬의 뜻 떠남이라 이는 離於鉤鎖義
곧 가르침의 이치 아니네76 此則非敎理

---

76 여기에서 '무명과 더불어 갈애와 업'이라고 말한 것은 12유지의 인연 중 그 셋만을 간략히 든 것이다. 만약 갖추어서 말한다면 곧 무명을 연하여 행이, 행을 연하여 식이, 식을 연하여 명색이, 명색을 연하여 육입이, 육입을 연하여 접촉이, 접촉을 연하여 감수가, 감수를 연하여 갈애가, 갈애를 연하여 취착이, 취착을 연하여 존재가, 존재를 연하여 태어남이, 태어남을 연하여 늙고 죽으며 우비고뇌하는 것이니, 이는 삼세의 허망한 인과의 법을 밝히는 것이다. 말하자면 과거의 2지支의 원인이 있으니, 무명·행이고, 현재에 5지의 결과가 있으니, 의식·명색·육입·접촉·감수이며, 현재 3지의 원인이 있으니, 갈애·취착·존재이고, 미래에 2지의 결과가 있으니, 생·노사이다. 일체 중생은 무시 이래로 모두 무명의 12인연에 오랜 겁 동안 사슬 묶여 삼계의 감옥 중을 왕래하면서 출리가 없음을 말하는 것이니, 지자는 깨달아 알고 도를 닦아서 끊어 없애어 곧 해탈을 얻는다. 그래서 무명이 멸하면 곧 행이 멸하고, 나아가 태어남이 멸하면 곧 노사가 멸한다고 말하니, 허망한 인연을 끊으려면 모르지기 도를 닦아야 한다고 알아야 한다.
 (문) 어떻게 도를 닦는가? (답) 12인연의 근본은 곧 무명임을 추구해야 한다. 무명으로 인해 번뇌와 업을 일으키고, 업으로 인해 과보를 일으키니, 모든 괴로움이 있는 것은 다 무명이 근본이 됨으로 인한 것이다. 마치 사람이 나무를 베려면 먼저 그 뿌리를 끊음을 필요로 하는 것과 같다.

[29] 난 법이 있음이 아니라면　　　　　生法若非有
　　그게 무엇의 인연이 되랴　　　　　彼爲誰因緣
　　전전하여 서로 내는　　　　　　　展轉而相生
　　이것이 인연의 뜻이라네77　　　　　此是因緣義

　　(문) 무명은 무엇인가? (답) 불각의 마음[不覺心]이다. 깨닫지 못하기 때문에 허망하게 분별을 일으켜서 마음 밖에 법을 보고, 있다고 여기고 없다고 여기며, 이것이라고 여기고, 아니라고 여기며, 얻는다고 여기고 잃는다고 여기니, 모든 과보의 몸과 마음 등의 괴로움을 받는 것은 다 무명으로 말미암는다. 내가 이제 무명을 끊고자 한다면 먼저 모름지기 마음의 근원을 자각함을 요하니, 마음을 따라 일으키는 일체 망상은 다 불각의 마음에서 나므로 모름지기 자기 마음의 성품은 본래 나고 멸함이 없고 또한 오고감이 없음을 알아야 한다. 무엇으로써 알 수 있는가 하면 일체 망념이 홀연일어나나, 깨달으면 곧 나지 않는다. 어떤 것을 깨닫는다고 이름하는가? 예컨대 탐·진·치가 일어날 때 도리어 자기 마음으로 이 탐·진·치에 어떤 형상이 있는지, 청·황인지, 적·백인지, 과거인지, 현재인지, 미래인지, 안·밖·중간에 있는지를 관찰해서 추구하는 것이다. 추구하면 탐·진·치에 전혀 형상이 없다. 만약 본래 있는 것이라면 금일 깨달을 때에도 또한 볼 수 있어야 하지만, 이제 깨달을 때 이미 없다. 따라서 깨닫지 못하기 때문에 홀연망령되이 일어나고, 깨달으면 곧 나지 않으니, 깨달음이 무명의 대치이다. 이 현재의 무명을 얻지 못하는 마음으로써 무명이 없기 때문에 일체 망상과 번뇌가 나지 않고, 번뇌가 나지 않기 때문에 업이 나지 않으니, 따라서 과거의 2원인이 없다. 과거의 2원인이 없기 때문에 현재의 5과가 나지 않고, 현재의 5과가 나지 않기 때문에 갈애·취착·존재의 3원인이 나지 않으며, 현재의 3원인이 없기 때문에 미래의 2과보가 나지 않으니, 12인연의 사슬을 끊었다고 이름한다. 이 12인연이 없는 처소를 열반이라고 이름하고, 이 자각의 성지를 보리라고 이름한다.
　　이 12인연의 관찰에 의해 수행하는 자에는 통틀어 3부류가 있으니, 상지上智로 관찰하는 자는 붓다보리를 얻고, 중지로 관찰하는 자는 연각의 보리를 얻으며, 하지로 관찰하는 자는 성문의 보리를 얻는다.

77 나는 법이 만약 실제로 있는 것이 아니라면 그 인연이 무엇에게 인연이 되겠는가를 말하는 것이니, 이 2구는 외도의 계탁을 따오는 것이다. 그것이 전전하여 서로 내기 때문에 인연의 뜻은 있지만 따로 남의 성품은 없다는 것을 바르게 안다.

30 견·습·난·동 등의 범우가   堅濕暖動等
　분별하는 바는 다만   凡愚所分別
　없는 법 반연함일 뿐이니   但緣無有法
　그래서 자성 없다 말하네   故說無自性

31 의사가 온갖 병 치료할 때   如醫療衆病
　그 이론에 차별이 없지만   其論無差別
　병이 같지 않기 때문에   以病不同故
　방약이 갖가지로 다르듯   方藥種種殊

32 내가 모든 중생을 위하여   我爲諸衆生
　번뇌의 병 멸제할 때에도   滅除煩惱病
　그 근의 승·열을 알므로   知其根勝劣
　여러 법문을 연설한다네   演說諸法門

33 번뇌와 근이 다르다 해서   非煩惱根異
　갖가지 법 있는 것 아니니   而有種種法
　오직 하나 대승의 청량한   惟有一大乘
　팔지도만이 있을 뿐이네[78]   淸涼八支道

---

[78] 사람이 다르기 때문에 설함이 다른 것이지, 법성에 다름이 있는 것이 아니며, 병이 달라서 치료가 다른 것이지, 진여에 다름이 있는 것이 아니니, 그래서 오직 하나의 대승의 청량한 팔지도만이 있을 뿐이라고 말하였다. '팔지도'란 능히 일승의 과법을 내는 원인이니, 일이 곧 팔이요, 팔이 곧 일이다. 원융하여 서로 비치므로, 둘이 없고 다름이 없는 것이니, 하나만 받아들이고 나머지는 아니라는 것은 치우친 견해가 된다.

5.2.79

⑴ 그 때 대혜보살마하살이 다시 붓다께 말하였다.

"세존이시여, 일체 외도는 망령되이 무상을 설하는데, 세존께서도 역시 '제행은 무상이니 이는 생멸법이다'라고 말씀하시니, 이 말씀이 삿된 것인지 바른 것인지 아직 알지 못겠습니다. 말씀하신 무상에는 다시 몇 가지가 있습니까?"80

爾時 大慧菩薩摩訶薩 復白佛言.

"世尊, 一切外道 妄說無常, 世尊亦言 '諸行無常, 是生滅法', 未知此說 是邪是正. 所言無常 復有幾種?"

---

79 * 이 5.2는 10권본의 제8 무상품에 해당한다. 【이상으로 셋째 여래의 불생불멸은 외도와 같지 않음을 보이는 것은 마쳤고, 이하는 넷째 여래가 설하는 법은 상·무상이 아니어서 외도와 같지 않음을 보이는 것[示如來說法 非常無常 不同外道]인데, 둘로 나누어진다. 처음은 외도가 망계하는 무상은 삿된 것인지 바른 것인지를 묻는 것[問外道妄計無常 爲邪爲正]이다.】 * 여기에서 제4단의 2개 항의 경문 배치를, 세부 과목과 함께 도표로써 보이면 다음과 같다.

외도가 망계하는 무상의 사·정을 물음		⑴
외도의 무상을 열거해서 정법은 상·무상이 아님을 드러냄	일곱 가지 무상을 총체적으로 열거함	⑵
	성품의 성품 없음의 무상	⑶
	일체법의 불생의 무상	⑷
	성품의 무상	⑸
	짓고 나서 버리는 무상	⑹
	형처의 무너짐의 무상	⑺
	물질이 곧 무상함	⑻
	물질이 전변하는 중간의 무상	⑼
	일곱 가지 무상은 망계임을 맺음	⑽①
	상·무상이 아님을 보여서 자심현량임을 드러냄	②~③
	총체적으로 노래함	⑾

80 위에서 범부는 허망하게 생멸의 견해를 일으키지만, 모든 성인은 아니라고 함으로 인해, 외도와 범부는 여실함을 얻지 못해서 무상하게 생멸한다

(2) 붓다께서 말씀하셨다.81

"대혜여, 외도는 일곱 가지 무상이 있다고 설하지만, 나의 법이 아니다.

어떤 것이 일곱이겠는가?

① 말하자면 혹자는 막 일어나자 곧 버리는 것을 말하고, 이것을 무상이라고 이름하니, 나고서도 나지 않는 무상한 성품이기 때문이다.82

② 혹자는 형상의 처소[形處]가 변하여 무너짐[變壞]을 말하고, 이것을 무상이라고 이름하며, ③ 혹자는 물질이 곧 무상함을 말하며, ④ 혹자는 물질의 변하여 달라짐[變異]를 말하고, 이것을 무상이라고 이름하니, 일체의 모든 법은 서로 이어짐이 끊어지지 않으면서 능히 변이하여 자연히 소멸로 돌아가게 함이,

佛言.

"大慧, 外道說有 七種無常, 非是我法.

何等 爲七?

謂有說 始起卽捨,
是名無常,
生已不生 無常性故.

有說 形處變壞,
是名無常,
有說 色卽無常,
有說 色之變異,
是名無常,
一切諸法
相續不斷 能令變異
自然歸滅,

는 허망한 견해를 일으키기 때문에 무상을 말하나, 성인은 여실한 이치를 얻었으므로 응당 무상하게 생멸한다는 허망한 견해를 일으키지 않을 것인데, 세존께서는 어째서 역시 '제행은 무상이니 이는 생멸법이다'라고 말씀하시는가, 이 말에서 무엇이 삿되고 바른지 아직 모르겠으며, 말씀하신 무상에는 다시 몇 가지가 있는가라고 말하는 것이다.
81 【이하는 둘째 외도의 무상을 열거해서 정법은 상·무상이 아님을 드러내는 것[外道無常 以顯正法非常無常]인데, 열하나로 나누어진다. 처음 (2)는 일곱 가지 무상을 모두 열거하는 것[總列七種無常]이다.】
82 어떤 외도는 말하기를, 사대종은 성품이 시작도 없이 색 등의 모든 법을 만들어 짓되, 짓고 나면 버린다고 하니, 곧 지어진 법이 그 무상이라고 계탁한다.

마치 우유와 낙이 앞뒤로 변이하는 것 猶如乳酪 前後變異,
과 같아서, 비록 볼 수 없지만, 그러나 雖不可見, 然在法中
법 가운데 있으면서 일체법을 무너뜨린 壞一切法.
다고 한다.
　⑤ 혹자는 존재[物]의 무상을 말하고, 有說 物無常,
⑥ 혹자는 존재의 존재 없음의 무상을 有說 物無物 無常,
말하며, ⑦ 혹자는 불생의 무상을 말하 有說 不生無常,
고, 일체의 모든 법 중에 두루 머문다고 遍住一切 諸法之中.
한다.

(3) 그 중 존재의 존재 없음의 무상이라 其中 物無物 無常者,
고 함은, 만드는 것과 만들어진 것은 그 謂能造所造 其相滅壞,
모습이 멸괴함을 말하나, 대종은 자성이 大種自性
본래 일어남이 없다.83 本來無起.

....
83 【(3)은 둘째 성품의 성품 아님의 무상[性無性無常]이다. * 이하 (9)까지 일곱
가지 무상을 각각 따와서 해석하고 깨뜨리는 것은 앞의 도표에서 열거하였
으므로 과목 표시를 생략한다. 다만 그 과목의 표현이 경문과 다소 다른 것
은, 4권본의 한역 표현 자체가 이 경문과 다르기 때문일 뿐, 다른 의미는
없다.】이하는 망령되이 계탁하는 일곱 가지 무상을 따와서 해석하고 널리
깨뜨리는 것인데, 이 (3)은 처음 제⑥의 무상을 따와서 해석하고 깨뜨리는
것이다. '그 중 존재의 존재 없음의 무상이라고 함'(='物'은 범문화역에 의
하면 'bhāva'를 번역한 것이므로 '존재'라고 옮겼음)이라고 말한 것은 계탁
을 따온 것이고, '만드는 것' 이하의 여러 구는 곧 해석하고 깨뜨리는 것이
다. '만드는 것[能造]'라고 말한 것은 대종이고, '만들어진 것[所造]'은 모든
법(='존재')인데, 허망하고 진실치 못해서 그 모습이 멸괴한다는 것(='존
재 없음')이나, 대종은 자성을 얻을 수 없기 때문에 본래 일어남이 없고, 일
어남이 없기 때문에 멸함이 없거늘, 어찌 능조·소조의 진실한 법이 있어서
무상이라고 말하겠는가.

⑷ 불생의 무상이라고 함은, 말하자면 항상함과 무상함, 있음과 없음 등 법의 이와 같은 일체는 모두 일어남이 없어서, 나아가 미진에 이르도록 분석하기에 이르러도 또한 볼 것이 없으니, 일어나지 않기 때문에 말하여 무생이라고 이름한다.

不生無常者, 謂常與無常 有無等法
如是一切 皆無有起,
乃至分析 至於微塵
亦無所見, 以不起故
說名無生.

　이것이 불생 무상의 모습인데, 만약 이를 알지 못한다면 곧 외도의 생生 무상의 뜻과 유물有物 무상의 뜻에 떨어질 것이다.84

此是 不生無常相, 若不了此 則墮外道 生無常義 有物無常義.

⑸ ① 있던 존재[有物]의 무상이란, 말하자면 항상함도 아니고 무상함도 아닌 곳에서 스스로 분별을 내는 것이다.

有物無常者, 謂於非常 非無常處
自生分別.

　그 뜻은 무엇을 말함인가? 그들은 무상이 스스로는 멸괴하지 않으면서 능히 모든 법을 무너뜨린다고 세우니, 만약 무상이 일체의 법을 무너뜨림이 없다면,

其義 云何? 彼立無常 自不滅壞 能壞諸法,
若無無常
壞一切法,

---

84 다음 ⑷는 제⑦의 무상을 따와서 깨뜨리는 것이다. 일체법은 본래 적정해서, 남을 멸하는 것을 무생이라고 이름하는 것이 아님을 말한다. 이를 깨닫지 못하는 자는 곧 불생을 난 법 있던 것이 멸하는 것[有生法滅](=난 법의 무상이라는 뜻의 '생 무상', 있던 법의 무상이라는 뜻의 '유물 무상')이라고 계탁하여 무생이라 이름한다는 것이다. * 곧 전단은 여래께서 설하시는 불생 무생이고, 후단은 외도 계탁의 불생 무상임.

법은 끝내 멸해서 없음을 이루지 못하는 것이, 마치 몽둥이·방망이·기와·돌이 능히 물건을 파괴하면서 스스로는 무너지지 않는 것과 같이, 이것도 또한 이와 같다는 것이다.85

② 대혜여, 현재 보는 무상함과 일체법에는 짓는 것과 지어진 것의 차별이 없다. 이것은 무상함이고 이것은 지어진 것이라고 말한 것에 차별이 없기 때문에 짓는 것과 지어진 것은 응당 모두 항상할 것이니, 원인이 있어 능히 모든 법으로 하여금 없음을 이루게 하는 것을 보지 못하기 때문이다.86

③ 대혜여, 모든 법이 무너져 멸함에는 실제로 역시 원인이 있지만, 다만 범

法終不滅 成於無有,
如杖搥瓦石
能壞於物 而自不壞,
此亦如是.

大慧, 現見無常 與一切法 無有能作 所作差別. 云此是無常 此是所作 無差別故 能作所作 應俱是常, 不見有因 能令諸法 成於無故.

大慧, 諸法壞滅 實亦有因, 但非凡愚

---

85 셋째 제⑤의 무상을 따와서 해석하고 깨뜨리는 것(='있던 존재의 무상'은 ⑤의 '존재의 무상'과 뜻이 같음)이니, 항상함도 아니고 무상함도 아닌 곳에서 외도가 알지 못하고 계탁해서 무상하다고 여기고 스스로 망상을 냄을 말하는 것이다. '그 뜻은' 이하는 물어서 해석하고 그들이 망령되이 계탁하는 뜻을 비유하는 것인데, 경문에서 스스로 밝히는 것과 같다.
86 이하는 여래께서 그들의 계탁을 바로 깨뜨리는 것이다. 말하자면 현재 보는 존재의 무상은 지어진 모든 법과 더불어 다른 체가 없기 때문에 '짓는 것과 지어진 것의 차별이 없다'고 말하였고, 이미 이것은 존재의 무상이고, 이것은 지어진 법이라고 말한 것에 차별이 없기 때문에 짓는 것과 지어진 것은 응당 모두 항상해야 할 것이다. 왜냐 하면 존재의 무상이 원인으로 됨이 있어서, 지어진 모든 법을 능히 파괴하여 없음을 이루는 것을 보지 못하기 때문이다.

우의 알 수 있는 바가 아닐 뿐이다.87

④ 대혜여, 다름의 원인이 다름의 결과를 내어서는 안된다. 만약 능히 낸다고 한다면 일체의 다른 법이 응당 모두 서로 내어서 그 법과 이 법, 낸 것과 난 것에 응당 차별이 없을 것이지만, 현재 차별이 있음을 보니, 어떻게 다름의 원인이 다름의 결과를 내겠는가.88

⑤ 대혜여, 만약 무상의 성품이 있는 법이라고 한다면 응당 지어진 것과 같이 스스로 무상인 것이어야 할 것이고, 스스로 무상하기 때문에 무상해지는 법은 다 응당 항상할 것이다.89

之所能了.
大慧, 異因不應 生於異果. 若能生者
一切異法 應並相生
彼法此法 能生所生
應無有別,　現見有別,
云何異因
生於異果.
大慧, 若無常性 是有法者 應同所作
自是無常,
自無常故 所無常法
皆應是常.

....
87 외도는 존재의 무상을 제외하면 능히 인·천으로 하여금 있고 없음으로 변화하게 하는 것이 없다고 계탁한다. 이 때문에 붓다께서 인·천의 의보·정보의 일체 모든 법이 생기하고 멸괴함에는 '실제로 역시 원인이 있지만, 단지 범우의 알 수 있는 바가 아닐 뿐'이라고 말씀하신 것이니, 말하자면 일념의 망념이 생기·멸괴의 원인인데도, 외도는 알지 못하기 때문에 존재의 무상을 원인으로 삼는다는 것이다.
88 이하에서는 바꾸어 계탁하는 것을 여래께서 깨뜨리시는 것이다. 위에서는 차별 없음으로써, 존재의 무상이 스스로는 멸괴하지 않으면서 능히 모든 법을 무너뜨린다고 계탁하는 것을 깨뜨렸고, 여기에서는 차별 있음을 말함으로써, 다시 능히 모든 법을 낸다고 바꾸어 계탁하는 것을 깨뜨린다. 그래서 '다름의 원인이 다름의 결과를 내어서는 안된다'고 말한 것이니, 만약 실제로 능히 낸다고 한다면 일체의 다른 법이 응당 모두 서로 낼 것이므로, 마치 조의 종자가 마를 내고, 콩의 종자가 보리를 내며, 유정이 무정을 내고, 무정이 유정을 내는 것과 같아서, 그 법과 이 법, 낸 것과 난 것에 응당 차별이 없을 것이지만, 세간에서 현재 모든 법에는 차별이 있음을 본다. 어떻게 다름의 원인이 다름의 결과를 낸다고 망령되이 계탁하겠는가.

⑥ 대혜여, 만약 무상의 성품이 모든 법 중에 머문다고 한다면 응당 모든 법과 같이 삼세에 떨어져야 하므로, 과거의 물질과 동시에 이미 멸하였고, 미래에는 나지 않으며, 현재 함께 무너질 것이다.90 일체 외도는 사대종은 체성이 무너지지 않는다고 계탁하지만, 물질이란 곧 대종의 차별이어서, 대종으로 만들어진 색은 다름과 다르지 않음을 떠나니, 따라서 그 자성도 역시 무너져 멸하지 않을 것이다.91

⑦ 대혜여, 삼유 중에 만드는 것과 만들어진 것은 다 나고 머물며 멸하는 모습이 아닌 것이 없거늘, 어찌 다시 따로

大慧, 若無常性 住諸法中 應同諸法 墮於三世, 與過去色 同時已滅, 未來不生, 現在俱壞. 一切外道 計四大種 體性不壞, 色者 卽是 大種差別, 大種造色 離異不異, 故其自性 亦不壞滅.

大慧, 三有之中 能造所造 莫不皆是 生住滅相, 豈更別有

---

89 만약 존재의 무상한 성품이 능히 내는 원인이 되는 것이 있는 법이라고 계탁한다면, 응당 지어진 것의 성품이 구경치 못함[性不究竟]과 같아야 하므로 스스로 무상할 것이니, 스스로 무상하기 때문에 어찌 모든 법을 생기하고 멸괴할 수 있겠는가. 무상의 대상이 될 법[所無常法]도 모두 응당 항상할 것이다. 왜냐 하면 이미 지어진 것과 같으므로, 항상 머물고 스스로 멸괴하지 않는다고 계탁하기 때문이니, 따라서 지어진 법은 다 항상할 것이다.
90 만약 존재의 무상한 성품이 항상 일체의 모든 법 중에 머물므로 능히 있고 없음이 나며 모든 법을 멸한다고 한다면, 이미 모든 법 중에 머물므로 응당 모든 법이 삼세에 떨어지는 것과 같아서 함께 멸괴하여, 자체가 있지 않을 것인데, 어찌 사물로 하여금 무상하게 할 수 있겠는가.
91 일체 외도는 대종은 체성이 무너지지 않는다고 망령되이 계탁하면서, 만들어진 색은 무너진다고 말한다. 색이란 곧 대종의 차별이 화합해서 있는 것이어서 (대종과 더불어) 다름과 다르지 않음을 떠난 것이니, 그러므로 그 색도 자성이 역시 멸괴하지 않을 것이다.

무상의 성품이 있어서, 사물을 내면서　　無常之性, 能生於物
멸하지 않을 수 있겠는가.92　　　　　　而不滅耶.

(6) 막 만들자 곧 버리는 무상이라는 것　始造卽捨 無常者,
은, 대종은 상호 대종을 만드는 것이 아　非大種 互造大種,
니니, 각각 다르기 때문이고, 스스로 모　以各別故,　非自相造,
습을 만드는 것이 아니니, 다름이 없기　以無異故,
때문이며, 다시 함께 만드는 것도 아니　非復共造,
니, 괴리하기 때문이라, 응당 막 만든 것　以乖離故, 當知非是 始
의 무상이 아니라고 알아야 한다.93　　造無常.

92 이는 전체적으로 맺어서 존재의 무상이라는 견해를 깨뜨리는 것이다.
93 넷째 제①의 막 일어나자 곧 버리는 무상을 따와서 해석하고 깨뜨리는 것
이다. 말하자면 외도가 계탁하는 것은 상호[互]·스스로[自]·함께[共]의 셋이
만드는 주체[能造]가 되는 것에서 벗어나지 않는다.
　'대종은 상호 대종을 만드는 것이 아니니, 각각 다르기 때문'이라고 말한
것은, 말하자면 견·습 등은 본래 자성이 없으나 그 작용이 상호 있다는 것
은 서로 어긋나므로 능히 다시 상호 물질을 만들 수는 없기 때문에 깨뜨려
서 '각각 다르기 때문'이라고 말한 것이다. 마치 아래의 게송에서 "대종은
자성이 없다"(=6.4의 219)라고 말하고, 또 "대종은 상호 상위하거늘 어찌
능히 물질 만들리오"(=제7권의 254)라고 말하는 것과 같다.
　'스스로 모습을 만드는 것이 아니니, 다름이 없기 때문'이라고 말한 것은,
스스로 홀로인 것이니, 말하자면 대종은 성품이 본래 스스로 남이 없으므
로 홀로 일어나 물질을 만들 수는 없기 때문에 깨뜨려서 '(대종과 만들어진
색은) 다름이 없기 때문'이라고 말한 것이다. 마치 아래의 게송에서 "대종
은 본래 남 없으므로 만들어진 물질도 없다네"(=6.4의 220)라고 말하는 것
과 같다.
　'다시 함께 만드는 것이 아니니, 괴리하기 때문'이라고 말한 것에서 '함께'
란 같이 화합한다[同和]는 뜻이다. 말하자면 사대종은 성품이 스스로 괴리
하여 번갈아 서로 능멸凌滅하는 것이, 마치 물은 불을 용납하지 않는 등과
같은데, 어찌 함께 같이 물질을 만들 수 있겠는가. 그래서 깨뜨려서 '괴리하
기 때문'이라고 말하였으니, 아래의 게송에서 "불은 이에 물질을 태우고 물

(7) 형상의 무너짐의 무상이라고 한 이 것은 만드는 것 및 만들어진 것이 무너지는 것이 아니고, 단지 형상이 무너질 뿐이라는 것이다.

그 뜻은 무엇을 말하는가? 말하자면 물질을 분석하여 나아가 미진에 이르면 단지 형상의 길고 짧음 등을 보는 것만 멸할 뿐, 만드는 것과 만들어진 물질의 체는 멸하지 못한다는 것이니, 이 견해는 수론 가운데 떨어져 있는 것이다.94

形狀壞無常者 此非能造 及所造壞,
但形狀壞.

其義 云何? 謂分柝色乃至微塵
但滅形狀 長短等見,
不滅能造 所造色體,
此見墮在
數論之中.

(8) 물질이 곧 무상함이라고 함은, 말하자면 이는 곧 형상은 무상하나, 대종의 성품은 아니라는 것이다.

만약 대종의 성품도 역시 무상한 것이라면 곧 세간의 현상이 없을 것이고, 세간의 현상이 없다고 한다면 곧 로가야타의 견해에 떨어진다고 알아야 하니, 일체법의 자상이 나는 것을 보지만, 오

色卽是無常者, 謂此卽是 形狀無常, 非大種性.
若大種性 亦無常者
則無世事,
無世事者 當知則墮 盧迦耶見,
以見一切 法自相生, 惟

은 썩어 무너지게 하며 바람은 능히 산멸케 하거늘 어떻게 색이 남을 얻으랴"(=제7권의 ⑤⑤)라고 말하는 것과 같다.
'응당 막 만든 것의 무상인 것이 아니라고 알아야 한다'는 것은 깨뜨림을 맺는 것이다.
94 다섯째 제②의 무상을 따와서 해석하고 깨뜨리는 것이다. '단지 형상의 길고 짧음 등을 보는 것만 멸할 뿐, 만드는 것과 만들어진 물질의 체는 멸하지 못한다'고 계탁하니, 이 견해는 상키야 중에 떨어져 있는 것이다.

직 언설이 있을 뿐이기 때문이다.95   有言說故.

(9) 바뀌어 변하여 무상하다는 것은 물   轉變無常者　謂色體變
질의 체는 변하지만 대종은 변하는 것   非大種變,
아님이, 비유하면 금으로 장엄구를 만들   譬如以金 作莊嚴具
면 장엄구는 변함이 있었지만 금은 고   嚴具有變 而金無改,
침이 없었음과 같이, 이것도 역시 이와   此亦如是.
같다고 말하는 것이다.96

(10) ① 대혜여, 이와 같은 등 갖가지 외   大慧, 如是等 種種外道
도는 허망하게 분별하여 무상의 성품을   虛妄分別 見無常性,
보고, 그들은 '불은 모든 불의 자상을 태   彼作是說 '火不能燒 諸

---

95 여섯째 제③의 무상을 따와서 해석하고 깨뜨리는 것이니, 대종의 성품은 항상 머물고 멸하지 않는다고 계탁하는 것이다.(=이는 단지 물질의 형상을 보는 것만 멸하는 것이 아니라, 물질의 형상 자체가 멸하여 무상하다고 보는 점에서 ②와 차이가 있지만, 사대종은 무상하지 않다고 보는 점에서는 같음) 능히 짓는 자가 되는 것(='대종')도 만약 역시 무상하다면 곧 세간의 현상이 없을 것이므로, 이와 같이 계탁하는 것은 외도의 로가야타의 견해에 떨어질 것이니, 그들은 허망하게 모든 법의 자상이 남을 보지만, 오직 언설만 있을 뿐, 스스로의 성품과 모습이 없기 때문이다.
96 일곱째 제④의 무상을 따와서 해석하고 깨뜨리는 것이다. 색의 본질이 변이하는 것을 계탁해서 무상이라고 이름하고, 대종의 체를 무상하다고 이름하는 것은 아니다. 그래서 금으로 장엄구를 만드는 것을 들어서 비유한 것이니, 장엄구는 변이함이 있었으므로 무상이라고 이름하지만, 금은 고침이 없었으므로 무상한 것이 아니다. 이 색법의 체가 변이하여 무상함도 또한 이와 같다. * 이상 (7) 내지 (9)의 경문에 대해 본 주석은 ② 내지 ④의 세 가지 무상을 '따와서 해석하고 깨뜨리는 것'이라고 표현하고 있지만,『관기』는 여기에서「이것과 위 둘의 계탁은, 말은 달라도 뜻은 같으니, 이들은 계탁을 따온 것이고, 아래의 경문에서 계탁을 깨뜨린다」고 설명하고 있다.

울 수 없고, 단지 각각 분산할 뿐이다. 만약 능히 태운다고 한다면 만드는 것과 만들어진 것은 곧 모두 단멸할 것이다'라는 말을 한다.97

② 대혜여, 나는 모든 법은 항상하거나 무상한 것이 아니라고 말한다. 왜냐하면 밖의 법을 취하지 않기 때문이고, 삼계는 오직 마음일 뿐이기 때문이며, 모든 모습을 말하지 않기 때문이고, 대종 성품 처소의 갖가지 차별은 나지 않고 멸하지 않기 때문이며, 능조·소조가 아니기 때문이고, 능취·소취 두 가지의 체성은 일체가 다 분별에서 일어나기 때문이며, 여실하게 2취의 성품을 알기 때문이고, 오직 자기 마음이 나타낸 것일 뿐임을 요달하기 때문이며, 밖의 유·무의 두 가지 견해를 떠났기 때문이고, 있고 없음의 견해를 떠나서 곧 능조·소조를 분별하지 않기 때문이다.98

火自相, 但各分散. 若能燒者 能造所造 則皆斷滅'.

大慧, 我說諸法 非常無常. 何以故
不取外法故,
三界唯心故,
不說諸相故, 大種性處 種種差別 不生不滅故,
非能造所造故,
能取所取 二種體性
一切皆從 分別起故,
如實而知 二取性故,
了達惟是 自心現故,
離外有無
二種見故,
離有無見 則不分別 能所造故.

---

97 【이는 아홉째 일곱 가지 무상은 망계임을 맺는 것[結七種無常妄計]이다.】 위의 일곱 가지 무상 및 다른 외도 등이 망상으로 분별하여 무상의 성품 보는 것을 총결하는 것이다. 예컨대 그들은 계탁하여 말하기를, 불이 사대를 태울 때 모든 사대의 자상을 태울 수 없다고 한다. 만약 능히 태운다고 말한다면 만드는 것과 만들어진 것은 뒤에 응당 단멸해야 할 것이지만, 단멸되지 않음을 보기 때문에 대종의 성품은 항상하다고 계탁한다는 것이다.
98 【이하는 열째 여래께서 설하시는 것은 상·무상이 아님을 보여서 자심현량

③ 대혜여, 세간과 출세간 및 출세간 상상의 모든 법은 오직 자기 마음일 뿐이어서 항상함도 아니고 무상함도 아닌데도, 능히 요달하지 못하므로 외도의 두 가지 극단의 악견에 떨어진다.

대혜여, 일체 외도는 이 세 가지 법을 능히 이해해 알지 못하므로 스스로의 분별에 의지해 언설을 일으키고 무상의 성품에 집착하는 것이다.

대혜여, 이 세 가지 법에 있는 바 언어 분별의 경계는 모든 범우가 알 수 있는 것이 아니다."99

大慧, 世間出世間 及出世間 上上諸法 惟是自心 非常非無常,
不能了達 墮於外道 二邊惡見.
大慧, 一切外道 不能解了 此三種法 依自分別 而起言說 著無常性.

大慧, 此三種法 所有語言 分別境界 非諸凡愚 之所能知."

⑾ 그 때 세존께서는 거듭 게송으로 말씀하셨다.100   爾時 世尊 重說頌言.

임을 드러내는 것[示如來所說 非常無常 以顯自心現量]이다.】이는 여래의 자각성지로 증득하는 바 진실한 법은, 무릇 설하여 보임이 있더라도 증득한 대로 설하므로, 외도의 항상하거나 무상하다는 견해와는 같지 않음을 밝히는 것이다. 무엇 때문에 그러한가? 말하자면 밖의 법은 허망하여 진실치 못함을 알고 집착해 취함을 떠나기 때문이고, 나아가 있고 없다는 견해를 떠나서 망령되이 능조·소조를 분별하지 않기 때문이다. 통틀어 열 가지 뜻이 있어서 바른 이치를 해석해서 이루는데, 경문과 같아서 알 수 있을 것이다.
99 세간과 출세간 및 출세간 최승 상상의 모든 법은 모두 오직 마음일 뿐 밖의 법은 없으며 항상·무상이 아님을 말하는 것이다. 만약 능히 알지 못한다면 곧 악견에 떨어져서 스스로의 망상에 의지해 언설을 일으키고, 항상·무상을 계탁하니, 이 세 가지 법에 있는 바 방편의 언어 분별도 역시 범우가 깨달아 알 수 있는 것이 아니다.
100 【이하는 열한 번째 총체적으로 노래하는 것[總頌]이다.】

① 막 만들자 곧 문득 버림 　　　　始造卽便捨
　형상에 바뀌어 변함 있음 　　　　形狀有轉變
　물질과 존재 등의 무상을 　　　　色物等無常
　외도들은 허망 분별하네101 　　　外道妄分別

② 모든 법은 괴멸함이 없고 　　　　諸法無壞滅
　사대[諸大]는 자성에 머물거늘 　　諸大自性住
　외도는 갖가지로 보고 　　　　　　外道種種見
　이와 같이 무상을 말하네102 　　　如是說無常

③ 그 모든 외도 대중은 모두 　　　　彼諸外道衆
　생멸치 않으므로 사대는 　　　　　皆說不生滅
　성품 스스로 항상타 하니 　　　　諸大性自常
　무엇이 무상한 법이리오103 　　　誰是無常法

④ 취하는 것 및 취해진 것은 　　　　能取及所取
　일체가 오직 마음일 뿐 　　　　　　一切惟是心

---

101 일곱 가지 무상은 모든 외도들의 허망 분별하는 견해임을 말하는 것이다.
102 이 법의 머묾과 법의 자리는 세간의 모습에 상주하기 때문에 '모든 법은 괴멸함이 없고 모든 사대는 자성에 머문다'고 말한 것이다. 외도는 알지 못하고 대종은 항상하고 만들어진 색은 무상하다고 계탁하기 때문에 '외도는 갖가지로 보고 이와 같이 무상을 말하네'라고 말한 것이다.
103 능能을 떠나서는 소所가 없고, 소를 떠나서는 능이 없다. 이미 능조의 대종은 생멸치 않으므로 그 성품이 스스로 항상하다고 말하니, 무엇이 무상한 소조의 색법이겠는가.

두 가지는 마음서 나타나니	二種從心現
나와 내 것이란 없다네	無有我我所

5 범천 등의 모든 법을 나는 　　　梵天等諸法
　오직 마음이라고 말하니 　　　　我說惟是心
　만약 마음을 떠난다면 　　　　　若離於心者
　일체를 얻을 수 없다네104 　　　一切不可得

....
104 능취의 망견妄見, 소취의 망진妄塵, 범천 등의 법은 허망하고 진실치 못하여, 심량을 떠나서는 다 얻을 수 없다.

| 제4 | 現證品 |
| 현증품 | 第四 |

5.3[105]

(1) 그 때 대혜보살마하살이 다시 붓다께 말하였다.

"세존이시여, 원컨대 저를 위해 일체의 성문·연각이 멸진정에 드는 차례가 상속하는 모습을 설하시어, 저 및 모든 보살마하살로 하여금 이것을 잘 알고 나서 멸진정의 즐거움에 마음이 미혹하는 바 없게 하시어 이승 및 모든 외도의 착란 중에 떨어지지 않게 하소서."[106]

爾時 大慧菩薩摩訶薩 復白佛言.

"世尊, 願爲我說 一切 聲聞 緣覺入滅 次第相續相, 令我 及諸菩薩摩訶薩 善知此已 於滅盡三昧樂 心無所惑 不墮二乘 及諸外道 錯亂之中."

---

105 * 이 5.3의 제4 현증품은 10권본의 제9 현증품에 해당한다. 【이상으로 넷째 여래가 설하는 법은 상·무상이 아니어서 외도와 같지 않음을 보이는 것은 마쳤고, 이하는 다섯째 여래의 제일의는 모든 지를 단박 없애고 홀로 유심 드러냄 보이는 것[示如來第一義 頓除諸地 獨顯唯心]인데, 다섯으로 나누어진다. 처음은 대혜가 삼매를 물음으로 인해 먼저 제7·8의 2지의 행상을 보이는 것[因大慧問正受 先示七八二地行相]이다.】 * 여기에서 제5단의 5개 항의 경문 배치를 도표로써 보이면 다음과 같다.

제7·8의 2지의 행상을 보임	(1)~(2)
초지 내지 제7지와 이승의 같고 다름을 보임	(3)
제8지의 삼매는 깨달음으로 가지됨을 보임	(4)
제7·8지에서 삼매를 버려 떠나고 자심량에 능숙함을 보임	(5)
유심을 보여서 멀리 모든 지를 제거함	(6)

106 위에서 세간과 출세간 및 출세간 상상의 모든 법을 말한 것은, 곧 보살·성문·연각에게 세간의 생사를 끊고 출세간 멸진삼매의 즐거움에 들며 그리고 모든 지地를 얻음이 차례로 상속하는 모습이 있다는 것이기 때문에, 대

⑵ 붓다께서 말씀하셨다

"잘 들으라, 그대를 위해 설하겠다.

① 대혜여, 보살마하살이 제6지에 이르면, 그리고 성문과 연각이 멸진정에 든다.107

② 제7지의 보살은 순간순간 늘 드니, 일체법의 자성·자상을 떠났기 때문이다.

모든 이승은 아니니, 이승은 지음이 있어 능취·소취에 떨어져 모든 법의 차별 없는 모습을 얻지 못하고, 선·불선의 자상·공상을 알아서 멸진정에 들므로, 이 때문에 능히 순간순간 늘 들지 못하는 것이다.108

③ 대혜여, 제8지의 보살과 성문·연각은 심·의·의식으로 분별하는 지각이 멸한다.109

佛言.

"諦聽, 當爲汝說.

大慧, 菩薩摩訶薩 至于六地, 及聲聞緣覺 入於滅定.

七地菩薩 念念恒入, 離一切法 自性相故.

非諸二乘, 二乘有作墮能所取 不得諸法無差別相, 了善不善自相共相 入於滅定, 是故不能 念念恒入.

大慧, 八地菩薩 聲聞緣覺 心意意識 分別想滅.

혜가 멸진삼매 및 지地가 차례로 상속하는 모습을 들어서 여래께 청문한 것이니, 삼승의 성·범의 우열을 드러내어 뛰어난 행을 닦고 붓다의 과해果海를 증득케 하여, 방편승 및 모든 사견의 미혹 중에 떨어지지 않게 하고자 하는 것이다.

107 제6지에 이른 보살 및 성문과 연각은 같이 삼계의 번뇌와 생사를 끊으므로 멸진정에 들 수 있다고 말하는 것이다.

108 제7지의 보살은 이승과는 현격히 달라서 순간순간 늘 들고 중단이 없지만, 이승은 가히 끊을 만한 번뇌와 생사가 있기 때문에 순간순간 늘 들 수 없다.

109 제8지 보살의 무공용의 도는 늘 삼매에 있으므로 들고 나오는 모습이 없어서, 성문·연각의 열반과 같으니, 망상의 심식을 멸한 것이다.

⑶ 처음 초지에서 나아가 제6지에 이르기까지 삼계는 일체가 오직 심·의·의식 스스로의 분별로 일으킨 것일 뿐임을 관찰하여 나와 내 것을 떠나고 밖의 법의 갖가지 모든 모습을 보지 못하지만, 범우는 알지 못해서 무시 이래의 과악이 훈습함으로 말미암아 자기 마음 안에서 능취·소취의 모습을 변현해 짓고 집착을 내는 것이다.110

始從初地 乃至六地
觀察三界 一切唯是 心
意意識 自分別起
難我我所 不見外法
種種諸相,
凡愚不知 由無始來 過
惡薰習 於自心內
變作能取 所取之相
而生執著.

⑷ 대혜여, 제8지 보살이 얻는 삼매는 모든 성문·연각의 열반과 같지만, 제불의 힘에 가지되기 때문에 삼매의 문에서 열반에 들지 않는다.

大慧, 八地菩薩 所得三昧 同諸聲聞 緣覺涅槃, 以諸佛力 所加持故 於三昧門 不入涅槃.

만약 가지되지 않는다면 곧 일체 중생을 교화 제도하지 못하고, 여래의 지를 만족시킬 수 없으며, 또한 곧 여래의 종성을 단절하니, 이 때문에 제불께서는

若不持者 便不化度 一切衆生, 不能滿足 如來之地, 亦則斷絕 如來種性, 是故諸佛

---

110 【⑶은 둘째 초지 내지 제7지와 이승의 같고 다름을 보이는 것[示初地以至七地 與二乘同別]이다. * 4권본에는 경문의 제6지가 제7지로 되어 있음.】 초지 내지 제6지의 보살은 비록 아직 심·의·의식을 다 멸하지 못했어도 이미 능히 수행하여 모든 법은 분별로 말미암아 있는 것임을 관찰하므로 거친 분별의 지각이 다시 현행하지 않지만, 범우는 깨닫지 못해서 무시 이래의 과악과 허위의 습기에 훈습되어서 자기 마음에서 능취·소취의 모습을 변현하기 때문에 계착을 일으키는 것이, 마치 쇠가 품은 녹이 스스로 허물고 손상하는 것과 같다.

위해 여래의 불가사의한 모든 대공덕을 설하시어 그로 하여금 끝내 열반에 들지 않게 하시나, 성문과 연각은 삼매의 즐거움에 집착하니, 이 때문에 그 중에서 열반의 지각을 낸다.111

爲說如來 不可思議 諸大功德 令其究竟 不入涅槃, 聲聞緣覺 著三昧樂, 是故於中
生涅槃想.

(5) ① 대혜여, 제7지 보살은 심·의·의식과 나와 내 것에 대한 집착을 잘 능히 관찰하여 법무아를 내고, 남과 멸함, 자상과 공상, 4무애변無礙辯을 선교하게 결정하며, 삼매의 문에서 자재를 얻어서 점차 모든 지地에 들고 보리분법을 갖춘다.112

大慧, 七地菩薩 善能觀察 心意意識 我我所執 生法無我, 若生若滅 自相共相 四無礙辯 善巧決定, 於三昧門 而得自在 漸入諸地 具菩提分法.

---

111 【(4)는 셋째 제8지의 삼매는 깨달음으로 가지됨을 보이는 것[示八地三昧覺持]이다.】 이 제8지 보살은 처음 무생법인을 얻어서 일체법이 환상과 같고 꿈과 같음을 깨달아 심량의 망상이 그쳐 멸하였으므로, 제불께서 일곱 가지로 가지해 권하셔서[七種加勸](=졸역『대방광불화엄경』제Ⅳ권 p.475 이하) 삼매의 문에서 열반에 들지 않음을 말하는 것이다. 만약 가지해 권해 일으킴을 입지 못하면 곧 광대한 행원과 자비로써 중생 교화함을 수행치 못하므로, 또한 마치 성문·연각이 붓다종성을 끊은 것과 같다. 이 때문에 여래께서 한량없이 난사의한 공덕을 보여서 그로 하여금 만족케 하여 붓다의 과해를 이루게 하시니, 이승처럼 무생無生삼매에 열반의 지각을 냄에 떨어지는 것이 없다. 그런데 이 품에서 성문·연각을 말한 것은 과거에 보살이었다가 보리의 서원에서 물러난 자이다. 그 정성定性취적趣寂의 이승은 오히려 초지의 법조차 알 수 없거늘, 하물며 부분적으로라도 제8지 보살이 무생인을 얻은 것과 같을 수 있으랴.
112 【이하는 넷째 제7·8지에서는 삼매를 버려 떠나서 자심량에 능숙함을 보이는 것[示七八地 捨離三昧 善自心量]이다.】 제7지 보살은 심식의 망상을 잘 관찰해서 나와 내 것을 끊고, 생·멸, 자상·공상, 무애변재를 선교하게 결정

② 대혜여, 나는 모든 보살이 자상·공상을 잘 요지하지 못하고 모든 지가 상속하는 차례를 알지 못하여, 외도의 모든 악견 중에 떨어질 것을 두려워하기 때문에 이와 같이 말하는 것이다.

대혜여, 거기에는 실제로 남과 멸함이 없으며, 모든 지의 차례이든 삼계에 왕래함이든 일체가 다 자기 마음이 보는 것인데도, 모든 범우는 능히 요지하지 못하니, 알지 못하기 때문에 나 및 제불은 위해 이와 같이 말하는 것이다.113

③ 대혜여, 성문과 연각은 보살의 제8지 중에 이르면 삼매의 즐거움에 혼취한 바가 되어 오직 마음이 보는 것일 뿐임을 아직 능히 잘 알지 못하여 자상·공상의 습기가 그 마음을 얽고 덮으므로 2무아를 집착하여 열반이라는 지각을 내나, 적멸의 지혜가 아니다.114

大慧, 我恐諸菩薩 不善了知 自相共相 不知諸地 相續次第, 墮於外道 諸惡見中
故如是說.

大慧, 彼實無有 若生若滅, 諸地次第 三界往來 一切皆是 自心所見, 而諸凡愚 不能了知, 以不知故 我及諸佛 爲如是說.

大慧, 聲聞緣覺 至於菩薩 第八地中 爲三昧樂之所昏醉 未能善了 惟心所見, 自共相習 纏覆其心 著二無我 生涅槃覺, 非寂滅慧.

....
하니, 비록 아직 심식의 유주를 능히 멸하지는 못했지만 이미 삼매에서 자재를 얻고 점차 모든 지에 들어 보리분법을 갖춘다는 것이다. '4무애변'이라고 말한 것은 법·의義·사詞 및 요설樂說무애변을 말한다.
113 보살들로 하여금 음·계·입의 자상·공상 등은 허가虛假하여 진실치 못함을 깨닫고 모든 지가 상속하는 차례에 능숙하여 망상을 대치하게 해서, 외도의 악견의 삿된 길에 떨어지지 않게 하려는 연고로 이와 같이 말한다. 그렇지만 그 모든 법에서 생·멸은 실제로 얻을 수 없는데도 우부는 알지 못하니, 이 때문에 제불께서는 다 방편으로써 이 말을 하실 뿐이다.

④ 대혜여, 모든 보살마하살은 적멸한 삼매의 즐거움의 문을 보고 곧 문득 본원의 대비를 억념하여 10무진의 문구를 구족히 수행하니, 이 때문에 곧 열반에 들지 않는다. 열반에 들면 과보를 내지 못하기 때문이고, 능취와 소취를 떠나기 때문이며, 오직 마음일 뿐임을 요달하기 때문이고, 일체법에 분별이 없기 때문이며, 심·의 및 의식과 외법의 성품·모습에 대한 집착 가운데 떨어지지 않기 때문이고, 그러나 불법의 바른 원인을 일으키지 않는 것은 아니어서 지혜를 따른 행이 이와 같이 일어나기 때문이며, 여래 자증의 지위를 얻기 때문이다.115

⑤ 대혜여, 마치 사람이 꿈속에서 방편으로 강을 건너다가 아직 건너지 못했을 때 문득 깨어, 깨고 나서 앞에서

大慧, 諸菩薩摩訶薩 見於寂滅 三昧樂門 卽便憶念 本願大悲 具足修行 十無盡句, 是故不卽入於涅槃. 以入涅槃 不生果故, 離能所取故, 了達惟心故, 於一切法 無分別故, 不墮心意 及以意識 外法性相 執著中故, 然非不起 佛法正因 隨智慧行 如是起故, 得於如來 自證地故.

大慧, 如人夢中 方便度河 未度便覺, 覺已思惟 向之所見

---

114 보리의 서원에서 물러난 성문과 연각은 제8지 중에서 무생삼매에 맞들어 집착하여 그에 혼취한 바가 되어서 삼계의 자상·공상의 허망함을 요달하지 못하므로 인·법 2무아의 공한 곳을 망령되이 반연해서 열반의 지각을 내고, 모든 법의 자성이 적멸함이 진실한 열반이 됨을 보지 못한다.

115 제8지 보살은 비록 무생삼매의 즐거움을 보지만, 본원의 연민과 대비를 성취해서 10대원을 만족하고 중생을 도탈케 하기 위해 무생 증득함을 열반으로 삼지 않음을 말하는 것이다. 그러나 보리분의 불법의 바른 원인을 일으키지 않는 것은 아니므로 지혜를 따라서 여실하게 수행하니, 이와 같기 때문에 여래지에 들어감을 얻는다.

본 것이 진실한 것인가 허망한 것인가를 사유하다가, 다시 스스로 생각해 말하기를, '진실도 아니고 허망도 아니다. 이와 같은 것은 다만 견·문·각·지하여 일찍이 겪은 일을 분별하는 습기가 유·무의 새김을 떠난 의식의 꿈속에 나타날 것일 뿐이다'라고 하는 것과 같다.116

대혜여, 보살마하살도 또한 다시 이와 같아서 처음 초지에서 제7지에 이르고 나아가 증진하여 제8지에 듦에 이르러 무분별을 얻으면, 일체법이 환상·꿈 등과 같음을 보며 능취·소취를 떠나 심·심소의 광대한 힘의 작용을 보고 부지런히 불법을 닦아서, 아직 증득치 못한 것을 증득케 하며 심·의·의식의 허망한 분별의 지각을 떠나고 무생인을 얻으니, 이것이 보살이 얻는 열반으로서, 멸괴하

爲是眞實 爲是虛妄,
復自念言,
'非實非妄.
如是但是 見聞覺知
曾所更事 分別習氣 離
有無念 意識夢中 之所
現耳'.

大慧, 菩薩摩訶薩 亦復
如是 始從初地 而至七
地 乃至增進 入於第八
得無分別, 見一切法 如
幻夢等 離能所取 見心
心所 廣大力用 勤修佛
法, 未證令證

離心意意識 妄分別想
獲無生忍,
此是菩薩 所得涅槃, 非

---

116 깨고 나면 물도 없고 배도 진실이 아니지만, 꿈꿀 때는 강을 보며 배도 허망이 아님으로써, 제8지의 깨달음을 얻고 나면 본래 생사도 없고, 따라서 보리분의 공덕도 진실이 아니지만, 7지에서 아직 깨닫지 못했을 때에는 심량이 아직 멸하지 않았으며, 따라서 보리분의 공덕도 허망이 아님에 비유하였으니, 단지 무시 이래로 견·문·각·지함으로써 일찍이 겪은 일의 훈습이 끊어지지 않기 때문에 심·의·식의 망상이 꿈에 나타난 것일 뿐이다. '離有無念'이라고 말한 것은 나머지 2본과 견주어보면 응당 '隨有無念'이라고 되었어야 한다. * 이 견해에 따른다면 뒷 부분은 「…습기가 새김 없는 의식을 따라서 꿈속에…」라고 번역되어야 할 것임.

는 것이 아니다.117

⑹ 대혜여, 제일의 중에는 차례가 없고 또한 상속도 없어서 일체 경계의 분별을 멀리 떠나니, 이것을 곧 이름해서 적멸의 법이라고 한다."118

滅壞也.

大慧, 第一義中 無有次第 亦無相續 遠離一切境界分別, 此則名爲寂滅之法."

⑹ 그 때 세존께서는 거듭 게송으로 말씀하셨다.119

爾時 世尊 重說頌言.

① 모든 머묾 및 붓다의 지는
　마음일 뿐 영상은 없으니
　이것은 과거·미래·현재의
　제불께서 설하신 바라네

諸住及佛地
惟心無影像
此是去來今
諸佛之所說

② 제7지에는 마음 있으나
　제8지에는 영상 없어서
　이 2지 이름이 머묾이나

七地是有心
八地無影像
此二地名住

---

117 보살이 초지에서 제7지에 이르도록 수행을 증진하는 것은 위의 사람이 꿈속에서 방편으로 강을 건너는 것에 합한 것이고, 제8지에 들어가 무분별지를 얻는 것은 위의 아직 건너지 못했을 때 문득 깬 것에 합한 것이며, '일체법' 이하는 위의 깨고 나서 사유하는 등에 합한 것인데, 글이 상호 생략하고 다시 서로 비추어 나타내니, 뜻으로써 얻을 수 있을 것이다.
118 제일의 중에서는 말과 생각의 길이 끊어져서, 오직 자각지의 소증과만 상응하므로, 10지의 대치가 차례로 상속하는 모습을 말할 수 없으니, 이는 곧 억지로 이름해서 '적멸의 법'이라고 한다는 것이다.
119 【이하는 다섯째 유심을 보여서 모든 지를 멀리 제거하는 것[示唯心 逈除諸地]이다.】

나머진 곧 내가 얻는 바네120　　　　　　餘則我所得

③ 스스로 증득함 및 청정함　　　　　　自證及淸淨
　　이것은 곧 나의 지이니　　　　　　　　此則是我地
　　마혜의 최승의 처소이며　　　　　　　　摩醯最勝處
　　색구경으로 장엄한 것이　　　　　　　　色究竟莊嚴

④ 큰 불무더기에서 광염이　　　　　　　譬如大火聚
　　치성하게 일어남과 같고　　　　　　　　光焰熾然發
　　세 가지 존재에 화현하니　　　　　　　化現於三有
　　뜻 즐겁고 청량하게 하네　　　　　　　悅意而淸涼

⑤ 혹 현재에 변화함도 있고　　　　　　　或有現變化
　　혹 과거에 변화함도 있어121　　　　　　或有先時化
　　거기에서 모든 승은 모두　　　　　　　於彼說諸乘
　　여래의 지임을 설하시네　　　　　　　皆是如來地

⑥ 제십지는 곧 초지가 되고　　　　　　　十地則爲初

....
120 '머묾[住]'도 또한 지地이며, '영상이 없다'는 것은 곧 있는 바가 없다는 것이다. 제7지 이전은 모두 심량이 아직 멸하지 않았다고 이름하고, 제8지 이상은 있는 바가 없다고 이름하며, 제10지 이후는 바야흐로 붓다라고 말하니, 그래서 '이 2지 이름이 머묾이나 나머진 곧 내가 얻는 바네'라고 말한 것이다.
121 처음 반게송은 법신을 노래함이고, 다음의 1게송은 보신을 노래함이며, 세 번째의 1게송은 화신을 노래함이니, 보신·화신은 다 법신으로 말미암아 있는 것이다.

초지는 곧 제8지가 되며	初則爲八地
제9지는 곧 제7지 되고	第九則爲七
제7지는 다시 제8지 되며	第七復爲八
⑦ 제2지는 제3지가 되고	第二爲第三
제4지는 제5지가 되며	第四爲第五
제3지는 제6지가 되니	第三爲第六
무상에 무슨 차례 있으랴122	無相有何次

----

122 여래께서 방편으로 생각을 따라 설법하시므로 곧 모든 승이 있지만, 제일의 중에 무슨 차례가 있겠는가.

제5   如來常無常品
여래상무상품   第五

5.4[123]

(1) 그 때 대혜보살마하살이 다시 붓다께 말하였다.
"세존이시여, 여래 응 정등각은 항상합니까, 무상합니까?"[124]

爾時 大慧菩薩摩訶薩 復白佛言.
"世尊, 如來 應正等覺 爲常 爲無常?"

(2) 붓다께서 말씀하셨다.
"① 대혜여, 여래 응 정등각은 항상한 것도 아니고 무상한 것도 아니다. 왜냐하면 모두 허물이 있기 때문이다. 어떻게 허물이 있는가?
② 대혜여, 만약 여래가 항상한 것이

佛言.
"大慧, 如來 應正等覺 非常非無常. 何以故 俱有過故. 云何 有過?
大慧, 若如來常者

---

[123] * 이 5.4의 제5 여래상무상품은 10권본의 제10 여래상무상품에 해당한다. 【이하는 여섯째 여래의 정각은 상주함을 보이는 것[示如來正覺常住]인데, 넷으로 나누어진다. 처음은 정각은 허물을 짓는 것과 같지 않음을 보이는 것[示正覺 不同作過]이다.】 * 여기에서 제6단의 4개 항의 경문 배치를 도표로써 보이면 다음과 같다.

정각은 허물을 짓는 것과 같지 않음을 보임	(1)~(2)
정각의 무간지가 항상하다 함이 드러내는 바를 보임	(3)
여래의 성품은 항상하고 평등함을 보임	(4)
총체적으로 노래함	(5)

[124] 위에서 이것은 과거·미래·현재의 제불께서 설하시는 것이라고 함으로 인해, 만약 여래가 삼세에 떨어지는 것이라면 곧 무상일 것이기 때문에 묻는 것이다.

라면 짓는 것[能作]이라는 허물이 있으니, 일체 외도도 짓는 것의 항상함을 말한다.125

③ 만약 무상한 것이라면 지어진 것[所作]이라는 허물이 있으니, 모든 온과 같이 상으로 형상하는 바가 되므로 필경 단멸하여 없음을 이룰 것이지만, 그러나 붓다 여래는 실제로 단멸하는 것이 아니다.126

대혜여, 일체 지어진 것은 마치 병·옷 등이 다 무상한 것과 같으니, 이는 곧 여래에게 무상의 허물이 있다는 것이어서, 닦은 바 복덕과 지혜도 다 공하여 이익이 없을 것이다. 또 모든 지은 법은 응당 여래일 것이니, 다를 원인이 없기 때문이다.

그러므로 여래는 항상한 것도 아니고 무상한 것도 아니다.127

有能作過,
一切外道 說能作常.

若無常者 有所作過,
同於諸蘊
爲相所相 畢竟斷滅
而成無有, 然佛如來
實非斷滅.

大慧, 一切所作 如瓶衣
等 皆是無常, 是則如來
有無常過
所修福智 悉空無益.
又諸作法 應是如來,
無異因故.

是故如來 非常
非無常.

---

125 붓다가 항상하다거나 무상하다고 말한다면 모두 허물이 있다. 어떻게 허물이 있는가? 만약 여래가 항상하다고 한다면 곧 외도가 신아 등이 짓는 자가 되며 짓는 자가 항상하다고 계탁하는 것과 같다.
126 만약 무상한 것이라고 한다면 곧 세간의 유위의 지어진 법은 상으로 형상하는 바가 되어서 필경 패괴하여 없음을 이루는 것과 같아서 법신도 응당 단멸해야 할 것이다. 그러나 붓다 여래는 실제로 단멸하는 것이 아니다.
127 만약 여래가 무상하다고 말한다면 곧 병·옷의 일체 지어진 법은 무상한 것과 같은 허물이므로, 닦은 바의 바른 원인이 복덕·지혜의 장엄이 다 공하

⑶ 또 다음 대혜여, 여래는 항상한 것이 아니니, 만약 항상하다면 응당 허공과 같아서 원인으로 이룸을 기다리지 않을 것이다.128

대혜여, 비유하면 허공은 항상한 것도 아니고 무상한 것도 아닌 것과 같으니, 왜냐 하면 항상함과 무상함, 하나임과 다름, 구와 불구 등의 모든 과실을 떠났기 때문이다.129

또 다음 대혜여, 여래는 항상한 것이 아니니, 만약 항상하다면 곧 나지 않는 것이 토끼·말·물고기·뱀 등의 뿔과 같을 것이다.130

復次 大慧, 如來非常, 若是常者 應如虛空 不待因成.

大慧, 譬如虛空 非常 非無常, 何以故 離常無常 若一若異 俱不俱等 諸過失故.

復次 大慧, 如來非常, 若是常者 則是不生 同於兎馬 魚蛇等角.

......여 이익이 없을 것이다. 그러나 붓다 여래는 공덕이 만세에 흘러서 항상 존재하고 도가 억 겁에 통하여 더욱 견고하다. 또 일체 세간에 지어진 법이 있는 것은 다 여래여야 할 것이니, 같이 짓는 원인[作因]이 내기 때문이다. 그러므로 여래가 항상하다거나 무상하다는 것은 위와 같은 허물이 있기 때문에 언설할 수 없는 것이다.

128 【⑶은 둘째 정각의 무간지가 항상하다 함이 드러내는 바를 보이는 것[示正覺無間智常所顯]이다.】 이는 다시 바꾸어서 계탁하는 것을 깨뜨리는 것이다. 만약 여래가 허공과 같다고 말한다면 곧 자각지로 원인을 닦아서 이루는 것을 기다리지 않을 것이다.

129 허공이 4구의 극단을 떠났음으로써 부분적으로 얻음[分得]도 여래일 것에 비유한 것이다.

130 또 만약 여래는 나지 않는 항상함[不生常]이라고 말한다면 곧 토끼·말 등의 뿔이 본래 무생인 것과 같을 것이고, 만약 허공처럼 토끼·말이 항상하다고 말한다면 곧 방편으로 광대하게 중생을 이익케 하는 뜻이 없을 것이니, 그러므로 같지 않다.

⑷ ① 또 다음 대혜여, 다른 뜻 때문에 또한 항상하다고 말할 수도 있다. 왜냐하면 현전의 지혜로써 항상한 법을 증득하기 때문이니, 증득하는 지혜가 항상하므로 여래도 또한 항상한 것이다.

대혜여, 제불 여래께서 증득하시는 바 법성·법주·법위는 여래가 출세하든 출세하지 않든 상주하고 변역하지 않으므로, 일체 이승과 외도가 얻는 법 중에도 있어서 공하여 없는 것이 아니지만, 그러나 범우가 알 수 있는 것이 아니다.131

② 대혜여, 대저 여래란 청정한 지혜로써 안으로 법성을 증득해서 그 이름을 얻는 것이지, 신·이·의시의 오·게·처 법에 대한 허망한 습기로써 이름을 얻는 것이 아니니, 일체의 삼계는 다 허망한 분별에서 나지만, 여래는 허망한 분별에서 나지 않는다.132

復次 大慧, 以別義故
亦得言常. 何以故
謂以現智 證常法故,
證智是常
如來亦常.
大慧, 諸佛如來 所證法
性 法住法位 如來出世
若不出世 常住不易,
在於一切 二乘外道 所
得法中 非是空無,
然非凡愚 之所能知.
大慧, 夫如來者 以淸淨
慧 內證法性 而得其名,
非以心意意識 蘊界處
法 妄習得名,
一切三界 皆從虛妄
分別而生, 如來不從 妄
分別生.

---

131 【이하는 셋째 여래의 성품은 항상하고 평등함을 보이는 것[示如來性常平等]이다.】 다른 뜻 때문에 또한 항상하다고 말할 수도 있다. 말하자면 현전의 망념을 여읜 명지明智로써 진실하고 항상한 법을 증득하기 때문에 또한 항상하다고 말할 수도 있다. 이 진실하고 항상한 이치는 붓다가 있든 붓다가 없든 상주 불변하여 일체법에 두루해서 단멸하여 없는 것이 아니거늘, 범부와 외도는 어찌 능히 깨달아 알지 못하는가.
132 여래란 자각성지의 소증으로써 이름을 얻는 것이지, 심·의·식의 자상·공상법의 허망한 습기로써 이름을 얻는 것이 아니라는 것이다. 일체 세간은

③ 대혜여, 만약 둘을 가진다면 항상함과 무상함이 있을 것이지만, 여래에게는 둘이 없으니, 일체법의 남이 없는 모습을 증득했기 때문이다.

大慧, 若有於二 有常無常, 如來無二, 證一切法 無生相故.

그러므로 항상한 것도 아니고 또한 무상한 것도 아니다.

是故非常 亦非無常.

대혜여, 나아가 조금이라도 언설의 분별의 남이 있기에 이르면 곧 항상함과 무상함의 허물이 있을 것이니, 그러므로 응당 둘을 분별하는 지각을 제거해서 조금이라도 있게 하지 말라."133

大慧, 乃至少有 言說分別生 卽有常無常過, 是故應除 二分別覺 勿令少在."

(5) 그 때 세존께서는 거듭 게송으로 말씀하셨다.134

爾時 世尊 重說頌言.

① 상과 무상 멀리 떠났어도
　　상과 무상을 나타내니
　　이와 같이 늘 붓다 관하면
　　악견을 내지 않으리라

遠離常無常
而現常無常
如是恒觀佛
不生於惡見

....
다 진실치 못한 망상에서 나는 것이지만, 여래는 거기에서 나는 것이 아니다.
133 망령되이 생사와 열반을 취하고 버림이 있기 때문에 항상함과 무상함이 있는 것이다. 여래가 증득한 것은 둘이 없는 법이기 때문에 항상하고 무상하다는 적정치 못한 견해를 떠났다. 배우는 자라면 응당 두 가지 허망한 분별을 멸해서, 남음이 없게 해야 할 것이다.
134 【이하는 넷째 총체적으로 노래하는 것[總頌]이다.】

② 항상하거나 무상하다면 　　　　若常無常者
　　모은 것 모두 무익하리니 　　　　所集皆無益
　　분별 지각 제거하기 위해 　　　　爲除分別覺
　　상과 무상 말하지 않노라 　　　　不說常無常

③ 나아가 세우는 바 있으면 　　　　乃至有所立
　　일체가 모두 착란함이니 　　　　一切皆錯亂
　　오직 자기 마음임 본다면 　　　　若見惟自心
　　이에 곧 어김·다툼 없으리135 　　是則無違諍

---

135 이 3게송은 위의 장행을 노래한 것이니, 경문에서 스스로 밝히므로 알 수 있을 것이다.

제6	刹那品
찰나품	第六

5.5[136]

(1) 그 때 대혜보살마하살이 다시 붓다께 말하였다.

"세존이시여, 오직 원컨대 저를 위해 온·계·처의 생멸하는 모습을 설해 주소서. 만약 나가 없다면 무엇이 나며 무엇이 멸하길래, 모든 범부는 생멸에 의지해서 괴로움 다하기를 구하지 않으며 열반을 증득하지 못합니까?"[137]

爾時 大慧菩薩摩訶薩
復白佛言.
"世尊, 惟願爲我
說蘊界處 生滅之相.
若無有我 誰生誰滅,
而諸凡夫 依於生滅
不求盡苦
不證涅槃?"

....

136 * 이 5.5는 10권본의 제11 여래장성품에 해당한다. 【이상으로 여섯째 여래의 정각이 상주함을 보이는 것은 마쳤고, 이하는 일곱째 생멸의 근원을 보여서 장식이 곧 여래장으로서 본래 때의 오염이 없음을 드러내는 것 [示生滅之原 以顯藏識即如來藏 本無垢染]인데, 다섯으로 나누어진다. 처음은 대혜가 청문하는 것[大慧請問]이다.】 * 여기에서 제7단의 5개 항의 경문 배치를 도표로써 보이면 다음과 같다.

대혜가 청문함	(1)
여래장은 청정 무구함을 보임	(2)①~②
범우의 식에 의지한 해탈로는 여래장의 성품을 보지 못함	③~④
여래장을 자각하면 단박 생멸을 떠나나 모든 이승은 아님	(3)
총체적으로 노래함	(4)

137 위에서 여래께서 심·의·의식의 온·계·처 법에 대한 허망한 습기로써 이름을 얻는 것이 아니라고 하시고, 또 붓다께서는 늘 제법의 무아를 설하셨기 때문에 「오직 원컨대 저를 위해 온·계·처의 생멸하는 모습을 설해 주소서. 만약 음·계·입 중에 이미 나가 없다면 무엇이 나며 무엇이 멸하길래, 모든 범우는 생멸에 의지해서 괴로움의 다함을 깨닫지 못하며 열반의 생멸 없는 법을 증득하지 못하는가? 만약 나가 없다면 무엇이 괴로움의 다함을

⑵ 붓다께서 말씀하셨다.

"대혜여, 잘 듣고 잘 들으라, 그대를 위해 설하겠다.138

① 대혜여, 여래장이 선과 불선의 원인으로서 능히 두루 일체 취·생을 일으켜 만드니, 비유하면 기예인[伎兒]이 제 취를 변현하나 나와 내 것을 떠난 것과 같다.139

② 깨닫지 못하기 때문에 3연이 화합하여 결과의 남이 있다고 하며, 외도는 알지 못하여 짓는 자라고 집착하지만, 무시의 허위의 악한 습기에 훈습된 것을 장식이라고 이름하니, 7식과 무명주지를 낸다.140

佛言.

"大慧, 諦聽諦聽, 當爲汝說.

大慧, 如來藏是善不善因 能遍興造 一切趣生, 譬如伎兒 變現諸趣 離我我所.

以不覺故 三緣和合 而有果生, 外道不知, 執爲作者, 無始虛僞 惡習所熏 名爲藏識, 生於七識 無明住地.

알며, 무엇이 열반을 증득하는가」를 묻는 것이다.
138 【둘째 ① 이하는 여래장의 청정 무구함을 보이는 것[示如來藏 淸淨無垢]이다.】
139 여래장이란 자성청정심이 번뇌에 있는[在纏] 이름이다. 붓다께서 음·계·입 중에는 비록 나가 없다고 말씀하셨지만, 여래장이 있어서 능히 선·불선의 원인을 받기 때문에 능히 6도에 생사하는 법을 두루 일으켜 만든다. 비유하면 기예인이 주술에 의지하기 때문에 6도의 형색의 법을 변현해 일으키지만 나와 내 것을 떠난 것과 같으니, 범부가 여래장에 의지하기 때문에 6도의 생사를 일으키지만, 나와 내 것이 없는 것도 또한 이와 같다.
140 이승은 여래장의 무아를 깨닫지 못하기 때문에 근·진·식의 3연이 화합함이 내는 원인[生因]이 된다고 헤아리고, 외도는 여래장의 무아를 깨닫지 못하기 때문에 신아 등이 짓는 자가 된다고 계탁한다. 무시의 악습에 훈습된 여래장을 이름해서 장식이라고 하는데, 7식과 무명주지를 낸다. 아래의 2구를 4권본에서는 "무명주지를 내니, 7식과 더불어 함께 한다[生無明住地

비유하면 대해에 파랑이 있는 것과 같다. 그 체는 상속하며 늘 흘러서 끊어지지 않고 본성이 청정하여 무상의 허물을 떠났으며 나의 이론을 떠났으나, ③ 그 나머지 7식의 의·의식 등은 순간순간 생멸한다. 망상이 인이 되고 경계의 모습이 연이 되어서 화합하여 나면, 물질 등은 자기 마음이 나타낸 것임을 알지 못해서 이름과 모습을 계착하고 고·락의 감수를 일으켜서 이름과 모습이 얽어 매니, 이미 탐욕에서 난 것이 다시 인 및 소연에 대한 탐욕을 낸다.141
④ 모든 취착과 근이 멸하여 스스로의 지혜의 분별을 서로 이어 내지 않으

譬如大海 而有波浪.
其體相續 恒注不斷
本性淸淨 離無常過
離於我論,
其餘七識 意意識等
念念生滅. 妄想爲因
境相爲緣 和合而生,
不了色等 自心所現
計著名相
起苦樂受 名相纏縛,
旣從貪生
復生於貪 若因及所緣.
諸取根滅 不相續生
自慧分別

....
與七識俱]"라고 번역하였다.
141 마치 대해에 바람이 파랑을 일으킴으로 인해 물의 모습과 파랑의 모습이 상속하고 끊어지지 않는 것과 같음을 여래장의 바다에 견주었으니, 무명의 바람이 7식의 파랑을 일으킴으로 인해 생사의 상속이 끊어지지 않는 것도 역시 그러하다는 것이다. 그러나 여래장은 본래 자성이 청정무구하여 항상함과 무상함 및 모든 외도의 나의 이론의 과실을 떠났다. 【셋째 ③ 이하는 범우의 식에 의지한 해탈로는 여래장의 성품을 보지 못한다고 구별하는 것 [別凡愚依識解脫 不見如來藏性]이다.】 그 나머지 모든 식은 순간순간 생멸하니, 허망한 인연과 화합하여 삼계의 생사를 내면, 물질 등 일체의 모든 법은 자기 마음이 나타낸 것임을 알지 못하여 이름과 모습을 계착해서 모든 번뇌를 일으키고 선악의 업을 지어서 고락의 과보를 감수한다. 이미 탐욕에서 난 것이 다시 인 및 연에 대한 탐욕을 내어 생사에 유전하고 해탈할 기약이 없다.
이상은 여래장이 삼계의 유루의 선악에게 원인이 됨을 밝힌 것이다.

면 고·락을 감수하는 자가 혹은 멸진정 을 얻고, 혹은 사선을 얻으며, 혹은 다시 모든 진리와 해탈에 잘 들어가 문득 망 령되이 해탈을 얻었다는 지각을 내지 만,142 실제로는 여래장 중 장식의 이름 을 아직 버리지 못하고 아직 전환하지 못한 것이다. 만약 장식이 없다면 7식도 곧 멸한다. 왜냐 하면 그것 및 소연으로 인하여 남을 얻기 때문이다. 그러나 일 체 외도와 이승의 모든 수행자가 아는 바의 경계가 아니니, 그들은 오직 인무 아의 성품만을 알고서 온·계·처에서 자 상 및 공상을 취하기 때문이다.143

苦樂受者 或得滅定, 或得四禪, 或復善入 諸諦解脫 便妄生於 得解脫想, 而實未捨未轉　如來藏 中 藏識之名. 若無藏識 七識則滅. 何以故 因彼及所緣 而得生故. 然非一切 外道二乘 諸修行者 所 知境界, 以彼惟了 人無 我性 於蘊界處 取於自 相 及共相故

(3) ① 만약 여래장을 본다면 5법·자성　若見如來藏　五法自性

---

142 이는 만약 애·취와 모든 근이 멸하여 스스로의 나쁜 각관의 분별을 서로 이어 내지 않으면, 고·락을 감수하는 자가 이와 같은 행을 닦아서 혹은 멸 진정과 4선정을 얻고 사성제와 해탈에 들어서 문득 망령되이 진실한 해탈 을 얻었다는 지각을 낸다는 것을 밝힌 것이다.
　이상은 여래장이 출세간의 성문·연각의 하열한 무루의 선법에게 원인이 됨을 밝힌 것이다.
143 성문과 연각은 그 실제로는 아직 허위의 습기를 버리지 못하고, 곧 아직 능히 장식이라는 이름을 전환하지 못했으므로 진해탈이 아니다. 만약 장식 이 없다면 의지할 습기가 없어서 역시 멸하니, 마침내 진해탈이다. 어째서 그런가? 그 장식이 의지처가 되고 그리고 그 상분이 소연이 됨으로 인해 나 머지 식이 나기 때문이다. 그러나 외도와 이승의 경계가 아니니, 그들은 무 명과 법집이 아직 멸하지 않았기 때문이다.

과 모든 법의 무아가 지의 차례를 따라 점차 바뀌어 소멸해서 외도의 악견에 움직이는 바 되지 않고 부동지에 머물러서 열 가지 삼매의 즐거움의 문을 얻으니, 삼매의 힘으로써 제불에게 가지되어 불가사의한 불법을 관찰하며 그리고 본원의 힘으로써 실제 및 삼매의 즐거움에 머물지 않고 자증의 지혜를 얻어서 이승이나 모든 외도와 더불어 함께 하지 않으며, 열 가지 성인 종성의 도 및 의생의 지신智身을 얻어서 모든 행을 떠난다.

그러므로 대혜여, 보살마하살이 뛰어난 법을 얻고자 한다면 여래장의 장식이라는 이름을 청정케 해야 한다.144

諸法無我 隨地次第 而漸轉滅 不爲外道 惡見所動 住不動地 得於十種 三昧樂門, 爲三昧力 諸佛所持 觀察不思議佛法 及本願力 不住實際 及三昧樂 獲自證智 不與二乘 諸外道共, 得十聖種性道 及意生智身 離於諸行.

是故 大慧, 菩薩摩訶薩 欲得勝法 應淨如來藏 藏識之名.

---

144 【이하는 넷째 여래장을 자각하면 단박 생멸을 떠나지만 모든 이승은 아님을 보이는 것[示如來藏自覺 頓離生滅 非諸二乘]이다.】 이는 능히 장식을 전환해서 멸하고 여래장심을 본다면 5법·3자성·2무아 등의 대치법문도 곧 멸하여 공용과 나쁜 사유가 경동할 수 없으므로 부동지의 무공용도에 머물러 열 가지 여환삼매를 아는 것이, 마치 꿈에서 강을 건너다가 아직 건너지 못하고 깬 것과 같음을 밝히는 것이다. 그 삼매의 깨달음의 힘으로 유지되는 바 되어서 임운하여 난사한 불법을 수행하고, 원력의 광대함으로 무위 및 무생인에 머물지 않으며, 자각의 지혜를 얻어서 다른 승과 함께 하지 않고, 10지 성인의 도와 의생의 법신을 증득하여 공용의 모든 삼매의 행을 떠난다. 그러므로 보살이 뛰어나고 청정하며 미묘한 불법을 얻고자 한다면 응당 허망한 습기의 장식이라는 이름을 청정케 해야 하니, 이승이 모두 분단생사를 끊고 문득 진해탈이라고 여기는 것과 같음이 없는 것이다.

② 대혜여, 만약 여래장에 장식이라고 이름하는 것이 없다면 곧 생멸이 없을 것이지만, 그러나 모든 범부 및 성인에게 다 생멸이 있다. 이 때문에 일체의 모든 수행자는 비록 안의 경계를 보고 현재의 법락에 머문다고 하더라도 용맹정진을 버리지 않는다.145

③ 대혜여, 이 여래장의 장식은 본성이 청정하지만, 객진에 오염되어 청정치 못함이 되니, 일체 이승 및 모든 외도는 억측으로 헤아리고 견해를 일으켜 능히 현증치 못하지만, 여래는 이것을 분명히 현견함이 마치 손바닥 중의 암마륵과를 보는 것과 같다.146

④ 대혜여, 나는 승만부인 및 나머지 깊고 묘하며 청정한 지혜의 보살을 위해 여래장을 장식이라고 이름함과 7식과 더불어 함께 일어남을 설하여, 모든

大慧, 若無如來藏 名藏識者 則無生滅, 然諸凡夫 及以聖人 悉有生滅. 是故 一切諸修行者 雖見內境界 住現法樂 而不捨於 勇猛精進.

大慧, 此如來藏藏識 本性淸淨, 客塵所染 而爲不淨, 一切二乘 及諸外道 臆度起見 不能現證, 如來於此 分明現見 如觀掌中 菴摩勒果.

大慧, 我爲 勝鬘夫人 及餘深妙 淨智菩薩 說如來藏 名藏識 與七識俱起, 令諸聲聞

---

145 만약 장식이라는 이름이 없다면 곧 범·성의 분단·변역의 두 가지 생멸도 없을 것이다. 진실한 수행자라면 비록 스스로 실제를 보고 현법락주의 삼매에 머문다고 하더라도 방편을 버리지 않고 나아가 불지를 향하니, 성인의 생멸이라고 이름한다.
146 외도는 허망한 각[妄覺]이고, 이승은 치우친 각[偏覺]이라 현전에 보는 것이 아니며, 보살은 부분적인 각[分覺]이라 비록 뛰어나기는 해도 역시 아직 구경이 아니다. 여래는 여래장을 현견함이 마치 손바닥 중의 암마륵과를 보는 것과 같으니, 밝아서 그릇된 것이 아니다.

성문들로 하여금 법무아를 보게 하였다.   見法無我.

  대혜여, 승만부인을 위하여 붓다경계를 설한 것이니, 외도와 이승의 경계가 아니다.   大慧, 爲勝鬘夫人 說佛境界, 非是外道 二乘境界.

  대혜여, 이 여래장의 장식은 붓다경계이니, 그대 등 무리의 청정한 지혜의 보살로서 뜻을 수순하는 자와 더불어 행할 곳이지, 일체 문자에 집착하는 외도와 이승이 행할 곳이 아니다.   大慧, 此如來藏藏識 是佛境界, 與汝等比 淨智菩薩 隨順義者 所行之處, 非是一切 執著文字 外道二乘 之所行處.

  그러므로 그대 및 모든 보살마하살들은 여래장의 장식을 응당 부지런히 관찰하고, 단지 듣기만 하고 나서 문득 족하다는 생각을 내지 말라."147   是故 汝及 諸菩薩摩訶薩 於如來藏藏識 當勤觀察, 莫但聞已 便生足想."

(4) 그 때 세존께서는 거듭 게송으로 말씀하셨다.148   爾時 世尊 重說頌言

1	매우 깊은 여래장이	甚深如來藏
7식과 더불어 함께 해서	而與七識俱
두 가지 생을 집착하지만	執著二種生
요지하면 곧 멀리 떠나리149	了知則遠離

---

147 여래장의 장식은 붓다의 경계이므로 모든 이승과 외도가 행할 곳이 아님을 말하는 것이다. 응당 부지런히 관찰하고 3혜를 갖추어 닦을 것이고, 듣는 것 지킴만을 얻어서 족히 여김을 내어서는 안된다.
148 【이하는 다섯째 총체적으로 노래하는 것[總頌]이다.】

② 무시의 습기에 훈습되어　　　　無始習所熏
　　영상처럼 맘에 나타나니　　　　如像現於心
　　능히 여실하게 관찰하면　　　　若能如實觀
　　경계의 모습은 다 없으리150　　境相悉無有

③ 우부에 달 가리켜 보이면　　　　如愚見指月
　　손가락 보고 달 보지 않듯　　　觀指不觀月
　　문자에 계착하는 자들은　　　　計著文字者
　　나의 진실을 보지 못하네151　　不見我眞實

④ 심은 공교한 기예인 같고　　　　心如工伎兒
　　의는 기예 돕는 자 같으며　　　意如和伎者
　　다섯 가지 식은 반려 되고　　　五識爲伴侶
　　망상은 기예의 관중이네152　　妄想觀伎衆

....
149 '두 가지 생'이라 함은 곧 위의 범부 및 성인에게 다 생멸이 있는 것이다.
150 마치 거울은 앞의 경계로 인한 때문에 허위의 색상의 나타남이 있는 것과 같고, 또한 마치 여래장은 7전식이 무시의 악습으로 훈습하기 때문에 삼계의 의보·정보의 허망한 법의 나타남이 있는 것과도 같으니, 여실하게 관찰하는 자에게는 일체가 다 없을 것이다.
151 지자는 가리키는 것을 보면 반드시 달이 있는 것을 알지만, 우부는 이와 반대이니, 그래서 단지 문자의 손가락만을 볼 뿐, 진실한 법을 얻지 못한다.
152 여래장의 장식이 훈습을 받아 종자를 지니고 유근신과 기세계를 변현해 일으키는 것은 마치 공교한 기예인과 같고, 염오의 말나는 나와 법을 집착하기 때문에 기예를 돕는 자와 같으며, 전5식은 5진을 취해 서로 도우므로 반려로 비유하고, 제6 의식이 허망하게 요별함은 그 관찰하는 사람에게 견주었다.

5.6[153]

(1) ① 그 때 대혜보살마하살이 다시 붓다께 말하였다.

"세존이시여, 원컨대 저를 위해 오법·자성·모든 식·무아의 차별되는 모습을 설하시어, 저 및 모든 보살마하살들이 이를 잘 알고 나서 점차 모든 지를 닦아 모든 불법을 갖추고 여래 자증의 지위에 이르게 하소서."[154]

② 붓다께서 말씀하셨다.

爾時 大慧菩薩摩訶薩 復白佛言.

"世尊, 願爲我說 五法 自性 諸識無我 差別之相, 我及 諸菩薩摩訶薩 善知此已 漸修諸地 具諸佛法 至於如來 自證之位."

佛言.

---

[153] * 이 5.6은 10권본의 제12 오법문품五法門品에 해당한다. 【이상으로 여섯째 정각은 인과의 법이 아니고 생멸과 언설을 떠났음을 보여, 진상무구하고 단박 모든 지 초월함을 드러내는 것은 마쳤고, 이하는 일곱째 8식·5법·3자성·2무아가 대승을 구경하고 제일의 이룸을 보이는 것[示八識五法 自性二無我 究竟大乘 成第一義]인데, 둘로 나누어진다. 처음은 5법의 전변을 보이는 것[示五法轉變]인데, 셋으로 나누어진다. 그 처음은 5법의 모습을 열거하는 것[列五法相]이다.】 * 여기에서 제7단의 2개 항의 경문 배치를, 그 세부 과목과 함께 도표로써 보이면 다음과 같다. 경문의 구조가 비교적 단순하므로 개별 경문에서의 과목 설명은 생략하겠다.

	5법의 모습을 열거함	(1)
5법의 전변을 보임	명·상은 다 망상으로 말미암음을 보임	(2)①~②
	망상을 전환하면 곧 정지와 여여임	③~⑥
	3자성이 5법에 들어감을 보임	(3)①~②
일체법이 5법에 다 들어감을 보임	8식과 2무아가 5법에 들어감을 보임	③~⑤
	일체 불법이 5법에 들어감을 보임	(4)
	총체적으로 노래함	(5)

[154] 위에서 여래장을 보면 오법·자성·모든 식·무아의 대치법문이 곧 소멸된다고 하였기 때문에 다시 오법·자성·모든 식·무아의 차별되는 모습을 들어서 청문한 것이다.

"잘 들으라, 그대를 위해 설하겠다.

대혜여, 오법·자성·모든 식·무아는 이른바 이름·모습·분별과 정지正智·여여如如이니, 만약 수행자가 이 법을 관찰한다면 여래 자증의 경계에 들어서 상·단과 유·무 등의 견해를 멀리 떠나 현법락의 매우 깊은 삼매를 얻는다.

대혜여, 범우는 오법·자성·모든 식·무아를 알지 못하므로 마음이 나타낸 것에서 밖의 사물이 있는 것을 보고 분별을 일으키나, 모든 성인은 아니다."155

(2) ① 대혜가 말하였다.
"어째서 알지 못하고 분별을 일으키는 것입니까?"
② 붓다께서 말씀하셨다.
"대혜여, 범우는 이름[名]이 임시로 세운 것임을 알지 못하여, 마음이 따라서 유동하면서 갖가지 모습[相]을 보고 나와 내 것을 헤아리며 물질에 물들어 집착하므로 성지를 덮어서 막고 탐·진·치

"諦聽, 當爲汝說.

大慧, 五法自性 諸識無我 所謂 名相分別 正智如如, 若修行者 觀察此法 入於如來 自證境界 遠離常斷 有無等見 得現法樂 甚深三昧.

大慧, 凡愚不了 五法自性 諸識無我 於心所現 見有外物 而起分別, 非諸聖人."

大慧白言.
"云何 不了 而起分別?"

佛言.
"大慧, 凡愚不知 名是假立, 心隨流動 見種種相 計我我所 染著於色 覆障聖智 起貪瞋癡

---

155 이 오법 등은 중생을 제도하는 대치법문이다. 만약 수행하여 대치할 장애를 다스리지 않고 진실한 증득에 든다고 한다면 곧 범부의 허망한 분별이다.

를 일으켜 모든 업을 만들어 짓는 것이, 마치 누에가 고치를 만드는 것과 같고, 망상妄想은 스스로 얽어서 제취의 생사 대해에 떨어지는 것이, 마치 물 긷는 도르레가 순환하면서 끊어지지 않는 것과 같으며, 모든 법은 환상과 같고 아지랑이와 같으며 물속의 달과 같은데도 자기 마음이 본 것을 허망하게 분별하여 일으킨 것으로서 능취·소취 및 생·주·멸을 여의었음을 알지 못해서, 자재·시절·미진·승성에서 난다고 말하면서, 이름과 모습을 따라서 흐르는 것이다.156

造作諸業 如蠶作繭, 妄想自纒 墮於諸趣 生死大海 如汲水輪 循環不絶, 不知諸法 如幻如焰 如水中月 自心所見 妄分別起 離能所取 及生住滅, 謂從自在 時節微塵 勝性而生, 隨名相流.

③ 대혜여, 이 중 모습이란 말하자면 안식이 보는 것을 색이라고 이름하고, 이·비·설·신·의식이 얻는 것을 성·향·미·촉·법이라고 이름하니, 이와 같은 등을 나는 모습이라고 말한다.157

大慧, 此中相者 謂眼識所見 名之爲色, 耳鼻舌身 意識得者 名之爲聲 香味觸法, 如是等 我說爲相.

------

156 어리석은 자는 이름이 임시로 세운 것임을 알지 못하여 마음이 따라서 유동하면서 나와 내 것을 헤아리며 생사에 유전하고, 모든 법은 환상 등과 같은 성품으로서 오직 자기 마음을 허망하게 분별하여 일으킨 것일 뿐 능취·소취 및 생·주·멸을 떠난 것임을 깨닫지 못하고, 자재·승성 등이 낸다고 말하면서, 허망한 마음이 밖을 반연하여 외진을 따라서 방일하게 흐름을 밝힌 것이다.
157 5근과 6경을 통틀어 모습이라고 이름한다. 또한 말하자면 안식이 보는 것은 유견유대색이라고 이름하고, 이·비·설·신식이 얻는 것은 무견유대색이라고 이름하며, 의식이 얻는 것은 무견무대색이라고 이름하니, 이 세 종류 색의 모습을 모두 모습이라고 이름한다.

④ 분별이란 온갖 이름을 시설하여 여러 모습을 나타내어 보이는 것이니, 말하자면 코끼리·말·수레·보병·남자·여자 등의 이름으로써 그 모습을 나타내어서 이 일은 이와 같고 결정코 다르지 아니하다고 하는 것이다. 이것을 분별이라고 이름한다.158

分別者 施設衆名
顯示諸相,
謂以象馬車步 男女等
名 而顯其相
此事如是 決定不異.
是名分別.

⑤ 정지란 말하자면 그 모습이 상호 그 객이 됨을 관찰하여 식별하는 마음[識心]이 일어나지 않으므로 끊어지지도 않고 항상하지도 않아 외도와 이승의 지地에 떨어지지 않으니, 이를 정지라고 이름한다.159

正智者 謂觀其相 互爲
其客 識心不起
不斷不常
不[隨]<墮>外道 二乘
之地, 是名正智.

⑥ 대혜여, 보살마하살이 그 정지로써 이름과 모습은 있음도 아니고 없음도 아님을 관찰해서 손감하고 증익하는 두 극단의 악견을 멀리 떠나면 이름과 모습

大慧, 菩薩摩訶薩 以其
正智 觀察名相 非有非
無 遠離損益 二邊惡見
名相及識

---

158 중다한 이름을 시설하여 차별되는 갖가지 모든 모습을 나타내어 보이는 것이니, 코끼리와 말 등의 이름의 남이 있으면 곧 코끼리와 말 등의 모습의 일어남이 있는 것을 말한다. '이 일은 이와 같다'고 함은 자상을 나타내어 보이는 것이고, '결정코 다르지 아니하다'고 함은 공상을 나타내어 보이는 것이니, 이러한 등의 이름과 모습이 있다고 계탁하는 것이다. 이 때문에 이름해서 망상의 분별이라고 한다.

159 정지로써 사물에는 이름에 상당한 실질이 없고, 이름에는 사물을 얻는 공능이 없으며, 자성이 본래 없어 모두 상호 객이 됨을 관찰하면 곧 분별이 없고, 이름·모습·식이 나지 않으니, 어찌 단·상과 교섭하여 범부의 지위에 떨어지랴.

및 식이 본래 일어나지 않으니, 나는 이 법을 말하여 여여라고 이름한다.160

　대혜여, 보살마하살이 여여에 머물고 나면 비추어 나타냄이 없는 경계를 얻어서 환희지에 오르므로, 외도의 악취를 여의고 출세간의 법에 들어 법의 모습이 순숙해서 일체법은 마치 환상 등과 같음을 알며 스스로의 성지로 행하는 법을 증득하여 억탁하는 견해를 떠나고, 이와 같이 차례로 나아가 법운지에 이르며, 법운지에 이르고 나면 삼매·모든 힘·자재·신통이 활짝 피어 만족해서 여래를 이룬다. 여래를 이루고 나면 중생을 위한 때문에 물속의 달과 같이 널리 그 몸을 나타내고 그들의 욕락을 따라서 위해 설법한다. 그 몸은 청정해서 심·의·식을 떠났으나 큰 서원의 갑옷을 입고 10무진원을 구족히 이루어 만족하니, 이를 보살마하살이 여여에 들어서 획득하는 것이라고 이름한다."161

本來不起, 我說此法
名爲如如.
大慧, 菩薩摩訶薩 住如
如已 得無照現境
昇歡喜地, 離外道惡趣
入出世法 法相淳熟
知一切法 猶如幻等
證自聖智 所行之法
離臆度見,
如是次第 乃至法雲,
至法雲已 三昧諸力
自在神通 開敷滿足 成
於如來. 成如來已 爲衆
生故 如水中月 普現其
身 隨其欲樂
而爲說法. 其身淸淨
離心意識 被弘誓甲
具足成滿 十無盡願,
是名菩薩摩訶薩　入於
如如 之所獲得."

----

160 이 정지로써 이름과 모습의 법을 취하여 있음으로 삼지 않고, 이름과 모습의 법을 버려서 없음으로 삼지 않아, 손감하고(=없음으로 삼음) 증익하는(=있음으로 삼음) 두 가지 견해를 멀리 떠나면 이름·모습과 허망한 식이 본래 스스로 나지 않으니, 이 때문에 억지로 이름해서 여여라고 한다.
161 여여에 머무는 자는 무상無相의 적정한 경계에 들어감을 얻어 승해행지

(3) ① 그 때 대혜보살마하살이 다시 붓다께 말하였다.

"세존이시여, 3자성은 5법 중에 들어갑니까, 각각 자상이 있습니까?"162

② 붓다께서 말씀하셨다.

"대혜여, 3자성과 8식 및 2무아는 모두 5법에 들어간다.

그 중 이름 및 모습은 망계성이다.

그에 의지해 분별하면 심·심소법이 동시에 일어남이 마치 해가 빛과 더불어함과 같으니, 이는 연기성이다.

정지와 여여는 무너질 수 없기 때문에 이는 원성성이다.163

爾時　大慧菩薩摩訶薩復白佛言.

"世尊, 爲三性 入五法中, 爲各有自相?"

佛言.

"大慧, 三性八識 及二無我 悉入五法.

其中名及相　是妄計性.

以依彼分別　心心所法俱時而起 如日與光, 是緣起性.

正智如如 不可壞故是圓成性.

를 초월해 환희지에 이르고, 나아가 공덕이 만족하여 색구경처에서 여래지를 증득하여 중생을 성숙시키되, 마치 물속의 달과 같이 원만히 비추고 한량없는 응신을 시현해서 마땅함을 따라 설법하는데, 체성이 청정하여 심·의·식을 떠나고 과거에 서원한 10무진의 문구를 이루어 만족하니, 이를 보살이 5법 등의 법을 여실하게 수행하여 여여한 법신을 얻는 것이라고 이름한다는 것이다.

162 대혜가 앞에서 4문을 들어서 물었음에도 여래께서 단지 5법의 1문만에 의거해 답하셨기 때문에 여기에서 3자성이 5법 중에 들어가는지, 3자성에 따로 자상이 있는지 다시 물은 것이다.

163 붓다께서 나머지 3법문도 모두 5법 중에 들어간다고 답하신 것은 단지 1문만을 닦아도 곧 모든 문이 갖추어 포섭되고, 나머지 셋도 역시 그러해서이다. 말하자면 그 중 이름과 모습은 망계자성을 내니, 이 망계자성은 곧 5법 중의 이름과 모습에 들어간다. 만약 그에 의지해 분별하면 심·심소법이 반드시 이름과 모습을 띠고 동시에 일어나니, 비유하면 해가 빛과 더불어 함께 하는 것과 같다. 이를 연기자성이라고 이름하니, 5법 중의 분별에 들어간다. 정지와 여여는 짓는 법이 아니기 때문에 무너질 수 없으니, 이는

③ 대혜여, 자기 마음이 나타낸 것에 대해 집착을 낼 때 여덟 가지 분별이 있어 이 차별되는 모습을 일으키는데, 다 진실치 못하므로 오직 망계성이다.164

④ 만약 능히 두 가지 나에 대한 집착을 버려 떠난다면 2무아의 지혜가 곧 생장함을 얻는다.165

⑤ 대혜여, 성문·연각·보살·여래의 자증성지, 모든 지의 지위·차례와 일체 불법은 모두 다 이 5법 중에 거두어지고 들어간다.166

(4) 또 다음 대혜여, 5법이란 이른바 모습·이름·분별·여여·정지이다.

大慧, 於自心所現 生執著時 有八種分別
起此差別相, 皆是不實惟妄計性.
若能捨離 二種我執
二無我智 卽得生長.

大慧, 聲聞緣覺 菩薩如來 自證聖智 諸地位次 一切佛法 悉皆攝入 此五法中.

復次 大慧, 五法者 所謂 相名分別 如如正智.

....
원성성으로서 5법 중 정지와 여여에 들어간다. 이상에서 3자성이 5법에 들어감을 밝히는 것은 끝났다.
164 자기 마음이 망령되이 나타낸 법에 대해 집착을 낼 때 심·의·식의 여덟 가지 분별이 있어 이 차별되는 모습을 일으키니, 이 여덟은 이름과 모습이므로, 곧 5법 중 이름·모습·망상에 들어간다. 이 이름과 모습이 모두 진실치 못하여 오직 망계성임을 알면 곧 5법 중 정지·여여에 들어간다. 이는 8식이 5법에 들어감을 밝히는 것이다.
165 시설된 것은 모두 진실치 못하여 오직 망계성일 뿐인데, 만약 실제로 두 가지 나의 이름 및 두 가지 나의 모습이 있다고 헤아린다면 곧 5법 중 이름·모습·분별에 들어가고, 만약 그 두 가지 나가 진실치 못함을 능히 깨달아 곧 인·법 두 가지 무아에 대한 지혜를 얻는다면 곧 5법 중 정지와 여여에 들어간다. 이는 두 가지 무아가 5법에 들어감을 밝히는 것이다.
166 단지 5법이 나머지 3문만을 거두는 것이 아니라, 성문·연각·보살·여래의 인·과의 일체의 모든 법도 다 그 중에 들어가는 것이다.

① 이 중 모습이란 보는 대상인 물질 등의 형상이 각각 다른 것을 말하니, 이를 모습이라고 이름한다.

② 그 모든 모습에 의해 병 등의 이름을 세워서 이것은 이와 같고 이것은 다르지 않다고 하니, 이를 이름이라고 이름한다.

③ 온갖 이름을 시설해서 모든 모습의 심·심소법을 나타내어 보이니, 이를 분별이라고 이름한다.167

④ 그 이름과 그 모습은 필경 없고, 단지 허망한 마음이 전전하여 분별할 뿐이라고 이와 같이 관찰하여 나아가 지각이 멸하기에 이르면, 이것을 여여라고 이름한다.168

⑤ 대혜여, 진실이고 결정적이며 구경이고 근본이며 자성을 얻을 수 있는 것이 여여의 모습이다. 나 및 제불은 수순하여 증입해서 그 실상과 같이 개시하

此中相者 謂所見色等 形狀各別, 是名爲相.

依彼諸相 立瓶等名 此如是 此不異, 是名爲名.

施設衆名 顯示諸相 心心所法, 是名分別.

彼名彼相 畢竟無有, 但是妄心 展轉分別 如是觀察 乃至覺滅, 是名如如.

大慧, 眞實決定 究竟根本 自性可得 是如如相. 我及諸佛 隨順證入 如其實相 開示

---

167 여기에서 붓다께서 다시 5법의 뜻을 밝히시는 것인데, 모습과 이름의 2법은 알 수 있을 것이다. 심·심소를 일으켜서 병 등의 이름과 모습을 반연하여 생각하는 것을 곧 분별이라고 이름한다. 심법은 곧 8식의 심왕이고, 심소법은 곧 6위의 심소이니, 또한 심수법心數法이라고도 부른다.
168 그 이름과 모습이 진실치 못함을 알기 때문에 망상으로 지각하여 앎[覺知]이 없는 것을 곧 여여라고 이름한다.

고 연설하니, 만약 능히 이것을 수순하여 깨달아 알고 단멸을 떠나며 상주를 떠나서 분별을 내지 않고 자증의 처소에 들어가 외도와 이승의 경계를 벗어난다면, 이를 정지라고 이름한다.169

⑥ 대혜여, 이 다섯 가지 법이 3자성·8식 및 2무아와 일체 불법을 널리 모두 거두어 다한다.

대혜여, 이 법 가운데서 그대는 응당 스스로의 지혜로써 선교하게 통달하고, 또한 타인에게도 권하여 그로 하여금 통달케 해야 하니, 이것을 통달하고 나면 마음이 곧 결정되어 남을 따라서 구르지 않을 것이다."170

⑸ 그 때 세존께서는 거듭 게송으로 말씀하셨다.

演說, 若能於此 隨順悟解 離斷離常
不生分別 入自證處
出於外道 二乘境界,
是名正智.
大慧, 此五種法 三性八識 及二無我 一切佛法 普皆攝盡.
大慧, 於此法中 汝應以自智 善巧通達,
亦勸他人 令其通達,
通達此已
心則決定 不隨他轉."

爾時 世尊 重說頌言.

---

169 오직 이 하나(=여여)만 진실이고, 나머지는 곧 진실이 아니기 때문에 '진실이고 결정적이며 구경이고 근본이며 자성을 얻을 수 있는 것'이라고 말하였으니, 나머지는 다 마사魔事이다. 그러므로 제불께서 수순하여 증입하고 그 실상과 같이 그 중생들을 위해 5법의 문 등을 개시하고 연설하여 여실한 곳에 들어가게 하시므로 이승과 외도는 얻을 수 없는 것이니, 이를 정지라고 이름한다. * 본문 중 '자성을 얻을 수 있는 것[自性 可得]'은 4권본에는 '自性 不可得'이라고 번역하고 있고, 범문화역도 4권본과 같다.
170 응당 정지와 여여를 깨닫고, 이름·모습·분별을 따라서 굴리지 말라고 말씀하시는 것이다.

① 다섯 가지 법과 3자성　　　　　　五法三自性
　　및 여덟 가지 식과 더불어　　　　及與八種識
　　두 가지 무아의 법이　　　　　　二種無我法
　　널리 대승을 거둔다네171　　　　　普攝於大乘

② 이름과 모습 및 분별은　　　　　　名相及分別
　　두 가지 자성에 포함되고　　　　二種自性攝
　　정지와 여여, 이들은　　　　　　正智與如如
　　곧 원성의 모습이라네172　　　　　是則圓成相

5.7173

⑴ 그 때 대혜보살마하살이 다시 붓다　爾時　大慧菩薩摩訶薩
께 말하였다.　　　　　　　　　　　　復白佛言.
　"세존이시여, 저 경전 중에서 과거·미　"世尊, 如經中說　過去
래·현재의 제불은 항하의 모래와 같다　未來　現在諸佛　如恒河
고 말씀하신 이것은 어떤 것입니까? 말　沙　此當云何? 爲如言

---

171 위의 4문이 널리 대승의 일체 법과 뜻을 거둔다는 것을 노래한 것이다.
172 이는 3자성이 5법 중에 들어감을 노래한 것이다.
173 * 이 5.7은 10권본의 제13 항하사품에 해당한다.【이상으로 일곱째 8식·5법·3자성·2무아가 대승을 구경하고 제일의를 이룸을 보이는 것은 마쳤고, 이하는 여덟째 삼세 여래의 법신의 세간을 바라봄을 초과하고 찰나의 뜻이 아니며 시종 허물이 없고 청정 무루함을 보이는 것[示三世如來法身過世間望 非刹那義 始終無過 淸淨無漏]인데, 넷으로 나누어진다. 처음은 법신의 자통은 세간의 바라봄을 초과함을 보이는 것[示法身自通 過世間望]인데, 열로 나누어진다. 그 처음은 제불의 항하사와 같은 묘한 뜻을 청하는 것[請諸佛恒沙妙義]이다.】* 여기에서 제8단의 4개 항의 경문 배치를, 그 제1항의 세부과목과 함께 도표로써 보이면 다음과 같다.

씀하신 대로 받아들여야 합니까, 달리 뜻이 있는 것입니까?"174   而受, 爲別有義?"

(2) 붓다께서 대혜에게 말씀하셨다.175   佛告大慧
"① 말과 같이 받아들이지 말라.   "勿如言受.
대혜여, 삼세의 제불은 항하의 모래와 같은 것이 아니다. 왜냐 하면 여래는 가장 뛰어나고 모든 세간을 초월해 더불어 같을 자가 없어서 비유로 미칠 바가   大慧, 三世諸佛 非如恒沙. 何以故 如來最勝 超諸世間 無與等者 非喩所及,

법신의 자통은 세간의 바라봄을 초과함을 보임	제불의 항하사와 같음의 묘한 뜻을 청함		5.7(1)
	제불의 자통은 세간의 바라봄을 초과함을 보임		(2)
	여래의 법신은 본래 고요함을 비유함		(3)①
	법신은 멸하지 않음을 비유함		②
	법신은 일체처에 두루해서 간택 없음을 비유함		③~④
	법신은 대현하더라도 증감이 없음을 비유함		⑤
	여래의 비원은 법계에 평등함을 비유함		⑥
	여래의 법신은 열반을 수순함을 비유함		⑦
	생사와 해탈의 본제와 끝 없음을 보임		(4)
	총체적으로 노래함		(5)
법신의 무루는 찰나가 아닌 뜻을 보임			5.8
법신의 진불로써 의심을 깨뜨리고 허물 떠남을 보임			6.1
여래의 정인 정과는 필경 청정함을 보임			6.2

174 이는 위의 현증품의 게송에서 '이것은 과거·미래·현재의 제불께서 설하신 바'라고 말씀하셨고, 또 위에서 '그 몸은 청정하고 심·의·식을 떠나'라고 말씀하신 것으로 인한 것이다. 이미 심식을 떠났다면 곧 비유가 될 수 없을 것이기 때문에 다른 경전에서 '삼세의 제불은 항하의 모래와 같다'고 말씀하신 것을 들어서, 설하신 대로 받아들여야 하는지, 따로 다른 뜻이 있는지를 물은 것이다.
175 【(2)는 둘째 제불의 자통은 세간의 바라봄을 초과하므로 비유로 말할 수 없음을 보이는 것[示諸佛自通 過世間望 不可譬說]이다.】

아니며, 오직 부분적으로만 그 비유가 될 뿐이다.176

② 나는 범우와 모든 외도 등이 마음으로 늘 항상함과 무상함을 집착하여 악견이 증장하고 생사에 윤회하므로, 그들로 하여금 싫어 떠나려고 하며 뛰어난 희망을 일으키게 하려고 '붓다는 이루기 쉽고 만나기 쉽다'고 말한 것이다.

만약 '만나기 어려움이 우담발화와 같다'고 말한다면 그들은 문득 물러나고 겁내어 부지런히 정진하지 않을 것이므로, 이 때문에 나는 항하의 모래와 같다고 말한 것이다.177

③ 나는 다시 어떤 때 교화 받을 자를 보면, 붓다는 만나기 어려운 것이 우담발화와 같다고 말한다.178

唯以少分 爲其喩耳.

我以凡愚 諸外道等 心恒執著 常與無常 惡見增長 生死輪廻, 令其厭離 發勝悕望 言 '佛易成 易可逢值'.

若言 '難遇 如優曇華' 彼便退怯 不勤精進, 是故 我說 如恒河沙.

我復有時 觀受化者, 說佛難値 如優曇華.

---

176 삼세의 여래는 세간에서 바라보는 것을 초과하여 비유로 비유될 바가 아니므로 항하(의 모래)로써 비유할 수 없음을 말하는 것이다.
177 공통으로 범우와 외도를 유인하여 생사를 싫어하게 하기 위한 때문에 변화붓다는 보기 쉬움이 항하의 모래와 같다고 말하였으므로, 다 이미 도를 얻어서 그대들은 이제 이 생사를 응당 받지 않을 것이다. 만약 제불은 우담발화처럼 봄을 얻기 어렵다고 말했다면, 따라서 이 모든 사람들은 문득 퇴겁을 내어서 다시 나아가 구하지 않았을 것이다.
178 또 교화 받을 제자가 부지런히 정진하지 않는 것을 보면 붓다는 만나기 어려움이 우담발화와 같은데, 그대는 이제 만남을 얻었으니 어찌 부지런히 정진해 뛰어나게 나아가 생사를 원리하지 않을 것인가라고 말한다는 것이다.

④ 대혜여, 우담발화는 일찍이 보았음, 현재 봄, 장차 볼 것이 없지만, 여래는 곧 이미 보았음과 장차 볼 것이 있다.

대혜여, 이와 같은 비유는 스스로의 법[自法]을 말한 것이 아니니, 스스로의 법이란 안으로 증득한 성지로써 행하는 경계라 세간에 같은 것이 없고 모든 비유를 초과하는 것이므로 일체 범우는 능히 믿고 받지 못한다.179

⑤ 대혜여, 진실한 여래는 심·의·의식으로 보는 모습을 초월하므로 그에 대해 비유를 세울 수 없지만, 그러나 또한 어떤 때에는 위해 항하의 모래 등을 건립해서 말하니, 서로 어긋남은 없다.180

大慧, 優曇鉢華 無有曾見 現見當見, 如來則有已見當見.

大慧, 如是譬喩 非說自法, 自法者
內證聖智 所行境界
世間無等 過諸譬喩
一切凡愚
不能信受.

大慧, 眞實如來 超心意意識 所見之相 不可於中 而立譬喩, 然亦有時 而爲建立言 恒河沙等 無有相違.

....
179 우담발화는 삼세 중에 보는 자가 없지만, 여래는 곧 세간에서 다 보니, 어찌 붓다가 우담발화와 같다고 말할 수 있겠는가라고 말하는 것이니, 중생을 위해 이와 같이 비유하는 것임을 밝히는 것이다. 따라서 변화붓다가 보기 어렵거나 보기 쉽다고 말하는 것은 스스로의 진실한 법을 말하는 것이 아니기 때문이다. 스스로의 법이란 여래 소증의 경계라, 세간에 더불어 같은 것이 없어서 비유로 삼을 수가 없으니, 범부가 심식으로 보는 모습이 아니어서, 이들은 모두 능히 믿고 받지 못한다. *『심인』의 과목에서 '자통自通'이라고 표현한 것은 이 '스스로의 법[自法]'과 같은 것이다.
180 진실한 법신은 마음으로 반연하는 모습을 떠나서 비유로 미칠 바가 아니지만, 또한 어떤 때에는 부분적으로 그들을 위해 건립해서 항하의 모래 등을 말하니, 서로 어긋나는 허물은 없다.

(3) ① 대혜여, 비유하면 항하의 모래는 거북이·물고기·코끼리·말에게 짓밟혀도 분별을 내지 않고 늘 청정무구한 것과 같다.

  여래의 성지는 그 항하와 같고, 힘·신통·자재는 그 모래가 되어서, 외도의 거북이·물고기가 다투어 와 요란하여도 붓다는 일념의 분별도 일으키지 않는다. 왜냐 하면 여래의 본원은 삼매의 즐거움으로써 널리 중생을 편안케 하려 하는 것임이, 마치 항하의 모래에게는 애증이 없으며 분별이 없는 것과 같기 때문이다.181

  ② 대혜여, 비유하면 항하의 모래는 땅의 자성이므로 겁이 다하여 탈 때에 일체의 땅을 태우더라도 그 지대는 본성을 버리지 않으니, 늘 화대와 더불어 동시에 나기 때문인데, 모든 범우의 사람은 땅이 태움을 입는다고 여기지만 실제로는 타지 않으니, 불의 소인所因이기 때문인 것과 같다.

大慧, 譬如恒沙
龜魚象馬 之所踐踏
不生分別 恒淨無垢.

如來聖智 如彼恒河, 力通自在 以爲其沙, 外道龜魚 競來擾亂
而佛不起 一念分別.
何以故 如來本願 以三昧樂 普安衆生,
如恒河沙 無有愛憎
無分別故.

大慧, 譬如恒沙
是地自性 劫盡燒時
燒一切地 而彼地大 不捨本性, 恒與火大
俱時生故, 諸凡愚人
謂地被燒
而實不燒,
火所因故.

---

181 【이는 셋째 여래의 법신은 본래 고요함을 비유하는 것[喻如來法身本寂]이다.】 지혜 있는 모든 자는 비유로써 이해를 얻으니, 여래께서 방편으로 이러한 등의 도리를 항하의 모래에 견주시는 것이기 때문에 서로 어긋남은 없다.

여래의 법신도 또한 다시 이와 같아 如來法身 亦復如是
서 항하의 모래처럼 끝내 무너져 멸하 如恒河沙 終不壞滅.
지 않는다.182

③ 대혜여, 비유하면 항하의 모래는 大慧, 譬如恒沙
한량이 없는 것과 같다. 無有限量.

여래의 광명도 또한 다시 이와 같아 如來光明 亦復如是
서 한량없는 중생을 성취하고자 널리 爲欲成就 無量衆生 普
일체 제불의 큰 모임을 비춘다.183 照一切 諸佛大會.

④ 대혜여, 비유하면 항하의 모래는 大慧, 譬如恒沙
모래의 자성에 머물고 다시 바뀌어 변 住沙自性 不更改變
하지 않으면서 다른 물건을 만드는 것 而作餘物.
과 같다.

여래도 또한 그러해서 세간 중에서 如來亦爾 於世間中
나지 않고 멸하지 않으니, 제유에 날 원 不生不滅, 諸有生因
인을 다 이미 끊었기 때문이다.184 悉已斷故.

---

182 【이는 넷째 법신은 멸하지 않음을 비유하는 것[喻法身不滅]이다.】 항하의 모래가 무너져 끝을 얻을 수 없음을 법신에 견준 것이다. * 이 비유에 대해 『집주』는 「땅은 물과 불이 합함으로 인하여 이루어지며, 또 불은 능히 흙을 내기 때문에 땅은 모래를 태우지 못하고 무너뜨릴 수 없다고 말한 것이니, 따라서 법신에 견준 것이다.」라고 설명하고, '불의 소인'(=4권본은 '불의 원인[火因]'이라고 표현함)이라는 부분에 대해 『주해』는 「땅은 불이 없으면 타지 않고, 불은 땅이 없으면 이어지지 않으므로 땅은 부득이 타는 것이다. 여래의 법신이 옮기지 않고 변하지 않음도 또한 다시 이와 같다.」라고 설명한다.
183 【④와 ⑤는 다섯째 법신은 일체처에 두루해서 간택이 없음을 비유하는 것[喻法身徧一切處 無有揀擇]이다.】 일체 제불의 중회를 비추는 것이, 마치 항하의 모래가 한량과 끝을 얻을 수 없는 것과 같다고 말함으로써 여래에 견준 것이다.

⑤ 대혜여, 비유하면 항하의 모래는 취해도 준 것을 알지 못하고, 던져도 는 것을 보지 못하는 것과 같다.

大慧, 譬如恒沙 取不知減, 投不見增.

제불도 또한 그래서 방편의 지혜로써 중생을 성숙시키더라도 줆도 없고 늚도 없으니, 왜냐 하면 여래의 법신은 몸이 없기 때문이다.

諸佛亦爾 以方便智 成熟衆生 無減無增, 何以故 如來法身 無有身故.

대혜여, 몸이 있기 때문에 멸하여 무너짐이 있으나, 법신이 몸이 없기 때문에 멸하여 무너짐이 없다.185

大慧, 以有身故 而有滅壞, 法身無身 故無滅壞.

⑥ 대혜여, 비유하면 항하의 모래는 비록 힘껏 눌러 짜서 소유를 구하고자 해도 끝내 얻을 수 없는 것과 같다.

大慧, 譬如恒沙 雖苦壓治 欲求蘇油 終不可得.

여래도 또한 그래서 비록 중생에게 온갖 괴로움의 누름을 받지만 나아가 벌레에 이르기까지 아직 다 열반하지 않으면 법계 중의 깊은 마음·서원·즐거움을 버려 떠나게 하고자 해도 또한 얻을 수 없으니, 왜냐 하면 대비심을 구족히 성취했기 때문이다.186

如來亦爾 雖爲衆生 衆苦所壓 乃至蠢動 未盡涅槃 欲令捨離 於法界中 深心願樂 亦不可得, 何以故 具足成就 大悲心故.

....
184 순수한 금모래로서 와석이 없는 것을 여래의 법신에 견준 것이다. 생사와 생멸 등이 없는 모래는 여래에게 삼유에 태어날 원인이 다 끊어졌음을 말하는 것이다.
185 【이는 여섯째 법신은 대하여 나타나더라도 증감이 없음을 비유하는 것 [喻法身對現 無有增減]】 색신이 아니기 때문에 증감이 없다.

⑦ 대혜여, 비유하면 항하의 모래는 물을 따라 흐르므로, 물이 없는 것이 아닌 것과 같다.

여래도 또한 그러해서 있는 바 설법은 열반의 흐름을 수순하지 않음이 없으니, 이 때문에 제불 여래는 항하의 모래와 같다고 말하는 것이다.

대혜여, 여래의 설법은 취趣를 따르지 않으니, 취는 무너진다는 뜻이다. 생사의 본제는 앎을 얻을 수 없으니, 이미 알 수가 없는데, 어떻게 취를 설하겠는가?

대혜여, 취의 뜻은 끊어짐인데도 범우가 알지 못하는 것이다."187

大慧, 譬如恒沙 隨水而流, 非無水也.

如來亦爾 所有說法 莫不隨順 涅槃之流, 以是說言 諸佛如來 如恒河沙.

大慧, 如來說法 不隨於趣, 趣是壞義. 生死本際 不可得知, 旣不可知, 云何說趣?

大慧, 趣義是斷 凡愚莫知."

....
186 【이는 일곱째 여래의 비원은 법계와 같음을 비유하는 것[喻如來悲願 等於法界]이다.】 본원의 대비, 삼매의 즐거움 때문에 중생을 버리지 못한다.
187 【이는 여덟째 여래의 법신은 열반을 수순함을 비유하는 것[喻如來法身 隨順涅槃]이다.】 '취趣'라는 글자를 2본에서는 모두 '간다[去]'는 글자로 번역하였다. 여래의 설법은 가서 유전하는 모든 것[諸去流轉]을 따르지 않는데도, 우부는 모든 법이 열반의 흐름을 따르는 것으로서 가고 옴이 없음을 알지 못한다고 말하는 것이다. * 이 항목의 경문은 다음과 같은 『관기』의 글이 이해에 도움이 된다. 「이는 언설법신을 비유한 것이다. 모래는 일체 생사의 법을 비유하고, 물은 법신 열반의 법을 비유한다. 법신이 5도에 유전하는 것을 중생이라고 이름하니, 만약 중생이라면 무명의 업식 때문에 열반의 법을 설하더라도 열반의 법이 다 생사의 법을 따르지만, 여래께서는 자각성지로써 생사의 법을 설하시므로 생사의 법도 다 열반의 흐름을 따르는 것이다. 단지 설해진 법만 열반을 따르는 것이 아니라, 언설도 곧 열반이니, 언설의 모습이 적멸하기 때문이다. 그러므로 여래의 설법은 가서 유전하는

⑷ ① 대혜보살이 다시 붓다께 말하였다.

"만약 생사의 본제를 알 수 없다고 한다면 어떻게 중생이 생사 중에 있으면서 해탈을 얻습니까?"188

② 붓다께서 말씀하셨다.

"대혜여, 시작 없는 허위의 허물의 습기라는 원인이 멸하여 밖의 경계는 자기 마음이 나타낸 것임을 요지해서 분별이 의지처를 전환한다면 해탈이라고 이름하니, 멸하여 무너지는 것이 아니다. 그러므로 끝이 없다고 말할 수 없다.189

③ 대혜여, 끝이 없다는 것은 단지 분별의 다른 이름일 뿐이다.

大慧菩薩 復白佛言.

"若生死本際 不可知者
云何衆生 在生死中
而得解脫?"

佛言.

"大慧, 無始虛偽 過習
因滅 了知外境 自心所
現 分別轉依
名爲解脫,
非滅壞也.
是故不得 言無邊際.

大慧, 無邊際者 但是分別異名.

....
모든 것을 따르지 않으니, 유전을 따르지 않는 까닭은 생사의 법이 있음을 보지 못하기 때문이다. 그래서 '생사의 본제는 알 수 없다'고 말한 것이니, 이미 생사의 본제를 오히려 알 수 없거늘, 내가 어떻게 생사에 감이 있는 뜻을 말하겠는가. 또 감은 끊어짐의 뜻인데, 그러나 생사의 본제에 곧 열반이 상주하거늘, 어떻게 끊어짐을 말하겠는가. 단지 이는 범우가 아는 것이 아닐 뿐이다.」

188 【⑷는 아홉째 생사와 해탈의 본제와 끝 없음을 보이는 것[示生死解脫 本際無邊]이다.】 만약 중생이 생사하는 본제의 시작할 때를 알 수 없다고 한다면 어떻게 뒤의 시기에 해탈을 얻어 끝날 때를 알 수 있는가?

189 시작 없는 허망한 습기라는 원인이 소멸하여 허망하게 분별하는 지각이 의지처를 전환하기 때문에 곧 해탈이라고 이름하는 것이지, 끊어져 소멸하는 끝[斷滅邊]인 것이 아님을 말하는 것이니, 그러므로 끝이 없다고 말할 수는 없다는 것이다.

대혜여, 분별하는 마음을 떠나서 따로 중생은 없으니, 지혜로써 안팎의 모든 법을 관찰하면 아는 것과 알 바가 모두 다 적멸하다.

大慧, 離分別心 無別衆生, 以智觀察 內外諸法 知與所知 悉皆寂滅.

　대혜여, 일체의 모든 법은 오직 자기 마음의 분별로 보는 것일 뿐이니, 요지하지 못하기 때문에 분별하는 마음이 일어나지만, 요지한다면 마음도 곧 멸한다."190

大慧, 一切諸法 唯是自心 分別所見, 不了知故 分別心起, 了心則滅."

⑸ 그 때 세존께서는 거듭 게송으로 말씀하셨다.191

爾時 世尊 重說頌言.

① 모든 여래들 관찰하기를
　　항시[恒河沙] 같아 무너짐 아니고
　　또한 취趣도 아니라 한다면
　　이 사람은 능히 붓다 보리

觀察諸導師
譬如恒河沙
非壞亦非趣
是人能見佛

② 비유하면 항하의 모래는

譬如恒河沙

---

190 '끝이 없다'고 하는 것은 허망한 분별과 다르지 않다는 것이다. 만약 허망한 분별을 떠난 밖에 따로 중생이 있다고 한다면, 곧 중생이 생사를 끊고 해탈을 얻음이 있다는 것이겠지만, 지금 아는 것과 알 바를 관찰한다면 일체의 모든 법은 본래 적멸해서, 오직 중생이 아는가, 알지 못하는가에 있을 뿐이다.
191 【이하는 열째 총체적으로 노래하는 것[總頌]이다.】

일체의 허물 모두 떠나서	悉離一切過
늘 흐름 수순하는 것같이	而恒隨順流
붓다의 체도 이와 같다네192	佛體亦如是

5.8[193]

(1) ① 그 때 대혜보살마하살이 다시 붓다께 말하였다.

"세존이시여, 원컨대 저를 위해 일체의 모든 법이 찰나에 무너지는 모습을 설해 주소서. 어떤 것이 모든 법은 찰나에 있다고 이름하는 것입니까?"[194]

爾時 大慧菩薩摩訶薩 復白佛言.

"世尊, 願爲我說 一切 諸法 刹那壞相. 何等諸法 名有刹那?"

---

192 이 2게송은 위의 항하의 모래에 대한 일곱 가지 비유를 노래한 것이니, 글과 같아서 알 수 있을 것이다.

193 * 이 5.8은 10권본의 제14 찰나품에 해당한다. 【이상으로 처음 법신의 자통은 세간의 바라봄을 초과함을 보이는 것은 마쳤고, 이하는 둘째 법신의 무루는 찰나가 아닌 뜻을 보이는 것[示法身無漏 非刹那義]인데, 둘로 나누어진다. 처음은 모든 법은 찰나임을 보이는 것[示諸法刹那]인데, 둘로 나누어진다. 그 처음은 장차 찰나와 찰나 아님의 뜻을 보이려고 먼저 모든 법을 열거하는 것[將示刹那非刹那義 先列諸法]이다.】 * 여기에서 제2단의 2개 항의 경문 배치를, 그 세부과목과 함께 도표로써 보이면 다음과 같다.

모든 법은	모든 법을 열거함	(1)①~②
찰나임을 보임	찰나의 뜻을 보임	③
	찰나와 찰나 아님의 뜻을 보임	(2)①~②
무루의 습기는	여래장은 찰나가 아닌 뜻을 보임	③
찰나가 아닌	세·출세간의 바라밀은 찰나를 떠나지 않음	(3)①~④
뜻을 보임	출세간 상상의 바라밀은 찰나 아님을 보임	⑤
	찰나와 찰나 아님은 평등함을 총결함	(4)

194 위에서 몸이 있기 때문에 멸하여 무너짐이 있다고 한 것은 곧 음·계·입의 무상을 설한 것이기 때문에 일체의 모든 법이 찰나에 무너지는 모습을

② 붓다께서 말씀하셨다.
"잘 들으라, 그대를 위해 설하겠다.
대혜여, 일체법이라고 하는 것은 이른바 선법과 불선법, 유위법과 무위법, 세간법과 출세간법, 유루법과 무루법, 집수 있는 법[有受法]과 집수 없는 법[無受法]이다.195
대혜여, 요점을 들어서 말한다면 5취온의 법은 심·의·의식의 습기가 원인이 되어 증장함을 얻으니, 범우는 여기에서 분별을 내어 선과 불선을 말하지만,196

佛言.
"諦聽, 當爲汝說.
大慧, 一切法者 所謂 善法 不善法 有爲法 無爲法 世間法 出世間法 有漏法 無漏法 有受法 無受法.
大慧, 擧要言之 五取蘊法 以心意意識 習氣爲因 而得增長, 凡愚於此 而生分別 謂善不善,

들어서 청문한 것이다.
195 여래께서 장차 찰나가 아닌 것을 보이시려고 먼저 일체의 모든 법을 따와서 해석하시는 것이다. 말하자면 바른 이치를 수순해서 자·타를 이익하기 때문에 곧 선법이라고 이름하고, 바른 이치를 어겨서 자·타를 손상하기 때문에 불선법이라고 이름한다. 생멸이 인연에 계속繫屬됨이 있어 얻는 것이 있기 때문에 유위법이라고 이름하고, 생·주·멸이 인연에 계속됨이 없어 얻는 바가 없기 때문에 무위법이라고 이름한다. '세'는 곧 숨기고 덮는다[隱覆]는 뜻이니, 승의를 숨기고 덮기 때문이고, 또 파괴될 수 있다는 뜻이니, 삼세에 변천하는 바이기 때문이며, '간'이란 허위 중에 떨어지기 때문이다. 숨기고 덮는 법은 곧 허위 중에 떨어지므로 '세'가 곧 '간'이니, 세간법이라고 이름하고, 허위를 벗어났기 때문에 출세간이라고 이름한다. '유'는 곧 삼유이고, '루'는 곧 염오되는 것이니, 말하자면 삼유의 법은 성품이 염오되는 것이므로 유루법이라고 이름하고, 염오됨이 없기 때문에 무루법이라고 이름한다. '수'는 곧 집수執受이니, 집수가 있기 때문에 생사라고 이름하고, 집수가 없기 때문에 곧 열반이라고 이름한다.
이 5대는 하나하나가 일체법을 널리 포괄한다. 4권본·10권본과 대조하면 '불선법' 아래에 다시 응당 '무기법'이라는 3글자가 있어야 한다.
196 심·의·식의 허망한 습기가 원인이 되어 음·계·입 등 색·심의 모든 법이 증장을 얻으면 우부가 분별하여 선과 불선이라고 말하니, 이것은 찰나이다.

성인은 현증하여 삼매의 즐거움에 머무니, 이는 곧 선·무루의 법이라고 이름한다.197

③ 또 다음 대혜여, 선·불선이란 이른바 8식인데, 어떤 것이 여덟인가?

여래장에서 장식이라고 이름하는 것과 의意 및 의식과 아울러 5식신을 말한다.198

대혜여, 그 5식신은 의식과 함께 해서 선·불선의 모습이 전전하여 차별되며 상속하고 끊어지지 않으니, 다른 체의 남은 없으며 나고 나면 곧 멸하는데,199 경계는 자기 마음이 나타낸 것임을 알

聖人現證 三昧樂住,
是則名爲 善無漏法.

復次 大慧, 善不善者
所謂 八識, 何等 爲八?
謂如來藏 名藏識
意及意識 幷五識身.

大慧, 彼五識身 與意識
俱 善不善相 展轉差別
相續不斷, 無異體生
生已卽滅,
不了於境 自心所現

---

197 삼매를 닦음이 원인이 되어 현법을 증득해 즐거움에 머무는 것은 성인의 선·무루법이라고 이름하니, 찰나가 아닌 것이다.
198 【이하는 둘째 찰나의 뜻을 보이는 것[示刹那義]이다.】 앞의 선·불선법이 찰나임과 찰나가 아님을 다시 해석하고자 하기 때문에 '또 다음'이라고 표방하여 말한 것이니, 그래서 8식의 여래장이 찰나와 찰나 아님의 원인임을 든 것이다. 그런데 이 제8의 아뢰야식은 오직 무부무기성에만 거두어지고, 제7의 말나는 오직 유부무기성에만 거두어지며, 앞의 6전식은 선·불선·무기의 3성에 통한다. 아직 전의하지 못한 지위에서는 이 여덟 가지 식은 모두 찰나라고 이름하니, 그래서 여래장을 찰나의 원인이라고 이름하고, 만약 전의를 얻으면 8식은 모두 선·무루법이니, 여래장은 찰나 아님의 원인이라고 이름한다. 선과 불선의 성품은 무기에 의지해 있는 것이므로 무기의 성품을 경문에서는 비추어 생략한 것이니, 말하지 않는 것은 아니다.
199 오식이 오진을 취하여 제6·7과 함께 하면 제6식이 선악업을 지어서 모습이 전전하여 차별되며, 선악업의 습기가 상속하여 끊어지지 않기 때문에 오식신이 나니, 이 오식신도 또한 순간순간 생멸한다는 것이다.

지 못하므로 차례로 멸할 때 다른 식이
생기하여 의식과 그 오식이 함께 하면
서 갖가지 차별되는 형상을 취하나 찰
나도 머물지 않으므로 나는 이들을 찰
나의 법이라고 말한다.200

次第滅時 別識生起
意識與彼 五識共俱
取於種種 差別形相 刹
那不住 我說此等 名刹
那法.

(2) ① 대혜여, 여래장에서 장식이라고
이름하는 것은 더불어 하는 바 의意 등
과 모든 습기와 함께 하니, 이것은 찰나
의 법이다.201

大慧, 如來藏 名藏識
所與意等
諸習氣俱, 是刹那法.

② 무루의 습기는 찰나가 아닌 법이
니, 이는 범우의 찰나를 논하는 자가 알
수 있는 것이 아니다.202 그들은 일체의
모든 법에는 찰나인 것과 찰나 아닌 것
이 있음을 능히 알지 못하기 때문에 그

無漏習氣 非刹那法,
此非凡愚 刹那論者 之
所能知. 彼不能知 一切
諸法 有是刹那 非刹那
故 彼計無爲

---

200 이는 오식은 모든 법이 자기 마음의 나타냄인 줄 깨닫지 못하기 때문에
갖가지 외진을 취하고, 취함을 따라서 곧 멸함을 밝히는 것이다. 그래서 '차
례로 멸한다'고 말한 것이니, 차례를 따라 멸할 때 곧 제6식이 나기 때문에
'다른 식이 생기하여 의식과 그 오식이 함께 한다'고 말한 것이며, 오식이
취한 갖가지 차별되는 형상을 취하나, 일념의 시간도 머물지 않으므로 이
를 찰나라고 이름한다.
201 【위에서 처음 모든 법이 찰나임을 보이는 것은 마쳤고, 이하는 둘째 무
루의 습기는 찰나가 아닌 뜻을 보이는 것[示無漏習氣 非刹那義]인데, 다섯으로
나누어진다. 처음은 찰나와 찰나가 아닌 뜻을 보이는 것[示刹那非刹那義]이
다.】 * 본주에 이 부분에 대한 설명은 빠져 있으나, 여래장 중에서 장식이
라고 이름하는 부분은 역시 찰나의 법에 속한다는 것을 말하는 취지이다.
202 무루의 습기는 여래장의 장식을 훈습하고 이념離念과 상응해서 성과를
증득하는 것이므로 곧 찰나가 아닌 것이다.

들은 무위도 모든 법과 같이 무너진다 고 계탁해서 단견에 떨어진다.203

③ 대혜여, 5식신은 유전하는 것이 아 니고 고락을 받지 않으므로 열반의 원 인이 아니다.204

여래장은 고락을 받고 원인과 더불어 함께 하므로 생멸이 있으니,205 네 가지 습기에 미혹해 덮인 모든 범우는 분별 이 마음을 훈습해서 능히 요지하지 못 하여 찰나라는 견해를 일으킨다.206

同諸法壞 墮於斷見.

大慧, 五識身 非流轉 不受苦樂 非涅槃因.

如來藏 受苦樂 與因俱 有生滅, 四種習氣 之所迷覆 而諸凡愚 分 別熏心 不能了知 起刹那見.

------

203 범우는 찰나 아닌 것을 깨닫지 못한다. 곧 무루의 진여 무위도 모든 지어진 법과 같이 생멸하고 패괴한다고 계탁해서 외도가 집착하는 바 단견에 떨어진다는 것이다. 《기신론》(=졸역 pp.814-815)에서 이르기를, "인아견자는 경전에서, '세간의 모든 법은 필경 체가 공하고, 나아가 열반 진여의 법도 또한 필경 공하여 일체의 모습을 여의었다.'라고 설한 것을 듣고, 그것이 집착을 깨트리기 위한 것임을 알지 못하고 곧 '진여 열반의 성품도 오직 그 공함일 뿐이다.'라고 말한다."라고 하였으니, 어찌 단멸견에 떨어진 것이 아니겠는가.
204 【③은 둘째 여래장은 찰나가 아닌 뜻을 보이는 것[示如來藏 非刹那義]이다.】 오식신은 유전하는 것이 아니라고 한 것을, 한 본(=4권본)에서는 "7식은 유전하지 않는다"라고 번역하였다. 그 7식은 순간순간 생멸하고 자성이 없기 때문에 육도에 유전할 수 없고 또한 고락을 알지 못하므로 역시 열반의 원인이 아님을 말하는 것이다. * 범문화역도 '5식신'이라고 하고 있지만, 뜻으로는 4권본쪽이 합당함.
205 여래장은 항상하기 때문에 그 염정의 훈습을 따라서 전변하며 의지처가 되므로, 능히 모든 식으로 하여금 고락을 알게 하고 원인과 더불어 함께 해서 나고 멸한다는 것을 말하는 것이다.
206 범우는 5주번뇌가 마음을 훈습해서 미혹해 덮인 바 되기 때문에 여래장이 항상함을 알지 못하고 찰나라는 견해를 일으킨다는 것이다. '네 가지 습기'라고 말한 것은 곧 4주번뇌 및 근본무명이다.(=네 가지 습기는 4주번뇌를 가리키고, 근본무명과 합쳐서 5주번뇌가 된다는 뜻)

대혜여, 마치 금·금강과 붓다의 사리와 같아서 이는 기이하고 특별한 성품이라 끝내 손괴되지 않는다.207 만약 법 증득함을 얻음에 찰나가 있는 것이라면 성인도 응당 성인이 아니어야 하겠지만, 그 성인은 성인 아닐 적이 없어서, 마치 금과 금강은 겁이 지나도록 머물면서 칭량해도 줄지 않는 것과 같거늘, 어찌하여 범우는 나의 비밀의 말을 이해하지 못하고 일체의 법에 찰나의 지각을 짓는가?"208

大慧, 如金金剛 佛之舍利 是奇特性
終不損壞. 若得證法 有刹那者
聖應非聖,
而彼聖人 未曾非聖, 如金金剛 雖經劫住
稱量不減, 云何凡愚 不解於我 秘密之說
於一切法 作刹那想?"

(3) ① 대혜보살이 다시 붓다께 말하였다.

大慧菩薩 復白佛言.

"세존께서는 항상 육바라밀이 만약 만족함을 얻으면 곧 정각을 이룬다고 말씀하셨는데, 어떤 것이 여섯이며, 무엇을 만족함이라고 합니까?"209

"世尊常說　六波羅蜜 若得滿足 便成正覺, 何等 爲六, 云何 滿足?"

---

207 여래장은 생멸하지 않으므로 마치 금강과 붓다의 유골과 같음을 말하는 것이다.
208 범우는 모든 법의 허망함을 통달하지 못하기 때문에 내가 방편으로 수순하기 위해 '일체의 모든 법은 찰나도 머물지 않는다'고 설하지만, 무루의 습기는 찰나가 아닌 것이다.
209 【이하는 셋째 세간·출세간의 바라밀은 찰나를 여의지 않음을 보이는 것 [示世間出世間波羅蜜 不離刹那]이다.】 위에서 삼매를 닦아 증득해서 즐거움에 머무는 것을 성인의 선·무루의 법이라고 이름한다고 하였기 때문에 다른

② 붓다께서 말씀하셨다.

"대혜여, 바라밀이라는 것의 차별에는 셋이 있으니, 이른바 세간, 출세간, 출세간 상상이다.

③ 대혜여, 세간의 바라밀이라 함은 모든 범우가 나와 내 것을 집착하고 두 가지 극단을 집취하여 제유의 몸을 구해서 물질 등의 경계를 탐하면서 이와 같이 보시바라밀과 지계·인욕·정진·선정을 수행하여 신통을 성취하고 범천세상에 나는 것을 말한다.210

④ 대혜여, 출세간의 바라밀이라 함은 성문과 연각이 열반을 집착하고 자신의 즐거움을 희구해서 이와 같이 모든 바라밀을 닦고 익히는 것을 말한다.211

佛言.

"大慧, 波羅蜜者 差別有三, 所謂 世間 出世間 出世間上上.

大慧, 世間 波羅蜜者 謂諸凡愚 著我我所 執取二邊 求諸有身 貪色等境 如是修行 檀波羅蜜 持戒忍辱 精進禪定 成就神通 生於梵世.

大慧, 出世間 波羅蜜者 謂聲聞緣覺 執著涅槃 希求自樂 如是修習 諸波羅蜜.

....

경전에서 세존께서 항상 육바라밀이 만약 만족함을 얻는다면 곧 정각을 이루리라고 말씀하신 것을 들어서, 무엇이 여섯이며, 무엇을 만족함이라고 하는지 물은 것이다.

210 세간의 바라밀이라고 말한 것은 나와 내 것을 집착하고 유·무 2변의 악견을 집취하여 3유의 몸을 구해서 색·성·향·미·촉의 경계를 탐착하면서 유루의 모든 바라밀을 행하여 부유하고 즐거운 6욕천과 범천세상에서 나아가 무색계의 비비상처에 남을 얻는 것이니, 모두 생사에 유전함을 면할 수 없다.

211 출세간의 바라밀이라고 말한 것은 이승의 사람이 생사를 싫어해 버리고 열반을 기뻐하여 향해서 스스로 건너기를 구해 여섯 가지 하열한 무루의 행을 닦고 익히는 것이니, 그래서 붓다 지음을 얻지 못한다. 저 아래의 출세간 상상의 바라밀이라는 것은 여래께서 만약 만족함을 얻으면 곧 정각을 이룬다고 항상 말씀하시는 것이므로, 모름지기 거칠게라도 그 모습을 알

⑤ 대혜여, 출세간 상상의 바라밀이란 말하자면 보살마하살이 자기 마음의 두 가지 법에서 오직 분별로 나타나는 것일 뿐임을 요지해서 망상을 일으키지 않고 집착을 내지 않으며 색상을 취하지 않고 일체 중생을 이락하고자 하기 위해 늘 보시바라밀을 수행하며,212 모든 경계에서 분별을 일으키지 않으니 이는 곧 지계바라밀을 수행함이고, 곧 분별을 일으키지 않을 때 능취·소취의 자성을 인가해 아니[忍知] 이는 곧 인욕바라밀이라고 이름하며, 초·중·후의 밤에 부지런히 닦고 게으르지 않으며 진

大慧, 出世間上上 波羅蜜者 謂菩薩摩訶薩 於自心二法 了知惟是 分別所現 不起妄想 不生執著 不取色相 爲欲利樂 一切衆生 而恒修行 檀波羅蜜, 於諸境界 不起分別 是則修行 尸波羅蜜, 卽於不起 分別之時 忍知能取 所取自性 是則名爲 羼提波羅蜜, 初中後夜 勤修匪懈 隨順實解

것을 필요로 히므로 이제 선덕에 의지해서 긴략히 10문을 열리니, 첫째는 이름의 해석, 둘째는 체를 냄, 셋째는 모습을 분별함, 넷째는 건립함, 다섯째는 차례, 여섯째는 서로 거둠, 일곱째는 닦아 증득함, 여덟째는 교의 관점, 아홉째는 관심觀心의 관점, 열째는 경문의 해석이다.(=이하 설명되는 10문의 구체적인 내용은 졸역『대방광불화엄경』제Ⅰ권 pp.609-610의 각주 101의 내용과 거의 같으므로 생략함)

212 【⑤는 넷째 출세간 상상의 바라밀은 찰나가 아닌 뜻을 보이는 것[示出世間上上波羅蜜 非剎那義]이다.】 출세간 상상의 바라밀이라고 말한 것은 말하자면 대보살이 자기 마음의 안팎의 두 가지 법에서 오직 허망한 분별로 나타남일 뿐임을 깨달아 알고, 보시하는 자라는 망상을 일으키지 않으며 받는 자라는 집착을 내지 않고 중간의 보시하는 물건이라는 색상을 취하지 않으면서, 중생들로 하여금 두려움 없는 안락을 얻게 하기 위해 늘 보시를 행하는 것이다. 그래서 논(=《기신론》. 졸역 p.824)에서 이르기를, "법성은 체에 간담慳貪이 없음을 알기 때문에 수순해서 보시바라밀을 수행한다"라고 하였다.

실한 이해를 수순하고 분별을 내지 않으니 이는 곧 정진바라밀이라고 이름하며, 분별을 내지 않고 외도의 열반의 견해를 일으키지 않으니 이는 곧 선정바라밀이라고 이름하며,213 지혜로써 관찰하여 마음에 분별이 없고 두 극단에 떨어지지 않으며 의지처를 전환해 청정케 하되 괴멸하지 않고 성지로 내증하는 경계를 얻으니 이는 곧 반야바라밀이라고 이름한다."214

不生分別
是則名爲　毘梨耶波羅
蜜, 不生分別 不起外道
涅槃之見 是則名爲 禪
波羅蜜, 以智觀察
心無分別 不墮二邊
轉淨所依
而不壞滅 獲於聖智 內
證境界 是則名爲 般若
波羅蜜."

---

213 논(=앞과 같음)에서 이르기를, "법성의 잡염 없음[無染]을 알아 오욕의 허물을 여의었기 때문에 수순해서 지계바라밀을 수행하며, 법성의 괴로움 없음[無苦]을 알아 성냄의 고뇌를 여의었기 때문에 수순해서 인욕바라밀을 수행하고, 법성의 신심의 모습 없음[無身心相]을 알아 해태를 여의었기 때문에 수순해서 정진바라밀을 수행하며, 법성의 항상 집중되어[常定] 체에 어지러움 없음[體無亂]을 알기 때문에 수순해서 선정바라밀을 수행한다"라고 하였다.

214 논에서 이르기를, "법성은 체가 밝음[體明]을 알아 무명을 여의었기 때문에 수순해서 반야바라밀을 수행한다"라고 하였고, 그래서 《화엄경》 제6지의 게송(=졸역 제Ⅳ권 p.346)에서 이르기를, "온갖 상 취하잖고 보시 행하며, 모든 악 본래 끊고 계 견지하며, 법의 해침 없음 알고 늘 감내하며, 법성의 여읨 알고 정진 갖추며, 번뇌 이미 다해서 선정에 들고, 성공性空 잘 통달하되 법 분별한다"라고 하였으니, 이 게송은 지상에서 닦는 것을 밝히기 때문에 바로 '번뇌 이미 다해서'라는 등이라고 말했지만, 논은 승해행지 중 발심해 수행함에도 통하므로 단지 '수순해서'라고만 말한 것이다. 또 선덕先德이 이르기를, "육도 만행이 상호 서로 융섭해서 보리분을 이루는 것은 다 반야로 말미암아 성립되기 때문에 5도는 소경과 같고, 반야는 인도자와 같다."라고 하였다.

이와 같이 육바라밀을 여실하게 수행하여 만족함을 얻으면 곧 아뇩다라삼먁삼보리를 얻지만, 만약 구족하지 못하면 곧 보리도에 들어갈 수 없다.

(4) 그 때 세존께서는 거듭 게송으로 말 　爾時 世尊 重說頌曰.
씀하셨다.215

① 우부가 유위 분별하므로 　　　　愚分別有爲
　공·무상·찰나라고 하니 　　　　　空無常刹那
　찰나의 뜻을 분별하여 　　　　　　分別刹那義
　강·등불·종자와 같다 하네216 　　 如河燈種子

② 일체의 법은 나지 않으며 　　　　一切法不生
　적정하고 짓는 바 없으며 　　　　　寂靜無所作
　모든 현상 성품 다 여의니 　　　　諸事性皆離
　이게 나의 찰나의 뜻이네217 　　　 是我刹那義

③ 나도 무간에 곧 멸함을 　　　　　生無間卽滅
　범우 위해 설하지 못하니 　　　　 不爲凡愚說
　무간에 상속하는 법에서 　　　　　無間相續法
　제취의 분별이 일어나네218 　　　 諸趣分別起

---

215 【이하는 다섯째 찰나와 찰나 아님이 평등함을 총결하는 것[總結刹那非刹那 平等]이다.】
216 모든 유위법은 마치 환상이나 꿈과 같은데도 우부가 망령되이 계탁해서 상견을 일으키므로 붓다께서 위해 공·무상無常·찰나를 말씀하시니, 요지하지 못하기 때문에 다시 강(의 흐름)이나 등불(의 불꽃)과 같이 무상하다고 계탁해서 찰나라는 지각을 짓는다는 것이다.
217 일체법은 찰나에 유전하므로 반드시 자성이 없고, 자성이 없기 때문에 곧 무생이다. 만약 무생이 아니라면 곧 유전하지 않으니, 무생에 계합하는 자라면 바야흐로 찰나를 볼 것이다.
218 모든 생기는 법[諸生法]은 곧 무생 적멸한 모습이나, 어리석은 사람은 믿

4| 무명이 그 원인이 되어서 　　　　無明爲其因
　　마음이 곧 거기에서 나니 　　　　心則從彼生
　　아직 색 온 것을 알지 못한 　　　　未能了色來
　　중간의 어디에 머물리오219 　　　　中間何所住

5| 무간 상속하는 것 멸하고 　　　　無間相續滅
　　다른 맘 일어남 있다 하면 　　　　而有別心起
　　색에 머물지 않을 때에는 　　　　不住於色時
　　무엇을 소연으로 나리오220 　　　　何所緣而生

6| 그걸 반연해 일어난다면 　　　　若緣彼而起
　　그 원인 곧 허망해 원인의 　　　　其因則虛妄
　　망체 성립되지 못하거늘 　　　　因妄體不成
　　어떻게 찰나에 멸하리오221 　　　　云何刹那滅

7| 수행하는 자의 삼매와 　　　　修行者正受

……………………
　　지 못하기 때문에 어리석은 사람을 위해서는 말할 수 없음을 말한 것이다. 이 틈[間](='찰나')이 만약 결정코 있다고 계탁해서 무간에 상속하는 법이라고 한다면 곧 육취의 망상의 생겨남이 있다는 것이다.
219 허망한 식심이 그 무명에서 난다는 것을 밝히는 것이다. 만약 망심이 아직 나지 않아서 아직 색을 분별하지 않았을 때의 중간에는 곧 법이 없으니, 그것이 어디에 머물겠는가.
220 무간에 상속하는 전념이 멸하고 나면 후념이 이어 난다고 말한다면, 만약 색에 머물지 않을 때라면 소연이 없으므로, 곧 남도 없을 것이다.
221 후념은 전념이 멸한 곳을 좇아서 일어나는 것이기 때문에 여실한 원인에서 나지 않는다. 원인이 이미 허망해서 체가 성립되지 않으므로 곧 무생이라고 이름하니, 그러므로 찰나에 멸괴한다고 말할 수 없다.

금강과 붓다의 사리 및	金剛佛舍利
광음천 궁전은 세간에서	及以光音宮
무너지지 않는 현상이네222	世間不壞事

⑧ 여래의 원만한 지혜 및	如來圓滿智
비구가 모든 법의 성품이	及比丘證得
상주함을 증득했다면	諸法性常住
어떻게 찰나를 보겠는가223	云何見刹那

⑨ 건달바성·환상 등의 색은	乾城幻等色
어째서 찰나 아닌가 하나	何故非刹那
대종은 실성이 없거늘	大種無實性
어떻게 능조라 말하리오224	云何說能造

---

222 범부가 일체법은 찰나라고 망령되이 계탁함을 상대하기 때문에 이 삼매 등의 법은 찰나가 아닌 것이라고 말하는 것이다.

223 여래의 정지가 만족하며, 그리고 모든 비구가 제8지의 모든 법의 진실한 성품을 증득했다면, 어떻게 찰나와 찰나 아님을 보겠는가.

224 모든 법은 마치 환상·꿈 등과 같음을 알지 못해서, 갖가지 차별되는 형상이 찰나도 머물지 않음을 취하여, 어째서 아니라고 하는가라고 하지만, 대종은 허망해서 진실한 자성이 없기 때문에 능히 짓는 자가 된다고 말할 수 없다는 것이다. 이 게송들은 응당 6바라밀장의 앞에 있어야 할 것이니, 번역자의 착오가 아닌가 의심된다. * 4권본에는 이 게송이 "건달바성·환상 등의 색에는 찰나가 없거늘[揵闥婆幻等 色無有刹那] 진실치 못한 색법에서 보기를 진실과 같이 하는가[於不實色法 而視若眞實]"라고 번역되어 있다. 이에 대해 『심인』은 「'건달바성·환상 등의 색에는 찰나가 없다'고 함은 말하자면 정법에 머무는 자는 나아가 보는 바의 일체법이 모두 환상 등과 같으므로 곧 색에도 역시 찰나의 뜻이 없다는 것이고, 무엇 때문에 '진실치 못한 색법에서 보기를 진실과 같이 하는가'라고 한 이것은, 외도가 4대 등이 능조의 생인이 된다고 집착하는 것을 물리치는 것이다.」라고 설명하고 있다.

大乘入楞伽經
대승입능가경

卷第六
제6권

大周 于闐國 三藏法師 實叉難陀 奉勅譯
대주 우전국 삼장법사 실차난다 봉칙역

【『심인』의 정종분 분과에 의한 제6권의 구성】

Ⅰ 이언절증하며 광대미묘한 제일의의 법문을 바로 가리킴	1.2.1~1.2.2
Ⅱ 언설로 들어갈 바 제일의의 식해가 상주함을 보여서 유심을 드러냄	
1. 8식인과의 사정을 간략히 밝혀 성지의 자각을 드러냄	1.3~2.1
2. 5법·자성·무아가 이승·외도와 구별됨을 보여 정법의 인과를 드러냄	2.2~2.4
3. 여래장이 우부·외도의 망상의 언설을 초과하여 모든 지와 구경의 과해를 성취함을 보임	2.5~3.8
4. 원만한 불신은 유무에 떨어지지 않음을 보임	3.9~4.3
5. 종·설 2통의 말·뜻과 식·지에 능숙한 작용을 보여 우부·외도의 자·타에 부지해 정법의 해탈로 나아감과 구별함	4.4~4.7
6. 정각은 인과의 법이 아니고 생멸과 언설 떠났음을 보여 진상무구하고 단박 모든 지 초과함을 드러냄	5.1~5.7
7. 8식·5법·3자성·2무아가 제일의 이룸을 보임	5.6
8. 삼세여래의 법신은 세간의 바라봄을 초과하고 찰나가 아닌 뜻이며 시종 허물 없고 청정 무루함을 보임	
⑴ 법신의 자통은 세간의 바라봄 초과함을 보임	5.7
⑵ 법신의 무루는 찰나가 아닌 뜻을 보임	5.8
⑶ 법신의 진불로써 의심 부수고 허물 떠남을 보임	6.1
⑷ 여래의 정인 정과는 필경 청정함을 보임	6.2

대승입능가경　　　　　　　大乘入楞伽經
　　제6권　　　　　　　　　　卷第六

　　제7　　　　　　　　　　變化品
　변화품　　　　　　　　　　第七

6.1[1]

(1) 그 때 대혜보살마하살이 다시 붓다　爾時　大慧菩薩摩訶薩
께 말하였다.[2]　　　　　　　　　　　　復白佛言.
　"① 세존이시여, 여래께서는 어째서　"世尊, 如來何故
아라한에게 아뇩다라삼먁삼보리의 수기　授阿羅漢　阿耨多羅三
를 주셨고,[3] ② 어째서 다시 반열반의　藐三菩提記, 何故復說

---

1 * 이 6.1은 10권본의 제15 변화품에 해당한다. 【위에서 둘째 법신의 무루는 찰나가 아닌 뜻을 보이는 것은 마쳤고, 이하는 셋째 법신인 진불의 평등한 본제로써 의심 깨뜨리고 허물 떠남을 보이는 것[示法身真佛 平等本際 破疑離過]인데, 일곱으로 나누어진다. 처음은 대혜가 여섯 가지 의심을 열어서 청하는 것[大慧啟請六疑]이다.】 * 여기에서 제3단의 7개 항의 경문 배치를 도표로써 보이면 다음과 같다.

여섯 가지 의심을 열어서 청함	(1)
아라한에게 수기 주심의 의심을 제거함	(2)①~③
한 글자도 설하지 않았다 하심의 의심을 제거함	④
사유 없고 숙고 없다고 하심의 의심을 제거함	⑤~⑥
중생의 성불과 식이 찰나에 무너진다고 하심의 의심 제거함	⑦
금강역사의 시위 및 일체 업보의 의심을 제거함	⑧~⑩
맺어서 총체적으로 답함	(3)

2 붓다께서 응화하셔서 마땅함을 따라 설법하시는 뜻의 취지가 난해하기 때문에 대혜가 여기에서 열 가지 본보기를 들어서 회통해 주시기를 청한다.

법이 없는 중생도 불도佛道 이룸을 얻는 　無般涅槃法衆生　得成
다고 설하셨습니까?4 　　　　　　　　　　　佛道?
　③ 또 어째서 처음 붓다를 얻었을 때　又何故説　從初得佛
부터 반열반에 이르기까지 그 중간에　至般涅槃　於其中間
한 자도 설하지 않았다고 말씀하시고,5　不説一字,
　④ 또 여래는 항상 삼매에 있으면서 사　又言如來　常在於定　無
유도 없고 숙고도 없다고 말씀하시며,6　覺無觀,

....
3 위의 바라밀장에서 성문과 연각은 열반을 집착하고 자신의 즐거움을 희구해서 6바라밀을 닦지만 붓다를 얻지 못한다고 말씀하셨는데, 무엇 때문에 부정종성에 관한 글 중(=2.2.6의 (6))에서는 삼매의 즐거움에 머무는 성문도 필경 여래의 몸을 얻을 것이 모든 보살과 더불어 같아서 차별이 없다고 말씀하셨는가?(=제1문)
　5종성 중에는 이미 삼승이 있어서 타는 것[所乘]이 하나가 아닌데, 멸진정에 드는 글 중(=5.3(2)의 ①)에서는 무엇 때문에 다시 제6지 보살은 성문·연각과 같이 멸진정에 든다고 말씀하셨는가? 4권본에는 여기에 '모든 보살과 더불어 같아서 차별이 없다고 하셨으며[與諸菩薩等無差別]'는 8글자가 있다. 이 아래에 이미 답하시는 글이 있으니, 단지 탈락일 뿐일 것이다.(=제2문) *『심인』에서는 전자는 제1의 의심으로 들고, 후자는 뒤의 ②와 함께 제2의 의심(=일체 중생이 성불한다 하심의 의심)으로 드는데, 그 구체적 표현은 다음과 같다. 「중생은 망상 때문에 자기 마음이 나타낸 것임을 깨닫지 못하거늘, 어째서 여래께서는 또 일체 중생은 반열반 마쳤으므로 다시 열반치 않는다고 설하시며, 이미 성불해 마쳤다면 누가 불도에 이를 것인가 의심하는 것이다.」
4 찰나장에서는 7식은 유전하는 것이 아니고 고락을 받지 않으므로 열반의 원인이 아니라고 말씀하셨는데, 7식은 일체 중생의 식이다. 그래서 반열반의 법이 없는 중생이 어떻게 불도 이룸을 얻는지 물은 것이다.(=제3문)
5 붓다께서는 한 글자도 설하지 않았고 한 글자도 답하지 않았다고 말씀하셨는데, 어째서 붓다의 4평등 중에 말의 평등이 있습니까?(=제4문) *『심인』에서도 이것을 제3의 의심으로 들었다.
6 항하의 모래장에서 붓다는 일념의 분별도 일으키지 않는다고 이르셨는데, 어찌 근성을 잘 알고 중생을 위해 설법할 수 있습니까?(=제5문) *『심인』에서는 이를 아래의 ⑤와 합쳐서 제4의 의심(=사유 없고 숙고 없다 하심

⑤ 또 불사는 모두가 변화로 만드는 것이라고 말씀하시고,7 ⑥ 또 모든 식은 찰나에 변하여 무너진다고 말씀하시며,8 ⑦ 또 집금강신이 항상 따르며 호위한다고 말씀하시고,9 ⑧ 또 전제는 알 수 없다고 말씀하시면서 반열반은 있다고 설하시고,10 ⑨ 또 현재 마 및 마업이 있으며, 또 남은 과보가 있습니까? 전차 바라문의 딸과 손다리 외도 여인 및 빈

又言佛事 皆是化作,
又言諸識 刹那變壞,
又言金剛神 常隨衛護,
又言前際 不可知 而說有般涅槃,
又現有魔 及以魔業,
又有餘報? 謂旃遮婆羅門女 孫陀利外道女 及

....
의 의심) 한 가지로 들었다.
7 이미 일체 모든 법의 자상과 공상은 변화붓다가 설한 것이라고 말씀하셨으니, 곧 변화붓다가 불사를 변화로 짓는 것인데, 어째서 다른 경전(=《금강반야바라밀경론》 상권)에서는 "응·화는 진불이 아니며 또한 설법자도 아니다[應化非眞佛 亦非說法者]"라고 말씀하셨는가?(=제6문)
8 찰나장 중에서 붓다께서는 모든 식은 찰나도 머물지 않는다고 설하셨는데, 어째서 위(=3.7.3(2)의 ④)에서는 모든 업에 의지해 생사를 접수한다는 것을 알게 한다고 말씀하셨는가?(=제7문) *『심인』에서도 이를 제5의 의심(=식은 찰나에 무너진다고 하심의 의심)으로 들었다.
9 항하사장(=5.7(2)의 ①)에서는 여래는 가장 뛰어나고 모든 세간을 초월하여 비유로 미칠 바가 아니라고 말씀하셨으므로 곧 모습을 볼 수 없다는 것인데, 어찌 금강역사가 수호함을 요하는가?(=제8문) *『심인』에서는 이하를 모두 묶어서 '금강역사의 시위 및 일체 업보의 의심'이라는 하나의 의심으로 드는데, 그 구체적인 표현은 다음과 같다. 「여래께서는 자통을 건립하여 본제에 안주하시며 모든 과환을 떠나셨는데, 무엇 때문에 또 금강역사가 시위하심을 설하시고, 어찌 본제를 시설하지 않으시며, 마와 마업과 업보의 갖가지 허물의 일을 나타내시는가 의심하는 것이다」
10 항하사장 중에서는 생사의 본제는 알 수 없다고 하셨는데, 어째서 다시 중생의 반열반함이 있다고 말씀하시는가? 이는 곧 끝날 때를 알 수 있음이 있다는 것이니, 끝남이 있는 것과 같이 곧 본제도 있을 것이라는 것이다.(=제9문)

발우로 돌아온 등의 일을 말함이니, 세존에게 이미 이와 같은 업장이 있었다면 어떻게 일체종지 이룸을 얻었으며, 이미 일체종지를 이루셨는데 어떻게 이러한 모든 허물을 떠나지 못합니까?"11

空缽而還等事, 世尊旣有 如是業障 云何得成 一切種智, 旣已成於 一切種智 云何不離 如是諸過?"

(2) 붓다께서 말씀하셨다.
"잘 들으라, 그대를 위해 설하겠다.
① 대혜여, 나는 무여열반계를 위한 연고로 비밀히 권하여 그들로 하여금 보살행을 닦게 하고, 이 세계의 다른 국토에 마음으로 성문의 열반을 즐겨 구하는 여러 보살들이 있으면 이 마음을 버리고 나아가 큰 행을 닦게 하려는 연고로 이 말을 한 것이다.
또 변화붓다가 변화된 성문에게 기별을 주는 것이지, 법성붓다가 아니다.
대혜여, 성문에게 기별을 주는 것은

佛言.
"諦聽, 當爲汝說.
大慧, 我爲無餘涅槃界故 密勸令彼
修菩薩行, 此界他土
有諸菩薩 心樂求於 聲聞涅槃 令捨是心
進修大行
故作是說.
又變化佛 與化聲聞 而授記別, 非法性佛.
大慧, 授聲聞記

---

11 항하사장의 게송에서 "일체의 허물 모두 떠났다"고 말씀하셨는데, 어째서 여래에게 이 모든 허물이 있느냐는 것이다. 말하자면 붓다께서 처음 도를 이루셨을 때 제6천의 마가 4병四兵을 일으켜 괴로움의 도구를 지니고 보리수 아래로 찾아와 여래를 요란하였고, 전차바라문의 딸이 나무발우를 (배에) 매달고 (붓다의 아이를 임신하였다고) 붓다를 비방하였으며, 손다리라는 여인이 외도를 살해하였다고 붓다를 비방하였고, 또 붓다께서 일찍이 걸식하시면서 두루 다니셨으나 얻지 못하여 빈 발우로 돌아오신 것이다. '등'은 곧 나머지 갖추어 들 수 없는 것들을 등취한 것이다.(=제10문)

비밀의 설이다.12 是秘密說.

② 대혜여, 붓다가 이승과 더불어 차별이 없다고 한 것은 번뇌장[惑障]을 끊어서 해탈이 한 맛임에 의거한 것이지, 소지장[智障]을 말한 것이 아니다. 소지장은 반드시 법무아의 성품을 보아야 이에 청정해지기 때문이다. 번뇌장이라는 것은 인무아를 보아서 의식이 버리고 떠나면 이 때 처음 끊지만,13 ③ 장

大慧, 佛與二乘 無差別者 據斷惑障 解脫一味, 非謂智障. 智障要見 法無我性 乃淸淨故. 煩惱障者 見人無我 意識捨離 是時初斷, 藏識習滅

---

12 【이하는 둘째 아라한에게 수기 주심에 대한 의심을 제거하는 것[除授阿羅漢記疑]이다.】 성문이 무여열반을 증득하고 스스로 붓다라고 여기는 것을 위한 연고로 붓다께서 방편으로 기별을 주신 것이고, 삼매의 즐거움에 머무는 성문도 필경 장차 여래의 몸을 얻을 것이라고 말한 것은 스스로 붓다가 아님을 깨닫게 해서 대승의 무여열반으로 나아가 향하게 하는 것이며, 처음 발심한 보살로서 성문의 법을 즐기는 자는 또한 이 마음을 버리고 큰 행으로 나아가 닦게 하는 것이다. 그리고 변화붓다께서 변화성문에게 기별을 주는 것이지, 법성여래에게는 이 일이 없으며, 이들은 모두 방편과 비밀로써 말한 것이다. 이는 제1문에 답하시는 것이다.

13 혹惑·지智 두 가지의 장애는 또한 번뇌·소지의 두 가지 장애라고 이름한다. 《성유식론》에서 이르기를, "태어남[生]를 계속하게 하는 번뇌장을 끊음으로써 진실한 해탈을 증득하고, 이해[解]를 장애하는 소지장을 끊음으로써 대보리를 증득한다."(=졸역 p.48)고 하면서, "번뇌장이라 함은, 변계소집된 실체의 자아를 집착하는 살가야견을 첫머리[上首]로 하는 128가지 근본번뇌 및 그것의 등류인 모든 수번뇌를 말한다. 이것은 모두 유정의 신심을 미혹하고 어지럽혀서 능히 열반을 장애하므로 번뇌장이라고 이름하는데, 또한 혹장惑障이라고도 이름한다. 소지장이라 함은, 변계소집된 실체의 법을 집착하는 살가야견을 첫머리로 하는 악견·의심·무명·탐애·성냄·거만 등을 말한다. 지혜의 작용을 장애하고 알아야 할[所知] 경계와 전도됨 없는 성품을 덮어서 능히 보리를 장애하므로 소지장이라고 이름하는데, 또한 지장智障이라고 이름한다."(=pp.858-859)라고 하며, "이와 같은 두 가지 장애는, 분별로 일어나는 것은 곧 견도에서 끊고, 임운하여 일어나는 것은 곧 수도에서 끊는데, 이승은

식의 습기가 멸하여 법에 대한 장애에 　法障解脫
서 해탈해야 바야흐로 영원한 청정을 　方得永淨.
얻는다.14

④ 대혜여, 나는 본래 머무는 법[本住　大慧, 我依本住法
法]에 의해 이 비밀한 말을 한 것이므로,　作是密語,
앞의 붓다들과 다른 것이 아니며 뒤에　非異前佛 後更有說,
도 다시 설함이 있을 것이니, 먼저 이와　先具如是
같은 모든 문자를 갖추었기 때문이다.15　諸文字故.

⑤ 대혜여, 여래는 바르게 알고 망념　大慧, 如來正知 無有妄
이 없으므로, 사려를 기다려서 그런 다　念, 不待思慮 然後說
음에 설법하지 않으며,16 ⑥ 여래는 오　法, 如來久已

다만 능히 번뇌장만을 끊는다."(=p.864)라고 하였다. 생사에서 해탈한 처소
는 붓다와 더불어 다르지 않기 때문에 붓다가 이승과 더불어 차별이 없다고
말한 것이지, 소지장이 끊어진 처소가 다르지 않은 것은 아니다. 그래서 붓다
가 이승과 더불어 차별이 없다는 것은, 소지장이 끊어진 처소가 다르지 않다
는 것은 아니라고 말한 것이니, 이는 제2문에 답한 것이다.

14 7전식과 모든 법을 장애하는 장식의 습기 등이 일체 중생의 허망한 체인
데, 허가虛假하고 무상無常해서 열반의 원인이 아니므로 능히 도를 이루지
못하나, 만약 7식이 멸하면 일체 법에 대한 장애에서 해탈을 얻고, 장식의
습기가 멸하면 구경 청정해지니, 곧 망상이 멸하는 것을 열반이라고 이름
하며 불도 이룸이라고 이름한다는 것을 밝힌 것이다. 이는 제3문에 답한 것
이다.

15【이는 셋째 한 글자도 설하지 않았다고 하심에 대한 의심을 제거하는 것
[除不說一字疑]이다.】본연의 항상 머무는 법에 의해 여래는 비밀한 뜻 때문
에 이 말을 한 것이니, 비록 말의 평등이 있기는 해도 단지 언어는 생멸할
뿐이어서 자성이 없음을 말한 것이다. 이는 제4문에 답한 것이다.

16【이하는 넷째 사유 없고 숙고 없다고 하심에 대한 의심을 제거하는 것[除
無慮無察疑]이다.】여래는 자비와 지혜가 항상 현전하기 때문에 사려를 기다
리지 않고 중생을 위해 법을 연설할 수 있다. 이는 제5문에 답한 것이다.

래 전에 이미 네 가지 습기를 끊고 두
가지 죽음을 떠났으며 두 가지 장애를
제거하였다.17

⑦ 대혜여, 의 및 의식과 안식 등의
일곱은 습기가 원인이 되니, 이는 찰나
의 성품으로서 무루의 선을 떠났으며,
유전하는 법이 아닙니다.

대혜여, 여래장이란 생사에 유전하며
그리고 열반과 고락의 원인인데, 범우는
알지 못해서 망령되이 공에 집착한다.18

⑧ 대혜여, 변화 여래는 금강역사가
늘 따르며 호위하지만, 진실한 붓다는
아닙니다. 진실한 여래는 모든 근의 인식
을 떠나서 이승과 외도가 알 수 없는 바
로서, 현재의 법락에 머물며 지혜의 인

斷四種習 離二種死
除二種障.

大慧, 意及意識 眼識等
七 習氣爲因, 是刹那性
離無漏善,
非流轉法.

大慧, 如來藏者 生死流
轉 及是涅槃 苦樂之因,
凡愚不知 妄著於空.

大慧, 變化如來 金剛力
士 常隨衛護, 非眞實
佛. 眞實如來 離諸
[限]<根>量 二乘外道
所不能知, 住現法樂 成

....
17 붓다는 4주번뇌와 무명의 습기가 끊어졌기 때문에 진불이라고 이름하나,
변화붓다는 방편으로 형상을 나투어 중생을 교화하므로 진불은 아닌 것임
을 말한 것이다. 이는 제6문에 답한 것이다.
18 【이는 다섯째 중생이 성불한다 하심과 식이 찰나에 무너진다고 하심에 대
한 의심을 제거하는 것[除衆生成佛 識刹那壞疑]이다.】 일곱 가지 식은 망상의
습기가 원인이 되니, 이는 찰나의 무상한 성품으로서 무루의 선을 떠났으
며, 유전하는 법이 아니므로 능히 육도에 왕래하지 못하지만, 여래장은 항
상하기 때문에 능히 생사에 유전함을 지니며 이것이 열반과 고락의 원인인
데, 우부는 깨닫지 못하고 망령되이 계탁해서 공이라고 말한다는 것이다.
이는 제7문에 답한 것이다. * 이것이 『심인』의 제2의 의심(=일체 중생이
성불한다고 하심에 대한 의심)에 답이 되는 취지는, 일체 중생에게 '열반과
고락의 원인'인 여래장이 있기 때문이라는 취지임.

[智忍]을 성취해서 금강역사의 보호하는 바를 빌리지 않지만, 일체의 변화붓다는 업에서 나지 않으므로 곧 붓다인 것이 아니나 또한 붓다 아님도 아니니, 비유하면 도공은 온갖 일을 화합해서 짓는 바가 있는 것과 같다. 변화붓다도 또한 그래서 온갖 모습을 구족해서 법을 연설하지만, 그러나 자증성지로 행하는 경계는 말할 수 없는 것이다.19

⑨ 또한 대혜여, 모든 범우의 사람은 6식이 멸함을 보고 단견을 일으키고, 장식을 알지 못해서 상견을 일으킨다.

대혜여, 자기 마음의 분별이 그 본제本際이므로 그래서 얻을 수 없으니, 이 분별을 떠난다면 곧 해탈을 얻고,20 ⑩

就智忍 不假金剛 力士所護, 一切化佛
不從業生 非卽是佛
亦非非佛, 譬如陶師
衆事和合 而有所作.
化佛亦爾
衆相具足 而演說法,
然不能說 自證聖智 所行之境.

復次 大慧, 諸凡愚人 見六識滅 起於斷見, 不了藏識 起於常見.

大慧, 自心分別 是其本際 故不可得, 離此分別 卽得解脫,

---

19 【이하는 여섯째 금강역사가 시위함 및 일체 업보에 대한 의심을 제거하는 것[除金剛侍衛 及一切業報疑]이다.】 변화붓다는 방편으로 중생의 모습을 따라 나타나서 사람의 법과 같기 때문에 수호함을 빌리지만, 진실한 여래는 일체 근의 인식을 떠나서 곧 모습을 볼 수 없으므로 수호함을 빌리지 않는다. 이 일체의 변화붓다는 사람의 선근을 따라서 나고, 진실한 업[實業]에서 나지 않으므로 진불이 아니지만, 그러나 진불에 의거해 변화를 일으킨 것이므로 또한 진불을 여의지도 않는다. 마치 도공이 바퀴 등의 온갖 일을 화합해서 짓는 바가 있는 것과 같이, 변화붓다도 또한 그러해서 중생이 유전하므로 온갖 모습을 구족해서 도리어 자상·공상의 법을 설하지만, 진불의 자증성지로 행하는 경계는 설하지 못한다. 이는 제8문에 답한 것이다.
20 범부는 이 몸이 멸하는 것만 보고 미래에 태어남은 보지 못하기 때문에 단견을 일으키고, 장식이 순간순간 흐르는 것을 깨닫지 못하기 때문에 상견을 일으키니, 자기 마음이 허망하게 분별하는 지각이 그 생사의 본제이다.

네 가지 습기도 끊어져서 일체의 허물   四種習斷 離一切過."
을 여읠 것이다."21

(3) 그 때 세존께서는 거듭 게송으로 말   爾時 世尊 重說頌言.
씀하셨다.22

① 삼승 및 승 아닌 것에는   三乘及非乘
　 붓다의 열반이 없지만   無有佛涅槃
　 모두 여래의 기별 주어서   悉授如來記
　 온갖 과악 떠나라 말하네23   說離衆過惡

② 구경의 지혜와 그리고   成就究竟智
　 무여열반을 성취하도록   及無餘涅槃
　 겁열인 유인 진수하려는   誘進怯劣人
　 이 비밀한 뜻 의해 말했네24   依此密意說

....
　 그러므로 본제를 얻을 수 없지만, 허망한 분별을 멸한다면 해탈이라고 이름한다. 이는 제9문에 답한 것이다.
21 변화붓다는 중생에게 마땅한 바를 따라서 방편으로 갖가지 과악過惡을 시현하지만, 진실한 여래는 4주번뇌 및 무명의 습기가 끊어져서 이와 같은 허물이 없다. 이는 제10문에 답한 것이다.
22 【이하는 일곱째 맺어서 총체적으로 답하는 것[結總答]이다.】
23 '승 아닌 것'이라고 말한 것은 반열반의 법이 없는 중생이다.
24 그들이 구경의 일체종지를 성취하여 소지장을 끊고 붓다의 무여 대반열반을 증득하도록 겁내고 하열한 자(='겁열인')를 유인하려고 은밀히 덮어서 설한 것이다. * 번역문의 '진수進修'는 (대승에) 나아가 닦는다 또는 (대승을) 닦음에 나아간다는 뜻.

③ 제불께서 얻으신 지혜로　　　　諸佛所得智
　 이와 같은 도 연설하시니　　　　演說如是道
　 이것뿐 다른 것 아니므로　　　　惟此更非餘
　 그들에겐 열반이 없다네25　　　 故彼無涅槃

④ 욕애·색애·유애와 제견의　　　 欲色有諸見
　 이와 같은 네 가지 습기는　　　　如是四種習
　 의식이 좇아 내는 것인데　　　　意識所從生
　 장식·의 또한 그 중에 있네26　　藏意亦在中

⑤ 의식과 안 등의 무상함을　　　　見意識眼等
　 보기 때문에 단멸 말하며　　　　無常故說斷
　 의意·장藏 미혹해 상견 일으켜　迷意藏起常
　 사지邪智로 열반이라 말하네27　 邪智謂涅槃

....
25 여래께서는 지혜를 증득하시어 비록 갖가지 도를 설하시지만, 그 실제로는 일승을 위함일 뿐 다시 다른 법은 없다. 그러므로 그 성문들이 열반을 얻었다고 계탁하여 스스로 붓다라고 여기는 것은 진열반이 아니다. 이상 3게송은 모두 제1의 문답을 노래함이지만, 간략히 나머지 문답도 포함하는 것이다.
26 삼계에 생사하는 견혹·사혹·무명은 모두 중생의 심·의·의식이 전전하여 원인이 되어서 훈습해 일으켜 나타내는 것이다. 이는 제10문답을 노래한 것이다. * 경문의 '욕애·색애·유애'는 사혹(=수도번뇌)을 삼계에 배분한 3주번뇌이고, '제견'은 견혹(=견도번뇌)인 견일처주지를 말하는 것으로서, 이 넷이 4주번뇌가 되며, '무명'은 무명주지를 가리키는 것임.
27 이는 제9문답을 노래한 것인데, 경문과 같아서 알 수 있을 것이다.

제8　　　　　　　　　　　斷食肉品
단식육품　　　　　　　　　　第八

6.2[28]

⑴ ① 그 때 대혜보살마하살이 다시 붓　爾時　大慧菩薩摩訶薩
다께 말하였다.　　　　　　　　　　　復白佛言.
"세존이시여, 원컨대 저를 위해 고기　"世尊, 願爲我說　食不
를 먹음과 먹지 않음의 공덕과 과실을　食肉　功德過失,
설하시어,[29] 저 및 모든 보살마하살들이　我及　諸菩薩摩訶薩
그 뜻을 알고 나서 미래와 현재의 과보·　知其義已　爲未來現在
습기에 훈습되어 고기를 먹는 중생들을　報習所熏　食肉衆生
위해 이를 연설해서, 고기맛을 버리고　而演說之, 令捨肉味
법맛을 구하게 하며 일체 중생에게 큰　求於法味　於一切衆生

---

[28] * 이 6.2.는 10권본의 제16 단식육품에 해당한다. 【이상으로 셋째 법신인 진불의 평등한 본제로써 의심 깨뜨리고 허물 떠남을 보이는 것은 마쳤고, 이하는 넷째 여래의 정인 정과는 필경 청정함을 보이는 것[示如來正因果 畢竟淸淨]인데, 넷으로 나누어진다. 처음은 대혜가 식육과 식육치 않음의 죄와 복을 청문하는 것[大慧請問 食肉不食肉罪福]이다.】 * 여기에서 제4단의 4개 항의 경문 배치를 도표로써 보이면 다음과 같다.

식육과 식육치 않음의 죄와 복을 청문함	⑴~⑵
식육에는 허물이 많음	⑶~⑹
이 경전으로 진실한 뜻은 일체를 모두 끊는 것임을 보임	⑺
총결하여 수행의 과환임을 자세히 보임	⑻

[29] 여래께서 야차왕의 궁중에 계시면서 설법하시는데, 모든 야차 등이 '식사 시간이 이르려고 하는데, 고기가 아니면 먹지 않겠다'라고 생각하므로, 모든 야차로 하여금 자애심을 내게 하려는 연고로 여래께 고기를 먹음과 먹지 않음의 공덕과 과실을 설하시기를 청한 것이다. 곧 이 회상의 일체제불심이니, 불심이란 자비가 그것이다,

자애의 마음을 일으켜서 다시 서로 친애하기를 외아들 생각하듯이 하고 보살지에 머물러서 아뇩다라삼먁삼보리를 얻게 하며, 혹 이승의 지위를 잠시 그쳐서 쉬고 구경에 장차 무상정각을 이루게 하소서.30

起大慈心 更相親愛 如一子想 住菩薩地 得阿耨多羅三藐三菩提, 或二乘地 暫時止息 究竟當成 無上正覺.

② 세존이시여, 로가야타 등 모든 외도의 무리는 유·무의 견해를 일으켜서 단·상을 집착하면서도 오히려 식육을 막고 금하며 허용하지 않음이 있거늘, 어찌 하물며 여래 응 정등각께서야 대비로써 품어 기르시어 세간이 의지하는 바이시면서 자·타에 모두 식육을 허용하시겠습니까.31

世尊, 路迦耶等 諸外道輩 起有無見 執著斷常 尚有遮禁 不聽食肉, 何況如來 應正等覺 大悲含育 世所依怙 而許自他 俱食肉耶.

③ 훌륭하시도다, 세존께서는 대자비를 갖추셔서 세간을 연민하시고 중생을 마치 외아들과 같이 평등하게 보시니, 원컨대 위해 식육의 과악과 불식不食의

善哉, 世尊 具大慈悲 哀愍世間 等觀衆生 猶如一子, 願爲解說 食肉過惡 不

---

30 세간의 중생이 생사에 유전하면서 원한을 맺음이 서로 이어져서 모든 악취에 떨어져 큰 고뇌를 받는 것은, 모두 고기를 먹음으로 말미암아 다시 서로 살해하고 번뇌를 증장하여 출리를 얻지 못해서이니, 능히 고기맛을 버리고 법맛을 구한다면 자애의 마음이 서로 향할 것이므로 청정하고 밝게 알며 여실하게 수행해 곧 아뇩다라삼먁삼보리를 얻을 것이다.
31 대혜가 삿됨을 들어 바른 것에 견주어서 식육의 허물을 밝히는 것이다. 말하자면 모든 외도마저 오히려 막고 금함이 있거늘, 하물며 다시 여래께서야 세간의 구호자이신데 자·타에 식육을 허용하시리오.

공덕을 해설하시어, 저 및 모든 보살 등으로 하여금 듣고 나서 봉행하며 널리 남을 위해 설하게 하소서."32

(2) 그 때 대혜보살은 거듭 게송으로 말하였다.

① 보살마하살은 위없는
  깨달음을 뜻해 구하면서
  술과 고기 및 파를 먹어도
  됩니까 먹지 않아야 합니까

② 우부는 고기 탐해 즐기니
  냄새 더럽고 명예 없어서
  그 악한 맹수들과 같거늘
  어떻게 먹을 수 있으리오

③ 먹는 자에 어떤 허물 있고
  불식자 어떤 공덕 있는지
  오직 원컨대 최승존께서
  저 위해 갖춰 개연하소서33

食功德, 令我及與 諸菩薩等 聞已奉行 廣爲他說."

爾時 大慧菩薩 重說頌言.

菩薩摩訶薩
志求無上覺
酒肉及與蔥
爲食爲不食

愚夫貪嗜肉
臭穢無名稱
與彼惡獸同
云何而可食

食者有何過
不食有何德
惟願最勝尊
爲我具開演

---

32 붓다 세존께서는 대자비를 갖추셔서 발고여락拔苦與樂하심을 찬탄하고, 위해 해설해 주시기를 원하면서, 우리들은 봉행하고, 또한 일체로 하여금 영원히 식육치 않게 하겠다는 것이다.
33 파 등의 5신채는 냄새가 나쁘고 깨끗치 못해서 날 것으로 먹으면 성냄을

(3) 그 때 붓다께서는 대혜보살마하살에게 말씀하셨다.34

"① 대혜여, 잘 듣고 잘 들으며 잘 사유해 새기라. 내 그대를 위해 분별하여 해설하겠다.

대혜여, 일체의 모든 고기에는 한량없는 연이 있으니, 보살은 그에 대해 응당 연민을 내어서 먹지 않아야 한다. 내 이제 그대를 위해 그 일부를 말하리라.35

② 대혜여, 일체 중생은 시작 없는 때로부터 생사 중에 있으면서 윤회함이 그치지 않아서, 일찍이 부모·형제·아들딸과 권속에서 나아가 친구, 친애하는 사람, 모시고 부리는 사람에 이르기까지 되지 않은 적이 없고, 생을 바꾸어 새나 짐승 등의 몸을 받았으니, 어떻게 그 중에서 이를 취해서 먹겠는가.

대혜여, 보살마하살은 모든 중생을 자기의 몸과 같이 보고, 고기는 다 생명

爾時 佛告 大慧菩薩摩訶薩言.

"大慧, 諦聽諦聽 善思念之. 吾當爲汝 分別解說.

大慧, 一切諸肉 有無量緣, 菩薩於中 當生悲愍 不應噉食. 我今爲汝 說其少分.

大慧, 一切衆生 從無始來 在生死中 輪迴不息, 靡不曾作 父母兄弟 男女眷屬 乃至朋友 親愛侍使,

易生而受 鳥獸等身,

云何於中

取之而食.

大慧, 菩薩摩訶薩 觀諸衆生 同於己身, 念肉皆

내고 익혀서 먹으면 음욕을 일으키며, 술은 고요한 성품을 어지럽혀서 온갖 선을 손상하고 모든 악을 낸다. 그러므로 신채와 술도 모두 선업을 장애한다.

34 【이하는 둘째 고기를 먹으면 허물이 많음을 보이는 것[示食肉多過]이다.】
35 식육해서는 안될 한량없는 인연이 있으니, 이하에서 여래께서 위해 간략히 설하신다.

있는 것 중에서 온 것임을 새길 것이거늘, 어떻게 먹겠는가.

　대혜여, 모든 나찰 등도 나의 이 말을 들으면 오히려 응당 고기를 끊을 것이거늘, 하물며 법을 즐기는 사람이랴.

　대혜여, 보살마하살은 태어나 있는 곳마다 모든 중생을 다 친속親屬으로 보며 나아가 자애로 새기기를 마치 외아들 생각하듯이 하니, 그러므로 응당 일체 고기를 먹어서는 안된다.

　대혜여, 거리와 시장에서 고기를 파는 모든 사람들이 혹은 개·말·사람·소 등의 고기를 가지고 이익을 구하기 위해 이들을 팔거늘, 이와 같이 잡예한 것을 어떻게 먹을 수 있겠는가.

　대혜여, 일체의 모든 고기는 다 정혈의 더러움으로 이루어진 것인데, 청정을 구하는 사람이 어떻게 취하여 먹겠는가.

　대혜여, 고기를 먹는 사람을 중생이 보면 모두 다 놀라고 두려워하는데, 자애의 마음을 닦는 자가 어떻게 고기를 먹겠는가.

　대혜여, 비유하면 사냥꾼 및 전다라와 물고기를 잡고 새를 잡는 모든 악인 등

從 有命中來,
云何而食.
大慧, 諸羅利等 聞我此說 尙應斷肉,
況樂法人.
大慧, 菩薩摩訶薩 在在生處 觀諸衆生 皆是親屬 乃至慈念 如一子想, 是故不應 食一切肉.

大慧, 衢路市肆 諸賣肉人 或將犬馬 人牛等肉 爲求利故
而販鬻之, 如是雜穢
云何可食.
大慧, 一切諸肉 皆是精血 汚穢所成, 求淸淨人 云何取食.
大慧, 食肉之人 衆生見之 悉皆驚怖, 修慈心者 云何食肉.

大慧, 譬如獵師 及旃陀羅 捕魚網鳥 諸惡人等

을 개가 보면 놀라서 짖고, 짐승이 보면 달아나며, 하늘을 날거나 물에 머무는 일체 중생으로서 이를 봄이 있으면 다 생각하기를, '이 사람은 호흡하는 것이 마치 나찰과 같은데 이제 여기에 와 이르렀으니 필시 나를 죽이리라'라고 하고는 생명을 지키기 위해 모두 다 달아나 피하는 것과 같다. 고기를 먹는 사람도 또한 다시 이와 같으니, 그러므로 보살은 자애의 행을 닦기 위해 고기를 먹어서는 안된다.36

③ 대혜여, 대저 고기를 먹는 자는 신체의 냄새가 더럽고 악명이 유포되어 현성과 선한 사람은 친하려 하지 않으니, 그러므로 보살은 고기를 먹어서는 안된다.

대혜여, 대저 피와 고기란 온갖 선인이 버리는 바이며 온갖 성인들은 먹지 않으니, 그러므로 보살은 고기를 먹어서는 안된다.

대혜여, 보살은 중생의 신심을 보호하고 불법에 대해 비방함을 내지 않게 하기 위하며 자애하고 연민하는 연고로

狗見驚吠, 獸見奔走, 空飛水住
一切衆生 若有見之 咸作是念, '此人氣息 猶如羅刹 今來至此 必當殺我',
爲護命故 悉皆走避.
食肉之人
亦復如是, 是故菩薩 爲修慈行 不應食肉.

大慧, 夫食肉者 身體臭穢 惡名流布
賢聖善人 不用親狎,
是故菩薩 不應食肉.

大慧, 夫血肉者 衆仙所棄 群聖不食,
是故菩薩 不應食肉.

大慧, 菩薩爲護 衆生信心 令於佛法 不生譏謗 以慈愍故

---

36 범어 '전다라'는 여기에서는 사람이나 축생을 죽이는 자라고 말한다.

고기를 먹어서는 안된다.

　대혜여, 만약 나의 제자가 고기를 먹으면 모든 세상 사람들로 하여금 다 비방을 품고 말하기를, '어떻게 사문은 청정한 행을 닦는 사람이면서 천신과 신선이 먹는 맛을 포기해 버리고 마치 악한 짐승처럼 고기를 먹어 배를 채우면서 세간을 유행하여, 모든 중생들로 하여금 다 놀람과 공포를 품게 하며 청정한 행을 무너뜨리고 사문의 도를 잃는가'라고 하게 해서, 이 때문에 불법 중에 조복하는 행이 없는 것이라고 알아야 하니, 보살은 자비로 중생을 지켜서 이와 같은 마음을 내지 않게 하기 위해 고기를 먹어서는 안된다.

　대혜여, 예컨대 사람의 고기를 태우면 그 냄새가 고약한 것이, 다른 고기를 태우는 것과 같아서 차별이 없거늘, 어떻게 그 중에 먹음과 먹지 않음이 있겠는가. 그러므로 일체 청정을 즐기는 자는 고기를 먹어서는 안된다.

　대혜여, 모든 선한 남녀가 무덤 사이나 나무 아래의 아란야처에서 고요히 수행하면서, 혹은 자애의 마음에 머물거

不應食肉.

大慧, 若我弟子 食噉於肉 令諸世人 悉懷譏謗 而作是言, '云何沙門 修淨行人 棄捨天仙 所食之味 猶如惡獸 食肉滿腹

遊行世間, 令諸衆生 悉懷驚怖 壞淸淨行 失沙門道',

是故當知 佛法之中 無調伏行,

菩薩慈愍 爲護衆生 令不生於 如是之心 不應食肉.

大慧, 如燒人肉 其氣臭穢, 與燒餘肉 等無差別, 云何於中 有食不食.

是故一切 樂淸淨者 不應食肉.

大慧, 諸善男女 塚間 樹下 阿蘭若處 寂靜修行, 或住慈心,

나, 혹은 주술을 지니거나, 혹은 해탈을 구하거나, 혹은 대승으로 나아갈 때 고기를 먹는 까닭에 일체가 장애되어 성취됨을 얻지 못하니, 그러므로 보살은 자·타를 이익하고자 고기를 먹어서는 안된다.

 대혜여, 대저 고기를 먹는 자는 그 형색만 보아도 곧 이미 좋은 맛 탐하는 마음을 내지만, 보살은 일체 중생을 자애롭게 생각하기를 마치 자기의 몸과 같이 하거늘, 어떻게 그것을 보고 먹을 생각을 짓겠는가. 그러므로 보살은 고기를 먹어서는 안된다.

 대혜여, 대저 고기를 먹는 자는 모든 천신이 멀리 떠나고, 입에서 항상 냄새가 나며, 잘 때 꿈이 편안치 못하고 깨고 나서 근심하며 두려워하고, 야차가 악귀가 그 정기를 빼앗아 마음에 놀람과 공포가 많으며, 먹음에 족함을 알지 못해 질병을 증장하고 종기를 쉽게 내며 늘 여러 벌레에게 쪼아 먹히는 바를 입으면서도 능히 먹는 것에 싫어 떠나려함을 깊이 내지 못한다.

 대혜여, 나는 항상 말하기를, '무릇 먹

或持咒術,　　或求解脫,
或趣大乘 以食肉故
一切障礙 不得成就,
是故菩薩
欲利自他 不應食肉.

大慧, 夫食肉者 見其形
色 則已生於 貪滋味心,
菩薩慈念 一切衆生
猶如己身,
云何見之 而作食想.
是故菩薩 不應食肉.

大慧, 夫食肉者 諸天
遠離, 口氣常臭,
睡夢不安 覺已
憂悚, 夜叉惡鬼
奪其精氣 心多驚怖,
食不知足
增長疾病 易生瘡癬
恒被諸蟲 之所唼食
不能於食 深生厭離.

大慧, 我常說言, '凡所

는 음식에 아들의 살이라는 생각을 하
라'라고 하였는데, 다른 음식도 오히려
그러하거늘, 어떻게 제자가 고기 먹은
것을 허락하겠는가.

대혜여, 고기는 좋은 것이 아니며 고
기는 청정하지 않고 모든 죄악을 내며
모든 공덕을 부수므로 모든 선인과 성
인이 버리는 것이거늘, 어떻게 제자가
먹는 것을 허용하겠는가.

만약 먹는 것을 허용했다고 말한다면
이 사람은 나를 비방하는 것이다.37

(4) 대혜여, 깨끗하고 좋은 음식이란 곧
멥쌀·좁쌀, 보리·밀·콩, 들기름·꿀 이와
같은 등의 부류라고 알아야 하니, 이들
은 과거 제불께서 허용하신 것이다.

내가 칭하여 말한 것은, 나의 종성 중
의 모든 선한 남녀로서 마음으로 청정
한 믿음을 품고 오래 선근을 심어서 몸·
목숨·재물에 탐착을 내지 않으며 일체
를 자기의 몸처럼 자애 연민하는 이와

食噉 作子肉想',
餘食尚然,
云何而聽 弟子食肉.

大慧, 肉非美好 肉不淸
淨 生諸罪惡
敗諸功德 諸仙聖人
之所棄捨, 云何而許 弟
子食耶.

若言許食
此人謗我.

大慧, 淨美食者 應知則
是 粳米粟米 大小麥豆
蘇油石蜜 如是等類, 此
是過去 諸佛所許.

我所稱說, 我種性中
諸善男女 心懷淨信
久植善根 於身命財
不生貪著 慈愍一切
猶如己身 如是之人

---

37 여래께서 항상 말씀하시기를, 무릇 마시고 먹을 때 아들의 살을 먹는다는
  생각을 하라고 하였다. 다른 음식도 오히려 그러하거늘, 하물며 제자에게
  고기 먹는 것을 허락하겠는가.

같은 사람이 먹어야 할 것이라, 모든 악습이 호랑이나 이리와 같은 성품인 자는 마음으로 애중하는 바가 아니다.38

之所應食, 非諸惡習
虎狼性者
心所愛重.

⑸ ① 대혜여, 과거에 사자생이라고 이름하는 왕이 있었는데, 고기맛을 탐착해서 갖가지 고기를 먹었다. 이와 같이 하기를 그치지 않다가 이윽고 사람을 먹기에 이르니, 신하와 백성이 견디지 못하고 모두 다 이반하여 나라와 지위를 잃고 큰 고뇌를 받았다.

大慧, 過去有王 名師子
生, 耽著肉味
食種種肉. 如是不已
遂至食人,
臣民不堪
悉皆離叛 亡失國位
受大苦惱.

② 대혜여, 석제환인은 천왕의 지위에 처해서 과거에 고기를 먹고 남은 습기 때문에 몸을 매로 변화시켜서 비둘기를 쫓았다. 나는 그 때 왕이 되어 이름을 시비尸毘라고 했는데, 그 비둘기를 연민하여 스스로 몸의 살을 베어서 그 목숨을 대신하였다.

大慧, 釋提桓因 處天王
位 以於過去 食肉餘習
變身爲鷹 而逐於鴿.
我時作王 名曰尸毘,
愍念其鴿
自割身肉 以代其命.

대혜여, 제석마저 남은 습기로 오히려 중생을 괴롭혔거늘, 하물며 나머지 부끄러움 없이 늘 고기를 먹는 자들이랴. 고기를 먹는 것은 스스로도 괴롭고 남도

大慧, 帝釋餘習 尚惱衆
生, 況餘無慚
常食肉者. 當知食肉
自惱惱他,

---

38 붓다께서는 오직 성인이 응당 먹는 것만을 먹도록 허용할 뿐, 나머지는 모두 허락하지 않음을 말하는 것이다.

괴롭히는 것이라고 알아야 하니, 그러므로 보살은 고기를 먹어서는 안된다.

③ 대혜여, 과거에 한 왕이 있었는데 말을 타고 다니며 사냥하다가 말이 놀라 치달리다 험한 산으로 들어가니, 이미 돌아갈 길이 없었고 또 사람의 거처도 끊어졌다. 암사자가 있어 더불어 같이 노닐던 곳에서 이윽고 추행을 행하여 여러 자식을 낳았는데, 그 가장 큰 아들은 이름을 반족班足이라고 하였다. 뒤에 왕이 됨을 얻어서 7억의 집을 거느렸는데, 고기를 먹고 남은 습기로 고기가 아니면 먹지 않았다. 처음에는 새와 짐승을 먹다가 뒤에 마침내 사람에 이르니, 낳은 아들과 딸은 모두가 나찰이었다. 이 몸을 바꾸고 나서는 다시 사자·승냥이·이리·호랑이·표범·독수리 등 중에 태어나니, 사람의 몸을 구하고자 해도 끝내 얻을 수 없었거늘, 하물며 생사를 벗어나는 열반의 도이겠는가.

대혜여, 대저 고기를 먹는 자에게는 이와 같은 등 한량없는 과실이 있으나, 끊고 먹지 않으면 큰 공덕을 얻는데도, 범우는 이와 같은 손익을 알지 못하니,

是故菩薩
不應食肉.
大慧, 昔有一王
乘馬遊獵 馬驚奔逸
入於山險, 旣無歸路
又絶人居.
有牝師子 與同遊處
遂行醜行
生諸子息, 其最長者
名曰班足.
後得作王 領七億家,
食肉餘習 非肉
不食. 初食禽獸
後乃至人,
所生男女 悉是羅刹.
轉此身已 復生師子
豺狼虎豹 鵰鷲等中,
欲求人身
終不可得, 況出生死
涅槃之道.
大慧, 夫食肉者
有如是等 無量過失,
斷而不食 獲大功德,
凡愚不知 如是損益,

이 때문에 나는 이제 그대들을 위해서 무릇 고기라는 것은 다 먹어서는 안된다는 것을 열어 펴는 것이다.

④ 대혜여, 무릇 살생이란 대부분 사람이 먹기 위한 것이니, 사람이 만약 먹지 않는다면 죽일 일도 또한 없을 것이다. 그러므로 고기를 먹는 것은 살생과 같은 죄이다.

기이하구나, 세간은 고기맛을 탐착해서 사람 몸의 고기까지 오히려 취해서 이를 먹거늘, 하물며 새나 짐승을 먹지 않는 자가 있겠는가. 맛을 탐착하는 까닭에 널리 방편을 베풀어 그물을 곳곳에 펼쳐 놓고 물과 육지에서 날고 다니는 것들이 다 살해됨을 입는데, 설령 스스로 먹지 않더라도 값을 탐해서 이런 일을 짓는다.

대혜여, 세상에 다시 어떤 사람은 마음에 자애·연민이 없어 오로지 참혹함만을 행함이 마치 나찰과 같아서, 중생의 그 몸이 살찐 것을 보면 문득 고기라는 생각을 내고 이것은 먹음직하다고 말한다.

是故我今 爲汝開演
凡是肉者 悉不應食.

大慧, 凡殺生者 多爲人
食, 人若不食
亦無殺事.
是故食肉 與殺同罪.

奇哉, 世間 貪著肉味
於人身肉 尙取食之,
況於鳥獸 有不食者.
以貪味故
廣設方便 罝羅網罟 處
處安施 水陸飛行
皆被殺害, 設自不食
爲貪價直 而作是事.

大慧, 世復有人 心無慈
愍 專行慘暴
猶如羅刹, 若見衆生
其身充盛 便生肉想
言此可食.

(6) ① 대혜여, 세상에는 자신이 죽인 것이 아니고 또한 남이 죽인 것도 아니며 마음에 죽인 것으로 의심되지 않는 고기는 없는데도 먹을 수 있다고 한 것은, 이 뜻 때문에 내가 성문들에게 이와 같은 고기 먹는 것을 허용한 것이다.39

② 대혜여, 미래 세상에 어리석은 사람이 있어서 나의 법 중에 출가를 해서 허망하게 계율을 말하고 정법을 괴란하며 나를 비방해서 '고기 먹는 것을 허락하셨고, 또한 스스로도 일찍이 드셨다'라고 말할 것이다.

대혜여, 내가 만약 성문에게 고기 먹는 것을 허락하였다면 나는 곧 자애의 마음에 머무는 자, 관행을 닦는 자, 두타를 행하는 자, 대승으로 나아가는 자가 아닐 것인데, 어떻게 모든 선남자 및 선여인에게 권하여 '모든 중생에 대해 외아들이라는 지각을 내어서 일체 고기를 끊으라'고 하겠는가.

大慧, 世無有肉 非是自殺 亦非他殺
心不疑殺
而可食者,
以是義故 我許聲聞
食如是肉.

大慧, 未來之世 有愚癡人 於我法中 而爲出家
妄說毘尼 壞亂正法
誹謗於我言 '聽食肉,
亦自曾食'.

大慧, 我若聽許 聲聞食肉 我則非是 住慈心者
修觀行者 行頭陀者
趣大乘者,
云何而勸 諸善男子 及善女人 '於諸衆生 生一子想 斷一切肉'.

---

39 세상에 살생한 것 아닌 고기는 없는데도 먹을 수 있다고 한 것은 이 뜻 때문(='먹을 수 있다'고 해도 그런 고기는 없어서 먹을 수 없기 때문)에 붓다께서 이와 같은 고기 먹는 것을 성문에게 허용한 것임을 말하는 것이니, (고기 먹는 것을) 허락하지 않았음을 말하는 것이다.

(7) ① 대혜여, 내가 여러 곳에서 열 가지를 금하고 세 가지를 허용한다고 말한 것은 점차 금하고 끊게 하여 그들로 하여금 닦고 배우게 한 것이다.

大慧, 我於諸處 說遮十種 許三種者 是漸禁斷 令其修學.

이제 이 경전 중에서는 스스로 죽였거나 남이 죽였거나 무릇 고기란 일체를 다 끊어야 한다는 것이다.40

今此經中 自死他殺 凡是肉者 一切悉斷.

② 대혜여, 나는 일찍이 제자에게 고기 먹는 것을 허용하지 않았고, 또한 현재도 허용하지 않으며, 또한 미래에도 허용하지 않을 것이다.

大慧, 我不曾許 弟子食肉, 亦不現許, 亦不當許.

대혜여, 무릇 육식은 출가한 사람에게는 모두가 청정치 못한 것이다.

大慧, 凡是肉食 於出家人 悉是不淨.

대혜여, 만약 어떤 어리석은 사람이 여래를 비방하여, 고기 먹는 것을 허락하였고 또한 스스로도 먹었다고 말한다

大慧, 若有癡人 謗言如來, 聽許食肉 亦自食者,

....
40 【이하는 셋째 이 경전의 진실한 뜻은 일체를 다 끊는 것임을 보이는 것[示此經實義 一切悉斷]이다.】 붓다께서 계율 중에서 식육을 허락하였다고 말함이 있다면 모두 여래를 비방하는 것임을 밝히는 것이다. 과거 다른 경전에서 열 가지를 금하고 세 가지를 허용함을 말한 것은 중생의 악습이 이미 오래되어 그 정이 쉽게 버리려 하지 않을 것이므로 점차 금해서 끊게 함이니, 그 정에 나아가 제정해서 그로 하여금 수습케 한 것이다. 이제 이 법회에서는 일체 종류와 일체 시간에 방편을 부정하고 일체를 모두 끊어야 함을 여니, 이것이 말하자면 최후의 청정하고 밝은 가르침임이라는 것이다. 열 가지를 금했다고 말한 것은 사람·뱀·코끼리·말·용·여우·암돼지[豬]·개·사자·원숭이이고, 세 가지를 허용했다는 것은 (죽이는 것을) 보지 않은 것, 듣지 않은 것, (자신을 위해 죽인 것으로) 의심되지 않는 것이다.

면, 이 사람은 악업에 얽혀 반드시 길이 이롭지 못한 곳에 떨어질 것이라고 알아야 한다.

當知是人 惡業所纏 必當永墮 不饒益處.

대혜여, 나에게 있는 모든 성스러운 제자는 오히려 범부의 단식조차 먹지 않거늘, 하물며 피와 고기의 청정치 못한 음식을 먹겠는가.41

大慧, 我之所有 諸聖弟子 尙不食於 凡夫段食, 況食血肉 不淨之食.

③ 대혜여, 성문과 연각 및 모든 보살도 오히려 오직 법식法食뿐이거늘, 어찌 하물며 여래이리오. 대혜여, 여래의 법신은 잡식하는 몸이 아니다.

大慧, 聲聞緣覺 及諸菩薩 尙惟法食, 豈況如來. 大慧, 如來法身 非雜食身.

---

41 일체 유정은 모두 음식[食]에 의지해 머무니, 음식으로 모든 근의 대종과 심·심소법을 도와 이익해서 능히 기쁨과 즐거움을 내고 상속하여 집지執持함을 말하는데, 모두 네 가지가 있다. 첫째는 단식이니, 변괴變壞됨을 모습으로 한다. 말하자면 욕계에 매인 향·미·촉의 셋이 변괴될 때 능히 음식의 현상[食事]이 되는 것이다. 둘째는 촉식이니, 경계에 접촉함을 모습으로 한다. 말하자면 유루의 접촉이 경계를 막 취할 때 기쁨 등을 섭수하는 것이 능히 음식의 현상이 되는 것이다. 셋째는 의사식이니, 희망함을 모습으로 한다. 말하자면 유루의 의도[思]가 욕구와 더불어 함께 굴러서 사랑할 만한 경계를 희망하는 것이 음식의 현상이 되는 것이다. 넷째는 식식이니, 집지執持함을 모습으로 한다. 말하자면 유루의 식이 단식·촉식·의사식으로 말미암아 세력이 증장되는 것이 능히 음식의 현상이 되는 것이다. 이 넷이 능히 유정의 신명을 지녀서 무너져 끊어지지 않게 하기 때문에 음식이라고 이름하는 것이다.

단식은 오직 욕계에서만 유용하다. 촉·의사·식식은 비록 삼계에 두루하지만, 의식[識]에 의지해 구르므로 의식의 유·무를 따른다. 여기에서는 유정이 피와 고기를 먹고 마시는 것을 상대하니, 이 때문에 우선 단식을 먹지 않는 것을 말했지만, 뜻에서는 네 가지를 모두 응당 끊는다. 그래서 아래의 ③에서는 "법신은 잡식하는 것이 아니다"라고 말하였으니, 정식情識을 초월해서 넷이 모두 없음을 말한 것이다.

대혜여, 나는 이미 일체의 번뇌를 끊어 없앴고, 나는 이미 일체의 습기를 깨끗이 씻었으며, 나는 이미 모든 마음의 지혜를 잘 간택해서, 대비가 평등하여 널리 중생 보기를 마치 외아들과 같이 하거늘, 어떻게 성문 제자에게 아들의 고기를 먹도록 허용하겠으며, 어찌 하물며 스스로 먹으랴. 이런 말을 하는 자에게는 옳은 도리가 없다."42

大慧, 我已斷除 一切煩惱, 我已浣滌 一切習氣, 我已善擇 諸心智慧, 大悲平等
普觀衆生 猶如一子,
云何而許 聲聞弟子 食於子肉, 何況自食.
作是說者
無有是處."

(8) 그 때 세존께서는 거듭 게송으로 말씀하셨다.43

爾時 世尊 重說頌言.

① 모두 일찍이 친속이었고
　온갖 잡예로 성장한 바며
　모든 중생들 공포케 하니
　그래서 먹어서는 안되네44

悉曾爲親屬
衆穢所成長
恐怖諸含生
是故不應食

---

42 삼승의 성인은 다 법희法喜와 선열禪悅을 음식으로 삼는다. 여래의 법신에 잡식이 없다는 것은 《대지도론》(=제5권)에서 "제법의 실상을 제외하면 나머지는 다 마사魔事이다."라고 말한 것과 같다. 곧 번뇌장·소지장의 현행·종자·습기가 다 이미 끊어졌기 때문에 일체종지가 원명하고 무연의 대비심으로 중생 보기를 외아들 생각하듯이 하니, 어찌 제자에게 아들의 고기를 먹도록 허용하겠으며, 또한 스스로 아들의 고기를 먹으랴.
43 [이하는 넷째 총결해서 수행의 과환임을 상세히 보이는 것[總結詳示 修行過患]이다.]
44 이 1게송은 위의 여러 인연 중에서 간략히 그 셋을 노래한 것이다.

② 일체 고기와 더불어 파와　　　　一切肉與蔥
　　마늘과 부추 및 모든 술　　　　韭蒜及諸酒
　　이와 같이 부정한 물건을　　　　如是不淨物
　　수행자는 멀리 여읠지라　　　　修行者遠離

③ 또한 항상 마유麻油 및 모든　　　亦常離麻油
　　구멍 뚫은 침상 여읠지니　　　　及諸穿孔床
　　그 모든 미세한 벌레들이　　　　以彼諸細蟲
　　그 중에서 크게 경포하네45　　於中大驚怖

④ 먹고 마심은 방일함 내고　　　　飮食生放逸
　　방일은 삿된 지각을 내며　　　　放逸生邪覺
　　지각을 좇아 탐욕을 내니　　　　從覺生於貪
　　그래서 먹어서는 안되네　　　　是故不應食

⑤ 사각邪覺이 탐욕 내기 때문에　　邪覺生貪故
　　마음이 탐욕 취한 바 되고　　　　心爲貪所醉
　　마음의 취함 애욕 기르니　　　　心醉長愛欲
　　생사에서 해탈치 못하네46　　　生死不解脫

....
45 ② 이하의 여러 게송은 대부분 그 허물을 보여서 모두 멀리 떠나게 하는 것이지만, 일부는 장행을 노래한 것이다. 마유를 여의라고 말한 것은 외국의 풍속에, 마를 찧을 때 산 벌레를 합쳐 압착되게 해서 즙이 많고 기름짐을 더하도록 꾀하니, 어떻게 먹을 수 있겠는가. 그리고 구멍 뚫린 모든 침상에는 대부분 벌레의 무리가 있으므로 다 앉고 누워서는 안된다는 것이다.
46 방일은 대수번뇌 중의 하나이다. 술을 마시고 고기를 먹으면 마음이 대부분 방일해서 모든 나쁜 각관 등이 다 따라서 생장하니, 이 때문에 생사에

6 이익 위해 중생을 죽이고 爲利殺衆生
　재물로 여러 고기 취하면 以財取諸肉
　두 가지 모두가 악업이니 二俱是惡業
　죽어 규환지옥 떨어지리 死墮叫喚獄

7 생각 안되고 교구敎求치 않은 不想不敎求
　이 세 가지 청정 이름하나 此三種名淨
　세상에 이런 고기 없으니 世無如是肉
　먹는 자는 내가 꾸짖노라47 食者我訶責

8 다시 서로를 먹어서 죽어 更互相食噉
　악한 짐승 중에 떨어지며 死墮惡獸中
　냄새 더럽고 미칠 것이니 臭穢而癲狂
　그래서 먹어서는 안되네 是故不應食

9 사냥꾼과 전다라와 獵師旃茶羅
　백정과 나찰의 이러한 등 屠兒羅利娑
　종류 중에 태어나리니 此等種中生
　이는 다 고기 먹은 과보네48 斯皆食肉報

....
　유전함에서 버려서 떠남을 얻지 못한다.
47 이미 (나를 위해 죽인 것으로) 생각되거나 (죽일 것을 내가) 가르치거나 구하지 않은 것은 없으니, 곧 삼정육三淨肉이란 있는 것이 아니다. 무릇 모든 고기는 다 생명을 죽여서 얻은 것이니, 어떻게 먹을 수 있겠는가.
48 전다라旃茶羅는 곧 전다라旃陀羅이다. * 한역문의 '나찰사羅利娑'는 나찰의 범어 'rākṣasa'의 음사어이다.

10	먹고 나서도 참괴 없으면	食已無慚愧
	생생마다 항상 미치리니	生生常癲狂
	모든 붓다들 및 보살과	諸佛及菩薩
	성문이 혐오하는 바이리	聲聞所嫌惡

11	상협경과 더불어 대운경	象脅與大雲
	열반경과 앙굴마라경	涅槃央掘摩
	그리고 이 능가경에서	及此楞伽經
	내 다 고기 끊을 것 정했네49	我皆制斷肉

12	먼저 봄·들음·의심 말함은	先說見聞疑
	이미 일체 고기 끊음이거늘	已斷一切肉
	그들의 나쁜 습성 때문에	以其惡習故
	어리석은 자 망분별하네50	愚者妄分別

13	탐욕이 해탈 장애하듯이	如貪障解脫
	고기 등도 또한 그러하니	肉等亦復然
	만약 이를 먹는 자 있다면	若有食之者
	성도에 들어갈 수 없다네	不能入聖道

....

49 상협·대운·열반·앙굴마라는 다 경전의 이름이다.
50 붓다께서 먼저 말씀하신 바 죽이는 것을 보거나 듣거나 의심되는 것을 먹도록 허용하지 않은 것은, 이미 이로써 다 끊게 한 것이다. 그렇지만 악습의 우부는 가르침의 뜻을 알지 못하고 허망하게 분별을 일으켜서 고기 먹는 것을 허락한 것이라고 말한다는 것이다.

⑭ 미래세의 중생이 고기에　　　　未來世衆生
　어리석어 설명해 말하길　　　　於肉愚癡說
　이 정육은 죄 없어 붓다도　　　言此淨無罪
　먹도록 허락했다 말하리　　　　佛聽我等食

⑮ 정식淨食도 오히려 약 같으며　淨食尙如藥
　아들 고기 같이 생각하고　　　　猶如子肉想
　그러므로 수행자는 분량　　　　是故修行者
　알며 걸식을 행해야 하네51　　知量而行乞

⑯ 고기 먹으면 해탈 등지고　　　食肉背解脫
　그리고 성인 표상 어겨서　　　　及違聖表相
　중생들 두려움 내게 하니　　　　令衆生生怖
　그래서 먹어서는 안되네52　　　是故不應食

⑰ 자심慈心에 안주하는 자에게　安住慈心者
　나는 늘 염리하라 말하니　　　　我說常厭離
　사자 및 호랑이가 응당　　　　　師子及虎狼
　함께 노닐며 머물리라53　　　　應共同遊止

....
51 무릇 청정한 음식[淨食]을 먹는 것도 오히려 약을 복용하듯 생각하고, 아들 고기를 먹듯이 생각할 것이거늘, 어찌 하물며 고기를 먹음이랴. 그러므로 비구는 소욕지족하며 걸식을 행함으로써 탐애를 끊어야 한다.
52 바른 해탈을 등지는 것은 자비와 지혜가 없음으로 말미암으니, 자·타 이익함을 이지러뜨리고, 그리고 성인의 중생 지키는 위의와 표상을 어긴다.
53 이미 마음에 중생을 해칠 마음이 없으면 가사 맹수가 마치 호랑이나 사자와 같은 것이라고 해도 늘 순종할 것이다.

⑱ 만약 술과 고기 따위를 　　若於酒肉等
　 일체 모두 먹지 않는다면 　　一切皆不食
　 반드시 성현 중에 태어나 　　必生賢聖中
　 재물 풍족코 지혜 갖추리54 　豐財具智慧

....
54 이 1게송은 먹지 않음의 과보를 밝히는 것이니, 말하자면 반드시 현성과
　 제불의 회중에 태어나 법재가 풍족하고 붓다의 일체종지를 갖출 것이다.

제9	陀羅尼品
다라니품55	第九

6.3

(1) 그 때 붓다께서 대혜보살마하살에게 말씀하셨다.

"대혜여, 과거·미래·현재의 제불께서는 이 경전을 지니는 자를 옹호하시고자 다 위해 능가경주를 연설하시므로 나도 이제 또한 설할 것이니, 그대는 응당 수지해야 한다."

곧 주문을 설하여 말씀하셨다.56

爾時 佛告 大慧菩薩摩訶薩言.

"大慧, 過去未來 現在諸佛 爲欲擁護 持此經者 皆爲演說 楞伽經咒 我今亦說, 汝當受持."

卽說咒曰.

---

55 * 이 품은 10권본의 제17 다라니품에 해당한다. 4권본에는 앞 품이 경전의 끝이고, 본품과 다음 제10 게송품에 해당하는 글은 없다.

56 천태대사는 《묘법연화경》 다라니품에서 모두 4실단으로써 이름을 번역하고 뜻을 해석하여, 「다라니는 여기에서는 총지總持라고 번역하니, 모두 지니면 악이 일어나지 않고 선이 상실되지 않는다.(제1) 또 능차能遮·능지能持라고 번역하니, 능히 선을 지니고, 능히 악을 막는다.(제2와 제3) 이는 능히 극단의 악을 막고, 능히 중도의 선을 지닌다.(제4) 온갖 경전에서 개방하고 차단하는 것이 같지 않다. 혹은 오로지 병을 다스리는데 쓰니, 저 나달那達거사(=미상)와 같고, 혹은 오로지 법을 보호하는데 쓰니, 이 경문과 같으며, 혹은 오로지 죄를 멸하는데 쓰니, 저 방등경전과 같고, 혹은 병을 다스리고 죄를 멸하며 경전을 보호하는데 공통으로 쓰니, 《청관음請觀音경》과 같으며, 혹은 대명주·무상명주·무등등명주는 곧 병을 다스림도 아니고, 죄를 멸함도 아니며, 경전을 보호함도 아니다. 만약 공통의 방편이라고 한다면 또한 응당 겸해야 하지만, 만약 개별적으로 논하는 것이라면 모름지기 경전에 의지해야 하니, 가르침을 어기지 말라.」라고 하고, 다음 뜻을 해석해서 이르기를, 「여러 논사가 혹은 말하기를, "주咒란 귀신왕의 이름이다. 그 왕의 이름을 부르면 부하들은 왕을 공경해서 감히 그릇된 것을 하지

따댜타tadyathā(1)　　뚜떼tuṭṭe뚜떼　　怛姪他(一)睹吒睹吒
tuṭṭe(2) 우떼vuṭṭe 우떼vuṭṭe(3)　　　（都駭反下同二）杜吒杜

못하니, 그래서 일체 귀신들을 항복시킬 수 있는 것이다."라고 하고,(제1)
혹은 말하기를, "주란 군대 중에 암호와 같으니, 암호를 불러 서로 맞으면
꾸짖고 물을 것이 없지만, 만약 서로 맞지 않으면 곧 잡아서 죄를 다스린
다. 만약 주를 따르지 않는 자라면 머리가 일곱 부분으로 깨어질 것이지만,
만약 주를 따르는 자라면 곧 과실이 없다."라고 하며,(제2) 혹은 말하기를,
"주란 남 모르게 악을 다스려서 악이 스스로 쉬게 하는 것이다. 비유하면
미친한 자가 이 나라에서 저 나라로 도피하여 왕자라고 속여 칭하니, 저 나
라에서 공주로 처를 삼게 하였지만 성냄이 많아 섬기기 어렵더니, 그 나라
에서 온 한 밝은 사람이 있어 공주가 가서 이를 말한 즉 그 사람이 공주에
게 말하기를, '만약 성낼 때를 당하면 게송을 말하시오. 게송은, 부모 없어
타국에서 노닐며 일체 사람을 속이니, 거친 음식 늘 먹던 몸이 어찌 수고로
이 다시 성을 내는가'라고 하시오'라고 해서 이 게송을 말했을 때 침묵하고
성냄을 그쳤고, 뒤에는 다시 성내지 않으므로, 이 공주 및 일체 사람들은
단지 이 게송만을 들었을 뿐 다 뜻은 몰랐던 것과 같다. 주도 또한 이와 같
아서 남 모르게 악을 막지만, 나머지는 아는 자가 없다."라고 하고,(제3) 혹
은 이르기를, "주란 제불의 비밀한 말씀이다. 마치 왕이 선다바를 찾으면
일체 신하에 능히 아는 자가 없지만, 오직 어떤 지혜로운 신하는 그 뜻을
능히 아는 것과 같다. 주도 또한 이와 같아서 이 하나의 법에 모든 힘이 두
루 있어서 병이 낫고 죄가 없어지며 선이 생기고 도가 합치하게 된다."라고
한다.(제4) 이러한 뜻 때문에 다 본래의 음을 둔 것이니, 번역하는 사람이
번역하지 않는 뜻이 여기에 있는 것이다. 악세에 경전을 넓힘에는 으레 고
난이 많기 마련이라 주로써 이를 보호해서 도道로 하여금 유통되게 하는 것
이다.」라고 하였다.
　이제 이 《능가경》에서 여래께서 설하시는 다라니는 역시 오로지 법을 보
호해서 도로 하여금 유통케 하시는 것이다. 혹은 또 말하자면 무릇 주의 글
을 예전부터 번역하지 않음에는 다섯 가지 뜻이 있다. 첫째는 이것이 제불
의 비밀한 말씀의 법이어서 오직 붓다께서만 알 수 있어서이다. 둘째는 이
것은 총지의 문으로서 많은 뜻을 포함하기 때문이다. 셋째는 혹은 귀신의
이름일 수도 있어서 이를 부르면 수행하는 사람을 수호하도록 명하기 때문
이다. 넷째는 혹은 제불의 비밀한 인印일 수도 있어서 마치 왕의 인장이라
면 믿어서 가는 곳마다 따르고 받들지 않음이 없는 것과 같다. 다섯째는 불
가사의한 힘이 가지하는 바이기 때문에 수지하면 은밀히 통해서 죄를 멸하
고 복을 내어서이다. 이들이 천태의 뜻과 같고 다름은 알 수 있을 것이다.

빠떼paṭṭe빠떼paṭṭe(4) 까떼kaṭṭe까떼kaṭṭe(5) 아말레amale아말레amale(6) 위말레vimale위말레vimale(7) 니메nime니메nime(8) 히메hime히메hime(9) 와메vame와메vame(10) 깔레kale깔레kale(11) 깔레kale깔레kale(12)⁵⁷ 아떼aṭṭe마떼maṭṭe(13) 와떼vaṭṭe뚜떼tuṭṭe(14) 녜떼jñeṭṭe 스뿌떼spuṭṭe(15) 까떼kaṭṭe까떼kaṭṭe(16) 라떼laṭṭe빠떼paṭṭe(17) 디메dime디메dime(18) 짤레cale(19) 짤레cale(20) 빠쩨pace빠쩨pace(21) 반드헤bandhe반드헤bandhe(22) 안쩨añce 만쩨mañce(23) 두따레dūtāre 두따레dūtāre(24) 빠따레patāre(25)

吒(三)缽吒缽吒(四)葛吒葛吒(五)阿麼隸阿麼隸(六)毘麼隸毘麼隸(七)儞謎儞謎(八)呬謎呬謎(九)縛(扶可反)謎縛謎(十)葛隸葛隸(十一)揭囉葛隸(十二)阿吒末吒(十三)折吒咄吒(十四)耆若(攘舸反二合)吒薩普(二合)吒(十五)葛地(雜計反下同)刺地(十六)缽地(十七)呬謎呬謎(十八)第謎(十九)折隸(二十)缽利缽利(二十一)畔第毘第(二十二)案制滿制(二十三)[黑*主](胝戶反下同)茶(去聲下同)[口*(隸－木+士)](二十四)杜茶[口*(隸－木+

---

57 * 이 다라니 한역문에는, 괄호 안에 읽는 법이 표기되어 있는 것이 적지 않아서 이를 그대로 한글로 옮기지 않고, 범문화역에 표기된 범어를 읽고 이를 병기하였다. 그런데 이 12항은 범문화역에 11항과 같은 범어로 표기되어 있으나, 한역문이 다른 것으로 보아 착오인 것으로 보인다. 그 아래의 17항, 19항, 20항, 25항 등에서도 한역문과 범어의 차이가 보인다.

빠따레patāre(26)
아르께arkke
아르께arkke(27)
사르께sarkke사르께sarkke(28)
짜끄레cakre
짜끄레cakre(29)
디메dime디메dime(30)
히메hime히메hime(31)
뚜ṭu뚜ṭu뚜ṭu뚜ṭu(32)
두ḍu두ḍu
두ḍu두ḍu(33)
루ru루ru루ru루ru(34)
푸phu푸phu푸phu푸phu(35)
스바하svāhā(36)

士)](二十五)鉢茶[口*(隷－木＋士)](二十六)遏計遏計(二十七)末計末計(二十八)斫結斫結[口*(隷－木＋士)](二合二十九)地(依字呼)謎地謎(三十)呬謎呬謎(三十一)[黑*主][黑*主][黑*主][黑*主](三十二)楮(笞矩反)楮楮楮(三十三)杜杜杜(三十四)杜虎(二合)杜虎杜虎杜虎(三十五)莎婆訶(三十六)

(2) "대혜여, 미래세 중에 만약 어떤 선남자 선여인이 이 다라니를 수지하여 독송하고 남을 위해 해설한다면, 이 사람은 일체 사람과 비인, 모든 귀신 등이 기회를 얻는 바 되지 않을 것이라고 알아야 한다.

만약 다시 어떤 사람이 졸지에 악귀 중에 떨어졌을 때 그를 위해 108번 외우고 새긴다면 즉시 악귀가 달아나 버

"大慧, 未來世中 若有善男子善女人 受持讀誦 爲他解說 此陀羅尼, 當知此人 不爲一切 人與非人 諸鬼神等 之所得便.
若復有人 卒中於惡 爲其誦念 一百八遍 卽時惡鬼 疾走而去.

릴 것이다.

　대혜여, 내가 다시 그대를 위해 다라니를 설하겠다."

　곧 주문을 설하여 말씀하셨다.

大慧, 我更爲汝 說陀羅尼."
卽說咒曰.

따댜타tadyathā(1)빠드마데웨padma-deve(2)　빠드메padme(3)　히네hine히니hini히네hine(4)
쭈cu쭐레cule쭐루culu쭐레cule(5)
팔레phale풀라phula풀레phule(6) 율레yule그훌레ghule(7)58 빨레pale빨라pala빨레pale(8)　친데cchinde빈데bhinde(9) 쁘라마르데pramarde(10) 디나까레dinakare(11)　스바하svāhā(12)

怛姪他(一)缽頭摩第鞞(二)缽頭迷(三)醯(去聲下同)泥醯禰醯泥(四)隸主羅主隸(五)虎隸虎羅虎隸(六)庾隸庾隸(七)跛隸跛羅跛隸(八)嗔(上聲呼)第膡第(九)畔逝末第(十)尼羅迦隸(十一)莎婆訶(十二)

(3) "대혜여, 만약 어떤 선남자 선여인이 이 다라니를 수지하고 독송하고 남을 위해 해설한다면, 일체 천신·용·야차와 인비인 등의 모든 나쁜 귀신이 기회를 얻는 바 되지 않을 것이다.

　내가 모든 나찰을 금지하기 위한 연고로 이 신주를 설했으니, 만약 이 주문

"大慧, 若有善男子 善女人 受持讀誦 爲他解說 此陀羅尼, 不爲一切 天龍夜叉 人非人等 諸惡鬼神 之所得便.
我爲禁止 諸羅刹故 說此神咒, 若持此咒

---

58 * 이 제7항부터는 범본의 것이 적지 않게 축약된 것이다.

을 지니면 곧 입능가경의 일체 문구를 　則爲受持 入楞伽經 一
수지함이 되어 모두 이미 구족할 것이　切文句 悉已具足."
다."59

---

59 '야차'는 여기 말로는 첩질귀捷疾鬼인데, 또한 고활苦活이라고도 말한다.
'나찰'은 여기 말로는 가외可畏인데, 또한 식인귀食人鬼라고도 말한다. 이 2
부는 북방 비사문천왕이 다스리는 것들이다.

제9 다라니품　563

제10
게송품60(의 초)

偈頌品
第十之初

6.4

  그 때 세존께서는 이 경전 중의 여러 자세한 뜻을 거듭 펴시고자 게송으로 말씀하셨다.61

爾時 世尊 欲重宣此
修多羅中 諸廣義故 而
說偈言.

① 모든 법은 견고치 않으니
   모두 분별에서 나는 것
   분별은 곧 공하니
   분별된 것도 있음 아니네62

諸法不堅固
皆從分別生
以分別卽空
所分別非有

....
60 * 이 품은 10권본의 제18 총품에 해당하는 것인데, 4권본에는 없다.
61 * 범문화역에는 게송 ①의 앞에 9게송이 있는데, 처음 6게송은 제2 집일체법품의 1.2.1에서 대혜가 붓다를 찬탄하는 6게송(=①, ③, ②, ④, ⑤, ⑧의 순서로 되어 있음)과, 붓다의 3.2(6)의 ③, ④ 및 3.8.3(6)의 ③이다. 10권본의 경우에는 그 중 뒤의 3게송만 있고, 앞의 6게송은 없지만,(=그 6게송을 제외한 것은 세존의 게송이 아니기 때문인 듯), 이후에는 범문화역과 10권본 공통으로 앞의 장행에 나오는 게송이 사이사이에 섞여 있다. 그러나 이 7권본에서는 앞의 장행에 나오는 게송을 모두 제외하였는데, 그 취지는 중복하여 옮길 필요가 없다고 본 것일 것이다. 그렇지만 장행의 게송들이 사이에 섞여 있는 편이 글의 흐름을 이해하는데 도움이 될 수 있으므로, 이하에서는 생략되어 있는 게송을 각주에서 밝힐 것인데, 다만 여기에서는 세존께서 말씀하셨다는 것이므로, 10권본과 같이 뒤의 3게송만 옮긴다. 「3.2(6) ③ 비유하면 아지랑이가, 일렁거려 마음 미란하니, 목마른 짐승 물로 여기나, 실제로 물 자체는 없듯이, ④ 이와 같이 식의 종자가, 움직여서 경계 보는 것이, 눈병에 보이는 것 같거늘, 우부가 집착을 냄이라네, 3.8.3(6) ③ 선 닦는 자와 선의 소연, 번뇌 끊음과 진제를 봄, 이들도 모두 망상이니, 요지하면 곧 해탈이라네」

② 허망한 분별로 말미암아   由虛妄分別
　　이에 곧 식의 남이 있으니   是則有識生
　　8식·9식의 갖가지는   八九識種種
　　바다의 온갖 파랑과 같네63   如海衆波浪

----

62 일체의 법은 다 견실한 것이 아니라고 말한 것은 분별의 상념에서 난다는 것을 말하는 것이다. 만약 능히 분별하는 식이 공함을 깨닫는다면 곧 모든 법은 본래 적멸해서 나든 멸하든 모두가 분별임을 알 것이니, 분별이 만약 없어지면 법도 생멸하는 것이 아니다. * 범문화역 및 10권본(=이하 '범본'이라고만 함)에는 이 게송 다음에 3.2(6)의 ①·⑥의 2게송이 있다. 「3.2(6) ① 모든 식과 다섯 있는 온은, 마치 물의 나무영상 같아, 보이는 건 환상·꿈 같으니, 망령되이 분별하지 말라, ⑥ 환술·주문·기관이 짓는 바, 뜬 구름과 꿈과 번개, 세간 늘 이들 같이 관하면, 영원히 3상속 끊으리라」

63 여기에서 또 9식을 말한 것은 곧 《밀엄경》에서 제9식을 순정식純淨識으로 삼은 것인데, 여러 경론 중에서도 다시 진여를 가리켜서 제9식으로 삼으니, 모두 이름은 달라도 체는 같다. 말하자면 하나의 진실과 여덟의 세속, 두 가지를 합쳐 말하는 것이다. 그런데 이 진여는 곧 식의 진실한 성품이니, 의타기와 별도로 체가 있는 것이 아니고, 따라서 또한 체의 부류에 따라 9식이 있는 것도 아니다. 단지 제8식의 구분具分(=청정분+잡염분)아뢰야를 나누어서 둘로 한 것이니, 유루분은 잡염분이 되고, 무루분은 청정분이 되어서, 7전식과 통틀어서 말하기 때문에 9식이라고 말한 것이다. 저 아래의 게송(=㊳)에서 "아뢰야와 수승한 장식을 드러내어 보였으니, 능취와 소취를 떠난 것을(잡염분을 떠난 것이다) 나는 진여라고 말하네(곧 청정분이다)"라고 한 것과 같다. 여기에서 이것을 나눈 것은 곧 게송의 5대五對의 뜻(=장행과 게송을 대비하면, 있고 없음[有無], 자세하고 간략함[廣略], 분리하고 합함[離合], 앞과 뒤[先後], 숨기고 드러냄[隱顯]의 다섯 가지 상대되는 뜻이 있다는 것) 중 장행에서는 합했고 게송에서는 분리한 것이다.

　이제 경전의 이 품에는 무릇 666게송(=여기에서는 범본에 따라 게송을 합하기도 하고 나누기도 하여 661게송이 되었음)이 경전 중의 여러 자세한 뜻을 거듭 노래한다. 저 아래의 게송(=㉒)에서, 열반에는 여섯이 있고, 모든 색에는 여덟이 있으며, 모든 온 및 붓다에는 각각 스물넷이 있다고 말한 것과 같은, 이러한 종류의 이름과 수가 자못 많은데, 앞의 여러 품 내에서 모두 글이 없었던 것은 곧 5대의 뜻 중 장행에는 없으나 게송에는 있는 것이다. 그 중 긴요한 뜻을 아직 경론 및 글의 소에서 해석한 것을 보지 못한 것은 감히 억측하여 말할 수 없으므로, 모두 밝은 분이 오기를 기다린다.

③ 습기가 항상 증장하여 　　　　習氣常增長
　　얽힌 뿌리 굳게 의지하니 　　　槃根堅固依
　　마음이 경계 따라 흐름이 　　　心隨境界流
　　쇠가 자석에 붙듯 하네 　　　　如鐵於[石*慈]石

④ 중생이 의지하는 성품에서 　　　衆生所依性
　　모든 계탁을 멀리 떠나고 　　　遠離諸計度
　　또 지혜로 알 바를 떠나면 　　　及離智所知
　　의지처 전환해 해탈 얻네64 　　　轉依得解脫

---

64 전의의 뜻은 앞에서 이미 해석하였다. 《성유식론》(=졸역 pp.895-896)에서 또 이르기를, 보살은 앞의 견도로부터 일어나서, 나머지 장애를 끊기 위하여 다시 거듭해서 무분별지를 닦아 익혀서, 나아가 그 두 가지 추중(두 가지 장애의 종자를 두 가지 추중이라고 이름한다)을 버리기에 이르기 때문에 곧 능히 광대한 전의를 증득한다고 하였다. '의依'는 의타기를 말하니, 곧 의타기가 염·정법에게 의지처[所依]가 되기 때문이다. '염'은 허망한 변계소집을 말하고, '정'은 진실한 원성실성을 말한다. '전轉'은 두 부분(=염·정분)을 전환해서 버리고 전환해서 얻는 것을 말한다. 무분별지를 자주 수습함으로 말미암아 근본식 중의 두 가지 장애의 추중을 끊기 때문에 능히 의타기 위의 변계소집을 전환해서 버리고, 그리고 능히 의타기 중의 원성실성을 전환해서 얻으며, 번뇌를 전환함으로 말미암아 대열반을 얻고, 소지장을 전환함으로 말미암아 무상각을 증득하는 것이다.
　　혹은 '의'는 곧 유식의 진여이니, 생사와 열반의 의지처이기 때문이다. 우부는 전도되어 이 진여에 미혹하기 때문에 무시 이래로 생사의 괴로움을 받고, 성인은 전도를 떠나 이 진여를 깨달으므로 곧 열반을 얻어서 필경 안락한 것이다. 말하자면 자주 무분별지를 수습해서 근본식 중의 두 가지 장애의 추중을 끊기 때문에 능히 진여에 의지하는 생사를 전환하여 멸하고, 그리고 능히 진여에 의지하는 열반을 전환해서 증득한다. 그래서 이르기를, "또 지혜로 알 바(=소지장의 추중)를 떠나면 의지처 전환해 해탈 얻네"라고 한 것이다.

⑤ 여환삼매를 얻어서　　　　　　　　得如幻三昧
　　보살의 십지를 초과하여　　　　　超過於十地
　　심왕을 관찰하여 볼 때　　　　　　觀見心王時
　　지각과 의식 다 원리하네　　　　　想識皆遠離

⑥ 그 때 마음이 전의하므로　　　　　爾時心轉依
　　이것이 곧 상주함 되니　　　　　　是則爲常住
　　연꽃궁전, 환상의 경계가　　　　　在於蓮花宮
　　일으킨 바에 있으리라　　　　　　幻境之所起

⑦ 이미 그 궁전에 머물면　　　　　　旣住彼宮已
　　자재하여 공용이 없이　　　　　　自在無功用
　　모든 중생들 이익함이　　　　　　利益諸衆生
　　온갖 색의 마니와 같으리　　　　　如衆色摩尼

⑧ 유위·무위는 없고 오직　　　　　　無有爲無爲
　　허망분별 없애야 함에도　　　　　惟除妄分別
　　우부는 미혹해 집취함이　　　　　愚夫迷執取
　　석녀가 아이 꿈꾸듯하네　　　　　如石女夢子

⑨ 응당 알지니 보특가라와　　　　　應知補伽羅
　　온·계와 모든 연 따위는　　　　　蘊界諸緣等
　　모두 공하고 자성이 없어　　　　悉空無自性
　　유와 비유를 냄이 없다네　　　　無生有非有

10 내가 방편으로 설하지만　　　　我以方便說
　　실제로는 상이 없는데도　　　　而實無有相
　　우부는 망령되이 집착해　　　　愚夫妄執取
　　능상 및 소상을 취하네　　　　　能相及所相

11 일체 안다 하나 앎 아니고　　　一切知非知
　　일체도 일체가 아닌데도　　　　一切非一切
　　우부가 분별한 바이니　　　　　愚夫所分別
　　붓다엔 자·타 지각함 없네65　　佛無覺自他

12 모든 법은 환상·꿈과 같아　　　諸法如幻夢
　　남이 없고 자성이 없으니　　　　無生無自性
　　다 성품이 공하기 때문에　　　　以皆性空故
　　없음과 있음 얻을 수 없네　　　　無有不可得

13 나는 오직 한 성품 설하니　　　我惟說一性
　　허망한 계탁을 떠나서　　　　　離於妄計度
　　자성이 둘이 없는 것이　　　　　自性無有二

----

65 * 범본에는 이 게송 다음에 3.2(6)의 ⑧, 2.7(5)의 ④의 제3·4구와 ⑤의 제1·2구, 3.8.5(3)의 ①·③의 게송이 있다. 「3.2(6) ⑧ 제온은 모류과 같은데도, 그 중 허망하게 분별하나, 임시로 시설된 이름일 뿐, 모습 구해도 얻을 수 없네, 2.7(5) ④ 일체 유위를 관찰하면, 마치 허공의 꽃과 같아서, ⑤ 인식주체·인식대상과, 일체 미혹된 봄을 여의네, 3.8.5(3) ① 나는 자성 및 지음과, 모습으로써 하지 않고, 경계 분별하는 식 멸하는, 이러함으로 열반 말하네, ③ 마치 큰 폭류가 다하면, 파랑이 곧 일어나지 않듯, 이와 같이 의식이 멸하면, 갖가지 식도 나지 않네」

온갖 성인이 행하는 바네66　　　　　衆聖之所行

14 사대가 조화롭지 못하면　　　　　如四大不調

....
66 (문) 이미 오직 한 성품일 뿐 둘이 없다고 한다면 어째서 이 경전 및 여러 경전에서는 3성이 있어서 일체를 포함해 거둔다고 말하는가? (답) 3성이 비록 모습을 따른 부분으로는 각각 두 가지 뜻을 갖추기는 하지만, 근본과 지말을 서로 거두면 오직 하나의 성품이라고 알아야 하기 때문이다. 망계의 두 가지 뜻이란 첫째는 정유情有(=생각으로는 있음), 둘째는 이무理無(=이치로는 없음)이다. 연기의 두 가지 뜻이란 첫째는 사유似有(=있는 것과 비슷함), 둘째 무성無性(=성품이 없음)이다. 원성실의 두 가지 뜻이란 첫째는 불변不變(변하지 않음), 둘째는 수연隨緣(=연을 따름)이다. 이 원성실 중의 불변, 연기 중 무성, 망계 중 이무의 이 세 가지 뜻 때문에 3성은 하나의 경계로서 다름이 없는 것이다. 그래서 경전에서 이르기를, 일체 중생이 곧 열반으로서 다시 멸하지 않는다고 하니, 이는 곧 지말을 무너뜨리지 않고서도 항상 근본인 것이다. 원성실 중의 수연, 연기 중 사유, 망계 중 정무의 이 세 가지 뜻도 역시 다름은 없다. 그래서 경전 중에서 이르기를, 법신이 5도에 유전하는 것을 중생이라고 이름한다고 하니, 이는 곧 근본을 움직이지 않고서도 항상 지말인 것이다. 그러므로 진실이 허망한 지말을 포괄하고, 허망이 진실의 근원에 통해서, 성품과 모습이 융통하여 둘이 없는 것이니, 그래서 "나는 오직 한 성품 설하니, 자성이 둘이 없는 것"이라고 말한 것이다.
　(문) 이미 3성을 무너뜨리지 않고 하나의 성품을 말한다면 어찌 하여 이 경전 및 여러 경전에서 또 일체의 법은 다 자성이 없다고 말하는가? (답) 여래의 비밀한 말씀이라고 알아야 하기 때문이다. 그래서 《성유식론》(=졸역 p.845)에서 이르기를, "곧 이 세 가지 자성에 의지해서 그 세 가지 무자성을 건립한다. 그러므로 붓다께서는 밀의密意로써 일체법은 자성이 없다고 말씀하셨다. 처음은 곧 체상이 없는 성품이고,(망계성은 체상이 모두 없음을 말한다) 다음은 스스로 그러함이 없는 성품이며,(의타의 연기는 스스로 그러한 것이 아니기 때문이다) 뒤는 앞의 집착된 자아와 법을 멀리 떠남에 의한 성품이다(이는 원성실성이다)"라고 하였다. 여기에서 말한 3성의 3무성은 원성실의 체가 없음에 의거하지 않고, 단지 계탁해 집착하는 허망한 생각이 없다는 것일 뿐이니, 그래서 다 자성이 없다고 말한 것이다. 이로써 구경에 돌아갈 곳은 오직 하나의 진실한 성품이라고 알아야 하니, 그래서 《대지도론》에서 이르기를, "모든 법의 실상을 제외하면 나머지는 다 마사魔事이다."라고 하였다.

변하고 토하며 형광螢光 보나 　　變吐見螢光
보이는 것 다 있음 아니듯 　　　所見皆非有
세간도 또한 이와 같다네 　　　　世間亦如是

⑮ 마치 환술로써 나타낸 바 　　　猶如幻所現
초목 기와 조약돌 따위의 　　　　草木瓦礫等
그 환상은 있는 바 없듯이 　　　彼幻無所有
모든 법도 또한 이와 같네 　　　諸法亦如是

⑯ 취함 아니고 소취 아니며 　　　非取非所取
속박 아니고 소박 아니며 　　　　非縛非所縛
환상 같고 아지랑이 같고 　　　　如幻如陽焰
꿈과 같고 눈병과 같다네 　　　　如夢亦如翳

⑰ 만약 진실 보고자 한다면 　　　若欲見眞實
모든 분별로 취함 떠나서 　　　　離諸分別取
진실한 관찰 닦아야 하니 　　　　應修眞實觀
붓다 봄 필시 의심 없으리 　　　見佛必無疑

⑱ 세간은 꿈과 같으며 　　　　　世間等於夢
물질과 자구資具 또한 그러니 　　色資具亦爾
이렇게 볼 수 있다면 그 몸 　　若能如是見
세상의 존경하는 바 되리 　　　身爲世所尊

19| 삼계는 마음 의해 일어나   三界由心起
　　미혹해 허망히 보는 바라   迷惑妄所見
　　허망 떠나면 세간 없으니   離妄無世間
　　알고 나면 염의染依를 바꾸네[67]   知已轉染依

20| 우부는 보는 것 망령되이   愚夫之所見
　　생멸이 있다고 말하지만   妄謂有生滅
　　지자는 여실히 관찰해서   智者如實觀
　　불생이며 불멸이라 하네[68]   不生亦不滅

21| 항상 무분별을 행하고   常行無分別
　　심·심소법을 멀리 여의면   遠離心心法
　　색구경천에 머물러서   住色究竟天

---

67 * '염의'란 잡염된 의지처라는 뜻.
68 우부가 보는 것은 허망한 연을 따르기 때문에 생멸이 있다고 말한다. 그래서 《원각경》에서 이르기를, "일체 중생은 무생 중에서 망령되이 생멸을 본다"라고 하였으니, 여실하게 관찰한다면 허망이 곧 진실임을 알기 때문에 불생불멸이다. 그런데 불생멸의 뜻은 3성이 같지 않다. 말하자면 망계성은 날 수 있고 멸할 수 있는 체가 없는 것이고, 의타기성은 곧 남이 남 아님이며[卽生不生], 곧 멸이 멸 아님이고[卽滅不滅]이고, 원성실성은 자체가 본래 있어서 새로이 남을 기다리지 않으니, 미래제를 다하도록 구경 상주하며 영원히 단멸하지 않는다. 만약 3성을 서로 상대시켜 각각 자상에 의거해 논한다면 곧 망계의 법은 망생망멸妄生妄滅이고, 원성실의 진심은 불생불멸이며, 의타기에는 둘이 있으니, 말하자면 모습은 망계와 같아서 사생사멸似生似滅이나, 성품은 원성실과 같아서 불생불멸이다. 그래서 《화엄경》(=졸역 제Ⅰ권 p.381 및 제Ⅳ권 p.252))에서 이르기를, "일체법은 나지 않고 일체법은 멸하지 않는다"고 하였으니, 의타연기는 별도의 자성이 없고 완전히 원성실과 같다.

모든 허물의 처소 여의리　　　　　離諸過失處

22 그에서 정각을 이루어　　　　　　　於彼成正覺
　　 힘과 신통과 자재 및　　　　　　　 具力通自在
　　 모든 뛰어난 삼매 갖추고　　　　　 及諸勝三昧
　　 변화 나툼을 예서 이루리　　　　　 現化於此成

23 화신의 한량없는 억이　　　　　　　化身無量億
　　 두루 일체처에서 노닐며　　　　　 遍遊一切處
　　 우부로 하여 메아리처럼　　　　　 令愚夫得聞
　　 난사한 법 들음 얻게 하네　　　　 如響難思法

24 초·중·후를 멀리 떠나고　　　　　　遠離初中後
　　 또한 있고 없음도 떠나면　　　　　 亦離於有無
　　 많음 아님서 많음 나투고　　　　　 非多而現多
　　 부동하되 널리 두루하리　　　　　 不動而普遍

25 중생의 몸 속에 덮인 바의　　　　　說衆生身中
　　 성질에 미혹해 환상으로　　　　　 所覆之性質
　　 하여금 있게 한다 말하니　　　　　 迷惑令幻有
　　 환상이 미혹 됨은 아니네　　　　　 非幻爲迷惑

26 마음이 미혹하기 때문에　　　　　　由心迷惑故
　　 일체가 모두 다 있어서　　　　　　一切皆悉有

이 모습이 계박하므로　　　　　　以此相繫縛
　　장식이 세간을 일으키네　　　　　藏識起世間

㉗　이와 같이 모든 세간은　　　　　如是諸世間
　　임시 시설로 있을 뿐인데　　　　惟有假施設
　　모든 견해가 폭류와 같이　　　　諸見如暴流
　　사람과 법 가운데 다니네　　　　行於人法中

㉘　만약 능히 이렇게 안다면　　　　若能如是知
　　이 곧 의지처 전환함이라　　　　是則轉所依
　　이에 나의 참된 아들 되어　　　　乃爲我眞子
　　법 성취하여 수순하리라　　　　　成就隨順法

㉙　우부가 분별하는 바의　　　　　　愚夫所分別
　　견·습·난·동이라는 법은　　　　　堅濕暖動法
　　가명일 뿐 진실이 없고　　　　　　假名無有實
　　또한 상과 소상도 없네　　　　　　亦無相所相

㉚　몸의 형체 및 모든 근이　　　　　身形及諸根
　　다 8물로써 이루어지니[69]　　　皆以八物成
　　범우가 물질을 망계해서　　　　　凡愚妄計色
　　몸의 우리[籠檻]에 미혹하다네　　迷惑身籠檻

---

69 * '8물'은 《구사론》 제4권에서 말하는 '8사事', 즉 사대종과 사대로 만들어진 색 중 색·향·미·촉을 말한다.

[31] 범우는 인연이 화합하여　　　　凡愚妄分別
　　　난 것을 허망히 분별하고　　　　因緣和合生
　　　진실한 모습을 알지 못해　　　　不了眞實相
　　　세 가지 유에서 유전하네　　　　流轉於三有

[32] 식 중의 모든 종자가　　　　　　識中諸種子
　　　능히 마음 경계 나타내니　　　　能現心境界
　　　우부가 분별을 일으켜서　　　　愚夫起分別
　　　망령되이 2취 계탁하네　　　　　妄計於二取

[33] 무명·갈애 및 업, 그들에　　　　無明愛及業
　　　의지해 모든 마음이 나니　　　　諸心依彼生
　　　이로써 나는 의타기의　　　　　以是我了知
　　　성품이 됨을 환히 안다네　　　　爲依他起性

[34] 사물이 있다 허망 분별해　　　　妄分別有物
　　　마음의 소행에 미혹하니　　　　迷惑心所行
　　　이 분별된 것 전혀 없거늘　　　　此分別都無
　　　미혹해 유라고 망계하네　　　　迷妄計爲有

[35] 마음이 모든 연에 묶여서　　　　心爲諸緣縛
　　　온갖 남[衆生]을 내어 일으키니　生起於衆生
　　　모든 연을 멀리 떠난다면　　　　諸緣若遠離
　　　볼 바 없다고 나는 말하네　　　　我說無所見

36| 이미 온갖 연을 떠나고　　　　已離於衆緣
　　자상으로 분별하는 바가　　　　自相所分別
　　몸 중에 다시 일지 않으면　　　身中不復起
　　나는 행할 바 없게 되리라70　　我爲無所行

37| 중생의 마음이 일으키는　　　　衆生心所起
　　인식의 주체 및 대상과　　　　能取及所取
　　보는 것은 다 상 없는데도　　　所見皆無相
　　우부가 허망 분별하네　　　　愚夫妄分別

38| 아뢰야와 수승한 장식을　　　　顯示阿賴耶
　　드러내어 보였으니　　　　　　殊勝之藏識
　　능취와 소취를 떠난 것을　　　離於能所取
　　나는 진여라고 말하네　　　　我說爲眞如

39| 온 중에는 사람이 없고　　　　蘊中無有人
　　나도 없고 중생도 없어서　　　無我無衆生
　　나도 오직 식이 날 뿐이고　　　生唯是識生
　　멸해도 식이 멸할 뿐이네　　　滅亦唯識滅

---

70 * 범본에는 이 게송 다음에 3.1(5)의 3·4, 2.1(5)①의 1·2의 게송이 있다. 「3.1(5) 3 마치 왕과 그리고 장자가, 모든 아들 기쁘게 하려고, 먼저 비슷한 물건 보이고, 뒤에 진실한 것을 주듯이, 4 나도 지금 또한 그러해서, 먼저 비슷한 법을 설하고, 뒤에야 그들을 위하여, 자증의 실제의 법 편다네. 2.1(5)① 1 비유하면 큰 바다의 파랑, 이것이 맹풍에 의해 일어, 큰 파랑이 바다 치는 것이, 단절될 때가 없는 것처럼, 2 장식의 바다 늘 머무는데, 경계의 바람에 움직여져, 갖가지 모든 식의 파랑이, 뛰어 오르며 굴러서 나네」

㊵ 그림에서 높고 낮음은 　　　　猶如畫高下
　　보여도 있는 바가 없듯이 　　　雖見無所有
　　모든 법도 또한 이와 같아 　　　諸法亦如是
　　보여도 있는 것이 아니네 　　　雖見而非有

㊶ 마치 건달바성과 같으며 　　　　如乾闥婆城
　　또한 아지랑이와 같이 　　　　亦如熱時炎
　　보이는 것 늘 이와 같지만 　　　所見恒如是
　　지혜로 보면 얻을 수 없네71 　　智觀不可得

㊷ 인연과 그리고 비유 　　　　　　因緣及譬喩
　　이들로써 주장을 세우고 　　　　以此而立宗
　　건달바성과 꿈과 선화륜 　　　　乾城夢火輪
　　아지랑이의 해·달의 광명 　　　陽焰日月光

㊸ 불꽃과 모륜 등의 비유 　　　　　火焰毛等喩
　　이들로써 무생 나타내나 　　　　以此顯無生
　　세간의 분별은 다 공이며 　　　　世分別皆空
　　미혹이라 환상·꿈과 같네 　　　迷惑如幻夢

㊹ 모든 존재의 나지 않음과 　　　　見諸有不生

---
71 * 범본에는 이 게송 다음에 5.1.1(6)의 ①·②의 게송이 있다. 「5.1.1(6) ① 모든 근의 인식 초과해서, 결과 아니고 원인 아니며, 능상 그리고 소상 따위의, 이와 같음 모두 다 떠났네, ② 온의 연과 더불어 정각은, 일·이一異로써 볼 수 없으니, 이미 봄이 없다고 한다면, 어떻게 분별 일으키리오」

삼계의 의지처 없음 보고	三界無所依
안팎도 또한 이와 같다면	內外亦如是
무생법인을 성취해서	成就無生忍

㊺ 환상과 같은 삼매와 　　　　得如幻三昧
　　그리고 의생신에다가 　　　　及以意生身
　　갖가지의 모든 신통과 　　　　種種諸神通
　　모든 힘 및 자재 얻으리라 　　諸力及自在

㊻ 모든 법은 본래 남이 없고 　　諸法本無生
　　공이며 자성이 없는데도 　　　空無有自性
　　모든 인연에 미혹해서 　　　　迷惑諸因緣
　　나고 멸함 있다고 말하네 　　　而謂有生滅

㊼ 우부는 허망하게 분별해 　　　愚夫妄分別
　　마음으로 마음 나타내며 　　　以心而現心
　　밖의 물질도 나타내지만 　　　及現於外色
　　실제로는 있는 바 없다네 　　　而實無所有

㊽ 선정의 힘으로써 불상과 　　　如定力觀見
　　뼈의 사슬 그리고 분석된 　　　佛像與骨鎖
　　대종을 관찰해서 보면 　　　　及分析大種
　　가시설된 세간임과 같네[72] 　　假施設世間

---

[72] * 10권본에 이 게송은 "뼈의 모습과 불상 및 모든 대종의 이산함 보면[見

49 몸과 살림살이 및 주처의　　　　　身資及所住
　　이 셋은 인식대상이 되고　　　　　此三爲所取
　　뜻과 취함 그리고 분별의　　　　　意取及分別
　　이 셋은 인식주체가 되네　　　　　此三爲能取

50 미혹해 허망하게 계착해　　　　　迷惑妄計著
　　능·소를 분별하므로　　　　　　　以能所分別
　　단지 문자의 경계 따를 뿐　　　　但隨文字境
　　진실을 보지 못한다네　　　　　　而不見眞實

51 수행하는 자가 지혜로써　　　　　行者以慧觀
　　모든 법 자성 없음 관하면　　　　諸法無自性
　　이 때 모습 없음에 머물러　　　　是時住無相
　　일체가 모두 휴식하리라　　　　　一切皆休息

52 마치 먹으로 칠해진 닭을　　　　　如以墨塗雞
　　무지한 자 허망히 취하듯　　　　　無智者妄取
　　실제로는 삼승이 없건만　　　　　實無有三乘
　　우부는 능히 보지 못하네　　　　　愚夫不能見

骨相佛像 及諸大離散] 잘 지각하는 마음이 주지하는 세간의 모습을 능히 안다네[善覺心能知 住持世間相]"라고 표현되어 있다. 범문화역에는 "잘 배운 여러 사람들은 갖가지 세간을, 뼈의 모임, 불상, 여러 대종이 분석된 것으로서, 가명으로써 본다"라고 번역되어 있다.

53 만약 여러 성문과 그리고　　　　若見諸聲聞
    벽지불을 본다고 하여도　　　　及以辟支佛
    다 대비의 보살마하살이　　　　皆大悲菩薩
    변화로써 나타낸 바라네　　　　變化之所現

54 삼계는 오직 마음뿐인데　　　　三界唯是心
    두 가지 자성을 분별하나　　　　分別二自性
    전의해 인·법을 떠난다면　　　　轉依離人法
    이것이 곧 진여가 된다네　　　　是則爲眞如

55 해·달·등불의 빛과 불꽃　　　　日月燈光焰
    대종과 그리고 마니는　　　　　　大種及摩尼
    분별함 없이 작용하듯이　　　　無分別作用
    제불도 또한 이와 같다네73　　　諸佛亦如是

56 모든 법은 모륜과 같아서　　　　諸法如毛輪
    생·주·멸을 멀리 떠나고　　　　遠離生住滅
    또한 상·무상도 떠났으며　　　　亦離常無常
    염·정도 또한 이와 같다네　　　　染淨亦如是

57 다도陀都약에 집착하면 땅을　　　如著陀都藥

....
73 * 범본에는 이 게송 다음에 4.5.4(4)의 ④의 게송이 있다. 「비유해 눈에 병이 있으면, 망상으로 모륜을 보듯이, 모든 법도 또한 이와 같아, 범우가 허망 분별함이네」

보고 금색이라고 하지만　　　　　見地作金色
　　실제로 그 땅 속에는 본래　　　　而實彼地中
　　금의 모습이 없는 것 같네　　　　本無有金相

58　우부도 또한 이와 같아서　　　　愚夫亦如是
　　시작 없이 미란한 마음이　　　　無始迷亂心
　　제유의 진실을 망취하나　　　　妄取諸有實
　　환상 같고 아지랑이 같네　　　　如幻如陽焰

59　한 종자는 종자 아님[非種]과　　應觀一種子
　　같은 인印이라 관찰할지니　　　與非種同印
　　한 종자와 일체 종자, 이를　　　一種一切種
　　마음 갖가지라 이름하네　　　　是名心種種

60　갖가지 종자 하나가 되고　　　　種種子爲一
　　전의하면 종자 아님 되니　　　　轉依爲非種
　　평등하여 같은 법인이라　　　　平等同法印
　　모두 다 분별함이 없다네　　　　悉皆無分別

61　갖가지 모든 종자로 능히　　　　種種諸種子
　　제취의 생 감득해 갖가지　　　　能感諸趣生
　　온갖 섞인 괴로움을 내니　　　　種種衆雜苦
　　일체 종자라고 이름하네74　　　名一切種子

....
74 * 범본에는 이 게송 다음에 2.7(5)의 1과 4.5.4(4)의 5의 게송이 있다. 「

62	모든 법의 자성 관찰하면	觀諸法自性
	미혹 보냄 기다리잖으니	迷惑不待遣
	사물 성품 본래 무생이라	物性本無生
	요지하면 곧 해탈이라네75	了知卽解脫

63	집중된 자 세간 관찰하면	定者觀世間
	중색衆色 마음 의해 일어나나	衆色由心起
	무시로 마음 미혹됨이니	無始心迷惑
	실은 색 없고 마음도 없네76	實無色無心

64	마치 환상과 건달바성과	如幻與乾城
	모륜 그리고 아지랑이가	毛輪及陽焰
	있음 아니되 있음 나투듯	非有而現有

....
 2.7(5) ① 일체의 법은 남이 없고, 또한 다시 멸함 없거늘, 그 여러 연 가운데서, 생멸하는 상 분별하누나, 4.5.4(4) ⑤ 삼유는 오직 가명일 뿐, 진실한 법체가 없는데도, 이 임시 시설로 말미암아, 분별해 허망히 계탁하네」
75 * 범본에는 이 게송 다음에 3.7.2의 (4), 2.7(5) ⑤의 제3~6구와 ②, 4.5.4(4)의 ①, 2.4.2의 (6)의 게송이 있다. 「3.7.2(4) 환상 아니곤 상사함 없고, 모든 법 또한 있음 아니니, 부실 신속함 번개와 같고, 환상 같다고 알아야 하네, 2.7(5) ⑤ 내는 주체와 난 대상 없고, 또한 다시 인연도 없지만, 단지 세속 따르기 때문에, 생·멸 있다고 말할 뿐이네, ② 여러 연이 모여 이와 같이, 멸하고 남 막은 것 아니라, 단지 범·우가 망정으로, 집착하는 것 멈출 뿐이네, 4.5.4(4) ① 자성 없고 언설 없으며, 현상 없고 의지처 없거늘, 범우는 허망히 분별하니, 나쁜 지각이 시체와 같네, 2.4.2(6) 불자는 능히 세간은 오직, 마음 뿐임을 관찰해 보고, 갖가지의 몸을 시현하여, 짓는 바에 장애가 없어서, 신통과 힘과 자재로써, 일체가 모두 성취된다네」
76 * 범본에는 이 게송 다음에 4.5.4(4)의 ⑥의 게송이 있다. 「4.5.4(4) ⑥ 가명의 모든 현상 모습이, 심식 움직여 어지럽히나, 불자는 모두 뛰어 넘어서, 유행하되 분별함이 없네」

| 모든 법도 또한 이와 같네 | 諸法亦如是 |

65 일체법은 불생이라 오직　　　一切法不生
　　미혹으로 보일 뿐인데도　　　唯迷惑所見
　　미혹서 망령 나서 우부가　　　以從迷妄生
　　망령되이 둘을 계착하네　　　愚妄計著二

66 갖가지 습기로 말미암아　　　由種種習氣
　　모든 파랑의 마음을 내니　　　生諸波浪心
　　만약 그 습기 끊어질 때면　　　若彼習斷時
　　마음 파랑 다시 일지 않네　　　心浪不復起

67 맘이 경계 반연해 일어남　　　心緣諸境起
　　그림이 벽 의지하듯 하니　　　如畫依於壁
　　그렇지 않다면 허공 중에　　　不爾虛空中
　　어찌 그림 그리지 못하랴　　　何不起於畫

68 만약 조금의 모습 반연해　　　若緣少分相
　　마음으로 남 얻게 한다면　　　令心得生者
　　마음 이미 연 좇아 일어나　　　心旣從緣起
　　유심의 뜻 성립되지 않네77　　唯心義不成

---

77 * 이 게송의 뜻은, 「만약 조금이라도 모습이라는 것이 있어서 이를 반연해, 마음으로 하여금 남을 얻게 하는 것이라고 말한다면, 마음은 이미 연(=조금의 모습)을 좇아 일어나는 것이어서, (마음 외에 조금의 모습이 있는 것이므로) 유심의 뜻은 성립되지 않는다」으로 이해된다.

| 69| 마음 성품 본래 청정함이　　　　心性本淸淨
　　맑은 허공 같되, 마음으로　　　猶若淨虛空
　　도리어 마음 취하게 함은　　　令心還取心
　　습기 때문 다른 인 아니네　　　由習非異因

| 70| 집착하는 자심이 나타나　　　　執著自心現
　　맘으로 일어남 얻게 하나　　　令心而得起
　　보이는 건 실로 밖 아니니　　　所見實非外
　　그래서 유심이라 말하네　　　是故說唯心

| 71| 장식을 심心이라 이름하고　　　藏識說名心
　　사량하는 것이 의意가 되며　　　思量以爲意
　　능히 모든 경계 요별하니　　　能了諸境界
　　이를 곧 식이라 이름하네　　　是則名爲識

| 72| 심은 항상 무기가 되고　　　　心常爲無記
　　의는 두 가지 행을 갖추며78　　意具二種行
　　현재의 식은 공통으로　　　　現在識通具
　　선과 불선 등을 갖추네79　　　善與不善等

---

78 * 의意의 행상에 관하여 《성유식론》(=졸역 p.393)은, "전의를 이루지 못한 지위에서는 항상 집착하는 자아의 양상을 살피고 사량하며, 이미 전의를 이룬 지위에서는 무아의 양상을 역시 살피고 사량한다."라고 말한다.
79 * 범본에는 이 게송 다음에 2.2.6(7)의 ③, 5.3(6)의 ①~⑤의 게송이 있다. 「2.2.6(7) ③ 제일의의 법문은, 2취를 멀리 떠나서, 경계 없음에 머물거늘, 어찌 삼승을 건립하리오, 5.3(6) ① 모든 머묾 및 붓다의 지는, 마음일 뿐 영상은 없으니, 이것은 과거·미래·현재의, 제불께서 설하신 바라네, ② 제7지

|73| 증득해 삼매조차 없을 때 　　　　　證乃無定時
　　지 및 모든 국토 초월하고 　　　　　超地及諸刹
　　또한 심량도 초월해서 　　　　　　亦越於心量
　　무상無相의 과보에 머문다네 　　　而住無相果

|74| 보이는 바 있음과 없음 　　　　　　所見有與無
　　및 갖가지의 모습들은 　　　　　　及以種種相
　　모두가 모든 우부들이 　　　　　　皆是諸愚夫
　　전도되어 집착하는 바네 　　　　　顚倒所執著

|75| 지혜로써 분별을 떠나면 　　　　　智若離分別
　　사물 있음은 곧 상위하니 　　　　　物有則相違
　　마음 연유하므로 색 없고 　　　　　由心故無色
　　이 때문에 분별도 없다네 　　　　　是故無分別

|76| 모든 근은 마치 환상 같고 　　　　　諸根猶如幻
　　경계는 모두 꿈과 같으니 　　　　　境界悉如夢
　　짓는 주체 및 지어진 것은 　　　　　能作及所作
　　일체가 모두 있음 아니네80 　　　　一切皆非有

에는 마음 있으나, 제8지에는 영상 없어서, 이 2지 이름이 머뭂이나, 나머진 곧 내가 얻는 바네. |3| 스스로 증득함 및 청정함, 이것은 곧 나의 지이니, 마혜의 최승의 처소이며, 색구경으로 장엄한 것이, |4| 큰 불무더기에서 광염이, 치성하게 일어남과 같고, 세 가지 존재에 화현하니, 뜻 즐겁고 청량하게 하네. |5| 혹 현재에 변화함도 있고, 혹 과거에 변화함도 있어, 거기에서 모든 승은 모두, 여래의 지임을 설하시네」

80 * 범본에는 이 게송 다음에 2.2.6(7)의 |4|·|1|(=이는 3.8.3(6)의 |1|·|2|와 뜻

77 세제로는 일체가 있지만 　　　　世諦一切有
　　제일의로는 곧 없음이니 　　　　第一義則無
　　모든 법의 무성의 성품을 　　　　諸法無性性
　　설하여 제일의라고 하네 　　　　說爲第一義

78 자성이 없는 가운데서 　　　　　於無自性中
　　모든 언설로 인한 때문에 　　　　因諸言說故
　　사물의 일어남이 있는 것 　　　　而有物起者
　　이를 세속제라 이름하네 　　　　是名爲俗諦

79 만약 언설이 없다 한다면 　　　　若無有言說
　　일어난 사물 또한 없으니 　　　　所起物亦無
　　세속제 중에 없다는 것은 　　　　世諦中無有
　　말은 있어도 체[事] 없음이네 　　有言無事者

80 전도되어 허망한 법은 　　　　　顚倒虛妄法
　　실제로 얻을 수 없는 것 　　　　　而實不可得

────────────

이 같은 것임), 5.8(4)의 ①·②, 3.8.2(3)의 ②·①의 게송이 있다. 「2.2.6(7) ④ 모든 선정 및 사무량과, 무색의 삼매에서 나아가, 멸수상정에 이르기까지, 유심일 뿐 얻을 수 없다네, ① 예류와 일래의 과보와, 불환과 아라한의 과보, 이들은 모든 성인들의, 그 마음이 다 미혹한 것, 5.8(4) ① 우부가 유위 분별하므로, 공·무상·찰나라고 하니, 찰나의 뜻을 분별하여, 강·등불·종자와 같다 하네, ② 일체의 법은 나지 않으며, 적정하고 짓는 바 없으며, 모든 현상 성품 다 여의니, 이게 나의 찰나의 뜻이네, 3.8.2(3) ② 수론과 더불어 승론은, 유·비유에서 남을 말하나, 이와 같은 등의 모든 설은, 일체가 모두 무기라네, ① 곧바로 말함 및 반문함과, 분별함과 더불어 치답함, 이와 같은 네 가지 설로써, 모든 외도를 꺾어 누르네」

전도된 것이 있다 한다면	若倒是有者
곧 자성 없음도 없으리라	則無無自性

⑧1 있고 없음의 성품 때문에 　　以有無性故
　　그들 전도된 법들의 　　　　而彼顚倒法
　　일체의 모든 있는 바는 　　　一切諸所有
　　다 가히 얻을 것이 없다네 　　是皆不可得

⑧2 나쁜 습기가 마음 훈습해 　　惡習熏於心
　　나타난 갖가지 모습을 　　　　所現種種相
　　미혹해 마음 밖이라 여겨 　　　迷惑謂心外
　　허망히 모든 색상 취하네 　　　妄取諸色像

⑧3 분별하나 분별됨은 없어 　　分別無分別
　　분별은 끊을 수 있는 것 　　分別是可斷
　　분별 없으면 능히 진실한 　　無分別能見
　　성품 보아 진공 증득하리 　　實性證眞空

⑧4 무명이 마음을 훈습하여 　　無明熏於心
　　나타난 바의 모든 중생은 　　所現諸衆生
　　마치 환상의 코끼리·말 등 　　如幻象馬等
　　및 나뭇잎을 금 삼음 같네[81] 　　及樹葉爲金

----

81 * 범본에는 이 게송 다음에 3.7.1(7)의 ①·②의 게송이 있다. 「3.7.1(7) ①
　성인은 망법 보지 않으며, 중간도 또한 진실 아니나, 허망이 진실에 즉하므

⑧⑤ 마치 눈병이 난 자가 　　猶如瞖目者
　미혹해 모륜을 봄과 같이82　迷惑見毛輪

....

로, 중간도 또한 진실하다네, ② 만약 허망한 법을 떠나서, 모습의 남이 있다고 하면, 이는 도리어 곧 허망이니, 눈병 아직 청정 못함 같네.』

82 여기에서 '나쁜 습기가 마음 훈습해 나타난 갖가지 모습'(=⑧⑤)이라고 말하고, 또 '무명이 마음을 훈습하여 나타난 바의 모든 중생'이라고 말했으니, 곧 유정인 중생과 무정인 기세계가 다 무명의 훈습으로 말미암아 있는 것임을 알 것이다. 훈습이라고 말한 것에는 통틀어 둘이 있다. 첫째는 습훈習熏(=익혀서 훈습함)이니, 심체를 훈습해서 염·정의 식 등을 이루는 것을 말하고, 둘째는 자훈資熏(=도와서 훈습함)이니, 현행의 마음과 경계 및 모든 번뇌가 서로 돕는 등을 말한다. 그래서 《기신론》(=졸역 pp.796-800)에서 이르기를, "네 가지 법이 훈습하는 뜻이 있기 때문에 잡염법과 청정법이 일어나 단절되지 않는다. 어떤 것이 넷인가? 첫째는 청정법이니, 진여라고 이름하고, 둘째는 일체 잡염의 원인이니, 무명이라고 이름하며, 셋째는 허망한 마음[妄心]이니, 업식業識이라고 이름하고, 넷째는 허망한 경계[妄境]이니, 소위 육진六塵이다. 훈습의 뜻이라는 것은 마치 세간의 의복에 처음에는 향내가 없지만, 물건으로 훈습함을 따라서 곧 그 향기가 있는 것과 같이, 이것도 역시 그러하다. 진여의 청정법에는 실제로 잡염이 없지만, 단지 무명으로 훈습하기 때문에 곧 잡염된 모습이 있을 뿐이고, 무명의 잡염법에는 실제로 청정한 업[淨業]이 없지만, 단지 진여로 훈습하기 때문에 곧 청정한 작용[淨用]이 있을 뿐이다. 어떻게 훈습해서 잡염법을 일으켜 끊어지지 않게 하는가? 소위 진여법에 의지하기 때문에 무명이 있고, 무명이라는 잡염법의 원인이 있기 때문에 곧 진여를 훈습하며, 훈습하기 때문에 곧 허망한 마음이 있게 된다. 허망한 마음이 있어 곧 무명을 훈습하여 진여법을 알지 못하기 때문에 깨닫지 못하는 사이에 생각을 일으켜 허망한 경계를 나타내고, 허망한 경계라는 잡염법의 연이 있기 때문에 곧 허망한 마음을 훈습하여, 그로 하여금 염착念著하여 갖가지 업을 짓게 해서 일체 신심身心 등의 괴로움을 받게 하는 것이다. 어떻게 훈습해서 청정법을 일으켜 끊어지지 않게 하는가? 소위 진여법이 있기 때문에 능히 무명을 훈습하고, 훈습하는 인연의 힘 때문에 곧 허망한 마음으로 하여금 생사의 괴로움을 싫어하고 열반을 즐겨 구하게 하는 것이다. 이 허망한 마음에 싫어하고 구하는 인연이 있기 때문에 곧 진여를 훈습해서 스스로 자기의 성품을 믿고, 마음이 망령되이 움직이는 것일 뿐 앞의 경계는 없는 것임을 알고 멀리 여의는 법[遠離法]을 닦는다. 앞의 경계가 없다는 것을 여실히 알기 때문에 갖가지 방편으로 수순하는 행을 일으켜 취하지 아니하고 생각하지 아니해서, 나아

| 우부도 또한 이와 같아서 | 愚夫亦如是 |
| 허망히 모든 경계 취하네83 | 妄取諸境界 |

86 분별과 분별되는 것 및 　　　　分別所分別
　　분별을 일으키는 자와 　　　　　及起分別者
　　전환·소전과 전환의 원인 　　　　轉所轉轉因
　　이 여섯 인하여 해탈하네 　　　　因此六解脫

87 허망 계탁한 때문이었지 　　　　由於妄計故
　　지地 없고 모든 진리 없으며 　　　無地無諸諦
　　또한 모든 국토와 변화불 　　　　亦無諸刹土
　　그리고 이승도 없다네84 　　　　化佛及二乘

88 마음이 일체의 법과 　　　　　　心起一切法
　　일체 처소 및 몸 일으키니 　　　　一切處及身
　　심성엔 실제로 상 없으나 　　　　心性實無相
　　지혜 없어 갖가지 취하네85 　　　無智取種種

가 오래 훈습한 힘 때문에 무명이 곧 멸하기에 이른다. 무명이 멸하기 때문에 마음이 일어남이 없고, 마음이 일어남이 없기 때문에 경계가 따라 멸하며, 인과 연이 모두 멸하기 때문에 마음의 모습이 모두 다하니, 열반을 얻어 자연업自然業을 이룬다고 이름한다."라고 하며, 나아가 자세히 말하였다.

83 * 범본에는 이 게송 다음에 3.2(6)의 ②의 게송이 있다. 「3.2(6) ② 삼유는 마치 아지랑이와, 환상과 꿈 및 모륜 같으니, 만약 이렇게 볼 수 있다면, 구경에 해탈을 얻으리라」

84 * 범본에는 이 게송 다음에 2.5(3)의 게송이 있다. 「2.5(3) 사부, 상속하는 온, 온갖 연 및 미진, 뛰어난 자재천과 짓는 자, 이들은 단지 마음의 분별일 뿐이라네」

89 분별해 모습에 미혹하면　　　分別迷惑相
　　이를 의타기라 이름하고　　　是名依他起
　　모습 중에 있는 바의 이름　　相中所有名
　　이것은 곧 망계가 되나　　　是則爲妄計

90 모든 연의 법 화합한데서　　　諸緣法和合
　　이름과 모습을 분별함의　　　分別於名相
　　이런 등이 다 나지 않으면　　此等皆不生
　　이것이 곧 원성실이라네　　　是則圓成實

91 시방의 모든 국토와　　　　　十方諸刹土
　　중생과 보살 가운데에　　　　衆生菩薩中
　　있는 바 법신불과 보신불　　所有法報佛
　　화신불 그리고 변화는　　　　化身及變化

92 모두가 무량수붓다의　　　　　皆從無量壽
　　극락세계 중에서 나오니　　　極樂界中出
　　방광경 중에서 밀의로써　　　於方廣經中
　　설한 것이라 알아야 하네　　應知密意說

---

85 * 범본에는 이 게송 다음에 4.5.1(3)의 ②~④의 게송이 있다. 「4.5.1(3) ② 온 중에는 나가 없으며, 온이 곧 나인 것도 아니니, 그 분별함과 같지 않으며, 또한 없는 것도 아니라네. ③ 우부가 분별하듯 일체가, 모두 있음의 성품이어서, 만약 그가 본 것과 같다면, 다 진실을 보아야 하리라. ④ 일체 잡염·청정의 법은, 모두 다 체성이 없어서, 그 보는 것과 같지 않지만, 또 있는 바 없음도 아니네」

[93] 있는 바 불자의 설과 　　　　　所有佛子說
　　그리고 모든 도사의 설은 　　　　及諸導師說
　　모두가 화신불의 설이지 　　　　悉是化身說
　　실보불의 설이 아니라네 　　　　非是實報佛

[94] 모든 법은 남이 없으나 그 　　　諸法無有生
　　또한 있음 아님도 아니니 　　　　彼亦非非有
　　환상 같고 또한 꿈 같으며 　　　　如幻亦如夢
　　변화 같고 건달바성 같네 　　　　如化如乾城

[95] 갖가지 맘 연유 일었다가 　　　　種種由心起
　　갖가지 맘 연유 벗어남은 　　　　種種由心脫
　　맘 읾이지 다른 것 아니니 　　　　心起更非餘
　　맘 멸함도 또한 이와 같네 　　　　心滅亦如是

[96] 중생이 분별함으로써 　　　　　　以衆生分別
　　나타난 바 허망한 모습은 　　　　所現虛妄相
　　마음일 뿐 실로 경계 없어 　　　　惟心實無境
　　분별을 떠나면 해탈하네 　　　　離分別解脫

[97] 시작 없이 쌓아서 모은 　　　　　由無始積集
　　분별의 모든 희론과 나쁜 　　　　分別諸戲論
　　습기에 훈습됨 말미암아 　　　　惡習之所熏
　　이 허망한 경계 일으키네 　　　　起此虛妄境

|98| 자성을 망계한 때문이지　　　　妄計自性故
　　모든 법은 다 남이 없으며　　　　諸法皆無生
　　연에 의지해 일어남에서　　　　　依止於緣起
　　중생이 미혹해 분별하네86　　　　衆生迷分別

|99| 분별과 상응하지 않으면　　　　分別不相應
　　의타기가 곧 청정이리니　　　　　依他卽淸淨
　　머무는 바에 분별을 떠나　　　　所住離分別
　　전의하면 곧 진여라네　　　　　　轉依卽眞如

|100| 허망을 망계하지 말지니　　　　勿妄計虛妄
　　망계에는 곧 진실 없도다　　　　妄計卽無實
　　미혹하여 허망 분별해도　　　　迷惑妄分別
　　능취와 소취는 다 없다네　　　　取所取皆無

|101| 분별로 외부 경계 보는 것　　　　分別見外境
　　이것이 망계자성이니　　　　　　是妄計自性
　　이 허망한 계탁 말미암아　　　　由此虛妄計
　　연기의 자성이 난다네　　　　　　緣起自性生

|102| 삿되이 여러 외경을 보나　　　　邪見諸外境

....
86 * 범본에는 이 게송 다음에 3.3(2)의 |1|의 게송이 있다. 「3.3(2) |1| 우부가 행하는 선, 뜻과 모습을 관찰하는 선, 진여를 반연하는 선, 모든 여래의 청정한 선」

경계 없고 단지 마음일 뿐87　　　　　無境但是心
이치 대로 바로 관찰하면　　　　　　如理正觀察
능취와 소취는 다 멸하네　　　　　　能所取皆滅

[103] 우부가 분별하는 것같은　　　　如愚所分別
외경은 실로 있음 아니나　　　　　　外境實非有
습기가 마음을 요란해서　　　　　　習氣擾濁心
외경인 듯 구르는 것이네　　　　　　似外境而轉

[104] 이미 두 가지 분별 멸하여　　　已滅二分別

....
87 (문) 이미 경계는 없고 단지 마음일 뿐인데도 삿되이 외경을 보는 것이라면, 응당 일체 시간과 일체 처소에서 모두 물질 있음을 보거나, 혹은 모두 보지 못해야 할 것인데, 어째서 물질이 있는 시간과 처소에서는 눈이 곧 물질을 보고, 물질이 없는 다른 시간과 처소에서는 곧 보지 못하는가? (답) 마치 사람이 꿈속에서 보는 경계의 여러 사물은, 비록 일체가 없더라도 허망한 몽상의 마음에서 일어나는 것과 같다. 그러면서 또한 사물 있는 곳을 보며 사물 없는 곳을 보는 것과 같지 않은 것은, 혹은 먼저는 보았다가 뒤에는 보지 못하는 것이거나, 혹은 처음에는 보지 못했다가 뒤에는 보는 것이니, 곳곳에서 다 보는 것이 아니며, 또한 일생 동안 길이 보는 것도 아니다. 그래서 유식(=《유식이십론》)에서 이르기를, "물질이 있는 곳에서는 눈이 곧 물질을 보지만, 나머지 물질이 없는 곳에서는 물질을 보지 못한다고 한다면 이 주장은 그렇지 않다. 왜냐 하면 그 꿈속에서도 물질 없는 곳에서 곧 물질 있음을 보고, 물질 있는 곳에서 물질 있음을 보지 못하기 때문이다. 심식이 일체의 모든 법을 변현해 일으키니, 없음에서 있음을 보는 것도 또한 다시 이와 같다."라고 하였다.
　(문) 만약 그렇다면 어째서 많은 사람이 같은 곳에서 같은 시간에 모두 같이 있는 곳에서는 있음을 보고, 없는 곳에서는 없음을 보며, 있을 때에는 있음을 보고, 없을 때에는 없음을 보는가? (답) 비유하면 백천의 아귀는 같은 업의 힘에 의지해 모두 고름·피와 맹렬한 불 등이 없는 곳에서 동시에 보는 것과 같다. 어찌 맑게 흐르는 강물에 맹렬한 불이 있으리오. 그래서 경계는 없고 단지 심식일 뿐이라고 말한 것이다.

지혜가 진여에 계합하면	智契於眞如
영상 없음을 일으키니	起於無影像
난사한 성인의 소행이네88	難思聖所行

[105] 부모의 화합에 의지해서 　　依父母和合
　　마치 소유[蘇]가 병에 있듯이 　如蘇在於瓶
　　아뢰야식과 의가 함께 　　　阿賴耶意俱
　　적·백을 증장하게 하네89 　　令赤白增長

[106] 폐시 그리고 조밀한 태가 　　閉尸及稠胞
　　더러운 업 갖가지에서 나 　　穢業種種生
　　업 바람으로 사대 증장해 　　業風增四大
　　출생함이 열매 익듯 하네 　　出生如果熟

[107] 다섯과 다섯 및 다섯에 　　　五與五及五
　　구멍에 아홉 가지 있으며 　　瘡竅有九種
　　손발톱·치아·털 갖추어져 　　爪甲齒毛具

---

88 * 범본에는 이 게송 다음에 2.3의 (5)의 게송이 있다. 「2.3(5) 이름·모습·분별은, 두 자성의 모습이고, 정지와 진여는, 원성자성이라네」
89 * '적'은 어머니의 피[血], '백'은 아버지의 정精을 가리킴. 둘을 합쳐 보통 부모의 정혈이라고 함. [106]의 '폐시'는 탁태 후 제3주의 태아의 상태를 가리킴. [107]의 '다섯과 다섯 및 다섯'은 10권본과 범문화역도 표현은 유사하지만, 그것이 무엇을 가리키는 것인지 밝히지 않고 있음. 문맥으로 보아 수론의 25제 중 5대(=지·수·화·풍·공)·5지근知根(=안·이·비·설·피皮)·5작업근作業根(=어구語具·손·발·소변처·대변처)을 가리키는 것이 아닐까 추측함.(=졸역『주석 성유식론』p.69 참조)

| | 만족하면 곧 태어나네 | 滿足卽便生 |

[108] 처음 날 땐 구더기 같지만 　　　初生猶糞虫
　　　또한 사람처럼 자고 깨며 　　　亦如人睡覺
　　　눈이 열리면 물질을 보고 　　　眼開見於色
　　　분별이 점점 증장한다네 　　　分別漸增長

[109] 분별로 결단해 알고 나면 　　　分別決了已
　　　입술·잇몸 등을 화합하여 　　　脣齶等和合
　　　비로소 언어를 일으키니 　　　始發於語言
　　　마치 앵무새 등과 같네 　　　猶如鸚鵡等

[110] 중생들의 의요를 따라서 　　　隨衆生意樂
　　　대승을 안립하였으니 　　　安立於大乘
　　　악견으로 행할 곳 아니라 　　　非惡見行處
　　　외도는 능히 받지 못하네 　　　外道不能受

[111] 자신 안으로 증득한 승은 　　　自內所證乘
　　　계탁으로 행할 바 아니니 　　　非計度所行
　　　불멸후에 누가 능히 이를 　　　願說佛滅後
　　　수지할지 설하기 원하면 　　　誰能受持此

[112] 대혜여 그대 알아야 한다 　　　大慧汝應知
　　　선서가 열반한 후의 　　　善逝涅槃後

| 미래 세상에 장차 나의 법 | 未來世當有 |
| 지니는 자가 있으리라 | 持於我法者 |

113 남천축의 나라 가운데에   南天竺國中
     큰 이름과 덕의 비구가   大名德比丘
     그 이름을 용수라고 하여   厥號爲龍樹
     능히 유·무의 종 깨뜨리고   能破有無宗

114 세간 중에 나의 위없는   世間中顯我
     대승의 법을 드러내며   無上大乘法
     처음의 환희지를 얻고서   得初歡喜地
     안락국에 왕생하리라90   往生安樂國

115 온갖 연이 일으킨 뜻에서   衆緣所起義
     있고 없음은 다 불가한데   有無俱不可
     연 중에서 사물을 망계해   緣中妄計物
     있음과 없음을 분별하나   分別於有無
     이와 같은 외도의 견해는   如是外道見
     나의 법 멀리 떠난 것이네91   遠離於我法

---

90 * 범본에는 이 게송 다음에 3.8.2(3)의 ③의 게송이 있다. 「3.8.2(3) ③ 지혜로써 관찰할 때, 체성을 얻을 수 없으므로, 그것은 설할 수 없으니, 그래서 자성 없다 말하네」

91 * 범문화역에 의하면 이 6행이 1게송이고, 이하의 게송들도 이 게송의 마지막 2행에서 분리하여 4행씩 모으는 것이 글의 흐름에 맞는다.

116 일체의 법의 이름은　　　　　一切法名字
　　　난 곳을 항상 따라 좇으니　　　生處常隨逐
　　　이미 익혔고 현재 익혀서　　　已習及現習
　　　전전하여 함께 분별하네　　　展轉共分別

117 만약 이름 말하지 않으면　　　若不說於名
　　　세간이 모두 미혹하므로　　　世間皆迷惑
　　　미혹을 제거하기 위하여　　　爲除迷惑故
　　　그래서 이름과 말 세우네　　　是故立名言

118 우부는 모든 법을 분별해　　　愚分別諸法
　　　이름 그리고 모든 연과　　　迷惑於名字
　　　내는 것[生]에 미혹하니　　　及以諸緣生
　　　이것이 세 가지 분별이네92　　是三種分別

119 나지 않고 멸하지 않아서　　　以不生不滅
　　　본성이 허공과 같으며　　　本性如虛空
　　　자성 있는 바 없어 이것을　　自性無所有
　　　망계의 상이라 이름하네　　　是名妄計相

....
92 * 이 게송을 범문화역은「세 가지 분별에 의해서 어리석은 사람들은 모든 법을 분별한다. 이름의 분별에 의하고, 또 모든 연의 분별에 의하며, 또 소생所生의 분별에 의해서 미혹이 있다」라고 번역하였고, 10권본은「세 가지 분별에 의해서 어리석어 법을 분별하니[依三種分別 愚癡分別法], 이름에 의해 분별 및 인연과 능생能生에 미혹하네[依名迷分別 及因緣能生]」라고 번역하였다.

⑿ 환상·그림자·아지랑이와 　　　　如幻影陽焰
　　거울영상·꿈·화륜과 같고 　　　　鏡像夢火輪
　　메아리·건달바성 같으니 　　　　如響及乾城
　　이것이 곧 의타기이네 　　　　　是則依他起

⑿ 진여와 공과 둘 아님과 　　　　　眞如空不二
　　실제 그리고 법성은 모두 　　　　實際及法性
　　분별이 없는 것이니 이를 　　　　皆無有分別
　　나는 원성실이라 말하네 　　　　我說是圓成

⑿ 언어와 마음으로 행함은 　　　　語言心所行
　　허망해 이변에 떨어지나 　　　　虛妄墮二邊
　　지혜로 실제實諦 분별한다면 　　　慧分別實諦
　　이 지혜는 무분별이라네93 　　　是慧無分別

⑿ 지자에게 나타나는 것이 　　　　於智者所現
　　우부엔 나타나지 않으니 　　　　於愚則不現
　　이렇게 지자에 나타나는 　　　　如是智所現
　　일체의 법은 무상無相이라네 　　　一切法無相

⑿ 가짜금 영락은 금 아닌데 　　　　如假金瓔珞

---

93 * 범본에는 이 게송 다음에 4.3.4(5)의 ①·②의 게송이 있다.「4.3.4(5) ① 있고 없음은 두 극단이니, 내지 마음 행하는 것에서, 그 행하는 것 맑게 없애면, 평등한 마음 적멸하리라, ② 경계를 취하지 아니하고, 멸하여 없는 바가 아니면, 진여의 묘한 물건이 있어, 모든 성인 소행과 같으리」

우부가 금이라고 말하듯　　　　　非金愚謂金
　　모든 법도 또한 이같은데　　　　　諸法亦如是
　　외도가 허망히 계탁하네94　　　　　外道妄計度

125 모든 법은 시작과 끝 없이　　　　　諸法無始終
　　진실한 모습에 머물고　　　　　　住於眞實相
　　세간은 다 지음이 없지만　　　　　世間皆無作
　　망계해 능히 알지 못하네　　　　　妄計不能了

126 과거에 있었던 바의 법과　　　　　過去所有法
　　미래와 그리고 현재의　　　　　　未來及現在
　　이와 같은 일체의 법은　　　　　　如是一切法
　　모두 다 남이 없는 것이네95　　　　皆悉是無生

127 여러 연 화합하기 때문에　　　　　諸緣和合故
　　그래서 법이 있다 말하니　　　　　是故說有法
　　만약 화합을 떠난다면　　　　　　若離於和合
　　나지 않고 멸하지도 않네96　　　　不生亦不滅

---

94 * 범본에는 이 게송 다음에 4.3.4(5)의 ③의 게송이 있다. 「4.3.4(5) ③ 본래 없음에서 남이 있음, 나고 나서 다시 멸함, 인연의 유 및 무, 그것들은, 내 법에 머무는 것 아니네」
95 * 범본에는 이 게송 다음에 4.5.2(7)의 ①·②의 게송이 있다. 「4.5.2(7) ① 형상 처소와 시절의 전변, 대종 그리고 모든 근과, 중유에서 점차 난다 함은, 망상이지 명지明智가 아니네, ② 모든 붓다께서는 연기 및, 세간을 분별치 않으시니, 단지 모든 연과 세간은, 건달바성과 같을 뿐이네」
96 * 범본에는 이 게송 다음에 3.2(6)의 ⑪·⑫, 4.1(3)의 ①·②의 게송이 있다.

| 128| 여러 연에서 일어난 법은　　　　而諸緣起法
　　　하나와 다름 얻을 수 없되　　　一異不可得
　　　간략히 말하면 남이 되고　　　略說以爲生
　　　자세히 말하면 멸이 되네　　　廣說則爲滅

| 129| 하나는 불생의 공이고　　　　　一是不生空
　　　하나는 다시 생의 공이나　　　一復是生空
　　　불생의 공이 뛰어나니　　　　不生空爲勝
　　　생의 공은 곧 멸괴하네　　　　生空則滅壞

| 130| 진여와 공과 실제와　　　　　　眞如空實際
　　　열반 그리고 법계와　　　　　涅槃及法界
　　　갖가지의 의생신은 내가　　　種種意生身
　　　다 다른 이름을 말함이네　　　我說皆異名

| 131| 여러 경전·계율·논서에서　　　於諸經律論
　　　청정한 분별 일으켰지만　　　而起淨分別
　　　만약 무아를 알지 못하면　　　若不了無我
　　　교 의지코 뜻 의지 못하네97　　依敎不依義

....
「3.2(6) |11| 밝은 거울, 물, 맑은 눈과, 마니의 묘한 보배 구슬, 그 중에 색상 나타내지만, 실제로 있는 바가 없다네, |12| 심식도 또한 이와 같아서, 널리 온갖 색 모습 나투나, 꿈, 공중의 아지랑이 같고, 또한 석녀의 아이와 같네, 4.1(3) |1| 나의 대승은 승이 아니고, 소리 아니며 문자 아니고, 진리 아니며 해탈 아니고, 또한 무상 경계 아니로되, |2| 그러나 마하연을 타면, 삼마제에 자재해서, 갖가지의 의성신이, 자재의 꽃으로 장엄되리」
97 * 범본에는 이 게송 다음에 4.3.4(5)의 |4|~|6|의 게송이 있다. 「4.3.4(5) |4|

|132| 중생이 허망히 분별하나 衆生妄分別
　　 보이는 건 토끼뿔 같은 것 所見如兎角
　　 분별하면 미혹함이 마치 分別卽迷惑
　　 목마른 짐승 양염[焰]을 쫓듯 如渴獸逐焰

|133| 허망한 집착을 말미암아 由於妄執著
　　 분별을 일으키는 것이니 而起於分別
　　 허망 집착의 원인 떠나면 若離妄執因
　　 분별도 곧 일어나지 않네98 分別則不起

|134| 매우 깊은 대방광으로써 甚深大方廣
　　 모든 국토 앎이 자재함을 知諸刹自在
　　 나는 불자들 위해 설하니 我爲佛子說
　　 모든 성문 위함이 아니네 非爲諸聲聞

|135| 삼유는 공하고 무상하며 三有空無常
　　 나와 내 것 멀리 떠났다고 遠離我我所

　　외도 아니고 붓다 아니며, 신아 아니고 여중餘衆 아니니, 연으로써 있음 이룬다면, 어떻게 없음을 얻으리오, |5| 누가 연으로 있음 이루며, 다시 없다 말할 수 있으리, 악견으로 난다고 말하고, 망상으로 유·무 헤아리네, |6| 만약 나는 바 없음과 또한, 다시 멸하는 바 없음 알고, 세간이 다 공적함 본다면, 있고 없음 둘 모두 떠나리」
98 * 범본에는 이 게송 다음에 4.5.4(4)의 |7|·|8|의 게송이 있다. 「4.5.4(4) |7| 물 없는데 물 모습 취함은, 갈애 말미암아 일어나니, 범우가 법 봄도 그러하나, 모든 성인은 그렇지 않네, |8| 성인은 봄이 청정하여, 세 가지 해탈문을 내어서, 나고 멸함을 멀리 떠나, 늘 무상無相의 경계를 행하네」

나는 모든 성문들 위하여　　我爲諸聲聞
이와 같이 총상을 설했네　　如是總相說

[136] 일체의 법 집착하지 않고　　不著一切法
적정寂淨하게 홀로 행할 바를　　寂淨獨所行
사념하는 벽지불 과보를　　思念辟支果
내 그 사람들 위해 설했네　　我爲彼人說

[137] 몸은 의타기성인데도　　身是依他起
미혹해 스스로 못보고서　　迷惑不自見
밖의 자성을 분별하여　　分別外自性
마음 허망하게 일게 하네[99]　　而令心妄起

[138] 과보로서 얻음 및 가지함　　報得及加持
제취의 종류로서 남　　諸趣種類生

99 * 범본에는 이 게송 다음에 5.3(6)의 [6]·[7], 4.5.4(4)의 [9]~[11], 3.2(6)의 [5], 3.8.5(3)의 [2]의 게송이 있다. 「5.3(6) [6] 제십지는 곧 초지가 되고, 초지는 곧 제8지가 되며, 제9지는 곧 제7지 되고, 제7지는 다시 제8 되며, [7] 제2지는 제3지가 되고, 제4지는 제5지가 되며, 제3지는 제6지가 되니, 무상에 무슨 차례 있으랴, 4.5.4(4) [9] 무상의 경계 닦고 행하면, 또한 있고 없음도 없으니, 있고 없음에 다 평등하면, 이 때문에 성과聖果를 낸다네, [10] 무엇을 법의 유·무라 하고, 어떻게 평등을 이루는가, 마음이 법을 알지 못하면, 안팎이 이에 동란하지만, [11] 알고 나면 곧 평등하므로, 어지런 모습 그 때 멸하네, 3.2(6) [5] 무시로부터 생사 중에서, 집착에 얽히고 덮였으매, 퇴사하여 출리케 하는 것, 쐐기 인해 쐐기 뽑듯하네, 3.8.5(3) [2] 의식이 마음의 원인 되고, 마음이 의의 경계가 되니, 원인 및 소연 때문에, 모든 식이 의지해서 나네」

| 및 꿈 속에서 얻는 것이 | 及夢中所得 |
| 신통의 네 가지 성품이네 | 是神通四性 |

[139] 꿈 속에서 얻는 것과 　　　　　夢中之所得
　　　그리고 붓다의 위력과 　　　　及以佛威力
　　　제취의 종류로 남 등은 다 　　諸趣種類等
　　　과보로 얻은 신통 아니네 　　　皆非報得通

[140] 습기가 마음을 훈습해서 　　　　習氣熏於心
　　　사물인 듯 영상 일어나니 　　　似物而影起
　　　범우는 아직 깨닫지 못해 　　　凡愚未能悟
　　　이 때문에 난다고 말하네 　　　是故說爲生

[141] 허망한 분별을 따르므로 　　　　隨於妄分別
　　　밖의 모습이 잠시 있으니 　　　外相幾時有
　　　그러할 때 허망을 늘려서 　　　爾所時增妄
　　　자심의 미혹 보지 못하네 　　　不見自心迷

[142] 어째서 남 있음 설하면서 　　　　何以說有生
　　　보는 것은 설하지 않는가 　　　而不說所見
　　　볼 바 없음에서 봄이거늘 　　　無所見而見
　　　누구 위해 어떻게 설하나100 　　爲誰云何說

---

100 * 앞의 2구는 외도에 대한 힐난이고, 제3·4구는 제2구에 대해 외도가 '보는 것도 설한다'고 답함에 대해 재차 힐난하는 취지로 이해된다.

[143] 심체는 본래 청정하지만　　　　心體自本淨
　　　의 그리고 모든 식이 함께　　　　意及諸識俱
　　　습기를 늘 훈습키 때문에　　　　習氣常熏故
　　　모든 탁함·어지러움 짓네　　　　而作諸濁亂

[144] 장식이 몸을 버리면　　　　　　　藏識捨於身
　　　의가 이에 제취를 구하니　　　　意乃求諸趣
　　　식이 이어 경계 비슷한 걸　　　　識述似境界
　　　보고 나서 탐하여 취하네　　　　見已而貪取

[145] 보이는 건 자기 마음일 뿐　　　　所見唯自心
　　　밖의 경계 얻을 수 없는 것　　　　外境不可得
　　　만약 이와 같이 관찰하면　　　　若修如是觀
　　　허망 버리고 진여 새기리　　　　捨妄念眞如

[146] 삼매 닦는 모든 자의 경계　　　　諸定者境界
　　　업 그리고 붓다의 위력　　　　　業及佛威力
　　　이 셋은 사의하지 못하니　　　　此三不思議
　　　난사 지혜의 행할 바라네　　　　難思智所行

[147] 과거·미래의 보특가라와　　　　　過未補伽羅
　　　허공 그리고 열반은　　　　　　　虛空及涅槃
　　　내가 세속의 일을 따랐고　　　　我隨世俗事
　　　진제는 문자를 떠났다네　　　　　眞諦離文字

[148] 이승과 그리고 외도는 　　二乘及外道
　　　같이 모든 견해 의지하니 　　同依止諸見
　　　오직 마음임에 미혹하여 　　迷惑於唯心
　　　밖의 경계 허망분별하네 　　妄分別外境

[149] 아라한과 벽지불과 　　　　羅漢辟支佛
　　　그리고 붓다의 보리의 　　　及以佛菩提
　　　종자가 견고히 성취되면 　　種子堅成就
　　　붓다의 그 관정함 꿈꾸리 　　夢佛灌其頂

[150] 마음의 환과 적정 향함이 　　心幻趣寂靜
　　　어찌 있다 없다 설하는지 　　何爲說有無
　　　어느 곳에서 또 누구 위해 　　何處及爲誰
　　　왜인지 설하길 원한다면 　　何故願爲說

[151] 마음일 뿐임에 미혹하기 　　　迷惑於惟心
　　　때문에 환의 있고 없음과 　　故說幻有無
　　　생멸하는 모습과 상응함 　　　生滅相相應
　　　상·소상의 평등 말한다네 　　相所相平等

[152] 의식이라 이름하는 분별 　　　分別名意識
　　　및 더불어 5식이 함께 　　　　及與五識俱
　　　마치 영상이나 폭류처럼 　　　如影像暴流
　　　마음 종자에서 일어나네 　　　從心種子起

|153| 만약 마음 그리고 의와　　　　若心及與意
　　　모든 식 일어나지 않으면　　　　諸識不起者
　　　곧 의생신을 얻으며　　　　　　卽得意生身
　　　또한 붓다 지위 얻으리라　　　　亦得於佛地

|154| 모든 연 그리고 온과 계　　　　諸緣及蘊界
　　　사람과 법의 자상은 모두　　　　人法之自相
　　　마음이 가시설한 것이라　　　　皆心假施設
　　　마치 꿈 및 모륜과 같네　　　　如夢及毛輪

|155| 세간을 환상·꿈 같이 보고　　　觀世如幻夢
　　　진실에 의지할 것이니　　　　　依止於眞實
　　　진실은 모든 모습 떠났고　　　　眞實離諸相
　　　또 인因과의 상응도 떠났네101　 亦離因相應

|156| 성자는 안으로 증득한 바　　　　聖者內所證
　　　무념에 항상 머무니102　　　　　常住於無念

---

101 * 범문화역과 10권본에 의하면 여기의 '인'은 인식의 근거인 이유ⓢhetu 를 가리킨다.
102 성인은 안으로 증득해서 무념에 머문다고 한 것은, 진심의 무념이 불교가 근본으로 하는 바임을 말한다. 그래서 《기신론》(=졸역 p.807)에서 "일체법은 본래 오직 마음뿐이어서 실제로 생각이 없지만, 허망한 마음이 있어 깨닫지 못하는 사이에 생각을 일으켜 여러 경계를 보기 때문에 무명이라고 말하는 것"이라고 하였으니, 만약 능히 관찰하여 마음이 무념임을 안다면 곧 수순함을 얻어서 진여문에 들 것이다. 그러므로 배우는 자는 비록 밝게 깨닫고 수행해서 일체 종지 원만하기를 기약한다 하더라도, 오직 무념을 근본으로 삼을 것이다. 단지 무념만 얻는다면 곧 사랑함과 미워함이

인과의 상응에 미혹하면 　　　　　迷惑因相應
세간 집착해 진실로 삼네 　　　　　執世間爲實

157 일체의 희론이 소멸하면 　　　　一切戱論滅
미혹은 곧 나지 않지만 　　　　　　迷惑則不生
미혹 있음 따라 분별하는 　　　　　隨有迷分別
어리석은 맘 늘 현행하네 　　　　　癡心常現起

158 모든 법은 공·무성이며 　　　　　諸法空無性
항상하다 무상하다 함은 　　　　　　而是常無常
남을 논하는 자 소견이지 　　　　　生論者所見
무생의 이론은 아니라네 　　　　　　非是無生論

159 하나·다름·구·불구와 　　　　　一異俱不俱
자연과 그리고 자재천 　　　　　　　自然及自在
시간과 미진과 승성과 　　　　　　　時微塵勝性
연으로 세간을 분별하네103 　　　　緣分別世間

160 식이 생사의 종자가 되어 　　　　識爲生死種

....
저절로 담박해지고, 자비와 지혜가 저절로 밝음을 더하며, 죄업은 저절로 소멸되고, 공행은 저절로 정진할 것이니, 이해에서는 곧 모든 상이 상이 아님을 보고, 행에서는 곧 닦음 없는 닦음이라고 이름할 것이며, 장애와 습기가 다할 때 생사가 곧 끊어지고, 생멸이 멸하고 나서 적멸이 현전해서, 응하여 작용함이 무궁하므로 붓다라고 이름할 것이다.
103 * 범문화역에는 이 게송은 앞의 158에서 말한 '남을 논하는 자'가 분별하는 내용이라고 표현하고 있다.

종자 있으므로 남 있음은　　　有種故有生
　　그림이 벽에 의지하듯이　　　　如畫依於壁
　　요지한다면 곧 멸한다네　　　　了知卽便滅

161 비유하면 환인幻人을 보고서　　譬如見幻人
　　환의 생사 있다고 하듯이　　　　而有幻生死
　　범우도 또한 이와 같아서　　　　凡愚亦如是
　　우치 땜에 박縛·탈脫 일으키네104　癡故起縛脫

162 안과 밖의 두 가지 법과　　　　內外二種法
　　그리고 그것들의 인연을　　　　及以彼因緣
　　수행자가 관찰한다면　　　　　　修行者觀察
　　모두 무상에 머물리라　　　　　皆住於無相

163 습기는 마음 떠나지 않되　　　習氣不離心
　　맘과 함께 하지도 않으니　　　　亦不與心俱
　　비록 습기에 얽힌 바여도　　　　雖爲習所纏
　　마음의 모습은 차별 없네　　　　心相無差別

164 마음은 흰색 옷과 같은데　　　心如白色衣
　　의식의 습기가 때가 되어　　　　意識習爲垢
　　때의 습기로 더럽혀져서　　　　垢習之所污
　　마음 현현치 못하게 하네　　　　令心不顯現

104 * '박·탈'이란 속박과 해탈을 말한다.

165 나는 허공의 있음 아니고　　　　我說如虛空
　　　없음 아님과 같다 말하니　　　　非有亦非無
　　　장식도 또한 이와 같아서　　　　藏識亦如是
　　　있고 없음 다 멀리 떠났네　　　　有無皆遠離

166 의식이 만약 전의한다면　　　　意識若轉依
　　　마음이 곧 탁란 떠나므로　　　　心則離濁亂
　　　마음이 붓다라 일체의 법　　　　我說心爲佛
　　　깨달아 안다고 난 말하네　　　　覺了一切法

167 세 가지 상속 영원히 끊고　　　　永斷三相續
　　　또한 4구도 떠나며　　　　　　亦離於四句
　　　유·무도 다 버리고 떠나니　　　有無皆捨離
　　　제유는 항상 환상과 같네　　　諸有恒如幻

168 앞 7지에선 마음이 이니　　　　前七地心起
　　　그래서 2자성이 있지만　　　　故有二自性
　　　나머지 지 및 붓다의 지는　　　餘地及佛地
　　　모두가 원성실성이라네　　　　悉是圓成實

169 욕계와 색계와 무색계　　　　　欲色無色界
　　　그리고 열반은　　　　　　　　及以於涅槃
　　　그 일체의 몸들에서　　　　　於彼一切身
　　　모두가 마음의 경계라네　　　皆是心境界

170 그 얻는 바 있음을 따르면 　　　　隨其有所得
　　이로써 곧 미혹 일어나나 　　　　是則迷惑起
　　자기 마음을 깨닫고 나면 　　　　若覺自心已
　　미혹은 곧 나지 않는다네105 　　　迷惑則不生

171 나는 2종의 법을 세우니 　　　　　我立二種法
　　모든 모습 및 증득이라 　　　　　諸相及以證
　　네 가지 이취理趣의 방편으로106 　以四種理趣
　　설해서 성취하게 한다네 　　　　　方便說成就

172 갖가지 이름·모습을 봄은 　　　　見種種名相
　　미혹하여 분별함이니 　　　　　　是迷惑分別
　　만약 이름·모습 떠난다면 　　　　若離於名相
　　성정性淨 성인의 소행이리라 　　　性淨聖所行

173 능·소의 분별을 따르므로 　　　　隨能所分別
　　곧 망계의 모습이 있지만 　　　　則有妄計相
　　만약 그 분별을 떠난다면 　　　　若離彼分別
　　자성이 성인 소행이리라 　　　　　自性聖所行

---

105 * 범본에는 이 게송 다음에 3.7.3의 (3), 2.2.6(7)의 ②의 게송이 있다. 「3.7.3(3) 지음 없으므로 남 없지만, 법이 있어 생사를 거두니, 환상 등 같음을 요달하면, 모습을 분별치 않으리라. 2.2.6(7) ② 내가 세운 바의 삼승과, 일승 그리고 승 아님은, 우부와 소지少智로 적멸 즐기는, 모든 성인 위해 설한 것이네」
106 * 범문화역에 의하면 '네 가지 이취'는 4실단을 가리키는 것으로 보인다.

174 마음이 만약 해탈할 때면 　　心若解脫時
　　곧 항상한 진실이리니 　　　　則常恒眞實
　　종성 그리고 법성과 　　　　　種性及法性
　　진여는 분별을 떠났다네 　　　眞如離分別

175 청정한 마음이 있으므로 　　　以有淸淨心
　　잡염의 나타남이 있으니 　　　而有雜染現
　　청정 없어 곧 잡염도 없는 　　無淨則無染
　　진정眞淨이 성인의 소행이네 　眞淨聖所行

176 세간이 연을 좇아 나서 　　　　世間從緣生
　　분별을 증장하는 것이니 　　　增長於分別
　　그것이 환·꿈 같음 본다면 　　觀彼如幻夢
　　이 때 곧 해탈한다네 　　　　　是時卽解脫

177 갖가지 나쁜 습기가 　　　　　　種種惡習氣
　　마음과 화합하기 때문에 　　　與心和合故
　　중생이 밖의 경계를 보고 　　　衆生見外境
　　마음의 법성 보지 못하네 　　　不睹心法性

178 마음 성품은 본래 청정해 　　　心性本淸淨
　　모든 미혹 내지 않건만 　　　　不生諸迷惑
　　미혹이 악습에서 일어나 　　　迷從惡習起
　　그래서 마음 보지 못하네 　　　是故不見心

[179] 오직 미혹이 곧 진실일 뿐　　　　唯迷惑卽眞
　　　진실은 다른 곳이 아니니　　　　眞實非餘處
　　　모든 행의 행 아님은 다른　　　　以諸行非行
　　　곳서 보는 것 아닌 연고네　　　　非餘處見故

[180] 모든 유위는 상과 소상을　　　　若觀諸有爲
　　　멀리 떠났음 관찰한다면　　　　遠離相所相
　　　온갖 상을 떠나기 때문에　　　　以離衆相故
　　　세간의 자심일 뿐 보리라　　　　見世惟自心

[181] 오직 마음뿐임에 안주해　　　　安住於唯心
　　　밖의 경계 분별치 않으면　　　　不分別外境
　　　진여의 소연에 머물러서　　　　住眞如所緣
　　　마음의 인식 초과하리라　　　　超過於心量

[182] 마음의 인식 초과한다면　　　　若超過心量
　　　또한 무상도 초월하리니　　　　亦超於無相
　　　무상에 머무는 자라면　　　　以住無相者
　　　대승을 보지 못한다네　　　　不見於大乘

[183] 적멸을 행함의 무공용과　　　　行寂無功用
　　　모든 대원을 청정히 닦음　　　　淨修諸大願
　　　및 나의 최승의 지혜를　　　　及我最勝智
　　　무상 때문에 보지 못하네　　　　無相故不見

| 184| 응당 심心의 소행 관찰하고　　　　應觀心所行
　　또한 지智의 소행 관찰하여　　　　亦觀智所行
　　혜慧의 소행 관찰해 본다면　　　　觀見慧所行
　　상相에 미혹함이 없으리라　　　　於相無迷惑

| 185| 심의 소행은 고제이고　　　　　　　心所行苦諦
　　지의 소행은 집제이며　　　　　　　智所行是集
　　나머지 2제 및 불지는　　　　　　餘二及佛地
　　모두가 혜의 소행이라네　　　　　　皆是慧所行

| 186| 과보를 얻음과 열반　　　　　　　　得果與涅槃
　　그리고 팔지성도로써　　　　　　　及以八聖道
　　일체법 깨달아 아는 것이　　　　　覺了一切法
　　붓다의 청정한 지혜라네　　　　　　是佛淸淨智

| 187| 안근 그리고 색의 경계와　　　　　　眼根及色境
　　허공·밝음과 더불어 작의　　　　　　空明與作意
　　때문에 중생들로 하여금　　　　　　故令從藏識
　　장식에서 안식 내게 하네107　　　　衆生眼識生

---

107 이 게송은 여래께서 소승의 근기를 수순해서, 중생의 안식이 근·경 등의 다섯 가지 연을 갖출 때 장식에서 나는 것임을 설하신 것이다. 8식은 모두 연에 의지해서 바야흐로 나는데, 하나를 들어서 모두에 비례시킨 것이니, 그래서 단지 안식만 말한 것이다. 만약 대승의 뜻에 의거한다면 8식 중의 안식 한 가지는 9연에 의지해서 나니, 말하자면 첫째 허공, 둘째 밝음, 셋째 근, 넷째 경계, 다섯째 작의, 여섯째 근본(의 의지처인 제8식), 일곱째 염정(의 의지처인 제7식), 여덟째 분별(과 함께 하는 제6식), 아홉째 종자이다.

188	취하는 자와 능취·소취와	取者能所取
	이름과 자체 모두 없는데	名事俱無有
	원인 없이 허망 분별하니	無因妄分別
	이로써 지혜 없는 자 되네	是爲無智者

189	이름·뜻은 상호 내지 않고	名義互不生
	이름·뜻의 다름도 그러한데	名義別亦爾
	인·무인이 냄다고 계탁해	計因無因生
	분별을 떠나지 못하누나108	不離於分別

| 190 | 실제實諦에 머문다 망설하며 | 妄謂住實諦 |

이식은 오직 8연에만 의지해서 나니, 아홉 중 밝음을 제외한다. 비·설·신의 3식은 각각 7연에 의지해서 식이 바야흐로 구를 수 있으니, 여덟 중 허공을 제외한다. 제6 의식은 5연에 의지해서 나니, 일곱 중 염정 및 분별을 제외한다. 제7식은 4연에서 나니, 다섯 중 근본을 제외한다.(=제8·7식이 구유의가 되기 때문. 졸역 『주석 성유식론』 p.648 참조) 혹은 3연에서 나니, 근과 경은 모두 제8식에 속하기 때문이다. 제8식은 4연에서 나니, 다섯 중 근본을 제외한다. 제7식이 의지하는 바 근본(=앞의 구유의)이기 때문이다. 만약 등무간연을 더한다면 곧 차례대로 10·9·8·6·4·5의 여러 연에서 나니, 만약 등무간연을 더한다면 앞의 것들에서 각각 하나가 증가하는 것이다. 그래서 유식의 게송(=《유식삼십송》. 위의 졸역 p.646)에서 이르기를, "근본식에 의지하고 오식은 연에 따라 현행한다[依止根本識 五識隨緣現] 혹은 함께 하고, 혹은 함께 하지 않으니, 파도가 물에 의지하는 것과 같다[或俱或不俱 如波濤依水] 의식은 항상 현행하지만 무상천에 태어남[意識常現起 除生無想天] 및 무심의 두 가지 선정·수면과 민절은 제외한다[及無心二定 睡眠與悶絶]"라고 하였다.

108 * 범본에는 이 게송 다음에 3.1(5)의 1의 게송이 있다. 「3.1(5) 1 모든 법은 자성이 없으며, 또한 다시 언설도 없거늘, 공과 공의 뜻 보지 못하니, 우부는 그래서 유전하네」

시설해 설한 것[施設說] 따라 보나 　　隨見施設說
일성一性은 다섯 못이룸에도 　　　一性五不成
진리의 뜻 버려 떠나누나 　　　　捨離於諦義

191 있음과 없음을 희론하는 　　　戱論於有無
　　이런 등의 마 초월할지니 　　　應超此等魔
　　나 없음을 보기 때문에 　　　　以見無我故
　　제유 망령되이 구하잖네 　　　不妄求諸有

192 작자가 항상하다 헤아려 　　　計作者爲常
　　주술이 쟁론과 함께 하나 　　　咒術與諍論
　　실제實諦는 언설을 떠났으니 　實諦離言說
　　그래서 적멸의 법 본다네 　　　而見寂滅法

193 장식에 의지하기 때문에 　　　依於藏識故
　　의의 구름[意轉]이 있음을 얻고 　而得有意轉
　　마음·의가 의지가 되므로 　　　心意爲依故
　　모든 식의 남 있는 것이네 　　　而有諸識生

194 허망이 건립한 법 및 　　　　　虛妄所立法
　　마음의 성품이 진여이니 　　　及心性眞如
　　선정자 이렇게 관찰하면 　　　定者如是觀
　　유심의 성품을 통달하리 　　　通達唯心性

195 뜻과 모습·사물 관찰할 때　　　　　觀意與相事
　　항상함과 무상함 그리고　　　　　　不念常無常
　　생과 불생 생각하지 말고　　　　　　及以生不生
　　두 가지 뜻 분별하지 말라　　　　　　不分別二義

196 아뢰야식을 좇아서　　　　　　　　　從於阿賴耶
　　모든 식 생기하는 것이니　　　　　　生起於諸識
　　끝내 하나의 뜻에서　　　　　　　　終不於一義
　　두 가지 마음을 내지 말라　　　　　　而生二種心

197 자기 마음을 보기 때문에　　　　　　由見自心故
　　공 아니며 언설도 아니나　　　　　　非空非言說
　　자기 마음을 보지 못하면　　　　　　若不見自心
　　견망見網에 묶이는 바 되리라　　　　爲見網所縛

198 모든 연은 남이 없고　　　　　　　　諸緣無有生
　　모든 근은 있는 바 없으니　　　　　　諸根無所有
　　탐욕 없어 온·계가 없다면　　　　　　無貪無蘊界
　　모든 유위도 모두 없으리　　　　　　悉無諸有爲

199 모든 업보는 본래 없어서　　　　　　本無諸業報
　　지음 없고 유위도 없으며　　　　　　無作無有爲
　　집착이 본래 없으므로　　　　　　　執著本來無
　　속박 없고 또 해탈도 없네　　　　　　無縛亦無脫

| 200| 무기의 법은 없으며　　　　　　　無有無記法
　　　법과 법 아님도 모두 없고　　　　法非法皆無
　　　시간 아니고 열반 아니며　　　　非時非涅槃
　　　법은 성품은 얻을 수 없네　　　　法性不可得

| 201| 붓다 아니고 진제 아니며　　　　　非佛非眞諦
　　　원인 아니고 결과 아니며　　　　非因亦非果
　　　전도 아니고 열반 아니며　　　　非倒非涅槃
　　　남 아니고 또한 멸 아니네　　　　非生亦非滅

| 202| 또한 열두 지분도 없으며　　　　　亦無十二支
　　　변·무변도 있음 아니어서　　　　邊無邊非有
　　　일체의 견해 다 끊어지니　　　　一切見皆斷
　　　나는 유심이라 말하노라109　　　我說是唯心

························
109 (문) 12유지의 인연은 일체 중생이 삼세에 유전하는 인과의 법이거늘, 어찌 없다고 말할 수 있으며, 오직 하나의 마음일 뿐인가? (답) 본래 없기 때문이니, 단지 일념의 무명의 바람이 불므로 말미암아 진여의 바다를 두드려 움직여서 이윽고 12연기를 이루고 유전의 근원을 만드는 것이다. 만약 이를 안다면 붓다지혜바다의 파란波瀾이 되지만, 이에 어두우면 생사의 강의 소용돌이가 되며, 알지 못해 눈 먼 바 됨으로 인해 번뇌와 업의 온갖 괴로움을 이루지만, 무명의 진실한 성품을 안다면 열반의 묘심을 이루는 것이다.
　　만약 미혹하면 번뇌와 업이 되어서 곧 3도를 이루니, 첫째 무명·갈애·집착의 3지분은 번뇌도이고, 둘째 행·존재의 2지분은 업도이며, 셋째 식·명색·육입·접촉·감수·생·사의 7지분은 고도苦道이다. 만약 깨달으면 3인불성因佛性이 되니, 첫째 식·명색·육입·접촉·감수·생·사는 정인불성이고, 둘째 무명·갈애·집착은 요인불성이며, 셋째 행·존재는 연인불성이다. 이와 같은 등의 뜻에서 오직 하나의 마음일 뿐이니, 미迷·오悟의 연을 따라서 많은 종

203 번뇌·업과 더불어 몸 및　　　　煩惱業與身
　　업으로 얻는 바 결과는　　　　　及業所得果
　　모두 불꽃 같고 꿈 같으며　　　　皆如焰如夢
　　건달바의 성과 같다네　　　　　　如乾闥婆城

204 유심에 머물기 때문에　　　　　　以住唯心故
　　모든 상을 다 버려 떠나고　　　　諸相皆捨離
　　유심에 머물기 때문에　　　　　　以住唯心故
　　능히 단·상을 본다네　　　　　　能見於斷常

....
류를 갈라서 이루지만, 비록 많은 종류를 이룬다 해도 하나의 마음을 여의지 않는다. 그래서 《대집경》에서도 이르기를, "12인연을 한 사람이 일념에 모두 다 구족하니, 단지 하나의 경계를 따라 일념이 일어나는 곳에서도 구족하지 않음이 없다"고 하였다.(보통과 같이 삼세로써 논하는 것만이 아니라는 것이다) 우선 눈이 색을 볼 때 알지 못하는 것을 무명이라 이름하고, 사랑하고 미워함을 내는 것을 행이라 이름하며, 이 중의 심·의를 식이라 이름하고, 색이 식과 함께 작용하는 것이 곧 명색이며, 6처에서 탐욕 내는 것을 육입이라 이름하고, 색과 눈이 상대함을 짓는 것을 접촉이라 이름하며, 영납하는 것을 감수라 이름하고, 색에 얽혀 떠나지 못하는 것을 갈애라 이름하며, 색의 모습을 지각하는 것을 집착이라 이름하고, 색을 생각하는 마음이 일어나는 것을 존재라고 이름하며, 마음이 나는 것을 생이라 이름하고, 마음이 멸하는 것을 사라고 이름한다. 나아가 귀가 소리를 듣고 정신이 법을 알 때에 이르러서도 일념 중에 낱낱이 이와 같으니, 하루낮과 하루밤에 무릇 몇 념을 일으킬 것이며, 몇 념이 몇 12인연을 짜서 육취의 끝없는 생사를 이루겠는가. 이로써 알지니, 생사는 체가 없고, 완전히 여래장 제일의의 마음이거늘, 미혹하고 깨달아서 오르고 가라앉음을 알 수 없다. 그래서 《기신론》(=졸역 p.814)에서 이르기를, "소위 일체 경계는 오직 마음이 망령되이 일어나기 때문에 있는 것이니, 만약 마음이 망령된 움직임을 여읜다면 곧 일체 경계는 멸하고, 오직 하나의 진심만이 두루하지 않는 바가 없을 것"이라고 하였으니, 어찌 오직 일심일 뿐이 아니겠는가.

|205| 열반에는 모든 온이 없고 　　　　　　涅槃無諸蘊
　　　나 없으며 모습도 없으니 　　　　　無我亦無相
　　　유심에 들어감으로써 　　　　　　以入於唯心
　　　전의하여 해탈을 얻네 　　　　　　轉依得解脫

|206| 악습이 원인 되기 때문에 　　　　　惡習爲因故
　　　밖에 대지와 그리고 　　　　　　　外現於大地
　　　여러 중생들을 나타내나 　　　　　及以諸衆生
　　　유심이라 볼 바가 없다네 　　　　　唯心無所見

|207| 몸·자재·국토의 영상은 　　　　　身資土影像
　　　중생 습기가 나타냄이나 　　　　　衆生習所現
　　　마음은 유·무가 아니어서 　　　　心非是有無
　　　습기도 드러내지 못하네 　　　　　習氣令不顯

|208| 때는 맑음 중에 나타나나 　　　　　垢現於淨中
　　　맑음이 때 나타냄 아니니 　　　　　非淨現於垢
　　　마치 구름이 허공 가리듯 　　　　　如雲翳虛空
　　　마음의 불현不現도 그러하네110 　　心不現亦爾

---

110 * 범본에는 이 게송 다음에 4.5.2(3)의 |2|~|4|, 3.8.6(4)의 |2|의 게송이 있는데, 후자의 3.8.6(4)의 |2|는 표현에 약간의 차이가 있으나, 다음 |209|와 같은 게송이므로 생략하니, 대조해 볼 것이다. 「4.5.2(3) |2| 경계에 묶임은 마음이고, 상생想生 깨달음은 지혜이니, 모습 없음 및 증승함, 그 중에서 지혜 일어나네, |3| 심·의와 더불어 식이, 모든 분별의 지각을 떠나, 분별 없는 법을 얻는 것은, 불자이지 성문이 아니네, |4| 적멸의 수승한 인인, 여래의 청정한 지혜는, 훌륭한 승의에서 나서, 모든 소행 멀리 떠나네」

209 망계성에서 있음이 되나 　　　　　妄計性爲有
　　연기에서는 곧 없거늘 　　　　　　於緣起則無
　　망계로 미혹해 집착하나 　　　　　以妄計迷執
　　연기는 분별을 떠났다네 　　　　　緣起無分別

210 소조所造가 다 색인 것 아니고 　　非所造皆色
　　색으로 소조 아님 있으니 　　　　有色非所造
　　꿈·환상·불꽃·건달바성 　　　　　　夢幻焰乾城
　　이들은 소조가 아니라네111 　　　此等非所造

211 만약 연에서 난 법에 대해 　　　　若於緣生法
　　진실 및 부실을 말한다면 　　　　謂實及不實
　　이 사람은 일·이 등의 모든 　　　此人決定依
　　견해 결정코 의지함이네112 　　　一異等諸見

....
111 * 범본에는 이 게송 다음에 4.5.2(3)의 5·6의 게송이 있다. 「4.5.2(3) 5 나에 세 가지 지혜 있어서, 성자는 능히 모든 모습을, 분별하는 것 밝게 비추고, 일체에게 법 열어 보이네, 6 내 지혜는 모든 모습 떠나, 이승을 뛰어 넘었으니, 모든 성문 등은 모든 법의, 있음을 집착하지만, 여래 지혜는 때가 없어서, 유심 요달하기 때문이네」
112 * 범본에는 이 게송 다음에 3.8.6(4)의 3~9의 게송이 있다. 「3.8.6(4) 3 갖가지의 지분이 나지만, 환상 같아 성취치 못하니, 갖가지 모습 나타내지만, 허망 분별이라 곧 없다네, 4 그 모습은 곧 허물이니, 다 마음의 속박에서 난 것, 망계자가 알지 못하고, 연기된 법을 분별한다네, 5 이 모든 망계의 성품은, 모두 곧 연기한 것이니, 망계해 갖가지가 있다고, 연기 중에서 분별함이네, 6 세속제와 제일의제요, 제3이라면 무인생이니, 망계함은 세속이요, 끊으면 성인의 경계라네, 7 마치 관행을 닦는 자가, 하나[一]서 갖가지 나타내나, 거기엔 갖가지가 없듯이, 망계의 모습도 이와 같고, 8 눈이 갖가지로 흐리면, 망상으로 온갖 색 보지만, 그엔 색도 색 아님도 없듯,

|212| 성문에 세 종류가 있으니　　　　　聲聞有三種
　　　원에서 남과 변화함 및　　　　　　願生與變化
　　　탐욕과 성냄 등을 떠나서　　　　　及離貪瞋等
　　　법을 좇아 나는 것이라네　　　　　從於法所生

|213| 보살도 역시 세 종류이니　　　　　菩薩亦三種
　　　아직 제불의 모습 없지만　　　　　未有諸佛相
　　　중생을 생각하고 새겨서　　　　　思念於衆生
　　　붓다의 모습 나타낸다네113　　　　而現於佛像

|214| 중생 마음에 나타난 것은　　　　　衆生心所現
　　　모두가 습기에서 남이니　　　　　皆從習氣生
　　　갖가지의 모든 영상은　　　　　　種種諸影像
　　　마치 별·구름·해·달과 같네　　　　如星雲日月

....
　　연기 알지 못함도 그러며, |9| 금이 티끌의 때를 떠나듯, 물이 진흙의 탁함
　　떠나듯, 허공에는 구름이 없듯이, 망상 맑게 함도 이와 같네」
113 * 범본에는 이 게송 다음에 3.8.6(4)의 |10|~|15|의 게송이 있다. 「3.8.6(4)
　　|10| 망계의 자성은 없고, 연기의 자성은 있다고, 건립 및 비방하면 이는, 분
　　별에 의해 무너진다네, |11| 만약 망계성은 없지만, 연기는 있다고 한다면,
　　무법이면서 유법임이요, 유법이 없음에서 남이라, |12| 망계를 의지하고 인하
　　여, 연기가 있음을 얻음이니, 모습과 이름이 항상 서로, 따르며 망계를 낼
　　것이라, |13| 연기가 허망에 의지하여, 구경 성취되지 못하므로, 이 때 청정
　　을 나타내니, 제일의라고 이름한다네, |14| 망계에는 열둘이 있으며, 연기에
　　여섯 가지 있으나, 스스로 진여 경계 증하면, 거기에는 차별이 없다네, |15|
　　다섯 가지 법 진실이 되고, 3자성도 또한 그러하니, 수행자가 이를 관찰하
　　면, 진여를 넘지 않으리라」

215 만약 대종이 있음이라면 　　若大種是有
　　　소조의 남 있을 수 있지만 　　可有所造生
　　　대종은 성품 없기 때문에 　　大種無性故
　　　능상과 소상도 없다네 　　　無能相所相

216 대종은 만드는 주체이고 　　　大種是能造
　　　땅 등은 만들어진 것이나 　　地等是所造
　　　대종은 본래 남 없으므로 　　大種本無生
　　　만들어진 색도 없다네 　　　故無所造色

217 가·실 등의 모든 색 및 　　　　假實等諸色
　　　환상으로 만들어진 색과 　　　及幻所造色
　　　꿈의 색, 건달바성의 색에 　　夢色乾城色
　　　불꽃의 색이 제5가 되리 　　　焰色爲第五

218 일천제는 다섯 종류이고 　　　一闡提五種
　　　종성의 다섯 또한 그러며 　　種性五亦然
　　　오승 및 승 아님으로서 　　　五乘及非乘
　　　열반에는 여섯 종류 있네[114] 　涅槃有六種

219 모든 온은 스물넷이고 　　　　諸蘊二十四

---

114 * 이 게송의 앞뒤는 ②의 주석에서 주를 쓴 분도, "긴요한 뜻을 아직 경론 및 글의 소에서 해석한 것을 보지 못한 것은 감히 억측하여 말할 수 없으므로, 모두 밝은 분이 오기를 기다린다"고 주석한 것처럼 난해하므로, 함부로 추측해 말하기 어렵다.

모든 색에는 8종 있으며	諸色有八種
붓다에는 스물넷이 있고	佛有二十四
불자에는 두 종류가 있네	佛子有二種

220 법문에는 108이 있고 　　　　　法門有百八
　　 성문에는 세 종류 있으며 　　　　聲聞有三種
　　 모든 불찰佛刹은 오직 하나요 　　諸佛刹惟一
　　 붓다 하나임도 그러하네 　　　　佛一亦復然

221 해탈에는 세 종류가 있고 　　　　解脫有三種
　　 마음의 유주엔 넷 있으며 　　　　心流注有四
　　 무아에는 여섯 종류 있고 　　　　無我有六種
　　 알 바에도 역시 넷이 있네 　　　　所知亦有四

222 작자를 원리하고 그리고 　　　　　遠離於作者
　　 모든 견해의 허물 떠나서 　　　　及離諸見過
　　 내적 자증에서 부동하면 　　　　內自證不動
　　 이것이 무상의 대승이네 　　　　是無上大乘

223 남 그리고 나지 않음에는 　　　　生及與不生
　　 8종과 9종이 있지만 　　　　　　有八種九種
　　 일념과 점차로 증득하면 　　　　一念與漸次
　　 근본은 오직 하나라네 　　　　　證得宗唯一

224| 무색계는 여덟 종류이고 　　　　無色界八種
　　선의 차별에 여섯 있으며 　　　　禪差別有六
　　벽지불의 모든 불자의 　　　　　　辟支諸佛子
　　출리에는 7종이 있다네 　　　　　出離有七種

225| 삼세는 모두 없으며 　　　　　　　三世悉無有
　　상과 무상도 역시 없고 　　　　　常無常亦無
　　업을 지음 그리고 과보는 　　　　作業及果報
　　모두가 꿈속의 일과 같네 　　　　皆如夢中事

226| 제불은 본래 나지 않아서 　　　　諸佛本不生
　　성문과 불자가 마음으로 　　　　　爲聲聞佛子
　　항상 볼 수 없음이 되니 　　　　　心恒不能見
　　환상 등 같은 법인 연고네 　　　　如幻等法故

227| 그래서 일체 국토에서 　　　　　　故於一切刹
　　도솔천에서 태에 들고 　　　　　　從兜率入胎
　　처음 나며 또 출가하나 　　　　　　初生及出家
　　난 곳을 좇아 나지 않네 　　　　　不從生處生

228| 유전하는 중생들을 위해 　　　　　爲流轉衆生
　　열반과 모든 진리 그리고 　　　　　而說於涅槃
　　모든 국토를 설하시어 　　　　　　諸諦及諸刹
　　근기 따라 깨닫게 하시네 　　　　　隨機令覺悟

[229] 세간의 땅과 나무와 숲과　　　　世間洲樹林
　　　무아와 외도의 행과　　　　　　無我外道行
　　　선정과 승과 아뢰야와　　　　　禪乘阿賴耶
　　　과보 경계는 부사의하네　　　　果境不思議

[230] 별과 달의 종류와　　　　　　　星宿月種類
　　　모든 왕 모든 천신의 종성　　　諸王諸天種
　　　건달바와 야차의 종성은　　　　乾闥夜叉種
　　　다 업과 갈애로 인해 나네　　　皆因業愛生

[231] 부사의한 변역의 죽음은　　　　不思變易死
　　　아직 습기와 함께 하지만　　　　猶與習氣俱
　　　죽음이 영원히 다할 때면　　　　若死永盡時
　　　번뇌그물 이미 끊어지네　　　　煩惱網已斷

[232] 재물·곡식과 더불어 금·은　　　財穀與金銀
　　　밭·집과 그리고 하인들　　　　　田宅及僮僕
　　　코끼리·말·소·양 등은　　　　　象馬牛羊等
　　　모두 다 축적하지 말라　　　　　皆悉不應畜

[233] 구멍 뚫은 침상 눕지 말고　　　　不臥穿孔床
　　　또한 땅에 진흙 바르지 말며　　　亦不泥塗地
　　　금·은·동의 발우 등은　　　　　金銀銅鉢等
　　　모두 다 축적하지 말라　　　　　皆悉不應畜

234 흙과 돌 그리고 쇠와　　　　　　土石及與鐵
　　소라 및 파리의 그릇은　　　　　[螽]<螺>及頗梨器
　　마갈摩竭을 채울 분량을　　　　滿於摩竭量
　　발우 따라 축적 허용하네　　　　隨鉢故聽畜

235 항상 푸른 등의 색의　　　　　　常以青等色
　　쇠똥·진흙·열매·잎으로써　　　　牛糞泥果葉
　　흰 캄발라[欽婆] 등을 물들여서115　染白欽婆等
　　가사의 색을 짓게 하라　　　　　令作袈裟色

236 네 마디 정도의 칼로서　　　　　四指量刀子
　　반달 같은 형상인 것을　　　　　刀如半月形
　　옷을 재단하기 위하여　　　　　為以割截衣
　　수행자에 축적 허용하네　　　　修行者聽畜

237 공교명 배우지 말 것이고　　　　勿學工巧明
　　또한 매매해서도 안되며　　　　亦不應賣買
　　필요하면 정인淨人에 시키라　　若須使淨人
　　이 법이 내가 말하는 바네　　　此法我所說

238 항상 모든 근을 수호하고　　　　常守護諸根
　　경·율의 뜻을 잘 이해하며　　　善解經律義
　　모든 속인 얕보지 않으면　　　　不狎諸俗人

---
115 * '캄발라Ⓢkambala'는 천의 한 종류.

| 이를 수행자라 이름하네 | 是名修行者 |

239　나무 아래 및 바위의 굴　　　　樹下及巖穴
　　 들판의 가옥과 무덤 사이　　　　野屋與塚間
　　 움집 그리고 노지露地에　　　　　草窟及露地
　　 수행자는 머물러야 하네　　　　　修行者應住

240　무덤 사이 및 다른 곳에서　　　　塚間及餘處
　　 세 벌 옷이 늘 몸을 따르되　　　 三衣常隨身
　　 만약 의복이 모자랄 때면　　　　 若闕衣服時
　　 와 보시한 것 받을 것이네　　　　來施者應受

241　걸식하려 나가 유행할 때　　　　 乞食出遊行
　　 앞으로 일심의 땅을 보고116　　　 前視一尋地
　　 거둬 새기며 걸식 행함을　　　　 攝念而行乞
　　 벌이 꽃 캐듯이 해야 하네　　　　猶如蜂採花

242　시끄러운 대중이 모인 곳　　　　 鬧衆所集處
　　 대중에 비구니가 섞인 곳　　　　 衆雜比丘尼
　　 활명처와 세속 교유처[俗交]선　　 活命與俗交
　　 모두 걸식해서는 안되네　　　　　皆不應乞食

243　모든 왕과 그리고 왕자　　　　　 諸王及王子

---
116 * '심尋'은 여덟 자의 길이를 말함.

대신과 더불어 장자에게　　　　大臣與長者
　　　수행자는 걸식하더라도　　　　修行者乞食
　　　모두 친근해서는 안되네　　　　皆不應親近

244　아이 태어난 집 및 상가와　　　生家及死家
　　　친한 친구 집과 애인의 집　　　親友所愛家
　　　비구·비구니 화잡한 집서117　　僧尼和雜家
　　　수행자는 먹지 않는다네　　　　修行者不食

245　절 중에 연기 끊이지 않고　　　寺中煙不斷
　　　늘 갖가지 음식을 만들며　　　常作種種食
　　　일부러 위해 만든 것들을　　　及故爲所造
　　　수행자는 먹지 않는다네118　　修行者不食

246　수행자는 세간 관찰하여　　　　行者觀世間
　　　능상과 더불어 소상에서　　　　能相與所相
　　　모두 다 나고 멸함 떠나고　　　皆悉離生滅

---

117 * '화잡'은 화합하여 섞였다는 뜻. 제2구는 10권본의 표현(='親家及愛家')을 따라서 두 가지 집으로 나누었다.
118 위에서 '재물·곡식과 더불어 금·은, 밭·집과 그리고 하인들'을 말한 곳(=232) 이하 여기에 이르기까지 14게송은, 붓다께서 고의로 잘못 범함이 없는 섭율의계로 바야흐로 능히 섭선법계 및 요익유정계를 성취해서, 선정을 내고 지혜를 일으켜 일체 불법을 갖추도록 경계시키는 것이다. 이로써 계는 선정과 지혜의 기본이니, 하루도 이 주재자[君]가 없을 수 없다고 알아야 한다. 고덕은 여러 층의 누각으로 비유하였으니, 아래가 견고해야 위가 존속하는 것은 당연하다.

또한 있고 없음도 떠나네 　　　　亦離於有無

大乘入楞伽經
대승입능가경

卷第七
제7권

大周 于闐國 三藏法師 實叉難陀 奉敕譯
대주 우전국 삼장법사 실차난다 봉칙역

대승입능가경　　　　　大乘入楞伽經
　제7권　　　　　　　　　卷第七

　　제10　　　　　　　　　偈頌品
　게송품(의 2)　　　　　　第十之二

① 만약 모든 수행자들이　　若諸修行者
　 분별 일으키지 않는다면　　不起於分別
　 오래지 않아서 삼매와　　　不久得三昧
　 힘·신통 및 자재를 얻으리　力通及自在

② 수행자는 응당 망령되이　　修行者不應
　 미진·시간·승성·작자나　　妄執從微塵
　 연에서 세간을 낸다고　　　時勝性作者
　 집착해서는 안되네　　　　緣生於世間

③ 세간은 스스로 분별하는　　世從自分別
　 갖가지의 습기에서 나니　　種種習氣生
　 수행자는 응당 제유는　　　修行者應觀
　 꿈·환상 같다 관해야 하네　諸有如夢幻

④ 항상 보는 것에서　　　　　恒常見遠離

비방 및 건립 멀리 떠나고	誹謗及建立
몸·살림살이 및 주처에서	身資及所住
삼유를 분별하지 말라	不分別三有

⑤ 음식을 사유 지각치 않고　　　不思想飮食
　 정념하며 단정히 머물고　　　　正念端身住
　 자주자주 제불 및 보살을　　　　數數恭敬禮
　 공경하고 예배하라　　　　　　　諸佛及菩薩

⑥ 경전과 계율 중의　　　　　　　善解經律中
　 진실한 이취의 법과　　　　　　眞實理趣法
　 5법·2무아 잘 이해하고　　　　　五法二無我
　 또한 자기 마음 사유하라　　　　亦思惟自心

⑦ 안으로 청정 법성 증득해　　　　內證淨法性
　 모든 지 및 붓다의 지　　　　　　諸地及佛地
　 이를 수행자가 수습하면　　　　　行者修習此
　 연꽃에 처해 관정 받으리　　　　處蓮花灌頂

⑧ 제취 가운데 빠졌으니　　　　　沈[輪]<淪>諸趣中
　 제유를 염리하려 하여　　　　　　厭離於諸有
　 무덤 사이 고요한 곳 가서　　　　往塚間靜處
　 모든 관행을 닦고 익히라1　　　　修習諸觀行

1 * 범본에는 이 게송 다음에 3.3(2)의 ②~⑤의 게송이 있다. 「3.3(2) ② 수행

⑨ 혹자는 사물의 무인생을　　　　有物無因生
　　단·상 떠남이라 망설하고　　　妄謂離斷常
　　또 유·무 떠남이라 말하며　　　亦謂離有無
　　중도라고 망계한다네　　　　　妄計爲中道

⑩ 무인의 이론 망계하지만　　　　妄計無因論
　　무인은 단멸의 견해이니　　　　無因是斷見
　　밖의 사물을 알지 못하여　　　　不了外物故
　　그래서 중도를 괴멸하네　　　　壞滅於中道

⑪ 단견에 떨어짐 두려워해　　　　恐墮於斷見
　　집착된 법 버리지 못하고　　　　不捨所執法
　　건립하며 비방함으로써　　　　以建立誹謗
　　망설해 중도가 된다 하네　　　妄說爲中道

⑫ 유심을 깨달아 앎으로써　　　　以覺了惟心
　　밖의 법을 버려서 떠나고　　　　捨離於外法
　　또한 허망 분별도 떠나니　　　　亦離妄分別
　　이 행이 중도에 계합하네　　　此行契中道

....

자가 선정에 있을 때, 해와 달의 형상과, 파두마의 깊고 험함, 허공·불 및 그림의 이러한, ③ 갖가지 모습 관찰해 보면, 외도의 법에 떨어지고, 또한 성문과 벽지불의, 경계에 떨어진다네. ④ 이 일체를 버리고 떠나서, 소연이 없음에 머문다면, 이로써 곧 여여 진실한, 모습에 능히 따라 들리니, ⑤ 시방의 모든 국토에, 계시는 무량 붓다들께서, 다 광명의 손을 이끌어서, 이 사람 마정하시리라」

13 오직 마음뿐 경계 없으니　　　惟心無有境
　 경계 없어 마음 나지 않음　　　無境心不生
　 나 및 모든 여래들은　　　　　 我及諸如來
　 이것을 말해 중도라 하네　　　 說此爲中道

14 남과 나지 않음　　　　　　　 若生若不生
　 자성과 자성 없음　　　　　　 自性無自性
　 있음·없음 등은 다 공하니　　 有無等皆空
　 둘을 분별치 말지어다　　　　 不應分別二

15 분별 일으키지 않는 것을　　　不能起分別
　 우부는 해탈이라 말하나　　　 愚夫謂解脫
　 마음에 각지覺智의 남 없으면　心無覺智生
　 어찌 2집 끊을 수 있으랴2　　 豈能斷二執

----

2 '각지'란 2무아의 지혜를 말하고, '2집'이란 나와 법 두 가지 집착을 말하는 것이니, 2무아의 지혜가 대치대상인 나와 법의 두 가지 집착을 상대해서 능치의 도를 일으키는 것은 앞의 2무아의 장에서 이미 말한 것과 같다. 그런데 2지의 묘약을 베풀면 응당 식의 2집의 병의 근원을 다하니, 저 《성유식론》(=졸역 p.62 이하)에서, "외도와 다른 승(곧 이승이다)에서 집착하는 나와 법에는 각각 두 종류가 있으니, 첫째는 구생俱生이라고 하고, 둘째는 분별이라고 한다. 구생의 두 가지 집착은 말하자면 비롯함이 없는 때로부터 허망하게 훈습한 내부 원인의 세력[內因力] 때문에 항상 신체와 함께 하고(신체와 함께 나서 마음과 더불어 일을 같이 한다), 삿된 가르침과 삿된 분별을 기다리지 않고 저절로 일어나기 때문에 '구생'이라고 이름한다. 이것에 다시 두 종류가 있다. 첫째는 항상 상속하는 것으로[常相續], 제7식에 있다. 제8식을 반연하여 자기 마음의 모습을 일으키고, 집착하여 실제의 법 및 실제의 나로 삼는다. 둘째는 중단됨이 있는 것으로[有間斷], 제6식에 있다. 식(=제8식)이 전변된 온·처·계의 모습을 반연하여, 혹은 총체적으로 혹은 개별적으로 자기

16 자심自心임을 깨닫기 때문에   以覺自心故
　능히 두 가지 소집 끊으니   能斷二所執
　요지하므로 끊는 것이지   了知故能斷
　분별하지 않음은 아니네   非不能分別

17 마음의 소현임 요지하니   了知心所現
　분별이 곧 일어나지 않고   分別卽不起
　분별이 일지 않기 때문에   分別不起故
　진여의 마음이 전의하네   眞如心轉依

18 만약 일어나는 법을 보고   若見所起法

마음의 모습을 일으키고, 집착하여 실제의 법 및 실제의 나로 삼는다. 분별의 두 가지 집착은 말하자면 현재의 외부 조건의 세력[外緣力]에도 또한 의지하기 때문에 신체와 함께 하는 것이 아니다. 반드시 삿된 가르침과 삿된 생각의 분별을 기다린 연후에 바야흐로 일어나기 때문에 분별이라고 이름한다. 오직 제 6 의식 중에만 있다. 이것에도 역시 두 종류가 있다. 첫째는 삿된 가르침에서 말하는 온·계·처의 갖가지 모습을 반연하기 때문에 자기 마음의 모습을 일으키고, 분별계탁하고 집착해서 실제의 법 및 실제의 나로 삼는다. 둘째는 삿된 가르침에서 말하는 모든 법의 자성 등의 모습 및 나의 모습을 반연하기 때문에 자기 마음의 모습을 일으키고, 분별계탁하고 집착해서 실제의 법 및 실제의 나로 삼기 때문이다."(이 두 가지 집착의 글은, 논 중에서는 분리하여 설했지만, 지금 여기에서는 합쳐서 인용하였다)라고 한 것과 같다. 이와 같은 두 가지 집착에서, 분별로 일어나는 것은 곧 견소단이고, 만약 구생인 것이라면 곧 수소단이다. 모두 무명의 인연으로 말미암아 나는 것이기 때문에 이들은 환상과 같이 있는 것이고, 집착된 나와 법은 망령되이 계탁한 것이기 때문에 결정코 있음이 아니다. 그래서 세존께서 모든 식의 소연은 오직 마음이 나타낸 것일 뿐이며, 의타기성은 환상의 일과 같다는 등으로 말씀하셨으니, 만약 2공을 안다면 2집이 따라서 끊어진다. 그것을 능히 아는 것이 곧 2각지인 것이니, 그래서 "마음에 각지覺智의 남 없으면 어찌 2집 끊을 수 있으랴"라고 말하였다.

모든 외도의 허물 떠나면　　　　　離諸外道過
　　　이것이 지자가 취하는 바　　　　　是智者所取
　　　열반이지, 멸괴함 아니네　　　　　涅槃非滅壞

19 이를 깨달으면 성불이라　　　　　我及諸佛說
　　　나 및 제불은 말했으니　　　　　覺此卽成佛
　　　다시 다르게 분별한다면　　　　　若更異分別
　　　이는 곧 외도의 이론이네　　　　是則外道論

20 불생이면서 남을 나투고　　　　　不生而現生
　　　불멸이면서 멸을 나투니　　　　　不滅而現滅
　　　널리 여러 억의 국토에서　　　　普於諸億刹
　　　단박 나툼이 물의 달 같네　　　　頓現如水月

21 한 몸이 많은 몸이 되어서　　　　一身爲多身
　　　불 태움 및 비 내림을　　　　　然火及注雨
　　　근기 따라 심중에 나투니　　　　隨機心中現
　　　그래서 유심이라 말하네　　　　是故說惟心

22 마음도 역시 유심이고　　　　　心亦是惟心
　　　마음 아님도 마음서 이니　　　　非心亦心起
　　　갖가지의 모든 색상이　　　　　種種諸色相
　　　모두 유심임을 통달하네　　　　通達皆惟心

23 모든 붓다들과 성문 　　　　　諸佛與聲聞
　　연각 등의 형상 　　　　　　　緣覺等形像
　　및 다른 갖가지의 색들도 　　　及餘種種色
　　모두 유심이라고 말하네 　　　皆說是惟心

24 무색계로부터 나아가 　　　　　從於無色界
　　지옥 중에 이르기까지 　　　　乃至地獄中
　　널리 나투어 중생이 됨도 　　　普現爲衆生
　　다 오직 마음이 지음이네 　　　皆是惟心作

25 여환의 여러 삼매와 　　　　　如幻諸三昧
　　그리고 의생신과 　　　　　　及以意生身
　　십지와 더불어 자재를 　　　　十地與自在
　　다 전의로 말미암아 얻네 　　　皆由轉依得

26 우부는 모습에 속박되어 　　　愚夫爲相縛
　　견·문·각·지함을 따라서 　　　隨見聞覺知
　　스스로 분별해 전도되어 　　　自分別顚倒
　　희론에 흔들리는 바네3　　　　戱論之所動

---

3 * 범본에는 이 게송 다음에 3.8.6(4)의 16~21의 게송이 있다. 「3.8.6(4) 16 연기의 모습에 의지하여, 갖가지 이름을 망계하나, 그 모든 망계의 모습은, 다 연기로 인하여 있다네, 17 지혜로써 잘 관찰한다면, 연기도 없고 망계도 없어, 진실 중에는 물건 없거늘, 어떻게 분별 일으키리오, 18 원성실성이 만약 있다면, 이는 곧 유·무 떠난 것이니, 이미 유·무를 떠났다면, 어떻게 두 성품 있으리오, 19 두 성품 있다고 망계하여, 두 성품이 안립된 것이니, 분별하면 갖가지를 보나, 청정이 성인 행하는 바네, 20 망계한 갖가지 모습은,

|27| 일체는 공이요 무생이나　　一切空無生
　　나는 실로 열반치 않으니　　我實不涅槃
　　변화불이 여러 국토에서　　化佛於諸刹
　　삼승과 일승을 연설하네4　　演三乘一乘

|28| 붓다에 서른여섯이 있고　　佛有三十六
　　다시 각각 열 가지 있어서　　復各有十種
　　중생마음의 그릇을 따라　　隨衆生心器
　　모든 국토에 나타난다네　　而現諸刹土

|29| 법과 붓다는 세간에서　　法佛於世間
　　망계의 성품과 같으니　　猶如妄計性
　　비록 갖가지 있음을 보나　　雖見有種種
　　실제로는 있는 바가 없네　　而實無所有

연기 중에서 분별함이니, 이와 다르게 분별한다면, 곧 외도론에 떨어지리라, |21| 여러 허망한 견해 때문에, 망계에서 망계하니, 이 두 가지 계탁을 떠나면, 곧 진실한 법이 되리라」

4 (문) 이 경전의 전후에서 혹은 삼승과 일승을 말하고, 혹은 오성과 일성을 말하며, 혹은 승 및 승자도 없다고 함에서 나아가 갖가지로 달리 말하니, 그 취지를 궁구하면 구경은 어떠한 것인가? (답) 붓다께서 갖가지 도를 설하시지만 그 실은 일승을 위함이니, 만약 권·실을 따른다면 각각 따로 의거하는 바이므로 곧 상위해 반대되는 것처럼 보이나, 만약 회통한다면 다 상위하지 않는다. 말하자면 근기에 나아가면 곧 셋이고, 법에 의거하면 곧 하나이며, 신훈에는 다섯이 있지만, 본유에는 둘이 없다. 만약 이치에 들어가 쌍으로 고요하면 곧 셋과 하나가 모두 없어지지만, 만약 붓다의 교화방식에 의거하면 곧 능히 셋이며 능히 하나이다. 나머지 여러 설도 이에 유추하면 알 수 있으니, 이 때문에 논에서도 이르기를, 다투어 집착하므로 시비가 있지만, 통달한 자라면 어기고 다툼이 없을 것이라고 하였다.

30	법신불이 진불이고	法佛是眞佛
	나머지는 다 변화불이니	餘皆是化佛
	중생의 종자를 따라서	隨衆生種子
	붓다의 나타낸 몸을 보네	見佛所現身

31 모든 상에 미혹함으로써　　　以迷惑諸相
　　분별을 일으키니 분별은　　　而起於分別
　　진실과 다르지 않다 해도　　　分別不異眞
　　상은 분별에 즉하지 않네5　　相不卽分別

32 자성신 그리고 수용신　　　　自性及受用
　　변화신과 다시 변화 나툼　　　化身復現化
　　붓다 공덕의 서른여섯은　　　佛德三十六
　　다 자성신이 이룬 것이네6　　皆自性所成

33 밖에서 훈습한 종자들로　　　由外熏習種

---

5 * 이 게송의 후반을 10권본은 "진실은 분별을 떠나지도 않고 그리고 상을 떠나지도 않는다[眞不離分別 及不離於相]"라고 번역하였다.
6 * 범본에는 이 게송 다음에 붓다와 대혜가 문답하는 2.1(5)①의 ③ 내지 ⑦의 ⑨까지의 게송이 있는데, 분량이 많으므로 뒤의 4게송만 여기에 옮기고 나머지는 생략한다. 「2.1(5)⑦ ⑥ 언설은 곧 변해 달라지니, 진실은 문자를 여읜 것, 내가 머무는 진실한 법을, 모든 수행자 위해 설하네, ⑦ 진실한 자증의 도리는, 능소의 분별 여의었으니, 이것은 불자 위해 설하나, 우부엔 따로 개연한다네, ⑧ 갖가지는 다 환상과 같아, 보이는 것 얻을 수 없듯이, 이와 같이 갖가지 설도, 현상 따라 변해 달라지네, ⑨ 설할 게 마땅한 것 아니면, 그에겐 설할 것 아님 되니, 비유하면 온갖 병자에게, 양의가 따라서 약 주듯이, 여래는 중생을 위하여, 마음 따라 양 맞춰 설하네」

말미암아 분별을 내므로　　　　而生於分別
　　진실을 취하지 못하고　　　　　不取於眞實
　　허망한 소집所執을 취하네　　　而取妄所執

34 미혹은 안의 마음 의지코　　　迷惑依內心
　　또 밖의 경계를 반연하니　　　及緣於外境
　　이 둘 말미암아 일어날 뿐　　　但由此二起
　　다시 제3의 연은 없다네　　　　更無第三緣

35 미혹이 안과 밖을 의지해　　　迷惑依內外
　　생기함을 얻고 나면　　　　　而得生起已
　　예순둘과 열여덟이므로7　　　 六十二十八
　　내가 마음이라고 말하네　　　故我說爲心

36 단지 근·경 있을 뿐임 알면　　知但有根境
　　곧 아집을 떠날 것이고　　　　則離於我執
　　마음이지 경계 없음 깨치면　　悟心無境界
　　곧 법집을 떠나리라　　　　　則離於法執

37 근본식에 의지하기 때문에　　由依本識故

....
7 * 10권본은 '예순과 열여덟의 법[六十十八法]'이라고 번역하고, 범문화역은 본문과 같이 '예순둘과 열여덟의 마음'이라고 번역하고 있는데, 무엇을 가리키는지 알기 어렵다. 한글대장경에서는 이를 '6·12·18'로 분리해 읽어서 '6경·12처·18계'라고 번역하고 있다.

모든 식의 남이 있으며　　　　而有諸識生
내처에 의지하기 때문에　　　　由依內處故
밖인 듯한 영상 현현 있네　　　有似外影現

38 지혜가 없어서 항상　　　　無智恒分別
유위 및 무위를 분별하나　　　有爲及無爲
모두 다 얻을 수 없음이　　　　皆悉不可得
마치 꿈·별·모륜과 같고　　　　如夢星毛輪

39 건달바성과 같으며 환상　　　如乾闥婆城
같고 아지랑이 같은데도　　　　如幻如焰水
있음 아님에서 있음 보니　　　非有而見有
연기한 법 또한 그러하네　　　縁起法亦然

40 나는 세 종류 마음 의지해　　我依三種心
임시로 근·경·나 설했으나　　　假說根境我
그 심·의·식은　　　　　　　　而彼心意識
자성이 있는 바 없다네　　　　自性無所有

41 심·의 및 더불어 식　　　　　心意及與識
무아에 두 종류가 있음　　　　無我有二種
5법과 더불어 3자성은　　　　五法與自性
모든 붓다들의 경계라네　　　是諸佛境界

42 습기는 원인이 하나인데 　　習氣因爲一
　 세 가지 모습을 이루니 　　而成於三相
　 하나의 채색으로 벽에 　　如以一彩色
　 그려 갖가지 보임과 같네 　　畵壁見種種

43 5법과 2무아와 　　五法二無我
　 3자성과 심·의·식은 　　自性心意識
　 붓다의 종성 중에서는 　　於佛種性中
　 모두 다 얻을 수 없으니 　　皆悉不可得

44 심·의·식을 멀리 떠나고 　　遠離心意識
　 또한 5법도 떠나며 　　亦離於五法
　 다시 3자성도 떠나면 　　復離於自性
　 이것이 붓다의 종성이네 　　是爲佛種性

45 만약 신업·어업·의업으로 　　若身語意業
　 백정白淨법을 닦지 않는다면 　　不修白淨法
　 여래의 청정한 종성은 　　如來淨種性
　 곧 현행함을 떠나리라 　　則離於現行

46 신통과 힘과 자재와 　　神通力自在
　 삼매로 청정하게 장엄한 　　三昧淨莊嚴
　 갖가지의 의생신이 　　種種意生身
　 붓다의 청정한 종성이네 　　是佛淨種性

47 내적인 자증은 때가 없고 　　内自證無垢
　　이유의 모습[因相] 멀리 떠나니 　　遠離於因相
　　제8지 및 붓다의 지는 　　八地及佛地
　　여래성으로 이루는 바네 　　如來性所成

48 원행지와 더불어 선혜지 　　遠行與善慧
　　법운지 및 붓다의 지는 　　法雲及佛地
　　모두가 붓다의 종성이나 　　皆是佛種性
　　나머진 다 이승도 거두네 　　餘悉二乘攝

49 여래는 마음이 자재해서 　　如來心自在
　　모든 우부의 마음 모습이 　　而爲諸愚夫
　　차별되기 때문에 위하여 　　心相差別故
　　일곱 가지 지를 말했네 　　說於七種地

50 제7지에서는 신·어·의의 　　第七地不起
　　허물을 일으키지 않으나 　　身語意過失
　　제8지의 의지하는 바는 　　第八地所依
　　꿈에 강을 건넘 등과 같네 　　如夢渡河等

51 제8지 및 제5지에서는 　　八地及五地
　　공교명 이해해 알므로 　　解了工巧明
　　모든 불자들이 능히 　　諸佛子能作
　　모든 존재 중의 왕이 되네 　　諸有中之王

52 지혜로운 자는 남과　　　　　智者不分別
　　나지 않음, 공 및 불공　　　　若生若不生
　　자성과 자성 없음을　　　　　空及與不空
　　분별하지 않으니　　　　　　自性無自性
　　단지 마음의 인식일 뿐　　　　但惟是心量
　　실제로는 얻을 수 없네8　　　　而實不可得

53 모든 이승 위해 이는 진실　　　爲諸二乘說
　　이는 허망이라 말했으나　　　　此實此虛妄
　　모든 불자 위함 아니므로　　　　非爲諸佛子
　　응당 분별하지 말라　　　　　　故不應分別

54 유와 비유가 모두 아니고　　　　有非有悉非
　　또한 찰나 모습도 없으며　　　　亦無刹那相
　　가·실의 법도 또한 없으니　　　假實法亦無
　　유심일 뿐 얻을 수 없네　　　　惟心不可得

55 있음의 법은 세속제이고　　　　有法是俗諦
　　성품 없음이 제일의이나　　　　無性第一義
　　성품 없음에 미혹하면　　　　　迷惑於無性
　　이는 곧 세속이 된다네　　　　是則爲世俗

56 일체법이 다 공함은 내가　　　　一切法皆空

---

8 * 범문화역과 10권본에서도 이 6행이 1게송으로 되어 있다.

모든 범우를 위해 임시로 　　　　　我爲諸凡愚
세속 따라 시설한 것이니 　　　　　隨俗假施設
거기에는 진실이 없다네 　　　　　而彼無眞實

57 말에 의해 일어난 법은 　　　　　由言所起法
곧 행할 바의 뜻은 있지만9 　　　　則有所行義
말로 난 것을 관찰해 보면 　　　　　觀見言所生
모두 다 얻을 수 없다네 　　　　　皆悉不可得

58 마치 벽 떠나면 그림 없고 　　　　如離壁無畫
본질 떠나면 영상도 없듯 　　　　　離質亦無影
장식이 만약 청정해지면 　　　　　藏識若淸淨
제식諸識의 파랑도 나지 않네10 　　諸識浪不生

59 법신 의지해 보신이 있고 　　　　　依法身有報
보신 좇아 화신 일으키니 　　　　　從報起化身
이것이 근본붓다가 되고 　　　　　此爲根本佛
나머진 다 변화로 나툰 것11 　　　　餘皆化所現

---

9 * 이 제2행을 범문화역은 '대상으로서 존재한다'고 번역하였고, 10권본은 '실재하는 경계이다[是實有境界]'라고 번역하였다.
10 * 범본에는 이 게송 다음에 5.5(4)의 4의 게송이 있다. 「5.5(4) 4 심은 공교한 기예인 같고, 의는 기예 돕는 자 같으며, 다섯 가지 식은 반려 되고, 망상은 기예의 관중이네」
11 * 범본에는 이 게송 다음에 2.2(5)의 1·2·5·3·4의 게송이 있다. 「2.2 (5) 1 마음에 보인 것은 없으니, 마음 의지해 일어났을 뿐, 몸·자재·주처는 영상이라, 중생 장식의 나타남이네, 2 마음과 의 및 더불어 식과, 자성과

제10 게송품(의 2) 645

60 망령되이 공 및 불공을　　　　　不應妄分別
　　분별해서는 안되니　　　　　　　空及以不空
　　있고 없음을 망계하지만　　　　　妄計於有無
　　말의 뜻은 얻을 수 없네　　　　　言義不可得

61 범우는 속성[德] 실체의 극미[實塵]　凡愚妄分別
　　모인 색[聚色]을 허망 분별하나　　德實塵聚色
　　낱낱의 극미는 다 없으니　　　　　一一塵皆無
　　그러므로 경계는 없다네　　　　　是故無境界

62 중생이 밖의 모습 보는 건　　　　衆生見外相
　　다 자심 연유해 나타난 것　　　　皆由自心現
　　보인 것 이미 있음 아니니　　　　所見既非有
　　따라서 모든 외경은 없네12　　　故無諸外境

다섯 가지 법과, 두 가지 무아의 청정을, 모든 도사는 연설하시네, 5 외도가 행할 곳이 아니고, 성문 또한 다시 그러하니, 구세자들이 설하신 바는, 스스로 증득할 경계라네, 3 길고 짧음은 공히 관대해, 전전해 상호 서로 내는 것, 있음으로 인해 없음 이루고, 없음으로 인해 있음 이루네, 4 미진으로 사물 분석해도, 색 분별 일으키지 않으니, 유심으로 안립된 바임을, 악견인은 믿지 못하네」

12 * 범본에는 이 게송 다음에 3.2(6)의 9·10, 3.9(3)의 3·4·5·7·6·8의 게송이 있다. 「3.2(6) 9 마치 그려진 아이나 환상, 꿈이나 건달바성이나, 선화륜 아지랑이 같아서, 실제로 없는데 있음 보네, 10 이와 같이 항상함·무상함, 하나·다름·구·불구는, 시작 없는 계박 때문에, 우부가 허망 분별함이네, 3.9(3) 3 승의 건립이 없는 것을, 나는 일승이라고 말하고, 우부 거두기 위한 때문에, 모든 승의 차별을 말하네, 4 해탈에 세 가지가 있으니, 모든 번뇌를 떠나는 것 및, 법무아와 평등한 지혜의, 해탈을 말하는 것이라네, 5 비유하면 바다 중 나무가, 늘 파랑을 따라 구르듯이, 성문의 마음 또한

63 코끼리 깊은 진흙 빠지면　　　　　如象溺深泥
　　다시 이동할 수 없듯이　　　　　　不能復移動
　　성문이 삼매에 머물러서　　　　　　聲聞住三昧
　　혼침함도 또한 그러하네13　　　　　昏墊亦復然

64 만약 모든 세간은 습기가　　　　　若見諸世間
　　원인이 됨을 본다면　　　　　　　習氣以爲因
　　있음·없음·구·불구[非]를 떠나　　離有無俱非
　　법무아로써 해탈하리라　　　　　　法無我解脫

65 자성은 망계라 이름하고　　　　　自性名妄計
　　연기는 의타기이며　　　　　　　緣起是依他
　　진여는 원성실임을 내가　　　　　眞如是圓成
　　경전 중에서 항상 설했네14　　　　我經中常說

....
　그러해, 모습의 바람에 표류하네, [7] 저는 구경의 취가 아니나, 또한 다시 퇴전하지 않고, 삼매의 몸 얻지만 나아가, 겁 이르러도 깨닫지 못해, [8] 번뇌 일으킴 멸했다 해도, 여전히 습기의 속박 받고, 삼매의 술에 취한 바로, 무루의 계에 머묾이라네, [8] 비유하면 혼취한 사람이, 술기운 소멸한 뒤 깨닫듯, 성문도 또한 이와 같아서, 깨달은 뒤에 성불하리라」
13 * 범본에는 이 게송 다음에 3.5(3), 3.6(5)의 [1]의 게송이 있다. 「3.5(3) 세존의 청정한 서원으로, 큰 가지의 힘이 있으니, 초지와 십지 중에서의, 삼매 그리고 관정이라네, 3.6(5) [1] 마치 허공이나 토끼의 뿔, 및 석녀의 아이는 없지만, 언설은 있는 것과 같이, 망계의 법도 이와 같다네」
14 * 범본에는 이 게송 다음에 3.8.1의 (5), 3.9(3)의 [1]·[2]의 게송이 있다. 「3.8.1(5) 명신과 더불어 구신, 그리고 문신의 차별에, 범·우가 계착함은 마치, 코끼리 깊은 진창 빠지듯, 3.9(3) [1] 하늘의 승 및 범천의 승, 성문의 승과 연각의 승, 모든 붓다 여래의 승의, 모든 승은 내가 설한 바나, [2] 내지 마음 일어남 있으면, 모든 승 아직 구경 아니요, 그 마음의 구름이 멸하면,

66	심과 의 그리고 식과	心意及與識
분별과 더불어 표시와	分別與表示
근본식·지음·삼유15는 모두	本識作三有
마음의 다른 이름이라네	皆心之異名

67	수명 및 체온[煖]과 식과	壽及於煖識
아뢰야와 명근과16	阿賴耶命根
의 그리고 의식은 모두	意及與意識
분별의 다른 이름이라네	皆分別異名

68	심은 능히 몸을 집지하고	心能持於身
의는 늘 살피며 사려하고	意恒審思慮
의식은 모든 식과 함께	意識諸識俱
자심의 경계를 요별하네17	了自心境界

....
승 및 승자乘者도 없으리라」

15 * 이는 '근본식이 짓는 삼유'라고도 번역할 수 있는데, 범문화역에서 분리하여 번역하고 있어 이를 따랐다.

16 근본식의 종자를 수명이라고 이름하니, 능히 식을 지니기 때문이다. 이 종자가 능히 색·심을 끊어지지 않게 하므로 또한 명근이라고도 이름하며, 이 식의 상분인 색법의 신근身根이 얻는 것을 체온이라고 이름하고, 현행의 식은 식이라고 이름한다.

17 * 범본에는 이 게송의 다음에 4.2(4)의 ①·②, 4.3의 (2), 4.4.1(3)의 ①~⑤, 4.3.3(3)의 ①·②의 게송이 있다. 「4.2(4) ① 탐애는 어머니라 이름하고, 무명은 곧 아버지이며, 식은 경계를 요별하므로, 이는 곧 붓다라 이름하고, ② 수면은 아라한이며, 온의 모임은 화합승인데, 그들 끊고 남는 틈 없으니, 이의 이름 무간업이라네, 4.3(2) 두 가지 무아를 잘 알아서, 두 가지 장애, 두 가지 번뇌, 및 부사의 변역사 끊으니, 이 때문에 이름 여래라네, 4.4.1(3) ① 종취의 법과 언설의 법은, 자중의 법 및 교법이니, 만약 능히 잘 알고 본다

69 실제로 나의 체가 있다면 　　　若實有我體
　　이온異蘊 및 온 중일 것이지만18　　異蘊及蘊中
　　거기에서 나의 체 구해도 　　　　於彼求我體
　　필경 얻을 수 없으리라 　　　　　畢竟不可得

70 세간은 모두 자기 마음의 　　　　一一觀世間
　　나타남임을 낱낱이 보면 　　　　皆是自心現
　　번뇌와 수면에서 　　　　　　　　於煩惱隨眠
　　괴로움 떠나 해탈 얻으리19 　　　離苦得解脫

면, 다른 망해妄解 따르지 않으리, ② 우부 분별한 것 같은 것은, 진실한 모습이 아니니, 그 어찌 구하여 못 건너, 가히 얻을 만한 법 없다네, ③ 모든 유위가 나고 멸하는, 등으로 상속함 관찰하면, 두 가지 견해를 증장하나, 전도라서 아는 바 없다네, ④ 열반은 마음과 뜻 떠나서, 오직 이 한 법만 진실이니, 세간은 다 허망하여 마치, 환상·꿈·파초 같음 관하네, ⑤ 탐욕·진에·우치는 없으며, 또한 다시 사람도 없지만, 갈애 좇아 모든 온을 내니, 꿈에서 보는 것과 같다네, 4.3.3(3) ① 어느 밤에 정각을 이루고, 어느 밤 반열반하리로되, 이 둘의 중간에 나는, 전혀 설하는 바가 없다네, ② 자증법과 본주법 때문에, 이 비밀한 말을 하였으니, 나와 그리고 모든 여래는, 조그만 차별조차 없다네」

18 * 《성유식론》(=졸역 p.58-59)에서, "집착된 자아에는 세 종류가 있다. 첫째 오온인[즉온卽蘊] 자아, 둘째 오온과 다른[이온離蘊] 자아, 셋째 오온인 것도 오온과 다른 것도 아닌[비즉리온非卽離蘊] 자아이다."라고 말한다.
19 * 범본에는 이 게송 다음에 4.2.2(5)의 ①~⑭의 게송이 있다. 「4.2.2(5) ① 모든 인과 더불어 연, 이들을 좇아 세간을 내니, 4구와 더불어 상응해서, 나의 법을 알지 못하네, ② 세간은 유·무서 남 아니고, 또한 구·불구도 아닌데도, 어찌 하여 모든 우부는, 인연서 일어남 분별하나, ③ 있음 아니고 없음 아니며, 또한 역유역무도 아니니, 이렇게 세간 관찰한다면, 맘 바뀌어 무아 증득하리, ④ 일체의 법은 나지 않으니, 연을 좇아 나기 때문이요, 모든 연으로 지어진 바라, 지어진 법은 남이 아니네, ⑤ 과 스스로 과 내지 않으니, 2과 허물 있기 때문이요, 2과 없을 것이기 때문에, 유성有性 얻을 수 있음 아니네, ⑥ 모든 유위법을 관찰하면, 능연과 소연을 떠나서, 결정코 오

71 성문은 진지盡智가 되고　　　　聲聞爲盡智
　　연각은 적정의 지혜이며　　　　緣覺寂靜智
　　여래의 지혜는　　　　　　　　如來之智慧
　　생기함이 다함 없다네　　　　　生起無窮盡

72 밖에는 실제로 색이 없고　　　　外實無有色
　　자심의 나타남일 뿐인데　　　　惟自心所現
　　우부는 깨달아 알지 못해　　　　愚夫不覺知
　　망령되이 유위 분별하네　　　　妄分別有爲

73 밖의 경계는 갖가지 모두　　　　不知外境界
　　자기 마음임을 알지 못해　　　　種種皆自心
　　우부는 이유와 실례와　　　　　愚夫以因喩
　　4구로써 이루어 세우네　　　　　四句而成立

....

직 마음이니, 그래서 내 심량을 말하네, 7 인식의 자성의 처소는, 연과 법의 둘 모두가 떠나, 구경 묘청정한 일이므로, 내가 심량이라 이름했네, 8 시설해 나라고 가명하나, 실제로는 얻을 수 없고, 모든 온과 온도 가명이니, 또한 다 진실한 일은 없네, 9 네 가지 평등이 있으니, 모습과 원인 및 소생과, 무아가 네 번째가 됨이라, 수행자는 관찰해야 하네, 10 일체의 모든 견해 및, 능소의 분별을 떠난다면, 얻음 없고 또한 남 없으니, 나는 이 심량이라 말하네, 11 유 아니고 무도 아니므로, 유와 무의 둘 모두 떠나고, 이런 마음도 떠나야 하니, 나는 이 심량이라 말하네, 12 진여와 공과 실제와, 열반과 그리고 법계와, 갖가지의 의성신도, 나는 이 심량이라 말하네, 13 망상의 습기가 속박해서, 갖가지가 마음에서 나면, 중생이 보고 밖이라 함도, 나는 이 심량이라 말하네, 14 밖에 보이는 것 유 아니고, 마음 갖가지 나타남이니, 몸과 살림살이 및 주처도, 나는 이 심량이라 말하네」

74 지자는 경계는 자기 마음　　　　智者悉了知
　　나타남임을 다 요지하니　　　　境界自心現
　　주장·이유·실례·제구諸句로써　　不以宗因喩
　　이루어 세우지 않는다네　　　　諸句而成立

75 분별로써 분별된 것　　　　　　分別所分別
　　이것이 망계의 모습 되니　　　　是爲妄計相
　　망계에 의지해서　　　　　　　依止於妄計
　　다시 분별을 일으키네　　　　　而復起分別

76 전전하여 서로 의지함은　　　　展轉互相依
　　다 하나의 습기로 인하니　　　　皆因一習氣
　　이 둘은 모두 손님이라　　　　　此二俱爲客
　　중생심의 일어남 아니네　　　　非衆生心起

77 삼계 가운데 안주하는　　　　　安住三界中
　　심·심소의 분별이 일으킨　　　　心心所分別
　　바 경계와 비슷한 것　　　　　所起似境界
　　이는 망계자성이라네　　　　　是妄計自性

78 영상과 더불어 종자가　　　　　影像與種子
　　화합하여 12처가 되고　　　　　合爲十二處
　　의지처와 소연이 화합해　　　　所依所緣合
　　지어진 일 있다고 말하네　　　　說有所作事

79 마치 거울 속의 영상이나　　　　　　猶如鏡中像
　　병든 눈이 모륜을 봄 같이　　　　　　翳眼見毛輪
　　습기에 덮임도 그러해서　　　　　　　習氣覆亦然
　　범부가 망견妄見을 일으키네　　　　　凡夫起妄見

80 스스로 분별한 경계에서　　　　　　　於自分別境
　　분별을 일으키는 것이　　　　　　　　而起於分別
　　외도의 분별과 같지만　　　　　　　　如外道分別
　　밖의 경계는 얻을 수 없네　　　　　　外境不可得

81 우부가 새끼줄 알지 못해　　　　　　　如愚不了繩
　　허망히 취해 뱀이라 하듯　　　　　　　妄取以爲蛇
　　자심의 나타남 알지 못해　　　　　　　不了自心現
　　허망히 외경을 분별하네　　　　　　　妄分別外境

82 이와 같은 새끼줄 자체는　　　　　　　如是繩自體
　　일·이 성품 다 떠났는데도　　　　　　一異性皆離
　　자심에 전도 미혹되어서　　　　　　　但自心倒惑
　　새끼줄의 분별 망기妄起하네20　　　　妄起繩分別

83 망계하여 분별할 때에는　　　　　　　妄計分別時

---

20 * 범본에는 이 게송 다음에 5.1.1(6)의 ④·⑤의 게송이 있다. 「5.1.1(6) ④ 그 분별해 보는 것과 같이, 한 법의 체도 있음 아니라, 또한 다시 없음도 아니니, 모든 법의 성품 이와 같네. ⑤ 있음 상대해 없음 이루고, 없음 상대해 있음 이루나, 없음 이미 취할 수 없으니, 있음 또한 설해선 안되네」

그 성품이 있는 것 아니니　　而彼性非有
어떻게 있음 아닌 것 보고　　云何見非有
분별을 일으킬 것인가　　　　而起於分別

84 물질 성품은 있는 바 없고　色性無所有
병·옷 등도 역시 그러하니　　瓶衣等亦然
단지 분별 말미암아 날 뿐　　但由分別生
보이는 것은 끝내 없다네　　所見終無有

85 무시로부터 유위 중에　　無始有爲中
미혹해 분별을 일으키니　　迷惑起分別
어떤 법이 미혹케 하는지　　何法令迷惑
위해 설해 달라고 한다면　　願佛爲我說

86 모든 법은 자성이 없고　　諸法無自性
마음의 나타남일 뿐인데　　但惟心所現
자기 마음을 알지 못하니　　不了於自心
이 때문에 분별을 낸다네　　是故生分別

87 우부가 분별한 것같은 건　如愚所分別
망계라 실제 있음 아니니　　妄計實非有
이와 다르게 있는 바를　　　異此之所有
그는 능히 알지 못한다네　　而彼不能知

[88] 모든 성자에게 있는 것은 　　　　諸聖者所有
　　우부 분별하는 바 아니니 　　　　非愚所分別
　　성자가 범부와 같다면 　　　　　　若聖同於凡
　　성자도 허망 있어야 하리 　　　　聖應有虛妄

[89] 성자는 마음 청정 다스려21 　　　以聖治心淨
　　이 때문에 미혹이 없지만 　　　　是故無迷惑
　　범우는 마음 청정 못하니 　　　　凡愚心不淨
　　그래서 허망한 분별 있네 　　　　故有妄分別

[90] 마치 어머니가 아이에게 　　　　如母語嬰兒
　　너 울지 말라고 하면서 　　　　　汝勿須啼泣
　　공중에 있는 과일 가져와 　　　　空中有果來
　　마음대로 가지라 말하듯 　　　　種種任汝取

[91] 나도 중생을 위해 갖가지 　　　　我爲衆生說
　　망계의 과일을 말하여 　　　　　種種妄計果
　　그로 하여 애락케 했으나 　　　　令彼愛樂已
　　법은 실제로 유·무 떠났네 　　　　法實離有無

[92] 모든 법 먼저 있음 아니고 　　　　諸法先非有
　　모든 연 화합하지 않으니 　　　　諸緣不和合

....
21 * 이 제1행은 풀어서 번역한다면 "성자는 마음을 다스려 청정케 함으로써"
　　라고 해야 할 것이다.

654　대승입능가경 제7권

| | 본래 불생이면서 남이라 | 本不生而生 |
| | 자성이 있는 바 없다네 | 自性無所有 |

93. 미생의 법은 나지 않으니 　　未生法不生
연 떠나서는 날 곳이 없고 　　離緣無生處
현재 나는 법 또한 그러해 　　現生法亦爾
연 떠나서는 얻을 수 없네 　　離緣不可得

94. 실제 연기의 요점 관하면 　　觀實緣起要
유 아니고 또한 무 아니며 　　非有亦非無
유·무와 비유·비무[俱非] 아니니 　　非有無俱非
지자는 분별하지 않네 　　智者不分別

95. 외도와 모든 우부는 　　外道諸愚夫
허망히 일·이 성품 말하니 　　妄說一異性
제연諸緣으로 일어난 세간은 　　不了諸緣起
환상·꿈 같음 알지 못하네 　　世間如幻夢

96. 나의 위없는 대승은 　　我無上大乘
이름과 말을 초월해서 　　超越於名言
그 뜻이 매우 명료한데도 　　其義甚明了
우부 깨달아 알지 못하네 　　愚夫不覺知

97. 성문과 그리고 외도가 　　聲聞及外道

설하는 바는 다 인색해서　　　所說皆慳悋
뜻 모두 개변되게 하니 다　　　令義悉改變
망계 연유해 일어남이네　　　　皆由妄計起

98 모든 모습 그리고 자체와　　諸相及自體
형상 그리고 더불어 이름　　　形狀及與名
이 네 가지를 반연해서　　　　攀緣此四種
모든 분별을 일으키네　　　　　而起諸分別

99 범천과 자재천이 한 몸과　　計梵自在作
더불어 여러 몸 및 해·달의　　一身與多身
운행을 만든다 계탁하면　　　　及日月運行
그는 나의 아들이 아니네　　　彼非是我子

100 성인의 견해를 구족하여　　具足於聖見
여실한 법을 통달하고　　　　通達如實法
선교히 모든 지각 바꾸면　　　善巧轉諸想
식의 피안에 이르리니　　　　到於識彼岸

101 이 해탈의 인印으로써　　　以此解脫印
있고 없음을 길이 떠나고　　　永離於有無
또 가고 옴을 떠난다면　　　　及離於去來
나의 법 중의 아들이라네　　　是我法中子

102 만약 색식 바뀌어 멸할 때22　　若色識轉滅
　　모든 업이 실괴된다면　　　　諸業失壞者
　　이로써 곧 생사가 없고　　　　是則無生死
　　또한 상·무상도 없겠지만　　　亦無常無常

103 그것이 바뀌어 멸할 때　　　　而彼轉滅時
　　색처는 비록 버려 떠나도　　　色處雖捨離
　　업은 아뢰야에 머무니　　　　業住阿賴耶
　　있고 없음의 과실 떠나네　　　離有無過失

104 색식이 바뀌어 멸하여도　　　色識雖轉滅
　　업은 실괴되지 않고　　　　　而業不失壞
　　제유 중에서 색식으로　　　　令於諸有中
　　하여금 다시 상속케 하네　　　色識復相續

105 만약 그 모든 중생들이　　　　若彼諸衆生
　　일으킨 업이 실괴된다면　　　所起業失壞
　　이로써 곧 생사도 없고　　　　是則無生死
　　또한 열반도 없을 것이며　　　亦無有涅槃

106 만약 업이 색식과 더불어　　　若業與色識

---

22 * '색식⑤rūpavijñāna'은 안식과 같은 말(안식은 근을 따른 명칭이고, 색식은 경계를 따른 명칭)로서, 나아가 법식(=제6 의식)까지 포함하는 취지이니, 이것이 선·불선 등의 심소와 함께 하여 업을 짓는 원인이 된다.

동시에 멸해 무너진다면	俱時而滅壞
생사 중에서 태어날 때	生死中若生
색과 업은 차별 없으리라23	色業應無別

⑩⁷ 색심은 분별과 다름도	色心與分別
아니고 다르잖음도 아닌데	非異非不異
우부는 멸괴한다 말하나	愚夫謂滅壞
실은 있고 없음을 떠났네	而實離有無

⑩⁸ 연기는 망계와 더불어	緣起與妄計
전전해 다른 모습 없음은	展轉無別相
마치 색과 무상과 같으니	如色與無常
전전하여 남도 그러하네	展轉生亦爾

⑩⁹ 다름과 다르지 않음 떠난	旣離異非異
망계성을 알 수 없음은	妄計不可知
색의 무상성과 같거늘	如色無常性
어떻게 유·무를 설하리오	云何說有無

| ⑪⁰ 망계를 잘 통달한다면 | 善達於妄計 |

....
23 * 이를 10권본은 "만약 그것과 함께 멸한다면 세간 중에 태어날 때[若共於彼滅 生於世間中] 색도 역시 함께 화합하여 차별 없이 응당 있을 것[色亦共和合無差別應有]"이라고 번역하고 있다. 뒤의 2구를 범문화역은, "색이 그것(=업 내지 업의 과보)과 결합하여 불가분의 상태로서 날 것"이라고 번역하고 있다.

연기도 곧 나지 않으니　　　　　緣起則不生
연기를 봄으로 말미암아　　　　　由見於緣起
망계가 곧 진여라네　　　　　　　妄計則眞如

⑪ 만약 망계성을 멸한다면　　　　若滅妄計性
이는 곧 법안을 허묾이라　　　　是則壞法眼
문득 나의 법 가운데서　　　　　便於我法中
건립 및 비방하는 것이네　　　　建立及誹謗

⑫ 이와 같은 부류의 사람은　　　　如是色類人
장차 정법을 훼방하리니　　　　當毀謗正法
그들은 모두 비법으로써　　　　彼皆以非法
나의 법안을 멸괴함이네　　　　滅壞我法眼

⑬ 지자는 함께 말하지 말고　　　　智者勿共語
비구의 일도 버릴 것이니　　　　比丘事亦棄
망계성을 멸괴함으로써　　　　以滅壞妄計
건립코 비방키 때문이네　　　　建立誹謗故

⑭ 만약 분별함을 따라서　　　　　若隨於分別
유·무의 견해 일으킨다면　　　　起於有無見
그것은 마치 환상·모륜과　　　　彼如幻毛輪
꿈·불꽃·건달바성과 같네　　　　夢焰與乾城

115) 그는 불법 배운 것 아니매　　　　彼非學佛法
　　 응당 같이 머물지 말지니　　　　不應與同住
　　 스스로 이변에 떨어지고　　　　以自墮二邊
　　 타인도 허물기 때문이네　　　　亦壞他人故

116) 만약 수행자가 있어서　　　　　若有修行者
　　 망계의 성품은 적정해서　　　　觀於妄計性
　　 유·무 떠났음 관찰한다면　　　　寂靜離有無
　　 거두어 취해 같이 머물라　　　　攝取與同住

117) 마치 세간의 어떤 곳에서　　　　如世間有處
　　 금과 마니구슬을 내면　　　　　出金摩尼珠
　　 그것은 조작함이 없어도　　　　彼雖無造作
　　 중생이 수용하는 것같네　　　　而衆生受用

118) 업의 성품도 이와 같아서　　　　業性亦如是
　　 갖가지 성품 멀리 떠나고　　　　遠離種種性
　　 보이는 업 있는 것 아니나　　　　所見業非有
　　 제취 내지 않는 것 아니네　　　　非不生諸趣

119) 성자가 요지하는 바 같은　　　　如聖所了知
　　 법은 모두 있는 바 없지만　　　　法皆無所有
　　 우부가 분별하는 바의　　　　　愚夫所分別
　　 망계법은 없는 것 아니네　　　　妄計法非無

⑳ 만약 우부가 분별하는 바　　　　若愚所分別
　 그 법이 있는 것 아니라면　　　　彼法非有者
　 이미 일체법이 없으므로　　　　　既無一切法
　 중생도 잡염이 없으리라　　　　　衆生無雜染

㉑ 잡염된 법이 있음으로써　　　　　以有雜染法
　 무명과 갈애에 얽히어서　　　　　無明愛所繫
　 능히 생사의 몸 일으키고　　　　　能起生死身
　 모든 근이 다 구족된다네　　　　　諸根悉具足

㉒ 우부가 분별하는 이 법이　　　　　若謂愚分別
　 모두 없다고 말한다면 곧　　　　　此法皆無者
　 모든 근의 남도 없으리니　　　　　則無諸根生
　 그는 바른 수행 아니리라　　　　　彼非正修行

㉓ 만약 이 법이 생사의　　　　　　　若無有此法
　 원인으로 됨이 없다면　　　　　　而爲生死因
　 우부도 닦음 기다리잖코　　　　　愚夫不待修
　 자연히 해탈하리라　　　　　　　　自然而解脫

㉔ 만약 그 법 없다면 범·성이　　　　若無有彼法
　 어떻게 차별될 것이며　　　　　　凡聖云何別
　 또한 곧 성인의 3해탈문　　　　　亦則無聖人
　 수행하는 것도 없으리라　　　　　修行三解脫

125　모든 온 그리고 사람과 법　　　　諸蘊及人法
　　 자상·공상과 무상　　　　　　　　自共相無相
　　 모든 연 그리고 모든 근은　　　　諸緣及諸根
　　 내 성문 위해 설한 것이네　　　　我爲聲聞說

126　유심 그리고 원인이 아님　　　　惟心及非因
　　 모든 지와 더불어 자재함　　　　諸地與自在
　　 내증함과 청정한 진여는　　　　　內證淨眞如
　　 내 불자 위해 설한 것이네　　　　我爲佛子說

127　미래 세상에 장차 몸에　　　　　未來世當有
　　 가사를 걸치고 망령되이　　　　　身著於袈裟
　　 유·무 말하여 나의 정법을　　　　妄說於有無
　　 훼괴하는 자가 있으리라　　　　　毀壞我正法

128　연기한 법의 성품 없음은　　　　緣起法無性
　　 모든 성인이 행하는 바요　　　　是諸聖所行
　　 망계성엔 사물 없는데도　　　　　妄計性無物
　　 계탁하는 자는 분별하네　　　　　計度者分別

129　미래에 어리석은 게나의[24]　　　未來有愚癡
　　 여러 외도들이 있어서　　　　　　揭那諸外道

---

24 * '게나'는 신수대장경과 범문화역에 의하면 'Kaṇabhuj'의 음사어인데, 이는 보통 '카나다⑤Kaṇāda'라고 부르는 바이세시카(=승론학파)의 개조이다.

무인론의 악견을 말하여 說於無因論
세간을 무너뜨리리라 惡見壞世間

130 망령되이 모든 세간은 妄說諸世間
미진서 나는데 그 미진은 從於微塵生
원인 없으며 9종 실물은 而彼塵無因
항상하다고 말하리라 九種實物常

131 실물을 좇아 실물 이루고 從實而成實
속성서 속성을 낸다 하니 從德能生德
진법성眞法性은 이와 다른데도 眞法性異此
훼방해 없음을 말하리라 毁謗說言無

132 본래 없던 것이 난다면 若本無而生
세간이 곧 시자 있음이나 世間則有始
생사에 전제 없다는 것이 生死無前際
내가 말하는 것이네 是我之所說

133 삼계의 일체의 사물이 三界一切物
본래 없던 게 난 것이라면 本無而生者
낙타·나귀·개가 뿔 내어도 駝驢狗生角
역시 의심 없어야 하리라 亦應無有疑

134 눈·색·식은 본래 없다가 眼色識本無

지금 남이 있었다 한다면 而今有生者
의관 그리고 자리 등도 衣冠及席等
진흙덩이서 나야 하리라 應從泥團生

[135] 무명 중에는 자리가 없고 如疊中無席
부들 중에도 자리가 없듯 蒲中亦無席
어찌 모든 연 중에서 다 何不諸緣中
낱낱이 자리 내지 못하나 一一皆生席

[136] 그 수명이 몸과 더불어 彼命者與身
본래 없다가 났다 한다면 若本無而生
내가 먼저 이미 그것은 다 我先已說彼
외도의 이론이라 말했네 皆是外道論

[137] 내가 먼저 말한 주장은 我先所說宗
그 뜻 막기 위함이었으니 爲遮於彼意
이미 그것을 막고 나서 旣遮於彼已
그런 뒤에 자종을 설하네 然後說自宗

[138] 모든 제자들이 미혹해서 恐諸弟子衆
유·무종 집착할 것 염려해 迷著有無宗
이 때문에 내가 그들 위해 是故我爲其
먼저 외도의 이론 말했네 先說外道論

139 가비라는 나쁜 지혜로써25 　　　迦毘羅惡慧
　　모든 제자에게 승성이 　　　　　爲諸弟子說
　　세간을 내고 속성[求那]으로 　　勝性生世間
　　전변되는 것이라 말하네 　　　　求那所轉變

140 모든 연이 없기 때문에 　　　　諸緣無有故
　　이미 남 현재 남이 아니고 　　　非已生現生
　　모든 연 이미 연 아니므로 　　　諸緣旣非緣
　　남 아니고 나잖음 아니네 　　　非生非不生

141 나의 주장은 유·무 떠나고 　　　我宗離有無
　　또한 모든 인연과 생멸과 　　　亦離諸因緣
　　그리고 소상도 떠나니 　　　　生滅及所相
　　일체를 모두 멀리 떠났네 　　　一切皆遠離

142 세간은 환상·꿈과 같고 　　　　世間如幻夢
　　인연은 다 성품이 없으니 　　　因緣皆無性
　　늘 이러한 관찰 짓는다면 　　　常作如是觀
　　분별 영원히 일지 않으리 　　　分別永不起

143 만약 능히 제유는 마치 　　　　若能觀諸有
　　불꽃 및 모륜과 같고 또한 　　　如焰及毛輪
　　건달바성 같다 관한다면 　　　亦如尋香城

25 * '가비라ⓈKapila'는 수론, 즉 상키야학파의 시조이다.

	항상 있음과 없음 떠나고	常離於有無
	인연 함께 버리고 떠나서	因緣俱捨離
	마음 모두 청정케 하리라26	令心悉淸淨

144 밖의 경계는 없고 오직   若言無外境
    마음 있을 뿐이라 한다면   而惟有心者
    경계 없어 곧 마음 없거늘   無境則無心
    어떻게 유식을 이루는가   云何成唯識

145 소연의 경계 있음으로써   以有所緣境
    중생심이 일어남 얻으니   衆生心得起
    원인 없어 마음 나잖으면   無因心不生
    어떻게 유식을 이루는가27   云何成惟識

146 진여와 그리고 유식은   眞如及惟識
    온갖 성인이 행하는 바니28   是衆聖所行

---

26 * 범문화역에는 이 6행이 1게송으로 되어 있다.
27 * 이상 2게송은 묻는 것이고, 다음의 146이 이에 대한 답인데, 답의 취지는 그에 대한 각주를 보면 알 수 있다.
28 이는 온갖 성인은 모두 다 진여실관眞如實觀 및 유심식관唯心識觀을 닦는다는 것을 말하는 것이다. 《진취進趣대승방편경》에서 말하기를, "만약 하나의 진실한 경계에서 신해信解를 닦는 자라면 응당 두 가지 관찰의 도를 익히고 배워야 하니, 첫째는 유심식관이고, 둘째는 진여실관이다. 유심식관을 배운다는 것은 이른바 일체시와 일체처에서 신·구·의에 있는 바 짓는 업을 따라서 모두 오직 마음일 뿐임을 관찰하며, 나아가 일체의 경계에 이르기까지 만약 마음이 가서 생각하면 모두 응당 살펴서 알고, 마음으로 하여금 기억 없이 반연하여 스스로 각지하지 못하게 하지 말며, 염염 간에 모두 응당

이 있음 비유非有라 말한다면　　　此有言非有
　　나의 법 이해한 것 아니네　　　　彼非解我法

[147] 능취와 소취로 말미암아　　　　由能取所取
　　　마음이 생기함을 얻으니　　　　而心得生起
　　　세간 마음 이와 같으므로　　　　世間心如是
　　　오직 마음뿐임은 아니네　　　　故非是唯心

[148] 몸·살림살이·국토 영상은　　　　身資土影像
　　　꿈처럼 마음에서 나므로　　　　如夢從心生
　　　마음이 두 부분 이루지만　　　　心雖成二分
　　　마음에는 두 모습이 없네　　　　而心無二相

관찰하여 마음에 있는 바 연념緣念을 따라 응당 마음으로 하여금 그 생각을 따라서 좇게 해, 마음으로 하여금 스스로 알게 하는 것이다. 알고 나면 안의 마음이 스스로 상념을 내는 것이지, 일체 경계에 생각이 있고 분별이 있는 것이 아니다. 이른바 안의 마음이 스스로 장·단, 호·오, 시·비, 득·실, 쇠·리, 유·무 등의 견해와 한량없는 여러 생각을 내는 것이지, 일체 경계는 생각이 있거나 분별을 일으키는 적이 없으니, 응당 일체 경계는 스스로 분별하는 생각이 없기 때문에 곧 스스로는 긴 것이 아니고 짧은 것이 아니며, 좋아함이 아니고 미워함이 아니며, 나아가 있음이 아니고 없음이 아닌 것을 알아야 한다. 일체의 모습을 떠나서 이와 같이 일체의 법은 오직 마음의 생각이 낼 뿐임을 관찰하여 마음을 떠나게 하면, 곧 하나의 법이나 하나의 모습도 스스로 차별이 있음을 볼 수 있는 것이 없을 것이다. 진여실관이라고 함은 마음의 성품은 남도 없고 멸함도 없음을 사유하여 견·문·각·지에 머물지 않고 영원이 일체 분별의 지각을 떠나는 것이다."라고 한 것과 같다. 그래서 "진여와 그리고 유식은 온갖 성인이 행하는 바"라고 말한 것이니, 위와 같은 이치와 행을 쌍으로 닦으면 바야흐로 관법觀法이라고 이름한다.

| 149| 칼은 자신 자르지 못하고   如刀不自割
      손가락 자신 만지지 못하듯   如指不自觸
      마음이 자신 보지 못하는   而心不自見
      그 일도 또한 이와 같다네   其事亦如是

| 150| 영상이 없는 곳에서는   無有影像處
      곧 의타기성이 없고   則無依他起
      망계성도 또한 없으며   妄計性亦無
      5법과 두 마음도 다하리   五法二心盡

| 151| 내는 주체 및 난 대상은   能生及所生
      다 자기 마음의 모습이니   皆是自心相
      밀의로 내는 주체 말하나   密意說能生
      실제로 스스로 냄은 없네   而實無自生

| 152| 갖가지 경계의 형상이   種種境形狀
      망계로 말미암아 난다면   若由妄計生
      허공과 더불어 토끼뿔도   虛空與兎角
      경계 모습 이루어야 하리   亦應成境相

| 153| 경계가 마음서 일어나니   以境從心起
      이 경계는 망계 아니지만   此境非妄計
      그러나 그 망계의 경계도   然彼妄計境
      마음 떠나선 얻을 수 없네   離心不可得

154 무시의 생사 중에서의 　　　　無始生死中
　　경계는 다 있는 것 아니니 　　境界悉非有
　　마음 일어남 없는 곳에서 　　　心無有起處
　　어떻게 영상을 이루리오 　　　云何成影像

155 없는 사물이 남이 있다면 　　　若無物有生
　　토끼뿔도 나야 할 것이나 　　　兎角亦應生
　　없는 사물은 날 수가 없고 　　不可無物生
　　그러나 분별을 일으키네 　　　而起於分別

156 경계가 현재 있음 아니듯 　　　如境現非有
　　그건 곧 먼저도 없었는데 　　　彼則先亦無
　　어떻게 없는 경계 중에서 　　　云何無境中
　　경계 반연해 마음 이는가 　　而心緣境起

157 진여와 공과 실제와 　　　　　眞如空實際
　　열반 그리고 법계와 　　　　　涅槃及法界
　　일체법의 나지 않음은 　　　　一切法不生
　　제일의의 성품이라네 　　　　是第一義性

158 우부는 유·무에 떨어져서 　　　愚夫墮有無
　　모든 인연을 분별하므로 　　　分別諸因緣
　　모든 존재의 남 없고 　　　　　不能知諸有
　　짓는 자 없음 알 수 없다네 　　無生無作者

[159] 처음 마음의 소인所因이 없고　　　　無始心所因
　　　유심일 뿐 뵈는 것 없으니　　　　　惟心無所見
　　　이미 무시의 경계 없거늘　　　　　 旣無無始境
　　　마음이 어디서 날 것이며　　　　　 心從何所生

[160] 없는 사물이 남 얻는다면　　　　　 無物而得生
　　　빈자도 부자 되어야 하듯　　　　　 如貧應是富
　　　경계 없이도 마음 내는지　　　　　 無境而生心
　　　위해 말해 달라고 한다면　　　　　 願佛爲我說

[161] 일체가 만약 무인이라면　　　　　　一切若無因
　　　마음 없고 경계도 없으며　　　　　 無心亦無境
　　　마음 이미 나는 바 없으니　　　　　心旣無所生
　　　삼유를 짓는 바도 없으리29　　　　 離三有所作

[162] 병·옷·뿔 등으로 인하여　　　　　　因甁衣角等
　　　토끼뿔의 없음을 말하니　　　　　 而說兎角無
　　　따라서 그 서로 원인하는　　　　　 是故不應言
　　　법이 없다 말해선 안되네　　　　　 無彼相因法

[163] 무는 유로 인한 고로 무라　　　　　無因有故無

---

29 * 범본에는 이 게송 다음에 일체법의 불생불멸의 의미를 밝히는 5.1.3(3)의 [1]~[33]의 게송이 있는데(다만 [4]와 [5]는 순서가 바뀌어 있음), 분량이 많아 옮기는 것을 생략한다.

이 무는 무 이루지 못하고　　　　是無不成無
유가 무를 상대함도 그러니　　　　有待無亦爾
전전 상인相因해 일으킨다네　　　展轉相因起

164 만약 조그만 법을 의지해　　　若依止少法
　　조그만 법 일어남 있다면　　　而有少法起
　　이는 곧 앞의 의지되는 건　　　是則前所依
　　원인 없이 스스로 있으리라　　無因而自有

165 그게 따로 소의가 있다면　　　若彼別有依
　　그 소의도 소의 있으리니　　　彼依復有依
　　이러하면 곧 끝 없으므로　　　如是則無窮
　　또한 조그만 법도 없으리　　　亦無有少法

166 마치 나무·잎 등에 의지해　　　如依木葉等
　　갖가지 환상을 나타내듯　　　現種種幻相
　　중생도 또한 이와 같아서　　　衆生亦如是
　　일 의지해 갖가지 나투네　　　依事種種現

167 환술사의 힘에 의지해서　　　依於幻師力
　　우부들 환상 보게 하지만　　　令愚見幻相
　　나무와 잎 등에 실제로　　　而於木葉等
　　얻을 만한 환상이란 없네　　　實無幻可得

168 만약 사물에 의지할 때　　　　若依止於事
　　이 법이 곧 무너진다면　　　　此法則便壞
　　보이는 것 이미 둘 없거늘　　　所見旣無二
　　어찌 조금의 분별 있으랴　　　何有少分別

169 분별에는 망계가 없고　　　　分別無妄計
　　분별도 역시 없으니　　　　　分別亦無有
　　분별이 없기 때문에　　　　　以分別無故
　　생사와 열반도 없으리라　　　無生死涅槃

170 분별할 것이 없기 때문에　　　由無所分別
　　분별이 일어나지 않으니　　　分別則不起
　　어떻게 마음 일지 않는데　　　云何心不起
　　유심이 있을 수 있겠는가　　　而得有惟心

171 뜻의 차별이 한량없지만　　　　意差別無量
　　모두 진실한 법은 없고　　　　皆無眞實法
　　진실 없으며 해탈 없고　　　　無實無解脫
　　또한 모든 세간도 없네30　　　亦無諸世間

172 우부가 분별하는 것같은　　　　如愚所分別
　　밖에 보이는 건 다 없건만　　　外所見皆無
　　습기가 마음 요탁하므로　　　習氣擾濁心

....
30 * 범문화역에는 제2행 앞에 '교설敎說에는'이라는 표현이 있다.

영상 비슷한 것 나타나네 　　　似影像而現

173 있고 없음 등의 모든 법은 　　　有無等諸法
　　일체가 모두 나지 않고 　　　一切皆不生
　　단지 자심의 나타남이라 　　　但惟自心現
　　분별로부터 멀리 떠났네 　　　遠離於分別

174 모든 법의 연 좇음 설함은 　　　說諸法從緣
　　지자 아닌 우부를 위한 것 　　　爲愚非智者
　　마음의 자성이 해탈인 　　　心自性解脫
　　청정심이 성인의 주처네 　　　淨心聖所住

175 수론과 승론 및 노형외도 　　　數勝及露形
　　바라문[梵志]과 자재천외도는 　　　梵志與自在
　　모두 무견에 떨어져서 　　　皆墮於無見
　　적정의 뜻을 멀리 떠나네 　　　遠離寂靜義

176 남 없음과 자성 없음과 　　　無生無自性
　　이구離垢와 공과 환상 같음을 　　　離垢空如幻
　　제불 및 지금의 붓다께선 　　　諸佛及今佛
　　뉘 위해 이렇게 설하셨나 　　　爲誰如是說

177 청정한 마음의 수행자는 　　　淨心修行者
　　모든 견해와 계탁 떠나니 　　　離諸見計度

| | 제불은 그를 위해 설하고 | 諸佛爲彼說 |
| | 나 또한 이와 같이 설하네 | 我亦如是說 |

178 일체가 모두 마음이라면 若一切皆心
　　 세간은 어느 곳에 머물고 世間何處住
　　 어떤 원인으로 대지 보며 何因見大地
　　 중생에 가고 옴이 있는가 衆生有去來

179 마치 새가 허공에 노닐 때 如鳥遊虛空
　　 분별을 따라서 가지만 隨分別而去
　　 의지함 없고 머묾도 없이 無依亦無住
　　 땅 밟듯이 가는 것과 같네 如履地而行

180 중생도 또한 이와 같아서 衆生亦如是
　　 허망한 분별을 따라서 隨於妄分別
　　 자기 마음을 밟고 노니니 遊履於自心
　　 새가 허공에 있음과 같네 如鳥在虛空

181 몸·재물·국토의 영상은 身資國土影
　　 마음 일으킨 것이라 하니 佛說惟心起
　　 마음이 어째서 어떻게 願說影惟心
　　 일으키는지 설해 달라면31 何因云何起

---

31 * 뒤의 2행을 한역문 대로 모두 옮긴다면, "영상을 오직 마음이 어떤 원인에서 어떻게 일으키는지 설해 주기를 원한다면"이 되어야 할 것이다.

⑱ 몸·재물·국토의 영상은　　　　身資國土影
　　다 습기 말미암아 구르고　　　皆由習氣轉
　　또한 이치와 같지 못한　　　　亦因不如理
　　분별로 인해 나는 것이네　　　分別之所生

⑱ 외부 경계는 망계이건만　　　　外境是妄計
　　맘이 그 경계 반연해 나니　　　心緣彼境生
　　경계는 오직 마음임 알면　　　了境是惟心
　　분별은 곧 일어나지 않네　　　分別則不起

⑱ 망계성은 이름과 뜻이　　　　　若見妄計性
　　화합하지 못함을 본다면　　　　名義不和合
　　각과 소각을 멀리 떠나서　　　遠離覺所覺
　　모든 유위에서 해탈하리　　　　解脫諸有爲

⑱ 이름과 뜻을 다 버려 떠난　　　名義皆捨離
　　이것이 제불의 법이니　　　　　此是諸佛法
　　이를 떠나 깨달음 구하면　　　若離此求悟
　　그엔 자·타의 깨달음 없네32　　彼無覺自他

⑱ 만약 세간은 능각·소각을　　　若能見世間

---

32 * 범문화역에 의하면 제4행은, 자신도 깨닫지 못하고 남도 깨닫게 하지 못한다는 뜻이다. 범본에는 이 게송 다음에 5.6(5)의 ①의 게송이 있다. 「5.6(5) ① 다섯 가지 법과 3자성, 및 여덟 가지 식과 더불어, 두 가지 무아의 법이, 널리 대승을 거둔다네」

떠났음을 능히 본다면	離能覺所覺
이 때 이름과 이름 대상[所名]의	是時則不起
분별 일으키지 않으리라	名所名分別

187 자기 마음을 보기 때문에　　　由見自心故
　　 허망히 이름 지음 멸하니　　　 妄作名字滅
　　 자기 마음을 보지 못하면　　　 不見於自心
　　 곧 그 분별을 일으키네　　　　 則起彼分別

188 4온은 색상이 없으므로　　　　四蘊無色相
　　 그 수를 얻을 수 없고　　　　　彼數不可得
　　 대종은 성품 각 다르거늘　　　 大種性各異
　　 어떻게 함께 색을 내리오　　　 云何共生色

189 모든 상을 떠났기 때문에　　　 由離諸相故
　　 능조·소조는 있음 아니니　　　能所造非有
　　 다른 색에 따로 모습 있다면　　異色別有相
　　 모든 온도 어찌 나지 않으랴　　諸蘊何不生

190 만약 모습 없음을 보고　　　　 若見於無相
　　 온·처를 다 버리고 떠나면　　 蘊處皆捨離
　　 이 때 마음도 또한 떠나니　　 是時心亦離
　　 법무아를 보기 때문이네　　　 見法無我故

| 191| 근·경의 차별로 말미암아　　　由根境差別
　　　여덟 종류의 식을 내지만　　　生於八種識
　　　그 모습 없음 중에서는　　　　於彼無相中
　　　이 셋의 모습이 다 떠나네33　　是三相皆離

| 192| 의는 아뢰야를 반연해서　　　　意緣阿賴耶
　　　아·아소의 집착 일으키고　　　起我我所執
　　　또 식은 둘을 집취하니　　　　及識二執取
　　　요지하면 다 멀리 떠나네34　　了知皆遠離

| 193| 일·이 떠났음 관찰해 보면　　　觀見離一異
　　　이에 곧 흔들리는 바 없어　　　是則無所動
　　　나와 내 것이라는 두 가지　　　離於我我所
　　　허망한 분별을 떠나리라　　　　二種妄分別

| 194| 남 없으면 증장함이 없고　　　　無生無增長
　　　식의 원인 되지도 않으며　　　　亦不爲識因
　　　이미 능작·소작을 떠나서　　　 旣離能所作
　　　멸했으면 다시 나지 않네　　　　滅已不復生

| 195| 세간은 짓는 주체가 없음　　　　世間無能作

----

33 * '이 셋'은 근·경·식을 가리키는 취지.
34 * 뒤의 2구를 범문화역은 "식은 2취로써 생기하니, 두루 앎에 의해 멸하네"라고 번역하고 있으므로, 이에 의하면 경문의 '둘'은 능취와 소취일 것임.

및 능상·소상을 떠났음과　　　　及離能所相
　　망계 및 유심은 어째선지　　　　妄計及惟心
　　위해 설해 달라 원한다면　　　　云何願爲說

[196]　자심이 갖가지 나타내니　　　　自心現種種
　　모든 형상을 분별하고　　　　　　分別諸形相
　　마음 소현임 알지 못하여　　　　不了心所現
　　망취해 마음 밖이라 하네　　　　妄取謂心外

[197]　깨달은 지혜 없기 때문에　　　　由無[智覺]<覺智>故
　　없음의 견해 일으킨다면　　　　　而起於無見
　　어떻게 있음의 성품에는　　　　　云何於有性
　　마음이 집착 내지 않는가　　　　而心不生著

[198]　분별은 있음·없음 아니니　　　　分別非有無
　　그래서 있음에 내지 않고　　　　故於有不生
　　보이는 것 유심임을 알면　　　　了所見惟心
　　분별도 곧 일어나지 않네　　　　分別則不起

[199]　분별이 일지 않기 때문에　　　　分別不起故
　　전의해 집착하는 바 없어　　　　轉依無所著
　　곧 네 가지 주장 부정하니　　　　則遮於四宗
　　소위 법의 유인有因 등이네　　　　謂法有因等

678　대승입능가경 제7권

200	이름만 다를 뿐이라 해도	此但異名別
	세운 바 다 성립되지 않고	所立皆不成
	능작인도 또한 성립되지	應知能作因
	않는다고 알아야 하네	亦復不成立

201	능작인을 막기 위하여	爲遮於能作
	인연의 화합을 말하고	說因緣和合
	상견의 허물 막기 위하여	爲遮於常過
	연은 무상하다고 말하네	說緣是無常

202	우부는 무상하다 말하나	愚夫謂無常
	실제로는 생멸치 않으니	而實不生滅
	멸괴한 법 보지 못하거늘	不見滅壞法
	짓는 바가 있을 수 있으며	而能有所作
	어찌 무상한 법으로 능히	何有無常法
	내는 바 있는 것이 있으랴35	而能有所生

....

35 * 범문화역에는 이상 6행이 1게송으로 되어 있는데, 뒤의 4행은 다음과 같이 번역되어 있다. "무언가 멸하면서 있는 것은, 능작이 되는 것으로서 보여지지 않는다. 어떻게 해서, 무엇 때문에 보여지지 않는가 한다면, 무상한 법은 내지 못하기 때문이다." 그리고 범본에는 이 게송 다음에 4.6(8)의 ①~⑦의 게송이 있다. 「4.6(8) ① 중생을 조복해서 거두어, 계로 모든 악 항복시키고, 지혜로 모든 견해 멸하니, 해탈이 증장함을 얻네. ② 외도의 허망한 말은, 모두가 세속의 이론이라, 멋대로 작·소작 계탁하니, 능히 스스로 성립 못하네. ③ 오직 나의 한 자종만이, 능·소를 집착하지 않고, 모든 제자를 위해 설해서, 세론을 떠나게 한다네. ④ 능취와 소취의 법은 오직, 마음일 뿐 있는 바 없으니, 둘 다 마음의 나타남이라, 단·상을 얻을 수 없다네. ⑤ 나아가 마음 유동한다면, 이는 곧 세론이 되니, 분별을 일으키지 않

203 천신·사람·아수라와 아귀 　　　　　天人阿修羅
　　 축생·염라 등은 그 가운데 　　　　　鬼畜閻羅等
　　 중생이 있어 태어나므로 　　　　　　衆生在中生
　　 나는 6도가 된다 설하네 　　　　　　我說爲六道

204 업의 상·중·하에 의하여 　　　　　　由業上中下
　　 그 중에 태어남을 받는데 　　　　　 於中而受生
　　 모든 선법을 수호하면 　　　　　　　守護諸善法
　　 뛰어난 해탈을 얻는다네 　　　　　　而得勝解脫

205 붓다가 모든 비구 위해서 　　　　　　佛爲諸比丘
　　 수생하는 바의 순간순간 　　　　　　說於所受生
　　 다 나고 멸함을 설했으니 　　　　　 念念皆生滅
　　 펴 설해 달라고 청한다면 　　　　　 請爲我宣說

206 색색 잠시도 멈추지 않고 　　　　　　色色不暫停
　　 마음마음 또한 생멸하니 　　　　　　心心亦生滅
　　 내가 제자들 위해 수생은 　　　　　　我爲弟子說
　　 순간에 천사遷謝함을 설했네36 　　　 受生念遷謝

....
　　는 자, 이 사람은 자기 마음 보리, ⑥ 옴이란 일의 남을 봄이고, 감이란 일
　　이 불현不現함이니, 오고 감을 밝게 요지하면, 분별을 일으키지 않으리, ⑦
　　항상함 있음 및 무상함, 소작所作과 소작이 없음, 이 세상과 다른 세상 등은,
　　모두가 세론의 법이라네」
36 * '천사한다'는 것은 옮기고[遷] 물러난다[謝]는 뜻임

207 색색 중에서 분별함이　　　　色色中分別
　　　생멸함도 또한 그러하니　　　　生滅亦復然
　　　분별함은 중생이지만　　　　　分別是衆生
　　　분별 떠나면 있음 아니네　　　離分別非有

208 나는 이런 인연 때문에　　　　　我爲此緣故
　　　순간순간 남을 설했으니　　　　說於念念生
　　　만약 색 취착함 떠난다면　　　　若離取著色
　　　나지 않고 멸하지도 않네　　　　不生亦不滅

209 연생과 연생이 아님　　　　　　緣生非緣生
　　　무명과 진여 따위는 2법　　　　無明眞如等
　　　때문에 일어남이 있으나　　　　二法故有起
　　　둘 없음이 곧 진여라네37　　　無二卽眞如

210 만약 그 연이 연생의 법과　　　若彼緣非緣
　　　차별 있는 것이 아니라면　　　　生法有差別
　　　항상함 등과 모든 연에　　　　　常等與諸緣
　　　능작과 소작이 있으리라38　　有能作所作

---

37 * 이 게송은 범문화역에는 "연과 연이생緣已生, 무명과 진여 등은 2법으로서 생기함이 있으나, 둘 없음이 진여이다."라고 번역되어 있고, 10권본에는 "인연과 종연생, 무명과 진여 등은[因緣從緣生 無明眞如等] 2법에 의지해서 나, 진여는 이러한 체가 없네[依於二法生 眞如無是體]"라고 번역되어 있다.
38 * 범문화역에는 이 게송이 "연과 연이생의 법이 만약 차별되지 않는다고 한다면, 항상함 등은 소작이 되고, 연은 능작이 되리라"라고 표현되어 있다.

211 이는 곧 대모니와 그리고 是則大牟尼
　　모든 붓다가 설한 것에 及諸佛所說
　　능작·소작이 있음이어서 有能作所作
　　외도와 차이가 없으리라 與外道無異

212 나는 제자들을 위하여 我爲弟子說
　　몸은 고의 세간이고 또한 身是苦世間
　　세간의 집이며 멸·도 亦是世間集
　　모두 다 갖추었다 말했네 滅道皆悉具67

---

67 이 4제의 뜻은 천태가 《열반경》 성행품에 의거해 네 가지의 4제를 열어서 이루었으니, 생멸·무생멸·무량·무작을 말한다. (1) 생멸이란 고·집은 세간의 인과이고, 멸·도는 출세간의 인과라는 것이다. 말하자면 핍박함을 고라고 이름하니, 곧 3상相이 변천해 옮기는 것이고, 증장함을 집이라고 이름하니, 곧 4심心이 유동하는 것이며, 병 제거하는 것을 도라고 이름하니, 곧 대치해서 바꾸고 빼앗는 것이고, 적정함을 멸이라고 이름하니, 곧 유를 멸하여 무로 돌아가는 것이다. 곧 중생들로 하여금 고를 알고 집을 끊으며 멸을 좋아하고 도를 닦게 하는 것이니, 비록 세간과 출세간이기는 해도 모두 변이하는 것이기 때문에 생멸의 4제라고 이름한 것이다. (2) 만약 4제가 연에서 나기 때문에 공함을 통달하면 곧 통발을 초월하여 뜻을 깨달아서 지혜를 이룬다. 말하자면 고에 고 없음을 아는 것을 고성제라고 이름하고, 집에 화합함 없음을 아는 것을 집성제라고 이름하며, 멸에 멸 없음을 아는 것을 멸성제라고 이름하고, 도에 도 없음을 아는 것을 도성제라고 이름하니, 그래서 무생의 4제라고 이름한 것이다. (3) 《열반경》에서 이르기를, 고에는 무량한 모습이 있어서, 성문·연각의 아는 바가 아니고, 집·멸·도 등도 또한 다시 이와 같다고 하였으니, 곧 무량 4제이다. (4) 만약 음·입이 다 진여임을 알면 가히 버릴 만한 고가 없고, 무명과 번뇌가 곧 보리이므로 가히 끊을 만한 집이 없으며, 생사가 곧 열반이므로 가히 증득할 만한 멸이 없고, 극단과 삿됨이 곧 중도와 바름이므로 가히 닦을 만한 도가 없다. 고가 없고 집이 없기 때문에 세간이 없고, 멸이 없고 도가 없기 때문에 출세간도 없어서, 일체의 모든 법이 다 실상이라, 실상 밖에 다시 별도의 법이 없으니 곧 무작의 4제이다. 그래서 현의玄義에서 이르기를, 이치에 미혹하기 때

213 범부는 허망히 분별하여　　　　　凡夫妄分別
　　3자성을 취하기 때문에　　　　　　取三自性故
　　능취와 소취, 세간 및　　　　　　　見有能所取
　　출세간이 있음을 보네　　　　　　　世及出世法

214 나는 먼저 관대함 때문에　　　　　我先觀待故
　　말하면서 자성 취했으나　　　　　　說取於自性
　　이젠 제견 막기 위함이니　　　　　今爲遮諸見
　　망령되이 분별하지 말라　　　　　　不應妄分別

215 허물 구함이 비법이 되고　　　　　求過爲非法
　　마음 집중치 못하게 함은　　　　　　亦令心不定

문에 보리가 번뇌를 이루는 것을 집제하고 이름하고, 열반이 생사를 이루는 것을 고제라고 이름하며, 능히 이해하기 때문에 번뇌가 곧 보리인 것을 도제라고 이름하고, 생사가 곧 열반인 것을 멸제라고 이름한다고 하였으니, 현상에 즉한 중도여서 사려도 없고 생각도 없으며 누가 만들어 지음도 없기 때문에 무작이라고 이름하고, 또한 일실제─實諦라고 이름한다.
또 총체적으로 말하면 4제라고 이름하지만, 개별적으로 말하면 12인연이라고 이름하니, 고는 식·명색·육입·접촉·감수·생·사 등의 7지분이고, 집은 무명·행·갈애·취착·유의 5지분이며, 도는 인연을 대치하는 방편이고, 멸은 무명이 멸하면 행이 멸함에서 나아가 노사가 멸하는 것이다. 그래서《열반경》에서 네 가지 4제를 열면서 또한 네 가지 12인연을 열었으니, 하지下智로 관찰하면 성문의 보리를 얻고, 중지로 관찰하면 연각의 보리를 얻으며, 상지로 관찰하면 보살의 보리를 얻고, 상상지로 관찰하면 제불의 보리를 얻는다. 그래서《중론》에서 '인연에서 난 법'이라고 한 것은 곧 생멸이고, '나는 곧 공이라고 말한다'고 한 것은 무생멸이며, '또한 가명이라 이름한다'고 한 것은 무량이고, '또한 중도의 뜻이라 이름한다'고 한 것은 무작이다. 또 말하자면 '인연'은 곧 집이고, '난 것'은 곧 고이며, 집을 멸하는 방편이 도이고, 고와 집이 다하는 것이 멸이다.

다 2취에 의해 일어나니 　　　　　　皆由二取起
둘 없음이 곧 진여라네 　　　　　　　無二卽眞如

216 만약 무명과 갈애와 업이 　　　　　若無明愛業
　　 식 등을 낸다고 한다면 　　　　　　而生於識等
　　 사념邪念은 다시 원인 있으니 　　　邪念復有因
　　 이는 곧 끝 없는 허물이네 　　　　　是則無窮過

217 지혜 없는 자는 모든 법에 　　　　　無智說諸法
　　 네 종류 멸괴 있다 말하고 　　　　　有四種滅壞
　　 두 가지 분별을 망기하나 　　　　　妄起二分別
　　 법은 실제로 유·무 떠나고 　　　　　法實離有無
　　 4구를 멀리 떠나며 또한 　　　　　　遠離於四句
　　 두 가지 견해도 떠났다네39 　　　　亦離於二見

218 분별로 일으키는 둘은 　　　　　　　分別所起二
　　 알고 나면 다시 나잖으니 　　　　　了已不復生
　　 나지 않음 중엔 앎이 나나 　　　　　不生中知生
　　 남 중에는 앎이 나지 않네 　　　　　生中知不生

219 그 법은 동등하기 때문에 　　　　　　彼法同等故
　　 분별 일으키지 말지어다 　　　　　　不應起分別
　　 붓다가 저 위해 두 가지 　　　　　　願佛爲我說

---
39 * 범문화역에는 이 6행이 1게송으로 되어 있다.

견해 막는 이치를 설해서	遮二見之理
저 및 다른 대중 늘 유·무에	令我及餘衆
떨어지지 않게 하라 하면40	恒不墮有無

220 모든 외도와 섞이지 말고　　　不雜諸外道
　　또한 이승도 떠날 것이니　　　亦離於二乘
　　제불 증득 소행이 불자가　　　諸佛證所行
　　물러나지 않을 곳이라네　　　佛子不退處

221 해탈 원인과 원인 아님은　　　解脫因非因
　　동일한 무생의 모습인데　　　同一無生相
　　미혹해 다른 이름 집착하니　　迷故執異名
　　지자는 항상 떠나야 하네　　　智者應常離

222 법은 분별 좇아 나는 것이　　　法從分別生
　　모륜·환상·불꽃 같은데도　　　如毛輪幻焰
　　외도는 세간이 자성에서　　　外道妄分別
　　난다고 허망히 분별하네　　　世從自性生

223 남 없음과 그리고 진여　　　　無生及眞如
　　성품 공함과 더불어 진제　　　性空與眞際
　　이들은 다른 이름의 설이니　　此等異名說
　　없는 것이라 집착치 말라　　　不應執爲無

---

40 * 범문화역에는 이 6행이 1게송으로 되어 있다.

|224| 손에 많은 이름이 있듯이　　　　　如手有多名
제석의 이름도 그러하고　　　　　帝釋名亦爾
모든 법도 또한 이같으니　　　　　諸法亦如是
없는 것이라 집착치 말라　　　　　不應執爲無

|225| 색과 공은 다름이 없고　　　　　色與空無異
무생도 또한 그러하므로　　　　　無生亦復然
다르다고 집착하여 모든　　　　　不應執爲異
견해의 허물 이루지 말라　　　　　成諸見過失

|226| 총·별로 분별하고 그리고　　　　以總別分別
두루 분별하기 때문에　　　　　　及遍分別故
모든 현상의 모습을 장·단　　　　執著諸事相
방方·원圓 등이라고 집착하네　　　長短方圓等

|227| 총체적 분별은 심이고　　　　　總分別是心
두루 분별함은 의가 되며　　　　　遍分別爲意
개별적 분별은 식이지만　　　　　別分別是識
모두 능상·소상을 떠났네　　　　　皆離能所相

|228| 나의 법 중에 견해 일으킴　　　　我法中起見
및 외도의 남 없음은　　　　　　　及外道無生
모두가 허망한 분별로서　　　　　皆是妄分別
허물이 같아 차이가 없네　　　　　過失等無異

229 만약 누군가 내가 말한 바 　若有能解了
　　 무생 및 무생의 위한 바를 　我所說無生
　　 능히 이해하여 안다면 　　及無生所爲
　　 이 사람은 나의 법 앎이네 　是人解我法

230 모든 견해를 깨뜨리고 　　爲破於諸見
　　 무생과 무주처 이 둘의 　無生無住處
　　 뜻을 알게 하기 위하여 　令知此二義
　　 나는 무생을 설하였네 　故我說無生

231 붓다가 말한 무생의 법이 佛說無生法
　　 있다거나 없다거나 하면 若是有是無
　　 곧 모든 외도들의 무인 則同諸外道
　　 불생의 이론과 같으리라 無因不生論

232 나는 오직 심량을 말하니 我說惟心量
　　 있음·없음을 멀리 떠나고 遠離於有無
　　 남과 나지 않음의 이러한 若生若不生
　　 견해 모두 떠나야 한다네 是見應皆離

233 무인론에선 나지 않으니 　無因論不生
　　 난다면 곧 작자 집착하며 生則著作者
　　 지음은 여러 견해 섞이고 作則雜諸見
　　 없다면 곧 자연히 남이네 無則自然生

234 붓다가 설한 모든 방편과　　　　　佛說諸方便
　　바른 견해 큰 서원 등의　　　　　　正見大願等
　　일체의 법이 만약 없다면　　　　　一切法若無
　　도량은 어디에서 이루랴　　　　　　道場何所成

235 능취와 소취를 떠나서　　　　　　離能取所取
　　남 아니고 멸함도 아니며　　　　　非生亦非滅
　　보이는 법과 법 아님은　　　　　　所見法非法
　　다 자기 마음서 일어나네　　　　　皆從自心起

236 모니가 설한 바는 앞뒤가　　　　　牟尼之所說
　　스스로 서로 어긋나니　　　　　　前後自相違
　　어떻게 모든 법 설하면서　　　　　云何說諸法
　　다시 불생이라 말합니까41　　　　　而復言不生

237 중생은 능히 알지 못하니　　　　　衆生不能知
　　원컨대 저희 위해 설해서　　　　　願佛爲我說
　　외도의 허물 및 그 전도의　　　　　得離外道過
　　원인 떠남을 얻게 하소서　　　　　及彼顚倒因

238 원컨대 뛰어난 설법자가　　　　　惟願勝說者
　　남과 더불어 멸함은 모두　　　　　說生及與滅
　　유·무를 떠났으나 인·과를　　　　皆離於有無

---

41 * 이하 4게송은 대혜가 청문한 것을 붓다께서 인용하시는 취지이다.

허물지 않음 설해 주소서	而不壞因果

[239] 세간은 이변에 떨어지고 　　　　世間墮二邊
　　　모든 견해에 미혹된 바니 　　　　諸見所迷惑
　　　오직 원컨대 청련안께서 　　　　惟願靑蓮眼
　　　모든 지의 차례 설하소서 　　　　說諸地次第

[240] 남과 나지 않음 등 취해서 　　　　取生不生等
　　　적멸의 원인 알지 못하니 　　　　不了寂滅因
　　　도량은 얻을 바가 없고 　　　　　道場無所得
　　　나도 또한 설한 바가 없네 　　　　我亦無所說

[241] 찰나의 법은 모두 공하여 　　　　刹那法皆空
　　　남 없고 자성 없어서 이미 　　　　無生無自性
　　　제불은 둘 청정케 했으니 　　　　諸佛已淨二
　　　둘 있다면 곧 허물 이루네 　　　　有二卽成過

[242] 악견에 덮여 분별하지만 　　　　惡見之所覆
　　　여래는 그러함 아닌데도 　　　　分別非如來
　　　생멸을 망계하며 원컨대 　　　　妄計於生滅
　　　우리 위해 설해 달라 하네 　　　　願爲我等說

[243] 희론을 쌓아 모으므로 　　　　　積集於戲論
　　　화합함에서 난 바가 　　　　　　和合之所生

그 부류 따라서 현전하여 　　隨其類現前
색의 경계가 다 구족되매 　　色境皆具足

244 밖의 물질을 보고 나서 　　見於外色已
　　분별을 일으키는 것이니 　　而起於分別
　　만약 이를 능히 요지하면 　　若能了知此
　　곧 진실한 뜻을 보리라 　　則見眞實義

245 대종을 여의면 모든 물건 　　若離於大種
　　다 이뤄지지 않을 것인데 　　諸物皆不成
　　대종은 이미 유심이므로 　　大種旣惟心
　　나는 것 없다 알아야 하니 　　當知無所生
　　이 마음 또한 나지 않으면 　　此心亦不生
　　곧 성스런 종성 수순하네42 　　則順聖種性

246 분별을 분별하지 말라 　　勿分別分別
　　분별 없음이 지혜이니 　　無分別是智
　　분별을 분별한다면 　　分別於分別
　　이 둘은 열반이 아니라네 　　是二非涅槃

247 만약 무생의 주장 세우면 　　若立無生宗
　　곧 환幻의 법을 무너뜨리고 　　則壞於幻法
　　원인 없이 환을 일으킴도 　　亦無因起幻

------

42 * 이 제5·6행은 범본과 10권본에는 244의 게송 뒤에 붙어 있다.

자기 주장을 손감하네　　　　　　　損減於自宗

[248] 마치 거울 속의 영상은　　　　　　猶如鏡中像
　　　일·이의 성품 떠났다 해도　　　　雖離一異性
　　　보이는 것은 없음 아니니　　　　　所見非是無
　　　남의 모습 또한 이와 같네　　　　　生相亦如是

[249] 마치 건달바성·환상 등은　　　　　如乾城幻等
　　　다 인연을 기다려서 있듯　　　　　悉待因緣有
　　　모든 법 또한 이와 같아서　　　　　諸法亦如是
　　　남이지 나지 않음 아니네　　　　　是生非不生

[250] 사람과 법을 분별해서　　　　　　分別於人法
　　　두 가지 나를 일으킨다는　　　　　而起二種我
　　　이는 세속의 설일 뿐인데　　　　　此但世俗說
　　　우부는 각지하지 못하네　　　　　愚夫不覺知

[251] 서원 말미암음과 연 모임　　　　　由願與緣集
　　　자신의 힘 및 가장 뛰어남　　　　　自力及最勝
　　　성문법의 다섯째로서　　　　　　聲聞法第五
　　　아라한 등이 있다네[43]　　　　　而有羅漢等

---

43 * 이 게송은 범문화역에는, "성문은 광대한 연에 의한 것, 아라한, 자신의 힘에 의한 것, 뛰어난 분에 의한 것 및 제5의 성문이 말해지네"라고 번역되어 있고, 10권본에는, "상위함 및 무인의 성문과 모든 아라한[相違及無因 聲聞諸羅漢], 스스로 이룸 및 붓다의 힘이 다섯 종류 성문이네[自成及佛力 是五種

252 시간의 간격 및 멸괴함　　　　　時隔及滅壞
　　 승의와 번갈아 변천함이　　　　勝義與遞遷
　　 네 가지 무상이라 우부는　　　　是四種無常
　　 분별하나 지혜는 아니네　　　　愚分別非智

253 우부는 이변에 떨어져서　　　　愚夫墮二邊
　　 속성·미진·자성이 짓는다며　　德塵自性作
　　 유·무의 주장 취함으로써　　　以取有無宗
　　 해탈의 원인 알지 못하네44　　不知解脫因

254 대종은 상호 상위하거늘　　　　大種互相違
　　 어찌 능히 물질 만들리오　　　　安能起於色
　　 단지 대종의 성품일 뿐　　　　　但是大種性
　　 대종의 소조색은 없다네　　　　無大所造色

255 불은 이에 물질을 태우고　　　　火乃燒於色
　　 물은 썩어 무너지게 하며　　　　水復爲爛壞
　　 바람 능히 산멸케 하거늘　　　　風能令散滅
　　 어떻게 색이 남을 얻으랴　　　　云何色得生

256 색온과 그리고 식온　　　　　　　色蘊及識蘊

聲聞]"라고 번역되어 있다.
44 * 범본에는 이 게송 다음에 5.5(4)의 ③의 게송이 있다. 「5.5(4) ③ 우부에 달 가리켜 보이면, 손가락 보고 달 보지 않듯, 문자에 계착하는 자들은, 나의 진실을 보지 못하네」

오직 이 둘뿐 다섯 아니니　　　　惟此二非五
나머지는 다른 이름일 뿐　　　　餘但是異名
그들은 원수 같다 말하네　　　　我說彼如怨

257 심왕과 심소법의 차별이　　　　心心所差別
현재의 법을 일으키며　　　　　　而起於現法
모든 물질을 분석하면　　　　　　分析於諸色
마음일 뿐 소조는 없다네　　　　惟心無所造

258 청·백 등은 서로 기다리고　　　青白等相待
작과 소작 또한 그러하며　　　　作所作亦然
난 것 그리고 성품의 공함　　　　所生及性空
냉·열과 능상·소상과　　　　　　冷熱相所相
있음·없음 등의 일체는　　　　　有無等一切
망계라서 성립되지 않네45　　　 妄計不成立

259 심과 의 및 나머지 여섯의　　　心意及餘六
모든 식은 함께 상응하고　　　　諸識共相應
다 장식으로 인해 나므로　　　　皆因藏識生
하나 아니고 다름 아니네　　　　非一亦非異

260 수론·승론 및 노형외도와　　　數勝及露形
자재천의 능생 계탁함은　　　　計自在能生

....
45 * 범본에는 이 6행에 능성·소성 등을 더하여 2게송으로 되어 있다.

제10 게송품(의 2)　693

모두 유·무의 종에 떨어져	皆墮有無宗
적정의 뜻을 멀리 떠났네	遠離寂靜義

261 대종이 형상을 낸다 해도　　　大種生形相
　　　대종을 내는 건 아니거늘　　　非生於大種
　　　외도는 대종이 대종 및　　　　外道說大種
　　　소조색을 낸다고 말하네　　　生大種及色

262 남이 없는 법 밖에서　　　　　於無生法外
　　　외도는 작자를 계탁하여　　　外道計作者
　　　유·무의 주장에 의지하나　　依止有無宗
　　　우부는 각지하지 못하네　　　愚夫不覺知

263 청정하고 진실한 모습은　　　　清淨眞實相
　　　큰 지혜와 함께 하므로　　　　而與大智俱
　　　마음과만 함께 상응할 뿐　　　但共心相應
　　　의 등과 화합함은 아니네　　　非意等和合

264 만약 업이 다 색을 낸다면　　　若業皆生色
　　　모든 온의 원인에 어긋나[46]　 則違諸蘊因
　　　중생은 응당 취착 없으며　　　衆生應無取

---

46 * 범문화역은 "온은 경계를 원인으로 한다"라고 번역하고 있고, 10권본도 같다. 제3행의 '무취'의 원어는 범문화역에 의하면 'nir-upādāna'(=취착 없음)인 것으로 되어 있다.

무색에도 머묾 없으리라　　　　　無有住無色

265 말하여 없다고 이름하면　　　　說名爲無者
　　 중생도 역시 없을 것이니　　　　衆生亦應無
　　 무색의 이론은 단견이라　　　　無色論是斷
　　 모든 식도 나지 않으리라　　　　諸識不應生

266 식은 네 가지 의주依住하거늘　　識依四種住
　　 무색이면 어떻게 이루랴　　　　無色云何成
　　 안팎이 이미 성립 안되니　　　　內外旣不成
　　 식도 일어나지 않으리라　　　　識亦不應起

267 중생에게 식이 없다면　　　　　衆生識若無
　　 자연히 해탈을 얻으리니　　　　自然得解脫
　　 필시 외도의 이론이거늘　　　　必是外道論
　　 망계자들은 알지 못하네　　　　妄計者不知

268 혹자는 즐거움을 따라서　　　　或有隨樂執
　　 중유 중 제온이 무색에서　　　　中有中諸蘊
　　 나는 것과 같다 집착하나　　　　如生於無色
　　 색 없이 어떻게 있으리오　　　　無色云何有

269 무색 중의 색 그것은　　　　　　無色中之色
　　 볼 수 있는 것이 아니니　　　　彼非是可見

무색은 주장에 어긋나서　　　　　　無色則違宗
　　승乘 및 승자乘者가 아니라네　　　　非乘及乘者

270　식은 습기를 좇아 나서　　　　　　識從習氣生
　　모든 근과 화합하나　　　　　　　　與諸根和合
　　여덟 가지는 찰나에　　　　　　　　八種於剎那
　　취해도 다 얻을 수 없네　　　　　　取皆不可得

271　모든 색 일어나지 않으면　　　　　若諸色不起
　　모든 근도 근이 아니리니　　　　　諸根則非根
　　그래서 세존이 근과 색은　　　　　是故世尊說
　　찰나라고 말하는 것이네　　　　　　根色剎膩迦

272　어떻게 색을 알지 못하고　　　　　云何不了色
　　식의 남이 있을 수 있으며　　　　　而得有識生
　　어떻게 식이 나지 않는데　　　　　云何識不生
　　생사를 받을 수 있으리오　　　　　而得受生死

273　모든 근 및 근의 경계에서　　　　　諸根及根境
　　성자는 그 뜻을 알지만　　　　　　　聖者了其義
　　우치하여 지혜 없는 자는　　　　　　愚癡無智者
　　그 이름 허망히 집취하네　　　　　　妄執取其名

274　제6식은 유취 및 무취라47　　　　　不應執第六

	응당 집착하지 말지니	有取及無取
	모든 과실 떠나게 하려고	爲離諸過失
	성자는 결정해 설함 없네	聖者無定說

275 모든 외도는 지혜가 없어 　　　　諸外道無智
　　　단·상을 두려워해서 　　　　　　怖畏於斷常
　　　유위와 무위를 헤아리되 　　　　計有爲無爲
　　　나와 차별이 없다고 하네 　　　　與我無差別

276 마음과 하나라거나 혹은 　　　　　或計與心一
　　　의 등과 다르다 헤아리니 　　　　或與意等異
　　　일성一性 있음 취할 수 있다면 　　一性有可取
　　　이성異性 있음도 그러하리라48 　　異性有亦然

277 취착이 결단해 앎이라면 　　　　　若取是決了
　　　심·심소라 이름할 것인데 　　　　名爲心心所
　　　이 취착이 어찌 일성一性을 　　　此取何不能
　　　결단해 알 수 없겠는가 　　　　　決了於一性

278 취착 있고 또 업을 지으면 　　　　有取及作業
　　　수생을 얻을 수 있음은 　　　　　可得而受生

---

47 * 범문화역에 '유취'와 '무취'는 각각 'sa-upādāna'(취착과 결합된 것) 및 'nir-upādāna'(=취착 없는 것)라고 표현되어 있다.

48 * '일성'은 (마음과) 하나인 것이라는 성품의 뜻이고, '이성'은 (의 등과) 다른 것이라는 성품의 뜻이다.

불이 이루는 것과 같으니49 　　猶如火所成
이취 비슷해도 아니라네 　　　理趣似非似

[279] 마치 불이 단박 탈 때에 　　　如火頓燒時
태움과 탈 것 다 갖춰지듯 　　　然可然皆具
나를 망취함도 그렇커늘 　　　　妄取我亦然
어떻게 소취가 없으리오 　　　　云何無所取

[280] 나든 나지 않든 마음의 　　　　若生若不生
성품은 항상 청정하거늘 　　　　心性常淸淨
외도가 세우는 바의 나는 　　　　外道所立我
어찌 비유로 하지 못하나 　　　　何不以爲喩

[281] 식의 빽빽한 숲에 미혹해 　　　迷惑識稠林
망계하여 진법을 떠나고 　　　　妄計離眞法
나의 이론 즐기기 때문에 　　　　樂於我論故
여기저기 치달려 구하네 　　　　馳求於彼此

[282] 내증의 지혜로써 행하는 　　　內證智所行
청정코 진실한 나의 모습 　　　　淸淨眞我相
이것은 곧 여래장이니 　　　　　此卽如來藏
외도의 아는 바가 아니네 　　　　非外道所知

---

49 * 범문화역에는 제3행이, "불이 타는 것[所燒]과 태우는 것[能燒]의 모습으로 동일한 때에 타는 것과 같다"라고 번역되고 있다.

233 모든 온과 능취 그리고 　　　　　分別於諸蘊
　　　소취를 분별하지만 　　　　　　　能取及所取
　　　만약 이 모습 능히 안다면 　　　　若能了此相
　　　곧 진실한 지혜를 내리라 　　　　則生眞實智

234 이 모든 외도 등은 　　　　　　　是諸外道等
　　　아뢰야장 처소에서 뜻이 　　　　於賴耶藏處
　　　나와 함께 한다 계탁하니 　　　　計意與我俱
　　　이는 붓다 설한 바 아니네 　　　　此非佛所說

235 능히 이를 분별하여 알면 　　　　若能辯了此
　　　해탈하여 진제를 보고 　　　　　解脫見眞諦
　　　견도·수도의 모든 번뇌를 　　　　見修諸煩惱
　　　끊어 없애 다 청정케 하리50 　　　斷除悉淸淨

---

50 '견도·수도의 모든 번뇌'라고 함은 곧 견도 소단의 분별번뇌 및 수도 소단의 구생번뇌이다. 삼승 공통으로 말한다면 대략 열 가지가 있으니, 첫째 탐욕, 둘째 성냄, 셋째 어리석음(또한 무명이라고도 말한다), 넷째 거만, 다섯째 의심, 여섯째 유신견, 일곱째 변견, 여덟째 사견, 아홉째 견취, 열째 계금취이다. 이와 같은 총·별의 10사 번뇌 중 의심 및 사견과 2취(=견취·계금취)의 네 가지는 오직 분별기이니, 곧 견도 소단의 번뇌이고, 나머지 탐욕 등의 여섯은 분별과 구생에 통하여 두 가지 소단을 겸하니, 견도 소단 및 수도 소단을 말한다.
　8식 중 전5식은 처음 셋을 일으킬 수 있으므로 역시 분별 및 구생에 통한다. 말미암아 의식을 쓰는 중에, 삿된 스승, 삿된 가르침 및 삿된 사유의 세 가지 원인이 이끌기 때문에 분별로 일어나는 것이 있을 수 있는 것이다. 제6의 의식은 모두 열 가지를 갖추니, 넷은 오직 분별이고, 여섯은 분별과 구생에 통한다. 제7의 말나는 오직 넷의 구생만이니, 아치·아견·아만·아애를 말한다. 이 식은 유부무기의 성품이기 때문이다. 그 제8식은 열 가지가 모

286 본성 청정한 마음은 　　　　　本性淸淨心
　　중생 미혹해 취하는 바나 　　衆生所迷取
　　때 없는 여래장은 　　　　　　無垢如來藏
　　변과 무변을 멀리 떠났네 　　遠離邊無邊

287 근본식이 온 중에 있음은 　　本識在蘊中
　　금·은이 광鑛에 있음 같으니 　如金銀在鑛
　　도야하여 단련하고 나면 　　陶冶鍊治已
　　금·은이 모두 드러난다네 　　金銀皆顯現

288 붓다는 사람·온이 아니라 　　佛非人非蘊
　　단지 무루 지혜일 뿐이니 　　但是無漏智
　　항상 적정함을 요지함이 　　了知常寂靜
　　나의 돌아갈 바라네 　　　　是我之所歸

289 본성 청정한 마음이 　　　　本性淸淨心
　　수번뇌와 의意 등과 그리고 　隨煩惱意等
　　나와 더불어 상응함을 　　　及與我相應
　　붓다께서 해설해 주소서 　　願佛爲解說

290 자성 청정한 마음은 　　　　自性淸淨心
　　의意 등에게 남이 되니 　　意等以爲他

....
두 일어나지 않으니(오직 그 종자만을 포함한다), 오직 이것은 무부무기의 성품이기 때문이다.

그것이 적집한 업으로　　　　　彼所積集業
잡염되기 때문에 둘 되네　　　　雜染故爲二

291 의意 등과 나와 번뇌가　　　　意等我煩惱
청정한 마음을 오염함은　　　　染汚於淨心
마치 그 깨끗한 옷에 여러　　　　猶如彼淨衣
때의 오염 있는 것과 같네　　　　而有諸垢染

292 마치 옷이 때 떠남을 얻고　　　如衣得離垢
또한 금이 광에서 나올 때　　　　亦如金出礦
옷·금은 다 무너지지 않듯　　　　衣金俱不壞
마음이 허물 떠남도 그러네　　　心離過亦然

293 지혜 없는 자가 추구하여　　　無智者推求
공후·소라·북 등에서　　　　　箜篌[螺]<螺>鼓等
묘한 음성을 찾듯이　　　　　　而覓妙音聲
온 중의 나 또한 그러하네　　　　蘊中我亦爾

294 마치 숨은 곳간의 보배나　　　猶如伏藏寶
또한 마치 지하의 물은　　　　　亦如地下水
있지만 볼 수 없는 것같이　　　　雖有不可見
온의 진아眞我도 또한 그러해　　蘊眞我亦然

295 심·심소의 공능이　　　　　　心心所功能

쌓여 모인 온과 상응함을　　　　聚集蘊相應
지혜 없이는 취할 수 없듯　　　　無智不能取
온 중의 나도 또한 그러해　　　　蘊中我亦爾

296 여인이 태를 품은 곳간은　　　如女懷胎藏
있지만 볼 수 없는 것같이　　　　雖有不可見
온 중의 진실한 나도　　　　　　蘊中眞實我
지혜 없이는 알 수가 없네　　　　無智不能知

297 약 중의 뛰어난 힘과 같고　　　如藥中勝力
나무 중의 불과도 같아서　　　　亦如木中火
온 중의 진실한 나도　　　　　　蘊中眞實我
지혜 없이는 알 수가 없네　　　　無智不能知

298 모든 법 중의 공의 성품　　　　諸法中空性
및 무상의 성품과　　　　　　　及以無常性
온 중의 진실한 나는　　　　　　蘊中眞實我
지혜 없이는 알 수가 없네　　　　無智不能知

299 모든 지와 자재와 신통　　　　諸地自在通
관정과 뛰어난 삼매는　　　　　灌頂勝三昧
이 진실한 나가 없다면　　　　　若無此眞我
이들도 모두 다 없다네　　　　　是等悉皆無

|300| 어떤 사람 파괴해 말하되　　　　有人破壞言
　　　있다면 나를 보이라 하면　　　　若有應示我
　　　그대 분별이 나 보임이라　　　　智者應答言
　　　지자는 답해 말해야 하네　　　　汝分別示我

|301| 진실한 나 없다고 말하면　　　　說無眞我者
　　　법 비방 유·무 집착함이니　　　謗法著有無
　　　비구는 갈마하여 물리쳐　　　　比丘應羯磨
　　　버리고 함께 말하지 말라　　　　擯棄不共語

|302| 진아를 설함의 치성함을　　　　　說眞我熾然
　　　겁화가 일어나듯이 하여　　　　猶如劫火起
　　　무아의 빽빽한 숲 태워서　　　　燒無我稠林
　　　모든 외도의 허물 떠나라　　　　離諸外道過

|303| 마치 소소와 낙락과 석밀　　　　如蘇酪石蜜
　　　및 마유 따위의 그것들이　　　　及以麻油等
　　　모두 다 맛이 있는 것은　　　　彼皆悉有味
　　　맛보지 못한 자는 모르듯　　　　未嘗者不知

|304| 모든 온의 몸 중에서　　　　　　於諸蘊身中
　　　다섯 가지로 나 추구해도　　　　五種推求我
　　　어리석은 자 알 수 없지만　　　愚者不能了
　　　지혜로 보면 곧 해탈하리　　　　智見卽解脫

제10 게송품(의 2)　703

305 밝은 지혜로 세운 비유도 　　明智所立喩
　　마음 드러내지 못하거늘 　　　猶未顯於心
　　그 중에 모인 바의 뜻을 　　　其中所集義
　　어찌 능히 명료케 하리오 　　　豈能使明了

306 제법의 따로 다른 모습이 　　　諸法別異相
　　오직 일심임 알지 못하고 　　　不了惟一心
　　계탁하는 자는 망령되이 　　　計度者妄執
　　무인 및 무기無起라 집착하네 　無因及無起

307 선정자가 마음 관찰해도 　　　定者觀於心
　　마음은 마음 보지 못하니 　　　心不見於心
　　능견은 소견에서 나지만 　　　見從所見生
　　소견은 무엇 인하여 이나 　　　所見何因起

308 나의 성은 가전연인데 　　　　我姓迦旃延
　　정거천 중에서 나와서 　　　　淨居天中出
　　중생들 위해 법을 설하여 　　　爲衆生說法
　　열반의 성에 들게 하네 　　　　令入涅槃城

309 본래 머무는 법 반연하여 　　　緣於本住法
　　나 및 모든 여래들은 　　　　　我及諸如來
　　삼천의 경전 중에서 　　　　　於三千經中
　　널리 열반의 법을 설하네 　　　廣說涅槃法

310 욕계와 그리고 무색계 　　　　　欲界及無色
　　거기에선 성불치 못하고 　　　　不於彼成佛
　　색계의 색구경천에서 　　　　　色界究竟天
　　이욕하여 보리를 얻네 　　　　　離欲得菩提

311 경계가 속박 원인 아니라 　　　　境界非縛因
　　원인은 경계에 대한 속박 　　　　因縛於境界
　　수행해 예리한 지혜칼로 　　　　修行利智劍
　　그 번뇌를 자르고 끊네 　　　　　割斷彼煩惱

312 나 없다면 환상 등 법의 　　　　 無我云何有
　　유·무가 어떻게 있으며 　　　　　幻等法有無
　　우부도 진여 드러내거늘 　　　　愚應顯眞如
　　어떻게 진아가 없으리오 　　　　云何無眞我

313 이작已作과 미작未作의 법은 모두 　已作未作法
　　원인 일으키는 것 아니라 　　　　皆非因所起
　　일체가 모두 무생인데도 　　　　一切悉無生
　　우부는 능히 알지 못하네 　　　　愚夫不能了

314 능히 짓는 자가 지어진 것 　　　　能作者不生
　　및 모든 연을 내지 않으며 　　　　所作及諸緣
　　이 둘은 모두 남이 없거늘 　　　　此二皆無生
　　어떻게 능작 계탁하는가 　　　　云何計能作

315 망계자는 앞뒤의 일시에 　　　　　妄計者說有
　　원인이 있다고 설하며 　　　　　　先後一時因
　　병·제자 등 드러내는 것을 　　　　顯甁弟子等
　　제물諸物 생기함이라 말하네 　　　說諸物生起

316 붓다는 유위가 아니니 　　　　　　佛非是有爲
　　갖춘 바의 모든 상호는 　　　　　　所具諸相好
　　윤왕의 공덕이어서 이를 　　　　　是輪王功德
　　여래라 이름함이 아니네 　　　　　非此名如來

317 붓다는 지혜를 모습 삼고 　　　　　佛以智爲相
　　모든 견해를 멀리 떠나서 　　　　　遠離於諸見
　　자내증自內證으로 행하는 바니 　　自內證所行
　　일체 허물이 다 끊어졌네 　　　　　一切過皆斷

318 귀머거리·소경·벙어리 등 　　　　　聾盲瘖啞等
　　노인·소인 및 원한 품은 자 　　　　老小及懷怨
　　이런 등이 매우 중한 자는 　　　　　是等尤重者
　　모두 범행梵行의 분수가 없네 　　　皆無梵行分

319 수호 은밀함은 천신 되고 　　　　　隨好隱爲天
　　상 은밀함은 윤왕이 되니 　　　　　相隱爲輪王
　　이 둘인 자는 방일하며 　　　　　　此二[著]<者>放逸
　　드러난 자만이 출가하네 　　　　　惟顯者出家

320	나 석가모니가 멸한 후	我釋迦滅後
	장차 비야사와 가나와	當有毘耶娑
	리사바와 겁비라	迦那梨沙婆
	등이 있어 출현하리라51	劫比羅等出

321	내가 멸하고 백 년 후에는	我滅百年後
	비야사가 말한 바	毘耶娑所說
	바라다 등의 이론이	婆羅多等論
	다음에는 반택사와52	次有半擇娑

322	교납바·라마 있을 것이고	憍拉婆囉摩
	다음에는 모리왕과	次有[日/月]狸王
	난다 및 국다가	難陀及鞠多
	다음엔 멸리차왕 있으리53	次篾利車王

323	그 후엔 전쟁이 일어나고	於後刀兵起
	다음엔 극악한 때 있으니	次有極惡時
	그 때에는 모든 세간이	彼時諸世間
	정법을 수행치 않으리라	不修行正法

----

51 * '가나'는 앞에 나온 게나, 즉 카나다를 가리키고, '겁비라'는 앞에 나온 가비라, 즉 카필라를 가리킨다. '비야사⑤Vyāsa'는 베다의 편찬자로 알려진 성자이고, '리사바'는 자이나교의 개조인 르샤바⑤Rṣabha를 가리킨다. 부기한 범어는 모두 대정신수대장경에 표기되어 있는 것이다. 이하도 같다.
52 * 바라다의 범어는 'Bhārata', 반택사는 'Pāṇḍava'로 되어 있다.
53 * 교납바의 범어는 'Kaurava', 라마는 'Rāma', 모리는 'Maurī', 난다는 'Nanda', 국다는 'Gupta', 멸리차는 'Mleccha'로 되어 있다.

|324| 이러한 등이 지난 후에는 　　　如是等過後
　　　세간은 바퀴처럼 굴러서 　　　世間如輪轉
　　　해와 불이 함께 화합하여 　　　日火共和合
　　　욕계를 불태우리라 　　　　　焚燒於欲界

|325| 다시 모든 하늘을 세우고 　　　復立於諸天
　　　세간이 다시 성취되어서 　　　世間還成就
　　　여러 왕 및 사성四姓·선인들이　諸王及四姓
　　　법을 수립해 교화하리라 　　　諸仙垂法化

|326| 베다와 제사 헌공 등 　　　　　韋陀祠施等
　　　장차 이런 법의 흥성함과 　　　當有此法興
　　　담론하고 희소戲笑하는 법과 　談論戲笑法
　　　장행과 더불어 해석과 　　　　長行與解釋
　　　'여시아문[我聞如是]' 등이라 하여　我聞如是等
　　　세간 미혹함이 있으리라54　　　迷惑於世間

|327| 받은 바의 갖가지 옷에 　　　　所受種種衣
　　　만약 정색正色인 것이 있으면 　若有正色者
　　　푸른 진흙과 쇠똥 등으로 　　　靑泥牛糞等
　　　물들여 괴색壞色 되게 하리라　 染之令壞色

|328| 입는 바의 일체 옷으로써 　　　所服一切衣

---

54 * 범문화역에는 이 6행이 1게송으로 되어 있다.

외도의 모습 떠나게 하고 　　　　令離外道相
수행자에서 모든 붓다의 　　　　現於修行者
당기 모습을 나타내리라 　　　　諸佛之[憧]<幢>相

329 또한 허리띠를 매고 　　　　亦繫於腰條
물을 걸러서 음용하며 　　　　漉水而飲用
차례로 걸식하고 　　　　次第而乞食
비처非處엔 이르지 않으리라55 　　　　不至於非處

330 승묘한 하늘에 태어나고 　　　　生於勝妙天
또 사람 중에 태어나며 　　　　及生於人中
보배 모습을 구족한 자가 　　　　寶相具足者
하늘 및 사람 왕으로 나리 　　　　生天及人王

331 왕에게는 사천하가 있어 　　　　王有四天下
법교法教로써 오래 통치하다 　　　　法教久臨御
위로 천궁에 오를 것이나 　　　　上昇於天宮
탐욕 때문에 다 퇴실하리 　　　　由貪皆退失

332 순선한 때 및 제3시와 　　　　純善及三時
제2시와 극악한 때에서 　　　　二時幷極惡
다른 붓단 선한 때 나오나 　　　　餘佛出善時

....
55 * 이상 3게송이 범문화역에는 2게송으로 합쳐져 있다. '비처'란 처해서는
안될 곳이라는 뜻.

제10 게송품(의 2)　709

석가는 악세에 나오네	釋迦出惡世

333 내가 열반한 뒤에 　　　　　　　於我涅槃後
　　 석가 종족의 실달다와 　　　　　釋種悉達多
　　 비뉴와 대자재천이 나고[56] 　　 毘紐大自生
　　 외도 등도 함께 나오리라 　　　 外道等俱出

334 여시아문 등으로 　　　　　　　　如是我聞等
　　 석사자가 설한 바와 　　　　　　釋師子所說
　　 옛일 담론함 및 소어笑語를 　　 談古及笑語
　　 비야사 선인이 설하리라 　　　　毘夜娑仙說

335 내가 열반한 후에는 　　　　　　 於我涅槃後
　　 비뉴와 대자재천 그들은 　　　　毘紐大自在
　　 내가 능히 세간 짓는다는 　　　 彼說如是言
　　 이와 같은 말을 하리라 　　　　 我能作世間

336 나의 이름은 이진불이고 　　　　 我名離塵佛
　　 성은 가다연나인데 　　　　　　 姓迦多衍那
　　 부의 이름은 세간주이고 　　　　父名世間主
　　 모의 이름은 구재였네 　　　　　母號爲具財

337 나는 첨파국에서 났는데 　　　　 我生瞻婆國

---

56 * 비뉴의 범어는 'Viṣṇu', 대자재천[大自]은 'Maheśvara'로 되어 있다.

나의 선조부는	我之先祖父
달의 종족서 태어났으매	從於月種生
이름을 월장이라 하였네	故號爲月藏

338 출가하여 고행을 닦고　　出家修苦行
　　　천의 법문을 연설하며　　演說千法門
　　　대혜에게 수기를 주고　　與大慧授記
　　　그런 뒤에 멸도 하리라　　然後當滅度

339 대혜는 달마에 부촉하고　　大慧付達摩
　　　다음 미거리에 부촉하나57　次付彌佉梨
　　　미거리는 악한 때에　　　彌佉梨惡時
　　　겁이 다해 법이 멸하리라　劫盡法當滅

340 가섭과 구류손과　　　　　迦葉拘留孫
　　　구나함모니　　　　　　　拘那含牟尼
　　　및 나 이진구는 모두　　　及我離塵垢
　　　순선한 때에 출현하네　　皆出純善時

341 순선이 점점 줄어들 때　　純善漸減時
　　　혜慧라 이름하는 도사 있어　有導師名慧
　　　큰 용맹을 성취하고　　　成就大勇猛
　　　다섯 가지 법 깨달으리라　覺悟於五法

---
57 * 미거리의 범어는 'Mekhala'로 되어 있다.

342 제2시와 제3시 아니고　　　　　非二時三時
　　또한 극악한 때가 아닌　　　　亦非極惡時
　　그 순선한 때에　　　　　　　 於彼純善時
　　등정각 이룸을 나타내리　　　 現成等正覺

343 옷은 찢어지진 않았지만　　　 衣雖不割縷
　　부서진 것들 기워 이루어　　　雜碎而補成
　　마치 공작의 꼬리눈 같아　　　如孔雀尾目
　　사람의 침탈함이 없으리　　　 無有人侵奪

344 혹 두세 손가락의 크기로　　　 或二指三指
　　사이 섞어 기워 이루는데　　　間錯而補成
　　이와 달리 만들어진 것에　　　異此之所作
　　우부는 탐착을 낸다네　　　　 愚夫生貪著

345 오직 세 벌 옷만 보유하고　　　惟畜於三衣
　　항상 탐욕의 불을 멸하며　　　恒滅貪欲火
　　지혜의 물로써 목욕하고　　　 沐以智慧水
　　밤낮의 3시에 닦는다네　　　　日夜三時修

346 화살 튕긴 세勢 다하면 한 번　 如放箭勢極
　　떨어져도 다시 한번 뛰듯　　　一墜還放一
　　또한 낙酪을 치는 물과 같이　 亦如抨酪[木]<水>
　　선과 불선 또한 그러하네　　　善不善亦然

| 347| 하나가 능히 여럿 낸다면　　　　若一能生多
　　　 곧 따로 다른 모습 있어서　　　　則有別異相
　　　 주는 자는 응당 밭과 같고　　　　施者應如田
　　　 받는 자는 바람 같으리라　　　　受者應如風

| 348| 하나가 능히 여럿 낸다면　　　　若一能生多
　　　 일체는 원인 없이 있으며　　　　一切無因有
　　　 소작의 원인 멸괴하리니　　　　所作因滅壞
　　　 이는 망계로 세우는 바네　　　　是妄計所立

| 349| 망계로 세우는 바라면　　　　　　若妄計所立
　　　 등불 및 종자와 같으리니　　　　[加]<如>燈及種子
　　　 하나가 여럿 낸다는 것은　　　　一能生多者
　　　 상사할 뿐 여럿이 아니네　　　　但相似非多

| 350| 호마는 콩을 내지 못하고　　　　胡麻不生豆
　　　 벼는 귀리의 원인 아니며　　　　稻非穬麥因
　　　 팥은 곡식의 종자 아니니　　　　小豆非穀種
　　　 어떻게 하나가 여럿 내랴　　　　云何一生多

| 351| 명수名手가 지은 성론聲論과　　　名手作聲論
　　　 광주廣主가 만든 왕론과58　　　　廣主造王論

---

58 * '명수'와 '광주'는 사람의 이름으로, 범어로는 'Pāṇini', 'Vṛhaspati'로 되어 있다. |352|의 '수피선'과 '휴류'는 각각 'Yajñavalka', 'Bhuḍhuka'로 되어 있

순세의 이론은 망설이니　　　　　順世論妄說
　　장차 범장梵藏 중에 나리라　　　　當生梵藏中

352　가다연은 경전을 만들고　　　　迦多延造經
　　수피선은 제사를 말하며　　　　　樹皮仙說祀
　　휴류는 천문을 내어서　　　　　　鶹鶹出天文
　　악세의 때에 장차 있으리　　　　惡世時當有

353　세간의 모든 중생들의　　　　　世間諸衆生
　　복의 힘이 왕의 여법하게　　　　福力感於王
　　일체를 다스리는 것과　　　　　　如法御一切
　　국토 수호함을 감득하네　　　　　守護於國土

354　청의와 그리고 적두와　　　　　靑蟻及赤豆
　　측벽과 더불어 마행59　　　　　側僻與馬行
　　이런 등의 큰 복의 선인이　　　　此等大福仙
　　미래세에 장차 나오리라　　　　　未來世當出

355　석씨의 아들 실달다와　　　　　釋子悉達多
　　보다오발자와　　　　　　　　　　步多五髻者
　　구력과 그리고 총혜도60　　　　口力及聰慧

....
　다.
59 * 청의, 적두, 측벽, 마행은 각각 범어로 'Vālmīka', 'Masurākṣa', 'Kauṭilya',
　'Āśvalāyana'로 되어 있다.
60 * 보다오발자, 구력, 총혜는 각각 범어로 'Bhūtānta-pañcacūḍaka', 'Vāgbali',

역시 미래에 출현하리라	亦於未來出

356 　내가 임야에 있으면 　　　　　我在於林野
　　　범왕이 와서 나에게 　　　　　梵王來惠我
　　　사슴가죽과 삼기장三岐杖과 　　鹿皮三岐杖
　　　허리띠 및 물병[軍持] 베풀리라 　膊條及軍持

357 　이 대수행자는 　　　　　　　　此大修行者
　　　장차 이구존을 이루어서 　　　當成離垢尊
　　　진실한 해탈을 설하리니 　　　說於眞解脫
　　　모니의 당기 모습이리라 　　　牟尼之幢相

358 　범왕과 더불어 범중과 　　　　梵王與梵衆
　　　모든 하늘 및 천신대중이 　　諸天及天衆
　　　나에게 사슴가죽옷 주고 　　　施我鹿皮衣
　　　다시 자재궁에 돌아가리 　　　還歸自在宮

359 　내가 숲 나무사이 있을 때 　　我在林樹間
　　　제석천과 사천왕이 　　　　　帝釋四天王
　　　나에게 묘한 의복 및 　　　　施我妙衣服
　　　걸식할 발우를 베풀리라 　　　及以乞食鉢

360 　만약 불생의 이론 세우되 　　若立不生論
....
　'Medhāvin'로 되어 있다.

제10 게송품(의 2)　715

이 원인이 내고 또 낸다면	是因生復生
이와 같이 세운 무생은	如是立無生
오직 헛된 언설일 뿐이네61	惟是虛言說

361 무시로부터 쌓고 모은 　　　　　無始所積集
　　무명이 마음의 원인 되어 　　　　無明爲心因
　　생멸하면서 상속하니 　　　　　　生滅而相續
　　분별 대상을 망계하네 　　　　　　妄計所分別

362 상키야 이론엔 둘 있으니 　　　　僧佉論有二
　　승성 및 변이한 것인데 　　　　　勝性及變異
　　승성 중에 소작 있다 하니 　　　勝中有所作
　　소작 응당 스스로 이루리 　　　　所作應自成

363 승성은 사물과 같이 하되 　　　　勝性與物俱
　　속성으로 차별을 말하니 　　　　求那說差別
　　능작과 소작이 갖가지로 　　　　作所作種種

....
61 * 범본에는 이 게송 다음에 5.8(4)의 ④~⑨의 게송이 있다. 「5.8(4) ④ 무명이 그 원인이 되어서, 마음이 곧 거기에서 나니, 아직 색 온 것을 알지 못한, 중간의 어디에 머물리오, ⑤ 무간 상속하는 것 멸하고, 다른 맘 일어남 있다 하면, 색에 머물지 않을 때에는, 무엇을 소연으로 나리오, ⑥ 그걸 반연해 일어난다면, 그 원인 곧 허망해 원인의, 망체 성립되지 못하거늘, 어떻게 찰나에 멸하리오, ⑦ 수행하는 자의 삼매와, 금강과 붓다의 사리 및, 광음천 궁전은 세간에서, 무너지지 않는 현상이네, ⑧ 여래의 원만한 지혜 및, 비구가 모든 법의 성품이, 상주함을 증득했다면, 어떻게 찰나를 보겠는가, ⑨ 건달바성·환상 등의 색은, 어째서 찰나 아닌가 하나, 대종은 실성이 없거늘, 어떻게 능조라 말하리오」

변이함은 얻을 수 없네　　　　　變異不可得

364　마치 수은의 청정함은　　　　　如水銀淸淨
　　　티끌·때가 물들일 수 없듯　　　塵垢不能染
　　　장식의 청정함도 그러해　　　　藏識淨亦然
　　　중생의 의지하는 바이네　　　　衆生所依止

365　마치 흥거·파의 기운과　　　　如興渠蔥氣
　　　소금의 맛 및 태장과 같이　　　鹽味及胎藏
　　　종자도 또한 이와 같거늘　　　　種子亦如是
　　　어떻게 나지 않겠는가　　　　　云何而不生

366　일一의 성품 및 이異의 성품과　一性及異性
　　　구俱·불구不俱도 또한 그러해서　俱不俱亦然
　　　소취의 있음이 아니지만　　　　非所取之有
　　　없음 아니고 유위 아니네　　　　非無非有爲

367　말 중엔 소의 성품 떠났고　　　馬中牛性離
　　　온 중의 나도 또한 그러해　　　蘊中我亦然
　　　말하는 바 유위와 무위는　　　　所說爲無爲
　　　모두 다 자성이 없다네　　　　悉皆無自性

368　이교理教 등으로 나를 구하나　　理教等求我
　　　이는 허망한 때의 악견　　　　是妄垢惡見

알지 못하매 있다 말하나 　　　不了故說有
망취일 뿐 다른 것이 없네 　　　惟妄取無餘

369 모든 온 중의 나는 　　　　　諸蘊中之我
일一·이異 모두 이뤄지지 않고 　一異皆不成
그 허물이 뚜렷하건만 　　　　彼過失顯然
망계자는 깨닫지 못하네 　　　妄計者不覺

370 마치 물과 거울 및 눈이 　　　如水鏡及眼
갖가지 영상 나타내지만 　　　現於種種影
일·이의 성품 멀리 떠났듯 　　遠離一異性
온 중의 나 또한 그러하네 　　蘊中我亦然

371 수행자가 삼매를 닦음과 　　行者修於定
진리 그리고 도를 봄의 　　　見諦及以道
이 세 가지 정진해 닦으면 　　勤修此三種
모든 악견에서 해탈하네 　　　解脫諸惡見

372 마치 구멍의 틈 중에서 　　　猶如孔隙中
번개가 속히 멸함을 보듯 　　見電光速滅
법이 천변함도 그러하니 　　　法遷變亦然
분별 일으키지 말지어다 　　　不應起分別

373 우부는 마음이 미혹해서 　　愚夫心迷惑

열반의 있고 없음 취하나   取涅槃有無
성인의 봄을 얻은 자라면   若得聖見者
여실하게 능히 안다네   如實而能了

374 응당 변해 달라지는 법은   應知變異法
나고 멸함을 멀리 떠나고   遠離於生滅
또한 유·무 및 능상·소상을   亦離於有無
떠났다고 알아야 하네   及以能所相

375 변이하는 법은 외도 이론   應知變異法
멀리 떠나고 또한 명·상도   遠離外道論
떠나며 안의 나의 견해도   亦離於名相
멸했다고 알아야 하네   內我見亦滅

376 모든 하늘의 낙 몸에 닿고   諸天樂觸身
지옥고가 몸을 핍박하니   地獄苦逼體
만약 그 중유가 없다면   若無彼中有
모든 식은 남 얻지 못하리   諸識不得生

377 응당 제취 중의 중생들의   應知諸趣中
갖가지 몸이 태·란·습으로   衆生種種身
나는 등은 다 중유를 따라   胎卵濕生等
난다고 알아야 하네   皆隨中有生

378 성교聖敎의 정리正理 떠나 번뇌를　　　離聖敎正理
　　멸하려 하면 도리어 느니　　　　　　欲滅惑反增
　　이는 외도의 미친 말이라　　　　　　是外道狂言
　　지자는 말해서는 안되네62　　　　　　智者不應說

379 먼저 나 및 제취 분별함을　　　　　　先應決了我
　　응당 결단해 알아야 하니　　　　　　及分別諸取
　　석녀의 아이와 같아서는　　　　　　以如石女兒
　　분별을 결단해 앎이 없네　　　　　　無決了分別

380 내가 육안을 떠나서　　　　　　　　我離於肉眼
　　천안과 혜안으로써　　　　　　　　以天眼慧眼
　　모든 중생의 몸을 보니　　　　　　見諸衆生身
　　모든 행과 모든 온 떠났네　　　　　離諸行諸蘊

381 모든 행 중을 관찰해 보면　　　　　觀見諸行中
　　좋은 색과 나쁜 색　　　　　　　　有好色惡色
　　해탈과 해탈 아님 있으며　　　　　解脫非解脫
　　하늘 중에 머무는 자 있네　　　　　有住天中者

382 제취에서 받는 몸은　　　　　　　　諸趣所受身

----
62 여래의 능전의 성스러운 가르침[聖敎]와 소전의 바른 이치[正理]에 의지해 여실수행한다면 번뇌를 끊고 진실을 증득하여 곧 헛되이 버림이 없을 것이나, 이를 버리고 번뇌를 멸하고자 한다면 다 마설魔說이 됨을 말한 것이다.

오직 나만 능히 요달하니	惟我能了達
세간의 알 바를 초과하며	超過世所知
계탁의 경계가 아니라네	非計度境界

383 나 없는데 마음을 낸다면　　　無我而生心
　　 이 마음은 어떻게 나며　　　　此心云何生
　　 마음 남은 강·등불·종자와　　 豈不說心生
　　 같다고 어찌 말하지 않나　　　如河燈種子

384 만약 무명 등이 없다면　　　　若無無明等
　　 심식은 곧 나지 않으니　　　　心識則不生
　　 무명 떠나서 식이 없다면　　　離無明無識
　　 어떻게 남이 상속하리오　　　 云何生相續

385 망계자가 말하는 바의　　　　　妄計者所說
　　 삼세 및 세 아님과　　　　　　 三世及非世
　　 제5의 불가설은63　　　　　　　第五不可說
　　 제불께서 아시는 바이네　　　 諸佛之所知

----

63 '삼세 및 세 아님과 제5의 불가설'이라고 말한 것은 천축의 독자부犢子部가 나와 법이 모두 있는 것을 종취로 삼아서 5법장을 세우는 것을 말한다. 말하자면 3세가 셋이 되고, 무위가 제4가 되며(곧 '세 아님'이다), 제5의 불가설장인데, 나가 그 중에 있어서 유위라고도 무위라고도 말할 수 없다는 것이다. 그래서 이 하나의 부파는 모든 부에서 함께 물리치고 받아들이지 않으면서, 불법에 빌붙은 외도라도 부른다.

386 모든 행과 취에 머무는 것　　　　諸行取所住
　　그 또한 지혜 원인 되지만　　　　彼亦爲智因
　　지혜라 말해서는 안되고　　　　　不應說智慧
　　모든 행이라고 이름하네　　　　　而名爲諸行

387 이 인연이 있기 때문에　　　　　　有此因緣故
　　곧 이 법의 남이 있으며　　　　　則有此法生
　　따로 작자 있는 것 없음이　　　　無別有作者
　　내가 말하는 바라네　　　　　　　是我之所說

388 바람은 불을 낼 수 없지만　　　　風不能生火
　　불로 하여금 치성케 하며　　　　　而令火熾然
　　바람 때문에 멸키도 하니　　　　　亦由風故滅
　　어떻게 나에 비유하리오　　　　　云何喩於我

389 말한 바 유위와 무위는　　　　　　所說爲無爲
　　모든 취를 다 떠났거늘　　　　　　皆離於諸取
　　어떻게 어리석게 분별해　　　　　云何愚分別
　　불로 나를 성립시키는가　　　　　以火成立我

390 모든 연의 전전하는 힘　　　　　　諸緣展轉力
　　이 때문에 능히 불을 내니　　　　是故能生火
　　불과 같다고 분별한다면　　　　　若分別如火
　　이 나는 무엇에서 나는가　　　　是我從誰生

|391| 의 등이 원인 되기 때문에　　　　意等爲因故
　　　모든 온과 처가 적집되어　　　　諸蘊處積集
　　　무아의 상주商主가 항상　　　　無我之商主
　　　마음과 함께 일어난다네　　　　常與心俱起

|392| 이 둘은 항상 해와 같아서　　　　此二常如日
　　　능작·소작을 멀리 떠나고　　　　遠離能所作
　　　불이 능히 성립함 아닌데　　　　非火能成立
　　　망계자는 알지 못하네　　　　　妄計者不知

|393| 중생의 마음은 열반이라　　　　　衆生心涅槃
　　　본성이 항상 청정하니　　　　　本性常淸淨
　　　무시의 과습過習이 물들이나　　無始過習染
　　　허공과 다름 없이 같네　　　　　無異如虛空

|394| 상와 등의 외도는64　　　　　　　象臥等外道
　　　모든 견해에 잡염되고　　　　　諸見所雜染
　　　의식에 덮인 바라서　　　　　　意識之所覆
　　　불 등을 청정타 계탁하나　　　　計火等爲淨

|395| 여실한 견해를 얻는다면　　　　　若得如實見
　　　곧 능히 번뇌를 끊고　　　　　　便能斷煩惱
　　　삿된 비유의 조림 버려서　　　　捨邪喩稠林

---

64 * 상와는 범어로 'Hastiśayya'로 되어 있다.

성인 행하는 곳에 이르리 　　　　　到聖所行處

396 지혜로 아는 바는 차별돼 　　　　智所知差別
각각 달리 분별되는데도 　　　　　各異而分別
지혜 없는 자는 알지 못해 　　　　無智者不知
말하지 않을 것을 말하네 　　　　　說所不應說

397 우부가 다른 재목 집착해 　　　　如愚執異材
전단·침수향 만듦과 같이 　　　　　作栴檀沈水
망계와 진실한 지혜 또한 　　　　　妄計與眞智
그러하다고 알아야 하네 　　　　　當知亦復然

398 식후엔 발우 갖고 돌아와 　　　　食訖持鉢歸
세탁해서 청정케 하며 　　　　　　洗濯令淸淨
입에 남은 맛 양치해 씻듯 　　　　澡漱口餘味
응당 이렇게 닦아야 하네 　　　　應當如是修

399 만약 이 법의 문에서 　　　　　若於此法門
이치 대로 바로 사유하고 　　　　如理正思惟
정신淨信으로 분별을 떠나면 　　　淨信離分別
가장 뛰어난 삼매 성취해 　　　　成就最勝定
집착 여의고 뜻에 처해서 　　　　離著處於義
황금빛 법의 등불 이루며65 　　　成金光法燈

────────────
65 * 범문화역에는 이 6행이 1게송으로 되어 있다.

400	있음과 없음을 분별함	分別於有無
	및 모든 악견의 그물과	及諸惡見網
	삼독 등을 모두 떠나서	三毒等皆離
	붓다 손의 관정 얻으리라	得佛手灌頂

401	외도는 능작을 집착하고	外道執能作
	방위 및 무인에 미혹하며	迷方及無因
	연기에 놀라고 두려워해	於緣起驚怖
	성인 성품 단멸해 없애네	斷滅無聖性

402	여러 과보 변해 일으키니	變起諸果報
	모든 식 및 의를 말함이라	謂諸識及意
	의는 아뢰야를 좇아 나고	意從賴耶生
	식은 말나에 의지해 이네	識依末那起

403	아뢰야가 제심 일으킴은	賴耶起諸心
	바다가 파랑을 일으키듯	如海起波浪
	습기가 원인이 됨으로써	習氣以爲因
	연을 따라서 생기시키네	隨緣而生起

404	찰나의 모습이 사슬 걸어	刹那相鉤鎖
	자심의 경계를 취하니	取自心境界
	갖가지의 모든 형상과	種種諸形相
	의근 등과 식이 난다네	意根等識生

405 무시의 악습을 말미암아 　　　由無始惡習
　　　외부 경계인 듯이 나지만 　　　似外境而生
　　　보이는 건 자심일 뿐이니 　　　所見惟自心
　　　외도의 아는 바가 아니네 　　　非外道所了

406 그로 인하고 그로 연하여 　　　因彼而緣彼
　　　나머지 식 내니 이 때문에 　　　而生於餘識
　　　여러 견해를 일으켜서 　　　是故起諸見
　　　생사에 유전하는 것이네 　　　流轉於生死

407 모든 법은 마치 환상과 꿈 　　　諸法如幻夢
　　　물의 달, 건달바성 같으니 　　　水月焰乾城
　　　일체법은 오직 스스로의 　　　當知一切法
　　　분별이라고 알아야 하네 　　　惟是自分別

408 정지는 진여에 의지해서 　　　正智依眞如
　　　여러 삼매를 일으키니 　　　而起諸三昧
　　　여환삼매와 수능엄삼매 　　　如幻首楞嚴
　　　이같은 등으로 차별되네 　　　如是等差別

409 모든 지와 자재 그리고 　　　得入於諸地
　　　신통에 들어감을 얻어서 　　　自在及神通
　　　여환의 지혜를 성취하면 　　　成就如幻智
　　　제불께서 그에 관정하리 　　　諸佛灌其頂

410 세간의 허망함을 본다면 　　　　見世間虛妄
　　 이 때 마음이 전의하여 　　　　　是時心轉依
　　 환희지와 모든 지 그리고 　　　　獲得歡喜地
　　 붓다의 지를 획득하리라 　　　　諸地及佛地

411 이미 전의함을 얻고 나면 　　　　旣得轉依已
　　 온갖 색의 마니와 같아서 　　　　如衆色摩尼
　　 모든 중생들 이익하려고 　　　　利益諸衆生
　　 물의 달처럼 응현하리라 　　　　應現如水月

412 있음과 없음의 견해 및 　　　　　捨離有無見
　　 구·불구를 버리고 떠나서 　　　　及以俱不俱
　　 이승의 행을 초과하고 　　　　　過於二乘行
　　 또한 제7지 초과하리라 　　　　亦超第七地

413 자내自內에서 현증한 법을 　　　　自內現證法
　　 지지地地에서 닦고 다스려서 　　　地地而修治
　　 모든 외도를 멀리 떠나고 　　　　遠離諸外道
　　 응당 이 대승을 설하리라 　　　　應說是大乘

414 해탈의 법문은 토끼뿔과 　　　　　說解脫法門
　　 마니와 같음을 설하리니 　　　　如兎角摩尼
　　 분별을 버리고 떠나면 　　　　　捨離於分別
　　 죽음 및 천멸遷滅함을 떠나리 　　離死及遷滅

415 교는 이치에 의해 이루고 　　　　敎由理故成
　　이치는 교 의해 드러나니 　　　　理由敎故顯
　　이 교와 이치에 의지하고 　　　　當依此敎理
　　다시 달리 분별하지 말라66 　　　勿更餘分別

....
66 이 최후의 1게송은 말하자면 뜻에 의거해 유통을 부촉하는 것이다. 교의 자취[敎跡]는 마음에 즉한 능전[卽心能詮]이고, 이치의 근본[理本]은 마음에 즉한 소전[卽心所詮]이니, 근본이 아니면 자취를 드리울 수 없고, 자취가 아니면 근본을 드러낼 수 없다. 만약 자취를 찾아서 근본을 얻을 수 있다면 자연히 자취를 끊고 근본에 돌아갈 것이니, 그래서 "교는 이치에 의해 이루고, 이치는 교 의해 드러난다"고 말한 것이다. 여기에서 이치란 연기와 일심의 매우 깊고 지극한 이치이다. 그래서 네 무리의 제자들에게 맺어서 권하기를, 신해하고 수행해서 여실하게 증득하여 여래종성을 끊지 말라고 함이니, 그래서 "이 교와 이치에 의지하고, 다시 달리 분별하지 말라"고 말한 것이다.

찾아보기

ㄱ

가비라 665
가비라논사 406
가비라선 430
가지(두 가지) 227
가타 67
각법자성의성신 307
각상覺想 106, 381
각지覺智 273, 634
건립 170
건율다야 114, 305
걸 81
게나 662
견도소단 699
견실심 114
견일처주지 536
견해의 분별 287
계금취 267
고문 166
고행외도 404
공 176
공문 167
공상 131
관대 133
관대인 194
관찰의선 221

광맥 80
구나 38, 132
구담 392
구로사 81
9부법 333
구분具分 100, 565
구신 254
구유인 193
궁극 81
극유진 80
극중진 80
근식 98
기蟻 80
기론(네 가지) 258, 260

ㄴ

나지 않음[不生]의 분별 287
나찰 563
나형논사 403
남[生]의 분별 287
능가 21
능연·소연 127
능작인 193
능지能持 558
능차能遮 558
능취·소취 127

니건자논사　405

ㄷ

다라니　558
당유인　193
대반열반　225
대자재천　101
대종　276
도솔타　131
도타가　26
도품　319
두곡斗斛　80
뜻　346

ㄹ

라바나　21
로가야타　386

ㅁ

마魔　69
마다라논사　404
마라　69
마라산　21
마유麻油　553
마음(네 가지)　114
마제　55
마혜수라논사　405

많이 들음　437
말　346
말과 뜻에 능숙함　347
말나식　95
말의 평등　318
망계자성　161
망계자성의 차별상　284
망상　335, 496
멸진정　469
명근　648
명상계착상　162
명신　253
명언습기　98
모습　495, 500
모습의 분별　285
몸의 평등　318
무간연　195
무견　325
무기無記　257
무기론　258
무너뜨리는 자　325
무량사제　682
무루법　513
무상　455
무상(일곱 가지)　456
무상문　166
무상처　290
무생　180, 249, 250, 446
무생(두 가지)　276
무생법인　451

무생사제　682
무생삼매　474
무성無性　569
무영無影　60
무영상　128
무위법　513
무이無二　181
무인론　446
무자성　180
무작사제　682
무종無種　105, 250
무학　263
무행공　178
묶고 풂의 분별　288
문신　254
문자의 평등　317

ㅂ

바라밀(세 가지)　518
밖의 오무간　312
반연진여선　222
방론사　403
번뇌애　220
번뇌장　531
범부의 종성　241
범우　49
법무아　167
법성(두 가지)　419
법성불　143

법성에서 흐른 붓다　142
법식　657
법신　315, 415
법위　321
법의 이익　398
법의 평등　319
법주　321
법주법위　321
법집(두 가지)　634
변이　97
보리분　319
본제　510
본주법　321
부자재문　167
부정문　166
부정종성　156
분별　496, 500
분별사식　96
분제　135
불가설공　178
불가설장　721
불래　262
불변不變　569
불생　152
불생무상　442
불생불멸　426, 438
불선법　513
불소변화　270
불승종성　243
비뉴　430

찾아보기　731

비량 212
비밀한 속박(세 가지) 362
비방 170
비법 50
비세론사 404
비식 95

ㅅ

사계착상 163
4구 61, 206
사다함 262, 268
사론詞論 386
사무애변 473
사상계착상 163
4선근 158
사슬 450
4실단 55
4여실행 191
사유似有 569
4제(네 가지) 682
4주번뇌 516
4지四智 38
삭취취 165
3량三量 212
3상속 36
37보리분법 319
3유 197
3자성 161
3정육 554

3주번뇌 536
3지비량 212
상相(세 가지) 90
상相(의 생주멸) 94
상견논사 404
상계착상 163
상공 177
상멸 98
상부사의 147
상성지上聖智 128
상속 94, 104
상속멸 98
상속인 193
상인 193
상키야논사 405
색구경천 131
색식 657
색행 188
생멸사제 682
생사승종성 242
생주生主 439
생주멸 94
서로 속함[相屬]의 분별 288
석계라 431
선법 513
설식 95
설통說通 332
성문승종성 153
성언량 212
성자의 종성 241

성지의 일　130
세 가지 상속　36
세 가지 인식　212
세 가지를 허용함　550
세간법　513
세간의 바라밀　518
세간의 지혜　350
세론　387
소설所說의 분별　285
소연연　195
소조색　276
소지장　531
손감　170
손다리　530
수다원　262
수다원(세 가지)　263
수도소단　699
수론사　405
수명　648
수발垂髮　218
수연隨緣　569
슬虱　80
습기　98
습훈習熏　587
승가　75
승론사　404
승묘勝妙　101
승성　101
시경론사　406
식과 지혜　351

식육의 허물　538
식장識藏　151
신식　95
신훈　157
실단　74, 109
심尋　626
심량心量　109
심밀한 집착　358
12분교　333
12인연　452

ㅇ

아나함　262, 269
아라한　262, 269
아뢰야식　96
아발다라　21
아사리　69
아집(두 가지)　634
아집습기　98
악견　137
안식　95
안의 오무간　312
야차　563
양모두진　80
언설(네 가지)　202
언설법　332, 384
언설의 분별　285
업상　95
업식　95

여래 423
여래승종성 156
여래장 185, 486
여래장심 163
여래청정선 222
여실법 384
여여 497, 500
여인권속논사 404
연각승종성 155
연기 232
연기자성 162
연려심 114
열 가지를 금함 550
열반 225, 402
열반(네 가지) 280
염오의 95
염의染依 571
예류 262
5견 25
5둔사 264
5명五明 67
5무간업 309
5법 494
5법장 721
5분론 212
5식신 516
5온 278
5이사 264
5인忍 353
5종성 153

5주번뇌 516
우부소행선 221
우부종성 242
원성자성 162
원인의 분별 286
위세사 404
위타론사 403
유가 71
유견 324
유루법 513
유순 81
유신견 264
유심식관 666
유위법 513
유종有種 105, 250
유주 94
유지습기 98
유학 262
유희 23
육단심 114
6덕론 406
육바라밀 517
6분론 406
6행 37
음식[食](네 가지) 551
응연凝然 88
의생신 189
의성신(세 가지) 306
의식 95
의심 266

이견二見 102
이름 494, 500
이무理無 569
2무아 165
이사나론사 403
이식 95
25제 406
이염 57
2집 634
이취理趣 67
이치의 분별 287
인다라 430
인무아 165
인상因相(두 가지) 142
인연 192, 195, 251
일승(의 행상) 298
일실제 683
일왕래 262
일자지 102
일천제 159
일향취적 269
입삼매락의성신 307

ㅈ

자법自法 505
자상 131
자성(두 가지 모습) 226
자성(일곱 가지) 101
자성공 177

자성의 분별 286
자연논사 406
자연업지 220
자재(열 가지) 436
자재천 101
자증법 321
자증성지(의 행상) 297
자통自通 386, 505
자훈資熏 587
작자作者 439
장부 101
장식 96, 490, 515
재물의 분별 286
재물의 이익 397
적멸의 법 476
적백赤白 593
전다라 542
전변(아홉 가지) 354
전상轉相 95
전송식 96
전식 95
전의 566
전차바라문 530
점차와 단박 139
정각 415
정등각 423
정실심 114
정안논사 404
정유情有 569
정지 496, 501

정혈 593
제2과 262
제2과향 262
제3과 262
제3과향 262
제4과향 263
제9식 565
제여래선 222
제일의 204
제일의(일곱 가지) 102
제일의성지의 대공 178
조색 276
종류구생무작행의성신 308
종법 331
종성(다섯 가지) 153
종취법 332
종통宗通 332
주肘 81
증상만 327
증상연 195
증익 170
지指 81
지기止記 257
지기론 258
지애智礙 220
지장智障 531
지절 81
지혜(세 가지) 350
진상眞相 95
진식 96

진식眞識 95
진실의 법성 419
진실한 뜻 437
진여실관 666
질다 114
집기심 114
집수執受 513
짓는 자[作者] 439

ㅊ

차제연 195
찰나 512
체온 648
초과 262
초과향 262
초이견 102
초자지 102
총지總持 558
최승처 290
출세간 상상의 바라밀 519
출세간 상상의 지혜 350
출세간법 513
출세간의 바라밀 518
출세간의 지혜 350
취趣 509
취적 270
치답치답 257
7반생七反生 263
7방편 158

7자성 101
7취 440

ㅋ

카나다 662
캄발라 625
큰 수행(의 네 가지 법) 187

ㅌ

태장 64
토호진 80
퇴보리원 270

ㅍ

8물 573
8사事 573
8식의 연 612
8전성 318
평등(네 가지) 343
평등(여래의 네 가지) 316
폐시 593
표의명언 98
풍선론사 403
피피공 178

ㅎ

항상 238
항하사 503
해탈(세 가지) 301
행공 178
허망분별 335
허물 372
현경명언 98
현량 212
현료인 194
현류現流 139
현멸現滅수다원 264
현법現法 104
현상의 법성 419
현식 96
호무공互無空 179
화합승 311
환상과 같음 246
황란 79
황문 70
훈변 49, 97
훈습 97
훈습(두 가지) 587
흘리다야 114

능가경의 역사[1]

능가아발다라경(입능가경, 줄여서 능가경)이라는 명칭과 역사가들이 추정하는 그 경전의 편집 시기(즉 A.D. 4세기)는, 그 추종자들에 의해 극히 비체계적인 저술로 평가되면서도, 선불교의 한 주요 종파에 의해 숭상되는 한 경전을 이해하는 데 흥미로운 단서를 제공한다. 불행하게도 그 명칭과 편집 시기의 중요성은 이 경전의 최고 권위자인 스즈키(D. T. Suzuki)에 의해서도 간과되었다. 능가경이 조동종의 기본 경전으로 채택되었다는 사실이 반드시 이 특정 종파의 교리를 선양하는 것에 그 편집 의도가 있었다는 것을 의미하지는 않는다. 그 명칭과 관련하여 스즈키는 다음과 같이 말했다.

'능가아발다라'는 문자적으로는 '능가에 들어감'이라는 뜻인데, 능가는 남인도의 섬 중의 하나이다. 이것은 대체로 '식론'과 동일시되고 있지만, 확실한 것은 아니다. '들어감'이란 붓다가 방문한 것을 가리키는 듯하다. 경전은 붓다가 거기에 머무는 동안 설법한 것이라고 추정된다. 대화는 거기에 모인 보살들 중 우두머리인 대혜와 붓다 사이에서 이루어진다. 인도양 안의 고도인 능가와 같이 외진 곳에서 불경이 설해졌다는 것은 흔치 않은 일이다.[2]

---

[1] 이 글은 서문과 일러두기에서 언급한 바와 같이, 현대의 불교철학자 데이비드 칼루파하나(David J. Kalupahana)의 저서 『불교철학의 역사(A history of buddhist philosophy)』(1992년 하와이대학 출판부)에 부록으로 첨부되어 있는 「능가경의 역사(History of the LAṄKĀVATĀRA)」라는 글을 번역한 것이다.(역주임. 이하 '역주'라는 부기가 없는 것은 원주임)
[2] 스즈키, 「Studies in the Laṅkāvatāra」(런던, 1930) p.3.

우선 경전의 명칭 자체를 논의의 여지 없이 무시하고 있는 것은 진지한 학자의 태도가 아니다. 둘째로 스즈키는 그 경전이 편집된 시기의 철학적이며 종교적 분위기에 대해서 거의 침묵하고 있다. 이 경전이 동아시아 불교에 미친 큰 영향과, 경전의 역사와 편집을 둘러싼 논의들을 고려하면, 아무리 사소한 정보라도 모두 수집하고 연결하여 경전이 편집될 때의 역사적인 맥락과 명칭의 의미를 규정하는 것이 적절했을 것이다. 실제로 경전은 불교 역사상 아주 복잡했던 시기에 편집되었기 때문에 경전의 역사를 비판적으로 평가하는 것은 매우 중요한 일이다. 그러나 다음에서 제시하는 정보는, 이 경전을 그들의 철학적 견해와 정신적 수련의 근본자료로 보는 사람들의 감정을 완전히 배제한 것은 아니다. 그것은 단지 여러분들이 역사적인 학문 방식에 관여할 때 마주칠 증거일 뿐이다.

스즈키와 능가경을 주석한 다른 많은 학자들은 경전의 2개 장(제1장과 제8장)이 나중에 추가된 것으로 믿는다. 이 2장을 제외하면 경전의 나머지 부분은 각각 독립된 단위로 되어 있었던 것은 분명하다. 그렇지만 관념론적 유가행 불교의 주된 논서인 아상가의 아비달마집론과의 관련 속에서 이 각각 독립된 단위를 검토해 보면, 그들의 관계성에 관해 의문들이 제기될 수 있다. 아상가의 아비달마집론은 아비다르마의 주제였던 범주들이나 현상(다르마)에 대한 관념론적 해석을 제공하고 있는, 매우 유기적으로 잘 조직된 포괄적인 저술이다. 관념론적인 해석은, 다르마들이 하나의 계층적 질서로 간주되는 세 가지 진리-거짓된 것(변계소집성), 관계적인 것(의타기성), 궁극적인 것(원성실성)-에 의해 분석될 때 나타난다. 문답식으로 이루어진 아상가의 이 논서는 아비다르마의 전통 속에서 검토된 현상에 관한 거의 모든 중요 범주와 하위 범주를 다루고 있다. 만약 역사가들이 옳다면 아비달마집론은 능가경보다 더 오래된 것이다. (아상가의 주된 저술은 기원후 333-353년 경에 만들어진 반면, 능가경은 350년에서 400년 사이에 편집된 것이라고 믿어지고 있다.)3 가령 이것들이 동시대의 것이라 하더라도, 같은 주제가 아비달마집론에서 보다 체계적으로 일관되며 상세하게 다루어지고 있는데도, 능가경처럼 현저하게 비체계적인 경전의 편집이 왜 필요하였을까 라는 물음은 제기되지 않을 수 없다.

능가경의 제2장(즉 소위 각각 독립된 단위로 이루어진 원본의 시작)은 일련의 108구의 물음으로 시작된다.4 그 물음들은 다양한 주제들을 다루고 있는데, 아상가의 논서에서와는 달리 극히 비체계적인 방식으로 제시되고 있는 것은 경전이 급하게 조성되었음을 가리키는 것이다.

어떻든 아상가의 저술과 능가경 간에는 두 가지 중요한 차이점이 있다. 첫째 아상가의 논서 속에 포함된 문답들은 아비다르마에서처럼 비인칭적인 형태로 제시되고 있다. 반대로 능가경은 별로 알려져 있지

---

3 나카무라, 「Indian Buddhism」 pp.231, 264, 주1.
4 「Laṅkā」 p.23, v.9. 108이라는 숫자가 스즈키를 곤혹스럽게 하였다. 스즈키의 번역서 p.31~32의 주2를 보라. 그 하나의 설명이 '일체 삼만육천 다르마의 모음'이라는 이름의 장인데, 이는 스즈키가 한역본(p.117)을 따라서 잘못 번역한 것이다. 그것은 36다르마-5온·12처·18계와 유가행자들이 먼저 18계에 포함되지 않아서 추가하지 않을 수 없었던 아뢰야식-를 가리킨다고 할 수 있다. 이 36항목이 유가행파에서 수용한 진리의 3단계와 관련하여 분석될 때 물음들의 숫자인 108의 주제가 나올 수 있다. 그러나 여기에서 제기된 일부 물음들은 위의 다르마들과 관련이 없으므로 물음의 숫자를 확정할 수도 없으며, 일부는 하나의 물음이지만, 다른 것들은 하나의 물음 속에 여러 의문이 포함되어 있기도 하다.

않은 대혜보살을 질문자로, 붓다를 응답자로 끌어들인다. 아마 이것은 '경전'의 모습을 부여함으로써 한 개인에 의해 편집된 철학적 논서보다 더한 권위를 확보하기 위한 것이었을 것이다. 둘째 대혜가 붓다에게 물음을 제기한 주제들은 즉각 부정된다. 이는 금강경에서 채용된 방법론의 양상을 상기하게 하는데, 이 주제는 제18장에서 검토하였다.

이러한 차이에도 불구하고 앞에서 제기된 물음은 답변을 요한다. 이미 아상가의 저술 속에 관념론이 더 포괄적이고도 체계적으로 다루어지고 있는데도, 관념론적인 유가행파의 전통으로서 그렇게 서둘러 하나의 경전을 조성할 필요가 왜 있었던 것일까? 그 답은 스즈키를 당황하게 한 이 경전의 명칭과 제1장·제8장에 포함되어 있다. '능가에 들어감'이라는 명칭은, 기원전 3세기경에 도입된 실용적인 모습의 초기불교를 신봉해 오던 나라에 대승불교의 초월주의가 도입되었다는 것을 의미한다.

제1장에서 질문자는 대혜보살이 아니라, 싱할라sinhala족이 도래하기 전까지 능가를 통치했다는 능가의 신화적인 왕이자 야차의 왕인 라바나이다. 라바나의 초청으로 붓다가 그 섬에 출현해, "어떠한 교리 체계에서도 발견되지 않는, 여래들에 의해 증득된 가장 내밀한 의식상태"를 담은 능가경을 설한 것으로 제시된다.5 라바나는 여기에서 붓다가 가르친 이치를 이해하는 데 전혀 어려움이 없는 매우 이지적이고 경건한 사람으로 묘사되고 있다. 실제로 라바나는 일체법의 공성을 큰 노력 없이 깨달을 수 있었다.6 그에 대한 비판은 거의 없으며, 그는 위대한 인물로 더욱 자주 칭송된다.

---

5 「Laṅkā」 p.5, v.10.
6 위의 책 pp.8-9, v.38-44. 스즈키 번역서 pp.8-9.

이와 대조적으로 제8장은 비유에 의한 싱할라simhala족-그들은 기원전 6세기 경에 그 섬을 개척한 것으로 믿어지고 있다-에 대한 가장 혹독한 비난인데, 그들은 아쇼카왕 시대에 그 섬에 도입된 불교의 전통을 이 때까지 보존해 오고 있었다. 어째서 '육식'이라고 이름하는 장이 그렇게 중요한 철학적 논서의 결론이 되어야 했는지 의아스럽다. 아래의 구절에서는 싱할라족에 대한 하나의 비유가 발견된다.

대혜여, 과거에 한 왕이 그의 말에 이끌려 숲으로 들어가게 되었다. 그 속에서 헤맨 뒤에 목숨에 대한 두려움 때문에 암사자와 추행을 하였고, 자식들이 태어나게 되었다. 암사자와의 결합으로 비롯된 혈통 때문에 왕의 자식들은 반족班足 등이라고 불렸다. 고기를 먹어 온 과거의 나쁜 습성 때문에 그들은 왕이 된 후에도 계속 육식을 하였다. … 이러함에 떨어졌기 때문에 사람의 몸을 얻기도 어려웠거늘, 열반을 얻음은 얼마나 어려웠으랴!7

비유는 분명하다. 싱할라족의 기원은 싱하바후Simhabāhu와 싱하시발리Simhasīvalī로 거슬러 올라가는데, 이들은 정글로 도망쳐 사자[simha]와 함께 산 인도 공주 수빠데비의 자식들이었다고 믿어져 왔다.8 기원전 6세기경(라바나보다 한참 뒤이다)에 그 섬을 개척했던 비자야왕자는 싱하바후와 싱하시발리의 자손이라고 하며, 근친상간으로 태어났다는 이유로 인도에서 추방되었다고 한다. 그래서 마하비하라[大寺]9

---
7 스즈키 역 능가경 pp.216-217.
8 빌헬름 가이거 역 「The Mahāvaṃsa」(콜롬보, 1960) pp.51ff를 보라.
9 (역주) 기원전 3세기 경에 창건된 스리랑카 최초의 사원. 현존하는 빠알리어경전은 대부분이 여기에서 전해져 내려오던 것이라 한다.

의 불교 전통의 수호자들은 소위 사자족[siṃhala]에 속한다. 그래서 '육식'에 관한 장은 바로 마하비하라 전통에 대한 비난이라고 할 수 있다. 능가경과 같은 철학적인 논서에서는 육식보다 더 중요한 도덕적인 문제들을 다룰 수 있었을 것이다. 실제로 능가경의 편집자들은 마하비하라에서 육식에 관한 붓다의 초기 설법을 부정할 정도로 매우 진보적인 붓다관을 따르고 있었다는 것을 잘 알고 있었다.

 이것은 능가경이 능가를 대승불교로 개종시키기 위한 텍스트였음을 의미하는 내적인 증거이다. 이 견해에 대한 외적인 증거는 훨씬 더 강력하다. 만약 상좌부와 대승불교 사이의 광범한 이념적 투쟁이 기원후 3~4세기경에 이 지역을 무대로 하여 벌어졌다는 점을 유념한다면, 능가는 스즈키의 생각처럼 그렇게 단순히 외딴 고도였던 것으로는 보이지 않는다. 스리랑카의 마하비하라가 상좌부 불교의 중심지로 남아 있었던 반면, 보다 범세계적인 불교 중심지는 특히 나가르주니콘다와 같은 남인도 지역들에 출현하고 있었다. 이들 중심지는 스리랑카를 포함한 여러 지역으로부터 학자들을 끌어 모았다. 그래서 모두가 기억하듯이 남인도 지역은 나가르주나, 디그나가, 붓다고사, 담마팔라와 같은 많은 뛰어난 불교 학자들을 배출하였다.

 우리는 이미, 목갈리풋타팃사 시대에 출현한 초월주의가 어떻게 법화경에 이르러 정점에 도달하게 되었는지를 보았다. 그런데 나가르주니콘다에 싱할라식 사원을 가지고 있었던 스리랑카의 상좌부 불교도들이 법화경에 나타난 아라한에 대한 비판을 놓쳤을 리 없다.[10] 대승불교도들이 처음으로 스리랑카에 크게 밀어닥친 것은 3세기 경이었던 것으로 우리는 들었다. 바로 이 기간 동안 상좌부 불교도들은 대승불

---

10 P. A. Bapat 편집 「불교 2,500년」(뉴우델리, 1959) p.295.

교로부터 자신들의 가르침을 '소승'이라고 규정 당한 것에 분개하여 그들의 적대자들을 방등부라고 부르기 시작하였다. 역사적 기록에 의하면 방등부가 스리랑카에 처음으로 출현한 것은 보하리카팃사의 통치기간(269~291)이었다.11 마하비하라 승려들의 권고를 받은 왕은 방등부의 가르침을 탄압하고 그 신봉자들을 섬에서 추방하였다. 그 두 번째 출현은 고타바야의 통치 기간(309~322)에 있었는데, 마하비하라에서 분리되어 나온 소위 아바야기리 사원12과 관련되어 있었다. 아바야기리의 승려들은 방등부에 대해 호의적이었던 것으로 인정되고 있는데, 그것은 그들이 방등론의 발단이 되었던 경량부의 교리(제17장에서 언급되었다)에 영향을 받아 왔기 때문이다.13

방등부 추종자들을 심문하고 탄압한 고타바야는 그들의 책을 불태우고, 그들의 지도자 60명을 섬에서 추방하였다. 추방된 승려들 중 일부가 남인도 촐라국의 카비라팟타나에 거처를 잡았다. 월풀라 라훌라에 의하면 이 시기는 인도에서 유가행파가 활동하던 때와 일치한다.14 더욱이 추방되어 카베리에 살던 스리랑카의 승려들은 상가미트라라는 이름의 활동적인 젊은 승려와 친하게 되었다. 마하세나왕(334~362)

---

11 라훌라의 「실론의 불교 역사」 pp.87ff를 보라.
12 (역주) 기원전 1세기 경에 창건된 사원으로 무외산사無畏山寺라고 번역한다. 대승불교가 스리랑카에 전래된 후 대승불교의 본거지가 되어, 바하비하라[大寺]와 오랫동안 대립관계에 있게 된다. 현장의 『대당서역기』(제11권)에서, "불교가 전래된 후 200년이 지나 각각 전문으로 하는 것을 따라 2부로 분리되었다. 첫째는 마하비하라주부住部라고 하는데, 대승을 배척하고 소승만을 익혔다. 둘째는 아발야지리주부라고 하는데, 대승·소승을 겸하여 배우고 삼장을 널리 폈다."라고 하고 있다.
13 데이비드 칼루파하나 「초기 실론에서의 불교 학파」(Ceylon Journal of the Humanities, Peradeniya(1970) 159-190.
14 월풀라 라훌라 「실론의 불교 역사」 p.93.

의 비호아래 스리랑카에 온 상가미트라는 상좌부 불교 전통에 일대 파괴를 감행하고, 마하비하라의 승려들을 그 섬의 남부로 축출하여, 거의 십 년 동안 마하비하라는 황폐하게 방치되어 있었다. 상가미트라는 왕으로 하여금 7층 구리 궁전을 포함한 마하비하라의 건물들을 부수게 다음, 그 일부를 아바야기리에 새 건물을 짓는 자재로 썼다고 한다.15 상가미트라의 행동은 나라의 명운에 큰 충격을 주었다.

마하세나 왕 자신은 그의 가까운 친구 메가반나 아바야가 남쪽으로 쫓겨 갔다가 군대를 일으켜 그에게 도전할 때까지, 마하비하라의 거대한 영향력을 인식하지 못하였다. 자신의 미몽에서 일깨워진 마하세나는 그의 친구를 만나, 마하비하라에 가한 위해를 뉘우치고 그 복원을 약속했다고 한다.

스리랑카에서의 상가미트라의 행동이 능가경의 편집과 시기적으로 일치한다는 것은 사소한 일이 아니다. 능가경을 대략 한 번만 훑어 본 독자라면, 그 기본적인 가르침이 상좌부 불교에서 대공론이나 방등부의 전통이라고 본 것(제18장을 보라)과 별로 멀지 않다는 것을 확인할 수 있다.

만약 능가경이 스리랑카를 개종시키는데 사용된 대승불교의 교본이었다는 내적인 증거가 타당한 것이라면, 상가미트라와 그의 추종자들의 그 섬에서의 치명적인 활동기간 중 교리를 전파하는 경전으로서 이보다 더 좋은 것이 없었을 것이다. 사실 그 섬을 개종시키기로 맹세했던 상가미트라가 거기에 빈손으로 왔다면 매우 이상한 일이었을 것이다. 그는 마하비하라의 서적들을 자신의 것으로 대체할 필요가 있었다. 자신의 사명을 수행하려는 열정을 고려해 보면, 후에 방등부 경전

---
15 같은 책 p.94

에 포함된 '능가에 들어감'이라는 명칭의 저술이 상가미트라를 위한 교본이었다는 견해를 쉽게 지울 수가 없다. 이 문헌 중 어떤 것도 스리랑카의 불교 전통 속에 남아 있지 않은 이유는, 상가미트라와 그의 추종자들이 메가반나 아바야의 반란 후 혹독한 시련을 받았기 때문이다. 싱할라의 역사 기록에 의하면 마하세나와 메가반나 아바야 간의 화해 후, 분노한 군중이 미친 듯이 날뛰며 다녔다고 한다. 왕의 애첩 중 한 사람은 마하비하라의 승려들이 겪은 고통에 분개하여 상가미트라를 죽이기 위해 목수를 고용하기도 하였다. 상가미트라와 관련된 것은 아무 것도 남지 못했다. 심지어 그의 절친한 친구였던 스리랑카의 대신 소나도 살해되었다. 이 기간으로부터 어떤 대승불교의 문헌이 그 섬에 남아 있다는 것은 기적이었을 것이다. 이러한 사건들은 상좌부 승려들 사이에 지극히 적대적인 감정만 남겼기 때문에 그 후 2세기가 지나 인도의 같은 지역으로부터 붓다고사가 도착하였을 때 그는 큰 의심을 받았던 것이다.(제21장을 보라.)

만약 이와 같은 역사적인 사건들이 어느 정도 타당성을 지니고 있고, 그리고 능가경 편집자의 진정한 의도에 대한 우리의 추측이 지나친 억지가 아니라고 한다면, 능가경에서 주제가 극히 비체계적인 방식으로 다루어지거나 또는 중요한 철학적 문제들이 미숙하게 제시되고 있다는 것 때문에 당황할 이유는 없을 것이다. 스즈키 자신은 이 점을 부드럽게 표현하고 있다. "심오한 의미를 지닌 사상들이 가장 비체계적인 방식으로 제시되고 있다. 나의 연구에서도 말했듯이 능가경은 한 대승불교의 대가가 그 시대 대승불교도들이 받아들인 중요한 가르침들 거의 전부를 집대성해 놓은 하나의 기록이다."[16] 능가경은 동아시

---
16 스즈키 역 능가경 p.xi.

아에서의 인기에도 불구하고 불행하게도 스리랑카 불교도들의 주의를 끄는 데에는 성공하지 못했다. 그들은 역사상의 붓다에 의해 제시된 매우 경험적이고 실용주의적이며, 덜 신비적인 가르침을 대표하는 전통 속에 아주 깊이 뿌리를 내리고 있었던 것이다.

지은이의 다른 책들

불교는 무엇을 말하는가(개정판)
불교를 알고 싶어 하는 분들을 위한 불교입문서. 불교의 근본이치와 수행의 원리를 고집멸도라는 사성제의 가르침에 의해 소상히 설명하고, 불교에 관한 갖가지 의문에 대해서도 설명을 함께 곁들여서, 누구나 불교가 무엇을 말하는지를 완전히 이해할 수 있도록 하였다.
김윤수 지음 / 반양장본 / 420쪽 / 값 20,000원 / 한산암

참 불교를 알고 싶어 하는 이들을 위한
육조단경 읽기(개정판)
선불교가 의지하는 근본 성전의 하나로 평가되는 육조 혜능의 〈단경〉에 대한 주해서. 돈황본 육조단경을 한문 대역으로 옮기고, 불교의 근본원리와 대승불교의 이치에 기한 주해를 붙여서, 우리나라의 선불교가 의지하는 불교의 이치를 이해하도록 했다.
김윤수 역주 / 양장본 / 380쪽 / 값 15,000원 / 한산암

불교의 근본원리로 보는
반야심경·금강경(개정판)
대승불교의 기본경전인 반야심경과 금강경을 근본불교의 가르침에 기초하여 해석한 역주서. 서부에서 불교의 전개과정을 개관하면서 근본불교와 대승불교의 상호관계를 알아 본 다음, 제1부와 제2부에서 두 경전을 근본불교의 가르침에 의지하여 한 점의 모호함이 없이 이해할 수 있도록 하였다.
김윤수 역주 / 양장본 / 536쪽 / 값 20,000원 / 한산암

자은규기의 술기에 의한
주석 성유식론
유식의 뼈대를 이루는〈유식삼십송〉의 주석서〈성유식론〉에 대한 우리말 번역주해서. 본문에서 현장역〈성유식론〉을 우리말로 번역하고, 그에 대해 현장의 문인 지은규기 스님이 주석한〈성유식론술기〉를 우리말 최초로 번역하여 각주로서 대비하여 수록함으로써 유식 전반에 대한 체계적인 이해를 가능하도록 했다.
김윤수 편역 / 양장본 / 1,022쪽 / 값 40,000원 / 한산암

한문대역
여래장 경전 모음
우리 불교에 큰 영향을 미친 여래장사상의 중요 경전과 논서를 한문 대역으로 번역하고, 주석과 함께 소개하여 여래장사상의 개요를 이해하게 했다. 수록 경론은 대방등여래장경, 부증불감경, 승만경, 보성론, 불성론, 열반종요, 대승기신론 일곱 가지이다.
김윤수 역주 / 양장본 / 848쪽 / 값 30,000원 / 한산암

규기의 소에 의한 대역한
설무구칭경·유마경
대승불교의 선언문과도 같은 유마경을 자은규기의 소에 의거해 번역하고 주석하면서, 구라마집 역의 유마힐소설경과 현장 역의 설무구칭경을 한역문과 함께 대조 번역하였다.
김윤수 역주 / 양장본 / 740쪽 / 값 25,000원 / 한산암

지의의 법화문구에 의한
묘법연화경
최고의 불교경전이라는 찬사와 함께, 불교의 근본에서 벗어난 경전이라는 비판을 동시에 받는 법화경을 한문대역으로 번역하고, 각주에서 찬사를 대표하는 천태지의의 주석을 비판적 시각에서 소개함으로써 경전의 전반적인 의미를 이해하도록 하였다.
김윤수 역주 / 양장본 / 676쪽 / 값 25,000원 / 한산암

청량의 소에 의한
대방광불화엄경
대승불교 경전의 궁극이라고 하는 80권본 화엄경을, 이 경전 주석의 백미로 평가되고 있는 청량징관의 「소초」에 의거하여 우리말로 번역하고 해설한 책. 결코 읽기 쉽지는 않지만 어려움을 극복하고 다 읽고 나면, 난해하다는 화엄경도 이해하지 못할 부분이 없을 것이다.
김윤수 역주 / 양장본 / 6,020쪽(전7권) / 값 300,000원 / 한산암

원측의 소에 의한
해밀심경
유식사상의 가장 근본이 되는 해밀심경을, 이 경전 주석의 백미로 평가되고 있는 원측스님의 「소」에 의거해 우리말로 번역하고 해설한 책. 신라의 왕손으로서 중국에서 불교학에 일가를 이룬 스님의 소를 통해 당대 우리나라 불교의 수준을 알 수 있다.
김윤수 역주 / 양장본 / 456쪽 / 값 20,000원 / 한산암

한문 대역
잡아함경
붓다의 가르침의 핵심을 담고 있으면서, 그 가르침의 원형에 가장 가까운 잡아함경을 한문대역으로 번역하면서, 기존의 연구성과를 반영하여 경의 체제와 오류를 바로 잡고, 상응하는 니까야의 내용을 소개하며, 이해에 필요한 설명을 덧붙여서, 가르침의 뜻을 이해할 수 있도록 하였다.
김윤수 역주 / 양장본 / 3,840쪽(전5권) / 값 160,000원 / 한산암

인류의 스승, 붓다께서는
이렇게 말씀하셨다
붓다의 가르침의 핵심을 담고 있으면서, 그 가르침의 원형에 가장 가까운 잡아함경을 쉬운 우리말로 번역함으로써, 독자들이 가까이에 두고 언제든지 펼쳐볼 수 있도록 한 1권본 잡아함경 완역본.
김윤수 역주 / 양장본 / 1,612쪽 / 50,000원 / 한산암